한중 다의 동사의 의미 확장 및 교학 의미

한중 다의 동사의 의미 확장 및 교학 의미

이천택李天擇 · 백방白芳

역락

서문

당의 18차 대회 이래 시진핑 총서기를 중심으로 하는 당중앙은 언어문자사업에 깊은 중시를 돌렸다. 2020년 10월 13일, 신중국 건국 이후 네 번째, 신세기·신시대 이래 첫 번째 전국언어문자회의가 베이징에서 열렸다.

언어문자는 문화의 기초요소이고 선명한 표징이며 문화의 전승·발전·번영의 중요한 담체(載体)이다. 중화민족의 문명행정에서 언어문자는 우리의 독특한 정신적 표식과 문화흔적이다. 시진핑 총서기는 여러 차례 '한 나라의 문화적 매력과 한 민족의 응집력은 주로 언어를 통해 전달된다'고 강조했다. 그래서 중국어의 국제적인 전파나 전통문화의 함양전승을 막론하고 언어문화적인 기초교육과 언어문자에 대한 깊은 연구가 떠날 수 없다.

이 책은 인지언어학의 관점에서 한중 양국 언어의 의미 확장 양상과 확장 경로를 분석하고, 사람들의 일상적인 사용 경험을 기초로 삼아 언어의 생성, 학습 및 운용은 대체로 인류의 인식으로 해석할 수 있다는 것을 제시하였다. 이 책의 단어 분석 과정에서 필자는 주로 인지언어학적인 이론을 바탕으로 하고, 특정한 언어에 대한 다차원 분석을 통하여 단어의 기본 의미를 찾아 확장 의미의 순서 배열과 확장 경로를 정리하였다. 다시 말하면, 만약 우리가 한 단어의 뜻을 분석하려면 먼저 단어의 기초 의미를 찾아야 한다는 것이다. 이 과정은 바로 단어의 근본을 찾는 것이다. 단어의 기본 의미를 '본질(本質)'로 간주할 수 있고, 확장 의미는 '현상(現象)'으로 간주할 수 있다. 이 책은 본질과 현상 사이의 관계를 찾는 과정에서 독자에게 언어학의 시각에서 마르크스주의 철학(馬克思主義哲學)에 나타난 '현상을 통해 본질을 보다(透過現象看本質)'라는 원리를 인식하게 해 준다. 사람들이 사물을 대하거나 문제를 해결할 때 이러한 언어학적인 분석 방법을 활용해서 사물의 주요 모순을 잡는 방법을 습득하고, 복잡한 표면적인 현상을 통하여 사물 발전의 내재적인 규칙을 발견하며, 과학적으로 시대·세계·중국을 인식한다. 인류들이 이러한 노력을 바탕으로 사건에 따라 변화를 찾고, 시대에 따라 전진의 방향을 잡으며, 정세에 따라 새로운 사상을 찾는다.

시진핑 총서기는 '현상을 통해 본질을 보고, 눈이 밝아지고, 일이 빨리 시작되고, 행동이 빨라지도록 해야 한다'고 지적하였다. 총서기의 이번 연설은 청장년간부를 대상으로 한 것이다. 이러한 중요한 연설에서 중장년 간부에 대한 간절한 기대를 담고 있으며 또한 청년들의 성공과 성장의 방향을 제시해 주었다. 중국의 발전과정에서 '현상을 통하여 본질을 보다'는 우리 당이 일관하게 선전해온 과학적인 인식방법이며 또한 혁명과 건설, 개혁 사업이 성공할 수 있는 중요한 경험의 총화이다.

지금 우리는 이러한 사상을 실제 교학과 학생관리에 응용하면 학생관리 일을 잘할 수 있고 교육 목표를 실현하게 해 주며 인재를 양성하는 지침이라고 말할 수 있다. 예를 들어 실제 교육현장에서 한국인이 인사할 때 항상 허리를 굽혀 인사한다. 그러면 한국인들이 서로 만날 때 왜 허리를 굽혀 인사할까? 우리는 이러한 표면적인 현상을 통해 한국인들이 허리를 굽혀 인사하는 습관 뒤에 숨겨 있는 본질을 찾아야 한다. 중국과 한국은 가히 동종 동원이다. 한국의 예절문화는 중국 예문화(禮文化)의 정수를 답습하고 유가사상의 영향을 깊이 받았다. 오늘에 이르기까지 유교 사상은 여전히 한국 민족 정신의 핵심이다. 한국인이 만났을 때 '허리 굽혀' 인사하는 것은 유가의 '어른 존중·장유유서'사상이 반영된 것이다. 유가사상은 그 자체의 문학적 가치 외에 더욱 중요한 것은 도덕 윤리로 나라를 다스리려는 사상을 말한 것이다.

한국어에는 '존댓말'과 '반말'이 발달해 있다. 한국인들이 어른이나 윗사람과 또는 아주 공식적인 자리에서 다른 사람들과 말을 할 때 반드시 존댓말을 사용하고 상대방에게 존경하는 의미를 표시해야 하고 후배와 말을 할 때 반말을 사용하면 된다. 여기서 쓰는 경어는 중국어의 '您(당신), 請(청)'과 비슷한 점이 있다. 한국인들이 장유유서를 중요하게 여기는 것은 중국 유가전통사상의 영향을 받고 이를 국민의 자질 향상에 중요한 도구로 삼은 것이기 때문이다.

시진핑 총서기는 '공자가 창시한 유가 학설과 이를 태도로 발전해온 유가 사상은 중화문명에 심각한 영향을 끼쳤으며 중국 전통문화의 중요한 구성부분이다'라고 지적하였다. 새로운 시기와 새로운 단계에서 유가사성의 대체를 파악하는 것은 우리가 중화민족의 우수한 전통문화를 더욱 잘 전승하고 고양하며 국가의 문화소프트 실력을 제고하고 문화자신감을 확고히 하는데 유리하다.

이 책에 사용된 언어 분석방법은 실제 사물, 사건, 인물에 대한 분석으로 복제 가능한 방법이다. 만약에 교사가 실제 교육 현장에서 이러한 방법을 학생들에게 전수한다면, 학생들이 사물의 주요 모순(矛盾)을 파악하고, 현상을 통해 본질을 찾는 기능을 배우게 될 것이며, 학생의 세계관, 인생관, 가치관 형성에 중요한 지도 작용을 줄 것이다. 우리가 현상을 통해 본질을 보는 방법을 배우는 이유는 일이 발생할 때 겉모습에 대한 영향에 현혹되지 않고 문제의 근본적 작동 논리를 잡을 수 있는 것이다. 이것은 아주 중요한 사고방식이고 학습·실천·복제·최적화를 통해 형성된 개인 철학 체계이다. 이점에 가장 중요한 대표적인 인물은 모주석(毛主席)이다. 모주석은 마르크스주의 철학에 대한 체계적인 학습, 유물변증법의 실제 운용과 자신의 반복적인 실천과 최적화를 통해 최종적으로 천고에 빛나는 <모택동사상>을 형성하였다.

현상을 통해 본질을 보고 모순을 해결할 때 핵심을 잡는다. 현재, 우리는 이러한 사유 방식을 실제 교육 현장과 학생 관리에 응용하고 교육 현장과 학생 관리 과정에서 일어난 각종 현상을 발견하여 이러한 현상이 반영하는 본질적인 문제를 찾아낸다. 우리는 현상을 통해 본질을 보는 것을 통해 다차원적인 고정사정 체계를 만들 수 있고 '사정과정(思政課程)' 및 '과정사정(課程思政)'의 동심원(同心圓) 효과를 최대로 시킬 수 있다. 그리고 우리가 이렇게 노력을 통해 '문제 학생'에 대한 유효한 교육 방법을 찾을 수 있고, 근원으로부터 학생들의 문제를 해결할 수 있으며, '정확한 사상정치 교육'에 대한 새로운 모델을 탐색하고, 도덕 교육과 인재 양성 목표를 달성할 수 있다. 또한 학생들이 더욱 좋은 직업생애계획(職業生涯規劃)을 세우고 취업을 할 수 있다.

'물 표면이 거울같이 잔잔한 것을 보지 말라, 물속의 아주 깊은 것을 보라.' 사람들이 일을 당할 때 먼저 현상을 보는 것인가, 본질을 보는 것인가, 지엽적인 처리에 만족한 것인가, 더 좋고 큰 차원에서 일을 보는 것인가에 따라 사건 해결 효과가 달라진다. 우리는 급속하게 발전하는 시대에 직면하여 그 추세를 따라가며 교육자의 담당과 능력, 지혜를 구현해야 한다. 또한 이것은 우리가 장기적으로 사고하고 끊임없이 연구해야 하는 과제이다.

이 책은 단지 성숙되지 않은 필자의 의견을 제시하고 인지언어학적인 사고방식을 실제 교학과 학생 관리 사업을 결합하여 '사정과정(思政課程)'과 '과정사정(課程思政)' 건설에 새로운 담론을 제공한 것이다.

이 책은 총 460,964자이고, 주저자 주저자 李天擇이 300,000자를 완성하고, 부주저자 白芳은 160,964자를 완성하였다

편집자의 수준과 경험이 제한되기 때문에 책 속에서 빠진 부분과 부족한 점이 있을 수 있으며 많은 독자들이 비평해 주기를 간절히 바란다.

2021年 1月 15日

李天擇 · 白芳

前 言

　　黨的十八大以來, 以習近平同志爲核心的黨中央高度重視語言文字工作。2020年10月13日, 新中國成立以來第四次, 新世紀新時代以來第一次全國語言文字會議於北京召開。

　　語言文字是文化的基礎要素和鮮明標誌, 是文化傳承, 發展, 繁榮的重要載體。在中華民族的文明進程中, 語言文字更是我們獨特的精神標識和文化印記。習近平總書記曾經强調, "一個國家文化的魅力, 一個民族的凝聚力主要通過語言表達和傳遞"。所以, 無論是漢語的國際傳播, 還是傳統文化的涵養傳承, 都離不開語言文字基礎教育, 離不開對語言文字的深入研究。

　　本書從認知語言學的角度對中韓兩國詞語的語義擴張現象和擴張途徑進行分析, 以人們的日常使用經驗作爲語言使用的基礎, 提出語言的創建, 學習和運用, 基本上都可以通過人類的認知加以解釋。在本書的詞語分析過程中, 我們主要運用了認知語言學的理論, 通過對特定詞語的多層次分析, 找到該詞語的基本語義, 在此基礎上進行擴張語義的排序和擴張路徑的整合。換句話說, 就是如果我們想要分析一個詞的意思, 首先要找到這個詞最初所代表的意思, 也就是追根溯源。詞語的基本語義可以說是"本質", 其他語義可以看成"現象", 在尋找"本質"與"現象"關係的過程中, 引導讀者從語言學的視角瞭解馬克思主義哲學中透過現象看本質這一原理, 將這種語言

學分析方法運用到實際生活中對事物，問題的分析理解上，學會抓住事物的本質既主要矛盾，透過紛繁複雜的表面現象把握事物的本質和發展的內在規律，科學地認識時代，認識世界，認識中國，從而做到因事而化，因時而進，因勢而新。

習近平總書記曾經指出"要透過現象看本質，做到眼睛亮，見事早，行動快。"總書記此次講話的對象是中青年幹部，這一重要論述，飽含著對中青年幹部的殷切期望，也爲青年人的成事成才指明了方向。在中國的發展進程中，透過現象看本質是我們黨一貫宣導的科學認識方法，也是我們黨領導革命，建設和改革事業取得偉大成就的重要經驗總結。

現在，我們將這種思想運用到實際的教學和學生管理中，會發現他是指導我們做好學生工作，實現立德樹人教育目標的指南針。例如，在實際的教學中，我們會發現韓國人見面時候行"鞠躬禮"。那麼，韓國人見面爲什麼行鞠躬禮？我們要通過這一表面現象追溯韓國人行"鞠躬禮"的實質是什麼，這就要求我們透過現象去尋找其所蘊含的本質。中韓兩國可謂是同宗同源，韓國的禮儀文化承襲了中國禮文化的精華，受儒家思想的影響至深。時至今日，儒家思想仍然是韓國民族精神的核心。韓國人見面時候行"鞠躬禮"，也體現了其受儒家"尊重長輩，長幼有序"思想的影響。儒家思想除了其本身的文學價值外，更重要的是其道出了以道德倫理治國的思想。

韓國語中的"敬語"和"非敬語"非常發達。在與長輩或者上級，或是非常正式場合交談，說話時一定要用"敬語"，以表示對對方的尊重；而同輩之間或與晚輩說話時用"非敬語"。這裏所說的敬語與中文的"您，請"有相似的地方。韓國人爲何如此注重長幼有序，追根溯源是受到了中國儒家傳統思想的影響，並將這種思想轉化成提高國民素質的重要工具。

習近平總書記指出："孔子創立的儒家學說以及在此基礎上發展起來的儒家思想，對中華文明產生了深刻的影響，是中國傳統文化的重要組成部分。"在新時期新階段，把握儒家思想之大體，有利於我們更好地傳承和弘揚中華優秀傳 統文化，提高國家文化軟實力，堅定文化自信。

本書中所採用的語言分析方法，是一種可適用於實際事物，事件，人物的分析方法，是一種可複製的經驗。在實際的教學過程中，教師如果將這種方法傳授給學生，引導學生學會抓住事物的主要矛盾，學會透過現象看本質，對於學生世界觀，人生觀，價值觀的形成具有重要的指導作用。

透過現象看本質，在看待問題的時候，能夠抓住問題背後的"根本性"運作邏輯，而不是被問題的表面現象所迷惑，影響了最終的判斷。這是一種非常重要的思維方式，也是通過不斷學習，實踐，複盤，優化而總結出的一套個人哲學體系。一個最典型的代表人物就是毛主席。毛主席通過對馬克思主義哲學的系統學習，通過對唯物辯證法的實際運用，通過自己的反復實踐和複盤優化，最終形成了震爍千古的《毛澤東思想》。

透過現象看本質，分析矛盾抓關鍵。現在，我們將這種思維方式運用到實際教學和學生管理工作中，透過發現教學和學生管理工作中出現的各種現象，找到這種現象所反映出的本質問題。透過現象看本質，我們可以構建多維度的課程思政教育體系，實現"思政課程"和"課程思政"的同心圓效應；可以更有效地找到"問題"學生工作的切入點，從根源上幫助學生，解決學生遇到的各類問題；可以探索"精准思政"教育的新模式，更好地落實立德樹人的根本目標；可以引導學生有針對性地做好職業生涯規劃，實現更充分更高質量的就業。

"莫看江面平如鏡，要看水底萬丈深。"一事當前，抓住的是現象還是本質，

表層還是根本；是滿足於細枝末節的處理，還是追求大本大源的解決，其事件的解決效果大不相同。面對飛速發展的時代，我們應如何乘勢而上，體現新時代教育工作者的責任擔當和能力智慧，是我們需要長期思考並且不斷鑽研的課題。

本書僅是拋磚引玉，將認知語言學的思維和方法與實際教學和學生管理工作相結合，爲"思政課程"和"課程思政"建設提供一個新的載體。

本書共460,964字，主著者李天擇完成300,000字，副主著者白芳完成160,964字。

李天擇・白芳

2021年 1月 15日

차례

표 차례

그림 차례

1. 서론

1.1. 연구 목적

이 책은 한국어 주체 이동 동사와 중국어 주체 이동 동사의 의미적 공통점과 차이점을 대조, 분석하는 것을 목적으로 한다. 이를 위해 본 연구에서는 첫째, 한국어와 중국어의 주체 이동 동사의 목록을 한정하고 동사의 의미를 평정한다. 둘째, 평정된 각각의 단의에 대해 의미의 실현 환경을 확인하고 단의의 배열 순서를 결정한다. 셋째, 낱낱의 단의들이 그래프에서 어떻게 분포되는지를 표상한다. 이 책은 한국어와 중국어 주체 이동 동사의 의미를 상세하게 체계적으로 분석했기 때문에 한국어 교육 분야에서 동사의 의미를 다룰 때 활용될 수 있고, 기간 사전의 뜻풀이를 보완한 것이므로 향후 한중 대역사전의 편찬에 있어서 뜻풀이의 체계성을 기하는 데에 도움이 될 것으로 기대된다.

인간의 의사소통에서 문장은 기본적인 언어 단위가 되는 것인데, 문장을 구성하는 여러 성분들 중에서 '서술어'는 가장 중요한 성분이라고 할 수 있다. '관형어'와 '부사어'는 문장 구성에 있어서 필수성분이 아닌 수의 성분이기 때문에 생략하는 경우가 많다. 그리고 '주체'는 한 문장에서 언

급되는 어떤 것이고, '목적어'는 동사가 나타내는 행위의 대상이 된다. 일
반적으로 타동사 구문에서 '주체'와 '목적어', 자동사 구문에서 '주체'가
꼭 나타내야 하는데 상황에 따라 생략하는 경우도 종종 찾을 수 있다. 그
러나 '서술어'는 문장의 주체로 제시된 인물이나 사물에 대하여 그 동작·
상태·성질을 설명하는 말로서 문장에서 가장 중요한 성분이며 진술의 핵
심이 되는 것이다. 그렇기 때문에 문장에서 주로 서술어로 기능하는 동사
는 다른 어떤 부류보다도 통사적·의미적으로 중요한 역할을 한다고 말할
수 있을 것이다.

천기석(1983)은 용언 전체를 대상으로 하여 동사를 크게 동작 동사와 상
태 동사로 양분했으며 동작 동사를 다시 '수여 의미, 소유 의미, 이동 의미,
부정 의미, 비교 의미, 상접 의미, 조종 의미, 보류 의미' 등 분야로 나누었
고, 상태 동사를 '기본 도량 의미, 부착 도량 의미, 추론 의미' 등 분야로
나누었다.[1] 동작 동사와 상태 동사 가운데 동작 동사가 한층 더 동사적이
라고 말할 수 있다(전수태 1987 : 4). 이 중에서 이동은 우리와 밀접한 관계가
있으며, 이동의 의미를 표현하는 이동 동사는 언어 구성에서 중요하다고
말할 수 있다.

이동 동사는 '어떤 개체의 공간적 위치 변화를 나타내는 동사'를 가리킨
다. 즉 누가 어느 장소에서 어느 장소로 이동하거나, 무엇이 어느 장소에
서 어느 장소로 옮겨지는 것을 의미한다. 이동하는 것이 주체인 경우 '주
체 이동 동사', 객체인 경우 '객체 이동 동사'로 부를 수 있다. '주체 이동'
은 이동체가 자발적으로 수행하는 이동이고, 객체 이동은 외부의 힘이 이
동체를 움직이게 하는 이동이다. 이 중에서 '주체 이동'은 객체 이동에 비
하여 능동적이고 자발적인 이동의 의미를 더 선명하게 보여준다. 또한 이

---

[1] 천기석(1983, 1984)은 용언 전체를 대상으로 하여 의미적 분류를 시도한 논문으로 체계가
   가장 세분되어 있으며, 분류 기준이 명확하게 제시되어 있다고 보고 본 연구에서 이를 따
   르기로 한다.

동 동사에는 동사의 본질적인 의미가 이동을 의미하는 것들이 있고, 동사의 본질적인 의미가 이동이 아니라 주체가 동작을 수행하기에 이동이 필수로 나타나야 하는 동사들도 있다. 본 연구에서는 전자의 경우 '본질적 이동 동사', 후자의 경우 '부차적 이동 동사'로 규정한다. '본질적 이동 동사'와 '부차적 이동 동사' 모두 동작 수행 과정에서 이동이 발생되므로 본 연구에서는 두 종류의 동사를 모두 연구대상을 삼는다.

한편 외국어를 배우는 사람에게 한 단어의 의미가 다양하다는 것은 그 언어를 습득하고자 하는 학습자에게 많은 부담이 된다. 모어 화자들은 여러 의미를 가지는 하나의 단어를 문장 안에서 자유롭게 사용할 수 있지만, 외국어를 배우는 학습자들에게 정확한 단어를 적절한 문맥과 함께 사용하는 일은 매우 어려운 일이다. 그렇기 때문에 다의어 연구는 동사 연구의 기초라고 할 수 있다.

이 책은 대조언어학의 입장에서 주체 이동 동사를 대상으로 한국어와 중국어 이동 동사의 각 단의의 대응 여부와 단의들의 분포 양상을 밝힐 것이다. 이로써 한국어와 중국어에서 이동에 대한 인식이 어떠한 양상을 띠고 있는지, 어떠한 공통점과 차이점을 갖고 있는지를 살펴봄으로써 한국어와 중국어 이동 동사 간의 미세한 차이가 밝혀질 것이다. 이는 제2언어로 한국어를 학습하는 외국인에게 어려운 항목으로 판단되는 이동 동사를 학습하는 과정에서 모어의 간섭에 의해서 오류가 발생하는 부분을 줄이는 데에 기여할 수 있다. 또한 한중 대역사전의 편찬에도 도움을 기여할 수 있다고 본다.

1.2. 선행 연구

한국어와 중국어 이동 동사의 의미 대조와 관련된 선행 연구는 크게 의미 확장에 관한 대조 연구와 낱말밭 이론에 의거한 대조 연구로 나뉜다. 의미 확장 관점에 대한 대표적인 연구는 장복(2009), 노금송(2009), 염철 (2014), 주군(2013), 문아동(2016)이 있고, 낱말밭 이론에 의거한 대조 연구는 이화자(2012)가 있다.

장복(2009)는 한국어 '가다'와 중국어 '去(qù)'의 의미, 단어 구성법에 대하여 구체적인 용례를 통해 대조, 분석한 후 이 두 단어 간의 차이점과 공통점을 살펴보았다. 그러나 실제 논문에서 대상 어휘 단의의 선택, 분석, 정리 단계에 많은 문제점이 있다는 것을 발견할 수 있다. 첫째, 단의 선택에 대한 문제이다. 장복(2009)에서 '가다'의 단의를 수집하는 데 「표준국어대사전」, 「연세한국어대사전」, 「우리말큰사전」, 「조선말대사전」을 이용하였다. 그러나 '가다'의 단의에 대하여 「표준국어대사전」에 34개, 「연세한국어사전」에 22개, 「우리말큰사전」에 23개, 「조선말대사전」에 24개로 제시되어 있으나 저자가 단의 분석 단계에 사용했던 '가다'의 단의가 20개로 되어 있다. 그러면 어떤 사전과의 단의도 일치되지 않는 이 20개의 단의가 어떻게 나왔는지에 대한 설명 부분이 있어야 하는데 실제 논문에서 이에 관한 내용을 찾을 수 없다. 논문에서 분석 자료로 사용되는 부분이 정확하지 않으면 그 결과 또한 정확하다고 보기 어렵다. 둘째, 분석 단계에 대한 문제이다. 이 논문은 한중 이동 동사 '가다'와 '去(qù)'에 대한 대조 논문이기 때문에 대상 어휘의 이동 의미를 택하여 이들에 대한 연구가 전개되어야 한다. 그러나 실제 논문에서 중국어 '去(qù)'의 단의로 '去掉(없애 버리다)', '過去的(과거)'같은 단의까지 포함되었다. 그런데 '去掉(없애 버리다)'라는 단어의 중심이 되는 어휘는 '去(qù)'가 아니라 '掉(diào)'이다. '過去的(과거)'라는 단어는 그 전체가 '시간이 지나다'는 의미로 해석할 수 있는데 '去(qù)' 혼자 이러한 의미를 가지는 것이 아니다. 그러므로 최초에 대응 쌍을 이룬다고 볼 수 없는 두 어휘를 가지고 대조를 시작했기 때문에 그 결과도 받아들이기 어렵다. 셋째, 단의 정리에 대한 문제이다. 단의 정리 단계에서 대상 어휘의 단의들 가운데 기본 의미가 무엇인지, 확장 의미가 무엇인지에 대한 기술이 이루어져야 하는데 이 논문에서는 임지룡(1996)의 의미 확장 기준에 따른 '가다'의 단의를 찾는 데까지만 설명하였고 확장 의미들의 단의 실현 환경 및 분포에 대한 언급이 없었다.

노금송(2009)는 인지언어학의 관점에서 한국어 이동 동사 '가다'와 중국어 이동 동사 '去(qù)'의 인지의미 특성을 주로 다루었다. 대상 어휘에 대한 분석을 통해 우선 원형의미를 찾아내고 이로서 파생된 확장의미를 밝혔다. '가다'의 확장의미에 대하여 '공간이동, 신분의 변화, 지속, 생성, 소실, 도달'로 보았고, '去(qù)'의 단의들을 '공간이동, 제거, 소실'로 보았다. 그러나 노금송(2009)에서 '가다'와 '去(qù)'는 왜 이렇게 많은 확장의미가 나타날 수 있는 이유를 제시하지 못한 것을 한계로 볼 수 있다. 이동 동사에 해당되는 각 단의의 실현 환경이 다르기 때문에 의미 확장이 일어나는 것인데, 이런 점은 다루어지지 않았다. 노금송(2009)를 보완하는 입장에서 본 연구에서는 한중 이동 동사의 단의 실현 환경을 찾아내고 이에 따른 단의 분포 양상을 그릴 것이다.

주군(2013)은 한국어 이동 동사 '오르다, 내리다'와 중국어 이동 의미를 표현하는 '昇(shēng), 降(jiàng)'을 대상으로 대조 분석을 전개하였다. 이 논문은 대상 어휘에 대한 분석을 통해 '공간 이동성, 추상 이동성, 변화성'의 차원을 구별하였다. 그러나 대응 어휘를 선택하는 과정에 문제가 있으므로 설득력이 떨어진다고 볼 수 있다. 한국어에서 '오르다'와 '내리다'는 상하 이동을 뜻하는 단일어로 혼자서 이동의 의미를 표현할 수 있다. 한편 중국어에서 상승 의미를 표현하는 '昇(shēng)'은 단독으로 사용할 수 있는데 이때 '昇(shēng)'과 대응되는 한국어 어휘는 '오르다'가 아니라 '돋다'나 '뜨다'이다. 또한 중국어의 '降(jiàng)'은 혼자서 하강의 의미를 표현하지 않고 주로 합성어로 하강의 의미를 표현한다. 그러므로 정확하게는 '오르다'와 '上(shàng)', '내리다'와 '下(xià)'가 대응을 이루는 것이며, 이들에 대한 연구를 전개해야 한다. 또한 대상 어휘의 단의들을 분석하는 데 있어서 구체적 이동이 나타나는 의미, 추상적 이동이 나타나는 의미, 변화성이 나타나는 의미가 무엇인지만 제시하였고 이 단의들이 왜 다르게 나타나는 이유에 대한 논의를 찾을 수 없다. 이러한 이유를 설명하는 것이 필요하다.

염철(2014)는 대조언어학과 인지언어학의 관점에서 한중 이동 동사 '가다, 오다, 오르다, 내리다, 들다, 나다'와 이와 대응되는 중국어 '去(qù), 來(lái), 上(shàng), 下(xià), 進(jìn), 出(chū)'의 의미 기능과 대응 형식을 '유기체의 이동, 사물의 이동, 시간의 이동, 추상물의 이동' 등 네 가지 분야로 나눠서 논의를 전개하였다. 이 논문은 이동 동사에 대한 의미 연구 가운데 각 단의들이 나타내는 이동의 특성을 밝힌 점에서 의미가 있다. 그러나 이 연구도 전개과정에 문제점이 있다. 첫째, 단의 평정에 대한 문제이다. 염철(2014)에서는 사전에 실린 대상 어휘의 단의들을 모두 수집하고 이들이 반영하는 이동 양상을 찾았다. 예를 들어 '가다'의 ⑫번 의미가 '회의가 엉뚱한 쪽으로 가다.'와 ⑭번 '물체가 한쪽으로 기울이다.'를 같은 맥락의 의미로 볼 수 있다고 보았다. 그러나 ⑫번의 주체는 추상적인 '회의'이고 ⑭번의 주체는 구체적인 '사물'에 해당된다. 용언 서술어의 의미가 변화되는 것은 서술어와 공기하는 어휘들의 특성이 다르기 때문이다. 즉 서술어와 공기하는 어휘가 구체적인 것인가 추상적인 것인가 등에 따른다. 그러므로 '가다'의 ⑫번과 ⑭번 단의는 하나의 단의로 볼 수 없고 별개의 단의로 취급해야 한다. 둘째, 단의 분포에 대한 문제이다. 염철(2014)는 사전 의미와 실제 언어 사용을 바탕으로 대상 어휘의 의미 분포 표를 그렸다. 예를 들어 이 논문에서 '가다, 오다'와 '去(qù), 來(lái)'의 의미를 '이동, 도달, 진입, 전이, 소멸, 발생, 이탈, 관심, 지속, 별질, 소모, 경과, 하다, 내리다, 청유' 등으로 나누었다. '가다, 오다'와 '去(qù), 來(lái)'는 이렇게 많은 의미를 표현할 수 있는 이유가 그들과 공기하는 주체나 부사어가 달라지기 때문이다. 그러므로 이 결론을 내리기 전에 서술어와 공기하는 어휘의 의미 특성을 찾아내고 단의 실현 환경을 밝히는 작업이 우선이라 할 수 있다. 이에 따라 본 연구에서는 대상 어휘에 대한 단의 평정을 한 다음에 단의들의 실현 환경을 밝히고 이에 대한 분포 양상을 찾아낼 것이다.

문아동(2016)은 한중 이동 동사 '들다'와 '進(jìn), 入(rù)', '나다'와 '出(chū)'의 사용 양상을 비교하여 공통점과 차이점을 밝히는 데 목적을 두었다. 그러나 논의를 전개하기 전에 한중 어휘의 대응 쌍을 선택하는 것이 우선이여야 하는데 문아동(2016)에서는 이 과정에 문제가 있는 것으로 보인다. 문아동(2016)은 한국어 '들다'의 중국어 대응 어휘를 '進(jìn), 入(rù)'를 들고 있다. '進(jìn)'은 그 자체가 '들다'와 대응될 수 있는데 '入(rù)'는 '안으로 움직이다'의 의미를 표현할 때 일반적으로 합성어인 '진입(進入)'을 사용하고 '入(rù)' 단독으로는 이러한 의미를 나타내지 않는다. 문아동(2016)에서도 임지룡(1996)의 의미 확장 원리에 따라 대상 어휘의 확장 의미를 제시하였는데 몇 개의 예를 들어 이 원리를 입증하는 식으로 논의를 전개하였기 때문에 대상 어휘의 전체 확장 의미가 어떠한지는 살피지 못했다. 그리고 한중 어휘 간의 공통점과 차이점을 찾아보는 것까지만 연구를 하였고 실제 이러한 단의들은 어떻게 분포되어 있는지에 대해서는 다루지 않았다.

다음으로, 낱말밭 이론에 의거하여 이동 동사를 연구한 것으로는 이화자(2012)를 들 수 있다. 이화자(2012)는 한국어와 중국어 대상 이동 의미를 나타내는 어휘들을 대상으로 삼아 이에 대하여 각각의 낱말밭을 정리, 분석하여 한국어와 중국어 낱말밭 분절 양상에 있어서 공통점과 차이점을 찾아내는 데 목적을 두었다. 이화자(2012)는 대상 이동 동사를 연구 대상으로 삼아 이전의 개별 어휘를 가지고 전개하는 논의들보다 그 체계적이라고 평가할 수 있다. 그러나 이 논문은 대상 이동 동사를 대조한 것이어서, 주체 이동 동사를 다루는 본 연구에서는 내용 자체보다는 연구 방법을 참고하는 데에 도움이 된다고 할 수 있다.

이상의 논의를 살펴보면 지금까지 한중 이동 동사에 대한 연구는 주로 적은 수의 어휘를 대상으로 하였으며, 연구 방법에 적지 않은 문제점이 존재하는 사실을 발견할 수 있다. 첫째, 사전 의미에 대한 재정리 과정이 없다. 다의어에 대한 연구를 하면 기존 사전을 사용하는 것이 일반적이다. 그러나 사전에 제시된 뜻풀이가 반드시 정확하다는 보장은 없다. 그러므로 연구자는 일정한 기준을 가지고 의미를 평정해야 한다. 둘째, 두 언어의 차이점에 대한 설명이 없다. 기존 연구에서 대조 어휘의 의미들 가운데 일치하는 의미가 무엇인지, 일치하지 않은 의미가 무엇인지에 대한 언급만 하고 왜 이러한 차이가 나타나는지에 대해서는 설명하지 않았다. 즉 서술어와 공기하는 어휘의 의미적 특성, 단의의 실현 환경에 대한 논의가 없었다. 셋째, 연구 결과에 대한 반영 방식이다. 기존의 연구들은 연구 결과에 대하여 글로만 설명하는 것이 일반적이었다. 그러나 분석 결과를 글보다 더 뚜렷하고 명확하게 보여줄 수 있는 방식이 있으면 연구 결과의 활용도가 더 높아질 것으로 예상된다.

이 책에서는 위에 제시된 문제점을 극복하기 위하여 우선 대상 어휘에 대한 단의 평정을 한 다음에 구체적인 논의를 전개할 것이다. 이어서 각 단의들의 실현 환경을 분석할 것이다. 마지막으로 그래프 형식을 도입하여 단의의 분포 양상을 살펴볼 것이다.

1.3. 연구의 범위 및 방법

1.3.1. 연구의 범위

동사는 문장의 주체로 제시된 인물이나 사물에 대하여 그 동작·상태·성질을 설명하는 말로서 문장에서 가장 중요한 성분이며 진술의 핵심이라고 할 수 있다. 이는 결국 동사가 다른 부류의 어휘보다 통사적이나 의미

적으로 중요한 영역을 점유하고 있는 것을 의미한다. 동사는 문장의 서술
어로서 다른 문장 성분을 통솔하여 그 문장이 일정한 의미를 가지게 해 주
고 마무리하는 역할을 한다. 그러므로 동사는 다른 품사보다 생동감을 나
타나게 해 준다(전수태 1987 : 3).

동사에 대한 연구들 가운데 그 전체를 대상으로 의미적 분류를 시도한
연구는 천기석(1983)이 있다. 이 논문에서 용언 전체를 동사로 두고, 이를
동작 동사와 상태 동사로 양분한 뒤 각각의 의미 영역을 세분하였다. 천기
석(1983)은 용언 전체를 대상으로 분류하였고 가장 세분되어 있으며, 분류
기준이 명확하게 제시되어 있다고 보고 본 연구에서는 이를 따르기로 한
다. 이를 표로 제시하면 다음과 같다.

[표 1] 천기석(1983 : 84) 용언의 의미적 분류 체계

동사	동작 동사	수여 의미	대상물 제공, 소유 이전, 발화 전달, 수혜자 격하, 행위자의 시현, 수혜자의 기여, 요구와 결정
		소유 의미	단순 소유, 전제 소유, 도구 조건, 내재 활동, 체내 공급, 수혜자 손실, 추상 소유
		이동 의미	유생 개체, 무생 개체
		부정 의미	결과 반대, 규칙 위반
		비교 의미	주관적, 객관적
		상접 의미	의지 일치, 의지 이탈
		조종 의미	대상 분할, 형성 종합
		보류 의미	지속 중단, 잠정 중단
		가변 의미	대상 증대, 대상 감소
	상태 동사	기본 도량 의미	장단, 광협, 경중, 속도, 수량
		부착 도량 의미	감세, 선조, 시각
		추론 의미	판별, 능력, 미추, 존재
		감각 의미	청각, 후각, 미각, 촉각, 온각, 통각, 인체 감각, 감정

위 표를 통해 알 수 있듯이 동사는 동작 동사와 상태 동사가 있다. 동작

동사는 동작의 '시작, 진행, 종결' 등 의미를 표현할 수 있는데 상태 동사는 진행의 의미는 표현할 수 없다. 그러므로 상태 동사보다는 동작 동사가 한층 더 동사적이라고 말할 수 있을 것이다.

또한 인간은 정지(靜止) 상태로 살고 있는 것이 아니라 움직이면서 살아간다. 동사의 여러 종류 가운데 이러한 움직임을 더 선명하게 나타내는 동사는 바로 이동 동사이다. 이동 동사는 주체가 직접 운동을 수행하는 '주체 이동', 어떤 행위자가 객체를 이동시키는 '객체 이동', 그리고 소유물이 이동하는 '소유 이동'으로 나눌 수 있다. '주체 이동', '객체 이동', '소유 이동' 가운데 이동의 의미를 더 선명하게 보여주는 것은 '주체 이동'이다.

주체 이동 동사 중에는 단일어도 있고 복합어도 있다. 이 중에서 단일어는 언어 구성에 있어서 기본적이고 실질적인 의미를 가지는 부분이기 때문에 본 연구에서는 이동 동사 중에서도 단일어 형식으로 나타나는 주체 이동 동사를 연구 대상으로 삼는다.

1.3.2. 연구의 방법

한중 단일어 주체 이동 동사의 단의 분포 양상에 대한 연구는 다음의 절차로 진행된다.

첫째, 대상 어휘에 대한 단의 평정을 한다.

언어 연구를 하는 데 있어서 사전은 중요한 도구이다. 그러나 사전에 제시된 뜻풀이가 전부 적절하고 정확하다는 보장은 없다. 예를 들어, '들다'의 경우 「표준국어대사전」의 1번 의미는 '밖에서 속이나 안으로 향해 가거나 오거나 하다.'로 되어 있다. 그러나 뜻풀이에 제시된 '밖'은 '안'과 대응 쌍이 될 수 있지만 '속'과는 대응 쌍을 이룰 수 없다. 또한 '들다'라는 동사는 그 자체가 이동을 의미하는 것이 아니라 동작을 하다 보니까 이동이 결부되는 동사이다. 그런데 '가다, 오다'는 전형적인 이동 동사로서 이동을 표현하는 데 '들다'보다 더 많은 시간을 요구하고 이동이 거리도 '들다'보다 훨씬 길다. 그러므로 전형적인 이동 동사 '가다, 오다'를 사용하여 '들다'를 뜻풀이하는 것은 적절하지 않다고 본다. 「고려대한국어대사전」에서 제시된 '들다'의 1번 의미도 '들어서다'를 가지고 '들다'를 해석하고 있기 때문에 문제가 있다고 할 수 있다. 그러므로 단어의 의미를 연구할 때 사전 의의를 재검토하고 이에 대한 비교적으로 정확한 해석을 한 다음에 연구를 전개할 필요가 있다. 이에 대한 구체적인 설명은 2.1에서 제시할 것이다.

둘째, 단의 평정 과정을 걸친 후 정리된 단의들의 실현 환경을 조사한다.

단어의 의미 변화가 일어나는 이유는 이와 공기되는 단어의 특성이 다르기 때문이다. 다의어의 의미 연구에 있어서 Heine(1991 : 48), 임지룡(1996)에서는 다음과 같은 확장 원리를 제시하였다.

(1) 가. 사람>대상>행위>공간>시간>질
    나. 사람 → 짐승 → 생물 → 무생물
    ● 구체성 → 추상성
    ● 공간 → 시간 → 추상
    ● 물리적 → 사회적 → 심리적
    ● 일반성 → 비유성 → 관용성
    ● 내용성 → 기능성

즉 동사와 같은 경우 이와 공기되는 어휘가 사람이냐, 짐승이냐, 또한 생물이냐 무생물이냐, 구체성을 가지느냐, 추상성을 가지느냐 등에 따라 의미가 파생된다. 그러므로 그 의미들을 논항의 분포에 따라 분류할 필요가 있다. 이 결과를 토대로 대상 어휘의 단의를 정리하고 구체성의 정도에 따라 단의를 다시 배열한다. 이에 대한 구체적인 설명은 2.2에서 제시할 것이다.

셋째, 정리된 단의들의 분포 양상을 확인한다.

두 번째 절차를 걸친 후에 대상 어휘의 단의들이 구체성의 정도에 따라 어느 정도 정리되어 있을 것이고 이들의 논항 특성도 파악되었을 것이다. 그러면 이러한 결과를 어떻게 독자에게 설명해 줄 것인가에 대한 문제가 남는다. 본 연구에서는 선행 연구에서 글로써만 설명했던 방식을 넘어, 단의 분포 양상을 시각적으로 명확하게 보여줄 수 있는 그래프 형식을 채택할 것이다. 그래프 형식으로 의미 분포 양상을 표시하는 것은 2차원, 3차원, 심지어 4차원까지도 가능하지만 주체 이동 동사는 목적어가 상정되는 경우가 많지 않기 때문에 본 연구에서는 2차원 형식을 취하기로 한다. 두 번째 절차를 통해 정리된 단의들이 그래프에서 어떤 자리를 차지하는지를 표시하고 대상 어휘의 분포 양상을 확인한다. 이에 대한 구체적인 설명은 2.3에서 제시할 것이다.

1.4. 논의의 구성

이 책은 총 7장으로 구성된다. 1장은 연구의 목적과 대상, 방법에 대하여 서술한다. 2장에서는 이론적 배경을 논의하는 부분으로 주체 이동 동사의 개념과 하위분류, 이동 동사의 의미 분석 방법을 살펴볼 것이다. 주체 이동 동사는 이동 동사의 하위 개념으로 우선 이동 동사에 대한 설명이 우선이어야 한다. 이어서 주체 이동 동사의 분류에 대하여 선행 연구에서 많이 언급했던 방향성에 따른 분류 외에도 이동이 동사의 본질적인 의미인가 결부되는 의미인가에 따라 주체 이동 동사를 분류할 것이다. 이에 대하여 주체 이동 동사를 1차적으로 '본질적 이동 동사'와 '부차적 이동 동사'로 분류하고 각 영역 안에 이동의 방향성에 따라 '수평 이동 동사'와 '수직 이동 동사'로 분류할 것이다. 2.2절에서는 주체 이동 동사의 분석 방법에 대하여 구체적으로 설명할 것이다. 여기서 대상 어휘 하나를 골라 이에 대한 단의 평정을 할 것이고, 단의 평정의 결과를 토대로 구체성의 정도에 따라 단의를 배열할 것이다. 다음으로 다시 배열된 단의들의 그래프에 있는 위치를 설정하고 전체 단의의 분포 양상을 살펴볼 것이다.

3장과 4장은 대상 어휘에 대한 구체적인 설명이다. 3장에서는 한국어와 중국어 '본질적 이동 동사'를 대상으로 하여 해당 어휘를 이동의 방향에 따라 '수평 이동'과 '수직 이동'으로 먼저 나누고, 또한 이동의 양상에 따라 '수평 이동'은 '왕래 동사'와 '통과 동사', '수직 이동'은 '상승 동사'와 '하강 동사'로 나누어 그들의 단의 분포 양상을 밝히고자 한다. 4장에서는 '부차적 이동 동사'를 대상으로 한다. '수평 이동'은 '발착 동사', '출입 동사', '이탈 동사', '수직 이동'은 '상승 동사'와 '하강 동사'로 나누어 단의 분포 양상을 논의할 것이다.

5장은 인지언어학에 대한 원리를 활용하여 교사들이 일상 학습 현장에서 학생들을 어떻게 가르치는 것을 제시할 것이다, 그리고 학생들은 어떻게 다양한 원리를 이용하여 사회, 인생을 인식하고, 가치과과 세계관을 세는 것을 제사한다.

6장은 앞서 기술된 내용을 정리하면서 한국어와 중국어 주체 이동 동사의 단의 분포 양상을 알아볼 것이다. 그리고 이 책에서 미해결된 부분과 보완할 점을 기술할 것이다.

기존의 한국어와 중국어 대조 논문에서는 단순히 어떤 의미가 '한국어에 있고, 중국어에 없다', 아니면 '한국어에 없고, 중국어에 있다'는 식으로만 제시하였다. 실제적으로 대상 어휘의 단의가 변화되는 이유, 그리고 각 단의의 분포 양상이 어떠한지에 대해서는 관심을 두지 않았다. 이를 보완하는 입장에서 본 연구는 한국어와 중국어 주체 이동 동사의 단의 유무 여부를 지적하는 데에 그치지 않고 각 단의의 실현 환경 및 분포 양상에 대해서도 연구할 것이다. 이러한 작업이 한국어와 중국어 대조 연구의 질적 발전에 도움이 되기를 기대한다.

2. 주체 이동 동사의 개념과 의미 분석

2.1. 주체 이동 동사의 개념과 분류

본 절에서는 주체 이동 동사의 개념과 하위분류에 대하여 살펴보도록 한다. 주체 이동 동사의 개념에 대하여 주로 의미론적인 관점과 통사론적인 관점에서 논의를 전개할 것이다. 그리고 주체 이동 동사의 분류에 대하여 기존의 연구보다 이동이 동사의 본질적인 의미인지 부차적인 의미인지에 따라 새로운 각도에서 분류할 것이다.

2.1.1. 주체 이동 동사의 개념

주체 이동 동사는 이동 동사의 하위 개념이다. 그러므로 주체 이동 동사의 개념과 하위분류를 제시하려면 먼저 이동 동사의 개념 및 하위분류를 밝힐 필요가 있다. 일반적으로 이동이란 '무엇이/무엇을 움직여 자리를 바꾸다'로 풀이할 수 있다. 그러므로 '이동 동사'는 이러한 동작을 표현하는 어휘로 간단하게 규정할 수 있다. 그러나 실질적으로 이동 동사의 정의에 관련되는 요소가 여러 개가 있다. 이를 알아보기 위해 선행 연구에서 규정한 이동 동사의 정의를 검토한다. 이동 동사의 정의는 의미론적인 것과 통사론적인 것으로 양분될 수 있다. 의미론적인 연구로는 전수태(1987), 김응모(1989), 우형식(1999), 채희락(1999), 황국정(2005), 육미란(2008) 등이 있고, 통사론적인 대표 논의로는 홍재성(1987)이 있다. 내용을 표로 정리하면 다음과 같다.

[표 2] 이동 동사의 정의

의미론적 정의	전수태(1987 : 24)	장소의 이동을 나타내는 동사인데 이때의 장소 이동이란 이동체 전체가 이동하는 것이며 이동체의 일부가 이동하는 동사는 제외되어야 한다.[2]
	김응모(1989 : 13)	이동의 주체나 객체가 공간적으로 위치가 변화되는 의미를 나타내는 동사.
	우형식(1998 : 205)	문장의 주체 또는 객체의 이동의 뜻이 드러나는 동사류를 지칭하는 것.
	채희락(1999 : 18)	동작 주체의 장소 이동을 핵심 의미 속성으로 가지고 있는 움직임 동사.
	황국정(2005 : 366)	이동 동사는 주체인 행위주가 일정한 장소에서 다른 장소로의 이동(움직임)이 있는 것이다.
	육미란(2008 : 19)	이동의 의미를 지닌 동사로 이동대상의 위치가 바뀌었음을 지각할 수 있게 하는 동사.
통사론적 정의	홍재성(1987 : 266)	'N_0 Ω V^0 러 N_1 (Loc + ACC) V_0' 문형에서 V_0 위치에 타나나는 동사를 이동 동사로 보고 있다.[3]

---

2) 전수태(1987)에서는 '뻗다, 차다, 내밀다' 등은 이동 동사에서 제외되어야 한다고 보았다. 그리고 이동 동사 이동단계를 '기동단계, 완료단계, 과정단계'로 분류하면서 이동 중에 '정지상태'를 의미하는 '멈추다'도 이동 동사라고 주장하였다. 「표준국어대사전」에서 '멈추다'를 '사물의 움직임이나 동작이 그치다'로 해석하고 있다. 이 뜻풀이를 참고하면 '멈추다'는 이동이 필수적인 것이 아니다. 이 책은 출발점, 도착점과 이동 경로가 확실한 동사를 이동 동사로 보고 있으므로 '멈추다'같은 경우를 연구 대상에서 제외시키기로 한다.

3) 홍재성(1987 : 261)에서 N_0는 주체명사구, N_1은 동사보어 역할을 하는 제1명사구이며, Ω는 연결어미 -러가 뒤따르는 동사의 가능한 보어를 표시한다. Loc는 장소표현의 격조사 '-에, -에서, -로' 등을 지칭하면 Acc는 대격조사 '-를'을 나타낸다고 보았다.

이동 동사에 대한 의미론적 정의는 주로 '개체의 위치 변화'라는 자질을 주목하여 정의하고 있다. 즉 이동 동사는 '어떤 대상의 위치 변화를 나타내는 동사'라고 정의할 수 있을 것이다. 이동 동사의 통사적 특징을 언급한 연구는 많으나 이를 이동 동사의 정의로 삼은 예는 많지 않다. 홍재성 (1987)은 이동 동사를 통사적으로 정의한 대표적인 연구이다. 홍재성(1987)에서는 이동 동사를 '-러' 구문으로 나타날 수 있는 동사로 규정하고 있으나 '걷다, 뛰다'와 같은 전형적인 이동 동사의 예를 해석할 수 없다. 그러므로 이동 동사를 정의하는 데 있어서 통사론적 정의보다는 의미론적 정의가 더 적절하다고 볼 수 있을 것이다.

한편 의미적으로 이동 동사를 정의할 때 아래와 같은 문제를 고려할 필요가 있다.

첫째, 이동대상은 과연 행위주에만 국한되는가.
둘째, 공간적 위치 변화를 나타내는 움직임동사는 이동 동사의 범주에 속하는가.

(가) 철수는　　　영희를　　　만나러　　　다방에　　　나갔다.
　　　N_0　　　Ω　　　V^0-러　　　$N_1(Loc)$　　　V_0
(나) 철수는　　　토끼를　　　잡으러　　　숲속을　　　돌아다녔다.
　　　N_0　　　Ω　　　V^0-러　　　$N_1(Acc)$　　　V_0

이 정의에 따르면 V_0 위치에 해당하는 '나가다, 돌아다니다'의 동사를 이동 동사로 보고 있다. 이동 동사에 대한 이러한 정의는 일련의 자동사를 통사적, 의미적으로 특징짓는 데 유용한 것일 수 있다. 하지만 일반적으로 이동 동사로 받아들인 '뛰다. 걷다'의 이동 동사 특성을 설명하지 못하는 문제가 남는다.

(다) *철수는 영희를 만나러 걷는다.
(라) *철수는 영희를 만나러 뛴다.
(마) 철수는 영희를 만나러 나갔다.

위 예문 (다)와 (마)를 통해 알 수 있듯이 '걷다'와 '뛰다'는 이동 동사 구문 '-러'와 결합하면 비문이 된다. 그러므로 통사적 관점에서의 이동 동사에 대한 정의가 어렵고 바람직하지 않는다고 볼 수 있을 것이다.

첫 번째 이동대상은 행위주에만 국한되는가에 대해 학계에 두 가지 견해가 있다. 우형식(1996), 한송화(2000), 황국정(2005) 등 연구에서는 이동의 대상 즉, 이동체는 주체에만 한정하여 다시 말해 행위주가 이동의 주체가 되어 그 행위주가 자발적으로 이동하는 것만 이동이라 할 수 있다고 보았다. 반면, 김응모(1989), 남승호(2003), 전수태(2009)는 이동대상은 주체뿐만 아니라 객체, 그리고 소유물 등 세 가지 내용으로 구분되어 이동 동사는 주체 이동 동사, 객체 이동 동사, 그리고 소유 이동 동사로 나누었다. 예문은 다음과 같다.

> (2) 가. 철수가 학교에 갔다.
> 나. 아이가 사과를 버렸다.
> 다. 제가 부모님께 선물을 드렸다.

예문 (2)의 (가)는 행위주가 '철수'인데 주체인 '철수'가 자발적으로 이동한 것이다, 예문 (나)에서는 주체인 '아이'가 이동하지 않고 '사과'가 이동한 것이다. 예문 (다)에서는 '선물'은 한 사람에게서 다른 사람에게 전달되는 의미이다. 즉, 세 가지 예문에서 이동의 대상은 각각 주체, 객체, 소유물이지만 실제 이동의 핵심 내용인 '위치의 변화'가 모두 나타나므로 세 가지 모두 이동이라 할 수 있다.

채희락(1999)은 움직임동사를 세 가지 내용으로 구분하였다. 첫째, 동작 주체의 형태 변화적 움직임을 나타내는 것(손을 흔들다, 자리에 앉다). 둘째, 동작 주체의 내부적 변화와 움직임을 나타내는 것(아이가/꽃이 자라다).[4] 셋

---

4) '자라다'와 같은 경우 이동 동사로 볼 수 없는 이유가 아래와 같다.
　(가) 키가 자랐다.
　(나) 잠을 깼다.
　(다) 죽이 식었다.
　(가)는 성숙이라는 내적 변화에 의한 것으로서의 상태 변화이다. 이러한 상태 변화는 키

째, 이동이 전혀 없거나 소멸됨을 나타내어 이동 값이 없는 것(멈추다, 머물다, 남다)이다. 이 내용을 보면 채희락(1999)에서는 움직임동사를 한 전체의 자세(姿勢) 변화 혹은 내부적인 움직임을 나타내는 동사로 정의한 것이다. 이는 전형적인 이동 동사의 의미와 다르다. 결국 움직임 동사는 이동 동사의 범주에 속하지 못한다고 할 수 있다. 이기동(1977)에서 '뛰다, 날다, 기다, 걷다' 등은 '움직임의 방법'을 나타내는 동사로 장소 이동을 나타내는 '가다, 오다'와 다르다고 말했다. 이는 '가다'와 '오다'는 출발지와 목적지를 나타내는 말과 같이 쓰일 수 있지만 움직임의 방법을 나타내는 동사는 그러한 표현과 같이 쓰일 수 없다.[5] 그러나 이 이유만으로 '뛰다, 걷다, 날다, 기다' 등 동사가 이동 동사가 아니라고 판정하기는 어렵다. '걷다'와 같은 경우 '거리를 걷다, 길을 걷다'에서 '걷다'가 이동의 방법을 나타내기는 하지만 그냥 서 있으면 거리를 걸 수가 없고 이동을 해야 '거리를 걷다'라는 표현이 성립된다. 그러므로 '걷다' 전형적인 이동 동사 '가다, 오다'와 다르지만 이동 동사 아니라고 말할 수 없을 것이다. 따라서 본 연구에서는 '뛰다, 걷다, 날다, 기다'와 같은 이동의 방법을 나타내는 동사들도 이동 동사로 보고자 한다.

가 낮은 위치에서 높은 위치로 위치 변화를 겪었다고 말한다면 이동이라고 할 수도 있을 것이다. 그러나 이러한 상태 변화를 이동이라고 한다면, (나), (다)와 같은 경우도 이동의 범주에 들어가야 한다. 하지만 이들은 상태의 변화이지 '이동'이라고 보기 어렵다.

5) 이기동(1977 : 139)에서 '가다, 오다'와 '뛰다, 걷다'의 차이점을 성명하는 데 다음과 같이 제시하였다.

(가) 창수는 아침 일찍 학교에 갔다/왔다.
(나) ?창수는 아침 일찍 학교에 뛰었다/걸었다.
(다) 창수는 아침 일찍 학교에 뛰어 걸어 왔다/갔다.

위에서 제시된 세 예문은 공통적으로 목적지를 나타내는 장소 명소 '학교'가 있다. '가다'와 '오다'는 '학교'와 같이 쓰일 때 자연스러운데 비해 '뛰다, 걷다'는 장소 명사 '학교'와 같이 쓰일 때 문장이 비문이 된다. 그러나 복합동사 '동사~어 오다/가다'는 목적지를 나타내는 표현과 같이 쓰일 수가 있다.

위 내용을 통해 이동 동사는 '시간의 흐름에 따라 어떤 이동대상(주체, 객체, 소유물)이 출발점에서 일정한 경로를 거쳐 목표영역으로 위치 변화를 나타내는 동사'로 정의될 수 있다. 그림으로 보이면 다음과 같다.

[그림 1] 이동 동사의 정의[6)

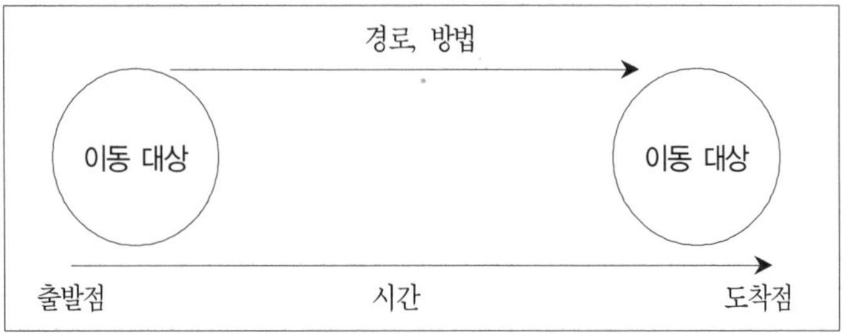

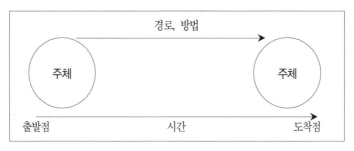

주체 이동 동사는 이동 동사의 하위 개념으로서, '행위자가 이동대상이 되어 자신의 의지에 따라 이동하는 것'으로 정의할 수 있다. 이를 그림으로 표시하면 다음과 같다.

[그림 2] 주체 이동 동사의 정의

6) 이 그림은 육미란(2008 : 20)을 참조해서 이동을 실현하는 데 있어서 방법 자질을 추가하여 그린 것이다.

2.1.2. 주체 이동 동사의 분류

이동 동사는 이동 대상의 유형에 따라 주체 이동 동사, 객체 이동 동사, 그리고 소유 이동 동사 등을 구분할 수 있다. 여기서 주체 이동 동사는 행위자가 이동대상이 되어 자신의 의지에 따라 이동하는 것이고, 객체 이동 동사는 어떤 대상이 타의(他意)에 의해 이동하게 되는 것이며, 소유 이동 동사는 소유물이 소유주로부터 다른 소유주에게 이동하는 것이다.

[표 3] 이동 동사의 하위분류 및 정의

하위 범주	정의	예
주체 이동	이동체가 자발적으로 수행하는 이동	가다, 오다
객체 이동	외계의 힘이 이동체를 타의로 움직이는 이동	버리다, 두다
소유 이동	소유물이 소유주 사이에 수행하는 이동	보내다, 주다

앞서 언급했듯이 주체 이동 동사는 주체의 능동적이고 자발적인 이동을 나타내므로 객체 이동과 소유 이동보다 이동의 의미를 더 잘 나타낼 수 있다. 그러므로 본 연구는 주체 이동 동사, 그 중에서도 단일어인 것을 연구 대상으로 삼아 연구를 진행한다.

[표 4] 이동 동사의 분류(1)

이동	주체 이동	단일어
		복합어
	객체 이동	단일어
		복합어
	소유 이동	단일어
		복합어

또한 최호철(2015)에서는 '들다, 나다, 오다, 가다'와 '들어오다, 들어가

다, 나가다, 나오다'의 의미 길이를 설명하면서 '들다', '가다'가 모두 이동 동사의 범주에 속하지만 차이가 있는 것을 보여주었다. 최호철(2015)은 『표준국어대사전』에 실려 있는 '들다, 나다, 들어오다, 들어가다' 등의 의미를 재검토하면서 그 문제점을 지적하였다.

[표 5] '들다, 오다, 들어가다'에 대한 뜻풀이

어휘	「표준국어대사전」의 뜻풀이	최호철(2015)에서의 뜻풀이
들다	밖에서 속이나 안으로 향해 가거나 오거나 하다.	밖이나 겉에서 안이나 속으로 움직이다.
가다	한 곳에서 다른 곳으로 장소를 이동하다.	말한이의 기준점에서 멀어지다.
들어가다	밖에서 안으로 향하여 가다.	밖이나 겉에서 안이나 속으로 움직여 말한이의 기준점에서 멀어지다.

[표 5]를 통해 볼 수 있듯이 『표준국어대사전』에서는 '들다'의 의미와 '들어가다'의 의미를 구별하기가 어렵다. '들다'도 '들어가다'와 같이 모두 '밖에서 안으로 향하여 가다.'로 해석할 수 있기 때문이다. 그러나 실질적으로 '들다'와 '들어가다'의 의미가 완전히 같은 것이 아니다. '들어가다'는 '들다'와 '가다'의 의미를 모두 포함한다. '들다'의 동작은 처음이 밖이나 겉이고 끝이 안이나 속이며, '가다'의 동작은 끝이 어디이든 말할이의 기준점에서 멀어지는 것이고, '들어가다'의 동작의 처음은 '들다'의 처음으로 파악되고 동작의 끝은 '가다'의 끝으로 파악된다. 이 내용을 표로 정리하면 다음과 같다.

(3) '들다'의 의미 길이[7]

```
┌──────────── ③ │ ②
│ 들다← │
```

---

7) 이 내용은 최호철(2015 : 75~80)의 그림을 그대로 가져온 것이다.

(가) 의미 : 밖이나 곁에서 안이나 속으로 움직이다.(②→③).

(나) 의미 길이 : 밖이나 곁에서 안이나 속으로 움직이는 동안(② ↔③).

(4) '가다'의 의미 길이

④←←③←②←←①

←←←←←가다 | ① 말한이의 기준점

(가) 의미 : 말한이의 기준점에서 멀어지다.(· · ·←④←③←②← ①).

(나) 의미 길이 : 발화 상황에 따라 달라진다.(④↔③, ③↔②, ② ↔①, ④↔②, ③↔① · · ·).

(5) '들어가다'의 의미 길이

④←←←←③ ②←←←←①

←←←←들어가다 |

←←←←←←←←←←←←←←가다 | ① 말한이의 기준점

(가) 의미 : 밖/곁에서 안/속으로 움직여 말한이의 기준점에서 멀어지다(④←③←②).

(나) 의미 길이 : 발화 상황에 딸라 달라진다.(④↔③, ③↔②, ④ ↔②).

앞서 내용을 살펴보면 '들다'는 이동체가 ②에 있는 자리에서 ③을 향해 그 경계선만 넘으면 '들다'의 동작을 완성한다. '가다'일 경우에는 가령 이동체가 ①에 있으면 ②를 향해 ③④까지 이동할 수 있다. '들어가다'는 '들다'와 '가다'의 결합으로 이동체가 ①에서 ②와 ③ 사이의 경계선을 넘어 ④까지 이동이 일어날 수 있다. 그러므로 '들다'의 의미 길이는 고정되어 있지만 '가다'와 '들어가다'의 의미 길이는 발화 상황에 딸라 달라질 수 있다. 여기서 말하는 의미 길이는 이동이 지속되는 시간으로 해석할 수도 있다. '들다'는 이동을 지속할 수 있는 시간이 짧은 이유가 '들다' 자체가 이동 양상을 의미하지 않아 '들다'의 동작을 하다 보니까 이동이 결부되는 것이기 때문이다. 그러나 '가다'는 동사 자체가 이동을 의미하기 때문에 전형적인 이동 동사로 볼 수 있겠다. 따라서 본 연구에서는 '가다'와 같이 동사 자체가 이동 의미를 가지는 동사를 '본질적 이동 동사'로 보고, '들다'와 같이 의미 길이가 고정되어 있으며 이동이 짧게 일어나는 동사를 '부차적 이동 동사'로 보고자 한다. 이에 따라 이동 동사를 분류하는 데 우선 '본질적'과 '부차적'의 기준을 적용하기로 한다.

[표 6] '본질적 이동 동사' 및 '부차적 이동 동사'의 정의

하위 범주	정의	예
본질적 이동 동사	동작을 수행할 때 이동이 자발적으로 일어나는 동사.	가다, 오다, 보내다, 주다
부차적 이동 동사	동작을 수행할 때 이동이 결부되는 동사.	들다, 나다, 버리다, 두다

'본질적 이동'과 '부차적 이동'은 주체 이동에서만 존재하는 것이 아니라 '객체 이동', '소유 이동'에서만 비슷한 현상을 발견할 수 있다. '주다'와 같은 경우 물건 따위가 한 소유주에게서 다른 소유주로 이동하는 의미로 움직이는 경로가 확실하고 이동의 의미를 뚜렷하게 나타내고 있다. 이에 비하여 '버리다'와 같은 경우 사람이 가지거나 지니고 있을 필요가 없는 물건을 내던지거나 쏟거나 하면 된다. 즉 객체에 해당하는 물건이 사람에게서 떠나면 된다는 것이고 이 때의 이동은 순간적이고 그 이동 경로가 잘 보이지 않는다. 따라서 '주다'는 '본질적 이동 동사', '버리다'는 '부차적 이동 동사'로 볼 수 있을 것이다.

앞에서 이동체가 주체인가 객체인가, 이동이 본질적인 것인가 부차적인 것인가에 따라 크게 이동 동사를 분류하였다. 이외에도 이동 동사는 주체나 객체가 장소를 옮기는 것으로 정향성(定向性)을 띠게 마련인데, 이 정향

성(orientedness)은 크게 상향성, 하향성, 좌향성, 우향성으로 상위 분절된다. '상향성'과 '하향성'은 수직 이동에 해당되고, '좌향성'과 '우향성'은 수평 이동에 해당된다. 이차적으로 수평적이나 수직적으로 구체적인 이동 특성에 따라 '수평 이동 동사'는 주체쪽으로의 이동 동사, 객체쪽으로의 이동 동사, 출발 단계에 중점이 있는 이동 동사, 도착 단계에 중점이 있는 이동 동사, 기준점의 앞에 있는 상대 위치로의 이동 동사, 기준점의 뒤에 있는 상대 위치로의 이동 동사, 영역 안팎으로의 이동 동사, 목표 지향적인 이동 동사, 기점 이탈적인 이동 동사, 통과의 양상에 따른 이동 동사' 등 열 가지로 나뉘고 수직 이동 동사는 '상승 이동 동사, 하강 이동 동사, 승강 이동 동사' 등 세 가지로 구분된다.[8] 정리를 하면 다음과 같다.

\<이동 동사의 하위분류\>

이동 동사
- 수평 이동
  - 주체 쪽으로의 이동
  - 객체 쪽으로의 이동
  - 출발 단계에 중점이 있는 이동
  - 도착 단계에 중점이 있는 이동
  - 기준점의 앞에 있는 상대 위치로의 이동
  - 기준점의 뒤에 있는 상대 위치로의 이동
  - 영역 안팎으로의 이동
  - 목표 지향적인 이동
  - 기점 이탈적인 이동
  - 통과의 양상에 따른 이동
- 수직 이동
  - 상승 이동 동사
  - 하강 이동 동사
  - 승강 이동 동사

---

8) 주체 이동 동사를 방향에 따라 수직 이동과 수평 이동을 구분하는 내용은 전수태(1987), 김응모(1993)을 참조했고, 수평 및 수직 이동에 해당되는 구체적인 하위 분류에 관한 내용은 송병우(1998)을 참조하여 정리하였다.

　　주체 이동 동사는 이동 동사의 하위 개념으로 행위자가 이동대상이 되어 그 이동대상이 자신의 의지에 따라 자발적으로 출발점에서 일정한 경로를 거쳐 목표영역으로 위치 변화를 나타내는 동사'라고 정리될 수 있다. 이러한 이동 동사에 대한 분류는 주체 이동 동사에 모두 적용될 수 있다. 그리고 방향성에 따른 이동 동사 분류는 이동 동사의 표면적인 이동 실현 양상을 기준으로 한 것이고, '본질적 이동'과 '부차적 이동'에 따른 분류는 이동 동사 자체가 가지는 특성을 기준으로 한 것이다. 그러므로 우선 이동 동사의 고유적인 특성을 고려한 다음에 방향성에 따라 이동 동사를 분류하는 것이 더 적절하다고 볼 수 있다.

　　지금까지의 내용을 정리하면 단일어 주체 이동 동사는 '본질적 주체 이동 동사'와 '부차적 이동 동사'로 일차적으로 구분되고, 방향성에 따라 이차적으로 더 나눌 수 있다.

　　이제, 이 영역에 속한 주체 이동 동사들이 어떤 것들이 있는지 조사해야 한다. 본 연구의 연구 대상은 한국어의 경우 국립국어원에서 간행한 「표준국어대사전」을 참조하여 선정하였다. 먼저 단일어 동사 목록 1237개를 정리하였고 다음으로 이동 동사의 정의에 부합하는 단일어 주체 이동 동사 29개를 확정하였다. 이러한 절차를 거쳐 선별된 한국어의 연구 대상 후보 목록은 다음과 같다.

[표 7] 한국어 주체 이동 동사 연구 대상 후보(1)

가다, 건너다, 오다, 지나다, 다니다, 내리다, 오르다, 지다02, 걷다02, 구르다, 기다, 나다, 날다, 다다르다. 들다, 떠나다, 뜨다03, 뛰다02, 비키다, 빠지다01, 이르다, 외다01, 돋다01, 뜨다01, 빠지다02, 솟다01, 숨뜨다, 뛰다, 흐르다01(29)

　　중국어의 경우 중국사회과학원에서 간행한 「現代漢語字典」을 참조하여 선정하였다. 먼저 단일어 동사 목록 1264개를 조사하였고, 다음으로 이동

동사의 정의에 부합하는 단일어 주체 이동 동사 32개를 확정하였다. 이러한 절차를 거쳐 선별된 중국어의 연구 대상 후보 목록은 다음과 같이 정리하였다.

[표 8] 중국어 주체 이동 동사 연구 대상 후보(1)

來, 去, 過, 退, 上, 登, 攀, 下, 落, 走, 离, 到, 進, 躲, 閃, 脫, 出, 避, 跑, 飛, 爬, 滾, 升, 陷, 涌, 滴, 流, 彈, 掉, 往, 渡, 墜 (32)

이들 연구 대상 후보를 '본질적 이동 동사'와 '부차적 이동 동사'로 분류하고, 다음으로 방향성에 따라 추가적으로 분류하였다. 그 결과를 정리하면 다음과 같다.

[표 9] 한국어와 중국어 주체 이동 동사의 분류

구 분			한국어(29개)	중국어(32개)
주체 이동 동사	본질적 이동 동사	수평 동사	가다, 건너다, 오다, 지나다, 다니다	來, 去, 過, 退, 往, 渡
		수직 동사	내리다, 오르다, 지다02, 흐르다01	上, 登, 攀, 下, 掉, 落, 墜, 流
	부차적 이동 동사	수평 동사	걷다02, 구르다, 기다, 나다, 날다, 다다르다, 들다, 떠나다, 뜨다03, 뛰다02, 비키다, 빠지다01, 이르다, 외다01	走, 离, 到, 進, 躲, 閃, 脫, 出, 避, 跑, 飛, 爬, 滾
		수직 동사	돋다01, 뜨다01, 빠지다02, 솟다01, 숨뜨다, 튀다	升, 陷, 涌, 滴, 彈

위에서 확보한 한국어와 중국어의 어휘들을 기본 의미를 바탕으로 대응 관계에 따라 다음과 같이 분류할 수 있다.

[표 10] 한중 주체 이동 동사의 대응 관계(1)[9]

한국어	중국어	한국어	중국어
가다	去 [갈 거]	나다	出 [날 출]
	往 [갈 왕]	날다	飛 [날 비]
건너다	過 [지날 과]	다다르다	到 [이를 도]
	渡 [건널 도]	이르다	
오다	來 [올 내]	들다	進 [나아갈 진]
지나다	X	떠나다	离 [떠날 이]
다니다	X	뜨다03	
X	退 [물러날 퇴]	뛰다02	跑 [허빌 포]
내리다	下 [윗 상]	비키다	躱 [비킬 타]
		외다01	閃 [번쩍일 섬]
			避 [피할 피]
오르다	上 [아래 하]	빠지다01	脫 [벗을 타]
	登 [떨어질 낙]	돋다01	升 [오를 승]
지다02	落 [오를 등]	뜨다01	
	墜 [떨어질 추]	빠지다02	陷 [빠질 함]
X	攀 [더위잡을 반]	솟다01	涌 [물 솟을 용]
걷다02	走 [달릴 주]	솝뜨다	
흐르다01	流 [흐를 류]	뒤다	彈 [탄알 탄]
구르다	滾 [흐를 곤]	X	滴 [물방울 적]
기다	爬 [긁을 파]		掉 [흔들 도]

위 도표를 살펴볼 때 '가다−去', '오다−來'는 일대일 관계를 형성할 수
있는가 하면, 중국어 '到−다다르다, 이르다'와 같이 한국어와 중국어의 대
응 관계가 일치하지 않은 것도 있다. 그리고 '지나다−X'와 '掉−X' 같이
한국어나 중국어에 단일어로 나타나지만 대응 언어에서는 단일어가 아닌
형식으로 나타나는 것들도 있다. 이는 한국어와 중국어가 서로 다른 의미
제약을 받고 있기 때문이다. 그러나 한국어와 중국어에 단일어로 대응 관
계가 이루어지지 않지만 상대 언어 안에 그 표현을 찾을 수 없는 것이 아

---

9) 여기서 'X' 부호는 일차적으로 선정된 연구 대상 가운데 한국어와 중국어 대응하지 않을
경우를 뜻한다. 그리고 '[ ]' 부호 안에 있는 풀이는 네이버 한자 사전에서 가져온 것이다.

니다. 보고는 한중 단일어 주체 이동 동사의 의미 분포 양상을 연구하는
논의로 양 언어에 있는 모든 단일어를 연구 대상으로 삼아야 한다. 그러므
로 한 쪽 언어에 단일어로 나타나고 상대 언어 안에 복합어 형식으로 나오
는 것들도 연구 대상에 포함되어야 한다. 이 절차를 걸친 후 한중 주체 이
동 동사의 목록을 다음과 같이 재정리할 수 있고 이 목록은 바로 본 연구
의 최종 연구 대상이 되겠다.

[표 11] 한중 주체 이동 동사의 대응 관계(2)[10]

한국어	중국어	한국어	중국어
가다	去 [갈 거]	나다	出 [날 출]
	往 [갈 왕][11]	날다	飛 [날 비]
건너다	過 [지날 과]	다다르다	到 [이를 도]
	渡 [건널 도]	이르다	
오다	來 [올 내]	들다	進 [나아갈 진]
지나다	(經過)	떠나다	离 [떠날 이]
다니다	(往返)	뜨다03	
(물러나다)	退 [물러날 퇴]	뛰다02	跑 [허빌 포]
내리다	下 [윗 상]	비키다 외다01	躱 [비킬 태] 閃 [번쩍일 섬] 避 [피할 피]
오르다	上 [아래 하]	빠지다01	脫 [벗을 태]
	쫄 [떨어질 낙]	돋다01	升 [오를 승]
지다02	落 [오를 등]	뜨다01	
	墜 [떨어질 추]	빠지다02	陷 [빠질 함]
(기어오르다)	攀 [더위잡을 반]	솟다01	涌 [물 솟을 용]
걷다02	走 [달릴 주]	솝뜨다	
흐르다01	流 [흐를 류]	튀다	彈 [탄알 탄]
구르다	滾 [흐를 곤]	(떨어지다)	滴 [물방울 적]
기다	爬 [긁을 파]		掉 [흔들 도]

10) 여기서 상대 언어 안에 단일어 형식이 아닌 복합어 형식으로 나타나는 어휘를 '( )'을
 사용해서 표시하겠다.

이 표를 다시 부류별 대응 관계로 그리면 다음과 같다.

[표 12] 한중 주체 이동 동사의 대응 관계(3)

구 분			한국어(32개)	중국어(32개)
주체 이동 동사	본질적 이동 동사	수평 동사	가다	去
			건너다	過
			다니다	(往返)
			(물러나다)	退
			오다	來
			지나다	(經過)
		수직 동사	(기어오르다)	攀
			내리다	下
			(떨어지다)	滴
				掉
			오르다	上
				登
			지다02	落
				墜
			흐르다01	流
	부차적 이동 동사	수평 동사	구르다	滾
			걷다02	走
			기다	爬
			나다	出
			날다01	飛
			다다르다	到

---

11) 1차적으로 선정된 한국어 목록 안에 '솟뜨다'는 '솟다', '뜨다03'은 '떠나다' 단의 중의 한 가지만 해당되고, '이르다'와 '다다르다', '외다01'은 '비키다' 서로 같은 의미를 표시하고 있다. 이러한 경우 본론에서 대조 연구를 할 때 '솟다–涌', '비키다–躲', '떠나다–離', '다다르다–到'만 대응 시켜 연구를 전개하고자 한다. 중국어의 경우도 마찬가지다. 1차적으로 선정된 중국어 목록 안에 '往, 渡, 墜, (避, 閃), 滴, 登'이 있는데 이들이 각각 '去, 過, 落, 躲, 掉, 上' 단의 중의 한 가지만 해당되기 때문에 본론에서 '가다–去, 건너다–過, 지다01–落 비키다–躲, 떨어지다–掉, 오르다–上'에 대한 대조만 전개하고자 한다.

구 분			한국어(32개)	중국어(32개)
			이르다	
			들다	進
			떠나다	离
			뜨다03	
			뛰다02	跑
			비키다, 외다01	躲
				閃
				避
			빠지다01	脫
		수직 동사	돋다01	升
			뜨다01	
			빠지다02	陷
			솟다01	涌
			솝뜨다	
			튀다	彈

2.2. 주체 이동 동사의 의미 분석 방법

본 절에서는 주체 이동 동사의 분포 양상을 종합적으로 살펴보기 위해 '오르다'의 예를 가지고 구체적으로 설명하겠다. 의미 분석 방법의 세부 절차인 '단의 평정', '단의 분류' 및 '단의 분포 양상'을 상세히 다룰 것이다.

2.2.1. 주체 이동 동사의 단의 평정

기존의 어휘 의미 연구는 둘 이상의 어휘를 상정한 의미 관계를 연구한 것이 많고, 상대적으로 어휘의 다의성을 상세히 분석하는 것에 관한 연구는 드문 편이다. 다의어의 의미를 체계적으로 분석하기 위한 방법을 논의한 연구는 최호철(1996)과 남경완(2008)이 대표적이다. 최호철(1996)에서는 의미 분석의 실제 절차를 여섯 가지로 제시하였다.

> (6) 의미 분석의 절차(최호철 1996 : 85)
> (ㄱ) 단의의 유연성에 따른 다의성과 동음성을 고려하여 어소를 분류한다.
> (ㄴ) 한 어소 자체의 의미로 한정한 이의를 평정하여 의소를 설정한다.
> (ㄷ) 이의 실현 환경을 조사하고 문맥적/화맥적 이의를 분류한다.
> (ㄹ) 기본적 의미(주이의)와 비유적/관용적 의미(부이의)를 설정한다.
> (ㅁ) 기본적 의미와 비유적/관용적 의미의 의미 특성을 기술한다.
> (ㅂ) 비유적/관용적 의미의 실현 규칙을 세운다.

남경완(2008)은 최호철(1996)의 논의를 더 구체화시켜 의미 분석의 과정을 다음과 같이 제시한 바 있다.

> (7) 남경완(2008 : 69-73)
> <1단계 : 단의 설정> → <2단계 : 의소 설정> → <3단계 : 의미 기술>
>   1-1 단의 평정   2-1 다의성과 동음성의 구분
>   -개념상의 의소 분류
>   1-2 단의 분석   2-2 이의 분류
>   -의소의 기술

남경완(2008)은 '단의 평정'의 과정을 추가한 의미 분석 과정을 설정하였다. 여기서 말하는 '단의 평정' 과정은 바로 사전적 의미를 수집 및 정리하여 각 단의를 체계적으로 평가하여 결정하는 것이고, '단의 분석' 과정은 각 단의의 주체 분포 양상을 확인하는 과정이다. 우선 '단의 평정'의 구체

적인 방법을 알아보도록 한다.

우리가 어휘의 단의를 평정하기 위해 1차적으로 해야 할 작업은 해당 연구 대상이 사용되는 모든 용례를 수집하여 단의 사이의 유연성에 따라 다의어와 동음이의어를 구별하는 것이다. 그러나 어휘에 대한 연구가 어느 정도 진행되어 있고 그 결과가 이미 간행된 사전에 반영되어 있다. 그러므로 여기서 편의상 사전을 이용하여 해당 어휘의 단의를 수집하여 이에 대한 평정 과정을 진행할 수 있다. 사전은 일반적인 소사전보다 공공기관에서 간행된 큰 사전을 이용하는 것이 더 적당하다. 본 연구에서는 한국어의 경우 국립국어원에서 간행한 「표준국어대사전」과 고려대학교 민족문화연구원에서 간행한 「고려대한국어대사전」12)을 사용하기로 한다. 주체 이동 동사 '오르다'의 단의 평정 과정을 설명하기 위해 우선 '오르다'의 단의가 몇 개인지가 파악해야 한다. '오르다'의 단의는 「표준」에서 17개, 「고려」에서 19개로 제시하고 있다. 이를 사전별로 정리하여 제시하면 다음과 같다.

    (8) '오르다'의 단의 후보(1)

        (가) 「표준」 [1]사람이나 동물 따위가 아래에서 위쪽으로 움직여 가다. ¶ 산에 오르다./옥상에 올라 하늘을 바라보았다. ‖ 정상을 오르다./계단을 오르다.
            「고려」 [1][(명)이][(명)이 (명)에/(명)으로] (사람이나 짐승이 더 높은 곳으로) 가기 위해 움직이다. ¶ 그녀는 주말마다 북한산에 오른다./높은 산 정상에 올라 세상을 굽어보는 느낌은 참 좋군./그녀는 공연 직전에는 부들부들 떨다가도 막상 무대에

---

12) 본 연구에서 말하는 「표준국어대사전」을 '표준국어대사전 웹사전'을 의미한 것이고, 「고려대한국어대사전」은 다음에서 제공된 '고려대한국어대사전 웹사전'을 의미한다. 왜냐하면 국립국어원이 2008년부터 표준국어대사전의 개정판을 웹사전으로만 펴내기 때문이다. 그러므로 종이 사전보다 계속 업데이트된 웹사전을 사용하는 것이 어휘 의미를 파악하는 데 더 정확하다고 볼 수 있을 것이다. 이하에 「표준국어대사전」을 「표준」으로 약칭하고, 「고려대한국어대사전」을 「고려」로 약칭하겠다.

오르면 언제 그랬느냐는 듯 뛰어난 연기를 해 보였다./곰은 나
무에 잘 오르기 때문에 곰을 만났을 때 나무 위로 도망가서는
안 된다.

(나) 「표준」「2」지위나 신분 따위를 얻게 되다. ¶ 왕위에 오르다/관
직에 오르다/벼슬길에 오르다/족보를 위조하여 양반 신분에 오
르다.

「고려」「8」[(명)이 (명)에] (사람이 어떤 신분이나 지위에) 앉게
되다. ¶ 신라 시대에는 여성도 왕위에 올랐다./권좌에 오르면
서 그는 헌법을 준수할 것을 맹세했다.

(다) 「표준」「3」탈것에 타다. ¶ 기차에 오른 것은 한밤중이 되어서
였다./배에 오르기 전에 표를 사야 한다.

「고려」「7」[(명)이 (명)에] (사람이 기차나 배, 자동차 따위에)
몸을 싣다. ¶ 이 소설의 주인공은 여행을 떠나기 위해 버스에
오르고, 비어 있는 옆자리를 보면서 문득 반야심경 구절을 떠
올린다.

(라) 「표준」「4」어떤 정도에 달하다. ¶ 사업이 비로소 정상 궤도에
올랐다.

(마) 「표준」「5」길을 떠나다. ¶ 다 잊어버리고 여행길에나 오르지
그래./고달픈 여행을 마치고 귀로에 오른 사람 같구나.

「고려」「15」[(명)이 (명)에] (사람이나 사업이 어떤 과정이나
길에) 다다르거나 접어들다. ¶ 삼촌은 나이 마흔에 유학길에
올랐다./전심전력한 결과 드디어 사업이 본궤도에 오르는 듯
했다./정약용은 28세 되던 해에 문과에 급제하여 벼슬길에 올
랐다.

(바) 「표준」「6」물에서 육지로 옮다. ¶ 뭍에 오른 물고기 신세란
바로 그를 두고 하는 말이었다.

「고려」「11」[(명)이 (명)에] (사람이나 동물이 땅에) 물에서 나
와 옮다. ¶ 그녀는 심한 뱃멀미 끝에 뭍에 오르니 비로소 살
것 같았다.

(사) 「표준」「7」몸 따위에 살이 많아지다. ¶ 얼굴에 살이 오르니
귀여워 보인다./엉덩이는 뒤룩뒤룩 살이 오르고, 늘 다소곳이
숙이고 있던 고개를 당당하게 쳐들고 다녀서 그런지 키까지

커진 것 같았다.≪박완서, 도시의 흉년≫

「고려」「16」[(명)이] (살이) 몸에 많아지다. ¶ 수희는 아무리 먹어도 살이 오르지 않는다./어머니께서는 적당히 살이 오른 닭을 잡아 삼계탕을 끓여 주셨다.

(아) 「표준」「8」남의 이야깃거리가 되다. ¶ 구설에 오르다/요즘 화제에 오른 그 책 이름이 뭐지?/남의 입에 오르지 않도록 조심해라.

「고려」「6」[(명)이 (명)에/(명)으로] (사물이나 사건이 어떤 상황에) 다루어지는 대상이 되다. ¶ 구설수에 오르다./경제 위기의 문제가 연일 신문의 머리기사에 오르고 있다./이번 행사에서는 한국의 현대 미술품들도 경매에 오를 예정이어서 특히 관심을 끈다.

(자) 「표준」「9」기록에 적히다. ¶ 호적에 오르다/그런 단어는 사전에 올라 있지도 않다./아들은 민적상 연실이보다 일 년 뒤에 난 한 부모의 자식으로 오르게 되었다.≪김동인, 김연실전≫

「고려」「4」[(명)이 (명)에] (무엇이 문서에) 기록으로 적히다. ¶ 호적에 오르다./이 단어는 우리 사전에 올라 있다./화장실의 낙서들이 인터넷에 올라 인기를 끌고 있다./신용이 가장 중요한 덕목으로 간주되는 이 나라에서 일단 불량 거래자의 명단에 오르면 더이상 수출이 불가능하게 된다.

(차) 「표준」「10」값이나 수치, 온도, 성적 따위가 이전보다 많아지거나 높아지다. ¶ 등록금이 오르다/혈압이 오르다./체온이 오르다./하루가 다르게 물가가 오르다./올해는 월급이 많이 올랐으면 좋겠다./방 안의 온도가 갑자기 올라 창문을 열었다./아이가 갑자기 열이 올라 해열제를 먹였다.

「고려」「5」[(명)이] (값이나 수치가) 이전보다 많아지거나 높아지다. ¶ 매상이 오르다./임금이 쥐꼬리만큼 올랐다./열이 나거나 혈압이 오를 때도 가슴이 울렁거리는 수가 있다.

(카) 「표준」「11」기운이나 세력이 왕성하여지다. ¶ 삽시간에 불길이 올라 옆집까지 옮겨 붙었다./기세가 오른 그들은 안하무인이었다./인기가 오르니까 사람이 달라졌다.

「고려」「18」[(명)이] (사기나 기운이) 이전보다 좋아지거나 높

아지다. ¶ 군사들의 사기가 오르다./이 일을 계기로 해서 선수
들의 사기가 오르고 있다.

(타) 「표준」 「12」실적이나 능률 따위가 높아지다. ¶ 판매 실적이
오르도록 연구해 봅시다./잠을 푹 자야 일의 능률이 오른다고
한다.

(파) 「표준」 「13」어떤 감정이나 기운이 퍼지다. ¶ 부아가 치밀어
오르다/술기운이 올랐는지 얼굴이 벌겋게 되었다.
「고려」 「12」[(명)이] (감정이나 기운이) 몸 안에 퍼지다. ¶ 부
아가 오르다./따뜻한 술을 마신 까닭인지 취기가 빨리 올라 얼
굴이 벌게졌다.

(하) 「표준」 「14」병균이나 독 따위가 옮다. ¶ 옴이 오르면 가려워
온몸을 긁게 된다./옻칠을 할 때는 옻이 오르지 않도록 조심해
야 한다.
「고려」 「13」[(명)이] (독이나 병균이) 사람의 몸에 옮다. ¶ 옴
이 오르다./옻나무를 만지다가 옻이 오르게 되면 여간 고생하
는 것이 아니다.

(거) 「표준」 「15」귀신 같은 것이 들리다. ¶ 무당들도 신이 올라야
만 작두춤을 출 수 있다고 한다.
「고려」 「14」[(명)이] (귀신의 기운이) 몸속에서 왕성해지다. ¶
무당인 그녀는 몸에 신이 오를 때면 정체를 알 수 없는 희열
을 느끼곤 했다.

(너) 「표준」 「16」때가 거죽에 묻다. ¶ 그 사람 옷소매는 언제나 때
가 올라 있다.
「고려」 「17」[(명)이] (때나 먼지가) 옷이나 물건 따위에 묻다. ¶
그는 까맣게 때가 오른 와이셔츠 차림이었다.

(더) 「표준」 「17」물질이나 물체 따위가 위쪽으로 움직이다. ¶ 불길
이 오르다./김이 오르다./수없이 솟은 굴뚝에서 시커먼 연기가
오르고, 공장 안에서는 기계들이 돌아간다.≪조세희, 기계 도
시≫
「고려」 「2」[(명)이] (움직이는 물체가) 위쪽으로 움직이다. ¶
막이 오르다./뚝배기에서 김이 모락모락 오른다.

(러) 「고려」 「3」[(명)이] (무엇이) 어떤 표면 위로 두둑하게 솟다. ¶

갑상선의 붓기가 이만큼으로 오르게 되면 증세가 굉장히 심각
한 것이다.
(머) 「고려」 「9」[(명)이] (사람이 또는 그 직급이) 더 높은 직급이나
계급을 받다. ¶ 열심히 일한 보람이 있어 그는 이번에 과장에
서 차장으로 올랐다./우리 부서에는 입사한 지 일 년 만에 직
급이 세 단계 오른 사람도 있다.
(버) 「고려」 「10」[(명)이 (명)에]] (사람이 높은 등수나 단계에) 이르
거나 들게 되다. ¶ 베스트셀러에 오르다./그는 나름대로 선전
하였으나 결선에 오르지는 못했다.
(서) 「고려」 「19」[(명)이 (명)을] (사람이나 동물, 움직이는 물체 따
위가 무엇을) 거쳐 위쪽으로 나아가다. ¶ 그녀는 계단을 오르
다가 잠시 멈추어 숨을 골랐다./언덕을 올라 오른쪽 길로 접어
들면 그 집이 보인다./어둠에 싸인 낙화암 절벽을 수많은 등롱
들이 줄지어 오른다.

(8)에 정리한 단의들은 2개의 사전에 실린 것을 그대로 종합한 것이다.
그런데 같은 의미를 두 사전에서 다르게 기술하기도 하고 어떤 의미는 한
사전에만 실리기도 한다. 그러므로 '오르다'의 단의를 분석하는 데에는 기
존 사전에 실린 의미를 그대로 사용할 수 없고 이에 대한 단의 평정 과정
을 거쳐야 한다. 대상 어휘의 의미를 평정할 때 우선 같은 의미에 대한 두
사전의 뜻풀이 가운데 비교적으로 정확한 것을 택한다. 다음으로 선택한
의미 중에서 설명이 명확하지 않거나 다듬어 해야 할 부분이 있으면 그 부
분을 수정한다.
'오르다'의 단의 가운데 두 사전의 뜻풀이가 비슷한 것들이 (가)(바)(사)
(파)(거)(더)이고, 「고려」에만 있는 의미가 (러)(머)(버)(서)이며, 「표준」에만
있는 의미가 (라)(타)이다. 또한 「고려」와 「표준」에서 약간의 차이가 있는
것들이 (나)(다)(마)(아)(자)(카)(차)(하)(너)인데 (나)(다)(아)(자)(카)(하)(너)일 경
우 「고려」의 뜻을 택하고 (마)(차)일 경우 「표준」을 택한다.

(나)에서 「표준」은 '지위나 신분 따위를 얻게 되다.'로 해석하고 있다. 이때 '오르다'는 '얻게 되다'로 풀이된 것인데 '오르다' 자체는 '얻게 되다'의 의미로 해석하기 어려우니 (나)의 표현이 적당하지 않다. 이에 비하여 「고려」는 '(사람이 어떤 신분이나 지위에) 앉게 되다.'로 풀이하고 있는데, 주체가 높은 위치를 향해 움직인다는 의미를 가지고 있어 (나) 「표준」보다 '오르다'의 의미를 더 잘 설명하고 있다고 볼 수 있다. (다)(아)(하)(너)에서 「고려」는 「표준」보다 해당 단의를 더 자세하게 설명하고 있어 여기서 「고려」를 택한다. (자)에서 「표준」은 '기록에 적히다'로 풀이하여 적히는 장소를 '기록'으로 표시하고 있다. 그러나 실제로 무엇이 적히는 장소는 '기록'이 아니라 '문서' 따위이다. 그러므로 「고려」의 뜻풀이가 더 적절하다고 볼 수 있다. (카)에서 「고려」의 뜻풀이는 추상적인 주체인 '사기나 기운이' 낮은 데로 높은 데로 움직이는 양상을 더 잘 설명하고 있으므로 「고려」를 택한다.

(마)에서 「고려」는 「표준」 「5」와 「표준」 「4」의 의미를 같이 다루고 있다. 그러나 「표준」 「5」의 이동 주체는 구체적인 '사람'이고, 「표준」 「4」의 주체는 추상적인 '사업'이 해당된다. '사람'과 '사업'이 서로 다른 의미적 특성을 갖고 있어 단의를 기술할 때 별개의 단의로 보는 것이 더 적당하다. (차)의 경우 「표준」의 의미가 더 상세하게 기술되어 있으므로 「표준」을 택한다.

이어서 「표준」과 「고려」에서 각자 기술하고 있는 의미를 살펴보겠다. (타)는 「표준」에서 '실적이나 능률' 따위의 추상적인 이동을 의미한다. 이것은 (차)의 추상적인 '값이나 수치' 등의 이동 양상과 비슷하므로 (타)와 (차)는 별개의 단의로 볼 수 없고 하나의 단의로 다루어야 한다. (러)는 「고려」에서 주체 '무엇이 어떤 표면 위로 두둑하게 솟다.'는 의미를 용례 '붓기가 오르다'로 설명하고 있다. '붓기'도 병의 한 가지로 볼 수 있으므로 (하)와 같이 다룰 수 있다. (머)에서 「고려」는 주체인 사람이 높은 지위에 옮기는 의미를 표시하고 있어 (나)번 의미와 비슷하다. 그래서 (머)와 (나)는 별개의 단의로 볼 수 없고 하나의 단의로 통합해야 한다. (버)는 어떤 의미와도 통합할 수 없어 별개의 단의로 남아야 한다. (서)는 (가)와 비교할 때 격조사 '에'나 '을/를'을 취할 것인가에 차이가 있을 뿐 실제적인 의미가 같다. 따라서 (서)와 (가)도 하나의 단의로 봐야 한다. 또한 (카)(파)(거)는 추상적인 '기운' 따위가 왕성하여지는 의미를 표현하는 것이 동일하기 때문에 그들을 하나의 단의로 취급할 수 있을 것이다.

　이러한 결과를 토대로 '오르다'의 사전적 의미를 다음과 같이 재정리할 수 있다.

> (9) '오르다'의 단의 후보(2)
> ⓐ [(명)이 (명)에/(명)으로] (사람이나 동물 따위가) 아래에서 위쪽으로 움직여 가다. ← (가) (서)
> ⓑ [(명)이 (명)에] (사람이) 어떤 신분이나 지위에 앉게 되다. ← (나) (머)
> ⓒ [(명)이 (명)에] (사람이) 기차나 배, 자동차 따위에 몸을 싣다. ← (다)
> ⓓ [(명)이 (명)에] (사업이) 어떤 정도에 달하다. ← (라)
> ⓔ [(명)이 (명)에] (사람이) 어떤 길에 다다르거나 접어들다. ← (마)
> ⓕ [(명)이 (명)에] (사람 따위가 땅에) 물에서 나와 옮다. ← (바)
> ⓖ [(명)이]몸 따위에 살이 많아지다. ← (사)
> ⓗ [(명)이 (명)에/(명)으로] (사건이 어떤 상황에) 다루어지는 대상이 되다. ← (아)
> ⓘ [(명)이 (명)에] (무엇이 문서에) 기록으로 적히다. ← (자)
> ⓙ [(명)이] (값이나 수치, 실적, 능률) 이전보다 많아지거나 높아지다. ← (차) (타)
> ⓚ [(명)이] (기운이나 세력이) 이전보다 좋아지거나 높아지다. ← (거) (파) (카)

ⓛ [(명)이] (독이나 병 따위가) 사람의 몸에 옮다. ← (하) (러)
ⓜ [(명)이] (때나 먼지가) 옷이나 물건 따위에 묻다. ← (너)
ⓝ [(명)이] (움직일 수 있는 물체 막 따위가) 위쪽으로 움직이다.
← (더)
ⓞ [(명)이 (명)에] (사람이 높은 등수나 단계에) 이르거나 들게 되
다. ← (버)

위에서 제시된 '오르다'의 열다섯 가지 의미를 산출하는 과정이 바로 단
의 평정의 과정이다. 단의 평정을 할 때 우선 사전을 이용하여 대상 어휘
의 모든 단의를 종합한다. 다음으로 종합된 단의를 보고 사전 뜻풀이가 잘
되어 있는지를 평가한다. 마지막으로 이러한 단의들 가운데 별개의 단의
로 봐야 할 의미를 나누고, 합해야 할 것들을 묶어준다. 이러한 방식으로
단의 평정 과정을 수행한다.

2.2.2. 주체 이동 동사의 단의 분류

단의 분류는 바로 단의들의 실현 환경을 밝혀주는 것이다. 즉, 공기하는
어휘의 특성을 밝히는 데 주력한다. 서술어와 공기하는 어휘의 특성에 따
라 의미가 변이되기 때문이다. 그리고 서술어의 실현하는 데 있어서 공기
하는 어휘는 주로 명사이다. 그러므로 명사의 분류에 대한 연구가 선행되
어야 한다.

명사의 분류에 대하여 최경봉(1998)에서는 존재론적 의미 영역에 따라
먼저 명사를 '실체'와 '양식'으로 분류하였다. 이병모(2002)는 인식론에 바
탕을 두고 명사를 1차적으로 '실체 명사'와 '추상 명사'로 구분지였다. 또
한 김인균(2002)는 명사의 어휘 내항이 명사의 내적 정보 체계와 외적 정보
체계를 포괄하는 총체적인 어휘 정보 체계라는 전제 하에 국어 명사의 의
미 특성을 밝히고, 명사를 우선 '실체 명사'와 '비실체' 명사를 분류하였

다. 이상의 견해들을 고려하면, 명사를 우선적으로 '실체 명사'로 분류하는 것에 대해서는 이견이 없다. 최경봉(1998)은 '실체 명사'와 대비되는 부류를 '양식 명사', 이병모(2002)는 '추상 명사', 감인균(2002)는 '비실체 명사'로 다른 이름을 사용하여 명명하고 있지만 실질적으로 '추상성'을 가지는 것이 공통적이다. 그러므로 위에 제시된 내용에 따라 이 책에서 명사가 가지는 속성이 구체적인 것인가, 추상적인 것인가에 따라 1차적으로 분류하기로 한다.

그리고 이천택(2018)에서는 시각형용사의 의미 분류에 해당 대상이 형체가 있는지 없는지에 따라 '유형물'과 '무형물' 개념을 도입하였다. 인간이 외부 사물을 확인할 때 유형물은 형체가 있어 눈을 통해 그의 외재적인 모양, 크기 등 다양한 정보를 명확하게 파악할 수 있다. 반면, 무형물은 형체가 없어 그의 모양이나 크기 등 여러 정보를 쉽게 확인할 수 없다. 직관적으로 눈을 이용해 형체가 쉽게 확인되는 유형물은 눈으로 쉽게 파악되지 못하는 무형물보다 구체적인 모양이나 크기 등 속성을 가지고 있으므로 더 구체적이라고 말할 수 있다. 따라서 유형물 주체에서 무형물 주체로 확장이 이루어진다고 말할 수 있다(이천택 2018 : 20). 유형물의 이동은 우리가 눈으로 이동의 [출발점], [경로], [도착점]을 쉽게 상정할 수 있는데 비해 무형물의 이동에 대해서는 이러한 정보를 쉽게 얻을 수 없다. 그러므로 이동 동사의 단의 분류를 하는 데 '유형물'과 '무형물' 개념도 활용할 수 있다. 임지룡(1996)에서는 의미확장의 기준점으로 사람을 설정하였는데, '사람'에게 사용된 낱말을 이용하여 '짐승→ 생물→ 무생물'로 확장되는 경우를 다루었다(임지룡 1996 : 240).[13] 이 기준에 따라 '추상 명사' 가운데 인관과 긴밀한 관련이 있는 것과, 인간과의 관계가 그다지 긴밀하지 않은 것을

---

13) 임지룡(1996)에서는 '먹다'를 예시로 들었다. '먹다'라는 동사는 '사람이 음식물을 먹는 행위'에서 '짐승이 먹이를 먹는 행위'로 확장되며, '물기를 머금은 잎새'에서처럼 생물로 확장되며, '기름/풀 먹은 종이'에서처럼 무생물로 확장된다(임지룡 1996 : 240).

더 나눌 수 있다.

가령 주체 이동 동사 구문 가운데 주체만 요구할 경우 주체의 특성, 즉 주체가 구체적인 것인가 추상적인 것인가를 따져 보는 것이다. 또한 주체 말고 부사어나 목적어도 요구할 때 주체, 목적어, 부사어의 특성을 모두 밝혀 주체야 한다. 그런데 주체 이동 동사 구문에서 어떤 경우에 '부사어'가 꼭 나타나야 하고, 어떤 경우에 부사어가 수식 성분으로서 나타나지 않아도 되는 문제가 남았다. 이 점을 설명하기 전에 우선 아래 예문을 살펴보겠다.

(10) 가. 물이 목까지 왔다.
가′. ²물이 왔다.
나. 철수는 일요일에 교회에 갔다.
나′. 철수는 교회에 갔다.

(10)의 (가)는 이동 동사 '오다'의 단의 가운데 주체의 정도성을 설명하는 예문이다. 만약에 (가)에서 '목까지'를 삭제하면 어색한 문장이 된다. '물이 왔다.'가 비문인 것은 아니지만 (가)에서 나타내고자 하는 의미가 전달되지는 않는다. 즉, (가)의 진의(眞意)를 전달하기 위해서 부사어는 소거될 수 없다. 이런 취지에서 '오다'의 정도성 관련 단의를 설명할 때 '목까지'를 '필수 부사어'로 보겠다. 한편 (나)의 경우에는 '일요일에'를 삭제해도 주체 '철수가 교회에 가다.'는 의미를 전달하는 데 아무 지장이 없다. 따라서 보고에서는 '일요일에'를 '필수 부사어'가 아닌 '수의 부사어'로 보겠다. 다시 말해서 본 연구에서 말하는 '필수 부사어'는 통사적인 필수성만을 의미한다고 볼 수 없으며 의미적인 필수성도 갖추어야 한다고 생각되어 '의미론적 논항'14)으로 보겠다.

---

14) 여기서 다루는 '의미적 논항'이라는 용어는 김푸른솔(2015 : 15)를 참조하여 가져온 것이다.

이어서 '오르다'의 단의들이 어떻게 분류되는지를 알아보도록 하겠다. 앞서 '오르다'의 단의는 열다섯 가지를 정리하였다. 이 열 다섯 가지 의미들 가운데 서술어에 의해 요구되는 성분이 하나일 수도 있고 두 개일 수도 있다. 서술어가 요구하는 논항의 개수에 따라 'A가 오르다'와 'A가 C에/로 오르다'의 격틀을 가지고 있는 사실을 아래 예문을 통해 확인할 수 있다.

(11) 가. 살이 올랐다.
　　　 나. 누구나 배에 오르기 전에 표를 사야 한다.

위 예문 (가)는 '살이 많아지다'는 의미를 가지고 있다. '살'은 사람의 몸을 이루는 부분이라는 것이 주지의 사실이어서 다른 설명이 없더라도 살이 올라오는 장소가 '몸'이라는 것을 확인할 수 있다. 그러므로 이러한 경우 '오르다'의 의미를 표시하는데 주체만 있으면 된다. (나)에선 만약에 '-에' 자리에 해당하는 '배'를 삭제하면 문장 구성 상 비문이 아니지만 의미 전달하는 데 불명확하다. 즉 주체인 '사람'이 '배'에 오를 수도 있고, '기차, 비행기, 육지, 길 등' 다양한 곳에 오를 수 있다. 그러므로 서술어의 의미를 정확하게 전달하는 데 위치 자리에 해당하는 '배'가 필수로 나타나야 한다.

'오르다'의 단의에서 주체로 나타나는 어휘의 특성을 고려해 보면 ⓐⓑ ⓒⓔⓕⓖⓜⓝⓞ은 구체성을 가지면서 유형물 영역에 속하지만 ⓓⓗⓘ ⓙⓚⓛ은 추상성을 가진다. ⓐⓑⓒⓔⓕⓖⓜⓝⓞ 가운데 주체가 유정물인 사람이나 동물이 해당되는 ⓐⓑⓒⓔⓕⓞ는 ⓖⓜⓝ과 구별해야 한다. 그리고 추상 영역 가운데 '인간 유관'과 '인간 무관' 영역으로 양분한 뒤 ⓚ ⓛ은 '인간'과 밀접한 관련이 있어 보이는데 ⓓⓗⓘⓙ은 그렇지 않다. 따라서 '오르다'의 단의 실현 현경을 다음과 같이 밝힐 수 있다.

[표 13] 한국어 '오르다'의 단의 분류

구체	주체(A)	부사어(C)	구문 구조	단의 후보 번호
	사람, 동물	산	A가 C에 오르다	ⓐ
	사람, 동물	육지		ⓕ
	사람	기차, 배		ⓒ
	사람	길, 여정		ⓔ
	사람	직위, 신분		ⓑ
	사람	정도		ⓞ
	살		A가 오르다	ⓖ
	때, 먼지	–		ⓝ
	막, 김			ⓜ
	기운, 세력		A가 오르다	ⓚ
	독, 병			ⓛ
	정보	문서	A가 C에 오르다	ⓘ
	사건	상황		ⓗ
	사업	궤도		ⓓ
추상	값, 수치	–	A가 오르다	ⓙ

또한 ⓐⓑⓒⓔⓕⓞ 가운데 주체가 모두 사람이나 동물이 해당되는
유정물이다. '산과 육지'는 '길이나 여정, 기차나 배, 직위나 신분, 정도'보
다 더 구체적인 존재이다. 그리고 '산'과 '육지'를 비교할 때 '산'이 '오르다'
와 먼저 어울리게 나타나는 것으로 보고 있다. 또한 ⓑⓒⓔⓞ 가운데 ⓒ
는 가장 구체적이다. 그 다음에는 '길이나 여정'이 사람과 긴밀한 관계가
보일 수 있고, 이어서 '직위나 신분', '정도' 분야이다. ⓖⓜⓝ 사이에 ⓖ의
주체 '사람'은 신체의 구성 성분으로서 인간과의 관계가 밀접하다. ⓜ과
ⓝ도 인간과의 관계를 생각할 때 '때나 먼지'는 '김이나 막'보다 인간과의
관계가 더 밀접하게 보인다.

또한 ⓓⓗⓘⓙ의 주어를 인간과의 관련 정도에 따라 배열하면 ⓘⓗⓓ
ⓙ가 되겠다. 그러므로 사람이 중심으로 의미 확장이 일어나는 원리에 따

라 '오르다'의 단의를 아래와 같이 재배열할 수 있다.

위에서 제시된 내용을 토대로 '오르다'의 단의를 다음과 같이 재배열할 수 있다. 한국어일 경우 최종적으로 평정한 번호를 하얀 '①②③…'로 표시한다.

(12) '오르다'의 단의
　① [(명)이 (명)에/(명)으로] (사람이나 동물 따위가) 아래에서 위쪽으로 움직여 가다. ← ⓐ
　② [(명)이 (명)에] (사람 따위가 땅에) 물에서 나와 옮다. ← ⓕ
　③ [(명)이 (명)에] (사람이) 기차나 배, 자동차 따위에 몸을 싣다. ← ⓒ
　④ [(명)이 (명)에] (사람이) 어떤 길에 다다르거나 접어들다. ← ⓔ
　⑤ [(명)이 (명)에] (사람이) 어떤 신분이나 지위에 앉게 되다. ← ⓑ
　⑥ [(명)이 (명)에] (사람이 높은 등수나 단계에) 이르거나 들게 되다. ← ⓞ
　⑦ [(명)이] 몸 따위에 살이 많아지다. ← ⓖ
　⑧ [(명)이] (때나 먼지가) 옷이나 물건 따위에 묻다. ← ⓜ
　⑨ [(명)이] (움직일 수 있는 물체 막 따위가) 위쪽으로 움직이다. ← ⓝ
　⑩ [(명)이] (기운이나 세력이) 이전보다 좋아지거나 높아지다. ← ⓚ
　⑪ [(명)이] (독이나 병 따위가) 사람의 몸에 옮다. ← ⓛ
　⑫ [(명)이 (명)에] (무엇이 문서에) 기록으로 적히다. ← ⓘ
　⑬ [(명)이 (명)에/(명)으로] (사건이 어떤 상황에) 다루어지는 대상이 되다. ← ⓗ
　⑭ [(명)이 (명)에] (사업이) 어떤 정도에 달하다. ← ⓓ
　⑮ [(명)이] (값이나 수치, 실적, 능률) 이전보다 많아지거나 높아지다. ← ⓙ

'오르다'와 비슷한 방법으로 중국어 '上'의 단의를 아래와 같이 정리할 수 있다. 중국어일 경우 한국어와 대비하는 검정 '❶❷❸…'로 표시한다.

(13) '上'의 단의

❶ [(명)이 (명)에/(명)으로]人或者動物)由低處到高處.(사람이나 동물 따위가) 아래에서 위쪽으로 움직여 가다.) ← ⓐ

❷ [(명)이 (명)에](人)或者動物從水裡到陸地上.(사람이 따위가 땅에 물에서 나와 옮다.) ← ⓖ

❸ [(명)이 (명)에](人)利用火車, 船等交通工具.(사람이 기차나 배, 자동차 따위에 몸을 싣다.) ← ⓑ

❹ [(명)이 (명)에](人)出場.(사람이 얼굴을 내밀다.) ← ⓒ

❺ [(명)이 (명)에]與'路'連接表示人從某地出發.(사람이 어떤 길에 다다르거나 접어들다.) ← ⓗ

❻ [(명)이 (명)에](人)到規定的時間開始工作或學習等.(사람이 규정 시간에 일이나 공부를 시작하다.) ← ⓓ

❼ [(명)이 (명)에](人)獲得某個更高的職位.(사람이 어떤 신분이나 지위에 앉게 되다.) ← ⓕ

❽ [(명)이 (명)에](文字)等被記錄或者登載.(무엇이 문서에 기록으로 적히다.) ← ⓘ

❾ [(명)이 (명)에]人的事業發展到了某種程度.(사업이) 어떤 정도에 달하다.) ← ⓔ

중국어 '上'의 9개단의 가운데 ❶~❼번의 주체는 사람이고 ❽번의 주체는 '문서', ❾번의 주체 '사업' 따위가 해당된다.

위 내용을 때라 한국어 '오르다'와 중국어 '上'의 단의를 비교하면 7개의 단의가 같고 2개의 단의 다른 것을 확인할 수 있다. '오르다'와 '上'의 대응 관계를 표로 정리하면 아래와 같다.

[표 14] 한국어 '오르다'와 중국어 '上'의 대응 관계 대조

단의	오르다	上
(사람이나 동물 따위가) 아래에서 위쪽으로 움직여 가다.	①	❶
(사람 따위가 땅에) 물에서 나와 옮다.	②	❷
(사람이) 기차나 배, 자동차 따위에 몸을 싣다.	③	❸
(사람이) 얼굴을 내밀다.	X	❹
(사람이) 어떤 길에 다다르거나 접어들다.	④	❺
(사람이) 규정 시간에 일이나 공부를 시작하다.	X	❻
(사람이) 어떤 신분이나 지위에 앉게 되다.	⑤	❼
(사람이) 높은 등수나 단계에 이르거나 들게 되다.	⑥	X
(몸 따위에 살이) 많아지다.	⑦	X
(때나 먼지가) 옷이나 물건 따위에 묻다.	⑧	X
(움직일 수 있는 물체 막 따위가) 위쪽으로 움직이다.	⑨	X
(기운이나 세력이) 이전보다 좋아지거나 높아지다.	⑩	X
(독이나 병 따위가) 사람의 몸에 옮다.	⑪	X
(무엇이 문서에) 기록으로 적히다.	⑫	❽
(사건이 어떤 상황에) 다루어지는 대상이 되다.	⑬	X
(사업이) 어떤 정도에 달하다.	⑭	❾
(값이나 수치, 실적, 능률) 이전보다 많아지거나 높아지다.	⑮	X

2.2.3. 주체 이동 동사의 단의 분포 양상

앞서 2.1과 2.2절에서 주체 이동 동사의 단의 평정 방법과 단의 분류 방법에 대하여 살펴보았다. 이어서 본 절에서는 이러한 단의들이 실제적으로 어떻게 분포하고 있는지, 즉 단의의 분포 양상을 살펴볼 것이다. 어휘의 의미 확장을 다룬 선행 연구들에서는 보통 화살표 형식으로 그 확장 경로를 제시하는 방식을 채택하는 경우가 많았다. 그러나 실제적으로 의미 확장 경로를 객관적으로 설명하기가 어렵다. 왜냐하면 사람들이 사물에 대한 인식이 다르기 때문이다. 그래서 본 연구에서는 의미 확장 연구를 하

는 데 있어서 의미 확장 경로를 대신 단의의 분포 양상을 살펴보고자 한다. 단의 분포 양상은 그래프 형식으로 보이기로 한다. 주체 이동 동사의 구문에서 한국어일 경우 '주체'와 '부사어', '주체'나 '목적어'가 나타나는 데 비해 중국어일 경우에는 '주체'와 '보어', '주체'와 '목적어'와 나타난다. 중국어의 '보어'는 번역할 때 한국어와 '부사어'와 대응되기 때문에 그래프에서 '부사어'로 표시하겠다. 그리고 진짜 '부사어'는 한국어의 '부사어'와 의미적으로 일치하기에 또한 '부사어'로 표시하겠다. 그래서 본 연구에서는 'X축'과 'Y축'만 가진 2차원 그래프 형식을 채용하기로 한다. 이에 'X축'은 '주체'를, 'Y축'은 상황에 따라 '부사어'나 '목적어'를 표하기로 한다.

여기서 'X축'과 'Y축'의 교차점은 가장 원형적인 의미의 자리로 보고 'X축'은 '주체, 'Y축'은 '목적어나 부사어'를 상정하기로 한다. 'X축'은 '주체'를 상정하면서 오른쪽으로 갈수록 주체가 추상화되고, 'Y축'은 '목적어나 부사어'를 상정하기에 위로 갈수록 대상이 추상화된다. 그러므로 주체 이동 동사 구문에서 주체만 나타날 경우 주체의 달라짐에 따라 의미 변화가 일어나기 때문에 이러한 단의들은 'X축'에서만 이동한다. 반대로 주체 이동 동사 구문에서 주체가 목적어 또는 부사어와 함께 나타날 경우 주체, 목적어 및 부사어에 해당되는 어휘의 추상화 정도를 모두 고려해야 한다.

위에서 제시된 애용을 토대로 주체 이동 동사의 단의 분포 양상 그래프는 아래와 같다.

[그림 3] 주체 이동 동사의 다의 분포 양상 그래프15)

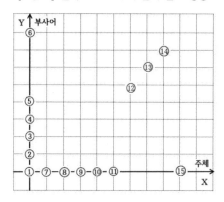

앞서 내용에 따라 '오르다'의 단의 분포 양상을 살펴보겠다.

[그림 4] 한국어 '오르다'의 단의 분포 양상

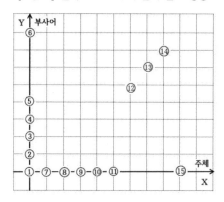

위 그림에 보인 바와 같이 '오르다'의 의미 변화가 일어나는 이유는 주체 및 부사어가 달라지기 때문이다. ①~⑥번은 주체와 같을 때 부사어가 추상화됨으로써 의미 변화가 일어나고, ⑦~⑪, ⑮번은 부사어는 상정되지 않고 주체가 추상화됨으로써 의미 변화가 일어난다. 이에 비하여 ⑫~

---

15) 이 그래프 형식은 지도교수의 아이디어를 구체화한 것이다.

⑭번은 주체와 부사어가 모두 추상화되어 의미 변화가 일어나는 단의들이다. 그리고 ①번과 ⑥번, ⑪번과 ⑮번의 거리는 추상화 정도를 비례한 것이 아니다. ①번과 ⑥번 사이에 거리가 생긴 이유는 ⑥번의 부사어 자리에 해당되는 어휘가 ⑫⑬⑭번보다 더 추상적이기 때문이다. 또한 ⑪번과 ⑮번 사이에 거리가 생긴 이유는 ⑮번의 주어가 ⑫⑬⑭번보다 더 추상적이기 때문이다.

중국어의 경우도 한국어와 같은 방식으로 단의 분포 양상을 그릴 것이다. 결과를 제시하면 다음과 같다.

[그림 5] 중국어 '上'의 단의 분포 양상

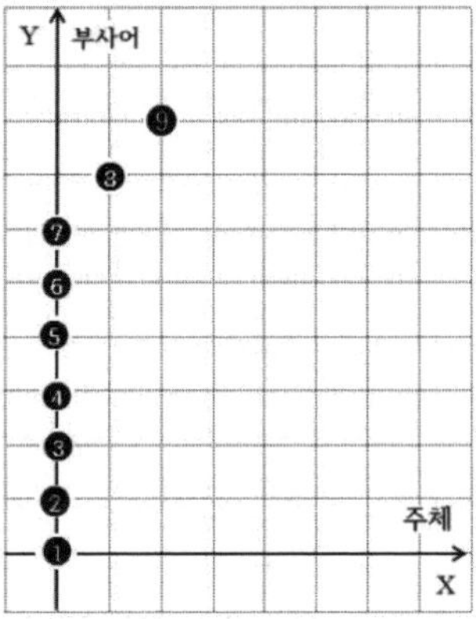

중국어 '上'의 단의를 보면 ❶~❼번은 주어가 같을 때 부사어가 추상화됨으로써 의미 변화가 일어난다. ❽번과 ❾번은 주어도 다르고 부사어도 다르기 때문에 의미 변화에 영향을 끼치는 요소가 주어와 부사어가 모두 해당될 수 있다.

한국어 '오르다'와 중국어 '上'의 단의 분포 양상을 그대로 합칠 때 ⑬⑭번과 ❽❾번의 위치는 아래와 같다.

[그림 6] 한국어 '오르다'와 중국어 '上'의 단의 분포 양상 대조(1)

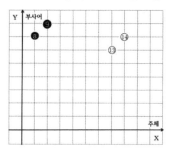

앞서 내용을 통해 알 수 있듯이 한국어 ⑬번은 중국어 ❽번, 한국어 ⑭번은 중국어 ❾번은 의미가 같다. 그러므로 같은 환경에서 같은 의미를 실현되는 의미를 일정한 위치에 차지할 수 있도록 조정하여 한국어 '오르다'와 중국어 '上'의 대조 그림을 아래와 같다.

[그림 7] 한국어 '오르다'와 중국어 '上'의 단의 분포 양상 대조(2)

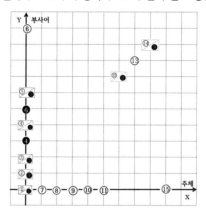

위 그림은 한국어 '오르다'와 중국어 '上'의 단의 분포 양상을 대조한 그래프이다. 한국어의 '오르다'의 주체 분포가 '上'보다 더 다양하다는 것이 명시적으로 확인된다. 이 그래프를 통해서 한국어의 경우 주체의 변화에 의한 단의, 부사어의 변화에 의한 단의, 주체 및 부사어의 변화에 의한 단의 세 그룹으로 나타내는 양상을 알 수 있다. 중국어의 경우 부사어의 변화에 의한 단의들이 많고 상대적으로 주체의 변화에 의한 단의 변화가 적은 것을 알 수 있다. 구체적으로 한국어의 '살이 오르다, 때가 오르다, 막이 오르다, 기운이 오르다, 병이 오르다, 값이 오르다' 등 표현이 나타날 수 있는데 중국어의 경우 같은 의미를 표현할 때 '上'을 사용할 수 없고 각각 '發福, 有了汚漬, 屛幕上升, 有力氣, 生病, 價格上漲'으로 나타난다.

3. 한중 본질적 주체 이동 동사의 의미 대조

'본질적 주체 이동 동사'는 이동대상이 자신의 의지에 의해 동작을 수행하면서 이동이 자발적으로 일어나는 동사이다. '본질적 주체 이동 동사' 가운데 주체의 이동 방향에 따라 크게 '수평 이동'과 '수직 이동'으로 양분할 수 있다. 이때 '수평 이동 동사'는 이동의 양상을 이동체를 중심으로 하여 '왕래에 따른 이동 동사(왕래 동사)', '통과 양상에 따른 이동 동사(통과 동사)'으로 분류하고, '수직 이동 동사'는 '상승에 따른 이동 동사(상승 동사)'과 '하강에 따른 이동 동사(하강 동사)'으로 하위분류를 할 수 있다. 이들을 표로 정리하면 다음과 같다.

[표 15] 한중 '본질적 주체 이동 동사' 유형별 대응관계

유형			한국어	중국어
본질적 주체 이동 동사	수평 이동	왕래(往來) 동사	가다	去
			다니다	(往返)
			(물러나다)	退
			오다	來
		통과(通過) 동사	건너다	過
			지나다	(經過)

유형			한국어	중국어
수직 이동	상승(上昇) 동사		(기어오르다)	攀
			오르다	上
	하강(下降) 동사		내리다01	下
			(떨어지다)	掉
			지다02	落
			흐르다01	流

3.1. 수평(水平) 이동 동사

3.1.1. 왕래(往來) 동사

‘왕래 이동’은 어떤 사람이 말하는 사람 혹은 기준이 되는 사람이 있는 쪽으로 움직이거나 한 곳에서 다른 곳으로 장소를 이동하는 의미를 뜻한다. 여기에서 청자(hearer)의 방향으로 이동하는 ‘가다/去, 往’과 화자(speaker)의 방향으로 이동하는 ‘오다/來’, 전후 이동을 표현하는 ‘물러나다/退’, 왕복 이동을 표현하는 ‘다니다/往返’이 있다. 이동체는 사람뿐만 아니라 다른 고등동물 및 사물이 될 수 있으며, 이동의 공간은 주로 땅이다.

3.1.1.1. 가다/去

3.1.1.1.1 ‘가다’

    (14) ‘가다’의 단의 후보(1)

        (가) 「표준」「1」한 곳에서 다른 곳으로 장소를 이동하다. ¶ 산에 가다./지방에 사는 친구에게 간다. ‖ 아버지는 아침 일찍 서울로 가셨다.

        (나) 「표준」「2」수레, 배, 자동차, 비행기 따위가 운행하거나 다니다. ¶ 폭풍우가 치는 날에는 그 섬에 가는 배가 없다./이 차는

바로 너의 어머니에게 가게 되어 있으니 아무 걱정 하지 마라.
「고려」 「1-1」[(명)이 (명)에/(명)에게/(명)으로](사람이나 탈것이 어떤 곳으로) 자리를 옮겨 움직이다. ¶ 서점에 가다./이번 여름에는 제주도에 가고 싶다./서울로 가려면 여기서 버스를 타야 한다./우리는 방학을 맞아 시골 할머니에게 갔다./아들이 서울로 간 지도 벌써 4년이 지났다.

「고려」 「32」[(명)이 (명)을](사람이나 탈것이 어떤 곳을) 향하여 움직이다. ¶ 그때 나는 목욕탕을 가느라고 화장도 안 한 터였다./그녀는 고향을 가기 위해 광주행 고속버스에 몸을 실었다.

(다) 「표준」 「3」일정한 목적을 가진 모임에 참석하기 위하여 이동하다. ¶ 내일 시사회에 갈 거니? ‖ 친구들 만나러 동창회관으로 가는 길이야.

「고려」 「5」[(명)이 (명)에](사람이 어떤 모임이나 자리에) 참석하기 위하여 움직이다. ¶ 내일 동창회에 갈 거니?/오늘은 영어 학원에 가는 날이다./오늘 저녁에는 친구 생일 파티에 갔다가 좀 늦을 거예요/송년 모임에 가실 분들은 정문 앞으로 모여 주세요

(라) 「표준」 「4」지금 있는 곳에서 어떠한 목적을 가지고 다른 곳으로 옮기다. ¶ 밥을 먹으러 식당에 가다/공책을 빌리러 친구에게 가다 ‖ 어머니는 저녁거리를 사러 시장으로 가셨다. ‖ 공부하러 도서관을 가다가 친구를 만났다.

「고려」 「1-2」[(명)이 (동)으러 (명)에](사람이 어찌하러 어떤 장소에) 자리를 옮겨 움직이다. ¶ 영수는 방금 밥 먹으러 갔다./어머니는 새벽 기도를 하러 교회에 가셨다./동생은 지금 목욕하러 목욕탕에 갔는데 30분쯤 후면 돌아올 거예요

(마) 「표준」 「5」직업이나 학업, 복무 따위로 해서 다른 곳으로 옮기다. ¶ 군대에 가다 ‖ 그는 이번에 외국 지사로 가게 되었다고 좋아했다. ‖ 조카가 벌써 학교를 갈 나이가 되었나?

「고려」 「3」[(명)이 (명)에] (사람이 특정한 조직이나 기관에) 참가하거나 소속되다. ¶ 대철이는 실업계 학교에 가고 싶었다./나는 군대에 가기 전에 그녀에게 사랑을 고백하기로 결심했다./감옥에 가고 싶지 않으면 사실을 털어놓아라.

「고려」「31」[(명)이 (명)을](사람이 특정한 조직이나 기관을) 들어가 그에 소속되다. ¶ 그는 삼대독자라서 군대를 가지 않았다./나는 집안 사정이 어려워서 대학을 가지 못했다.

(바) 「표준」「6」직책이나 자리를 옮기다. ¶ 그는 얄밉게도 부장 대우를 받는 조건으로 경쟁 회사에 갔다. ‖ 이번 인사 발령으로 총무과로 가게 되었다.

「고려」「16」[(명)이 (명)에/(명)으로](사람이 어떤 직책이나 부서, 기관 따위로) 자리를 옮기다. ¶ 그는 이번 인사에서 총무부로 가게 되었다./그녀는 오는 9월에 해외 지사로 갈 예정이다./홍 대리는 이번에 마케팅 팀으로 가게 되었다.

(사) 「표준」「7」물건이나 권리 따위가 누구에게 옮겨지다. ¶책상 위에 있던 돈이 어디에 갔지?/철수에게 과자가 하나 더 갔다니까. ‖ 그 그림이 누구 수중으로 갔는지는 수수께끼다./다른 나라로 문화재가 가다니?/모든 재산은 큰아들에게로 갔다.

「고려」「23」[(명)이 (명)에게] (물건이나 권리가 사람에게) 넘겨지거나 이전되어 소유되다. ¶ 동생은 나에게 사탕 두 개가 더 갔다며 울었다./피해 보상액이 모두에게 고루 가도록 나누겠습니다.

(아) 「표준」「8」관심이나 눈길 따위가 쏠리다. ¶ 날이 더우니까 사소한 일에도 신경이 간다./오늘 만난 남자에게 무척 호감이 간다. ‖ 그 사람의 옷차림으로 자꾸 눈길이 간다./좋은 물건 쪽으로 자꾸 눈이 가서 다른 것은 사고 싶지 않은걸./거울 속에서 눈길이 그쪽으로 가다가도 깜짝깜짝 겁에 질려서 되돌아오곤 하였다. ≪이호철, 고여 있는 바닥≫

「고려」「13」[(명)에/(명)에게 (명)이](무엇에 관심이나 시선이) 쏠리고 몰리다. ¶ 그에게 자꾸 시선이 간다./호감이 가는 여자가 한 명 있어요/요즘엔 한국의 사투리에 부쩍 관심이 갑니다./책꽂이 상단에 꽂혀 있는 잡지에 눈길이 갔다.

(자) 「표준」「9」말이나 소식 따위가 알려지거나 전하여지다. ¶ 장사꾼들 사이에 시비가 오고 가는지 소란스러웠다./너에게 신호가 가면 직접 슛을 해.

「고려」「9-1」[(명)이](소식이나 연락이) 어떤 사람이나 장소에

전해지다. ¶ 합격자는 따로 연락이 갈 겁니다./기별이 가면 그
때 저에게 다시 오시기 바랍니다.
「고려」 「9-2」[(명)이](전화 신호가) 상대에게 전해지다. ¶ 신호
는 가는데 아무도 전화를 받지 않는군요.

(차) 「표준」 「10」(('손해' 따위의 명사와 함께 쓰여))그러한 상태가
생기거나 일어나다. ¶ 자기에게 손해 가는 장사를 누가 하겠어?
「고려」 「22」[(명)에 (명)이](무엇에 손해나 피해가) 생기거나 미
치다. ¶ 장사에 손해가 갔다면 제가 모두 보상해 드리겠습니
다./농가에 더 이상 피해가 가지 않도록 조치를 취하겠습니다.

(카) 「표준」 「11」어떤 상태나 상황을 향하여 나아가다. ¶ 복지 국
가로 가는 길은 아직 멀고 험하다.
「고려」 「10」((주로 '가는'의 꼴로 쓰여)) (무엇이 어떤 상태나
상황으로) 뜻을 두고 지향하다. ¶ 러시아는 시장 경제로 가는
혼란스러운 전환기에 놓여 있다./이번 남북 회담은 통일로 가
는 길에 큰 전환점이 될 것이다.

(타) 「표준」 「12」한쪽으로 흘러가다. ¶ 회의가 엉뚱한 쪽으로 간
다./승부가 어디로 가는지 아무도 모를 정도로 혼전을 거듭하
고 있다./이런 식으로 가면 우리의 승리가 확실하다.

(파) 「표준」 「13」동력원으로 하여 작동하다. ¶ 이 차는 전기로만
간다./증기의 힘으로 가는 기관차는 이제는 박물관에서나 볼
수 있다.
「고려」 「20-2」 [(명)이 (명)으로](자동차나 기중기가 어떤 동력
원으로) 작동하거나 움직이다. ¶ 전기로 가는 자동차가 발명되
었다./증기의 힘으로 가는 기관차는 이제 볼 수가 없다.

(하) 「표준」 「14」물체가 한쪽으로 기울어지다. ¶ 액자가 왼쪽으로
좀 간 것 같다.

(거) 「표준」 「15」금, 줄, 주름살, 흠집 따위가 생기다. ¶ 옷에 주름
이 가다/눈가에 잔주름이 가다/벽에 금이 가서 위험하다./새 차
에 흠이 가서 속상하다./그는 다리뼈에 금이 갔다.
「고려」 「17」[(명)에 (명)이](물체에 금이나 주름이) 그어져 생
기다. ¶ 유리창에 금이 갔다./그 건물은 벽에 금이 가서 무척
위험해 보인다./이 옷은 주름이 잘 가서 빨래한 후에 반드시

다림질을 해야 한다.

(너) 「표준」「16」(('무리', '축' 따위의 말과 함께 쓰여))건강에 해가 되다. ¶ 몸에 무리가 가는 운동은 삼가시오./너무 무리하다 가는 몸에 축이 간다./쉬지 않고 일만 하다간 몸이 무리가 갈 거야./뜬소문에 겁이 나서 몸이 점점 축이 갔다.

「고려」「24」[(명)이] (신체나 그 일부가) 기능이 아주 나빠지다. ¶ 오십 대에 접어드니까 몸이 가는구나./젊어서 술을 너무 마셨더니 위가 간 모양이다.

(더) 「표준」「17」일정한 시간이 되거나 일정한 곳에 이르다. ¶ 검사 결과는 내일에 가서야 나온대./이 부분에 가서는 특히 현악기의 선율에 주의해야 한다.

「고려」「7」[(명)이 (명)에](시간이 어떤 때나 지점에) 흘러 이르게 되다. ¶ 그녀는 말년에 가서야 자신의 과오를 뉘우쳤다./명년에 가서는 막내 녀석 장가도 보내야 할 텐데./오늘 시험 결과는 다음 주에 가야 나올 것 같습니다.

(러) 「표준」「18」일정한 대상에 미치어 작용하다. ¶ 고장 난 기계에 그의 손이 가면 멀쩡해진다./이 그림에는 붓이 가지 않은 데가 많아./그의 손이 가야 일이 제대로 된다.

「고려」「27」[(명)이 (명)에/(명)에게] (물건이 사람이나 그의 손에) 옮겨지거나 쓰이다. ¶ 무엇이든 민수 손에 갔다 하면 남아나질 않는다./어떤 책이든 그 사람에게 한번 가면 돌아올 줄을 모른다.

(머) 「표준」「19」(('손', '품' 따위와 함께 쓰여))어떤 일을 하는 데 수고가 많이 들다. ¶ 조그만 조각품에는 손이 많이 간다./농사일에는 품이 많이 간다.

「고려」「28」[(명)에/(명)이 (명)이](일이나 대상에 손이나 품이) 필요하거나 들다. ¶ 잡채는 손이 많이 가는 음식이지요

(버) 「표준」「20」어떤 대상이 다른 곳으로 이동하여 사라지다. ¶ 나는 조금 있다가 갈 거야./기차는 이미 갔어./너를 한참 기다리다 방금 갔는데.

「고려」「25」[(명)이 (부)/(명)으로] (무엇이 어디로) 보이지 않게 없어지다. ¶ 지갑이 어디 갔는지 보이지 않는다./너의 그 당당

하던 모습은 어디로 간 거니?

(서) 「표준」 「21」 (('시간' 따위와 함께 쓰여))지나거나 흐르다. ¶ 좋은 시절도 다 갔다./봄이 가고 여름이 온다./평생 가야 한 번 올까 말까 한 기회를 잡았어./갈수록 교통 문제가 심각해진다. 「고려」 「2-1」[(명)이](일정한 시간이나 계절이) 흘러 지나다. ¶ 겨울이 가면 곧 봄이 오겠지요./한 달이 다 가도록 병은 차도가 보이지 않았다./하루가 가고 또 하루가 가고 그렇게 세월은 흘렀습니다./이제 여름도 다 갔으니 선풍기를 닦아서 창고에 넣어 두어야겠다./그녀는 넋이 나간 사람처럼 시간이 가는 줄도 모르고 무덤가에 앉아 있었다./시간이 지나면 잊힌다는데 해가 갈수록 그의 모습이 더 선명하기만 하다.

「고려」 「2-2」[(명)이](일정한 시기가) 지나 끝나다. ¶ 이제 좋은 시절은 다 갔다./내 청춘이 이렇게 가는구나./종이 책의 시대가 가고 전자책의 시대가 왔다.

(어) 「표준」 「22」 기계 따위가 제대로 작동하다. ¶ 싸구려 시계가 잘 간다./고물 차인데도 별 탈 없이 잘 간다./시계가 가는 거야 마는 거야?

「고려」 「20-1」 [(명)이](시계나 자동차 따위의 기계가) 제 기능대로 작동하다. ¶ 자네 고물 차 아직도 잘 가나?시계가 약이 없는지 가지 않는다.

(저) 「표준」 「2 3」 외부의 충격이나 영향으로 정신을 제대로 차리지 못하는 혼미한 상태가 되다. ¶ 그는 상대 선수의 주먹을 한 방 맞고 완전히 갔다./술고래가 겨우 소주 몇 잔을 마시고 완전히 가다니?/첫눈에 가서 모르는 여자에게 편지를 썼다고?

「고려」 「26」 [(명)이] (사람이) 마치 죽은 것처럼 정신을 잃다. ¶ 저 친구, 소주 석 잔에 완전히 갔어./그는 상대 선수의 펀치를 정통으로 맞고 바로 가 버렸다.

(처) 「표준」 「24」 전기 따위가 꺼지거나 통하지 않다. ¶ 전깃불이 가서 들어오지 않는다.

「고려」 「21-1」 [(명)이] (전기가)통하지 아니하여 꺼지다. ¶ 전기가 갔는지 불이 들어오지 않는다.

「고려」 「21-2」 [(명)이](불이)기운이 사위어 꺼지다. ¶ 아궁이의 불이 갔다.

(커) 「표준」「25」(완곡하게) 사람이 죽다. ¶ 젊은 나이에 간 친구/억울하게 간 넋을 추모했다.

「고려」「6」[(명)이] {완곡하게 이르는 말로} (사람이) 생명이 끊어지다. ¶ 그녀는 파란만장한 생애를 살다가 간 사람이다./그는 젊은 나이에 교통사고로 비명에 갔다./이 사람아, 나를 두고 가 버리면 어떡하나?/

(터) 「표준」「26」어떤 일에 대하여 납득이나 이해, 짐작 따위가 되다. ¶ 바뀐 세상이 실감이 가니?/그 설명은 수긍이 간다./전후 사정이 대충 짐작이 가./딱한 처지에 동정이 간다./얼마나 억울하면 그럴까 하고 이해가 가기도 한다.

「고려」「4」[(명)이 (명)이](사람이 이해나 짐작, 판단 따위가) 일정하게 이루어지다. ¶ 네 말을 듣고 보니 당시의 상황이 짐작이 간다./그녀의 설명은 수긍이 가는 부분이 있었다./그는 이해가 가지 않는다는 표정으로 서류를 넘겨보고 있었다.

(퍼) 「표준」「27」가치나 값, 순위 따위를 나타내는 말과 결합하여 어떤 대상을 기준으로 해서 어느 정도까지 이르다. ¶ 이 집이 보기에는 초라해도 5억 원이 간다./그는 성적이 중간은 간다.

「고려」「15」[(명)이 (명)이](무엇이 일정한 가격이나 수준이) 될 정도에 이르거나 해당하다. ¶ 이 보석은 시가로 삼백만 원은 갈 것이다./이 아이는 성적이 반에서 중간 정도 갑니다./이 골동품 가격이 못해도 2억은 가지 않겠습니까?/그녀는 주식과 부동산으로 이 지역에서 몇째 가는 거부가 되었다.

(허) 「표준」「28」원래의 상태를 잃고 상하거나 변질되다. ¶ 생선이 물이 갔다./콩나물무침이 시큼하게 맛이 갔어.

「고려」「19」[(명)이 (명)이](음식이 맛이나 물이) 상하거나 변하다. ¶ 생선이 물이 갔구나./유통 기한이 지났는지 우유가 맛이 갔다.

(갸) 「표준」「29」때나 얼룩이 잘 빠지다. ¶ 이 비누는 때가 잘 간다./녹물이 잘 가는 세제가 있을까?

(냐) 「표준」「30」어떤 경로를 통하여 움직이다. ¶ 길을 가다/밤길을 가다/산길을 가다/눈길을 차들이 조심스럽게 간다./빗길을 갈

때에는 안전 운전에 특히 주의해야 한다.

「고려」「30」(사람이나 탈것이 어떤 곳을) 지나거나 통과하며 이동하다. ¶ 안국동 부근을 가다가 그녀를 우연히 만났다./우리는 시골길을 가면서 많은 이야기를 나누었습니다./셋이서 길을 가면 거기에 반드시 나의 스승이 있는 법이다.

(다) 「표준」「31」어떤 일을 하기 위하여 다른 곳으로 이동하다. ¶ 가족들과 함께 동물원에 구경을 갔다./언니가 때릴까 봐 엄마에게 도망을 간다. ‖ 저녁을 먹은 후에 우리는 늘 공원으로 산책을 가곤 한다./친구는 내일 파리로 유학을 간다고 한다.

「고려」「29」[(명)이 (명)에/(명)으로 (명)을](사람이 어떤 곳으로 뜻한 일을) 하기 위해 움직이다. ¶ 내일 오후에는 친구 문병을 가야 해./이번 방학에는 제주도로 여행을 가고 싶다./그녀는 주말이면 강원도로 애인의 면회를 갔다./김 교수는 춘천에 있는 대학에 강연을 간 적이 있었다.

(라) 「표준」「32」노름이나 내기에서 얼마의 액수를 판돈으로 걸다. ¶ 한 판에 10만 원을 갔다. ‖ 남들이 선택하지 않은 쪽으로 큰돈을 가는 것은 질 가능성이 큰 만큼 따면 큰돈을 만들 수 있다.

「고려」「35」(명)이 (명)을] (사람이 일정한 금액을) 노름의 판돈으로 걸다. ¶ 이번 판에 삼촌은 3천 원을 갔다.

(마) 「표준」「33」어떤 현상이나 상태가 유지되다. ¶ 작심삼일이라고 며칠이나 가겠니?/담배를 끊겠다는 결심이 결국 사흘도 못 갔다. ‖ 새 신발이 한 달을 못 가다니./월급쟁이가 평생을 가야 집 한 채 살까?/천석꾼 살림이 삼 년을 못 가다니.

「고려」「11」[(명)이 (명)에] (무엇이 어떤 일이나 상태에) 이르러 닿다. ¶ 우리 대표팀은 본선에 가기도 전에 탈락하고 말았다./파업이 장기화되고 있기는 하지만 그래도 설마 직장 폐쇄까지야 가겠어?/아직 알코올 중독까지는 안 갔지만 그래도 이제부터는 술을 끊으셔야 할 것 같습니다.

「고려」「12」[(명)이 (명)이](기운이나 증상이 일정한 기간이) 계속되거나 유지되다. ¶ 이번 감기에 걸리면 몸살기가 사나흘 정도 간다고 한다./약효가 한 6시간 가니까 식후에 꼭 복용하

시기 바랍니다.

「고려」「18-1」[(명)이 (명)까지/(부)](사물이나 현상이 어떠한 기간까지) 그 상태가 계속 유지되다. ¶ 한글 전용과 한자 혼용에 대한 논쟁이 언제까지 갈지 모르겠다./저런 허술한 판잣집이 얼마나 갈 수 있을지 모르겠다./

「고려」「18-2」[(부)/(형)게 (명)이] ((주로 '이대로', '이렇게' 따위의 부사와 함께 '가면', '가다가'의 꼴로 쓰여)) (그 상태로 어떤 상황이나 현상이) 지속되거나 진행하다. ¶ 이대로 간다면 시즌 우승도 문제없다./무슨 수를 내야지, 이렇게 가다가는 정말 큰일나겠다.

「고려」「34」[(명)이 (명)을] (무엇이 일정한 시간을) 유지하여 계속하다. ¶ 그의 금연(禁煙) 결심은 사흘을 가지 못했다./우리 같은 서민은 평생을 가도 그런 큰돈을 구경조차 못할 것이다.

(바) 「고려」「8」((주로 '가는'의 꼴로 쓰여)) (길이나 장소가 어떤 곳으로) 향하거나 이어지다. ¶ 그녀는 2층으로 가는 계단에 쓰러져 있었다./오늘 종로로 가는 길이 시위 때문에 통제된다고 한다.

(사) 「고려」「14」[(명)에 (명)이](무엇에 손이나 발이) 향하여 움직이다. ¶ 나도 모르게 담배에 손이 간다네./심심하니까 자꾸 과자에 손이 간다./나는 좋아하지 않는 음식에는 손이 가지 않는다.

(아) 「고려」「33」[(명)이 (명)을](사람이 어떤 곳으로 일정한 차수(次數)를 높이어 자리를 옮기다. ¶ 우리는 맥줏집으로 2차를 갔다.

이상과 같이 '가다'의 사전적 의미는 매우 다양하다. 그러나 각 사전에 기술된 의미들 중에는 중복되는 의미도 많이 있고 그 기술 순서도 각 사전마다 다른 점을 발견할 수 있다. (가)는 '사람이 한 곳에서 다른 곳으로 장소를 이동하다'는 의미이고, (나)는 '수레, 배, 자동차' 등 사물이 움직이는 의미이다. (가)와 (다)는 구체물의 물리적 장소를 이동하는 것이 같으나 두 의미를 변개의 단의로 보지 않고 하나의 단의로 보겠다. (라)는 '사람이 어디 장소에 자리를 옮겨 움직이다'로 주체인 사람이 구체적인 장소로 이동하는 것을 뜻하므로 (가)와 목적성이 있는지 없는지에만 차이가 있을 뿐 실제적인 이동은 동일하다. 따라서 (가)와 (라)는 별개의 단의로 볼 수 없고 하나의 단의로 간주해야 한다. (나)는 어떤 경로를 통하여 움직이는 것이고, (다)는 어떤 일을 하기 위하여 다른 곳으로 이동하는 것으로 주체가 구체적인 장소에 이동하는 행위가 (가), (다)와 비슷하다. 그러므로 (나), (다)도 별개의 단의로 보지 않고 (가), (다)와 함께 하나의 단의로 간주된다. 따라서 (가)(나)(라)(나)(다)는 '사람이나 물체 따위가 한곳에서 다른 곳으로 자리를 옮겨 움직이다.'로 정리할 수 있다.

(다), (마), (바)는 공통적으로 '사람이 어떤 사람으로 구성된 조직, 모임, 기관, 팀, 회사, 부서 따위에 참석하거나 소속되다'는 의미를 표현하고 있다. 그러므로 (다)(마)(바)는 사람이 특정한 조직이나, 모임, 기관에 들어가 그에 소속되다.'로 풀이할 수 있다.

(아)의 주체 '관심이나 눈길', (저)의 주체는 '정신', (터)의 주체는 '이해나 짐작'이 모두 추상적이면서 사람의 내재적인 심리활동을 표현하고 있어 그들의 움직임을 의미한다. 그러므로 (아)(저)(터)는 별개의 단의로 보지 않고 하나의 단의로 봐야 한다.

(파)와 (어)는 '어떤 동력원으로 자동차나 기계를 작동하다'는 의미를 가지고 있어 하나의 단의로 봐야 한다.

(더)는 '시간이 어떤 때나 지점에 흘러 이르게 되다'는 의미로 현재 시간이 미래로 이동하다로 해석할 수 있다. (서)는 '시간이나 계절이 흘러 지나다'는 의미 또한 시간의 이동이므로 (더)와 같은 단의로 간주할 수 있을 것이다.

(버)는 '물건이 없어지다'라는 의미를 표현하고 있다. (가)도 '때나 얼룩'이 안 보이게 없어지는 의미로 유형물의 소실 의미를 표현하는 데 일치하기 때문에 (버)(가)는 별개의 단의로 보지 않고 하나의 단의로 봐야 한다.

「표준」「9」에 대하여 「고려」에서 주체 '전기'와 '불'을 나눠서 설명하고 있는데 '전기나 불' 따위가 없어지는 의미가 같으나 여기서 「표준」의 해석

을 택하겠다. (차)에 대하여 「고려」의 해석을 택하겠다. 「표준」에서 '상태
가 생기다'로 해석하는 있는데 실질적으로 생기는 것이 상태가 아니라 '손
해나 피해'이기 때문에 「표준」보다 「고려」의 해석이 더 적절한 것 같다.
(너)에 대하여 「표준」에서는 '건강에 해가 되다'라고 풀이를 하고 있다. 그
러나 '가다'는 '되다'로 풀이되는 것은 부적절한데, 신체의 일부가 나빠지
는 것이므로 「표준」의 풀이는 '가다'의 기능 영역을 초월한 것 같다. (러)
에 대하여 「고려」의 풀이가 더 상세하기 때문에 여기서 「고려」의 풀이를
선택한다. (버)와 (갸)는 유형물 따위가 없어지는 의미를 표현하는 데 있어
서 비슷하다. 그러므로 (버)와 (갸)도 하나의 단의로 볼 수 있을 것이다.

또한 「표준」과 「고려」에서 의미를 비슷하게 기술하는 단의는 (나)(사)
(카)(거)(머)(저)(처)(커)(터)(퍼)(허)번이 있으나 본 연구에서 편의상 「고려」의
뜻풀이를 채택하기로 한다. 「고려」에만 등재되어 있는 (뱌)(샤)(야)는 「표
준」의 어떤 단의와도 합칠 수 없기 때문에 '가다'의 단의를 정리하는 데
이들을 추가하기로 한다.

위와 같은 절차를 걸쳐 '가다'의 사전적 의미를 다음과 같이 재정리할
수 있다.

> (15) '가다'의 단의 후보(2)
> ⓐ [(명)이 (명)에/(명)에게/(명)으로] (사람이나 물체 따위가) 한 곳
> 에서 다른 곳으로 자리를 옮겨 움직이다. ← (가) (나) (라) (냐)
> (댜)
> ⓑ [(명)이 (명)에] (사람이) 특정한 조직이나 기관에 들어가 그에
> 소속되다. ← (다) (마) (바)
> ⓒ [(명)이 (명)에게] (권리 따위가) 사람에게 옮겨지다. ← (사)
> ⓓ [(명)이] (관심, 정신, 이해 따위가) 움직여 상태 변화를 초래하
> 다. ← (아) (저) (터)
> ⓔ [(명)이 (명)에] (정보 따위가) 어떤 사람이나 장소에 전해지다.
> ← (자)

ⓕ [(명)에 (명)이] (무엇에 손해나 피해가) 생기거나 미치다. ←
(차)

ⓖ [(명)이 (명)로] (조직 따위가) 어떤 상태나 상황을 향하여 나아
가다. ← (카)

ⓗ [(명)이 (명)으로] (회의, 물건 따위가) 한쪽으로 기울어지다. ←
(타)(하)

ⓘ [(명)이 (명)으로] (자동차나 기계 따위가 어떤 동력으로) 작동하
거나 움직이다. ← (파) (어)

ⓙ [(명)에 (명)이] (주름, 흠집 따위가) 생기다. ← (거)

ⓚ [(명)이] (신체나 그 일부가) 기능이 아주 나빠지다. ← (너)

ⓛ [(명)이 (명)에] (시간이 어떤 때나 지점에) 이르게 되거나 흐르
다. ← (더) (서)

ⓜ [(명)이 (명)에/(명)에게] (물건이 사람이나 그의 손에) 옮겨지거
나 쓰이다. ← (러)

ⓝ [(명)에/(명)이 (명)이] (일이나 대상에 손이나 품이) 필요하거나
들다. ← (머)

ⓞ [(명)이] (물건 따위가) 없어지거나 안 보이게 되다. ← (버) (갸)

ⓟ [(명)이] (전기불이) 통하지 아니하여 꺼지다. ← (처)

ⓠ [(명)이] (사람이) 생명을 잃고 저승으로 이동하다. ← (커)

ⓡ [(명)이 (명)에] (가치가 값 따위가) 일정한 수준이 될 정도에 이
르거나 해당하다. ← (퍼)

ⓢ [(명)이] (맛이) 상하거나 변하다. ← (허)

ⓣ [(명)이 (명)을] (사람이 일정한 금액을) 노름의 판돈으로 걸다.
← (랴)

ⓤ [(명)이 (명)이] (어떤 현상이나 상태가) 일정한 기간에 계속되거
나 유지되다. ← (먀)

ⓥ [(명)이 (명)으로] (길이나 장소가) 어떤 곳으로) 향하거나 이어
지다. ← (뱌)

ⓦ [(명)에 (명)이] (무엇에 손이나 발이) 향하여 움직이다. ← (샤)

ⓧ [(명)이 (명)을] (사람이 어떤 곳으로 일정한 차수(次數)를) 높이
어 자리를 옮기다. ← (야)

위에서 정리된 '가다'의 사전적 의미를 보면 크게 'A가 가다'와 'A가 C에/로 가다'의 격틀을 가지고 있는 것을 아래 예문을 통해 확인할 수 있다. 먼저 'A가 가다'의 경우를 살펴보겠다.

(16) 가. 맛이 가다.
　　　나. 이 차는 전기로만 간다.

위 예문을 통해 확인할 수 있듯이 '음식이 상하거나 변질되다.'는 의미를 표현할 때 '가다'에 주체만 요구한다. (나)는 '전기로'를 삭제할 경우 '이 차는 간다.'가 비문이 아니지만 '가다'의 해당 의미를 표현할 수가 없어서 '로' 자리에 해당되는 '전기'를 삭제할 수가 없다. 따라서 두 문장이 모두 해당 공기어가 필수로 나타나는 경우에 소속된다.

위에서 제시된 '가다'의 스물네 가지 단의 가운데 ⓐⓑⓠⓣⓧ의 주체는 '사람', ⓒ는 '권리', ⓓ는 '관심, 정신, 이해', ⓔ는 '말이나 소식', ⓕ는 '손해나 피해', ⓖ는 '조직', ⓗ는 '회의', ⓘ는 '자동차', ⓙ는 '주름', ⓚ는 '위', ⓛ는 '시간', ⓜ는 '물건', ⓝ는 '노력 따위', ⓞ는 '물체', ⓟ는 '전기나 불', ⓡ는 '값', ⓢ는 '맛', ⓤ는 '현상이나 상태', ⓥ는 '길이나 장소', ⓦ는 '손'이 해당된다. 위에서 제시된 '가다'의 주체를 크게 구체성을 가지느냐 추상성을 가지느냐에 따라 먼저 양분할 수 있다. ⓐⓑⓠⓣⓧⓘⓚⓜ ⓞⓟⓢⓥⓦ는 구체성을 가지고 ⓒⓓⓔⓕⓖⓗⓙⓛⓝⓡⓤ는 추상성을 가진다. 또한 구체 영역 안에서 주체의 형체를 확인할 수 있는지 없는지에 따라 유형물과 무형물로 나눌 수 있다. 이 기준에 따라 ⓐⓑⓠⓣⓧⓘⓚ ⓜⓞⓟⓢⓥⓦ 가운데 ⓟ의 '전기나 불', ⓢ의 '맛'은 형체를 확인할 수 없으므로 무형물 영역에 속하고 나머지는 유형물 영역에 속한다.

또한 추상 영역 가운데 인간과의 관련 정도에 따라 '인관 유관' 및 '인간 무관' 영역을 나눌 수 있다. 즉 ⓒⓓⓔⓕⓖⓗⓙⓛⓝⓡⓤ 가운데 ⓛ

는 시간 이동을 표현하는 것이고, ⓒⓓⓔⓝⓙ의 주체는 인간과 밀접한
관련을 가지며, ⓕⓖⓗⓡⓤ의 주체는 그다지 인간과 긴밀한 관계를 갖고
있지 않다.

위 내용을 표로 정리하면 다음과 같다.

[표 16] 한국어 '가다'의 단의 분류

구체	주체(A)	부사어(C)	구문 구조	단의 후보 번호
	사람	장소	A가 C에/으로 가다	ⓐ
		조직, 기관	A가 C에 가다	ⓑ
		차수	A가 C를 가다	ⓧ
		–	A가 가다	ⓠ
		액수	A가 C를 가다	ⓣ
	손	물건	C에 A가 가다	ⓦ
	위	–	A가 가다	ⓚ
	물건	손	C에 A가 가다	ⓜ
		–	A가 가다	ⓞ
	자동차	동력원	A가 C으로 가다	ⓘ
	길, 장소	방향		ⓥ
	전기, 불	–	A가 가다	ⓢ
	맛			ⓟ
	시간	시기	A가 C에 가다	ⓛ
	주름	–	A가 가다	ⓙ
	말, 소식	사람	A가 C에게 가다	ⓔ
	노력	–	A가 가다	ⓝ
	관심			ⓓ
	권리			ⓒ
	손해, 피해	장사	C에 A가 가다	ⓕ
	조직	상태	A가 C으로 가다	ⓖ
	회의	방향		ⓗ
	현상, 상태			ⓤ
추상	값	정도	A가 C에 가다	ⓡ

[표 16]에 정리한 '가다'의 단의 분류를 보면 '가다'는 구체 및 추상 영역에서 의미 확장이 모두 활발하게 일어나고 있다는 사실을 확인할 수 있다. '가다'의 구체 영역 가운데 '사람'이 주체로 실현되는 단의로는 ⓐⓑ ⓖⓣⓧ가 있다. 이 가운데 ⓐ는 사람이 구체적인 장소 이동을 뜻하므로 가장 원형적인 의미로 볼 수 있을 것이다. ⓑⓖⓣⓧ는 의미의 구체성 정도에 따라 순서가 ⓑⓖⓣⓧ가 되겠다. 또한 유형물 영역 안에 인간 주체를 제외한 단의들에 대하여 ⓚⓦ는 인간의 일부가 주체 역할을 하기 때문에 ⓘⓜⓞⓥ보다 인간과 더 긴밀한 관련을 갖는다고 본다. ⓘⓜⓞⓥ는 의미의 구체성 정도에 따라 순서가 ⓜⓞⓘⓥ가 되겠다.

추상 영역 가운데 ⓒⓓⓔⓙⓝ은 인간과 긴밀한 관련을 갖는 반면 ⓕⓖ ⓗⓡⓤ는 인간과 긴밀한 관계를 갖지 않으므로 ⓒⓓⓔⓙⓝ보다 의미가 더 추상적이라고 볼 수 있다. 또한 인간 유관 영역에서 단의들의 추상화 정도에 따라 순서가 ⓙⓔⓝⓓⓒ가 되고, 인간 무관 영역에 속한 단의들의 순서는 ⓕⓖⓗⓤⓡ가 된다. 위 내용에 따라 '가다'의 단의를 다음과 같이 정리할 수 있다.

(17) '가다'의 단의
① [(명)이 (명)에/(명)에게/(명)으로] (사람이나 물체 따위가) 한 곳에서 다른 곳으로 자리를 옮겨 움직이다. ← ⓐ
② [(명)이 (명)에] (사람이) 특정한 조직이나 기관에 들어가 그에 소속되다. ← ⓑ
③ [(명)이 (명)을] (사람이) 어떤 곳으로 일정한 차수(次數)를 높이어 자리를 옮기다. ← ⓧ
④ [(명)이] (사람이) 생명을 잃고 저승으로 이동하다. ← ⓖ
⑤ [(명)이 (명)을] (사람이 일정한 금액을) 노름의 판돈으로 걸다. ← ⓣ
⑥ [(명)에 (명)이] (무엇에 손이나 발이) 향하여 움직이다. ← ⓦ
⑦ [(명)이] (신체나 그 일부가) 기능이 아주 나빠지다. ← ⓚ

⑧ [(명)이 (명)에/(명)에게] (물건이 사람이나 그의 손에) 옮겨지거나 쓰이다. ← ⓜ

⑨ [(명)이] 물건 따위가 없어지거나 안 보이게 되다. ← ⓞ

⑩ [(명)이 (명)으로] (자동차나 기계 따위가 어떤 동력으로) 작동하거나 움직이다. ← ⓘ

⑪ [(명)이 (명)으로](길이나 장소가) 어떤 곳으로) 향하거나 이어지다. ← ⓥ

⑫ [(명)이] (맛이) 상하거나 변하다. ← ⓢ

⑬ [(명)이] (전기불이) 통하지 아니하여 꺼지다. ← ⓟ

⑭ [(명)이 (명)에] (시간이 어떤 때나 지점에) 이르게 되거나 흐르다. ← ⓛ

⑮ [(명)에 (명)이] (주름, 홈집) 따위가 생기다. ← ⓙ

⑯ [(명)이 (명)에] (정보 따위가) 어떤 사람이나 장소에 전해지다. ← ⓔ

⑰ [(명)에/(명)이 (명)이] (일이나 대상에 손이나 품이) 필요하거나 들다. ← ⓝ

⑱ [(명)이] (관심, 정신, 이해 따위가) 움직여 상태 변화를 초래하다. ← ⓓ

⑲ [(명)이 (명)에게] (권리 따위가) 사람에게 옮겨지다. ← ⓒ

⑳ [(명)에 (명)이] (무엇에 손해나 피해가) 생기거나 미치다. ← ⓕ

㉑ [(명)이 (명)로] (조직 따위가) 어떤 상태나 상황을 향하여 나아가다. ← ⓖ

㉒ [(명)이 (명)으로] (회의 따위가) 한쪽으로 기울어지다. ← ⓗ

㉓ [(명)이 (명)이] (어떤 현상이나 상태가) 일정한 기간에 계속되거나 유지되다. ← ⓤ

㉔ [(명)이 (명)에] (가치가 값 따위가) 일정한 수준이 될 정도에 이르거나 해당하다. ← ⓡ

위에서 정리된 단의를 토대로 '가다'의 단의 분포 양상을 그리면 아래와 같다.

[그림 8] 한국어 '가다'의 단의 분포 양상

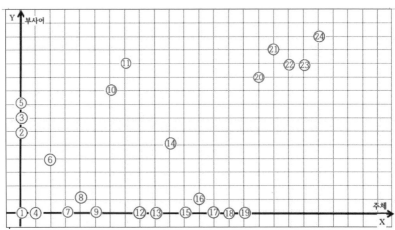

위에서 정리된 '가다'의 단의 분포 양상을 보면 '가다'의 단의 가운데 ①②③⑤번의 주체가 같고 부사어의 추상화 정도에 따라 의미가 달리진 다. ④⑦⑨⑫⑬⑮⑰⑱⑲번 단의는 부사어를 상정하지 않은 경우이고 주체의 추상화 정도에 따라 의미 변화가 일어난다. 이에 비하여 ⑥⑧⑩⑪⑭ ⑯⑳㉑㉒㉓㉔번 단의는 의미 변화에 있어서 주체 및 부사어의 영향을 모두 받는다.

'가다'의 각 단의 가운데 대표가 되는 원형의미는 출현 제약이나 의미적 환경의 영향을 되도록 적게 받는 구체적 환경에서 실현되는 것으로 결정된다. 이 의미를 중심으로 각각의 단의가 파생되었다고 볼 수 있을 것이다. '가다'의 ①번 의미는 사람이나 물체 따위가 한 곳에서 다른 곳으로의 구체적인 공간 이동을 의미하므로 각 단의를 대표할 수 있는 원형의미가 된다. ②번의 의미는 사람이 특정한 조직이나 기관에 들어가 그에 소속되는 의미를 뜻하므로 역시 사람의 이동을 대표하기 때문에 ①번 의미에서 확장된다고 볼 수 있다. ③번 의미는 사람이 어떤 곳으로 일정한 차수를 높이어 자리를 옮기는 의미를 뜻하므로 ②번과 관련이 되어 ②번에서 확장된다고 본다. ⑤번 의미는 사람이 일정한 금액을 노름의 판돈으로 거는 의미를 뜻하므로 ③번과 인접성이 있어 ③번 의미에서 확장된다. ⑥번은 ⑤번에서 확장된다고 본다. ⑧번 '물건이 한 사람에게 다른 다름으로 이동하다'는 의미로 물건이 한 소유주에 다른 소유주로 옮기는 것이므로 ⑥번과 유사하다. ⑲번은 추상적인 권리 따위의 소유주 이동을 의미하므로 ⑧번과 유사하다. 그래서 ⑲번은 ⑧번에서 확장된다고 볼 수 있다. ④번 의미는 사람이 구체적인 장소에서 추상적인 저승으로 이동하는 의미를 뜻하므로 원형의미에서 확장된다고 볼 수 있다. ⑦번 의미는 신체의 일부 기능이 나빠지는 의미를 뜻하므로 ④번과 인접성이 있어 ④번에서 확장된다고 본다. ⑬번은 전기나 불이 통하지 않은 의미이기에 어떤 기능이 좋지 않은 의미를 표현하므로 ⑦번과 유사하다. ⑪번은 길이나 장소의 이동을 뜻하므로 원형의미에서 확장된다고 볼 수 있다. ⑰번은 일이나 대상에 손이나 품이 필요하거나 드는 의미를 뜻하므로 원형의미와 주체가 다른데 표현하는 현상이 비슷하므로 역시 원형의미에서 확장된다고 본다. ⑮번 '주름이 생기다'는 주름의 이동을 뜻하기에 원형의미의 주체와 아주 밀접한 연관성이 있기 때문에 원형의미에서 확장된다. ⑱번 의미는 관심이나 정신, 이해 따위가 움직여 상태 변화를 초래하는 의미를 뜻하므로 변화가 생기는 의미를 표현하기 때문에 ⑮번의 주름이 생기다는 의미를 유사하다. 따라서 ⑱번의 ⑮번에서 확장된다고 볼 수 있다. ⑳번은 손해나 피해가 생기거나 미치는 의미를 표현하기에 역시 무엇이 생기는 의미를 가지고 있어서 ⑱번에서 확장된다고 볼 수 있다. ⑨번 의미는 물건 따위기 없어지거나 안 보이게 되는 의미를 뜻하므로 구체적인 물건의 공간 이동을 표현하기에 원형의미와 밀접한 관련성이 있어 보인가. 그래서 ⑨번은 원형의미에서 확장된다고 볼 수 있다. ⑩번 의미는 자동차나 기계 따위가 어떤 동력으로 작동하거나 움직이는 의미를 표현하므로 구체적인 물건 이동을 뜻하므로 ⑨번 의미에서 확인된다고 볼 수 있다. ⑫번 의미는 추상적인 맛

이 좋은 상태에서 나쁜 상태로 변한 의미를 뜻하므로 ⑩번 의미와 관련이
되어 ⑩번 의미에서 확장된다고 볼 수 있다. ⑭번 의미는 '시간이 어떤 때
나 지점에 이르게 되거나 흐르다'는 시간의 이동을 뜻하므로 사물의 물리
적인 이동에서 확장된다고 볼 수 있다. 따라서 ⑭번은 ⑩번의 은유적인
확장으로 볼 수 있다. ⑯번은 정보 따위가 어떤 사람이나 장소에 전해지는
의미를 표현하기에 시간적인 이동과 밀접한 관련이 보여 ⑭번 의미에서
확장된다고 볼 수 있다. ㉑번 의미는 조직 따위의 상태 변화를 의미하므로
추상적인 시간 이동에서 확장된다고 볼 수 있다. ㉒번 의미는 역시 추상적
인 이동을 의미하므로 ㉑번 의미에서 확장되는 것으로 볼 수 있다. ㉓번
의미는 현상이나 상태의 변화를 의미하기에 ㉒번 의미와 유사하다. ㉔번
의미의 주체는 ㉓번보다 더 추상적인 것으로 보여 ㉓의미에서 확장된다
고 볼 수 있다.

　이상 내용을 표로 정리하면 아래와 같다.

[표 17] 한국어 '가다'의 의미 확장 양상

의미 확장 양상	단의
⑬ ↑ ⑦ ↑ ⑪　④ ↖↗ ⑳←⑱←⑮←①─②─③─⑤─⑥─⑧─⑲ ↙↘ ⑰　⑨ ↓ ⑩─⑭─⑯ ↓　↓ ⑫　㉑ ↓	① [(명)이 (명)에/(명)에게/(명)으로] (사람이나 물체 따위가) 한 곳에서 다른 곳으로 자리를 옮겨 움직이다. ② [(명)이 (명)에] (사람이) 특정한 조직이나 기관에 들어가 그에 소속되다. ③ [(명)이 (명)을] (사람이) 어떤 곳으로 일정한 차수(次數)를 높이어 자리를 옮기다. ④ [(명)이] (사람이) 생명을 잃고 저승으로 이동하다. ⑤ [(명)이 (명)을] (사람이 일정한 금액을) 노름의 판돈으로 걸다. ⑥ [(명)에 (명)이] (무엇에 손이나 발이) 향하여 움직이다.

㉒ ↓ ㉓ ↓ ㉔	⑦ [(명)이] (신체나 그 일부가) 기능이 아주 나빠지다. ⑧ [(명)이 (명)에/(명)에게] (물건이 사람이나 그의 손에) 옮겨지거나 쓰이다. ⑨ [(명)이] 물건 따위가 없어지거나 안 보이게 되다. ⑩ [(명)이 (명)으로] (자동차나 기계 따위가 어떤 동력으로) 작동하거나 움직이다. ⑪ [(명)이 (명)으로](길이나 장소가) 어떤 곳으로) 향하거나 이어지다. ⑫ [(명)이] (맛이) 상하거나 변하다. ⑬ [(명)이] (전기불이) 통하지 아니하여 꺼지다. ⑭ [(명)이 (명)에] (시간이 어떤 때나 지점에) 이르게 되거나 흐르다. ⑮ [(명)에 (명)이] (주름, 흠집) 따위가 생기다. ⑯ [(명)이 (명)에] (정보 따위가) 어떤 사람이나 장소에 전해지다. ⑰ [(명)에/(명)이 (명)이] (일이나 대상에 손이나 품이) 필요하거나 들다. ⑱ [(명)이] (관심, 정신, 이해 따위가) 움직여 상태 변화를 초래하다. ⑲ [(명)이 (명)에게] (권리 따위가) 사람에게 옮겨지다. ⑳ [(명)에 (명)이] (무엇에 손해나 피해가) 생기거나 미치다. ㉑ [(명)이 (명)로] (조직 따위가) 어떤 상태나 상황을 향하여 나아가다. ㉒ [(명)이 (명)으로] (회의 따위가) 한쪽으로 기울어지다. ㉓[(명)이 (명)이] (어떤 현상이나 상태가) 일정한 기간에 계속되거나 유지되다. ㉔[(명)이 (명)에] (가치가 값 따위가) 일정한 수준이 될 정도에 이르거나 해당하다.

3.1.1.1.2 '去'

중국어 '去'은 '본질적 수평 이동 동사'로 한국어 '가다'와 같이 '주체가 지금 있는 데에서 다른 곳으로 이동하다'는 의미를 가진다. '去'에 대하여 「現代漢語詞典」과 「新華詞典」에서 모두 4개를 제시하고 있다. 구체적인 내용은 다음과 같다.

> (18) '去'의 단의 후보(1)
>> (가) 「現代」「1」從所在地方到別的地方(지금 있는 데에서 다른 곳으로 이동하다.) ¶ 去路(가는 길) /去向(가는 방향) /從成都去重慶(성도에서 충칭으로 가다.) /他去了三天, 還沒有回來. (그가 간지 3일이 되었는데 아직도 안 왔다.)
>> 「新華」「1」離開所在的地方到別處(지금 있는 곳에서 떠나 다른 곳으로 이동하다.) 由自己一方到另一方(자기가 있는 쪽에서 다른 쪽으로 이동.) 跟"來"相對('오다'와 대칭됨) ¶ 我要去工廠(나는 공장에 가고 싶다.)/馬上就去.(바로 갈 거야.)
>> (나) 「現代」「4」人死去(사람이 목숨을 잃다) ¶ 他四十多歲就因爲交通事故先去了. (그는 마흔을 조금 넘어 교통사고로 비명에 갔다.)
>> (다) 「新華」「3」人加入某個特定的組織或者機關, 成爲其中的一員.(사람이 특정한 조직이나 기관에 들어가 그에 소속되다.) ¶ 我去服兵役.(저는 군대에 간다.)

위에서 제시된 내용에 따라 '去'의 사전적 의미를 다음과 같이 정리할 수 있다.

> (19) '去'의 단의 후보(2)
>> ⓐ [(명)이 (명)에/으로]人或者物體從一個地方移動到另一個地方.(사람이나 물건이 한 곳에서 다른 곳으로 장소를 이동하다.) ← (가)
>> ⓑ [(명)이 (명)에]人加入某個特定的組織或者機關成爲其中的一員.(사람이 특정한 조직이나 기관에 들어가 그에 소속되다.) ← (다)

ⓒ [(명)이委婉的表示人死了.(사람의 죽음을 완곡하게 표현하는 말.)
   ← (라)

위에서 제시된 의미를 통해 '去'는 'A+去', 'A+去+C'의 격틀 정보를 가지고 있는 것을 확인할 수 있다.

(20) 가. 我去服兵役.(저는 군대에 간다.)
　　 나. 他年紀輕輕就先去了.(그는 젊은 나이에 죽었다.)

위 예문을 보면 (가)는 '사람이 일정한 목적을 가진 모임이나 조직에 참석하기 위하여 이동하다'의 의미를 가진다. 가령 '兵役'을 삭제시키면 문장이 '*我去服.'이 되어 비문이다. (나) 예문에서는 '去'의 의미를 실현하는 데 주체만 필요하다.

'去'의 사전적 의미 가운데 ⓐⓑⓒ는 모두 '사람'으로 나타나고 있다. 위 내용을 표로 정리하면 다음과 같다.

[표 18] 중국어 '去'의 단의 분류

구체 ↓ 추상	주체(A)	부사어(C)	구문 구조	단의 후보 번호
	사람	장소	A+去+C	ⓐ
		조직, 기관		ⓑ
		-	A+去	ⓒ

'去'의 의미들 가운데 ⓐⓑⓒ번의 주체가 모두 사람이다. 부사어 자리에 ⓐ는 구체적인 '장소', ⓑ는 추상적인 '조직이나 기관'을 요구한다. ⓒ는 의미를 실현하는 데 주체만 있으면 된다.

위에서 제시된 내용에 따라 '去'의 단의를 다음과 같이 정리할 수 있다.

(21) '去'의 단의

❶ [(명)이 (명)에/으로]人或者物體從一個地方移動到另一個地方.(사람이나 물건이 한 곳에서 다른 곳으로 장소를 이동하다.) ← ⓐ

❷ [(명)이 (명)에]人加入某個特定的組織或者機關成爲其中的一員.(사람이 특정한 조직이나 기관에 들어가 그에 소속되다.) ← ⓑ

❸ [(명)이]委婉的表示人死了.(사람의 죽음을 완곡하게 표현하는 말.) ← ⓒ

'去'의 각 단의 가운데 대표가 되는 원형의미는 출현 제약이나 의미적 환경의 영향을 되도록 적게 받는 구체적 환경에서 실현되는 것으로 결정된다. 이 의미를 중심으로 각각의 단의가 파생되었다고 볼 수 있을 것이다. '가다'의 ❶번 의미는 사람이나 물건이 한 곳에서 다른 곳으로의 구체적인 공간 이동을 의미하므로 각 단의를 대표할 수 있는 원형의미가 된다. ❷번은 '사람'이 주체로 되어 사람이 어떤 조직이나 기관으로 구성된 추상적인 공간으로 이동하는 의미로, ❸번은 물건의 이동으로 원형의미와 유사성이 있어 보인다. 따라서 ❷번과 ❸번은 모두 원형의미에서 확장해 온다고 볼 수 있을 것이다. 따라서 '去'의 단의 분포 양상과 의미 확장 양상을 다음과 같이 정리할 수 있다.

[그림 9] 중국어 '去'의 단의 분포 양상

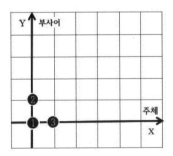

위 그림을 통해 중국어 '去'의 ❶❷번 단의가 주체가 같고 의미 변화에 영향을 끼치는 요소는 부사어인 것을 알 수 있다. ❸번은 부사어를 상정하지 않기 때문에 주체의 이동 양상에 따라 ❶번과 의미 차이가 난다.

'去'의 각 단의 가운데 대표가 되는 원형의미는 출현 제약이나 의미적 환경의 영향을 되도록 적게 받는 구체적 환경에서 실현되는 것으로 결정된다. 이 의미를 중심으로 각각의 단의가 파생되었다고 볼 수 있을 것이다. '가다'의 ❶번 의미는 사람이나 물건이 한 곳에서 다른 곳으로의 구체적인 공간 이동을 의미하므로 각 단의를 대표할 수 있는 원형의미가 된다. ❷번은 '사람'이 주체로 되어 사람이 어떤 조직이나 기관으로 구성된 추상적인 공간으로 이동하는 의미이다. ❸번은 물건의 이동으로 원형의미와 유사성이 있어 보인다. 따라서 ❷번과 ❸번은 모두 원형의미에서 확장해 온다고 볼 수 있을 것이다.

이상 내용을 표로 정리하면 아래와 같다.

[표 19] 중국어 '去'의 의미 확장 양상

단의	
❸ ↑ ❶—❷	❶ (人或者物體)從一個地方移動到另一個地方. (사람이나 물건이) 한 곳에서 다른 곳으로 장소를 이동하다. ❷ (人)加入某個特定的組織或者機關成爲其中的一員. (사람이) 특정한 조직이나 기관에 들어가 그에 소속되다. ❸ (物體)向某一個方向傾斜. (물건이) 한쪽으로 기울어지다.

3.1.1.1.3 '가다'와 '去'의 대조

이 부분에서는 한국어 '가다'와 중국어 '去'의 단의를 바탕으로 공통점과 차이점을 살펴보도록 하겠다. 첫째로 단의의 대응관계, 둘째로 단의의 분포 양상 두 가지를 대조할 것이다. 위에서 정리된 '가다'와 '去'의 단의 가운데 한국어 '가다'는 구체와 추상 영역에서 많은 확장 의미를 가지는데

'去'는 '가다'보다 훨씬 적은 편이다.

단의의 대응관계에 대한 대조를 살펴보도록 하겠다. 앞부분에서 '가다'의 단의는 스물네 가지로 정리되고, 중국어 '去'의 단의는 세 가지로 정리한 바 있다. '去'의 모든 단의는 '가다'의 단에서 찾을 수 있다. 즉 '가다'와 '去'는 세 가지 의미가 같고 나머지 단의가 다른 것을 알 수 있다.

'가다'와 '去'의 공통점은 아래 예문을 통해서 알 수 있다.

(22) 가. 他去首爾已經四年了.
　　　가'. 그는 서울에 간지 사년이 되었다.
　　　나. 他這次有機會去外國分公司.
　　　나'. 그는 이번에 외국 지사에 갈 기회가 있다.
　　　다. 그는 젊은 나이에 갔다.
　　　다'. 他年紀輕輕就去了.

위 예문을 통해 알 수 있듯이 한국어 '가다'와 중국어 '去'는 '사람의 장소 이동', '사람'이 추상적인 조직이나 기관에 가입, '사람이 죽다'라는 의미를 표현할 때 공통적이다.

차이점으로는 첫째, 한국어 '가다'는 '신체나 그 일부'가 원래의 기능을 상실하거나 발휘하지 못하는 의미를 표현할 수 있는데 비해 중국어 '去'는 이와 대응되는 의미가 없다.

(23) 가. 너 정신 차려, 네 따위는 내 주먹 한 방이면 간다, 가!
　　　가'. *你最好放明白点, 信不信我一拳就能叫你去!
　　　가". 你最好放明白点, 信不信我一拳就能叫你沒命!

위 예문을 통해 확인할 수 있듯이 한국어의 '가다'는 어떤 충격을 받아 정신 또는 생명을 잃어버리는 상태를 의미할 수 있는데 중국어 '去'는 이러한 의미를 가지지 않고 상황에 따라 '생명을 잃어버리다'는 의미를 뜻하는 '沒命'을 사용한다.

둘째, 한국어 '가다'는 '물건이 사람이나 그의 손에 옮겨져 쓰이다'는 의미를 가지는데 중국어 '去'는 이러한 의미가 없다.

> (24) 가. 무엇이든 민수 손에 갔다 하면 남아나질 않는다.
> 　가'. *任何東西一去那孩子手里就沒有完好的.
> 　가''. 任何東西一到那孩子手里就沒有完好的.

위 예문에서 한국어의 '가다'는 '사람이나 손'과 함께 쓰인다. 이러한 상황에서 중국어의 '去'는 사용될 수 없고 도착 이동을 의미하는 '到'를 사용한다.

셋째, 한국어 '가다'의 단의들 중에서 '자동차나 기계 따위'가 전기나 기름으로 동력원으로 삼아 작동하거나 움직이는 의미를 표현할 수 있지만 중국어 '去'의 단의 가운데 이와 비슷한 의미가 없다.

> (25) 가. 기계가 낡아서 그냥 가다 말다 한다.
> 　가'. *机器旧了, 總是時去時停.
> 　가''. 机器旧了, 總是時轉時停.
> 　나. 이 차는 전기로만 간다.
> 　나'. *這輛車靠電力去.
> 　나''. 這輛車靠電力行駛.

위 예문에서 확인할 수 있듯이 '가다'는 기계나 자동차와 결합하여 그것들이 작동하거나 움직이는 의미를 뜻한다. 중국어에서는 이러한 의미를 표현할 때 '去'를 사용하지 않고 상황에 따라 '기계'와 함께 쓰일 때 '맴돌다'의 의미를 가진 '轉'을 선택하고 '자동차'와 결합할 때 '다니는 의미와 달리는 의미'를 공통적으로 뜻하는 '行駛'를 사용한다.

넷째, 한국어 '가다'는 '주름, 홈집'과 같은 흔적이 남거나 생기는 의미를 가지는데 비해 중국어 '去'는 이러한 의미가 없다.

> (26) 가. 어머님의 눈귀에 잔주름이 갔다.
> 가'. *媽媽眼角去了魚尾紋.
> 가''. 媽媽眼角出現了魚尾紋.
> 가'''. 媽媽眼角有了魚尾紋.
> 나. 그들의 사랑에 금이 갔다.
> 나'. *他們的愛情去了裂痕
> 나''. 他們的愛情出現了裂痕.
> 나'''. 他們的愛情有了裂痕.

위 예문을 통해서 알 수 있듯이 한국어 '가다'의 경우 '주름이나 자국' 등이 생기거나 나타날 때 쓸 수 있는데 중국어 '去'는 이러한 의미를 표현할 수 없다. 대신 '출현'과 '존재'를 뜻하는 '出現'과 '有'를 선택적으로 사용한다.

다섯째, 한국어 '가다'는 '손, 품 따위와 함께 쓰여 어떤 일을 하는 데 수고가 많이 들다'는 의미를 표현할 수 있는데 중국어 '去'는 그렇지 못한다.

> (27) 가. 잡채는 손이 많이 가는 음식이지요
> 가'. *雜菜是很去功夫的食物.
> 가''. 雜菜是很費功夫的食物.
> 나. 조금한 조각품에는 손이 많이 간다.
> 나'. *這麼小的雕塑品但是很去時間.
> 나''. 這麼小的雕塑品但是很費時間.

위 예문을 통해 확인할 수 있듯이 한국어 '가다'는 '손이나 품'과 함께 쓰여 무슨 일을 하는 데 '시간이나 비용, 심신의 활동력' 등을 많이 투입하다는 의미를 표현한다. 그러나 중국어 '去'는 이러한 의미를 가지지 않고 대신 '쓰다, 소비하다'는 의미를 뜻하는 '費'를 사용한다.

여섯째, 한국어 '가다'의 주체가 '전기'까지 확장되는데 비해 중국어 '去'는 그러한 확장이 일어나지 않는다.

> (28) 가. 전기가 갔다.
> 　　가'. *去電了.
> 　　가''. 停電了.
> 　　가'''. 沒電了.
> 　　가''''. 斷電了.

위 예문을 통해 알 수 있듯이 한국어의 '가다'는 '전기가 없어지다'는 의미를 표현할 수 있는데 비해 중국어는 이러한 상황에서 선택적으로 '멈추다'는 의미를 뜻하는 '停'이나, '없다'는 의미를 뜻하는 '沒'나, '끊다'는 의미를 뜻하는 '斷'을 사용한다.

일곱째, 한국어 '가다'에는 '음식 맛이 상하거나 변하다'는 의미가 있는데 중국어 '去'에는 이와 대응될 수 있는 의미가 없다.

> (29) 가. 김치 맛이 갔다.
> 　　가'. *泡菜去味了.
> 　　가''. 泡菜走味了.
> 　　가'''. 泡菜變味了.

위 예문에서 '음식의 맛이 변하다'는 의미를 표현할 때 한국어에서 '가다'를 사용하는 데 비해 중국어에서는 '走'나 '變'을 사용한다. '走'를 사용할 때 음식 원래의 맛이 사라진다는 의미를 뜻하고, '變'을 쓸 때에는 음식 맛이 상태 변화를 뜻한다.

여덟째, 한국어 '가다'는 시간 영역으로 의미 확장이 일어나 '시간이 어떤 때나 지점에 이르게 되거나 흐르다'는 의미를 가지는데 중국어의 '去'는 이와 비슷한 의미가 없다.

> (30) 가. 검사 결과는 내일에 가서야 알 수 있다.
> 　　가′. *檢査結果要去明天才能知道.
> 　　가″. 檢査結果要到明天才能知道.

위 예문을 통해 확인할 수 있듯이 한국어 '가다'는 시간의 흐름을 표현할 수 있는데 중국어 '去'의 단의 가운데 이와 비슷한 의미가 없다. 이러한 경우에 중국어는 '도착하다'는 의미를 뜻하는 '到'를 사용한다.

아홉째, 한국어 '가다'는 추상 영역으로 확장되어 사람이 가지는 이해나 판단 따위가 일정하게 이루어질 때 사용할 수 있는데 중국어 '去'는 이와 비슷한 의미가 없다.

> (31) 가. 이해가 가다.
> 　　가′. *去理解.
> 　　가″. 可以理解.
> 　　나. 판단이 가다.
> 　　나′. *去判斷.
> 　　나″. 下判斷

위 예문을 통해 알 수 있듯이 한국어 '가다'는 동작성 명사 '이해'와 '판단'과 함께 나타나 무슨 일에 대한 정신적인 생각을 표현한다는 것을 뜻한다. 중국어에서는 이러한 경우에 선택적으로 '가능하다'는 의미를 뜻하는 '可以'와 '내리다'는 의미를 뜻하는 '下'를 사용한다.

열째, 한국어 '가다'는 '권리 따위가 사람에게 넘겨지거나 이전되어 소유되다'는 의미를 가지는데 중국어 '去'의 단의 가운데 이와 비슷한 의미가 없다.

(32) 가. 보상액이 모두에게 고루 가도록 나누겠습니다.
　　가'. *受害者的補償金額會均勻的分去大家.
　　가". 受害者的補償款會均勻地分給大家.

　위와 같이 한국어 '가다'는 '권리 따위'가 한 사람에서 다른 사람에게 이동하는 것을 뜻하고 소유 이동 의미를 지니고 있다. 이러한 경우 중국어에서는 본질적으로 '소유 이동' 의미를 뜻하는 '給'을 사용한다.

　열한째, 한국어 '가다'의 주체가 추상적인 '정보 따위'로 확장이 일어나는데 중국어 '去'는 그렇지 못한다.

(33) 가. 이 이틀 사이에 소식이 갈 것이다.
　　가'. *這兩天會去消息的.
　　가". 這兩天會有消息的.
　　나. 신호는 가는데 전화를 받지 않는다.
　　나'. *去信號但是沒人接.
　　나". 有信号却沒人接.

　위와 같이 '정보' 따위가 주체 자리를 차지하여 동사 '가다'와 같이 나타날 때 이 '정보가 어떤 사람이나 장소에 전해지다'는 것을 의미한다. 중국어에서는 이러한 의미를 표현할 때 '있다'는 의미를 지닌 '有'를 사용한다.

　열두째, 한국어 '가다'는 '어떤 현상이나 상태가 일정한 기간에 계속되거나 유지되다'는 의미를 지니는데 중국어 '去'의 단의 가운데 이와 비슷한 의미가 없다.

(34) 가. 그들의 사랑은 1년도 가지 못하고 식어 버렸다.
　　가'. *他們的愛情沒有去一年就結束了.
　　가". 他們的愛情沒有持續一年就結束了.

나. 네 그 결심이 며칠 갈 것 같으냐?
나'. *你那个决心能去多久?
나". 你那个决心能堅持多久?

위와 같이 '去'는 '현상이나 상태'의 지속 의미를 표현할 수 없고 대신 '지속하다'는 의미를 가진 '持續', '堅持'를 사용한다.

열셋째, '가다'는 주체가 '손해나 피해' 영역으로 확장되어 '손해를 보거나 받다'는 의미로 사용된다. 그러나 '去'의 단의 가운데 이러한 의미가 없다.

(35) 가. 자기에게 손해 가는 장사를 누가 하겠어?
　　 가'. *誰會做使自己去損失的買賣呢?
　　 가". 誰會做使自己受損失的買賣呢?
　　 나. 장사에 손해가 갔다면 제가 모두 보상해 드리겠습니다.
　　 나'. *如果生意去損失我會全額賠償.
　　 나". 如果生意受損失我會全額賠償.

위 예문을 통해 확인할 수 있듯이 '가다'는 '사람이 손해나 피해를 보거나 받다'는 의미를 표현할 수 있는 반면 중국어에서는 이러한 경우 '받다', '당하다' 의미를 지니는 '受'를 사용한다.

열넷째, '조직 따위가 어떤 상태나 상황을 향하여 나아가다'는 의미를 나타낼 때 한국어에서 '가다'를 사용할 수 있는 반면 중국어에서 '去'를 사용할 수 없다.

(36) 가. 복지 국가로 가는 길은 아직 멀고 험하다.
　　 가'. *去福祉國家的道路還很漫長並且危險.
　　 가". 通向福祉國家的道路還很漫長並且危險.

위에서 한국어의 '가다'는 조직의 상태 변화를 의미할 수 있는데 중국어 '去'는 이와 비슷한 의미를 가지지 않아 대신 '…로 통하는' 의미를 가진 '通向'을 사용한다.

열다섯째, 한국어 '가다'는 '사람이 어떤 곳으로 일정한 차수를 높이어 자리를 옮기다.'라는 의미를 표현할 수 있는데 중국어 '去'의 단의 가운데 이와 비슷한 의미를 찾을 수 없다.

> (37) 가. 우리는 맥주 집으로 2차를 갔다.
> 　　가'. *我們到啤酒屋去了二茬.
> 　　가''. 我們到啤酒屋喝了二茬.

위 예문을 보면 한국어 '가다'는 일정한 차수를 높이는 의미를 가지는데 중국어의 '去'는 이러한 의미를 지니지 않는다.

열여섯째, 한국어 '가다'는 '사람'이 노름을 할 때 일정한 금액을 거는 의미를 표현할 수 있는데 중국어 '去'는 이러한 의미를 표현할 수 없다.

> (38) 가. 이번 판에 삼촌은 3천원을 갔다.
> 　　가'. *這場叔叔去了三千元.
> 　　가''. 這場叔叔賭了三千元.

위 예문을 보면 한국어 '가다'는 노름 영역에서 의미 확장이 일어날 수 있는데 중국어 '去'이러한 영역에서 의미 확장이 일어나지 않고 대신 같은 의미를 표현할 때 '내기나 노름'을 의미하는 '賭'를 사용한다.

열일곱째, 한국어 '가다'는 신체 기관과 결합하여 그것이 기능이 나빠지는 의미를 표현할 수 있는데 중국어 '去'는 이와 비슷한 의미를 지니지 않는다.

(39) 가. 위가 갔다.
　　가′. *胃去了.
　　가″. 胃出毛病了.

위 예문을 보면 한국어 '가다'의 주체가 신체 기관으로 확장이 일어날
수 있는데 중국어 '去'는 그렇지 못한다. 대신 신체 기관이 나빠지는 의미
를 표현할 때 '出毛病'라는 관용 형식을 사용한다.

열여덟째, 한국어 '가다'는 사람이 물건에 관심을 가져 손이나 발이 움
직여 그것에 향해 이동하는 의미를 표현할 수 있는데 중국어의 '去'는 이
와 비슷한 용법이 없다.

(40) 가. 나도 모르게 손이 담배에 가게 되었다.
　　가′. *我也不知道怎麼回事把手去了香煙.
　　가″. 我也不知道怎麼回事把手伸向了香煙.

위 예문을 통해 한국어 '가다'는 어떤 물건에 관심을 가지는 의미를 가
지는데 중국어 '去'는 이러한 의미를 표현할 수 없고 대신 '把手伸向…'라
는 관용 표현을 사용한다.

열아홉째, 한국어 '가다'의 주체가 '회의' 따위로 확장되어 그것이 어떤
방향으로 이동하는 의미를 표현할 수 있는데 중국어의 '去'의 단의 가운데
이와 비슷한 의미를 찾을 수 없다.

(41) 가. 회의가 엉뚱한 쪽으로 간 것 같다.
　　가′. 會議好像去了不好的方向.
　　가″. 會議好像向不好的方向發展了.

위 예문을 통해 한국어 '가다'는 회의 따위와 결합하여 그것들의 진행하
는 방향을 의미할 수 있는데 중국어에서 이러한 의미를 표현할 때 '向…發

展'이라는 관용 표현을 사용한다.

스물째, 한국어 '가다'의 주체가 추상적인 '가치나 값' 따위로 확장할 수 있지만 중국어의 '去'는 그렇지 못한다.

(42) 가. 이 집은 5억 원이 갈 수 있다.
　　가'. *這個房子去五億元.
　　가". 這個房子值五億元.

위 예문을 보면 한국어 '가다'는 '값이나 가치' 따위와 결합하여 그것들이 어느 정도에 이르는 의미를 표현할 수 있는데 중국어 '去'는 이러한 의미를 표현할 수 없다. 대신 '가치에 상당하다'는 의미를 뜻하는 '值'을 사용한다.

다음으로 '가다'와 '去'의 단의 분포 양상을 대조한다. 첫째, '가다'와 '去'는 구체 영역에서 의미 확장이 모두 일어났다. 둘째, 차이점으로는 한국어 '가다'는 구체 영역과 추상 영역에서 의미 확장이 모두 활발하게 일어나는 데 비해 중국어 '去'은 구체 영역에서만 의미 확장이 일어났을 뿐만 아니라 단의의 수도 적다. 그리고 '가다'는 구체 영역에서 주체가 형체가 있는 유형물에서 형체가 없는 무형물까지 의미 확장도 일어난다. 추상 영역의 확장에서 인간과 밀접한 관련을 가지는 인간 유관 분야와 인간과 직접적인 관련이 없는 인간 무관 분야에서 의미 확장이 모두 일어난다. 중국어 '去'의 단의 가운데 이러한 의미가 발견되지 않는다.

이상 한국어 '가다'와 중국어 '去', '往' 을 대조한 내용을 정리하면 다음과 같다.

[표 20] 한국어 '가다'와 중국어 '去'의 대응 관계 대조

단의	가다	去
(사람이나 물체 따위가) 한 곳에서 다른 곳으로 자리를 옮겨 움직이다.	①	❶
(사람이) 특정한 조직이나 기관에 들어가 그에 소속되다.	②	❷
(사람이) 어떤 곳으로 일정한 차수(次數)를) 높이어 자리를 옮기다.	③	X
(사람이) 생명을 잃고 저승으로 이동하다.	④	❸
(사람이 일정한 금액을) 노름의 판돈으로 걸다.	⑤	X
(무엇에 손이나 발이) 향하여 움직이다.	⑥	X
(신체나 그 일부가) 기능이 아주 나빠지다.	⑦	X
(물건이 사람이나 그의 손에) 옮겨지거나 쓰이다.	⑧	X
(물건 따위가) 없어지거나 안 보이게 되다.	⑨	X
(자동차나 기계 따위가) 어떤 동력으로) 작동하거나 움직이다.	⑩	X
(길이나 장소가) 어떤 곳으로) 향하거나 이어지다.	⑪	X
(맛이) 상하거나 변하다.	⑫	X
(전기불이) 통하지 아니하여 꺼지다.	⑬	X
(시간이 어떤 때나 지점에) 이르게 되거나 흐르다.	⑭	X
(주름, 흠집) 따위가 생기다.	⑮	X
(정보 따위가) 어떤 사람이나 장소에 전해지다.	⑯	X
(일이나 대상에 손이나 품이) 필요하거나 들다.	⑰	X
(관심, 정신, 이해 따위가) 움직여 상태 변화를 초래하다.	⑱	X
(권리 따위가) 사람에게 옮겨지다.	⑲	X
(무엇에 손해나 피해가) 생기거나 미치다.	⑳	X
(조직 따위가) 어떤 상태나 상황을 향하여 나아가다.	㉑	X
(회의 따위가) 한쪽으로 기울어지다.	㉒	X
(어떤 현상이나 상태가) 일정한 기간에 계속되거나 유지되다.	㉓	X
(가치가 값 따위가) 일정한 수준이 될 정도에 이르거나 해당하다.	㉔	X

위 내용을 토대로 한국어 '가다'와 중국어 '去'의 단의 분포 양상을 아래 그림과 같이 제시할 수 있다.

[그림 10] 한국어 '가다'와 중국어 '去'의 단의 분포 양상 대조

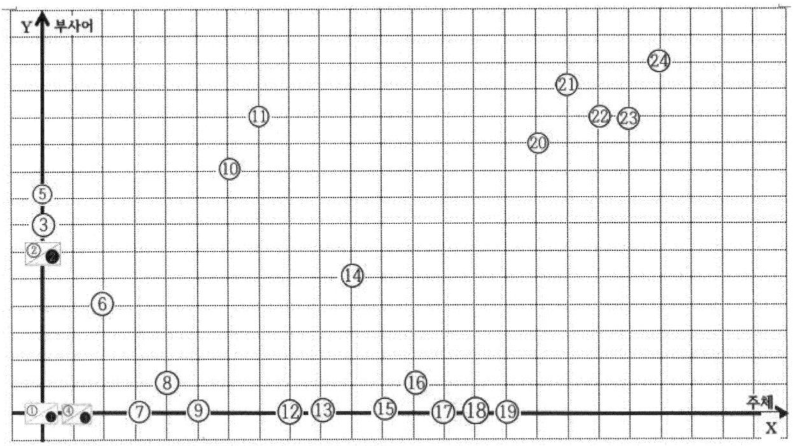

위 그림을 통해 한국어 '가다'는 구체 및 추상 영역에서 의미 확장이 모두 활발하게 일어나는 데 비해 중국어 '去'는 거의 구체 영역에서만 의미 확장이 일어난다. 한국어의 '가다'는 사람이 주체일 경우 '사람이 일정한 차수를 높이어 자리를 옮기다, 일정한 금액을 노름의 판돈으로 걸다'라는 의미를 표현할 수 있는데 중국어에서는 '去'를 사용하지 않고 각각 '喝, 賭'를 사용한다. 또한 신체의 일부나 사물 따위가 주체가 해당될 경우 한국어에서 은유나 환유와 같은 비유법을 활용하여 '가다'를 사용할 수 있는데 중국어에서는 사건이나 사태의 원래 의미를 표현하는 해당 어휘를 선택한다. 예를 들어 '위가 가다'는 중국어에서 '위가 안 좋아져서 병이 걸리다'라는 의미를 표현하는 '胃出毛病了'로 나타나고, '손이 가다'는 사람이 손이 내밀어 어떤 물건에 닿는 의미를 표현하는 '把手伸向什麼東西'로 나타난다. 이러한 경우 '가다'는 각각 '出', '伸向'과 대응된다. 그리고 무형물 및 시간 영역에 속한 주체일 경우 한국어에서 '맛이 가다, 전기가 가다, 시간이 가다'와 같은 표현을 사용할 수 있는데 중국어에서는 '味道變了, 來電了, 時間流逝'와 같은 표현을 사용한다. 또한 한국어의 '가다'는 주체가 '주름, 흠집,

정보, 관심, 정신, 이해, 권리, 손해, 현상, 상태, 가치, 값' 따위로 해당될
수 있는데 중국어의 '去'는 이러한 영역에서 의미 확장이 일어나지 않는다.

3.1.1.2. 다니다/(往返)

3.1.1.2.1. 다니다

한국어의 '다니다'는 몸을 움직여 이동하는 의미로 이동 동사 영역에 속
한다. 이에 대하여 「표준」에서 8개, 「고려」에서는 12개로 그 의미를 정리
한 바 있다.

(43) '다니다'의 단의 부호(1)
　　(가) 「표준」「1」어떤 볼일이 있어 일정한 곳을 정하여 놓고 드나들
　　　　다. ¶ 병원에 다니다/여동생은 요즘에는 남자 미용사가 있는
　　　　그 미장원에만 다닌다. ‖ 아버지는 얼마 전부터 약수터를 다니
　　　　기 시작하셨다.
　　　　「고려」「3」[(명)이 (명)에] (사람이 일정한 곳에) 정해 놓고 거
　　　　듭하여 드나들다. ¶ 제가 늘 다니는 서점이 바로 저깁니다./제
　　　　가 요새 치과에 다니기 때문에 다른 약속을 하기가 무척 힘들
　　　　어요.
　　　　「고려」「12」[(명)이 (명)을] (사람이 일정한 곳을) 정해 놓고 거
　　　　듭하여 드나들다. ¶ 유명한 배우가 저 미용실을 다니고 있다는
　　　　군요.
　　(나) 「표준」「2」볼일이 있어 어떠한 곳에 들르다. ¶ 오는 길에 시
　　　　장에 다녀서 오겠습니다. ‖ 아이들은 친척 집을 다니면서 세배
　　　　를 하였다.
　　　　「고려」「7」[(명)이 (명)에] (사람이 어떤 곳에) 볼일이 있어 잠
　　　　깐 들르다. ¶ 제가 퇴근길에 시장을 다녀서 오겠습니다./저희
　　　　가족은 이번 주말에 시골에 다니러 갑니다.
　　(다) 「표준」「3」직장이나 학교 따위의 기관을 정기적으로 늘 갔다
　　　　오다. ¶ 회사에 다니다/이제 방학이 끝나면 다시 학교에 다녀

야 하는데 등록금이 없어서 걱정이다. ‖ 삼촌은 직장을 다니면
서 전보다 더 의젓해졌다.

「고려」「2」[(명)이 (명)에] (사람이 일터나 학교 따위에) 근무하
거나 학생으로서 오가다. ¶ 오빠는 지금 대학교에 다녀요./네
아빠는 어디 다니시니?/요즘 학생들은 낮에는 학교에 다니고
밤에는 학원에 다니느라 바쁜걸요

「고려」「9」[(명)이 (명)을] (사람이 일터나 학교 따위를) 근무하
러 오가거나 학생으로서 오가다. ¶ 나는 중고등학교를 다니는
동안 내내 헌 교과서를 사서 썼다./그녀는 결혼 전에 회사를
다닐 때에도 결근 한 번 한 적이 없다.

(라) 「표준」「4」이리저리 오고 가고 하다. ¶ 그는 시내의 모든 다
방으로 다니면서 꽃을 팔았다./어머니는 전국의 사찰로 다니면
서 부처님께 기도를 하곤 하셨다.

「고려」「1」[(명)이] (사람이나 동물이) 몸을 움직여 이동하다.
¶ 두 발로 한참을 다닐 수 있는 짐승은 많지 않다./자세가 좋
지 않으니 허리를 꼿꼿이 펴고 다니거라./나무젓가락을 쓰면
그만큼 나무가 사라지는 셈이니 저마다 젓가락을 가지고 다녔
으면 좋겠다.

(마) 「표준」「5」어떤 곳을 지나가고 지나오고 하다. ¶ 무서운 산짐
승이 이곳에 다닌다는 소문이 났다./그 거리에 다니는 사람들
은 대부분이 회사원이다. ‖ 마을 사람들은 큰길을 두고 산길로
만 다녔다./그녀는 늘 우리 집 앞으로 다니면서도 한 번도 나
를 아는 척하지 않았다.

「고려」「4」[(명)이] (사람이나 동물이) 일정한 길을 따라 오거
나 가거나 하다. ¶ 이 동네에는 전철역까지 다니는 노선버스가
없어 불편하다./밀렵꾼들은 야생 동물들이 다니는 길목마다 온
갖 덫을 깔아 놓았다.

(바) 「표준」「6」어떤 교통수단이 운행하다. ¶ 우리 섬에 다니는 배
는 모두 조그만 것뿐이다./그 두 지역 사이에 다니는 기차는
하루에 한 번뿐이다./전에는 그 지방에 버스가 다니기도 했다.
‖ 이제는 그 섬으로는 어떠한 연락선도 다니지 않는다./폭설이
오면 그 길로는 차가 다닐 수 없다.

「고려」「6」[(명)이] (차가) 지나가고 지나오고 하다. ¶ 차가 많이 다니는 길에 아이들이 놀고 있어서 좀 위험해 보인다./버스가 많이 다니는 길에서는 별로 운전하고 싶지 않다.

「고려」「10」[(명)이 (명)을] (차 따위가 일정한 길을) 따라서 오거나 가거나 하다. ¶ 인천과 수원 사이를 다니던 협궤 열차를 다시는 볼 수 없게 되었다.

(사) 「표준」「7」어떤 목적을 가지고 움직이다. ¶ 시골에 행상을 다니다/삼촌은 시간만 나면 그 산에 사냥을 다니셨다./아들 내외는 신혼여행에서 돌아와서는 친척들에게 인사를 다녔다./싸릿대를 엮어 만든 숯 가마니를 지게에 지고 행상을 다니는 염무칠의 가슴에는 그런 말들이 비석의 비문처럼 새겨져 있었다.

「고려」「5」[(명)이] (사람이) 어떤 목적을 가지고 한 곳에서 다른 곳으로 오거나 가거나 하다. ¶ 그 아주머니가 요새는 몸도 불편한데 꽃 팔러 다니나 보더군./그 아이는 요새 피아노 배우러 다니는 데에 꽤 취미가 붙은 모양이야.

「고려」「8」[(명)이 (명)을] (사람이 어떤 일을) 하기 위해 한 곳에서 다른 곳으로 오고가고 하다. ¶ 수영을 즐기던 현우가 요새는 등산을 다닌다고 한다./김 교수는 퇴임 후에도 강연을 다니랴 원고를 쓰랴 여전히 바쁜 시간을 보내고 있다.

「고려」「11」[(명)이 (명)을] (사람이 어떤 곳을) 볼일이 있어 잠깐 들르다. ¶ 다음 주부터는 둘이 함께 친척집을 다니면서 인사를 드리도록 하여라.

(아) 「표준」「8」((일부 직업을 나타내는 단어와 함께 쓰여))그 직업에 종사하다. ¶ 사무원을 다니다.

(43)에 정리된 내용은 2개의 사전에 실린 의미들을 그대로 종합한 것이다. 그런데 위 내용을 살펴보면 한 사전에 비슷한 의미를 나누어 기술한 경우도 있고 한 의미에 대하여 두 사전에서 약간 다르게 기술하는 경우도 발견할 수 있다.

(가) 「표준」「1」과 (나) 「표준」「2」은 모두 '볼일이 있어 일정한 곳이나

어떠한 곳에 정해 놓고 가거나 오다.'의 의미로 무슨 목적을 가지고 구체적인 장소로 이동하는 것으로 해석할 수 있다. 따라서 두 의미는 별개의 단어로 볼 수 없고 하나의 단어로 취급해야 하며 '사람이 어떤 목적을 가지고 일정한 곳을 정해놓아 가거나 오다.'가 될 수 있다. (사)의 의미도 주체가 '어떤 목적을 가지고 움직이다'라는 의미를 표현하고 있어 역시 (사)도 (가), (나)와 같이 하나의 단의로 묶을 수 있다.

(라)는 사람이 어떠한 목적을 가지지 않고 그냥 일반적으로 움직이는 것이다. (마)도 (라)와 마찬가지로 주체가 어떤 곳에 오거나 가는 의미로 목적성이 없는 움직임을 뜻한다. 그러므로 (마)와 (라)는 하나의 단의로 통합해야 한다.

(다) 의미에 대하여 「표준」에서는 '정기적으로'를 사용해서 '다니다'가 일반적인 이동 동사의 차이점을 보여주고 있어 여기서 「표준」의 의미를 채택하겠다. 또한 (바)의 의미에 대하여 「고려」, 「6」에서 주체를 '차'로 한정하고 있어 주체의 범위를 좁혔다. 이에 비하여 「표준」에서 '교통수단'을 주체로 한정하고 있어 의미 전달에 더 정확한 것 같다. 위 내용에 따라 '다니다'의 사전적 의미를 다음과 같이 재정리할 수 있다.

(44) '다니다'의 단의 후보(2)
   ⓐ [(명)이 (명)에] (사람이 어떤 목적을 가지고 일정한 곳에) 정해 놓고 가거나 오다. ← (가) (나) (사)
   ⓑ [(명)이 (명)에] (사람 따위가 어떠한 곳에) 움직이다. ← (마) (라)
   ⓒ [(명)이 (명)에] (사람이 일터나 학교 따위에) 근무하거나 학생으로서 오가다. ← (다) (아)
   ⓓ [(명)이]어떤 교통수단이 운행하다. ← (바)

(44)에 정리된 '다니다'의 단의를 보면, 의미 변화를 야기하는 요소가 주

체와 부사어인 것을 확인할 수 있다. ⓐⓑⓒ번 의미가 달라진 이유는 부사어가 다르기 때문이고, ⓓ의미가 달라진 것은 주체가 달라지기 때문이다. 아래 예문을 보면 이점을 확인할 수 있다.

(45) 가. 그 지역에 다니는 기차가 한번만 있다.
　　 나. 삼촌이 사냥을 다니는 것을 좋아한다.

위 예문을 통해 (가)는 의미를 실현하는 데 주체만 요구하고 (나)는 주체 '삼촌'과 목적성을 나타내는 '사냥'을 모두 요구한다.

'다니다'의 단의 가운데 주체 자리에 ⓐⓑⓒ는 '사람' 따위가 해당되고, ⓓ는 '교통수단'이 해당된다. 두 부류는 모구 구체성을 가지는 유형물이다. 그러므로 '다니다'의 단의 실현 환경을 표로 그리면 다음과 같다.

[표 21] 한국어 '다니다'의 단의 분류

구체	주체(A)	부사어(C)	구문 구조	단의 후보 번호
↓	사람	장소	A가 C에 다니다	ⓑ
		학교, 기관		ⓒ
		사냥	A가 C를 다니다	ⓐ
추상	교통수단	-	A가 다니다	ⓓ

[표 21]에 정리된 '다니다'의 단의를 살펴보면 ⓑ는 사람이 구체적인 장소에 가거나 오는 의미로 주체나 부사어 자리에 제한성을 가장 적게 받는다. 이에 비하여 ⓒ는 주체인 사람이 '학교나 기관' 등 사회적으로 어떤 역할을 하는 단체에 움직이는 의미로 부사어 자리에 놓일 수 있는 요소에 제한이 있다. ⓐ는 사람이 어떤 목적을 가지고 일을 하는 것이기 때문에 구체적으로 어떤 동작을 뜻한다. 따라서 앞서 정리된 '다니다'의 단의를 구체적이면서 인간과 가까운 순서로 다시 정리하면 다음과 같다.

(46) '다니다'의 단의

    ① [(명)이 (명)에] (사람 따위가 어떠한 곳에) 움직이다. ← ⓑ

    ② [(명)이 (명)에] (사람이 일터나 학교 따위에) 근무하거나 학생으
로서 오가다. ← ⓒ

    ③ [(명)이 (명)에] (사람이 어떤 목적을 가지고 일정한 곳에) 정해
놓고 가거나 오다. ← ⓐ

    ④ [(명)이](어떤 교통수단이) 운행하다. ← ⓓ

(46)에 정리한 '다니다'의 단의는 ①②③번 주체의 자리에 모두 '사람'
이 나타나고 ④번은 '교통수단'이 나타난다. ①②③④번은 모두 구체물의
이동에 해당되고 그 단의 분포 양상을 다음과 같이 그릴 수 있다.

[그림 11] 한국어 '다니다'의 단의 분포 양상

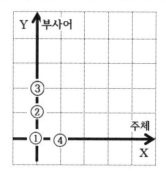

위에서 정리된 '다니다'의 단의를 보면 이 네 가지 단의의 주체는 모두
구체물이다. ①번은 사람이 따위가 어떠한 곳에 움직여 위치 변화의 의미
를 뜻하므로 원형의미로 간주할 수 있다. ②번 단의는 사람이 어떠한 정한
장소를 오가는 의미를 뜻하므로 ①번 단의보다 제한을 많이 받는다. 따라
서 ②번 단의는 ①번에서 확장된다고 볼 수 있다. ③번 단의는 사람이 어
떤 목적을 가지고 일정한 곳에 정해 놓고 가거나 오는 의미를 뜻함으로 역

시 사람이 정한 장소를 오가는 의미와 비슷해 ②번 단의와 유사성이 있어 ②번에서 확장된다고 볼 수 있다. ④번 단의의 주체는 교통수단이고 이 주체가 규정한 노선을 따라 움직이는 의미를 표현한다. 이것은 원형의미에서 확장된다고 볼 수 있다.

이상 내용을 표로 정리하면 아래와 같다.

[표 22] 한국어 '다니다'의 의미 확장 양상

단의	
③ ↑ ② ↑ ①→④	①[(명)이 (명)에] (사람 따위가 어떠한 곳에) 움직이다. ②[(명)이 (명)에] (사람이 일터나 학교 따위에) 근무하거나 학생으로서 오가다. ③[(명)이 (명)에] (사람이 어떤 목적을 가지고 일정한 곳에) 정해 놓고 가거나 오다. ④[(명)이](어떤 교통수단이) 운행하다.

3.1.1.2.2. 往返

중국어 '往返(왕반)'은 '어떤 곳에 가다가 오다'의 의미를 가지고 있어 「現代」와 「新華」에 모두 한 개의 의미로 나타나고 있다.

(47) '往返'의 단의 후보(1)

　　(가) 「現代」「1」來回, 反復(가거나 오다, 반복하다) ¶ 往返奔走(왕복분주)/事物的發展變化是往返曲折的.(사물의 발전 변화는 우여곡절이 있다.)

　　「新華」「1」來回, 反復(가거나 오다, 반복하다) ¶ 往返奔走(왕복분주)/事物的發展變化是往返曲折的.(사물의 발전 변화는 우여곡절이 있다.)

(47)에 정리한 1개 단의는 2개의 사전에 실린 것을 그대로 종합한 것이다. 위 내용을 보면 2개의 사전에 '往返'에 대한 단의가 하나만 있으며 비

숫하게 기술하고 있는 것을 알 수 있다. 그러나 여기서 주체 자리에 구체
성을 가진 사람이 해당될 수도 있고 추상성을 가진 '사물의 발전 변화' 따
위도 나타날 수 있다. 그러나 사람이 어떠한 구체적인 장소에 가거나 오는
의미가 구체물의 물리적 이동을 뜻하는데 '사물의 발전 변화'는 추상물의
이동에 해당된다. 따라서 '往返'의 사전적 의미에 구체성 주체와 추상성
주체를 나눠서 기술하는 방식이 더 정확할 것이다. 또한 교통수단이 어떠
한 지역 사이에 다니는 의미도 표현할 수 있다. 그러므로 '往返'의 사전적
의미를 다시 정리하면 다음과 같다.

> (48) '往返'의 단의 후보(2)
> ⓐ [(명)이 (명)에]人往返于某些場所(사람 따위가 어떠한 곳에 움직
>   이다) ← (가)
> ⓑ [(명)이 (명)에]某些交通手段運行(교통수단이 운행하다) ← (가)
> ⓒ [(명)이 (명)에]事物發展變化在某種狀態之間反復(사물의 발전 변
>   화가 어떤 상태 사이에 가거나 오다) ← (가)

(48)에 정리된 '往返'의 단의를 보면 주체 자리에 ⓐ는 '사람', ⓑ는 '교
통수단', ⓒ는 '사물의 발전 변화' 따위이다. ⓐ와 ⓑ는 구체성을 가지는
데 비해 ⓒ는 추상성을 가진다. 그리고 ⓐⓑ의 주체는 구체적인 장소 사
이에 이동하는 것이고 ⓑ의 발전 변화가 추상적인 어떤 상태 사이에 움직
이는 것이다. 그러므로 '往返'의 단의 실현 환경을 표로 정리하면 다음과
같다.

[표 23] 중국어 '往返'의 단의 분류

구체	주체(A)	부사어(C)	구문 구조	단의 후보 번호
↓	사람	장소	A+往返+C	ⓐ
	교통수단			ⓑ
추상	발전 변화	상태		ⓒ

위에서 제시된 '往返'의 단의 실현 환경을 보면 ⓐⓑ는 구체적인 물리적 이동을 의미하지만 ⓒ는 추상물의 이동을 뜻한다. 따라서 '往返'의 단의를 주체의 구체성 및 추상화 정도에 따라 순서 배열하면 다음과 같다.

(49) '往返'의 단의
❶ [(명)이 (명)에]人往返于某些場所(사람 따위가 어떠한 곳에 움직이다) ← ⓐ
❷ [(명)이 (명)에]某些交通手段運行(교통수단이 운행하다) ← ⓑ
❸ [(명)이 (명)에]事物發展變化在某種狀態之間反復(사물의 발전 변화가 어떤 상태 사이에 가거나 오다) ← ⓒ

(49)에 정리한 '往返'의 ❶번 의미는 구체적 물리 이동을 뜻하기 때문에 가장 원형적인 이동으로 가준할 수 있다. 그 다음에는 구체적이지만 교통수단이 주체일 경우로 의미 확장이 일어난다. 마지막으로 추상적 분야에 해당되는 의미가 파생된다. 따라서 '往返'의 단의 분포 양상을 다음과 같이 그릴 수 있다.

[그림 12] 중국어 '往返'의 단의 분포 양상

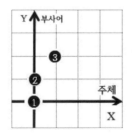

중국어 '往返'의 단의를 보면 ❶번 단의는 구체물인 사람 따위가 어떠한 곳에 움직이는 의미를 뜻함으로 다른 단의들 보다 제한을 가장 적게 받음으로 '往返'의 원형의미로 간주할 수 있다. ❷번 단의는 교통수단이 운행

하는 의미를 뜻함으로 역시 구체물의 이동을 의미한다. 따라서 ❷번 단의는 ❶번에서 확장된다고 볼 수 있다. ❸번 단의는 사물의 발전 변화가 어떤 상태 사이에 가거나 오는 의미이어서 추상물의 추상적인 이동을 의미한다. 따라서 ❸번 단의는 ❶번에서 확장된다. 위 내용을 정리하면 아래와 같다.

[표 24] 중국어 '往返'의 의미 확장 양상

단의
❸ ↑ ❷ ↑ ❶   ❶ [(명)이 (명)에]人往返于某些場所(사람 따위가 어떠한 곳에 움직이다) ❷ [(명)이 (명)에]某些交通手段運行(교통수단이 운행하다) ❸ [(명)이 (명)에]事物發展變化在某種狀態之間反復(사물의 발전 변화가 어떤 상태 사이에 가거나 오다)

3.1.1.2.3. '다니다'의 往返의 대조

이 부분에서 한국어 '다니다'와 중국어 '往返'의 공통점과 차이점을 검토하고자 한다. 구체적으로 대응 관계에 대한 대조와 단의 분포 양상에 대한 대조 두 측면에서 논의를 전개하고자 한다. '다니다'와 '往返'은 공통적으로 사람이 어떠한 구체적인 장소에 가거나 오는 의미와 교통수단이 운행하는 의미를 가지고 있다.

(50) 가. 그 거리에 다니는 사람들은 대부분이 회사원이다.
　　가'. 往返于那條街上的人大多是公司職員.
　　나. 그 두 지역 사이에 다니는 기차는 하루에 한 번뿐이다
　　나'. 往返于這兩個地區之間的車每天只有一班.

위 예문 통해 한국어 '다니다'와 중국어 '往返'은 구체적인 장소에 가거나 오는 의미와 교통수단이 운행하는 의미를 표현할 때 공통적이다.

차이점으로 첫째, 한국어 '다니다'는 사람이 어떠한 목적을 가지고 어떤 일을 하는 의미를 표현할 수 있는데 비해 중국어 '往返'의 단의 가운데 이와 비슷한 의미를 찾을 수 없다.

(51) 가. 삼촌은 사냥을 다니는 것을 좋아하신다.
　　　가'. *叔叔喜歡往返打獵.
　　　가". 叔叔喜歡去打獵.

위 예문을 보면 '다니다'는 사람이 어떤 목적을 가지고 움직이는 의미를 표현할 수 있는데 중국어에서 이러한 의미를 표현할 때 '往返' 대신 '去'자를 사용한다.

둘째, 한국어 '다니다'는 직장이나 학교 따위의 기관을 정기적으로 늘 갔다 오는 의미를 표현할 수 있는데 중국어의 '往返'은 이와 비슷한 의미가 없다.

(52) 가. 언니는 대학교에 다닌다.
　　　가'. *姐姐往返于大學.
　　　가". 姐姐在上大學.

위 예문을 통해 한국어 '다니다'는 직장 및 학교 등 사회적 역할을 하는 어떤 단체에 정기적으로 갔다 오는 의미를 표현할 수 있는데 중국어에서 이러한 의미를 표현할 때 '往返' 대신 '上'을 사용한다.

셋째, 중국어의 '往返'의 주체가 추상적인 발전 변화까지 확장될 수 있는데 비해 한국어의 '다니다'의 단의 가운데 이와 비슷한 의미가 없다.

(53) 가. 事物的發展變化是往返曲折的
　　　가'. *사물의 발전 변화는 다니면서 우여곡절이 있다.
　　　가". 사물의 발전 변화는 왕복하면서 우여곡절이 있다.

위 예문을 통해 중국어 '往返'은 추상적인 사물의 상태 변화를 의미할 수 있는데 한국어에서는 '왕복하다'를 사용한다.

위에서 한국어 '다니다'와 중국어 '往返'의 단의에 대한 대응 관계를 살펴보았다. 이 결과를 표로 정리하면 다음과 같다.

[표 25] 한국어 '다니다'와 중국어 '往返'의 대응 관계

단의	다니다	往返
(사람 따위가 어떠한 곳에) 움직이다.	①	❶
(사람이 일터나 학교 따위에) 근무하거나 학생으로서 오가다.	②	X
(사람이 어떤 목적을 가지고 일정한 곳에) 정해 놓고 가거나 오다.	③	X
(어떤 교통수단이) 운행하다.	④	❷
(사물의 발전 변화가) 어떤 상태 사이에 가거나 오다.	X	❸

위 표를 토대로 한국어 '다니다'와 중국어 '往返'의 단의 분포 양상을 다음과 같이 제시할 수 있다.

[그림 13] 한국어 '다니다'와 중국어 '往返'의 단의 분포 양상 대조

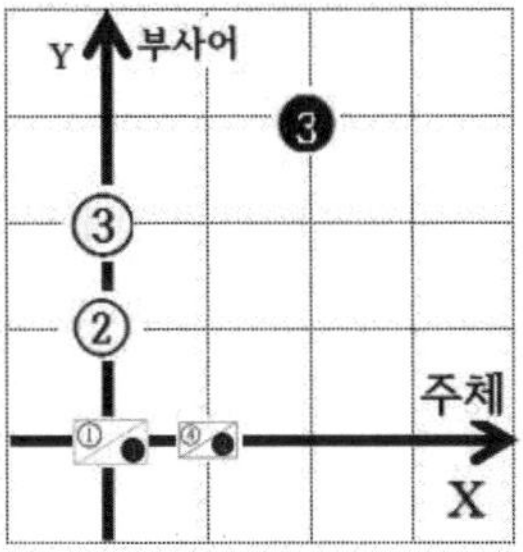

위에서 제시된 단의 분포 양상을 보면 한국어 '다니다'와 중국어 '往返' 사이에 두 개의 단의가 일치하다는 것을 확인할 수 있다. 그리고 한국어 '다니다'는 부사어의 분포가 중국어 '往返'보다 더 다양한 것도 확인할 수

있다.

3.1.1.3. (물러나다)/退

3.1.1.3.1. 물러나다

한국어 '물러나다'는 일반적으로 사람이 있던 자리에서 뒷걸음으로 피하여 몸을 옮기는 의미를 표현한다. 이에 대하여 「표준」 및 「고려」에서 모두 4개의 단의를 정리한 바 있다.

> (54) '물러나다'의 단의 부호(1)
> > (가) 「표준」 「1」있던 자리에서 뒷걸음으로 피하여 몸을 옮기다. ¶
> > 상혁은 후딱 창에서 물러나 고개를 빼고 창고 문 쪽을 내려다
> > 보았다.≪홍성원, 육이오≫/나는 벽 앞에서 물러난다. 그리고
> > 창 앞으로 간다. 그러나 그 창은 투명한 것이 아니다.
> > 「고려」 「2」[(명)이 (명)으로] (사람이 원래 있던 자리의 뒤쪽으
> > 로) 위치를 옮기다. ¶ 차가 지나가자 학생들이 한 걸음씩 뒤로
> > 물러났다.
> > (나) 「표준」 「2」어른 앞에 있다가 도로 나오다. ¶ 어전에서 물러나
> > 다 ∥ 어전을 물러나다.
> > (다) 「표준」 「3」하던 일이나 지위를 내놓고 나오다. ¶ 관직에서 물
> > 러나다 ∥ 그는 그 일로 형조 참의를 물러나고야 말았다.≪한무
> > 숙, 만남≫
> > 「고려」 「1」[(명)이 (명)에서] (사람이 직위에서) 하던 일을 내놓
> > 고 나오다. ¶ 벼슬에서 물러나다 /김 선생님은 정년이 되어 교
> > 수직에서 물러났다./그 사건이 문제가 되어 준호가 자리에서
> > 물러났다.
> > 「고려」 「4」[(명)이 (명)을] (사람이 직위를) 내놓고 나오다. ¶
> > 김 선생은 정년이 되어 교직을 물러났다.
> > (라) 「표준」 「4」꼭 짜이거나 붙어 있던 물건의 틈이 벌어지다. ¶
> > 아침에 일어나자 나는 사지의 뼈마디가 물러난 듯한 무력감을

느꼈다.≪박완서, 도시의 흉년≫
(마) 「고려」 「3」[(명)이] (사람이) 싸움에서 지거나 패하여 돌아가
다. ¶ 아군의 끈질긴 저항에 적군이 물러날 수밖에 없었다./이
웃 마을 아이들이 우리들의 기세에 눌려서 슬슬 물러나기 시
작했다.

(54)에 정리한 내용은 2개의 사전에 실린 것을 그대로 종합한 것이다.
위 내용을 보면 '물러나다'의 단의에 대하여 「표준」과 「고려」에서 모두 4
개로 정리되어 있는데 내용이 일치하지는 않는다. (나)는 「표준」에만 기술
되어 있지만 이것은 (가)와 같이 사람이 뒤로 움직이는 의미를 표현하고
있어 (가)와 별개의 단의라고 볼 수 없고 하나의 단의로 봐야 한다. (마)는
「고려」에만 제시되어 있지만 실질적으로 이것도 사람이 뒤로 이동하는 것
을 의미하므로 (가)와 같이 다루어야 한다. (라)는 '붙어 있던 물건의 틈이
벌어지다'라는 의미를 표현하고 있어 주체가 추상적인 「틈」 따위가 되겠
다. (다)는 「표준」과 「고려」에서 비슷하게 기술하고 있다. 그러므로 '물러
나다'의 사전적 의미를 다음과 같이 재정리할 수 있다.

(55) '물러나다'의 단의 후보(2)
ⓐ [(명)이 (명)으로] (사람이 원래 있던 자리의 뒤쪽으로) 위치를
옮기다. ← (가)(나)(마)
ⓑ [(명)이 (명)에서] (사람이 직위에서) 하던 일을 내놓고 나오다.
← (마)
ⓒ [(명)이] 꼭 짜이거나 붙어 있던 물건의 틈이 벌어지다. ← (라)

(55)에 정리한 단의를 보면 '물러나다'의 의미 변화에 영향을 끼치는 요
소가 ⓐⓑ는 주체와 부사어이고 ⓒ는 주체뿐이다.

(56) 가. 언니가 뒤로 한발 물러났다.

나. 책상 다리가 물러나다.

위 예문을 보면 (가)일 경우 '물러나다'의 의미를 표현하는데 '로'자리에 해당되는 부사어가 필요하지만 (나)일 경우에는 주체만 있으면 된다.

'물러나다'의 단의 가운데 주체 자리에 ⓐⓑ는 '사람', ⓒ는 '틈' 따위이다. '사람'을 구체성을 가지고 있는데 '틈'은 추상성을 가진다. 따라서 '물러나다'의 단의 실현 환경을 다음과 같이 제시할 수 있다.

[표 26] 한국어 '물러나다'의 분류

구체 ↓ 추상	주체(A)	부사어(C)	구문 구조	단의 후보 번호
	사람	장소	A가 C으로 물러나다	ⓐ
		직장	A가 C에서 물러나다	ⓑ
	틈	-	A가 물러나다	ⓒ

ⓐ는 구체물의 물리적 이동을 의미하므로 가장 원형적인 의미에 해당될 수 있다. ⓑ는 사람이 추상적인 직장이나 일자리에서 나오는 의미이다. 또한 ⓒ는 추상물 영역에 해당되는 '틈' 따위가 생기는 의미이다. 따라서 '물러나다'의 의미는 구체적이면서 인간과 가까운 순서를 배열하면 다음과 같다.

(57) '물러나다'의 단의
  ① [(명)이 (명)으로] (사람이 원래 있던 자리의 뒤쪽으로) 위치를 옮기다. ← ⓐ
  ② [(명)이 (명)에서] (사람이 직위에서) 하던 일을 내놓고 나오다. ← ⓑ
  ③ [(명)이] 꼭 짜이거나 붙어 있던 물건의 틈이 벌어지다. ← ⓒ

'물러나다'의 ①번 의미가 구체물의 물리적 이동을 의미하고 있어 ②③

가장 원형적인 의미로 볼 수 있겠다. ②번의 부사어 자리에 해당되는 부분은 ①번보다 더 추상적이다. ③번의 주체는 '틈' 따위가 해당될 수 있어 ①②번보다 덜 구체적이다. 따라서 '물러나다'의 단의 분포 양상을 다음과 같이 그릴 수 있다.

[그림 14] 한국어 '물러나다'의 단의 분포 양상

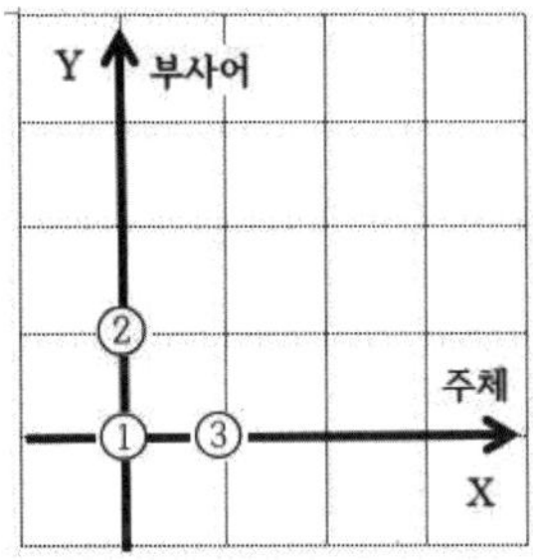

위에서 제시된'물러나다'의 단의 분포 양상을 보면 ①②③번 가운데 ①②번의 주체가 같고 ③번의 주체가 그들보다 추상적인 것을 확인할 수 있다. 또한 ②번의 의미 변화에 영향을 끼치는 요소가 주체와 부사어 두 개인 반면 ③번의 의미 변화에 영향을 주는 요소가 주체만 있는 것을 확인할 수 있다.

'물러나다'의 단의들 보면 ①번 단의는 사람이 원래 있던 자리의 뒤쪽으로 위치를 옮기는 의미를 뜻하므로 구체물의 구체적인 이동을 의미한다. ①번 단의는 다른 단의들보다 제한을 가장 적제 받음으로 '물러나다'의 원형의미로 가주할 수 있다. ②번 단의는 사람이 추상적인 공간에서 이동하는 의미를 뜻함으로 ①번 단의와 유사성이 있어 보여 ①번에서 확장된다고 볼 수 있다. ③번 단의는 추상적인 틈이 생기는 의미를 뜻한다. ③번은 원형의미에서 확장되는 것으로 보인다. 위 내용을 정리하면 아래와 같다.

[표 27] 한국어 '물러나다'의 의미 확장 양상

	단의
②	① [(명)이 (명)으로] (사람이 원래 있던 자리의 뒤쪽으로) 위치를 옮기다.
↑	② [(명)이 (명)에서] (사람이 직위에서) 하던 일을 내놓고 나오다.
①→③	③ [(명)이] 꼭 짜이거나 붙어 있던 물건의 틈이 벌어지다.

3.1.1.3.2. 退

중국어의 '退'는 주로 사람이 있던 자리에서 뒤로 움직이는 의미를 가지고 있다. 「現代」에서 4개, 「新華」에서 3개로 정리한 바 있다. 구체적인 내용은 다음과 같다.

> (58) '退'의 단의 후보(2)
>> (가) 「現代」 「1」向後移動(뒤로 움직이다) ¶ 後退, 倒退(뒤로 물러나다)
>> 「新華」 「1」向後移動(뒤로 움직이다) ¶ 後退, 倒退(뒤로 물러나다)
>> (나) 「現代」 「1」退出, 離開(나오다, 떠나다) ¶ 退席(자리에서 나오다)/退職(직장에서 물러나다)
>> 「新華」 「2」離開辭去 ¶ 退席(자리에서 나오다)/退職(직장에서 나오다)
>> (다) 「現代」 「3」退休(퇴직하다) ¶ 我們單位男60退, 女55退.(우리 회사는 남자 60세, 여자 55세 퇴직한다.)
>> (라) 「現代」 「4」退減, 下降(퇴색하다, 내리다) ¶ 退色(색이 바래다)/退燒(열이 내리다)
>> 「新華」 「3」減退(퇴색하다), 下降(내리다) ¶ 退色(색이 바래다)/退燒(열이 내리다)

위에서 정리된 '退'의 단의를 보면 (나)와 (다)는 실제로 주체가 어떤 장소에서 나오는 움직임을 표현할 때 별 차이가 없다. 따라서 여기서 「新華」의 단의를 취하기로 한다. (가)의 의미는 두 사전에서 비슷하게 기술하고 있다. '退'의 사전적 의미는 다음과 같이 재정리할 수 있다.

> (59) '退'의 단의 후보(2)
> ⓐ [(명)이 (명)으로]人離開原來的位置向後移動.(사람이 원래 있던 자리의 뒤쪽으로 위치를 옮기다.) ← (가)
> ⓑ [(명)이 (명)에서]人離開某個職位.(사람이 직위에서 하던 일을 내놓고 나오다.) ← (나) (다)
> ⓒ [(명)이]顔色等發生變化, 或者發燒症狀減弱(색이 바래다, 아니면 열이 내리다) ← (라)

위에서 정리된 단의를 통해 '退'의 의미를 실현하는데 주체만 필요한 경우도 있고 주체와 부사어 모두 필요한 경우도 있다.

> (60) 가. 他向後退到了遠點.(그는 몇 뒤로 물러나 원점으로 돌아왔다.)
> 나. 孩子的燒退了, 媽媽可以安心了.(아이가 열이 내려서 엄마가 드디어 안심할 수 있겠다.)

위 예문을 보면 (가)의 의미를 실현하는 데 방향을 나타내는 부분이 있어야 하는데, (나)의 의미를 실현하는 데에는 주체만 있으면 된다.

'退'의 네 가지 단의 가운데 주체 자리에 ⓐⓑ는 '사람'이고 ⓒ는 '색이나 열'이다. '사람'은 구체성을 가지고 있어 구체 영역에 속하지만 '색이나 열'은 추상성을 가지고 있으며 추상 영역에 속한다. 따라서 '退'의 단의 실현 환경을 정리하면 다음과 같다.

[표 28] 중국어 '退'의 단의 분류

구체 ↓ 추상	주체(A)	부사어(C)	구문 구조	단의 후보 번호
	사람	구체 장소	A+退+C	ⓐ
		직장, 일자리		ⓑ
	발전 변화	-	A+退	ⓒ

'退'의 단의 분류 양상을 보면 ⓐⓑ 의미는 사람의 이동을 뜻하고 있어 인간과 밀접한 관련이 있어 보인다. ⓒ는 추상적 이동을 뜻하고 있다. 따라서 주체의 구체성 정도와 인간과의 거리를 생각하면 '退'의 단의를 다음과 같이 재정리할 수 있다.

(61) '退'의 단의
❶ [(명)이 (명)으로]人離開原來的位置向後移動.(사람이 원래 있던 자리의 뒤쪽으로 위치를 옮기다.) ← ⓐ
❷ [(명)이 (명)에서]人離開某個職位.(사람이 직위에서 하던 일을 내놓고 나오다.) ← ⓑ
❸ [(명)이]顔色等發生變化, 或者發燒症狀減弱(색이 바래다, 아니면 열이 내리다) ← ⓒ

위에서 정리된 '退'의 단의 가운데 ❶❷번 주체는 모두 구체성을 가지는 점에서 동일하다. ❸번의 주체는 '색이나 열'과 같은 추상물이어서 ❶❷번보다 추상적이다. 따라서 '退'의 단의 분포 양상을 다음과 같이 그릴 수 있다.

[그림 15] 중국어 '退'의 단의 분포 양상

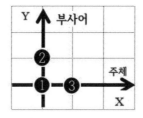

'退'의 다의 분포 양상을 통해 주체가 달라짐에 따라 의미 변화가 일어나는 단의는 ❸번임을 알 수 있다. 그리고 ❶❷번의 주체는 동일하고 ❷

번 의미로 변화되는 데 부사어의 영향을 받는 것을 확인할 수 있다.

'退'의 단의를 보면 ❶번 단의는 사람이 원래 있던 자리의 뒤쪽으로 위치를 옮기는 의미이다. 이것은 구체물의 구체적인 이동을 의미한다. 따라서 ❶번 단의는 '退'의 원형의미로 간주할 수 있다. ❷번 단의는 사람이 직위에서 하더니 일을 내놓고 나오는 의미를 뜻하므로 사람의 추상적인 위치 변화를 의미한다. ❷번 단의는 원형의미에서 확장된다고 볼 수 있다. ❸번 단의는 추상적인 색이나 열이 어떤 상태에서 다른 상태로 변화하는 현상을 의미한다. 이것은 역시 원형의미와 비슷해 보여 원형의미에서 확장된다고 볼 수 있다. 위 내용을 정리하면 아래와 같다.

[표 29] 중국어 '退'의 의미 확장 양상

단의
❶ [(명)이 (명).으로]人離開原來的位置向後移動.(사람이 원래 있던 자리의 뒤쪽으로 위치를 옮기다.) ❷ [(명)이 (명)에서]人離開某個職位.(사람이 직위에서 하던 일을 내놓고 나오다.) ❸ [(명)이]顔色等發生變化, 或者發燒症狀減弱(색이 바래다, 아니면 열이 내리다)

(표 왼쪽 열)
❷
↑
❶→❸

3.1.1.3.3. '물러나다'와 '退'의 대조

이 절에서는 한국어 '물러나다'와 중국어 '退'의 단의를 바탕으로 그들 사이의 공통점과 차이점을 살펴보고 단의의 분포 양상을 대조해 보겠다.

공통점으로는 한국어 '물러나다'와 중국어 '退'는 모두 '사람이 원래 있던 자리의 뒤쪽으로 위치를 옮기다.'와 '사람이 있던 자리를 내놓고 나오다'는 의미를 표현하는 것이 동일하다.

(62) 가. 그는 몇 뒤로 물러나 원점으로 돌아왔다.

　　가'. 他向後退到了遠點.

나. 그는 있던 직장에서 물러났다.

나'. 他從原來的單位退職了.

위 예문을 통해 알 수 있듯이 한국어 '물러나다'와 중국어 '退'는 사람이 뒤쪽으로 움직이는 의미와 직장에서 나오는 의미를 표현할 때 일치하다.

차이점으로는 첫째, 한국어 '물러나다'는 추상적인 '틈' 따위가 '생기다'는 의미를 표현할 수 있는데 중국어의 '退'의 단의 가운데 이와 비슷한 의미가 없다.

    (63) 가. 아침에 일어나자 나는 사지의 뼈마디가 틈이 물러난 듯한 무력감을 느꼈다.

        가'. *早晨起來四肢的骨頭好像退了縫隙一樣感覺無力.

        가". 早晨起來四肢的骨頭好像出現了縫隙一樣感覺無力.

위 예문을 통해 알 수 있듯이 한국어 '물러나다'는 '틈' 따위가 없는 상태에서 있는 상태로 변화되는 것을 표현할 수 있는데 중국어의 '退'는 '생기다'는 의미를 표현할 수 없고 대신 '出現'을 사용한다.

둘째, 중국어의 '退'는 '색'이 변해 원래보다 옅은 의미, '열' 따위가 '내리다'는 의미를 표현할 수 있지만 한국어 '물러나다'는 이와 비슷한 의미를 발견할 수 없다.

    (64) 가. 退色.

        가'. *색이 물러나다.

        가". 색이 바래다.

        나. 退燒.

        나'. *열이 물러나다.

        나". 열이 내리다.

위 예문을 통해 알 수 있듯이 중국어 '退'의 주체는 추상 영역 '색, 열' 따위로 확장이 일어날 수 있는데 한국어 '물러나다'는 그렇지 못한다. 대신 상황에 따라 '색'과 결합할 때 '바래다'를 선택하고 '열'과 공기할 때 '내리다'를 선택한다.

이상 한국어 '물러나다'와 중국어 '退'의 대응 관계를 살펴보았다. 이 결과를 정리하면 다음과 같다.

[표 30] 한국어 '물러나다'와 중국어 '退'의 대응 관계 대조

단의	기어오르다	退
(사람이 원래 있던 자리의 뒤쪽으로) 위치를 옮기다.	①	❶
(사람이 직위에서) 하던 일을 내놓고 나오다.	②	❷
(색이) 바래다, 아니면 열이 내리다.	X	❸
(꼭 짜이거나 붙어 있던 물건의 틈이) 벌어지다.	③	X

이 내용을 토대로 한국어 '물러나다'와 중국어의 '退'의 단의 분포 양상을 다음과 같이 그릴 수 있다.

[그림 16] 한국어 '물러나다'와 중국어 '退'의 단의 분포 양상 대조

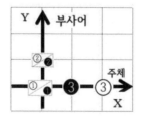

위 그래프를 통해 한국어 '물러나다'와 중국어 '退'에 두 개의 단의가 같다는 것을 확인할 수 있다. 그리고 각자의 ③과 ❸번 의미는 주체가 달라짐에 따라 의미 변화가 일어난다.

3.1.1.4. 오다/來

3.1.1.4.1. 오다

한국어 '오다'는 인간의 행위 중 장소의 이동을 가장 뚜렷하게 표현해 주는 어휘 중의 하나이다. '오다'에 대하여 「표준」에서는 23개, 「고려」에서는 22개의 뜻을 제시하고 있다. 내용을 정리하면 다음과 같다.

(65) '오다'의 단의 후보(1)

 (가) 「표준」 「1」어떤 사람이 말하는 사람 혹은 기준이 되는 사람이 있는 쪽으로 움직여 위치를 옮기다. ¶ 나에게 오너라./군에 간 친구가 휴가를 받아 학교에 왔다. ‖ 나는 그녀가 우리 동네로 오기를 기다리고 있다. ‖ 도서관을 왔지만 공부하지 못했다.

 「고려」 「1」[(명)이][(명)이 (명)으로/(명)에/(명)에게](사람이 어디에) 말하는 사람이 있는 쪽으로 움직여 위치를 옮기다. ¶ 편지를 받는 즉시 집으로 오너라./집에 오면 먼저 손부터 씻어라./해가 떨어지고 별들이 하나둘 나타날 때까지도 현우는 오지 않았다.

 「고려」 「22-1」[(명)이 (명)을](사람이 어디를) 말하는 사람이 있는 쪽으로 움직여 위치를 옮기다. ¶ 오늘은 엿장수가 우리 마을을 오는 날이다.

 (나) 「표준」 「2」어떤 사람이 직업이나 학업 따위를 위하여 말하는 사람이 있는 쪽으로 옮기다. ¶ 유능한 인재들이 우리 회사에 왔다./저희 대학에 온 신입생 여러분을 환영합니다. ‖ 이번에 저희 부서로 새로 오신 분은 영업 분야의 전문가입니다. ‖ 나는 이 회사를 꼭 오고 싶었다.

 「고려」 「8-1」[(명)이][(명)이 (명)에](사람이 어느 집단에) 직업이나 학업을 위해 말하는 사람이 있는 쪽으로 옮기다. ¶ 음악 선생님이 새로 오셨다고 한다./이제 대학에 왔으니 본격적인 공부를 시작해야 할 것이다.

 「고려」 「8-2」[(명)이 (명)에 (명)으로](사람이 어느 집단에 어떤 직책으로) 임명이나 발령을 받다. ¶ 그는 우리 학교에 코치로 왔다.

「고려」「22-2」[(명)이 (명)을](사람이 어디를) 직업이나 학업을 위해 말하는 사람이 있는 쪽으로 옮기다. ¶ 나는 어렸을 때부터 꼭 이 학교를 오고 싶어했다.

(다) 「표준」「3」수레, 배, 자동차, 비행기 따위가 말하는 이가 있는 쪽을 향하여 운행하다. ¶ 비가 오는 날에는 이곳에 오는 배편이 없으니 모두 돌아가세요. ‖ 제주도로 오는 비행기가 안개 때문에 연착되었다./부산으로 오던 기차가 사고가 났다.

(라) 「표준」「4」물건이 따위가 자기에게 옮겨지다. ¶ 사과가 나에게 두 개나 더 왔다. ‖ 이 물건이 우리 집으로 올 것이라고는 정말 생각도 못 했다.

(마) 「표준」「5」관심이나 눈길 따위가 말하는 사람에게로 쏠리다. ¶ 사람들에게서 우리에게 오는 따가운 시선에 고개를 들지 못했다.

「고려」「17」[(명)이](관심이나 눈길 따위가) 말하는 사람에게 쏠리다.¶ 많은 학생들의 시선이 나에게 오는 것을 느꼈지만 그냥 천천히 걸어갔다.

(바) 「표준」「6」소식이나 연락 따위가 말하는 사람이 있는 곳으로 전하여지다. ¶ 집에 편지가 왔다./어머니에게 소포가 왔다. ‖ 고향에서 아버지가 위독하다는 소식이 학교로 왔다./어머니에게서 회사로 전화가 왔다.

「고려」「5」[(명)이](보낸 것이) 이르러 닿다. ¶ 오늘 신문 왔습니까?/신호가 오면 즉시 스위치를 넣어라/며칠을 기다렸는데도 답장은 오지 않는다.

(사) 「표준」「7」전기가 흘러서 불이 켜지거나 몸에 전하여지다. ¶ 기 기구를 다룰 때에는 손에 전기가 올지 모르니 장갑을 꼭 끼어라. ‖ 우리 마을로 전기가 온 것은 불과 몇 년 전이었다.

「고려」「12」[(명)이][(명)이 (명)에](전기가 몸이나 전선 따위에) 흐르거나 켜지다. ¶ 변압기를 만지자 손에 찌르르 전기가 왔다/스위치를 넣었는데 전기가 안 오네요.

(아) 「표준」「8」운수나 보람, 기회 따위가 말하는 사람 쪽에 나타나다. ¶ 드디어 나에게도 기회가 왔다.

「고려」「10」[(명)이](차례나 기회가) 자기 몫으로 되다. ¶ 절호
의 기회가 왔을 때 주춤거리지 마라/드디어 내 차례가 왔다.

(자) 「표준」「9」느낌이나 뜻이 말하는 사람에게 전달되다. ¶ 얼핏
보니 그에게 감이 오고 있는 것 같았다./그의 말에서 따뜻한
느낌이 내게 오는 것을 느꼈다.

「고려」「13」[(명)이](느낌이나 말, 생각 따위가 말하는 사람에
게) 전해져 이르게 되다. ¶ 울 산댁의 충고는 한마디 한마디가
가슴에 와 닿았다/사장까지 나서서 통사정을 했지만 어쩐지
도와줘야겠다는 느낌이 전혀 오지 않았다.

(차) 「표준」「10」가고자 하는 곳에 이르다. ¶ 이제 네 엄마에게 다
왔으니 그만 울어라./이제 목적지에 다 왔다./정상에 다 왔으니
조금만 힘내라.

「고려」「14」[(명)이](사람이) 목적하는 곳에 닿다. ¶ 조금만 더
참아라, 이제 다 왔다.

(카) 「표준」「11」어떤 대상에 어떤 상태가 이르다. ¶ 7년간의 전쟁
이 끝나고 이 땅에도 평화가 왔다.

「고려」「2-4」[(명)이](어떤 때나 세상이) 닥치거나 나타나다. ¶
통일의 그날이 오다/닭의 모가지를 비틀어도 새벽은 오기 마
련이다.

「고려」「3」[(명)이][(명)이 (명)에](사건이나 현상이 어떤 대상
에) 일어나거나 이르다. ¶ 고생 끝에 낙이 온다./그녀에게 행운
이 왔다/전쟁이 끝나고 드디어 평화가 왔다/박 과장이 부임한
후로 우리 사무실에 변화가 왔다.

(타) 「표준」「12」일정한 목적을 가진 모임에 참석하기 위하여 말하
는 사람이 있는 쪽으로 위치를 옮기다. ¶ 너 동창회에 올 거
니?/내 생일잔치에 오지 않을래?

(파) 「표준」「13」건강에 해가 되다. ¶ 몸에 무리가 오는 심한 운동
은 삼가십시오/오랜만에 운동을 했더니 다리에 충격이 왔다.

「고려」「16」[(명)에 (명)이] (건강 또는 몸이나 몸의 일부에 무
리가) 생기게 되다. ¶ 아스팔트에서 오랫동안 조깅을 하면 무
릎에 무리가 오게 된다.

(하) 「표준」「14」길이나 깊이를 가진 물체가 어떤 정도에 이르거나

닿다. ¶ 네 살짜리 아이가 내 허리에 올 정도로 키가 크다.
「고려」「9」[(명)이 (명)에/(명)까지](무엇이 어떤 기준이나 정도
에) 도달하여 미치다. ¶ 물이 어른 가슴까지 오는 웅덩이일지
라도 아이들에게는 무척 위험할 수가 있다는 사실을 잊지 말
아야 한다./언니는 무릎에도 채 안 오는 스커트를 입었다고 아
버지로부터 호되게 야단을 맞았다.

(거) 「표준」「15」말하는 때나 시기에 이르다. ¶ 오늘에 와서야 계
획이 취소되었다고 연락을 받았다./지금 와서 다른 말을 하면
어떡하니?/아까까지는 가겠다고 하더니 이제 와서는 못 가겠
다는구나.
「고려」「2-2」[(명)이]'어떤 시점(時點)에 이르러'의 뜻을 나타
내는 말. ¶ 이제 와서 딴소리하면 어떡하니?/요즘 와서는 복희
가 이혼하겠다는 말을 통 않는 것 같다/박 선생은 불혹의 나이
를 지난 지금에 와서야 그림이 무엇인지 어렴풋이 느껴진다고
하였다.

(너) 「표준」「16」물체가 말하는 사람이 있는 쪽으로 기울어지다. ¶
액자가 이쪽으로 좀 오지 않았어요?/선이 우리 쪽으로 더 온
것 같다.
「고려」「18」[(명)이 (명)으로](물체가 말하는 사람이 있는 쪽으
로) 기울어지거나 치우치다.¶ 기둥이 이리로 더 온 듯하다/장
롱이 벽 쪽으로 너무 온 것 같으니 다시 놓아 봅시다.

(더) 「표준」「17」비, 눈, 서리나 추위 따위가 내리거나 닥치다. ¶
비가 온다./벌써 추위가 왔다./눈이 와서 길이 미끄럽다./갑작
스레 서리가 와서 농작물 피해가 크다./올해는 더위가 좀 일찍
올 예정이랍니다.
「고려」「6」[(명)이](눈이나 비 따위가) 하늘에서 내리다. ¶
눈이 온다/비가 오는데도 이렇게 나와 주셔서 대단히 감사
합니다.

(러) 「표준」「18」질병이나 졸음 따위의 생리적 현상이 일어나거나
생기다. ¶ 갑자기 졸음이 왔다./한번 잠이 오면 그 뒤로는 공부
를 하기가 힘들다./감기가 오는지 몸이 으슬으슬 춥다.
「고려」「4」[(명)이](생리적 현상 따위가) 몸에 일어나다. ¶ 잠

이 오다/몸살이 오는지 온몸이 쑤신다./명숙은 잠이 오질 않
아 우유를 데워 마셨다/손발에 마비가 오면 우선 잘 주물러
주세요.

(머) 「표준」「19」어떤 때나 계절 따위가 말하는 시점을 기준으로
현재나 가까운 미래에 닥치다. ¶ 여름이 벌써 왔다./오는 일요
일이 내 생일이다./새해가 오면 운동을 시작하리라./여름이 가
고 가을이 왔다./벌써 봄이 왔는지 산에서 눈이 녹아내린다.

「고려」「2-1」[(명)이](일정한 때나 철이) 오거나 이르다. ¶ 겨
울이 가고 봄이 왔다/새해가 오면 나도 이제 서른이 된다.

「고려」「2-3」[(명)이]'이번', '바로 다음의'의 뜻을 나타내는
말. ¶ 병태는 오는 토요일 영자와 함께 영화를 보기로 했다.

(버) 「표준」「20」어떤 현상이 어떤 원인에서 비롯하여 생겨나다. ¶
사고는 부주의에서 오게 마련이다./이번 감기는 아무래도 친구
에게서 온 것 같다.

「고려」「7」[(명)이 (명)에서](사건이나 현상이 어떤 원인이나
근거에서) 생겨 일어나다. ¶ 이번 붕괴 사고는 안전에 대한 국
민 전체의 불감증에서 온 것이라고 할 수 있다.

(서) 「표준」「21」어떤 현상이 다른 곳에서 전하여지다. ¶ 우동은
일본에서 온 말이다./그의 말투는 그의 부친에게서 온 것으로
볼 수 있다. ‖ 그의 이상한 버릇은 할아버지로부터 온 것이 아
닐까 한다.

「고려」「15」[(명)이 (명)에서/(명)에게서/(명)으로부터](어떤 현
상이 다른 곳에서) 전해져 이르다. ¶ 빵이라는 말은 포르투갈
에서 온 말이다.

(어) 「표준」「22」어떤 경로를 통하여 말하는 사람이 있는 쪽으로
위치를 옮기다. ¶ 어두운 산길을 왔더니 너무 힘들다./빗길을
오다가 미끄러졌다./밤길을 오느라 많이 힘들었지?

「고려」「20」[(명)이 (명)을](사람이 어떤 길을) 통하여 말하는
사람이 있는 쪽으로 옮기다. ¶ 빗길에 운전 조심해서 오너라./
에그, 시골길을 온다고 고생 많았겠구나./밤길을 왔다가 그냥
돌아가게 되었구나.

(저) 「표준」「23」어떤 목적 혹은 어떤 일을 하기 위하여 말하는 이

가 있는 곳으로 위치를 옮기다. ¶ 남자아이가 우리 학교에 전
학을 왔다./그녀는 남편을 피해 나에게 도망을 왔다./내일은 그
녀가 부대에 면회를 오는 날이다./병원에 문병을 오곤 했다./이
곳에 여행을 오는 사람은 거의 없다.
「고려」「19-1」[(명)이 (명)을](사람이 어떤 일을) 할 목적으로
말하는 사람이 있는 곳으로 옮기다. ¶ 일주일 전에는 선회가
면회를 왔더군/4월만 되면 이곳 진해에는 벚꽃 구경을 오는 사
람들로 온 도시가 초만원이 된다./많은 사람들이 나를 위해 문
병을 왔었지만 그때의 나에겐 조금도 위로가 되지 않았다.
「고려」「19-2」[(명)이 (명)을](사람이 어떤 행동을) 하여 말하
는 사람이 있는 쪽과 가까워지다. ¶ 이사를 오다/간밤에 강을
건너 도망을 오느라 몸이 죄 젖었다.
(처) 「고려」「21」[(명)이 (명)을](여자가 시집을, 또는 남자가 장가
를) 결혼을 하여 그 집안의 식구가 되다. ¶ 시집을 오다/우리
집으로 장가를 오려면 넉살이 좋아야 해.

「고려」「1」번 단의와 「22-1」번 단의, 그리고 「고려」「8-1」번 단의와
「22-2」번 단의는 단지 이동 장소 명사구가 '를'과 결합하는지, 아니면 '에'
와 결합하는지에 따라 차이가 있을 뿐이고 실제 어떤 사람이 말하는 사람
이 있는 쪽으로 움직여 위치를 옮긴다는 뜻을 표현하는 데에 차이가 없다.
따라서 「고려」「1」번과 「22-1」번은 하나의 단의로 통합되며 「고려」「8-1」
번과 「22-2」번은 하나의 단의로 간주된다.

(타)는 '사람이 일정한 목적을 가진 모임에 참석하기 위하여 말하는 사
람이 있는 쪽으로 위치를 옮기다'고 정리되고 (저)는 '사람이 어떤 목적을
하기 위하여 말하는 이가 있는 곳으로 위치를 옮기다'고 정리된다. (타)와
(저)는 (가)의 단의와 비교하면 이동하는 목적이 무엇인지에는 차이가 있지
만 실제 사람이 말하는 사람이 있는 쪽으로 위치를 옮긴다는 뜻을 나타내
는 것은 동일하다. (차)도 마찬가지로 사람의 이동을 의미하므로 (가)(타)

(저)는 한데 묶인다.

(어)는 '사람이 어떤 경로를 통하여 말하는 사람이 있는 쪽으로 위치를 옮기다'이다. (가)와 비교하면 어떤 길을 이용하여 이동하느냐에 따라 차이가 있을 뿐이다. 사람이 말하는 사람이 있는 쪽으로 위치를 옮긴다는 뜻을 표현하는 것은 동일하다. 따라서 (어)도 (가)와 같이 하나의 단의로 묶어야 한다.

(나)는 어떤 사람이 직업이나 학업을 위하여 말하는 사람이 있는 쪽으로 움직여 위치를 옮긴다는 의미이다. '음악 선생님이 새로 오셨다'와 같은 예문을 통해 말하는 사람이 속하는 집단에 어떤 사람이 가입한다는 것을 확인할 수 있다. 따라서 (나)에 제시된 내용은 '(어떤 사람이) 말하는 사람이 속하는 집단에 가입하다'로 정리될 수 있다.

(버), (서)의 주체 자리에 있는 어휘는 모두 현상이며 어디서 혹은 어떤 이유로 그 현상이 나타나는지에 차이가 있으나 현상이 나타난다는 뜻을 가리키는 것은 동일하다. 따라서 (버), (서)는 하나의 단의로 통합된다. (카)는 추상적인 '상태'가 주체로 나타나고 어떤 상태가 어떤 대상에 이른다는 의미를 표현하고 있으므로 (버)(서)와 함께 다뤄야 한다.

(파)는 건강에 해가 된다는 뜻을 갖고 있는데 여기서 말하는 '해'는 사전적 의미를 따르면 '이롭지 아니하게 하거나 손상을 입힘', 또는 그런 것을 뜻한다. '해'는 몸의 생리적인 반응 현상이라 할 수 있다. 따라서 (파)에서 제시된 의미는 (러)에서 말하는 내용과 차이가 없으므로 하나의 단의로 통합되어야 한다.

(거)와 (머)는 별개의 단의로 간주되고 있지만 실제 내용을 보면 시점이 말하는 때나 시기를 기준으로 그 기준에 이르다는 뜻을 표현하는 점에서 공통적이다. 따라서 (거)와 (머)는 별개의 단의로 볼 수 없고 하나의 뜻으로 통합되어야 한다.

(러)는 '질병이나 졸음 따위의 생리적 현상이 일어나거나 생기다'는 의

미이다. 여기서 감기, 졸음과 같은 생리적 현상은 모두 몸의 감각, 즉 사람의 느낌이라 할 수 있다. (자)는 느낌이나 생각 따위가 말하는 사람에게 전달된다는 의미를 나타낸다. 따라서 (러)와 (자)는 별개의 의미로 볼 수 없고 하나의 단의로 간주된다.

위 내용을 통해 '오다'의 사전적 의미는 다음과 같이 정리될 수 있다.

(66) '오다'의 단의 후보(2)

　ⓐ [(명)이 (명)으로](어떤 사람) 말하는 사람이 있는 쪽으로 움직여 위치를 옮기다. ← (가) (차) (타) (저) (어)

　ⓑ [(명)이 (명)으로](물체 따위가) 말하는 사람이 있는 쪽을 향하여 움직이다. ← (다) (라) (너)

　ⓒ [(명)이 (명)에](어떤 사람이) 말하는 사람이 속하는 집단에 가입하다. ← (나)

　ⓓ [(명)이] (추상적인 감정, 느낌 따위가) 말하는 사람에게로 쏠리다. ← (마) (자) (러) (파)

　ⓔ [(명)이] (편지나 소포 따위가) 말하는 사람이 있는 곳으로 전달되다. ← (바)

　ⓕ [(명)이] (전기가) 흘러서 불이 켜지거나 몸에 전하여지다. ← (사)

　ⓖ [(명)이](차례나 기회가) 말하는 사람 쪽에 나타나다. ← (아)

　ⓗ [(명)이](어떤 상태가) 대상에 이르거나 상황이 원인으로 일어난다. ← (카) (버) (서)

　ⓘ [(명)에 (명)이](물체의 길이나 높이) 어떤 정도에 이르거나 닿다. ← (하)

　ⓙ [(명)이](어떤 시점이) 말하는 때나 시기에 이르다. ← (거) (머)

　ⓚ [(명)이] (눈이나 비 따위가) 하늘에서 땅으로 내리다. ← (더)

　ⓛ [(명)이 (명)을](여자나 남자가) 결혼을 하여 시집이나 장가에 가서 그 집안의 식구가 되다. ← (처)

　ⓜ [(명)이 (명)에](장사에 손해나 피해 따위가) 발생되다.

위와 같이 '오다'의 사전적 의미는 열두 가지로 정리될 수 있다. 이들 가운데 의미 변화를 야기하는 요소에 따라 'A가 오다'와 'A가 C에 오다', 'A가 C로 오다', 'A가 C에서 오다'의 격틀 정보를 확인할 수 있다.

> (67) 가. 드디어 나에게도 기회가 왔다.
> 나. 아이가 허리에 올 정도로 키가 컸다.
> 다. 우동은 일본에서 왔다.

(67)의 예문 (가)에서 앞부분 '드디어 나에게도'는 문장에서 부사어로 나타나 필수적인 성분이 아니다. 이 부분을 삭제해도 주체 '기회'가 사람에게 다가오는 사실은 달라지지 않는다. 예문 (나)는 (가)의 상황과 다르다. 만약에 (나)의 '허리에'를 삭제하면 문장은 '아이가 오다'가 되는데 이것이 비문은 아니지만 아이의 키가 허리의 높이와 비슷하다는 의미는 나타내지 못한다. 그러므로 '허리에'는 수의적 성분이 아닌 필수적 성분이다. (다)도 마찬가지로 '일본에서'를 삭제할 경우 '우동은 왔다'와 같은 문장은 '사람이 식당에서 여러 음식을 주문했고 그 중 우동이 먼저 나왔다'는 의미로 해석하기 쉽다. 그러나 실제로 (다)에서 표현하고자 하는 의미는 우동과 관련된 모든 것, 즉, '우동의 역사, 우동이 대표하는 문화' 등 여러 가지 것들이 일본에서 유래한다는 뜻이다. 그러므로 여기서 '일본에서'는 삭제 불가능한 필수 성분이다.

'오다'의 사전적 의미들 가운데 주체 자리에 오는 어휘는, ⓐ는 '사람', ⓑ는 '물체', ⓒ는 '사람', ⓓ는 '감정이나 느낌', ⓔ는 '편지나 소포', ⓕ는 '전기', ⓖ는 '차례나 기회', ⓗ는 '상태', ⓘ는 '길이나 높이', ⓙ는 '시간', ⓚ는 '눈이나 비', ⓛ는 '사람', ⓜ는 '피해나 손해'이다. ⓐⓑⓒⓔⓕ ⓚⓛ은 구체성을 가지고 있지만 ⓓⓖⓗⓘⓙⓜ는 추상성을 가진다. ⓐⓑ ⓒⓔⓕⓚⓛ은 가운데 ⓐⓑⓒⓔⓚⓛ의 주체는 형체를 확인할 수 있는

유형물인 반면 ⓕ에 해당되는 '전기'는 형체를 확인할 수 없는 무형물이
다. ⓓⓖⓗⓘⓙⓜ번 단의 중에 ⓓⓖ는 인간과 밀접한 관련을 갖고 있지
만, ⓙ는 시간, ⓗⓘⓜ는 각각 '상태나 상황, 길이나 높이, 손해나 피해'를
가리키고 있어 인간과 직접적인 관련이 없다. 이상으로 '오다'의 단의 실
현 환경을 아래와 같이 정리할 수 있다.

[표 31] 한국어 '오다'의 단의 분류

구체 ↓ 추상	주체(A)	부사어(C)	구문 구조	단의 후보 번호
	사람	장소	A가 C에 오다	ⓐ
		시집	A가 C를 오다	ⓛ
		집단	A가 C에 오다	ⓒ
	물체	장소	A가 C에/로 오다	ⓑ
	편지		A가 C에게 오다	ⓔ
	눈, 비	–	A가 오다	ⓚ
	전기			ⓕ
	시간	시점	A가 C에 오다	ⓙ
	감정, 느낌	–	A가 C에게 오다	ⓓ
	차례, 기회			ⓖ
	손해, 피해	장사	A가 C에 오다	ⓜ
	상태, 상황	대상		ⓗ
	길이, 높이	정도		ⓘ

위에서 제시한 '오다'의 단의 실현 환경을 보면 한국어 이동 동사 '오다'
의 단의는 구체 및 추상 영역으로 모두 확장된다는 것을 알 수 있다. 그러
므로 의미 확장의 일반적인 원리에 따라 ⓓⓖⓙⓘⓗⓜ는 ⓐⓛⓒⓑⓔⓚ
ⓕ에서 파생된다고 볼 수 있을 것이다. 또한 구체 영역 안에서도 ⓐⓛⓒ
ⓑⓔⓚ는 유형물의 움직이나 상태 변화를 의미하고 있으므로 무형물 주
체의 의미보다 더 구체적이다. 한편 유형물 주체 사이에 인간과 관련된 정

도를 생각하면 ⓐⓘⓒ는 ⓑⓔⓚ 보다 더 구체적이라고 할 수 있다. 마지막으로 ⓐⓒⓘ 및 ⓑⓔⓚ에서 해당 단의가 표현하는 의미의 구체성 정도와 서술어의 고유한 의미를 고려하면 ⓐⓒⓘ의 순서는 ⓐⓘⓒ가 되고, ⓑⓔⓚ의 순서는 그대로이다.

'오다'의 주체가 추상물일 경우 시간 영역, 인간 유관 및 인간 무관 영역으로 나뉜다. 이 중에서 시간 영역은 인간 유관 영역에 속한 단의들보다, 인간 유관 단의들은 인간 무관 영역에 있는 단의들보다 덜 추상화되는 것으로 본다. 이어서 각 영역 내부에서 해당 단의의 추상화정도에 따라 순서를 배열하면 ⓓⓖⓗⓘⓙⓜ의 순서는 ⓓⓖⓘⓜⓗⓘ가 된다. 이에 따라 '오다'의 단의를 다시 배열하면 아래와 같다.

(68) '오다'의 단의
① [(명)이 (명)으로](어떤 사람) 말하는 사람이 있는 쪽으로 움직여 위치를 옮기다. ← ⓐ
② [(명)이 (명)을](여자나 남자가) 결혼을 하여 시집이나 장가에 가서 그 집안의 식구가 되다. ← ⓘ
③ [(명)이 (명)에](어떤 사람이) 말하는 사람이 속하는 집단에 가입하다. ← ⓒ
④ [(명)이 (명)으로](하여 움직이다. ← ⓑ
⑤ [(명)이] (편지나 소포 따위가) 말하는 사람이 있는 곳으로 전달되다. ← ⓒ
⑥ [(명)이] (눈이나 비 따위가) 하늘에서 땅으로 내리다. ← ⓚ
⑦ [(명)이] (전기가) 흘러서 불이 켜지거나 몸에 전하여지다. ← ⓕ
⑧ [(명)이 (명)에] (어떤 시점이) 말하는 때나 시기에 이르다. ← ⓘ
⑨ [(명)이] (추상적인 감정, 느낌 따위가) 말하는 사람에게로 쏠리다. ← ⓓ
⑩ [(명)이] (차례나 기회가) 말하는 사람 쪽에 나타나다. ← ⓖ
⑪ [(명)이 (명)에](장사에 손해나 피해 따위가) 발생되다. ← ⓜ
⑫ [(명)이 (명)에] (어떤 상태가) 대상에 이르거나 상황이 원인으로

일어난다. ← ⓗ

⑬ [(명)에 (명)이](물체의 길이나 높이) 어떤 정도에 이르거나 닿다.
    ← ⓘ

위에서 정리된 단의를 토대로 '오다'의 단의 분포 양상을 다음과 같이
그릴 수 있다.

[그림 17] 한국어 '오다'의 단의 분포 양상

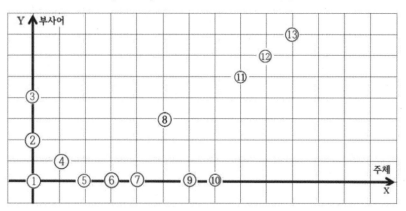

위에 정리된 '오다'의 단의 분포 양상을 보면, ②③번은 Y축에서만 이
동하기 때문에 주체가 같은 경우이고 부사어가 추상화됨으로서 의미가 달
라진다. ⑤⑥⑦⑨⑩번 단의는 X축에서만 이동하고 부사어는 상정되지
않는 경우이므로, 주체의 추상화 정도에 따라 의미가 달라지는 것이다. 또
한 ④⑧⑪⑫⑬번 단의는 주체 및 부사어의 영향을 모두 받아 그것들의
구체 및 추상 정도에 따라 의미가 달라진다.

'오다'의 각 단의 중 '어떤 사람이나 물건이 말하는 사람이 있는 쪽으로
움직여 위치를 옮기다'는 첫 번째 의미는 출현 제약이나 의미적 환경의 영
향을 가장 적게 받는 구체적 환경에서 실현된다. 따라서 ①번 의미는 '오

다'의 각 단의를 대표할 수 있는 원형의미라고 할 수 있다. ①번에서 사람이나 물건이 화자가 존재하는 구체적 장소로 옮긴다는 뜻을 표현한다. ②번은 사람의 구체적인 이동을 의미하고, ③번은 '어떤 사람이 말하는 사람이 속하는 집단에 가입하다'는 의미도 사람의 구체적인 이동을 뜻하므로 ①번과 구체물의 이동과 유사해 ①번에서의 은유적인 확장이다. ⑨번은 '추상적인 감정, 느낌 따위가 말하는 사람에게로 쏠리다'는 의미를 뜻하므로 ③번과 주체가 다르지만 이동하는 대상이 같다. 따라서 ⑨번은 ③번에서 확장해온다고 볼 수 있을 것이다. ④번 단의는 구체물의 이동을 의미하기 때문에 역시 원형의미에서 확장되는 것으로 보인다. ⑤번도 소포나 편지와 같은 구체물의 이동을 뜻하므로 원형의미에서 확장된다고 볼 수 있다. ⑥번 단의는 자연물 주체가 땅으로 이동한다는 내용은 ⑤번 인공물 주체가 화자가 있는 구체적 장소로 이동한다는 의미에서 유사하다. ⑦번 단의는 '전기가 흘러서 불이 켜지거나 몸에 전하여지다'는 전기가 사람에게 다가오다, 없는 생태에서 있는 상태로 변화되어 생기다로 해석할 수 있어 ①번에서 확장해온다고 볼 수 있다. ⑩번과 ⑪번은 각각 '차례나 기회, 손해나 피해' 따위가 발생하여 생기다는 의미한다. '기회나 차례'는 사람과 긴밀한 관계가 가지고 있고 추상적인 손해나 피해가 생기는 상황은 사람과 멀다. 따라서 ⑪번은 ⑩번 단의에서 확장해온다고 볼 수 있다. ⑧번은 '시점이 말하는 때나 시기에 이르는 의미를 뜻함으로 ①번에서 확장된다. ⑫번과 ⑬번은 상태나 물체의 길이 어떤 대상이나 정도에 이르는 의미이어서 ⑧번에서 확장되는 것으로 볼 수 있다. ⑫번의 상태는 사람과 밀접한 관계를 가지고 있어 ⑬번의 어떤 물체의 장단을 뜻하는 길이보다 인간과 더 가깝다. 따라서 ⑬번은 ⑫번에서 확장된다. 위 내용을 정리하면 아래와 같다.

[표 32] 한국어 '오다'의 의미 확장 양상

단의	
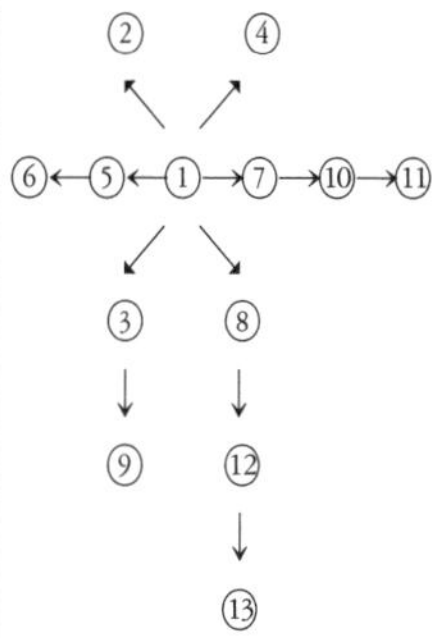	① [(명)이 (명)으로](어떤 사람) 말하는 사람이 있는 쪽으로 움직여 위치를 옮기다. ② [(명)이 (명)을](여자나 남자가) 결혼을 하여 시집이나 장가에 가서 그 집안의 식구가 되다. ③ [(명)이 (명)에](어떤 사람이) 말하는 사람이 속하는 집단에 가입하다. ④ [(명)이 (명)으로]하여 움직이다. ⑤ [(명)이] (편지나 소포 따위가) 말하는 사람이 있는 곳으로 전달되다. ⑥ [(명)이] (눈이나 비 따위가) 하늘에서 땅으로 내리다. ⑦ [(명)이] (전기가) 흘러서 불이 켜지거나 몸에 전하여지다. ⑧ [(명)이 (명)에] (어떤 시점이) 말하는 때나 시기에 이르다. ⑨ [(명)이] (추상적인 감정, 느낌 따위가) 말하는 사람에게로 쏠리다. ⑩ [(명)이] (차례나 기회가) 말하는 사람 쪽에 나타나다. ⑪ [(명)이 (명)에](장사에 손해나 피해 따위가) 발생되다. ⑫ [(명)이 (명)에] (어떤 상태가) 대상에 이르거나 상황이 원인으로 일어난다. ⑬ [(명)에 (명)이](물체의 길이나 높이) 어떤 정도에 이르거나 닿다.

3.1.1.4.2. 來

중국어 '來'는 수평 이동의 대표 어휘로 일상생활에서 빈번하게 사용된다. 이 단어의 의미에 대하여 「現代」에서는 4개, 「新華」에서는 5개의 뜻풀이를 제시하고 있다. 내용을 정리하면 다음과 같다.

(69) '來'의 단의 후보(1)

(가) 「現代」 「1」從別的地方到說話人所在的地方(말하는 사람이 있는 쪽으로 움직여 위치를 옮기다) ¶ 來賓(방문객)/來信(배내 온 편지)/來了幾個幹部(간부가 몇 명이 왔다)

「新華」 「1」由另一方面到這一方面(말하는 사람이 있는 쪽으로 움직여 위치를 옮기다) ¶ 我來北京三年了(내가 북경에 온지 삼년이 되었다)

(나) 「現代」 「2」(問題, 事情)發生; 到來(일이나 문제 따위가) 발생하

다. ¶ 問題來了(문제가 왔다)

「新華」「4」表示發生, 出現(발생하거나 나타나다) ¶ 問題來了(문제가 왔다)/困難來了(어려움이 왔다)

(다) 「現代」「3」做某個動作(어떤 동작을 하다) ¶ 來一盤棋(장기를 두다)/來一場籃球比賽(농구 경기를 한번 하다)

「新華」「3」做某一動作(어떤 동작을 하다) ¶ 再來一個(하나 더 주세요)

(라) 「現代」「4」未來的(미래의) ¶ 來年(내년)/來日方長(앞길이 구만리 같다)

「新華」「2-1」表示時間的經過, 指某一個時間以後시간의 경과를 의미하고 말하는 시점을 기준으로 현재나 가까운 미래에 닥치다) ¶ 自古以來/從來/這一年來

「新華」「2-2」表示現在以後(말하는 시점을 기준으로 현재나 가까운 미래에 닥치다) ¶ 來年(내년)/未來(미래)

(마) 「新華」「5」雨雪等降臨(비, 눈 따위가 내리다) ¶ 雨來了(비가 왔다)/雪來了(눈이 왔다)

(69)의 (가)는 말하는 사람이 있는 쪽으로 움직여 위치를 옮긴다는 뜻이 모호하게 표현되어 있다. 주체 자리에 있는 어휘가 무엇인지 제시되지 않았다. 주체의 배타적 분포 양상을 고려하면 주체 자리에는 '사람, 편지나 소포, 기회, 전기, 느낌, 상황, 현상' 등 다양한 어휘가 올 수 있으므로 상황에 따라 의미도 차이가 있다. 따라서 (가)에 제시된 의미는 주체의 분포 양상에 따라 몇 개의 서로 다른 단의로 구분될 수 있다.

사전에는 제시되지 않지만 실제 광범위하게 사용되는 용법도 존재한다. 예를 들어 '這是新來的老師.(이분이 새로 오신 선생님이십니다.)'처럼 주체 자리에 (사람)이 나타나고 어떤 사람이 말하는 사람이 속하는 집단에 가입한다는 뜻을 나타내는 경우가 있다. 이를 포함하여 '來'의 사전적 의미를 재정리하면 다음과 같다.

(70) '來'의 단의 후보(2)
ⓐ [(명)이 (명)에/으로] (人)向說話人方向移動(어떤 사람) 말하는 사
람이 있는 쪽으로 옮기다. ← (가)
ⓑ [(명)이 (명)에] (物體)向著說話人的方向移動(물체들이 말하는 사
람이 있는 쪽을 향하여 움직이다. ← (가)
ⓒ [(명)이 (명)에] (人)加入說話人所屬集團或團體(어떤 사람이) 말하
는 사람이 속하는 집단에 가입하다.
ⓓ [(명)이 (명)에] (書信或包裹)郵寄至說話人方向(편지나 소포 따위
가) 말하는 사람이 있는 곳으로 전달되다. ← (가)
ⓔ [(명)이] (電流)傳向電燈或身體(전기가) 흘러서 불이 켜지거나 몸
에 전하여지다.
ⓕ [(명)이 (명)에게] (機遇)降臨說話人(차례나 기회가) 말하는 사람
쪽에 나타나다.
ⓖ [(명)이 (명)에게] (某種感覺)或想法傳達給說話人(느낌이나 생각
따위가) 말하는 사람에 전달되다.
ⓗ [(명)이 (명)에] (某種狀況)發生或出現(어떤 상황이) 일어나거나
나타나다. ← (나)
ⓘ [(명)이 (명)에] (時間)鄰近說話的時間或時期(어떤 시점이) 말하는
때나 시기에 이르다. ← (라)
ⓙ [(명)이] (雨或雪)降臨大地(눈이나 비 따위가) 하늘에서 땅으로
내리다. ← (마)
ⓚ [(명)이 (명)을] (人)做某種動作(사람)이 말하는 사람이 있는 장소
에서 어떤 동작을 하다. ← (다)

위와 같이 중국어 '來'의 사전적 의미는 열 한 개로 정리된다. 이 단의들
가운데 서술어의 의미를 실현하기 위해 필요한 격틀 정보는 두 가지로,
'A+來'와 'A+來+C'이다.

(71) 가. 언니가 학교에 왔다.(姐姐來學校了.)
나. 전기가 왔다.(來電了.)

(가)는 주체 '언니'와 향해 장소 '학교'를 모두 요구하고, 예문 (나)는 주체 '전기'만 있으면 된다.

'來'의 단의들의 주체 자리에, ⓐ는 '사람', ⓑ는 '물체', ⓒ는 '사람', ⓓ는 '편지', ⓔ는 '전기', ⓕ는 '기회', ⓖ는 '느낌이나 감정', ⓗ는 '상황', ⓘ는 '시간', ⓙ는 '눈, 비', ⓚ는 '사람'이 나온다. 이 가운데 ⓐⓑⓒⓓⓔ ⓘⓚ의 주체는 구체성을 가지고 있고 ⓕⓖⓗⓘ의 주체는 추상성을 가진다. 또한 구체적인 것 중에서도 ⓐⓑⓒⓓⓘⓚ는 형체를 확인할 수 있는 유형물이지만 ⓔ의 주체는 형체를 확인할 수 없는 무형물이다.

한편 추상적인 것 중에서 ⓘ는 시간 의미, ⓕⓖ는 인간 유관 의미, ⓗ는 인간 무관 의미를 가리킨다. 이 내용을 표로 정리하면 다음과 같다.

[표 33] 중국어 '來'의 단의 분류

구체	주체(A)	부사어(C)	구문 구조	단의 후보 번호
↓ 추상	사람	장소	A+來+C	ⓐ
		동작		ⓚ
		집단		ⓒ
	물체	장소		ⓑ
	편지			ⓓ
	눈, 비	–	A+來	ⓙ
	전기			ⓔ
	시간	시간	A+來+C	ⓘ
	감정, 느낌	–	A+來	ⓖ
	기회, 차례			ⓕ
	상태, 상황	대상	A+來+C	ⓗ

[표 33]에서 정리된 '來'의 단의 실현 환경을 보면 '來'는 구체 및 추상 영역으로의 의미 확장이 모두 가능하다. 그러므로 의미 확장의 일반적인 원리에 따라 ⓘⓖⓗⓕ는 ⓐⓑⓒⓓⓔⓘⓚ에서 파생된 것으로 본다. 또한

구체 영역 안에서 ⓐⓑⓒⓓⓘⓚ번은 유형물의 움직임이나 상태 변화를 의미하고 있어 무형물 주체가 나타나는 의미보다 더 구체적이다. 한편 유형물 주체 사이에 인간과 관련된 정도를 생각하면 ⓐⓒⓚ번 단의는 ⓑⓓ ⓘ번 의미보다 구체성의 정도 더 강하다고 말할 수 있다. 마지막으로 ⓐ ⓒⓚ번 단의와 ⓑⓓⓘ번 단의 내부에서 해당 단의가 표현하는 의미의 구체성 정도와 서술어의 고유한 의미를 고려하면 ⓐⓒⓚ는 ⓐⓚⓒ가 되고, ⓑⓓⓘ의 순서는 그대로이다.

'來'의 주체가 추상물일 경우 시간, 인간 유관 및 인간 무관으로 나눌 수 있다. 시간 의미는 인간 유관 영역에 속한 단의들보다, 인간 유관 영역의 단의들은 인간 무관 영역에 있는 단의들보다 덜 추상화된 것으로 본다. 각 영역 내부에서 해당 단어의 추상화정도에 따라 순서를 배열하면 ⓘⓖⓗ ⓕ는 ⓘⓖⓕⓗ가 된다.

(72) '來'의 단의

❶ [(명)이 (명)에/으로] (人)向說話人方向移動(어떤 사람) 말하는 사람이 있는 쪽으로 옮기다. ← ⓐ

❷ [(명)이 (명)을] (人)做某種動作(사람)이 말하는 사람이 있는 장소에서 어떤 동작을 하다. ← ⓚ

❸ [(명)이 (명)에] (人)加入說話人所屬集團或團體(어떤 사람이) 말하는 사람이 속하는 집단에 가입하다. ← ⓒ

❹ [(명)이 (명)에] (物體)向著說話人的方向移動(물체들이 말하는 사람이 있는 쪽을 향하여 움직이다. ← ⓑ

❺ [(명)이] (書信或包裹)郵寄至說話人方向(편지나 소포 따위가) 말하는 사람이 있는 곳으로 전달되다. ← ⓓ

❻ [(명)이] (雨或雪)降臨大地(눈이나 비 따위가) 하늘에서 땅으로 내리다. ← ⓘ

❼ [(명)이] (電流)傳向電燈或身體(전기가) 흘러서 불이 켜지거나 몸에 전하여지다. ← ⓔ

❽ [(명)이 (명)에](時間)鄰近說話的時間或時期(어떤 시점이) 말하는

때나 시기에 이르다. ← ⓘ

❾ [(명)이] (某種感覺)或想法傳達給說話人(느낌이나 생각 따위가) 말
하는 사람에게 전달되다. ← ⓖ

❿ [(명)이] (機遇)降臨說話人(차례나 기회가) 말하는 사람 쪽에 나
타나다. ← ⓕ

⓫ [(명)이 (명)에] (某種狀況)發生或出現(어떤 상황이) 일어나거나
나타나다. ← ⓗ

이 단의들을 토대로 중국어 '來'의 단의 분포 양상을 다음과 같이 정리
할 수 있다.

[그림 18] 중국어 '來'의 단의 분포 양상

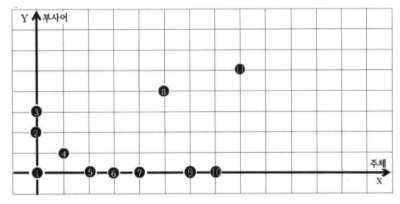

위에서 정리된 '來'의 단의 분포 양상을 보면 주체의 영향만 받는 경우
도 있고 부사어의 영향만 받는 경우도 있으며 주체 및 부사어의 영향을 모
두 받는 경우도 있다. ❷❸번은 Y축에서만 이동하기 때문에 주체가 같은
경우이고 부사어가 추상화됨으로서 의미가 달라진다. ❺❻❼❾❿번 단의
는 X축에서만 이동하는데 주체의 추상화 정도에 따라 의미가 달라진다.
또한 ❹❽⓫번 단의는 주체 및 부사어의 영향을 모두 받아 그것들의 구체

성 및 추상성 정도에 따라 의미기 달라진다.

'來'의 각 단의 중 '어떤 사람이나 물건이 말하는 사람이 있는 쪽으로 움직여 위치를 옮기다'는 첫 번째 의미는 출현 제약이나 의미적 환경의 영향을 가장 적게 받는 구체적 환경에서 실현된다. 따라서 ❶번 의미는 '來'의 각 단의를 대표할 수 있는 원형의미라 할 수 있다. ❷번에서 사람이 화자가 있는 구체적 장소에서 구체적 행위를 한다는 뜻을 가리킨다. 이는 ❶번에서 유사성에 의해 확장된 은유적 의미라고 할 수 있다. ❸번은 '어떤 사람이 말하는 사람이 속하는 집단에 가입하다'는 의미도 사람의 구체적인 이동을 뜻하므로 ❶번의 구체물이동과 유사해 보여 ❶번에서의 은유적인 확장이다. ❹번도 구체적인 이동을 의미하므로 원형의미에서 확장된다고 볼 수 있다. ❾번의 주체는 사람이 가진 느낌이나 생각 따위가 말하는 사람에게 전달되는 의미로 말을 드는 사람이 이 느낌이나 생각을 받아들이거나 영향을 받을 것이다. 또한 ❸번의 의미 '사람이 속한 집단 따위에 가입하다'는 것은 그 집단에서 가진 사상 등을 어느 정도 동의하거나 받아들여서 하는 행동이다. 그러므로 이점을 고려한 결과로는 ❾번은 ❸번에서 확장된다고 볼 수 있을 것이다. ❽번은 '어떤 시점이 말하는 때나 시기에 이르다'는 의미로 시간의 이동을 의미한다. 구체물의 물리적 이동에서 시간적 이동을 의미 확장이 일어나는 것이 자연스럽다. 결국 ❽번은 ❶번에서 확장해 온다고 볼 수 있을 것이다. ⓫번 상태나 대상에 이르는 것이 시간적인 간격을 경과해야 하기 때문에 시간 이동과 긴밀한 관계가 있어 보인다. ❺번 '편지나 소포' 등은 말하는 사람이 있는 곳으로 이동하는 것은 역시 구체물의 물리적인 이동을 뜻하므로 ❶번에서 확장이 일어나는 것이 자연스럽다. ❻번 자연물 주체가 땅으로 이동한다는 내용은 ❺번 인공물 주체가 화자가 있는 구체적 장소로 이동한다는 의미에서 유사하다. ❼번 '전기가 흘러서 불이 켜지거나 몸에 전하여지다'는 전기가 사람에게 다가오다, 없는 생태에서 있는 상태로 변화되어 생기다로 해석할 수 있어

❶번에서 확장해온다고 볼 수 있다. ❿번 '차례나 기회' 같은 것이 사람에게 생기다'는 의미로 ❼번의 양상과 유사하다. 위 내용을 표로 정리하면 다음과 같다. 위 내용을 정리하면 아래와 같다.

[표 34] 중국어 '來'의 의미 확장 양상

단의	
❻ ❾ ↑ ↑ ❺ ❸ ↖ ↗ ❷←❶→❽ ⓫ ↓ ↘ ❼ ❹ ↓ ❿	❶ [(명)이 (명)에/으로] (人)向說話人方向移動(어떤 사람) 말하는 사람이 있는 쪽으로 옮기다. ❷ [(명)이 (명)을] (人)做某種動作(사람)이 말하는 사람이 있는 장소에서 어떤 동작을 하다. ❸ [(명)이 (명)에] (人)加入說話人所屬集團或團體(어떤 사람이) 말하는 사람이 속하는 집단에 가입하다. ❹ [(명)이 (명)에] (物體)向著說話人的方向移動(물체들이 말하는 사람이 있는 쪽을 향하여 움직이다. ❺ [(명)이] (書信或包裹)郵寄至說話人方向(편지나 소포 따위가) 말하는 사람이 있는 곳으로 전달되다. ❻ [(명)이] (雨或雪)降臨大地(눈이나 비 따위가) 하늘에서 땅으로 내리다. ❼ [(명)이] (電流)傳向電燈或身體(전기가) 흘러서 불이 켜지거나 몸에 전하여지다. ❽ [(명)이 (명)에](時間)鄰近說話的時間或時期(어떤 시점이) 말하는 때나 시기에 이르다. ❾ [(명)이] (某種感覺)或想法傳達給說話人(느낌이나 생각 따위가) 말하는 사람에게 전달되다. ❿ [(명)이] (機遇)降臨說話人(차례나 기회가) 말하는 사람 쪽에 나타나다. ⓫ [(명)이 (명)에] (某種狀況)發生或出現(어떤 상황이) 일어나거나 나타나다.

3.1.1.4.3. '오다'와 '來'의 대조

이 절에서는 한국어 '오다'와 중국어 '來'의 단의를 바탕으로 공통점과 차이점을 알아본다. 첫째로는 두 어휘의 단의 대응 관계를 대조하고, 둘째로는 단의 분포 양상을 대조할 것이다.

'오다'와 '來'의 단의 대응 관계를 보면 아홉 가지 단의가 대응하고 나머지 단위들은 대응하지 않는다.

공통점은 첫째, 한국어의 '오다'와 중국어의 '來'는 모두 어떤 사람이나 물건이 말하는 사람이 있는 쪽으로 움직여 위치를 옮긴다는 원형적 의미가 동일하다. 둘째, 구체 영역에서 주체가 유형물인 '사람, 편지나 소포, 눈이나 비'일 때와 주체가 무형물인 '전기'일 때의 확장된 의미가 대응된다. 셋째, 추상 영역에서 주체가 시점, 인간과 관련된 '느낌이나 생각', 인간과 무관한 '차례나 기회, 상황'일 때에 대응관계가 있다.

차이점은 총 여섯 가지이다. 첫째, 중국어의 '來'는 사람이 말하는 사람이 있는 장소에서 어떤 동작을 한다는 의미를 갖고 있는 반면 한국어 '오다'는 이러한 의미가 없다.

> (73) 가. 來一盤棋.
> 　　가'. * 바둑 한 판을 오다.
> 　　가". 바둑 한 판을 두다.
> 　　나. 來一場籃球比賽.
> 　　나'. * 농구 경기를 한차례 오다.
> 　　나". 농구 경기를 한차례 하다.

위 예문을 통해 확인할 수 있듯이, 중국어에서 '來一盤棋'을 표현할 때 '來'를 사용하는 반면 한국어에서 '바둑이나 장기 따위의 놀이를 하다'의 경우 '두다'를 사용한다. 또한 '농구 경기를 한번 하다'의 의미를 표현할 때 중국어에서 '來'를 사용할 수 있지만 한국어에서는 '오다' 대신 '하다'를 사용한다.

둘째, '오다'는 '여자가 남자와 결혼을 하여 시집이나 장가를 가서 그 집안의 식구가 되다'의 의미가 있는 반면에 중국어의 '來'는 이러한 의미가 없다.

(74) 가. 할머니는 스무 살에 할아버지께 시집을 오셨다.

　　가′. *奶奶二十歲時候來了爺爺.

　　가″. 奶奶二十歲時候嫁給了爺爺.

　　나. 우리 집으로 장가를 오려면 우선 성실해야 한다.

　　나′. *要想來我家閨女, 首先做人要誠實.

　　나″. 要想娶我家閨女, 首先做人要誠實.

　　위 예문을 통해 확인할 수 있듯이, (가)의 한국어 예문에서 '시집을 오다'라는 표현으로 여자가 남자와 한 가정을 이루어 그 남자 집의 일원으로 된다는 의미가 표현된다. 즉 여자가 남자가 있는 곳으로 이동한다는 것이다. 이때 남자와 관련된 사람을 중심으로 말을 하는 것이다. 그러나 중국어에서는 '*奶奶…來了爺爺'같은 표현을 사용할 수 없고 대신 '奶奶…嫁給了爺爺'를 사용해야 한다. 이때 이 말을 하는 사람은 남자 본인이거나 남자와 관련된 사람이어야 한다. (나)에서 '장가를 오다'의 경우는 남자가 여자가 있는 것으로 이동한다는 의미로서 중국어에서는 '娶'를 사용한다. 이때 화자는 여자 본인이거나 여자와 관련된 사람이어야 한다. (가)(나)를 통해 한국어에서는 '시집을 오다, 장가를 오다'같은 표현이 비교적 자유롭게 사용되는 반면 중국어에서는 화자가 남자인지 여자인지에 따라 '嫁'와 '娶'를 선택적으로 사용한다는 것이 확인된다.

　　셋째, '오다'의 단의 가운데 '물체의 길이나 높이 어떤 정도에 이르거나 닿다'의 단의가 있지만 '來'에는 이러한 단의가 없다.

(75) 가. 물이 어른 가슴까지 왔다.

　　가′. *水高已經來了大人的胸部了.

　　가″. 水高已經到了大人的胸部了.

　　다. 언니는 무릎에도 채 안 오는 스커트를 입었다고 아버지로부터 호되게 야단을 맞았다.

　　다′. *姐姐因爲穿的裙子還沒有來膝蓋, 受到了父親嚴厲的訓斥.

다″. 姐姐因爲穿的裙子還沒有到膝蓋, 受到了父親嚴厲的訓斥.

위 예문을 통해 확인할 수 있듯이, 한국어에서 어떤 물체가 어느 정도까지 온다는 의미를 표현할 때 한국어에서 '오다'를 사용할 수 있는 반면에 중국어에서 '來'를 사용할 수 없고 대신 '도착하거나 이르다'의 의미를 가지는 '到'를 사용한다.

이어서 '오다'와 '來'의 단의 분포 양상을 대조해 보고자 한다. 첫째, '오다'와 '來'는 모두 '어떤 사람이나 물건이 말하는 사람이 있는 쪽으로 움직여 위치를 옮기다.'는 원형 의미가 있다. 둘째, 확장 영역 측면에서 두 언어 모두 구체 영역에서 추상 영역까지, 또한 구체 영역 안에 '유형물 → 무형물', 추상 영역 안에 '인간 유관 → 인간 무관'의 확장 양상을 찾을 수 있다.

이상 내용을 표로 정리하면 다음과 같다.

[표 35] 한국어 '오다'와 중국어 '來'의 단의 대응 관계 대조

단의	오다	來
(어떤 사람) 말하는 사람이 있는 쪽으로 움직여 위치를 옮기다.	①	❶
(사람)이 말하는 사람이 있는 장소에서 어떤 동작을 하다.	X	❷
(여자나 남자가) 결혼을 하여 시집이나 장가에 가서 그 집안의 식구가 되다.	②	X
(어떤 사람이) 말하는 사람이 속하는 집단에 가입하다.	③	❸
(물체 따위가) 말하는 사람이 있는 쪽을 향하여 움직이다.	④	❹
(편지나 소포 따위가) 말하는 사람이 있는 곳으로 전달되다.	⑤	❺
(눈이나 비 따위가) 하늘에서 땅으로 내리다.	⑥	❻
(전기가) 흘러서 불이 켜지거나 몸에 전하여지다.	⑦	❼
(어떤 시점이) 말하는 때나 시기에 이르다.	⑧	❽
(추상적인 감정, 느낌 따위가) 말하는 사람에게로 쏠리다.	⑨	❾
(차례나 기회가) 말하는 사람 쪽에 나타나다.	⑩	❿
(물체의 길이나 높이) 어떤 정도에 이르거나 닿다.	⑪	X
(어떤 상태가) 대상에 이르거나 상황이 원인으로 일어난다.	⑫	⓫

한국어 '오다'와 중국어 '來'의 단의 분포 양상을 그림으로 제시하면 다음과 같다.

[그림 19] 한국어 '오다'와 중국어 '來'의 단의 분포 양상 대조

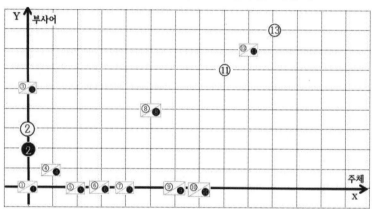

위에 제시된 한국어 '오다'와 중국어 '來'의 단의 분포 양상을 보면 두 어휘가 대응되는 의미가 많고 분포 양상이 비슷한 것을 알 수 있다. 단지 한국어 '오다'는 중국어 '來'보다 추상 영역에서의 의미 확장이 더 많은 것으로 알려져 있다.

3.1.2. 통과(通過) 동사

'통과 양상에 따른 이동'은 경로(passage)를 의미 요소로 생각하여 '주체가 어떤 곳을 통과하다'의 개념을 공유하고 있다. 이동체는 주로 유정물이며 추상적인 사물 영역까지도 확장이 일어난다. 이동하는 공간은 주로 땅위이며 추상적인 공간에서의 이동 양상도 발견할 수 있다.

3.1.2.1. 건너다/過

3.1.2.1.1. 건너다

'건너다'의 의미에 대하여 「표준」과 「고려」에서 모두 3개를 제시하고 있다. 내용을 정리하면 다음과 같다.

(76) '건너다'의 단의 후보(1)

　　(가) 「표준」 「1」 무엇을 사이에 두고 한편에서 맞은편으로 가다. ¶ 강을 건너다./다리를 건너다./길을 건너다./차도를 함부로 건너 서는 안 된다./건널목을 건널 때에는 주위를 잘 살펴보아야 한 다.

　　　　「고려」 「1」(사람이 어디를) 넘거나 지나서 맞은편으로 옮기다. ¶ 동영은 문득 자신이 건너고 있는 이 옛 살수(薩水)라는 것을 떠올렸다./얕은 내를 건너기 위해 듬성듬성 돌을 놓은 징검다 리는 요즈음도 어렵지 않게 볼 수 있다.

　　(나) 「표준」 「2」 한쪽에서 다른 쪽으로 옮아가다.

　　(다) 「표준」 「3」 끼니, 당번, 차례 따위를 거르다. ¶ 배탈이 나서 두 끼를 건넜다.

　　　　「고려」 「2」 (무엇이 기간이나 차례를) 빼고 거르다. ¶ 그는 이 틀 건너 만취 상태가 되어 집에 들어왔다.

　　(라) 「고려」 「3」 (말이나 소문이 입을) 거쳐서 다른 사람에게 전해 지다. ¶ 내가 한 말이 한 입 건너고 두 입 건너 필경엔 경찰의 귀에까지 들어가지 말라는 법이 없다.

「표준」의 「1」번 단의와 「2」번 단의는 모두 주체인 사람이 무엇을 사이 에 두고 있던 곳에서 다른 곳으로의 위치 변화 의미를 나타낸다. '한편에 서 맞은편으로', '한쪽에서 다른 쪽으로'가는 것은 모두 장소 이동 의미를 나타내므로 본질적으로 큰 차이가 없다. 따라서 「표준」의 「1」번 단의와 「2」번 단의는 하나의 단의로 묶고 같이 다룰 수 있다.

「고려」「2」번은 '무엇이 기간이나 차례 따위를 빼고 거르다'는 의미이다. 이때 '기간'은 시간적인 개념이고 '차례'는 추상적인 개념이므로 두 단의를 나눠서 제시해야 한다. 「고려」「2」번에서 제시된 '시간'과 관련된 예문을 보면 '그는 이틀 건너…'라는 말이 '사람이 이틀 동안을 경과하거나 보내거나 지내다'의 의미로 해석할 수 있다. 즉, 「고려」「2-1」는 '사람이 어느 시점에서 어느 시점까지 그 시기를 보내거나 경과하다'이고, 「고려」「2-2」는 '사람이 추상적인 '차례' 따위를 빼고 거르다'는 의미로 제시해야 한다.

(77) '건너다'의 단의 부호(2)
ⓐ [(명)이 (명)을](어떤 사람이) 무엇을 사이에 두고 한편에서 맞은 편으로 가다. ← (가) (나)
ⓑ [(명)이 (명)을](어떤 사람이) 어느 시점에서 어느 시점까지 그 시기를 경과하거나 보내다. ← (다)
ⓒ [(명)이 (명)을](어떤 사람이) 끼니, 당번, 차례 따위를 빼고 고르다. ← (다)
ⓓ [(명)이 (명)을](말이나 소문이) 입을 거쳐서 다른 사람에게 전해지다. ← (라)

위와 같은 단의 분석 과정을 거쳐 '건너다'의 사전적 의미는 4가지로 정리될 수 있다. 이 네 가지 의미는 모두 'A가 B를 건너다'의 격틀 정보를 가지고 있다.

(78) 가. 영희가 강을 건너다.
나. 초등학생이 차도를 함부로 건너서는 안 된다.

위의 예문에서 '을/를'이 결합한 논항은 문장에서 필수적이다. 만약에 해당 논항을 삭제하면 '*영희가 건너다./*초등학생이 함부로 건너서는 안

된다.'는 문장이 된다. 구어에서 발화 맥락상 객체의 생략으로 볼 수도 있지만, 발화 맥락을 고려하지 않으면 문법적으로 비문이다. 즉 '을/를'에 해당되는 객체를 삭제하면 의미 전달이 불명확해지고 의사소통이 어려워진다.

'건너다'의 사전 의미를 보면, ⓐ번, ⓑ번, ⓒ번의 주체 자리에서 '사람'이 나타나고, ⓓ번은 '말이나 소문'이 나타난다. '사람'은 '구체 영역에 속하는 반면, '말이나 소문'은 추상영역에 속한다.

또한 ⓐ번, ⓑ번, ⓒ번 가운데 주체는 모두 '사람'으로 나타나는데 객체 자리에 나타나는 요소가 다르다. ⓐ번의 객체는 구체적인 존재인 공간성을 가지고 있는데, ⓑ번, ⓒ번의 객체는 '시기, 끼니, 당번, 차례, 내용' 등 추상적인 물체이다.

위 내용을 표로 정리하면 다음과 같다.

[표 36] 한국어 '건너다'의 단의 분류

구체 ↓ 추상	주체(A)	목적어(B)	구문 구조	단의 후보 번호
	사람	강, 다리	A가 B를 건너다	ⓐ
		이틀		ⓑ
		끼니, 당번, 차례		ⓒ
	말, 소문	입, 집		ⓓ

[표 36]에 정리된 '건너다'의 사전적 의미를 보면 ⓐⓑⓒ의 주체는 '사람'이고 ⓓ의 주체는 '말이나 소문'이 해당되는 것을 알 수 있다. 의미가 인간 영역에서 타 영역으로 파생되는 일반적인 원리에 따라 ⓐⓑⓒ번 의미는 ⓓ번 의미보다 더 구체적이라고 말할 수 있다. 또한 ⓐⓑⓒ 가운데 의미의 구체성 정도에 따라 순서가 ⓐⓑⓒ가 될 수 있다. 위 내용에 따라 '건너다'의 단의를 다음과 같이 재정리할 수 있다.

(79) '건너다'의 단의
① [(명)이 (명)을](어떤 사람이) 무엇을 사이에 두고 한편에서 맞은 편으로 가다. ← ⓐ
② [(명)이 (명)을](어떤 사람이) 어느 시점에서 어느 시점까지 그 시기를 경과하거나 보내다. ← ⓑ
③ [(명)이 (명)을](어떤 사람이) 끼니, 당번, 차례, 내용 따위를 빼고 고르다. ← ⓒ
④ [(명)이 (명)을](말이나 소문이) 입을 거쳐서 다른 사람에게 전해지다. ← ⓓ

위 내용을 토대로 '건너다'의 단의 분포 양상을 다음과 같이 제시할 수 있다.

[그림 20] 한국어 '건너다'의 단의 분포 양상

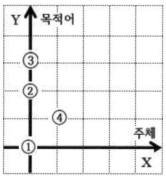

'건너다'의 단의 분포 양상을 보면 ①②③번 단의의 주체가 같고 의미 변화에 야기하는 요소가 '목적어'인 것을 알 수 있다. 즉 ①②③번 단의에 해당되는 목적어가 다르게 때문에 의미 변화가 일어난다고 볼 수 있다. ④번의 의미 변화를 야기하는 요소는 주체 및 목적어 두 가지이다.

이 '건너다'라는 하나의 어소의 단의로 판명된 각 단의들이 어떠한 파생

관계를 보이는지 살펴볼 것이다. '건너다'가 갖는 단의들 가운데 가장 중심적이고 기본적이라고 판단되는 단의를 중심으로 각각의 단의가 파생되었다고 볼 수 있을 것이다. '건너다'의 경우 가장 기본적인 의미는 구체적 존재의 물리적 이동이 될 것이다. 이러한 구체적 존재의 물리적 이동을 중심으로, 이동의 주체나 객체, 그리고 논항 선택의 특수화 등이 측면에서 각 단의의 의미 파생 과정을 살펴볼 것이다. '건너다'의 첫 번째 의미는 구체물인 사람이 유형물인 '강, 바다, 다리' 등을 건너는 의미를 나타냄으로 각 단의를 대표할 수 있는 원형의미로 설정할 수 있다. ①번 의미는 사람이 무엇을 사이에 두고 한 곳에서 다른 곳으로의 이동을 표현하고 있는데 이를 바탕으로 ②번은 사람이 '어느 시기를 경과하거나 보내다'는 의미로 한 시기의 시작점에서 종결점까지 이동한다는 의미로 해석할 수 있다. 따라서 ②번은 ①번과 유사성이 있어 ①번의 은유적인 확장이라고 할 수 있다. ③번은 '사람이 끼니, 차례, 내용' 등을 건너다의 의미가 사람이 추상적인 무엇을 놓친다는 의미를 뜻해 ②번의 시간적 이동에서 확장된다고 볼 수 있을 것이다. ④번은 사람과 긴밀한 관련이 있는 '말이나 소문이 입을 통해 도착점인 다른 사람에게 전해지다'는 의미로 추상물의 이동을 뜻한다. 따라서 ④번은 ①번에서의 은유적인 확장이다.

'건너다'의 확장의미를 정리하면 다음과 같다.

[표 37] 한국어 '건너다'의 의미 확장 양상

	단의
③	① [(명)이 (명)을](어떤 사람이) 무엇을 사이에 두고 한편에서 맞은편으로 가다.
↑	② [(명)이 (명)을](어떤 사람이) 어느 시점에서 어느 시점까지 그 시기를 경과하거나 보내다.
②	
↑	③ [(명)이 (명)을](어떤 사람이) 끼니, 당번, 차례, 내용 따위를 빼고 고르다.
①→④	④ [(명)이 (명)을](말이나 소문이) 입을 거쳐서 다른 사람에게 전해지다.

3.1.2.1.2. 過

중국어의 통과 행위를 의미하는 단일어 '過에 대하여 「現代」에서는 3개, 「新華」에서는 2개를 제시하고 있다. 내용은 다음과 같다.

(80) '過'의 단의 후보(1)

(가) 「現代」「1」從一個地點或時間移到另一個地點或時間(사람이 한편 에서 다른 한편으로 가거 나 (사람이) 어떤 시간부터 다른 시 간까지 이동하다.) ¶過河(강을 건너다)/過橋(다리를 건너다)/日子 過得越來越好(살림살이가 좀좀 좋아지고 있다)./

「新華」「1」從這兒到那兒(이쪽에서 저쪽으로 가다). ¶ 過江(강을 건너다)/沒有過不去的河(건널 수 없는 강이 없다)

「新華」「2」經過, 度過 (보내다, 지내다) ¶ 過冬(겨울을 보내다)/ 過節(명절을 지내다)

(나) 「現代」「2」人用眼睛看或者用腦子回憶(사람이 눈으로 보거나 머 리로 회상하다). ¶ 過目(훑어보다)/人選名單他已經過目了(입선 명단을 그는 벌써 훑어보았다)

(다) 「現代」「3」人或者物體的數量超過某個範圍或者限度(사람이나 물 체의 수량, 높이가 어떤 범위나 한도를 초과하다). ¶ 樹木長得 過了房(나무의 높이가 집보다 높게 자랐다.)/過期(시간을 지났 다)/他的行爲有点過頭.(그의 행동은 좀 너무하다.)

「新華」「3」人或者物體超出某個範圍或者數量(사람이나 물체가 어떤 범위나 수량을 초과하다). ¶ 過半數了(반수를 초과하다)/ 花費過多(과다하게 지출하다).

(80)에 정리된 단의들은 2개의 사전에 실린 것을 그대로 종합한 것이다. 「現代」「1」'번 단의는 사람이 한편에서 다른 한편으로 가거나, 어느 시점 부터 어느 시점까지 그 시기를 경과하다'의 의미로 장소 이동과 시간 이동 을 함께 다루고 있다. 그러나 '공간적인 개념'과 '시간적인 개념'이 다른 차원에 있기 때문에 「現代」「1」'번 단의는 나누어야 한다. 즉 '「1」(사람

이) 무엇을 사이에 두고 한편에서 다른 한편으로 이동하다. 「2」.(사람이) 어느 시점부터 어느 시점까지 그 시기를 경과하거나 보내다'로 나눠서 표시해야 한다.

이상의 논의를 종합해 보면 '過'의 사전적 의미를 다음과 같이 정리할 수 있다.

> (81) '過'의 단의 후보(2)
>> ⓐ [(명)이 (명)을]從一個地點移到另一個地點(사람이 한편에서 다른 한편으로 가다). ← (가)
>> ⓑ [(명)이 (명)에]從一個時間移到另一個時間(사람이 어떤 시간부터 다른 시간까지 이동하다). ← (가)
>> ⓒ [(명)이 (명)을]人用眼睛看或者用腦子回憶(사람이 눈으로 보거나 머리로 회상하다). ← (나)
>> ⓓ [(명)이 (명)을]人或者物體的數量或者高度超過某個範圍, 數量或者限度(사람이나 어떤 물체의 수량이나 높이가 한정한 범위, 수량이나 한도를 초과하다) ← (다)

위에 네 가지 단의를 보면 모두 'A+過+B'의 논항 정보를 가지고 있다.

> (82) 가. 姐姐過河了. (언니가 강을 건넜다.)
>> 나. 人選名單他已經過目了. (입선 명단을 그는 벌써 훑어보았다.)

(가)의 예문에서 주체 'A'가 '언니'이고, 문장의 서술어는 '過'이면 건너는 것을 'B'가 해당된다. 만약에 'B'를 삭제하여 '*姐姐過了.'가 되면 비문이다. (나)도 마찬가지로 'B'자리에 해당하는 '人選名單'을 삭제하면 비문이 된다. 그렇기 때문에 'B'는 문장에서 꼭 나타나야 하는 성분으로 봐야 한다.

'過'의 네 가지 단의 가운데 주체 자리에 나타난 어휘는, ⓐⓑⓒ번은 사람, ⓓ번은 '사람의 수량이나 사물의 높이 따위'이다. ⓐⓑⓒ번의 주체는 사람으로 구체성을 가진 반면 ⓓ번의 주체는 추상성을 가진다.

이상 내용을 표로 정리하면 다음과 같다.

[표 38] 중국어 '過'의 단의 분류

구체	주체(A)	목적어(B)	구문 구조	단의 후보 번호
구체 ↓ ↓ 추상	사람	강, 다리, 도로	A+過+B	ⓐ
		이틀		ⓑ
		명단		ⓒ
	수량이나 높이	한도, 정도		ⓓ

위에 정리된 '過'의 단의 가운데 ⓐⓑⓒ의 주체는 '사람'이고, ⓓ의 주체는 추상적인 '수량이나 높이' 따위이다. '사람'은 '수량'보다 더 구체적인 존재이기 때문에 ⓐⓑⓒ번 단의는 ⓓ번 단의보다 더 구체적이라고 말할 수 있다. 또한 ⓐⓑⓒ 가운데 의미의 구체성 정도에 따라 ⓐⓑⓒ라는 순서로 나타날 수 있다.

(83) '過'의 단의

❶ [(명)이 (명)을]從一個地點移到另一個地點(사람이 한편에서 다른 한편으로 가다). ← ⓐ

❷ [(명)이 (명)에]從一個時間移到另一個時間(사람이 어떤 시간부터 다른 시간까지 이동하다). ← ⓑ

❸ [(명)이 (명)을]人用眼睛看或者用腦子回憶(사람이 눈으로 보거나 머리로 회상하다). ← ⓒ

❹ [(명)이 (명)을]人或者物體的數量或者高度超過某個範圍, 數量或者限度(사람이나 어떤 물체의 수량이나 높이가 한정한 범위, 수량이나 한도를 초과하다) ← ⓓ

위에서 정리된 '過'의 단의를 토대로 단의 분포 양상을 그리면 아래와
같다.

[그림 21] 중국어 '過'의 단의 분포 양상

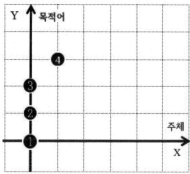

'過'의 경우 가장 기본적인 의미는 구체적 존재의 물리적 이동이 될 것
이다. 이러한 구체적 존재의 물리적 이동을 중심으로, 논항의 주체나 객체
의 특성에 따라 의미가 확장된다. 먼저 '過'의 단의를 보면 ❶번은 의식을
가지는 '사람이 구체적인 장소의 한편에서 맞은편으로 가다'의 의미로 모
든 단의를 대표할 수 있는 원형의미라 할 수 있겠다. ❷번 의미는 사람이
한 시간대를 경과하는 의미로, 즉 사람이 시간대의 시작부터 끝에까지 가
는 의미로 해석할 수 있다. 따라서 ❷번은 ❶번과 유사성이 있어 ❶번에
서의 은유적인 확장으로 볼 수 있다. ❸번은 사람이 눈으로 어떤 리스트를
보거나 머리로 어떤 정보를 회상한다는 의미로, 즉 사람이 리스트의 시작
부분부터 끝부분까지 눈으로 본거나 어떤 정보의 시작과 끝을 회상한다는
의미로 해석할 수 있다. 따라서 ❸번도 ❶번과 유사성이 있어 그의 은유적
인 확장이라고 할 수 있다. ❹번은 주체인 사람의 수량이나 사물의 높이
따위가 한정한 기준이나 한도를 초과하다의 의미로, 즉 주체가 정해져 있

는 기준이나 한도에서 더 높은 데 가서 이 중간 단계를 건너다고 해석할 수 있다. 즉 ❹번도 ❶번과 유사성이 있어 그의 은유적인 확장이라고 볼 수 있다.

이상 내용을 종합하면 '過'의 의미 확장 양상을 다음과 같다.

[표 39] 중국어 '過'의 의미 확장 양상

단의
❷ ↑ ❸←❶→❹	❶ [(명)이 (명)을]從一個地點移到另一個地點(사람이 한편에서 다른 한편으로 가다). ❷ [(명)이 (명)에]從一個時間移到另一個時間(사람이 어떤 시간부터 다른 시간까지 이동하다). ❸ [(명)이 (명)을]人用眼睛看或者用腦子回憶(사람이 눈으로 보거나 머리로 회상하다). ❹ [(명)이 (명)을]人或者物體的數量或者高度超過某個範圍, 數量或者限度(사람이나 어떤 물체의 수량이나 높이가 한정한 범위, 수량이나 한도를 초과하다)

3.1.2.1.3. '건너다'와 '過'의 대조

'건너다'와 '過'는 '넓고 길게 흐르는 물줄기'의 한편에서 맞은편으로 가는 의미, '강, 다리' 등 시설물의 한편에서 다른 편으로 가는 의미, 시간을 경과하는 의미를 표현하는 것이 공통적이다.

(84) 가. 언니가 하천을 건넜다.

가'. 姐姐過河了.

나. 초등학생이 차도를 함부로 건너서는 안 된다.

나'. 小學生不可以隨意過車道.

나". *小學生不可以隨意渡車道.

다. 그 사람이 이틀 건너 만취상태로 집에 들어왔다.

다'. 那個人過了兩天醉醺醺的回家了.

다". *那個人渡了兩天醉醺醺的回家了.

(가)를 통해 볼 수 있듯이 주체인 '언니'가 '물줄기' 형태로 된 '하천'을 건널 때 중국어의 대응표현으로 '過'가 사용될 수 있으나 (나)의 '차도'와 같은 '땅 위에 있는 공간'을 통과하다는 의미를 표현할 때 '過'만 사용될 수 있고 '渡'는 사용될 수 없다. (다)의 '시간대'를 경과하는 의미에서 한국어 '건너다'를 사용하고 중국어에서 '過'를 사용한다.

이어서 '건너다'와 '過'의 차이점을 살펴보겠다.

첫째, 한국어에서 '끼니, 당번, 차례, 내용' 따위를 빼고 거른다는 의미를 표현할 경우 '건너다'를 사용할 수 있는 반면, 중국어에서는 '過'를 사용할 수 없다.

(85) 가. 친구가 배탈이 나서 두 끼를 건넜다.
　　가'. *朋友因爲腹瀉過了兩頓飯.
　　가". 朋友因爲腹瀉錯過了兩頓飯.
　　나. 그는 어려운 내용을 건너 책을 읽었다.
　　나'. *他讀書的時候過了難得部分.
　　나". 他讀書的時候跳過了難得部分.

위 (가)-(가")의 예문을 통해 확인할 수 있듯이 한국어 '끼니'를 놓친다는 의미를 표현할 때 '건너다'를 사용할 수 있는 반면 중국어에서 '過'를 사용할 수 없고 엇갈리는 의미를 나타나는 복합어 '錯過'를 사용해야 한다. 또한 (나)-(나")에서 '어려운 내용'을 안 보고 넘어가는 의미를 표현할 때 '건너다'를 사용하는데 중국어에서 '건너뛰다'의 의미를 가진 '跳過'를 사용한다.

둘째, 한국어에서 말이나 소문이 입을 거쳐서 다른 사람에게 전해질 때 '건너다'를 사용하는 반면 중국어에서는 '過'를 사용할 수 없다.

(86) 가. 내가 한 말이 친구 입을 건너 선생님까지 전해졌다.

가'. *我說的話過朋友的嘴傳到了老師那裡.

가". 我說的話經過朋友的嘴傳到了老師那裡.

나. 소문이 이집 건너 저 집 건너 전 마을에서 퍼졌다.

나'. *傳言過這家, 過那家傳遍了整個村莊.

나". 傳言經過這家, 經過那家傳遍了整個村莊.

위의 (가)-(나")를 통해 확인할 수 있듯이, 한국어에서 말이나 소문이 입이나 집을 통해 다른 사람이나 다른 집까지 전해질 때 '건너다'를 사용하는 반면 중국어에서는 '過'를 사용할 수 없고 경유하다의 의미를 나타나는 '經過'를 사용해야 한다.

셋째, 중국어에서 '過'는 사람이 무슨 내용을 눈으로 훑어보거나 머리로 회상하다의 의미를 표현할 수 있는데 '건너다'는 이와 대응관계를 이룰 수 있는 단의가 없다.

(87) 가. 他已經過了一遍入選名單.

가'. *그는 벌써 입선 명단을 한번 건넜다.

가". 그는 벌써 입선 명단을 한번 훑어보았다.

위 (가)-(가") 예문을 통해 확인할 수 있듯이, 중국어의 '過'는 내용을 보거나 회상하다의 의미를 갖고 있는 반면, '건너다'는 이와 대응되는 의미가 없고 '훑어보다'를 사용해야 한다.

넷째, 중국어 '過'는 일정한 정도를 초과할 때 사용할 수 있는데 한국어에서는 '건너다'를 사용할 수 없다.

(88) 가. 他的行爲有點過頭.

가'. *그의 행동은 좀 건너다.

가". 그의 행동은 좀 지나치다.

나. 過半數了

나'. *반수를 건너다
나". 반수를 초과하다

위 예문처럼 '過'는 '행동, 숫자' 따위의 어휘와 결합할 때 '행동이 지나치게 하거나, 규정한 기준보다 초과하다'의 의미를 표현할 수 있는 반면 '건너다'는 이러한 단의가 없다. 대신 행동을 지시할 때 '지나치다'를 사용하고 '숫자'와 결합할 때 '초과하다'를 사용한다.

다음으로 '건너다'와 '過'의 단의 분포 양상을 대조하도록 하겠다. '건너다'와 '過'는 주로 인간 영역에서 의미 파생이 일어나고 기타 영역에서의 확장이 하나만 있는 것이 공통적이다. '건너다'와 '過'의 단의 대응 관계를 정리하면 다음과 같다.

[표 40] 한국어 '건너다'와 중국어 '過'의 단의 대응 관계

단의	건너다	過
(어떤 사람이) 무엇을 사이에 두고 한편에서 맞은편으로 가다.	①	❶
(어떤 사람이) 어느 시점에서 어느 시점까지 그 시기를 경과하거나 보내다.	②	❷
(어떤 사람이) 끼니, 당번, 차례, 내용 따위를 빼고 고르다.	③	X
(사람이) 눈으로 보거나 머리로 회상하다.	X	❸
(말이나 소문이) 입을 거쳐서 다른 사람에게 전해지다.	④	X
(사람이나 어떤 물체의 수량이나 높이가) 한정한 범위, 수량이나 한도를 초과하다.	X	❹

위 내용을 토대로 한국어 '건너다'와 중국어 '過'의 단의 분포 양상에 대조를 다음과 같이 정리할 수 있다.

[그림 22] 한국어 '건너다'와 중국어 '過'의 단의 분포 양상 대조

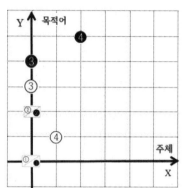

[그림 22]의 단의 분포 양상을 보면 두 어휘의 분포 양상이 비슷한 것을 알 수 있다. 단지 추상 영역에서 한국어에서 '사람이 끼니나 당번을 놓치다, 소문이 입을 통해 알려지다'는 의미를 표현할 때 '건너다'를 사용할 수 있는데 중국어에서는 '過'를 사용하지 못하고 '끼니나 당번'과 결합할 때 '錯過'를 사용하며, '소문이나 말'이 주체로 해당될 경우 '通過'를 선택한다. 그리고 중국어에서 '사람이 눈으로 보거나 머리로 회상하다'는 의미를 표현할 때 '過'를 사용하는데 한국어에서는 '회상하다, 훑어보다'를 사용한다.

3.1.2.2. 지나다/(經過)

3.1.2.2.1. 지나다

'지나다'는 어디를 거치어 가거나 오는 의미를 표시하고 있다. 이에 대하여 「표준」에서는 6개, 「고려」에서는 7개의 단의를 정리하였다.

(89) '지나다'의 단의 후보(1)
    (가) 「표준」 「1」시간이 흘러 그 시기에서 벗어나다. ¶ 봄이 지나

여름이 되다/그가 떠난 지 하루가 지났다./

「고려」「1」[(명)이] (시간이) 어떤 시점 또는 일정한 기간을 넘어 흐르다. ¶ 해방된 지 어느덧 반세기가 지났다./열두 시가 지나서야 그들은 헤어졌다./비는 사흘이 지나고 열흘이 지나도 그칠 줄을 몰랐다.

(나) 「표준」「2」어떤 한도나 정도가 벗어나거나 넘다. ¶ 우유의 유통 기한이 지났는지 잘 보고 사 오너라./상식에 지나는 얘기는 하지 마시오

「고려」「4」[(명)이 (명)에] (무엇이 어떤 기준이나 정도에) 넘어서 능가하다. ¶ 높고 귀함이 이 분에 지나는 이는 없으리라.

「고려」「7」[(명)이 (명)을] (무엇이 어떠한 기준이나 정도를) 넘은 상태로 되다. ¶ 계속되는 폭우로 영산강의 수위가 한계 수위를 지나 계속 불어났다.

(다) 「표준」「3」어디를 거치어 가거나 오거나 하다. ¶ 전철은 막 한강 위를 지나고 있었다.

「고려」「5」[(명)이 (명)을] (사람이나 탈것 따위가 어떤 장소를) 통과하여 가거나 오거나 하다. ¶ 버스가 한강 다리를 지나고 있다./근처를 지나는 길에 잠시 들렀습니다./강청댁은 채마밭을 지나 두만네로 간다.

(라) 「표준」「4」어떤 시기나 한도를 넘다. ¶ 힘든 시간을 지나고 나니 언제 그랬냐는 듯 아무렇지도 않다./자동차가 제한 속도를 지나서 과속으로 달리고 있다.

「고려」「2」[(명)이] ((주로 '지난'의 꼴로 쓰여)) (일정한 시간이나 일 따위가) 과거가 되다. ¶ 다 지난 일이니 이제 그만 잊어 버려라./심 옹은 지난 십 년간 이 작업에만 매달렸다./지난 역사를 다시 고쳐 쓸 수는 없는 노릇이다.

「고려」「6」[(명)이 (명)을] (무엇이 일정한 시기나 시간을) 보내거나 넘어오다. ¶ 아들아이의 목소리는 어느새 변성기를 지나 있었다./역사의 어제를 지나 오늘에 이르기까지 인류는 인간 중심적인 사고에서 벗어나 본 적이 없다./십팔 세기를 지나 십구 세기에 접어들면서 '모든 인간은 평등하다'는 사상이 시대적 조류로 등장하였다.

(마) 「표준」 「5」어떤 일을 그냥 넘겨 버리다. ¶ 그는 그녀의 말을
무심결에 그냥 지나 버렸다.

(바) 「표준」 「6」((주로 '지나' 꼴로 쓰여))어떠한 상태나 정도를 넘
어서다. ¶ 그 뻔한 발뺌에 이미 역겨움의 상태를 지나 미움으
로까지 변한 동영의 감정이 돌연 어떤 민망스러움으로 바뀌었
다.≪이문열, 영웅시대≫

(사) 「고려」 「3」'~에 지나지 않다'의 구성으로 쓰여, '바로 그것에
불과하다'는 뜻을 나타내는 말. ¶ 그는 일개 말단 공무원에 지
나지 않았다./네가 무슨 이유를 갖다 대어도 그건 변명에 지나
지 않는다./어쩌면 그 말은 별 뜻 없이 던져 보는 말에 지나지
않을지도 모릅니다./한낱 미물에 지나지 않는 거미에 놀랐다는
사실에 그는 기분이 상했다.

(89)에 정리한 단의들은 2개의 사전에 실린 것을 종합한 것이다. 위 내
용을 살펴보면 두 개의 사전에 실린 단의가 완전 일치하지 않는다. (마)의
경우 「표준」에서만 제시되어 있고 「고려」에서 이와 비슷한 의미는 등재되
어 있지 않다. 또한 한 사전에서 제시된 의미도 중복된 것들이 있다. 예를
들어, (나) 「표준」 「2」, (라) 「표준」 「4」, (바) 「표준」 「6」에서는 어떤 '한도
가 넘다'는 의미를 표시할 때 비슷하다. 따라서 세 단의는 별개의 단의가
아니라 하나의 단의로 봐야 한다. (가) 「표준」 「1」과 (라) 「표준」 「4」는 시
기나 시간이 흐르는 의미를 표현하는 것이 같다. 그러므로 두 단의도 합쳐
야 한다. (다) 「표준」은 사람이나 교통수단 따위가 가거나 오는 의미를 표
현하고 있는데 뜻풀이에서 '어디를 거치어 가거나 오거나 하다.'로만 제시
되어 있어 주체 정보를 반영하지 않았다. 이에 비하여 「고려」의 해석은
'사람이나 탈것 따위가 어떤 장소를 통과하여 가거나 오거나 하다.'로 제
시되어 있어 「표준」보다 더 적절하다고 본다. 따라서 '지나다'의 사전적
의미는 다음과 같이 재정리할 수 있다.

(90) '지나다'의 단의 후보(2)

    ⓐ [(명)이] (시간이) 어떤 시점 또는 일정한 기간을 넘어 흐르다.
       ← (가) (라)

    ⓑ [(명)이 (명)에] (어떤 한도나 정도가) 벗어나거나 넘다. ← (나)
       (라) (바)

    ⓒ [(명)이 (명)을] (사람이나 탈것 따위가 어떤 장소를) 통과하여
       가거나 오거나 하다. ← (다)

    ⓓ [(명)이 (명)을] (사람이) 어떤 일을 그냥 넘겨 버리다. ← (마)

    ⓔ [(명)이 (명)에]'~에 지나지 않다'의 구성으로 쓰여, 사람이 '바
       로 그것에 불과하다'는 뜻을 나타내는 말. ← (사)

위에 정리된 '지나다'의 단의를 보면 의미 변화를 야기하는 요소가 하나
일 경우도 있고 두 개 일 경우도 있다. 즉 'A가 지나다'와 'A가 C에 지나
다', 'A가 C를 지나다'의 격틀 정보를 가진다.

(91) 가. 봄이 지나 여름이 된다.

    나. 전철은 막 한강 위를 지나고 있었다.

    다. 그는 일개 말단 공무원에 지나지 않았다.

(91)의 예문을 통해 '지나다'는 시간이 흐르는 의미를 표현할 때 주체만
요구하고, 교통수단 따위가 달리는 의미를 표현할 때 주체와 목적어가 모
두 나타나야 한다. 또한 사람이 '무엇에 불과하다'의 의미를 표현할 때 주
체와 부사어를 요구한다.

'지나다'의 다섯 개 단의 가운데 주체 자리에 ⓐ는 '시간이나 기간', ⓑ
는 '기한', ⓒ는 '사람이나 탈 것', ⓓⓔ는 '사람'이 해당된다. ⓒⓓⓔ는
구체성을 가지고 있지만 ⓐⓑ는 추상성을 가진다. 또한 ⓐⓑ 가운데 ⓐ
는 시간의 움직임을 뜻하고 있고 ⓑ는 시간보다 더 추상적인 유통 기한이
나 정도 따위의 움직임을 표현한다. 위에서 정리된 내용에 따라 '지나다'의
단의 실현 환경을 다음과 같이 정리할 수 있다.

[표 41] 한국어 '지나다'의 단의 분류

구체	주체(A)	부사어(C)	구문 구조	단의 후보 번호
	사람이나 탈것	장소	A가 C를 지나다	ⓒ
	사람	일		ⓓ
↓		시험, 변명	A가 C에 지나다	ⓔ
	시간	-	A가 지나다	ⓐ
추상	유통기한	정도	A가 C에 지나다	ⓑ

위에 정리된 '지나다'의 단의 실현 환경을 살펴보면 ⓒⓓⓔ 의미의 주체는 모두 구체 영역의 유형물 분야에 속한다. ⓒ번은 구체물의 물리적 이동을 뜻하고, ⓓ는 사람이 어떤 동작을 하는 뜻이며, ⓔ는 사람이 어떠한 것에 불과하다는 의미를 가진다. 또한 ⓐ는 '시간의 움직임'을 뜻하고, ⓑ는 추상물의 정도성을 뜻한다. 그래서 위 단의들을 구체적이면서 인간과 가까운 순서로 다시 배열하면 아래와 같다.

(92) '지나다'의 단의
  ① [(명)이] (사람이나 탈것 따위가 어떤 장소를) 통과하여 가거나 오거나 하다. ← ⓒ
  ② [(명)이 (명)을](사람이) 어떤 일을 그냥 넘겨 버리다. ← ⓓ
  ③ [(명)이 (명)에]사람이 '바로 그것에 불과하다'는 뜻을 나타내는 말. ← ⓔ
  ④ [(명)이] (시간이) 어떤 시점 또는 일정한 기간을 넘어 흐르다. ← ⓐ
  ⑤ [(명)이 (명)에] (어떤 한도나 정도가) 벗어나거나 넘다. ← ⓑ

'지나다'의 ①번 단의는 가장 구체적이고 인간과 밀접한 관련이 있어서 원형 의미라고 할 수 있다. ①번에서 ②③번 사람의 추상적 이동, ④번 시간의 움직임, ⑤번 추상물의 움직임까지 의미 파생이 일어난다. 위 내용을 그래프로 표시하면 아래와 같다.

[그림 23] 한국어 '지나다'의 단의 분포 양상

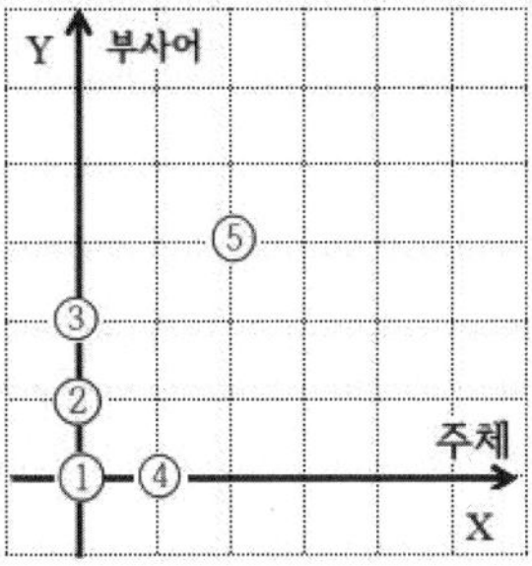

한국어 '지나다'의 단의 가운데 ①②③번은 주체가 같고 부사어의 달라짐에 따라 의미가 변화된다. ④번의 의미 변화에 주어의 영향만 받기 때문에 X축에서만 이동한다. 또한 ⑤번 단의는 주어도 추상화되고 부사어도 추상화되기 때문에 X축과 축의 교차 영역을 차지한다.

위에서 정리된 '지나다'의 단의를 보면 ①번 단의는 '사람이나 탈것 따위가 어떤 장소를 통과하여 가거나 오거나 하다'는 의미이다. 이것은 구체물의 장소 이동을 뜻하므로 다른 단의들 보다 제한을 적게 받는다. 따라서 ①번은 '지나다'의 원형의미로 간주할 수 있다. ②번 단의는 '사람이 어떤 일을 그냥 넘겨 버리다'는 의미를 뜻하므로 ①번과 유사성이 있어 보여 ①번에서 확장된다고 볼 수 있다. ③번 단의는 '사람이 바로 그것에 불과한 의미를 나타내는 말'도 원형의미와 밀접한 관계가 있어서 원형의미에서 확장해온다. ④번 단의는 주체 시간이 일정한 기간을 넘어 흐르는 의미로 추상적인 시간 이동을 표현함으로 원형의미에서 확장된다. ⑤번 단의는 '어떤 한도나 정도가 벗어나거나 넘다'는 의미로 ②번의 사람이 어떠한 일을 넘겨 버리는 의미와 비슷해 보여 ②번에서 확장해온다고 말할 수 있다.

이상 내용을 표로 정리하면 다음과 같다.

[표 42] 한국어 '지나다'의 단의 확장 양상

	단의
⑤	① [(명)이] (사람이나 탈것 따위가 어떤 장소를) 통과하여 가거나 오거나 하다.
↑	② [(명)이 (명)을](사람이) 어떤 일을 그냥 넘겨 버리다.
②	③ [(명)이 (명)에](사람이 '바로 그것에 불과하다'는 뜻을 나타내는 말.
↑	④ [(명)이] (시간이) 어떤 시점 또는 일정한 기간을 넘어 흐르다.
④←①→③	⑤ [(명)이 (명)에] (어떤 한도나 정도가) 벗어나거나 넘다.

3.1.2.2.1. 經過

한국어의 '지나다'와 같은 의미를 표현할 수 있는 중국어 단일어 동사는 없다. 대신 중국어에서 '어디를 거치어 가거나 오다'라는 의미를 표현할 때 '經過'를 사용한다. 이에 대하여 「現代」 및 「新華」에서 모두 1개의 다의를 제시하고 있다.

> (93) '經過'의 단의 후보(1)
>   (가) 「現代」 「1」通過處所, 時間, 動作等(장소, 시간을 경과하거나 동
>   작을 한다.) ¶ 從北京坐火車到廣州要經過武漢.(북경에서 광주로
>   가려면 무한을 지나야 한다.)/屋子經過打掃, 乾淨多了.(방을 청
>   소한 후에 많이 깨끗해졌다.)
>   「新華」 「1」通過處所, 時間, 動作等(장소, 시간을 경과하거나 동
>   작을 한다.)

(93)에 정리한 단의는 2개의 사전에 실린 것을 종합한 것이다. 위 내용을 보면 2개의 사전에서 '사람의 장소 이동', '시간의 이동', '동작의 지속' 의미를 같은 단의에서 다루고 있는 것을 확인할 수 있다. 그러나 '사람의 장소 이동'과 '시간의 이동'이 다른 차원에서 다뤄야 하므로 이것은 별개의 단의로 봐야 한다. 따라서 '經過'의 의미를 다시 정리하면 다음과 같다.

(94) '經過'의 단의 후보(2)

    ⓐ [(명)이 (명)을]人或者交通工具通過某個具體場所(사람이나 탈것 따위가 어떤 장소를 통과하여 가거나 오거나 하다. ← (가)

    ⓑ [(명)이]時間超過了某個規定的程度.(시간이 어떤 시점 또는 일정한 기간을 넘어 흐르다.) ← (가)

    ⓒ [(명)이 (명)을]人做某種動作(사람이 어떠한 동작을 한다.) ← (가)

위에서 정리된 '經過'의 단의를 보면 서술어의 의미를 실현하는 데 주체와 목적어가 같이 필요한 경우도 있고 주체만 요구하는 경우도 있다.

(95) 가. 我從北京坐火車去廣州要經過武漢.(나는 기차로 북경에서 광주로 갈 때 무한을 지나야 한다.)

    나. 經過了連個小時.(두 시간이 지났다.)

(95)의 예문을 보면 (가)의 의미를 실현하는 데 주체와 목적어를 모두 필요로 하고 'A+過+C'의 격틀 정보를 가지고 있고, (나)일 경우는 주체만 요구하며 'A+過'의 격틀을 가진다.

'經過'의 단의들 가운데 주체 자리에 ⓐ는 '사람이나 탈 것', ⓑ는 '시간', ⓒ는 '사람'이다. ⓐⓒ는 구체 영역에 속하는 반면 ⓑ는 추상 영역에 속한다. 위 내용에 따라 '經過'의 단의 실현 환경을 다음과 같이 정리할 수 있다.

[표 43] 중국어 '經過'의 단의 분류

구체 ↓ 추상	주체(A)	부사어(C)	구문 구조	단의 후보 번호
	사람, 탈 것	장소	A 經過 C	ⓐ
	사람	동작성 명사		ⓒ
	시간	–	A 經過	ⓑ

위에 제시된 '經過'의 단의 실현 환경을 보면 ⓐ는 사람이나 탈 것들이 장소 이동을 뜻하고, ⓒ는 사람이 어떤 동작을 하는 의미를 뜻하기에 인간과 밀접한 관련이 있어 보인다. ⓑ는 추상적인 시간 이동을 의미한다. 그러므로 구체성 및 인간과의 관련 정도를 고려하여 위 단의들을 아래와 같이 재정리할 수 있다.

(96) '經過'의 단의
❶ [(명)이 (명)을]人或者交通工具通過某個具體場所(사람이나 탈것 따위가 어떤 장소를 통과하여 가거나 오거나 하다. ← ⓐ
❷ [(명)이 (명)을]人做某種動作(사람이 어떠한 동작을 한다.) ← ⓒ
❸ [(명)이]時間超過了某個規定的程度.((시간이 어떤 시점 또는 일정한 기간을 넘어 흐르다.) ← ⓑ

(96)에 정리된 '經過'의 단의 가운데 ❶번 의미는 구체물의 물리적 이동을 뜻하고 있어서 가장 원형적인 의미로 파악할 수 있을 것이다. 이에 의하여 단의 ❷❸이 파생된다. 이 결과를 그래프로 표시하면 아래와 같다.

[그림 24] 중국어 '經過'의 단의 분포 양상

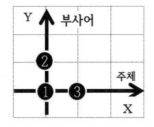

위에 제시된 '經過'의 단의 분포 양상을 보면 ❷번 의미의 변화에 주체와 목적어의 양향을 모두 받았는데 ❸번의 의미 변화에 주체의 영향만 받는 것을 알 수 있다.

위에서 정리된 '經過'의 단의를 보면 ❶번 단의는 '사람이나 탈것 따위가 어떤 장소를 통과하여 가거나 오거나 하다'는 의미로 구체물의 장소 이동을 표현함으로 다른 단의를 대표할 수 있는 원형의미로 간주할 수 있다. ❷번 단의는 '사람이 어떠한 동작을 하다'는 의미는 역시 주체 사람의 부분 이동을 뜻함으로 원형의미에서 확장해온다고 한다. ❸번 단의는 '시간이 어떤 시점에 또는 일정한 기간을 넘어 흐르다'는 의미로 원형의미와 유사성이 있어 ❶번에서 확장된다.

이상 내용을 표로 정리하면 다음과 같다.

[표 44] 중국어 '經過'의 의미 확장 양상

	단의
❷ ↑ ❶→❸	❶ [(명)이(명)을]人或者交通工具通過某個具體場所(사람이나 탈것 따위가 어떤 장소를 통과하여 가거나 오거나 하다.) ❷ [(명)이 (명)을]人做某種動作(사람이 어떠한 동작을 한다.) ❸ [(명)이]時間超過了某個規定的程度.(시간이 어떤 시점 또는 일정한 기간을 넘어 흐르다.)

3.1.2.2.3. '지나다'와 '經過'의 대조

이 부분에서 '통과(通過)' 의미를 지닌 한국어 '지나다'와 중국어 '經過'의 공통점과 차이점을 알아보도록 하겠다. 구체적으로 대응 관계에 대한 대조와 단의 분포 양상에 대조 두 측면에서 논의를 전개하고자 한다.

'지나다'와 '經過'는 '사람이나 탈 것이 어떠한 구체적인 장소를 거치어 가거나 오다.'라는 의미와 시간의 이동을 표현하는 점이 공통적이다.

(97) 가. 전철은 막 한강 위를 지나고 있었다.

　　가'. 地鐵剛好經過漢江.

　　나. 두 시간이 지났다.

　　다'. 經過兩個小時.

위 예문처럼 한국어 '지나다'와 중국어 '經過'는 구체물의 장소 이동과 시간의 움직임을 표현하는 것이 공통적이다.

차이점으로, 첫째, 한국어 '지나다'는 '사람이 어떤 일을 그냥 넘겨 버리다.'라는 의미를 표현할 수 있는데 중국어 '經過'에는 이와 비슷한 의미가 없다.

> (98) 가. 그는 그녀의 말을 무심결에 그냥 지나 버렸다.
> 　　 가'. *他無意中經過了她的話.
> 　　 가''. 他無意中忽視了她的話.

위 예문을 보면 한국어의 '지나다'를 '소홀이 하다'나 '경시하다'로 해석할 수 있는데 중국어의 '經過'는 이렇게 해석할 수 없다. 대신 이러한 경우에 '忽視'를 사용한다.

둘째, 한국어 '지나다'는 '무엇에 불과하다'는 의미를 가지고 있는데 중국어 '經過'는 이와 비슷한 의미를 표현할 수 없다.

> (99) 가. 그는 일개 말단 공무원에 지나지 않았다.
> 　　 가'. *他連一個小小的底層公務員考試都沒有經過.
> 　　 가''. 他連一個小小的底層公務員考試都沒有通過.

위 예문을 보면 한국어 '지나다'는 항상 '지나지 않은' 형식으로 나와 '무엇에 불과하다'는 의미를 표시할 수 있는데 중국어 '經過'의 단의 사이에 이와 비슷한 의미를 찾을 수 없다. 대신 '통과하다'의 의미를 지닌 '通過'를 사용한다.

셋째, 한국어 '지나다'는 어떤 추상적인 것이 한도나 정도를 벗어나 넘는 의미를 표시할 수 있는데 중국어 '經過'는 이러한 의미가 없다.

(100) 가. 우유의 유통 기한이 지났는지 잘 보고 사 오너라.

　　　가′. *買牛奶之前看看保質期是否經過了規定時間.

　　　가″. 買牛奶之前看看保質期是否超過了規定時間.

위 예문을 보면 한국어 '지나다'는 추상적인 '기한' 따위가 어느 정도를 넘는 의미를 표현할 수 있는데 중국어에서 이와 비슷한 의미를 표현할 때 '經過'를 대신 '超過'를 사용한다.

넷째, 중국어 '經過'는 사람이 어떠한 동작을 하는 의미를 표현할 수 있는데 한국어 '지나다'에는 단의 가운데 이와 비슷한 의미가 없다.

(101) 가. 房屋經過打掃乾淨了許多.

　　　가′. *방을 청소를 지난 후에 많이 깨끗해졌다.

　　　가″. 방을 청소를 마치고 많이 깨끗해졌다.

위 예문을 보면 중국어 '經過'는 '사람이 무슨 동작을 하다'라는 의미를 표현할 수 있는데 한국어 '지나다'는 이러한 의미를 표현할 수 없고 대신 '마치다'를 사용한다.

다음으로 '지나다'와 '經過'의 단의 분포 양상에 대한 대조를 살펴보겠다. 한국어 '지나다'는 구체 및 시간, 추상 영역에서 의미 확장이 모두 일어나는 데 비해 중국어 '經過'는 구체 및 시간 영역에서만 의미 확장이 일어난다. 이상 내용을 토대로 '지나다'와 '經過'의 대응 관계를 다음과 같이 제시할 수 있다.

[표 45] 한국어 '지나다'와 중국어 '經過'의 단의 대응 관계

단의	지나다	經過
(사람이나 탈것 따위가 어떤 장소를) 통과하여 가거나 오거나 하다.	①	❶
(사람이) 어떠한 동작을 한다.	X	❷
(사람이) 어떤 일을 그냥 넘겨 버리다.	②	X
사람이 '바로 그것에 불과하다'는 뜻을 나타내는 말.	③	X
(시간이) 어떤 시점 또는 일정한 기간을 넘어 흐르다.	④	❸
(어떤 한도나 정도가) 벗어나거나 넘다.	⑤	X

위에서 정리된 '지나다'와 '經過'의 단의 대응 관계를 보면 2개의 단의
가 같고 나머지 단의가 다른 것을 확인할 수 있다. 이 결과를 그래프로 제
시하면 아래와 같다.

[그림 25] 한국어 '지나다'와 중국어 '經過'의 단의 분포 양상 대조[16)

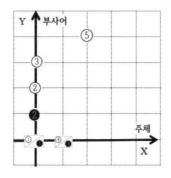

위의 '지나다'와 '經過'의 단의 분포 양상 대조 그래프 통해 한국어 '지
나다'는 중국어 '經過'보다 주체의 분포가 더 넓은 것을 인할 수 있다.

---

16) 여기서 '부사어/목적어'로 표시된 것은 '지나다' 주체 이동 동사로서의 단의 가운데 자
　　동사로 사용되는 경우도 있고, 타동사로 사용되는 경우도 있기 때문이다. 한 단의 가운
　　데 '목적어 및 부사어'를 동시로 존재하는 것이 아니기 때문에 선택 부호 '/'로 표시하
　　기로 한다.

3.2. 수직(垂直) 이동 동사

3.2.1. 상승(上昇) 동사

3.2.1.1. 기어오르다/攀

3.2.1.1.1. 기어오르다

'기어오르다'에 대하여 「표준국어대사전」에서는 3개, 「고려대한국어대사전」에서는 5개의 단의를 제시하고 있다.

(102) '기어오르다'의 단의 후보(1)

　　(가) 「표준」「1」기는 듯한 모습으로 높은 곳을 올라가거나 올라오다. ¶ 나무에 기어오르다./트럭에 기어오르다. ‖ 앞문이 삐걱삐걱하는 소리에 다락으로 기어오르고 영감도 따라 올라가 숨으려다가….≪염상섭, 굴레≫

　　「고려」「1」[(명)이 (명)에/(명)으로] (사람이나 짐승이 가파르거나 높은 곳에) 몸을 구부려 올라가다. ¶ 내가 힘을 다해 절벽에 기어올랐다./사냥꾼은 곰이 나타났을 때 재빨리 나무 위로 기어올라 목숨을 구했다./꼭대기에서 내려다보니 산비탈 아래에서 기어오르는 사람들이 보였다.

　　(나) 「표준」「2」오르막을 힘겹게 올라가다. ¶ 가파른 골목길을 기어오르다./사다리를 기어오르다./암벽을 기어오르다./기관차는 만원의 객차들을 끌고 언덕바지를 기어오르기에 숨이 가빴지만….≪서기원, 이 성숙한 밤의 포옹≫

　　(다) 「표준」「3」(속되게) 윗사람에게 예의를 저버리고 버릇없이 굴다. ¶ 상관에게 겁도 없이 기어오르다니./오냐오냐하니까 아주 머리끝까지 기어오르는군./상놈들이란 원래 귀여워하면 강아지 모양 기어오르려고 하고 채찍을 들어야 일을 하게 되는 소와 같아서…. ≪박경리, 토지≫

　　「고려」「3」[(명)이 (명)에/(명)에게] (사람이 어른이나 윗사람에

게) 버릇없이 굴면서 대들다. ¶ 조금만 잘 대해 주면 학생들이
선생님에게 기어오르려고 했다. / 오냐오냐했더니 이 녀석이
내 머리 꼭대기에 기어오르려고 하는구나.

(라) 「고려」 「2」(벌레나 작은 짐승 따위가 가파르거나 높은 곳에)
발을 놀리어 올라가다. ¶ 개미 한 마리가 내 다리에 기어오르
고 있었다. / 다람쥐가 높은 나뭇가지로 기어오르며 재주를 부
렸다.

(마) 「고려」 「4」([(명)이 (명)을] (사람이나 짐승이 가파르거나 높은
곳을) 몸을 구부려 올라가다. ¶ 도둑이 담벼락을 기어오르다가
덜미를 잡혔다. / 철수가 바위투성이 산을 가까스로 기어올라
정상에 도달했다.

(바) 「표준」 「5」[(명)이 (명)을] (벌레나 작은 짐승 따위가 높은 곳
을) 발을 놀리어 올라가다. ¶ 다람쥐가 나무를 재빨리 기어올
랐다.

(102)에 정리한 단의들은 2개의 사전에 실린 것을 종합한 것이다. 위 내
용을 살펴보면 「고려」에서 한 단의로 나오는데 「표준」에서 나누어 설명한
것이 있다. (가) 「표준」 「1」은 '기는 듯한 모습으로 높은 곳을 올라가거나
올라오다.'는 것과 (다) 「표준」 「2」의 '오르막을 힘겹게 올라가다.'는 실제
로 주체가 높은 곳을 향해 움직이는 것으로 해석할 수 있다. 따라서 '(가)
「표준」 「1」'과 '(다) 「표준」 「2」'은 별개의 단의로 볼 수 없고 하나의 단의
로 봐야 한다.

(마) 「고려」 「4」, (바) 「고려」 「5」는 (가) 「고려」 「1」, (라) 「고려」 「2」
와 비교해 보면 오르는 장소 명사가 '-에'와 결합하는지 '-을/를'와 결합
하는지에만 차이가 있고 실제로 표현하는 의미는 같다. '-에'와 '-을/를'은
의미 변화가 일어나는 원인이 아니기 때문에 별개의 단의로 보지 않고 하
나의 단의로 볼 것이다.

또한 (가) 「고려」 「1」의 주체는 '사람이나 짐승', (라) 「고려」 「2」의 주

체는 '벌레나 작은 짐승 따위'이다. 그러나 '벌레나 작은 짐승'도 '짐승'의
종류에 속하기 때문에 두 단의를 별개로 볼 수 없다. (다) 「표준」 「3」, 「고
려」 「3」의 단의를 비교할 때 「고려」의 해석이 더 정확하다고 보고 여기서
는 「고려」의 뜻을 택하겠다. 이에 따라 '기어오르다'의 사전적 의미를 다
음과 같이 정리할 수 있다.

> (103) '기어오르다'의 단의 후보(2)
> ⓐ [(명)이 (명)에/(명)으로] (사람이나 짐승이 가파르거나 높은 곳
>   에) 몸을 구부려 올라가다. ← (가) (나) (라) (마) (바)
> ⓑ [(명)이 (명)에/(명)에게] (사람이 어른이나 윗사람에게) 버릇없이
>   굴면서 대들다. ← (다)

위에서 제시된 '기어오르다'의 두 가지 의미를 실현하는 데 모두 주체와
부사어를 요구한다.

> (104) 가. 내가 힘을 다해 절벽에 기어올랐다.
>   나. 학생들이 선생님에게 기어오르려고 했다.

위 예문을 통해 알 수 있듯이 '기어오르다'의 의미를 실현하는 데는 모
두 주체와 부사어가 필요하다.

'기어오르다'의 주체 자리에는 ⓐ번 '사람이나 짐승', ⓑ번 '사람'이 나
타나고 있다. ⓐ와 ⓑ의 주체는 모두 구체적이면서 유형물 영역에 속한
다. 또한 부사어 자리에 ⓐ는 '절벽'과 같은 구체적인 장소가 나오고, ⓑ
는 '사람' 따위가 나온다. 그러나 ⓐ는 주체가 구체적인 장소를 향해 움
직이는 의미이고, ⓑ는 '사람이 버릇이 없다'는 추상적인 의미를 전달한
다는 차이가 있다. '기어오르다'의 단의 실현 환경을 표로 제시하면 다음
과 같다.

[표 46] 한국어 '기어오르다'의 단의 분류

구체 ↓ 추상	주체(A)	부사어(C)	구문 구조	단의 후보 번호
	사람, 짐승	절벽, 산	A가 C에 기어	ⓐ
	사람	사람	오르다	ⓑ

위 결과를 토대로 '기어오르다'의 단의를 다음과 같이 정리할 수 있다.

(105) '기어오르다'의 단의
① [(명)이 (명)에/(명)으로] (사람이나 짐승이 가파르거나 높은 곳
   에) 몸을 구부려 올라가다. ← ⓐ
② [(명)이 (명)에/(명)에게] (사람이 어른이나 윗사람에게) 버릇없이
   굴면서 대들다. ← ⓑ

위에 정리된 '기어오르다'의 단의를 보면 ①번은 주체인 사람이나 짐승
따위가 구체적인 높은 장소를 향해 움직이는 것이고, ②번은 사람이 버릇
이 없다는 추상적인 의미이다. '기어오르다'의 단의 분포 양상을 그림으로
제시하면 다음과 같다.

[그림 26] 한국어 '기어오르다'의 단의 분포 양상

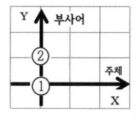

위 그림을 통해 '기어오르다'의 단의 변화가 일어나는 요소는 부사어이
고 ①번 의미가 ②번 의미보다 더 구체적인 것을 확인할 수 있다.
위에서 정리된 '기어오르다'의 단의를 보면 ①번 단의는 사람이나 짐승

이 가파르거나 높은 곳에 몸을 구부려 올라가는 의미로 구체물의 공간 이동을 뜻한다. ②번 단의는 사람이 어른이나 윗사람에게 버릇없이 굴면서 대드는 의미로 역시 사람과 관련이 있다. 따라서 ②번 의미는 ①번에서 확장해온다고 말할 수 있다.

이상 내용을 표로 정리하면 다음과 같다.

[표 47] 한국어 '기어오르다'의 의미 확장 양상

	단의
①→②	① [(명)이 (명)에/(명)으로] (사람이나 짐승이 가파르거나 높은 곳에) 몸을 구부려 올라가다. ② [(명)이 (명)에/(명)에게] (사람이 어른이나 윗사람에게) 버릇없이 굴면서 대들다.

3.2.1.1.1. 攀

중국어 '攀'의 의미에 대하여 「現代」에서는 2개, 「新華」에서는 1개를 기술하고 있다.

(106) '攀'의 단의 후보(1)

(가) 「現代」 「1」抓住東西向上爬(무엇을 잡고 위로 기어오르다) ¶ 攀登(높은 데의 것을 휘어잡고 오르다)/攀岩(암벽등반)

　　「新華」 「1」抓住東西向上爬(무엇을 잡고 위로 기어오르다) ¶ 攀登(높은 데의 것을 휘어잡고 오르다)

(나) 「現代」 「2」指跟地位高的人結親親戚或拉關係(지위가 높은 사람과 친족 관계를 맺거나 가깝게 지내려고 노력한다) ¶ 高攀(사회적 신분이 자기보다 높은 사람과 교제하거나 인척 관계를 맺다)/攀龍附鳳(용을 끌어 잡고 봉왕에게 붙는다는 뜻으로, 세력(勢力) 있는 사람을 의지(依支)하여 붙좇음)

중국어 '攀'의 사전적 의미 가운데 「現代」와 「新華」에서 제시된 (가) 「1」

번 의미는 동일하다. 그러나 두 해석에서 주체에 대한 정보가 나와 있지
않은데, 실제로 (가) 「1」번 의미에 해당되는 주체는 '사람이나 짐승' 따위
와 같은 유정물이다. (나)번 의미에 대해서는 「現代」에서만 기술되어 있고
「新華」에서는 이러한 의미를 찾을 수 없었다. '攀'의 사전적 의미는 아래와
같이 정리할 수 있다.

(107) '攀'의 단의 후보(2)
ⓐ [(명)이 (명)에]人或者動物抓住東西向上爬(사람이나 짐승 따위가
무엇을 잡고 위로 기어오르다) ← (가)
ⓑ [(명)이 (명)에]人跟地位高的人結親親戚或拉關係(지위가 높은 사
람과 친족 관계를 맺거나 가깝게 지내려고 노력한다) ← (나)

위에 정리된 '攀'의 단의를 보면 해당 의미를 실현하는 데 모두 주체와
부사어가 나타나야 하는 것을 알 수 있다.

(108) 가. 他攀到高處了.(그는 높은 데로 기어올랐다.)
나. 他攀到了好親戚.(그는 높은 사람과 친족 관계를 맺었다.)

(108)의 예문을 보면 (가)는 주체가 향한 것은 높은 위치에 있는 장소이
고, (나)는 관계를 형성하는 상대방이 높은 위치에 있는 사람을 가리킨다.
'攀'의 단의 가운데 주체 자리에 해당되는 어휘 ⓐ는 '사람이나 짐승',
ⓑ는 '사람'으로 모두 구체성을 가지면서 유형물 영역에 속한다. 그러나
부사어 자리에 해당되는 어휘는 ⓐ의 경우 구체적인 장소이고 ⓑ의 경우
자기보다 위치가 높은 사람이다. 따라서 '攀'의 단의 실현 환경을 도표로
그리면 아래와 같다.

[표 48] 중국어 '攀'의 단의 분류

구체	주체(A)	부사어(C)	구문 구조	단의 후보 번호
↓	사람, 짐승	절벽, 산	A가 C에 오르다	ⓐ
추상	사람	사람		ⓑ

'攀'의 ⓐ번 의미는 사람이 구체적인 장소를 향해 이동하는 것이고 ⓑ번 의미는 사람이 지위 높은 사람과 관계를 맺는 의미로 ⓐ보다 더 추상적인 의미를 표현한다. 따라서 '攀'의 단의를 다음과 같이 재정리할 수 있다.

(109) '攀'의 단의
❶ [(명)이 (명)에]人或者動物抓住東西向上爬(사람이나 짐승 따위가 무엇을 잡고 위로 기어오르다) ← ⓐ
❷ [(명)이 (명)에]人跟地位高的人結親親戚或拉關係(지위가 높은 사람과 친족 관계를 맺거나 가깝게 지내려고 노력한다) ← ⓑ

위에서 정리된 '攀'의 단의를 토대로 이 단의들의 분포 양상을 그림으로 표시하면 다음과 같다.

[그림 27] 중국어 '攀'의 단의 분포 양상

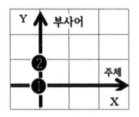

위 그림을 통해 중국어 '攀'의 단의 변화를 일으키는 요소는 부사어이고 ❶번 의미가 ❷번 의미보다 더 구체적인 것을 확인할 수 있다.

위에서 정리된 '攀'의 단의를 보면 ❶번 단의는 '사람이나 짐승 따위가

무엇을 잡고 위로 기어오르다'의 의미를 표현하여 구체물의 공간 이동을
뜻한다. 따라서 ❶번 단의는 다른 의미를 대표할 수 있는 원형의미로 간주
할 수 있다. ❷번 단의는 '지위가 높은 사람과 친족 관계를 맺거나 가깝게
지내려고 노력하다'는 의미를 뜻함으로 역시 사람과 밀접한 관계가 있어
보인다. 그래서 ❷번은 ❶번에서 확장해온다고 말할 수 있다.

이상 내용을 표로 정리하면 다음과 같다.

[표 49] 중국어 '攀'의 의미 확장 양상

단의	
❶→❷	❶ [(명)이 (명)에]人或者動物抓住東西向上爬(사람이나 짐승 따위가 무엇을 잡고 위로 기어오르다)
	❷ [(명)이 (명)에]人跟地位高的人結親親戚或拉關係(지위가 높은 사람과 친족 관계를 맺거나 가깝게 지내려고 노력한다)

3.2.1.1.1. '기어오르다'와 '攀'의 대조

여기서는 '기어오르다'와 '攀'의 공통점과 차이점을 검토하고자 한다.
구체적으로 대응 관계에 대한 대조와 단의 분포 양상에 대한 대조 두 측면
에서 논의를 전개할 것이다.

위에 제시된 내용에 따라 '기어오르다'와 '攀'은 모두 2개의 단의로 정
리되었고 주체가 모두 구체 영역에서만 의미 확장이 일어난다. '기어오르
다'와 '攀'은 하나의 단의 즉 '사람이 높은 위치인 절벽을 향해 움직이고
드디어 그것에 도착하다.'는 의미를 표현할 때 일치하고 남은 한 개의 단
의는 일치하지 않는다.

차이점으로는 한국어 '기어오르다'는 '버릇이 없다'는 의미를 표현할 수
있는데 중국어에서는 이와 대응될 수 있는 단의가 없다.

(110) 가. 너는 버릇없이 어른에게 기어오르고 있다.
　　　　가'. *你竟敢在長輩面前攀.

가‴. 你竟敢在長輩面前放肆无礼.

위와 같은 상황에서 한국어에서는 '기어오르다'를 사용할 수 있지만 중
국어에서 '攀'을 사용할 수 없고 이와 비슷한 의미를 표현할 수 있는 '放肆
(방자할 사)(제멋대로 하다)'를 사용한다.

둘째, 중국어의 '攀'은 주체가 자기보다 위치가 높은 사람과 관계를 맺
는 의미를 표현할 수 있는데 비해 한국어의 '기어오르다'는 이와 비슷한
의미가 없다.

(111) 가. 哲淑算是攀上有權勢的人了.
　　　가'. *철수가 드디어 세력 있는 사람을 기어오르게 되었다.
　　　가‴. 철수가 드디어 세력 있는 사람을 의지할 수 있게 되었다.

위와 같이 지위가 높은 사람을 의지할 수 있는 의미를 표현할 때 중국
어에서 '攀'을 사용할 수 있지만 한국어에서는 '기어오르다'를 사용하지
않고 대신 '의지하다'와 비슷한 어휘를 선택한다.

이상 한국어 '기어오르다'와 중국어 '攀'에 대한 대조 결과를 표로 정리
하면 다음과 같다.

[표 50] 한국어 '기어오르다'와 중국어 '攀'의 단의 대응 관계 대조

단의	기어오르다	攀
(사람이나 짐승이 가파르거나 높은 곳에) 몸을 구부려 올라가다.	①	❶
(사람이 어른이나 윗사람에게) 버릇없이 굴면서 대들다.	②	X
사람이 지위가 높은 사람과 친족 관계를 맺거나 가깝게 지내려고 노력한다.	X	❷

위 표를 토대로 한국어 '기어오르다'와 중국어 '攀'의 단의 분포 양상을
다음과 같이 제시할 수 있다.

[그림 28] 한국어 '기어오르다'와 중국어 '攀'의 단의 분포 양상 대조

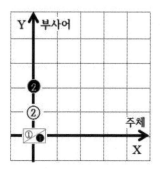

3.2.1.2. 오르다/上

한국어의 '오르다'는 전형적인 상승 이동 동사로서 「표준」에서는 17개 「고려」에서는 19개의 단의를 제시하고 있다. 구체적인 내용을 정리하면 다음과 같다.

(112) '오르다'의 단의 후보(1)

(가) 「표준」 [1]사람이나 동물 따위가 아래에서 위쪽으로 움직여 가다. ¶ 산에 오르다./옥상에 올라 하늘을 바라보았다. ‖ 정상을 오르다./계단을 오르다.

「고려」 [1][(명)이][(명)이 (명)에/(명)으로] (사람이나 짐승이 더 높은 곳으로) 가기 위해 움직이다. ¶ 그녀는 주말마다 북한산에 오른다./높은 산 정상에 올라 세상을 굽어보는 느낌은 참 좋군./그녀는 공연 직전에는 부들부들 떨다가도 막상 무대에 오르면 언제 그랬느냐는 듯 뛰어난 연기를 해 보였다./곰은 나무에 잘 오르기 때문에 곰을 만났을 때 나무 위로 도망가서는 안 된다.

(나) 「표준」 「2」지위나 신분 따위를 얻게 되다. ¶ 왕위에 오르다/관직에 오르다/벼슬길에 오르다/족보를 위조하여 양반 신분에 오르다.

「고려」 「8」[(명)이 (명)에] (사람이 어떤 신분이나 지위에) 앉게

되다. ¶ 신라 시대에는 여성도 왕위에 올랐다./권좌에 오르면
서 그는 헌법을 준수할 것을 맹세했다.

(다) 「표준」 「3」탈것에 타다. ¶ 기차에 오른 것은 한밤중이 되어서
였다./배에 오르기 전에 표를 사야 한다.

「고려」 「7」[(명)이 (명)에] (사람이 기차나 배, 자동차 따위에)
몸을 싣다. ¶ 이 소설의 주인공은 여행을 떠나기 위해 버스에
오르고, 비어 있는 옆자리를 보면서 문득 반야심경 구절을 떠
올린다.

(라) 「표준」 「4」어떤 정도에 달하다. ¶ 사업이 비로소 정상 궤도에
올랐다.

(마) 「표준」 「5」길을 떠나다. ¶ 다 잊어버리고 여행길에나 오르지 그
래./고달픈 여행을 마치고 귀로에 오른 사람 같구나.

「고려」 「15」[(명)이 (명)에] (사람이나 사업이 어떤 과정이나 길
에) 다다르거나 접어들다. ¶ 삼촌은 나이 마흔에 유학길에 올랐
다./전심전력한 결과 드디어 사업이 본궤도에 오르는 듯했다./정
약용은 28세 되던 해에 문과에 급제하여 벼슬길에 올랐다.

(바) 「표준」 「6」물에서 육지로 옮다. ¶ 물에 오른 물고기 신세란
바로 그를 두고 하는 말이었다.

「고려」 「11」[(명)이 (명)에] (사람이나 동물이 땅에) 물에서 나
와 옮다. ¶ 그녀는 심한 뱃멀미 끝에 뭍에 오르니 비로소 살
것 같았다.

(사) 「표준」 「7」몸 따위에 살이 많아지다. ¶ 얼굴에 살이 오르니
귀여워 보인다./엉덩이는 뒤룩뒤룩 살이 오르고, 늘 다소곳이
숙이고 있던 고개를 당당하게 쳐들고 다녀서 그런지 키까지
커진 것 같았다.≪박완서, 도시의 흉년≫

「고려」 「16」[(명)이] (살이) 몸에 많아지다. ¶ 수희는 아무리
먹어도 살이 오르지 않는다./어머니께서는 적당히 살이 오른
닭을 잡아 삼계탕을 끓여 주셨다.

(아) 「표준」 「8」남의 이야깃거리가 되다. ¶ 구설에 오르다/요즘 화
제에 오른 그 책 이름이 뭐지?/남의 입에 오르지 않도록 조심
해라.

「고려」 「6」[(명)이 (명)에/(명)으로] (사물이나 사건이 어떤 상

황에) 다루어지는 대상이 되다. ¶ 구설수에 오르다./경제 위기
의 문제가 연일 신문의 머리기사에 오르고 있다./이번 행사에
서는 한국의 현대 미술품들도 경매에 오를 예정이어서 특히
관심을 끈다.

(자) 「표준」「9」기록에 적히다. ¶ 호적에 오르다/그런 단어는 사전
에 올라 있지도 않다./아들은 민적상 연실이보다 일 년 뒤에
난 한 부모의 자식으로 오르게 되었다.≪김동인, 김연실전≫
「고려」「4」[(명)이 (명)에] (무엇이 문서에) 기록으로 적히다. ¶
호적에 오르다./이 단어는 우리 사전에 올라 있다./화장실의 낙
서들이 인터넷에 올라 인기를 끌고 있다./신용이 가장 중요한
덕목으로 간주되는 이 나라에서 일단 불량 거래자의 명단에
오르면 더이상 수출이 불가능하게 된다.

(차) 「표준」「10」값이나 수치, 온도, 성적 따위가 이전보다 많아지
거나 높아지다. ¶ 등록금이 오르다/혈압이 오르다./체온이 오르
다./하루가 다르게 물가가 오르다./올해는 월급이 많이 올랐으
면 좋겠다./방 안의 온도가 갑자기 올라 창문을 열었다./아이가
갑자기 열이 올라 해열제를 먹였다.
「고려」「5」[(명)이] (값이나 수치가) 이전보다 많아지거나 높아
지다. ¶ 매상이 오르다./임금이 쥐꼬리만큼 올랐다./열이 나거
나 혈압이 오를 때도 가슴이 울렁거리는 수가 있다.

(카) 「표준」「11」기운이나 세력이 왕성하여지다. ¶ 삽시간에 불길
이 올라 옆집까지 옮겨 붙었다./기세가 오른 그들은 안하무인
이었다./인기가 오르니까 사람이 달라졌다.
「고려」「18」[(명)이] (사기나 기운이) 이전보다 좋아지거나 높
아지다. ¶ 군사들의 사기가 오르다./이 일을 계기로 해서 선수
들의 사기가 오르고 있다.

(타) 「표준」「12」실적이나 능률 따위가 높아지다. ¶ 판매 실적이
오르도록 연구해 봅시다./잠을 푹 자야 일의 능률이 오른다고
한다.

(파) 「표준」「13」어떤 감정이나 기운이 퍼지다. ¶ 부아가 치밀어
오르다/술기운이 올랐는지 얼굴이 벌겋게 되었다.
「고려」「12」[(명)이] (감정이나 기운이) 몸 안에 퍼지다. ¶ 부

아가 오르다./따뜻한 술을 마신 까닭인지 취기가 빨리 올라 얼굴이 벌게졌다.

(하) 「표준」 「14」병균이나 독 따위가 옮다. ¶ 옴이 오르면 가려워 온몸을 긁게 된다./옻칠을 할 때는 옻이 오르지 않도록 조심해야 한다.

「고려」 「13」[(명)이] (독이나 병균이) 사람의 몸에 옮다. ¶ 옴이 오르다./옻나무를 만지다가 옻이 오르게 되면 여간 고생하는 것이 아니다.

(거) 「표준」 「15」귀신 같은 것이 들리다. ¶ 무당들도 신이 올라야만 작두춤을 출 수 있다고 한다.

「고려」 「14」[(명)이] (귀신의 기운이) 몸속에서 왕성해지다. ¶ 무당인 그녀는 몸에 신이 오를 때면 정체를 알 수 없는 희열을 느끼곤 했다.

(너) 「표준」 「16」때가 거죽에 묻다. ¶ 그 사람 옷소매는 언제나 때가 올라 있다.

「고려」 「17」[(명)이] (때나 먼지가) 옷이나 물건 따위에 묻다. ¶ 그는 까맣게 때가 오른 와이셔츠 차림이었다.

(더) 「표준」 「17」물질이나 물체 따위가 위쪽으로 움직이다. ¶ 불길이 오르다./김이 오르다./수없이 솟은 굴뚝에서 시커먼 연기가 오르고, 공장 안에서는 기계들이 돌아간다.≪조세희, 기계 도시≫

「고려」 「2」[(명)이] (움직이는 물체가) 위쪽으로 움직이다. ¶ 막이 오르다./뚝배기에서 김이 모락모락 오른다.

(러) 「고려」 「3」[(명)이] (무엇이) 어떤 표면 위로 두둑하게 솟다. ¶ 갑상선의 붓기가 이만큼으로 오르게 되면 증세가 굉장히 심각한 것이다.

(머) 「고려」 「9」[(명)이] (사람이 또는 그 직급이) 더 높은 직급이나 계급을 받다. ¶ 열심히 일한 보람이 있어 그는 이번에 과장에서 차장으로 올랐다./우리 부서에는 입사한 지 일 년 만에 직급이 세 단계 오른 사람도 있다.

(버) 「고려」 「10」[(명)이 (명)에] (사람이 높은 등수나 단계에) 이르거나 들게 되다. ¶ 베스트셀러에 오르다./그는 나름대로 선전

하였으나 결선에 오르지는 못했다.

(서) 「고려」, 「19」[(명)이 (명)을] (사람이나 동물, 움직이는 물체 따
위가 무엇을) 거쳐 위쪽으로 나아가다. ¶ 그녀는 계단을 오르
다가 잠시 멈추어 숨을 골랐다./언덕을 올라 오른쪽 길로 접어
들면 그 집이 보인다./어둠에 싸인 낙화암 절벽을 수많은 등롱
들이 줄지어 오른다.

(112)에 정리한 단의들은 2개의 사전에 실린 것을 그대로 종합한 것이
다. 그런데 같은 의미를 두 사전에서 다르게 기술하기도 하고 어떤 의미는
한 사전에만 실리기도 한다. 그러므로 '오르다'의 단의를 분석하는 데에는
기존 사전에 실린 의미를 그대로 사용할 수 없고 이에 대한 단의 평정 과
정을 거쳐야 한다. 대상 어휘의 의미를 평정할 때 우선 같은 의미에 대한
두 사전의 뜻풀이 가운데 비교적으로 정확한 것을 택한다. 다음으로 선택
한 의미 중에서 설명이 명확하지 않거나 다듬어 해야 할 부분이 있으면 그
부분을 수정한다.

'오르다'의 단의 가운데 두 사전의 뜻풀이가 비슷한 것들이 (가)(바)(사)
(파)(거)(더)이고, 「고려」에만 있는 의미가 (러)(머)(버)(서)이며, 「표준」에만
있는 의미가 (라)(타)이다. 또한 「고려」와 「표준」에서 약간의 차이가 있는
것들이 (나)(다)(마)(아)(자)(카)(차)(하)(너)인데 (나)(다)(아)(자)(카)(하)(너)일 경
우 「고려」의 뜻을 택하고 (마)(차)일 경우 「표준」을 택한다.

(나)에서 「표준」은 '지위나 신분 따위를 얻게 되다.'로 해석하고 있다.
이때 '오르다'는 '얻게 되다'로 풀이된 것인데 '오르다' 자체는 '얻게 되다'
의 의미로 해석하기 어려우니 (나)의 표현이 적당하지 않다. 이에 비하여
「고려」는 '(사람이 어떤 신분이나 지위에) 앉게 되다.'로 풀이하고 있는데,
주체가 높은 위치를 향해 움직인다는 의미를 가지고 있어 (나) 「표준」보다
'오르다'의 의미를 더 잘 설명하고 있다고 볼 수 있다. (다)(아)(하)(너)에서
「고려」는 「표준」보다 해당 단의를 더 자세하게 설명하고 있어 여기서 「고

려」를 택한다. (자)에서 「표준」은 '기록에 적히다'로 풀이하여 적히는 장소를 '기록'으로 표시하고 있다. 그러나 실제로 무엇이 적히는 장소는 '기록'이 아니라 '문서' 따위이다. 그러므로 「고려」의 뜻풀이가 더 적절하다고 볼 수 있다. (카)에서 「고려」의 뜻풀이는 추상적인 주체인 '사기나 기운이' 낮은 데로 높은 데로 움직이는 양상을 더 잘 설명하고 있으므로 「고려」를 택한다.

(마)에서 「고려」는 「표준」「5」와 「표준」「4」의 의미를 같이 다루고 있다. 그러나 「표준」「5」의 이동 주체는 구체적인 '사람'이고, 「표준」「4」의 주체는 추상적인 '사업'이 해당된다. '사람'과 '사업'이 서로 다른 의미적 특성을 갖고 있어 단의를 기술할 때 별개의 단의로 보는 것이 더 적당하다. (차)의 경우 「표준」의 의미가 더 상세하게 기술되어 있으므로 「표준」을 택한다.

이어서 「표준」과 「고려」에서 각자 기술하고 있는 의미를 살펴보겠다. (타)는 「표준」에서 '실적이나 능률' 따위의 추상적인 이동을 의미한다. 이것은 (차)의 추상적인 '값이나 수치' 등의 이동 양상과 비슷하므로 (타)와 (차)는 별개의 단의로 볼 수 없고 하나의 단의로 다루어야 한다. (러)는 「고려」에서 주체 '무엇이 어떤 표면 위로 두둑하게 솟다.'는 의미를 용례 '붓기가 오르다'로 설명하고 있다. '붓기'도 병의 한 가지로 볼 수 있으므로 (하)와 같이 다룰 수 있다. (머)에서 「고려」는 주체인 사람이 높은 지위에 옮기는 의미를 표시하고 있어 (나)번 의미와 비슷하다. 그래서 (머)와 (나)는 별개의 단의로 볼 수 없고 하나의 단의로 통합해야 한다. (버)는 어떤 의미와도 통합할 수 없어 별개의 단의로 남아야 한다. (서)는 (가)와 비교할 때 격조사 '에'나 '을/를'을 취할 것인가에 차이가 있을 뿐 실제적인 의미가 같다. 따라서 (서)와 (가)도 하나의 단의로 봐야 한다. 또한 (카)(파)(거)는 추상적인 '기운' 따위가 왕성하여지는 의미를 표현하는 것이 동일하기 때문에 그들을 하나의 단의로 취급할 수 있을 것이다.

이러한 결과를 토대로 '오르다'의 사전적 의미를 다음과 같이 재정리할
수 있다.

(113) '오르다'의 단의 후보(2)
    ⓐ [(명)이 (명)에/(명)으로] (사람이나 동물 따위가) 아래에서 위쪽
       으로 움직여 가다. ← (가) (서)
    ⓑ [(명)이 (명)에] (사람이) 어떤 신분이나 지위에 앉게 되다. ←
       (나) (머)
    ⓒ [(명)이 (명)에] (사람이) 기차나 배, 자동차 따위에 몸을 싣다.
       ← (다)
    ⓓ [(명)이 (명)에] (사업이) 어떤 정도에 달하다. ← (라)
    ⓔ [(명)이 (명)에] (사람이) 어떤 길에 다다르거나 접어들다. ←
       (마)
    ⓕ [(명)이 (명)에] (사람 따위가 땅에) 물에서 나와 옮다. ← (바)
    ⓖ [(명)이]몸 따위에 살이 많아지다. ← (사)
    ⓗ [(명)이 (명)에/(명)으로] (사건이 어떤 상황에) 다루어지는 대상
       이 되다. ← (아)
    ⓘ [(명)이 (명)에] (무엇이 문서에) 기록으로 적히다. ← (자)
    ⓙ [(명)이] (값이나 수치, 실적, 능률) 이전보다 많아지거나 높아지
       다. ← (차) (타)
    ⓚ [(명)이] (기운이나 세력이) 이전보다 좋아지거나 높아지다. ←
       (거) (파) (카)
    ⓛ [(명)이] (독이나 병 따위가) 사람의 몸에 옮다. ← (하) (러)
    ⓜ [(명)이] (때나 먼지가) 옷이나 물건 따위에 묻다. ← (너)
    ⓝ [(명)이] (움직일 수 있는 물체 막 따위가) 위쪽으로 움직이다.
       ← (더)
    ⓞ [(명)이 (명)에] (사람이 높은 등수나 단계에) 이르거나 들게 되
       다. ← (버)

이어서 '오르다'의 단의들이 어떻게 분류되는지 알아보도록 하겠다. 앞
서 '오르다'의 단의는 열다섯 가지를 정리하였다. 이 열다섯 가지 의미들

가운데 서술어에 의해 요구되는 성분이 하나일 수도 있고 두 개일 수도 있다. 서술어가 요구하는 논항의 개수에 따라 'A가 오르다'와 'A가 C에/로 오르다'의 격틀을 가지고 있는 사실을 아래 예문을 통해 확인할 수 있다.

(114) 가. 살이 올랐다.
　　　나. 삽시간에 불길이 올라 옆집까지 옮겨 붙었다.
　　　다. 누구나 배에 오르기 전에 표를 사야 한다.
　　　라. 어린 아이가 북한산에 올랐다.

위 예문 (가)는 '살이 많아지다'는 의미를 가지고 있다. '살'은 사람의 몸을 이루는 부분이라는 것이 주지의 사실이어서 다른 설명이 없더라도 살이 올라오는 장소가 '몸'이라는 것을 확인할 수 있다. 그러므로 이러한 경우 '오르다'의 의미를 표시하는데 주체만 있으면 된다. (나)에선 '삽시간'은 불길이 퍼지는 속도가 빠르다는 의미를 뜻하는 부사어이다. 이는 문장 안에서 수식 역할을 하고 있어 필수 부사어가 아닌 수의 부사어 영역에 속한다. 따라서 (나)도 (가)와 같이 'A가 오르다'의 격틀을 가진다. 또한 (다)에서 만약에 '-에' 자리에 해당하는 '배'를 삭제하면 문장 구성 상 비문이 아니지만 의미 전달하는 데 불명확하다. 즉 주체인 '사람'이 '배'에 오를 수도 있고, '기차, 비행기, 육지, 길 등' 다양한 곳에 오를 수 있다. 그러므로 서술어의 의미를 정확하게 전달하는 데 위치 자리에 해당하는 '배'가 필수로 나타나야 한다. (라)도 마찬가지로 주체인 '아이'가 오를 목적지를 해당하는 '북한산'은 문장 구성의 필수 성분으로 간주된다.

'오르다'의 단의에서 주체로 나타나는 어휘의 특성을 고려해 보면 ⓐⓑ ⓒⓔⓕⓖⓜⓝⓞ은 구체성을 가지면서 유형물 영역에 속하지만 ⓓⓗⓘ ⓙⓚⓛ은 추상성을 가진다. ⓐⓑⓒⓔⓕⓖⓜⓝⓞ 가운데 주체가 유정물인 사람이나 동물이 해당되는 ⓐⓑⓒⓔⓕⓞ는 ⓖⓜⓝ과 구별해야 한다. 그리고 추상 영역 가운데 '인간 유관'과 '인간 무관' 영역을 양분해 보면

ⓚⓛ은 '인간'과 밀접한 관련이 있는데 ⓓⓗⓘⓙ은 그렇지 않다. 따라서 '오르다'의 단의 실현 현경을 다음과 같이 밝힐 수 있다.

[표 51] 한국어 '오르다'의 단의 분류

구체 ↓ 추상	주체(A)	부사어(C)	구문 구조	단의 후보 번호
	사람, 동물	산	A가 C에 오르다	ⓐ
	사람, 동물	육지		ⓕ
	사람	기차, 배		ⓒ
	사람	길, 여정		ⓔ
	사람	직위, 신분		ⓑ
	사람	정도		ⓞ
	살	-	A가 오르다	ⓖ
	때, 먼지			ⓝ
	막, 김			ⓜ
	기운, 세력		A가 오르다	ⓚ
	독, 병			ⓛ
	정보	문서	A가 C에 오르다	ⓘ
	사건	상황		ⓗ
	사업	궤도		ⓓ
	값, 수치	-	A가 오르다	ⓙ

또한 ⓐⓑⓒⓔⓕⓞ 가운데 주체가 모두 사람이나 동물이 해당되는 유정물이다. '산과 육지'는 '길이나 여정, 기차나 배, 직위나 신분, 정도'보다 더 구체적인 존재물이다. 그리고 '산'과 '육지'를 비교할 때 '사람이 산에 오르다'라는 표현이 '사람이 육지에 오르다'보다 먼저 나타날 수 있으므로 ⓐ는 ⓕ보다 먼저 나타난다. 또한 ⓑⓒⓔⓞ 가운데 ⓒ는 가장 구체적이다. 그 다음에는 '길이나 여정'이 사람과 긴밀한 관계가 보일 수 있고, 이어서 '직위나 신분', '정도' 분야이다. ⓖⓜⓝ 사이에 ⓖ의 주체 '사람'은 신체의 구성 성분으로서 인간과의 관계가 밀접하다. ⓜ과 ⓝ도 인간과의

관계를 생각할 때 '때나 먼지'는 '김이나 막'보다 인간과의 관계가 더 밀접하게 보인다.

또한 ⓓⓗⓘⓙ의 주어를 인간과의 관련 정도에 따라 배열하면 ⓘⓗⓓⓙ가 되겠다. 그러므로 사람을 중심으로 의미 확장이 일어나는 원리에 따라 '오르다'의 단의를 아래와 같이 재배열할 수 있다.

(115) '오르다'의 단의
 ① [(명)이 (명)에/(명)으로] (사람이나 동물 따위가) 아래에서 위쪽으로 움직여 가다. ← ⓐ
 ② [(명)이 (명)에] (사람 따위가 땅에) 물에서 나와 옮다. ← ⓕ
 ③ [(명)이 (명)에] (사람이) 기차나 배, 자동차 따위에 몸을 싣다. ← ⓒ
 ④ [(명)이 (명)에] (사람이) 어떤 길에 다다르거나 접어들다. ← ⓔ
 ⑤ [(명)이 (명)에] (사람이) 어떤 신분이나 지위에 앉게 되다. ← ⓑ
 ⑥ [(명)이 (명)에] (사람이 높은 등수나 단계에) 이르거나 들게 되다. ← ⓞ
 ⑦ [(명)이]몸 따위에 살이 많아지다. ← ⓖ
 ⑧ [(명)이] (때나 먼지가) 옷이나 물건 따위에 묻다. ← ⓜ
 ⑨ [(명)이] (움직일 수 있는 물체 막 따위가) 위쪽으로 움직이다. ← ⓝ
 ⑩ [(명)이] (기운이나 세력이) 이전보다 좋아지거나 높아지다. ← ⓚ
 ⑪ [(명)이] (독이나 병 따위가) 사람의 몸에 옮다. ← ⓛ
 ⑫ [(명)이 (명)에] (무엇이 문서에) 기록으로 적히다. ← ⓘ
 ⑬ [(명)이 (명)에/(명)으로] (사건이 어떤 상황에) 다루어지는 대상이 되다. ← ⓗ
 ⑭ [(명)이 (명)에] (사업이) 어떤 정도에 달하다. ← ⓓ
 ⑮ [(명)이] (값이나 수치, 실적, 능률) 이전보다 많아지거나 높아지다. ← ⓙ

이를 토대로 한국어 '오르다'의 단의 분포 양상을 아래와 같이 제시할 수 있다.

[그림 29] 한국어 '오르다'의 단의 분포 양상

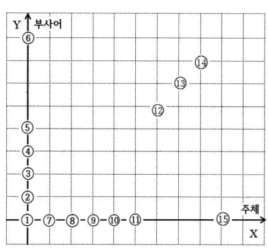

위 그림에 보인 바와 같이 '오르다'의 의미 변화가 일어나는 것은 주체 및 부사어의 변화 때문이다. ①~⑥번은 주체가 같을 때 부사어가 추상화됨으로써 의미 변화가 일어나고, ⑦~⑪, ⑮번은 부사어는 상정되지 않고 주체가 추상화됨으로써 의미 변화가 일어난다. 이에 비하여 ⑫~⑭번은 주체와 부사어가 모두 추상화되어 의미 변화가 일어나는 단의들이다. 그리고 ①번과 ⑥번, ⑪번과 ⑮번의 거리는 추상화 정도와 비례한 것은 아니다. ①번과 ⑥번 사이에 거리가 생긴 이유는 ⑥번의 부사어 자리에 해당되는 어휘가 ⑫⑬⑭번보다 더 추상적이기 때문이다. 또한 ⑪번과 ⑮번 사이에 거리가 생긴 이유는 ⑮번의 주어가 ⑫⑬⑭번보다 더 추상적이기 때문이다.

'오르다'의 각 단의 가운데 가장 중심적이고 기본적이라고 판단되는 단의를 중심으로 각각의 단의가 파생되었다고 볼 수 있을 것이다. 그리고 각 단의를 대표할 수 있는 원형의미는 출현 제약이나 의미적 환경의 영향을 되도록 적게 받는 구체적 환경에서 실현되는 것으로 결정된다. '오르다'의 ①번 의미는 '사람이나 동물'의 구체적인 상승 이동을 의미하므로 다른 단의를 대표할 수 있는 원형의미가 될 수 있다. ②번의 '땅'이 대상으로 되어 주체가 대상을 향하여 이동하는데 ①번과 유사해 보인다. ④번의 주체 '사람이 여정에 접어들다'는 것도 역시 사람의 물리적인 이동을 의미함으로 ②번의 이동 양상과 유사하다. ⑤번은 신분의 상승을 의미하는데 '사람이 낮은 위치에서 높은 위치로 올라가다'는 의미로 해석할 수 있다. 결국 사람이 낮은 데에서 높은 데로 이동하는 원형의미와 유사해 보여 대신 이동하는 장소는 추상적인 '신분이나 위치'이다. 따라서 ⑤번은 ①번에서의 은유적인 확장으로 볼 수 있을 것이다. ⑤번의 변화는 외재적인 행동이나 옷차림을 통해 확인할 수 있어 외재적인 것인 반면 ⑥번의 변화는 내재적이다. 따라서 외재적인 것에서 내재적인 것으로 확장되는 경로에 따라 ⑥번은 ⑤번에서의 은유적인 확장이다. 다시 주체가 '막' 등 물체가 해당하는 단의 ⑨이 ①번과 유사성이 있어 보인다. 또한 ⑦번은 '살이 많아지다'는 '증가'의 의미를 해석할 수 있어, 즉 수치가 낮은 데에서 높은 데로 이동하는 것이다. 이점을 고려한 결과로는 ①번 의미와 유사해 보여 그것에서의 은유적인 확장이라고 할 수 있다. ⑩번의 '기운이 왕성해지다'도 기운의 증가로 생각할 수 있어 이것은 역시 ⑦번과 유사해 보여 ⑦번에서의 은유적인 확장이다. ⑮번 '값이나 수치가 이전보다 높아지다'가 추상적인 수치 따위가 한 수준에서 다른 보다 더 높은 수준으로 이동하는 추상적인 이동을 의미하므로 ⑨번의 물체 이동에서 확장된다고 볼 수 있을 것이다. ⑧번 '때나 먼지'가 없는 상태에서 있는 상태로 변화하여 ①번에서의 확장으로 볼 수 있을 것이고, ⑪번의 '독 따위가 오르다'는 없는 상태에서 있는 상태로 변화하는 양상이 ⑧번과 유사하여 ⑧번에서의 은유적인 확장이다. ⑫번 '호적 따위가 문서에 기록으로 적히다'는 어떤 정보가 이동하는 의미이다. 이때 사람에게 문서 같은 것에 기록되는 정보가 인식되지 않은 많은 정보보다 위치적으로 볼 때 더 높다. 그러므로 위치의 높임과 낮음으로 생각할 결과로 ⑫번은 ①번에서의 은유적인 확장이다. ⑬번 '이야기 따위가 어떤 상황에 다루는 대상이 되다'는 주체인 '이야기' 같은 추상적인 정보가 다루지 않은 대상에서 다루는 대상으로 변화하여 이동하는 의미이다. 이때 사람에게 대상이 되는 이야기가 인식되지 않은 많은 이야기보다 위적으로 더 높다는 점이 ⑬번과 유사하다. 그러므로 ⑬ 번은 ⑫번에서의 은유적인 확장으로 볼 수 있을 것이다.

이상 내용을 표로 정리하면 다음과 같다.

[표 52] 한국어 '오르다'의 의미 확장 양상

	단의
④ ↑ ③ ↑ ② ↑ ⑥←⑤←①→⑦→⑩ ╱│╲ ⑨　⑧　⑫ ↓　↓　↓ ⑭　⑪　⑬ ↓ ⑮	① [(명)이 (명)에/(명)으로] (사람이나 동물 따위가) 아래에서 위쪽으로 움직여 가다. ② [(명)이 (명)에] (사람 따위가 땅에) 물에서 나와 옮다. ③ [(명)이 (명)에] (사람이) 기차나 배, 자동차 따위에 몸을 싣다. ④ [(명)이 (명)에] (사람이) 어떤 길에 다다르거나 접어들다. ⑤ [(명)이 (명)에] (사람이) 어떤 신분이나 지위에 앉게 되다. ⑥ [(명)이 (명)에] (사람이 높은 등수나 단계에) 이르거나 들게 되다. ⑦ [(명)이]몸 따위에 살이 많아지다. ⑧ [(명)이] (때나 먼지가) 옷이나 물건 따위에 묻다. ⑨ [(명)이] (움직일 수 있는 물체 막 따위가) 위쪽으로 움직이다. ⑩ [(명)이] (기운이나 세력이) 이전보다 좋아지거나 높아지다. ⑪ [(명)이] (독이나 병 따위가) 사람의 몸에 옮다. ⑫ [(명)이 (명)에] (무엇이 문서에) 기록으로 적히다. ⑬ [(명)이 (명)에/(명)으로] (사건이 어떤 상황에) 다루어지는 대상이 되다. ⑭ [(명)이 (명)에] (사업이) 어떤 정도에 달하다. ⑮ [(명)이] (값이나 수치, 실적, 능률) 이전보다 많아지거나 높아지다.

3.2.1.1.2. 上

중국어 '上'은 '본질적 상승 이동 동사'로서 이동 동사 가운데 일반적으로 많이 쓰인다고 판단된다. '上'에 대하여 「現代」에서 8개, 「新華」에서 9개로 제시하고 있다. 내용을 정리하면 다음과 같다.

(116) '上'의 단의 후보(1)

    (가) 「現代」「1」由低處到高處(아래에서 위로 이동하다) ¶ 上山(산에 오르다)/上樓(계단에 오르다)/上車(차에 오르다)

        「新華」「1」由低處到高處(아래에서 위로 이동하다) ¶ (산에 오르다)/上樓(계단에 오르다)

    (나) 「現代」「2」到去某個地方(사람이 어떤 곳으로 가다) ¶ 上街(거리에 가다)/上工廠(공장에 가다)/他上哪兒去了？(그는 어디로 갔었니?)

        「新華」「2」去, 到(어떤 곳으로 가다) ¶ 你去哪兒？(너는 어디 가니)/去北京(북경에 가다)/去上街(거리에 가다)

    (다) 「現代」「3」向前進(앞으로 나아가다) ¶ 見困難就上前, 見榮譽就退後(어려움을 만나면 앞으로 나아가고 명예를 만나면 뒤로 무러나다.)

        「新華」「3」向前進(앞으로 나아가다) ¶ 同志們快上呀!(여러분들이 빨리 나아가라!)

    (라) 「現代」「4」出場(얼굴을 내밀다) ¶ 這一場戲, 你應該從左邊的旁門上.(이번 연극에 당신은 왼쪽에서 무대로 나와야 한다.)

    (마) 「現代」「5」到規定的時間開始工作或學習等(규정 시간에 일이나 공부를 시작하다) ¶上班(일을 시작하다)/上課(수어을 시작하다)

        「新華」「5」到規定的時間開始工作或學習等(규정 시간에 일이나 공부를 시작하다) ¶上班(일을 시작하다)/上課(수어을 시작하다)

    (바) 「現代」「6」達到, 夠((도달하거나 되다) ¶上 百人(백명에 이르다)/上年紀(나이를 먹다)/上檔次(높은 등급에 이르다)

    (사) 「現代」「7」登載, 記錄(등제하다, 기록하다) ¶ 上戶口(호적에 오르다)

        「新華」「4」登載, 記上(등제하다, 기록하다) ¶ 上報(신문에 오르

다)/上光榮榜(우수자 명단에 오르다)
(아) 「現代」「8」達到某個程度或數量(어떤 정도나 수량에 달하다).¶
事業上軌道了(사업이 정상 궤도에 올랐다.)
「新華」「6」達到某個程度或數量(어떤 정도나 수량에 달하다).¶
成千上萬(천이나 만에 달하다)
(자) 「新華」「7」與路連接表示出發(길과 결합하여 출발하는 의미를
뜻함)¶길을 오르다(上路)
(차) 「新華」「8」뭍에서 육지로 오르다(從水裡到陸地上) ¶ 魚上岸了
(물고기가 육지로 오르다)

‘上’의 사전적 의미를 살펴보면 ‘얼굴을 내밀다’와 ‘어떤 정도에 달하다’
라는 의미가 「現代」에서만 나타나고 「新華」에서는 나타나지 않는다. 그리
고 ‘여정을 시작하다’와 ‘뭍에서 육지로 옮다’, ‘동사 뒤로 나와 완성 의미
를 나타나다’라는 의미가 「新華」에서만 나타나고 「現代」에서는 나타나지
않는다. 또한 (가)(나)(다)는 주체인 사람이 어떤 데에서 다른 곳으로 움직
이는 의미를 표현하는 것이 동일하므로 별개의 의미를 보지 않고 하나의
단의로 봐야 한다. 또한 (바)와 (아)는 정도를 의미하는 점이 같다. 그리고
사전에서 제시하지 않았는데 실제적으로 사람들이 일상생활에서 두루 쓰
이는 의미들이 있다. 즉 ‘사람이 어떤 교통수단에 오르는 의미를 표현하는
‘上車, 上飛機’, 사람이 더 높은 지위를 얻는다는 의미를 표현하는 ‘上位’가
바로 그 예들이다. 이상의 내용을 고려하여 중국어 ‘上’의 사전적 의미를
다시 정리하면 아래와 같다.

(117) ‘上’의 단의 후보(2)
ⓐ [(명)이 (명)에](人或者動物)由低處到高處.(사람이나 동물이 아래
에서 위로 이동하다.) ← (가) (나) (다)
ⓑ [(명)이 (명)에](人)利用火車, 船等交通工具.(사람이 기차나 배 등
교통수단을 이용하다.)
ⓒ [(명)이 (명)에](人)出場.(사람이 얼굴을 내밀다.) ← (라)

ⓓ [(명)이 (명)에](人)到規定的時間開始工作或學習等.(사람이 규정한
　시간에 일을 하거나 공부하다.) ← (마)

ⓔ [(명)이 (명)에](人或者事物)達到某個程度或數量.(사람이나 사물이
　어떤 정도나 수량에 달하다.) ← (바) (아)

ⓕ [(명)이 (명)에](人)獲得某個更高的職位.(사람이 어떤 높은 지위를
　얻는다.)

ⓖ [(명)이 (명)에](人或者動物)從水裡到陸地上.(사람이나 동물이 뭍
　에서 육지로 오르다.) ← (차)

ⓗ [(명)이 (명)에]與'路'連接表示人從某地出發.(길과 결합하여 사람
　이 어디로 출발하는 의미를 뜻하다.) ← (자)

ⓘ [(명)이 (명)에](文字)等被記錄或者登載.(문자 따위가 문서에 기록
　으로 적히거나 등제되다.) ← (사)

'上'의 사전적 의미를 아홉 가지로 정리할 수 있다. 이 의미들은 'A+上
+C' 격틀을 가지고 있다.

(118) 가. 無論颱風下雨爸爸都準時上班.(바람이 불거나 비가 오거나 아버
　　　　지는 항상 제 시간에 일을 시작한다.)
　　　나. 汽車終於上山了. (자동차가 힘겹게 산에 올랐다.)

예문 (가)에서 '無論颱風下雨(바람이 불거나 비가 오거나)', '都(항상)', '準時(제
시간에)'는 수식어로 문장에서 수의적으로 존재하는 성분이다. 이들을 삭제
해도 '爸爸上班(아버지가 일을 시작한다.)'라는 문장이 성립하고 의미전달에
지장이 없다. 그러나 만약에 '班'을 삭제하면 '*爸爸上'은 비문이다. 그러
므로 '오르다'의 의미 변화에 영향을 끼치는 요소는 두 개다. (나)에서 '힘
겹게'는 서술어를 수식하는 역할을 하고 있는 수의적 성분이다. 그러나
'-에' 자리에 해당하는 '山'은 이와 다른 성질을 가지고 있다. 만약에 '山'
을 삭제시키면 서술어의 의미를 제대로 표시하지 못하므로 '山'은 수의적
성분이 아닌 필수적 성분이다.

'上'의 사전적 의미 가운데 주체 자리에 해당하는 어휘의 의미적 특성을 살펴보면 ⓐⓑⓒⓓⓕⓖⓗ의 주체는 모두 사람이 나타나고, ⓔ는 '사업', ⓘ는 '문자' 등 정보 따위이다. ⓐⓑⓒⓓⓕⓖⓗ는 구체성을 가진 유형물이지만 ⓔⓘ는 추상성을 가진 인간 무관 영역에 속한다. '上'의 의미를 실현하는 데 부사어 자리에 ⓐ는 '장소', ⓑ는 '교통수단', ⓒ는 '무대', ⓓ는 '공간', ⓕ는 '직위', ⓖ는 '육지', ⓗ는 '길', ⓘ는 '문서'가 해당된다. 따라서 '上'의 단의 실현 환경을 정리하면 다음과 같다.

[표 53] 중국어 '上'의 단의 분류

구체	주체(A)	부사어(C)	구문 구조	단의 후보 번호
	사람	산, 계단	A+上+C	ⓐ
		육지		ⓖ
		교통수단		ⓑ
		무대		ⓒ
		길		ⓗ
		수업, 직장		ⓓ
		직위		ⓕ
↓	정보	문서		ⓘ
추상	수량, 정도	수량, 정도		ⓔ

'上'의 단의 실현 환경을 살펴보면 ⓐⓑⓒⓓⓕⓖⓗ의 주체가 '사람'이고 ⓔ는 '수량이나 정도', ⓘ는 '정보' 따위이다. 의미는 인간 영역에서 기타 영역으로 확장하는 일반적인 원리에 따라 ⓐⓑⓒⓓⓕⓖⓗ의 의미가 ⓔⓘ보다 더 구체적이라고 말할 수 있다. 또한 ⓐⓑⓒⓓⓕⓖⓗ 가운데 ⓐⓑⓒⓖⓗ의 부사어 자리에 해당하는 어휘의 특성을 보면 ⓓⓕ의 부사어 자리에 있는 어휘보다 더 구체적이다. 그러므로 ⓐⓑⓒⓖⓗ번 단의는 먼저 나오고 ⓓⓕ가 뒤로 나와야 한다. 그리고 부사어의 구체성 및 추상화 정도에 따라 ⓐⓑⓒⓖⓗ의 순서는 ⓐⓑⓖⓗⓒ가 되고, ⓓⓕ는 ⓓⓕ

가 되겠다. 위 내용에 따라 중국어 '上'의 단의를 다음과 같이 재배열 할 수 있다. ⓘⓔ가운데 '정보'는 항상 사람에게서 일어나고 다른 사람에게 전달하는 것으로서 '수량이나 정도'보다 인간과의 관계가 더 가깝다. 따라서 중국어 '上'의 단의를 아래와 같이 정리할 수 있다

(119) '上'의 단의

❶ [(명)이 (명)에/(명)으로]人或者動物)由低處到高處.(사람이나 동물 따위가) 아래에서 위쪽으로 움직여 가다.) ← ⓐ

❷ [(명)이 (명)에](人)或者動物從水裡到陸地上.(사람이 따위가 땅에 물에서 나와 옮다.) ← ⓖ

❸ [(명)이 (명)에](人)利用火車, 船等交通工具.(사람이 기차나 배, 자동차 따위에 몸을 싣다.) ← ⓑ

❹ [(명)이 (명)에](人)出場.(사람이 얼굴을 내밀다.) ← ⓒ

❺ [(명)이 (명)에]與'路'連接表示人從某地出發.(사람이 어떤 길에 다다르거나 접어들다.) ← ⓗ

❻ [(명)이 (명)에](人)到規定的時間開始工作或學習等.(사람이 규정 시간에 일이나 공부를 시작하다.) ← ⓓ

❼ [(명)이 (명)에](人)獲得某個更高的職位.(사람이 어떤 신분이나 지위에 앉게 되다.) ← ⓕ

❽ [(명)이 (명)에](文字)等被記錄或者登載.(무엇이 문서에 기록으로 적히다.) ← ⓘ

❾ [(명)이 (명)에]人的事業發展到了某種程度.(사업이) 어떤 정도에 달하다.) ← ⓔ

이를 토대로 중국어 '上'의 단의 분포 양상을 그리면 다음과 같다.

[그림 30] 중국어 '上'의 단의 분포 양상

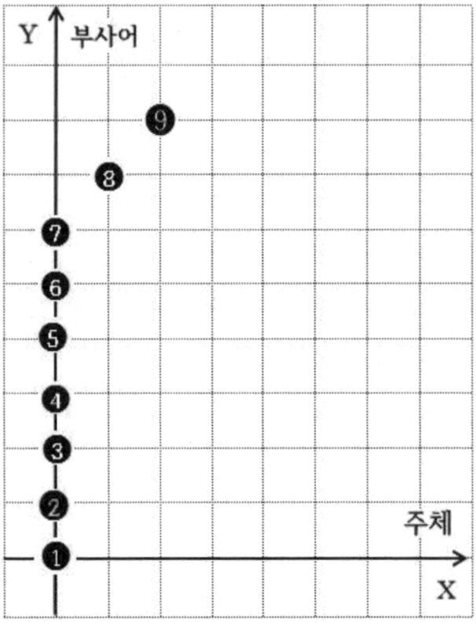

위 그림을 통해 중국어 '上'은 의미를 실현하는 데 주체가 사람으로 한
정되는 경우가 많은 것을 알 수 있다. 즉 '上'의 의미 변화에 부사어의 역
할이 크다고 볼 수 있다.

'上'의 각 단의 가운데 가장 중심적이고 기본적이라고 판단되는 단의를
중심으로 각각의 단의가 파생되었다고 볼 수 있을 것이다. 그리고 각 단의
를 대표할 수 있는 원형의미는 출현 제약이나 의미적 환경의 영향을 되도
록 적게 받는 구체적 환경에서 실현되는 것으로 결정된다. '오르다'의 ❶
번 의미는 구체물 상승 이동을 의미하므로 다른 단의를 대표할 수 있는 원
형의미가 될 수 있다. 이때 공간 위치가 도달점에서 대상으로 변화하여 단
의 ❷번이 파생된다. ❸번과 ❹번도 위치 변화로 인해 의미가 변화하는
단의로 ❷번에서 파생된다고 볼 수 있다. ❺번의 주체 '사람이 여정에 접
어들다'는 것도 역시 사람의 물리적인 이동을 의미함으로 ❸번 단의와 유
사하다. 따라서 ❺번은 ❸번에서 확장해온다고 말할 수 있다. ❻번은 사람

이 회사 등 공간에 들어가 일을 시작하는 의미로 ❹번의 사람이 정한 목적지인 '무대' 등에 올라가는 의미와 유사해 보인다. ❻번은 ❹번에서 파생된다고 할 수 있다. ❼번은 신분의 상승을 의미하는데 '사람이 낮은 위치에서 높은 위치로 올라가다'는 의미로 해석할 수 있다. 결국 사람이 낮은 데에서 높은 데로 이동하는 원형의미와 유사해 보여 대신 이동하는 장소는 추상적인 '신분이나 위치'이다. ❼번의 변화는 외재적인 행동이나 옷차림을 통해 확인할 수 있어 외재적인 것인 반면 ❾번의 변화는 내재적이다. ❼번의 변화는 외재적인 행동이나 옷차림을 통해 확인할 수 있어 외재적인 것인 반면 ❾번의 변화는 내재적이다. 따라서 외재적인 것에서 내재적인 것으로 확장되는 경로에 따라 ❾번은 ❼번에서의 은유적인 확장이다. 위에서 제시한 결과에 따라 '上'의 의미 확장 양상은 다름과 같이 그릴 수 있다.

[표 54] 중국어 '上'의 의미 확장 양상

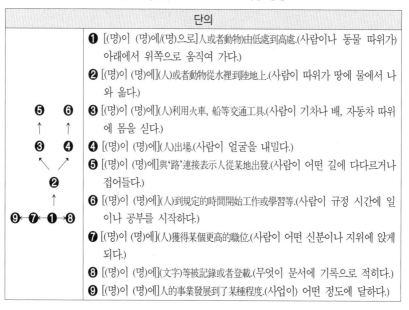

단의
❶ [(명)이 (명)에/(명)으로]人或者動物)由低處到高處.(사람이나 동물 따위가) 아래에서 위쪽으로 움직여 가다.)
❷ [(명)이 (명)에](人)或者動物從水裡到陸地上.(사람이 따위가 땅에 물에서 나와 옮다.)
❸ [(명)이 (명)에](人)利用火車, 船等交通工具.(사람이 기차나 배, 자동차 따위에 몸을 싣다.)
❹ [(명)이 (명)에](人)出場.(사람이 얼굴을 내밀다.)
❺ [(명)이 (명)에]與'路'連接表示人從某地出發.(사람이 어떤 길에 다다르거나 접어들다.)
❻ [(명)이 (명)에](人)到規定的時間開始工作或學習等.(사람이 규정 시간에 일이나 공부를 시작하다.)
❼ [(명)이 (명)에](人)獲得某個更高的職位(사람이 어떤 신분이나 지위에 앉게 되다.)
❽ [(명)이 (명)에](文字)等被記錄或者登載.(무엇이 문서에 기록으로 적히다.)
❾ [(명)이 (명)에]人的事業發展到了某種程度.(사업이) 어떤 정도에 달하다.)

3.2.1.1.3. 한국어 '오르다'와 중국어 '上'의 대조

여기서는 상승 주체 이동 동사 '오르다'와 '上'의 공통점과 차이점을 검토한다. 구체적으로 대응 관계에 대한 대조와 단의 분포 양상에 대한 대조 두 측면에서 논의를 전개하고자 한다.

위에서 제시된 내용에 따라 '오르다'는 열다섯 가지, '上'은 아홉 가지 단의로 정리되었다. 전체적으로 볼 때 '오르다'와 '上'은 모두 구체 영역과 추상 영역에서 의미 확장이 일어난다. 그리고 '오르다'와 '上'은 7가지 단의가 대응 관계가 이루는 것을 알 수 있다.

> (120) 가. 할아버지가 산에 오르셨다.
> 가′. 爺爺上山了.
> 가″. 爺爺登山了.
> 나. 승객들이 모두 비행기에 올랐다.
> 나′. 乘客們都上飛機了
> 나″. 乘客們都登機了
> 다. 그녀는 심한 뱃멀미 끝에 뭍에 오르니 비로소 살 것 같았다.
> 다′. 那個女人經歷了嚴重的暈船之後終於上岸了, 好像獲得了重生.
> 다″. *那個女人經歷了嚴重的暈船之後終於登岸了, 好像獲得了重生.
> 라. 여러 어려움을 극복하여 그 남자가 드디어 제 위치에 올랐다.
> 라′. 克服無數的苦難之後, 那個男人終於上位了.
> 마. 오빠가 길을 올랐다.
> 마′. 哥哥上路了.
> 바. 사업이 드디어 정상 궤도에 올랐다.
> 바′. 事業終於上了軌道.
> 사. 아이가 호적에 올랐다.
> 사′. 孩子上戶口了.

공통점으로는 첫째, (가-나″)를 통해 한국어 '오르다'와 중국어 '上'은 주체가 아래에서 위로 이동하여 사람이 목표점에 도달하는 의미를 공통적으로 갖고 있음을 확인할 수 있다.

그리고 한국어 '오르다'와 중국어 '上'은 일곱 가지 의미가 대응 관계가 이룬다고 확인할 수 있다.

한편, 차이점으로는 첫째, 중국어 '上'은 '사람이 얼굴을 내밀다'의 의미를 가지고 있는데 한국어 '오르다'는 이와 비슷한 의미가 없다.

> (121) 가. 這場戲你應該從左邊上場.
> 　　　 가'. 這場戲你應該從左邊登場.
> 　　　 가''. *이번 연극에 당신은 왼쪽에서 올라야 한다.
> 　　　 가'''. 이번 연극에 당신은 왼쪽에서 올라가야 한다.

위와 같은 상황에서 '오르다'를 사용하는 것보다 '올라가다'와 같은 복합어를 사용하는 것이 더 정확하다. 왜냐하면 '上場/登場'은 무대의 가장자리 부분만 넘으면 되는 것이 아니라 무대의 가운데 가야 한다. 그러므로 이러한 경우에 한국어에서 '오르다'보다는 '올라가다'를 사용하는 것이 더 정확하다.

둘째, 중국어 '上'은 무슨 행동을 시작하는 의미를 가지고 있는데 한국어 '오르다'의 단의 가운데는 이러한 의미가 없다.

> (122) 가. 他每天提前一個小時開始工作.
> 　　　 가'. *그 남자가 매일 한 시간 일찍 일이 오르다.
> 　　　 가''. 그 남자가 매일 한 시간 일찍 일을 시작한다.
> 　　　 나. 教師除了上課以外, 還需要做研究工作.
> 　　　 나'. *선생님이 수업을 오르기 외에도 연구를 해야 한다.
> 　　　 나''. 선생님이 수업을 하기 외에도 연구를 해야 한다.

위 예문을 통해 중국어 '上'은 사람이 무슨 행동을 하는 의미를 가지는데 한국어 '오르다'는 이러한 의미를 표현할 수 없고 대신 '일을 시작하다/

하다'나 '수업을 하다' 등 관용적 형식을 사용한다.

셋째, 한국어 '오르다'의 주체가 인체의 구성 부분 영역으로 확장이 일어날 수 있는데 중국어 '上'은 이러한 영역으로 의미 확장이 일어나지 않는다.

(123) 가. 얼굴에 살이 오르니 귀여워 보인다.
　　가'. *臉上上肉了, 看起來很可愛
　　가". 臉上長肉了, 看起來很可愛.
　　나. 저 친구는 장가를 가더니 살이 올랐다.
　　나'. *那個朋友結婚以後上肉了
　　나". 那個朋友結婚以後發福了.

'살'이 주체가 될 경우 '살이 오르다'는 살이 많아져 체중 수치가 높아진다는 의미인데, 중국어의 대응 표현은 '長肉/發福'이다.

넷째, 물체 따위가 위쪽으로 움직여 이동하다는 의미를 표현할 때 한국어에서 '오르다'를 사용할 수 있는데 중국어에서 '上'을 사용할 수 없다.

(124) 가. 안개가 하늘로 오른다.
　　가'. *縷縷炊煙上天空.
　　가". 縷縷炊煙飄上天空.
　　나. 김이 오르다.
　　나'. *煙霧上.
　　나". 煙霧上升.

위와 같이 중국어에서 '안개가 위로 이동하다'와 '김이 위로 이동하다'는 의미를 표현할 때 공기보다 가벼운 기체들이 공기 위로 이동하다는 의미를 가진 '飄上'과 '上升'을 선택하고, 서술어 '上'만 나오는 경우는 비문이다.

다섯째, 한국어 '오르다'는 '붙어 있거나 떨어지지 않다'는 의미로 확장
이 일어나는데 비해 '上'은 이러한 영역에서 의미 확장이 일어나지 않는다.

> (125) 가. 그 사람 옷소매는 언제나 때가 올라 있다.
> 　　가'. *無論何時那個人的袖口上總是上灰塵.
> 　　가". 無論何時那個人的袖口上總是有灰塵.
> 　　나. 그는 까맣게 때가 오른 와이셔츠 차림이었다.
> 　　나'. *那個男人穿著上汚漬的襯衫.
> 　　나". 那個男人穿著滿是汚漬的襯衫.

위와 같이 '오르다'의 주체가 '때나 먼지' 따위로 확장될 때 그것들이
개체에 붙어 있는 의미를 가진다. 그러나 중국어에서는 이와 비슷한 의미
를 가진 '有'과 '滿是'를 쓴다.

여섯째, '오르다'의 주체가 추상적인 '정보' 따위로 확장되었을 때 그 정
보가 사람들의 의논할 거리가 된다는 의미를 가진다. 그러나 중국어 '上'
의 단의 중에는 이러한 의미를 발견할 수 없다.

> (126) 가. 이번 행사에서는 한국의 현대 미술품들도 경매에 오를 예정이
> 　　　　어서 특히 관심을 끈다.
> 　　가'. *因爲這次拍賣會上韓國現代美術作品也將上拍賣，所以受到了大家
> 　　　　的關心
> 　　가". 因爲這次拍賣會上韓國現代美術作品也將參與拍賣，所以受到了大
> 　　　　家的關心
> 　　나. 남의 입에 오르지 않도록 조심해라.
> 　　나'. *小心不要上了別人的嘴.
> 　　나". 小心不要成爲別人議論的話題.

위 예문을 통해 '오르다'는 사건이나 정보 따위와 결합할 수 있는데 중
국어에서 비슷한 상황에 선택적으로 '참여하다'는 의미를 가진 '參與',

'…로/으로 되다'는 의미를 뜻한 '成爲'를 사용한다.

일곱째, '오르다'의 추상 영역 확장에서 '기운이나 세력' 따위가 상승하다는 의미를 표현할 수 있다. 그러나 '上'의 단의 사이에 이와 대응할 수 있는 단의를 찾을 수 없다.

> (127) 가. 기세가 오른 그들은 안하무인이었다.
> 가′. *氣勢上的他們已經目中無人了
> 가″. 氣勢膨脹的他們已經目中無人了
> 나. 인기가 오르니까 사람이야말로 달라졌다.
> 나′. *因爲人氣上整個人都變了
> 나″. 因爲人氣上升整個人都變了

위 예문에서 한국어 '오르다'는 '기세'와 '세력' 따위와 같이 쓰인다. 그러나 같은 상황에서 중국어에서는 각각 '부풀어 오르다'는 의미를 가진 '膨脹'이나 '위로 올라가다'는 의미를 뜻한 '上升'과 같은 복합어를 선택한다.

여덟째, 추상적인 수치로 표시 가능한 사물이 이전보다 많아지거나 높아지는 의미를 표현할 때 '오르다'는 '값, 성적, 온도' 따위와 함께 사용될 수 있는데 중국어 '上'은 그렇지 못한다.

> (128) 가. 아이가 갑자기 열이 올라 해열제를 먹였다.
> 가′. *孩子突然上熱了給他吃了退熱藥.
> 가″. 孩子突然發燒了給他吃了退熱藥.
> 나. 이번 신학기에도 예외 없이 수업료가 또 오르게 된다.
> 나′. *這個學期也不例外學費又上了.
> 나″. 這個學期也不例外學費又漲了.

주체가 수치로 나타나는 '값, 성적, 온도' 따위일 때 중국어에서는 '發燒'

와 '漲'을 사용한다.

아홉째, 한국어 '오르다'는 '병이나 독' 따위가 전염되거나 확산되는 의미를 가지는데 중국어 '上'의 단의 가운데 이와 비슷한 의미가 없다.

(129) 가. 옴이 오르면 가려워 온몸을 긁게 된다.
　　　가'. *上皮癬的話會很癢, 整個身體都被撓了.
　　　가''. 長皮癬的話會很癢, 整個身體都被撓了.
　　　나. 옻칠을 할 때는 옻이 오르지 않도록 조심해야 한다.
　　　나'. *刷油漆的時候小心不要讓油漆上到衣服.
　　　나''. 刷油漆的時候小心不要讓油漆染到衣服.

위 예문에서 '오르다'는 '전염되다, 나다, 옮다' 등 의미를 표시할 수 있는데 '上'은 이러한 의미를 표시할 수 없다. 대신 같은 의미를 표현할 때 '長'이나 '染', '出'을 사용한다.

'오르다'는 구체 영역과 추상 영역에서도 의미 확장이 일어나는데 비해 '上'은 구체 영역에서만 의미 확장이 일어난다.

이상 내용은 한국어 '오르다'와 중국어 '上'에 대한 대조 부분이다. 표로 정리하면 다음과 같다.

[표 55] 한국어 '오르다'와 중국어 '上'의 대응 관계 대조

단의	오르다	上
(사람이나 동물 따위가) 아래에서 위쪽으로 움직여 가다.	①	❶
(사람 따위가 땅에) 물에서 나와 옮다.	②	❷
(사람이) 기차나 배, 자동차 따위에 몸을 싣다.	③	❸
(사람이) 얼굴을 내밀다.	X	❹
(사람이) 어떤 길에 다다르거나 접어들다.	④	❺
(사람이) 규정 시간에 일이나 공부를 시작하다.	X	❻
(사람이) 어떤 신분이나 지위에 앉게 되다.	⑤	❼
(사람이) 높은 등수나 단계에 이르거나 들게 되다.	⑥	X

단의	오르다	上
(몸 따위에 살이) 많아지다.	⑦	X
(때나 먼지가) 옷이나 물건 따위에 묻다.	⑧	X
(움직일 수 있는 물체 막 따위가) 위쪽으로 움직이다.	⑨	X
(기운이나 세력이) 이전보다 좋아지거나 높아지다.	⑩	X
(독이나 병 따위가) 사람의 몸에 옮다.	⑪	X
(무엇이 문서에) 기록으로 적히다.	⑫	❽
(사건이 어떤 상황에) 다루어지는 대상이 되다.	⑬	X
(사업이) 어떤 정도에 달하다.	⑭	❾
(값이나 수치, 실적, 능률) 이전보다 많아지거나 높아지다.	⑮	X

이를 토대로 한국어 '오르다'와 중국어 '上'의 단의 분포 양상을 다음과 같이 정리할 수 있다.

[그림 31] 한국어 '오르다'와 중국어 '上'의 단의 분포 양상 대조

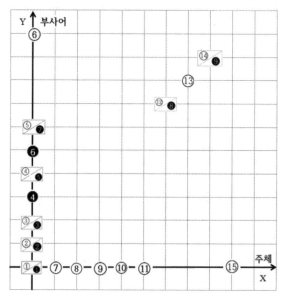

위 그림은 한국어 '오르다'와 중국어 '上'의 단의 분포 양상을 대조한 그
래프이다. 한국어의 '오르다'의 주체 분포가 '上'보다 더 다양하다는 것이
명시적으로 확인된다. 이 그래프를 통해서 한국어의 경우 주체의 변화에
의한 단의, 부사어의 변화에 의한 단의, 주체 및 부사어의 변화에 의한 단
의 세 그룹으로 나타내는 양상을 알 수 있다. 중국어의 경우 부사어의 변
화에 의한 단의들이 많고 상대적으로 주체의 변화에 의한 단의 변화가 적
은 것을 알 수 있다. 구체적으로 한국어의 '살이 오르다, 때가 오르다, 막이
오르다, 기운이 오르다, 병이 오르다, 값이 오르다' 등 표현이 나타날 수 있
는데 중국어의 경우 같은 의미를 표현할 때 '上'을 사용할 수 없고 각각 '發
福, 有了汚漬, 屏幕上升, 有力氣, 生病, 價格上漲'로 나타난다.

3.2.2. 하강(下降) 동사

3.2.2.1. 내리다01/下

3.2.2.1.1. 내리다01

본질적 하강 이동 동사 '내리다'에 대하여 「표준」에서는 11개, 「고려」에
서는 12개 단의를 제시하고 있다.

(130) '내리다01'의 단의 후보(1)

  (가) 「표준」「1」눈, 비, 서리, 이슬 따위가 오다. ¶ 함박눈이 내리다/
      이 지역은 강우가 어느 특정한 계절에 내리는 것이 아니라 산
      발적으로 내리는 경향이 있다.
      「고려」「3」[(명)이] (눈이나 비, 이슬 따위가) 하늘에서 떨어지
      다.¶ 그해 겨울은 유난히도 눈이 많이 내렸다/하늘에서는 겨울
      비가 부슬부슬 내리고 있었다./이번 여름에는 폭우가 내려 많
      은 수재민이 생겼다/무서리가 내린 늦가을에도 코스모스는 시

들지 않았다.

(나) 「표준」 「2」 어둠, 안개 따위가 짙어지거나 덮여 오다. ¶ 땅거미
가 내리다/어둠이 내리는 마포 강둑에서 그녀는 마침내 엎드
려 울었던 것이다.

「고려」 「5」[(명)이 (명)에] (어둠이나 안개 따위가 어떤 곳에)
깃들이거나 짙어지다. ¶ 버스가 마을에 들어섰을 때는 이미 땅
거미가 내려 있었다./바닷가에 어둠이 내리자 사람들은 저마다
불 꽃놀이를 하며 즐거워했다.

(다) 「표준」 「3」 【…에】 타고 있던 물체에서 밖으로 나와 어떤 지
점에 이르다. ¶ 우리는 서울역에 내려 전철을 타고 집에 갔다./
그는 병원 앞에 내리자마자 병실을 향해 마구 뛰었다.

「고려」 「1」[(명)이 (명)에/(명)에서] (사람이 어떤 장소에) 도착
하여 타고 있던 물체에서 밖으로 나오다. ¶ 학교 앞에 내려 조
금만 걸어가시면 됩니다./아파트 앞에 내린 할머니는 잠시 어
리둥절하여 주위를 둘러보았다/다음 정류장에 내려서 조금만
걸어가시면 우체국이 있습니다.

(라) 「표준」 「4」 【…에】 비행기 따위가 지상에 도달하여 멈추다. ¶
비행기가 활주로에 내리다/제주도로 향하던 비행기는 기계 고
장으로 활주로도 없는 언덕에 내려야만 했다.

「고려」 「7」[(명)이] (비행기 따위가) 아래로 움직여 지상에 닿
아 멈추다. ¶ 비행기가 땅에 내리고 있다.

(마) 「표준」 「5」 【…에서】 【…을】 탈것에서 밖이나 땅으로 옮아
가다. ¶ 차에서 내리다/저는 지난 열 달 동안 귀국하는 그날
배에서 내리는 장면을 밤마다 혼자 상상했어요 ‖ 차를 내린
사람들은 곧장 지하철역으로 걸어갔다./그녀는 뱃멀미가 심해
서 빨리 배를 내리고 싶어 했다.

「고려」 「2」[(명)이 (명)에서] (사람이 타고 있던 물체에서) 땅이
나 바닥으로 옮겨 서다. ¶ 마을 나루터에서 월선은 보따리 하
나를 들고 나룻배에서 내렸다/그날 밤 전철에서 늦게 내려 쳐
다본 하늘은 별이 빛나고 있었다./기차에서 내려 십 리를 걸어
야 우리 집에 도착한단다./하준은 버스에서 내려 그 여자의 뒤
를 밟았다.

「고려」「13」[(명)이 (명)을] (사람이 타고 있던 물체를) 벗어나
땅이나 바닥으로 옮겨 서다. ¶ 나는 버스를 내려 집까지 걸었
다/버스를 타고 우체국 앞에서 내리면 서쪽 방면으로 수레길
이 뚜렷하게 나 있을 것이다.

(바)「표준」「6」값이나 수치, 온도, 성적 따위가 이전보다 떨어지거
나 낮아지다. 또는 그렇게 하다. ¶ 열이 내리다/요즘은 물가가
조금씩 내리고 있다./일반적으로 가격이 내리면 공급량은 감소
한다.

「고려」「4」[(명)이] (값, 온도, 성적 따위 숫자로 표시된 것이)
이전보다 낮아지거나 떨어지다. ¶ 경기가 침체되면서 물가가
좀 내렸다/해열제를 먹고 나니 열이 좀 내린 것 같다/학생들
성적이 내린 책임을 교사에게 돌리는 것은 옳지 않다/오늘 종
합 주가 지수는 사상 최대 폭으로 내리면서 마감되었다.

(사)「표준」「7」먹은 음식물 따위가 소화되다. 또는 그렇게 하다. ¶
동치미 국물을 마시자 체증이 내리는 것처럼 느껴졌다.

「고려」「11」[(명)이] (먹은 것이) 삭아 아래로 가다. ¶ 지리산
약수는 십 년 묵은 체증이 쑥 내리는 것처럼 시원하다/밥이 내
린 뒤에는 가벼운 운동을 하는 것이 좋다.

(아)「표준」「8」막, 휘장, 커튼 따위가 위에서 아래로 옮겨 가다.
또는 그렇게 하다. ¶ 막이 내리다/내가 찾아갔을 때는 이미 커
튼이 내린 상태였다.

「고려」「6」[(명)이] (막이나 커튼 따위가) 위에서 아래로 옮겨
가다. ¶ 막이 내리다.

(자)「표준」「9」【…에】 뿌리가 땅속으로 들어가다. ¶ 옮겨 심은
지 얼마 안 되었는데 벌써 화분에 뿌리가 내렸다.

「고려」「8」[(명)이] (뿌리가) 나서 땅속으로 뻗다. ¶ 옮겨 심은
장미에 뿌리가 내렸다.

(차)「표준」「10」【…에/에게】 윗사람으로부터 아랫사람에게 상이
나 벌 따위가 주체지다. 또는 그렇게 하다. ¶ 내 힘이 닿는 한
너희들에게는 가벼운 처벌이 내리도록 하겠다./위법 행위에 대
해 그 민간단체에 경고 조치가 내렸다.

「고려」「10」[(명)이 (명)에게/(명)에] (상이나 벌 따위가 아랫사

람에게) 윗사람으로부터 주체지다. ¶ 이번 일로 큰 상이 내릴
것입니다.

(카) 「표준」 「11」 【…에/에게】 명령이나 지시 따위를 선포하거나
알려 주다. 또는 그렇게 하다. ¶ 신하들에게 어명이 내리다/
전국에 단발령이 내리자 선비들이 들고일어났다./공비가 나
타났다는 신고가 들어오자 그 지역의 예비군에게 동원령이
내렸다.

(타) 「고려」 「9」[(명)이] (신기(神氣)와 같은 것이) 사람 몸에 들다. ¶
그 무당은 열여섯에 신이 내렸다고 한다./그에게 하룻밤 사이
에 성령이 내리기라도 한 것인지 몰라보도록 독실해졌다.

(파) 「고려」 「12」[(명)이] (살이나 부은 것이) 줄어들거나 빠져 여위
다. ¶ 그녀는 살이 내려 전혀 딴사람이 되었다/산후에 호박즙
을 먹으면 부기가 빨리 내린다고 한다.

(130)에 정리한 (가)~(파)의 단의는 두 개의 사전에 실린 것을 종합한 것
이다. 사전의 뜻풀이를 비교해 보면, 각 단의에 대한 두 사전의 기술이 항
상 정확하게 대응하지는 않는다. '내리다'의 (가)와 (나) 모두 자연 현상과
관련된 의미이다. 이 때 (가)는 자연 현상으로 '눈, 비' 등 구성 요소의 의
미가 명확하고 빗방울이나 논송이가 움직이며 하늘에서 아래로 그 움직임
을 눈으로 확인할 수 있다. (나)의 단의는 주체 자리에 선택된 어휘는 '어
둠, 안개' 등 구성 요소의 단위가 확연하게 보이는 것은 아니다. 이때는
'어둠, 안개' 등이 그 영역을 넓혀가는 것으로 파악되나, (가)의 '비나 눈'
이 실제로 하늘에서 떨어지는 움직임과는 차이가 있다. 따라서 (가)와 (나)
는 공통적으로 자연 현상의 큰 영역에 속하지만 실제적인 이동이 달라서
별개의 단의로 간주되어야 한다.

또한 '내리다'의 (가)번 의미에 대하여 「표준」 「1」에서 '눈, 비, 서리, 이
슬 따위가 오다.'로 뜻풀이를 하고 있다. 그러나 '오다'는 '어떤 사람이 말
하는 사람 혹은 기준이 되는 사람이 있는 쪽으로 움직여 위치를 옮기다.'

인 의미를 가지고 있어 사람 따위의 수평 이동을 의미한다. 그러므로 수평 이동을 표현하는 '오다'를 사용하여 수직 이동을 의미하는 '내리다01'는 해석하는 것이 적당하지 않다. 이에 대하여 「고려」, 「3」에서 '눈이나, 비, 이슬 따위가 하늘에서 떨어지다.'로 해석하는 것이 더 정절하다고 볼 수 있다. 또한 (마) 「고려」, 「2」와 「고려」, 「13」번은 사람이 타고 있던 물체의 밖으로 나와 땅을 향해 이동하는 의미를 표현하고 있다. 이 때 물체와 결합하는 조사 '-에서'와 '-를'은 '내리다01'의 의미를 도출하는 데 역할을 하지 못한다. 그래서 「고려」, 「2」와 「고려」, 「13」번은 별개의 단의로 보지 않고 하나의 단의로 봐야 한다. (다)도 '사람이 타고 있던 물체의 밖으로 나오다'의 의미를 가지고 있어 (마)와 별개의 단의로 볼 수 없고 하나의 단의로 봐야 한다.

이어서 '내리다01'의 (사)번 의미를 살펴보겠다. '내리다01'의 (사) 「표준」 「7」은 '먹은 음식물 따위가 소화되다.'로 되어 있다. 이때 주체 '먹은 음식물 따위가'를 제외하면 '내리다'를 '소화되다'로 해석하고 있다. 그러나 '내리다01' 자체가 사람이나 사물의 하강 이동을 뜻하고 있고 '소화되다'의 의미를 가지지 않는다. 단지 '음식물'과 같은 인체에서 흡수할 수 있는 주체와 공기할 때 '소화되다'로 해석할 수 있는 것이다. '내리다'의 이러한 의미에 대하여 「고려」에서 '(먹은 것이) 삭아 아래로 가다.'로 되어 있어 「표준」의 해석보다 더 적당하다고 말할 수 있을 것 같은데 수평 이동을 의미하는 '가다'를 사용하는 것은 적절하지 않다. '가다'의 방향성이 명확하게 나타나지 않은 '움직이다'를 사용하는 것이 더 적절하다. 따라서 (사)번 의미는 <(먹은 것이) 삭아 아래로 움직이다>가 되어야 할 것이다.

'내리다01'는 '뿌리 따위가 길게 자라 땅속으로 움직이다.'는 의미를 표현할 때 「표준」에서 '땅속으로 들어가다'로 설명하고 있고 「고려」에서는 '땅속으로 뻗다'로 해석하고 있다. 두 사전의 뜻풀이를 비교하면 「표준」에서 사용된 '들어가다'는 주체를 명확하게 상정하지 않은 데 비해 「고려」에서의 '뻗다'는 그 자체가 '가지나 덩굴, 뿌리 따위가 길게 자라나다.'의 의미를 가지고 있다. 그러므로 '내리다01'의 (자)번 의미를 설명하는 데 있어서 「고려」의 뜻풀이가 「표준」보다 더 적절하다고 말할 수 있을 것이다.

'내리다01'의 (차)번 의미는 '윗사람으로부터 아랫사람에게 상이나 벌 따위가 주어지다.'는 의미를 표현하고 있고 (카)번 의미는 '명령이나 지시 따위를 선포하거나 알려 주다.'는 의미를 가진다. '명령이나 지시'는 '윗사람이나 상위 조직이 아랫사람이나 하위 조직에 무엇을 하게 하는 것을 의미하고 있다. 그러므로 (차)와 (카)는 모두 윗사람으로부터 아랫사람에게 추상적인 '상이나, 벌, 명령이나 지시'를 전달하는 의미를 표현하는 데 있어서 공통적이다. 따라서 (차)와 (카)는 별개의 단의로 보지 않고 하나의 단의로 간주해야 한다.

앞에 살펴본 결과를 토대로 '내리다01'의 의미를 다시 정리하면 다음과 같다

> (131) '내리다01'의 단의 부호(2)
> ⓐ [(명)이](눈이나 비, 이슬 따위가) 하늘에서 떨어지다. ← (가)
> ⓑ [(명)이](명)에](어둠이나 안개 따위가) 어떤 곳에 짙어지다. ← (나)
> ⓒ [(명)이 (명)에/(명)에서/(명)를](사람이) 타고 있던 물체에서 밖이나 바닥으로 나오다. ← (다) (마)
> ⓓ [(명)이](비행기 따위가) 지상에 도달하여 멈추다. ← (라)
> ⓔ [(명)이](값, 온도, 성적 따위 숫자로 표시된 것이) 이전보다 낮아지거나 떨어지다. ← (바)
> ⓕ [(명)이](먹은 음식물 따위가) 삭아 아래로 움직이다. ← (사)
> ⓖ [(명)이](막이나 커튼 따위가) 위에서 아래로 옮겨가다. ← (아)
> ⓗ [(명)이](뿌리가) 나서 땅속으로 뻗다. ← (자)
> ⓘ [(명)이](상, 벌, 명령, 지시 따위가) 윗사람으로부터 아랫사람에게 주체지다. ← (차) (카)
> ⓙ [(명)이](신기(神氣)와 같은 것이) 사람 몸에 들다. ← (타)

ⓚ [(명)이](살이나 부은 것이) 줄어들거나 빠져 여위다. ← (파)

이에 따라서 위에 정리된 '내리다01'의 단의를 크게 두 부류로 나눈다. 첫째 부류는 해당 단의의 의미를 실현하는 데 주체만 요구하는 것이고(A가 내리다), 둘째 부류는 단의의 의미를 실현하는 주체와 부사어를 모두 요구하는 것이다(A가 C에서/를 내리다). 이어서 (132)에 정리된 '내리다'의 단의들이 실현되는 환경을 살펴 단의를 분류할 것이다.

'내리다01'의 각 사전 의미 가운데 주체 자리에 있는 어휘는 먼저 구체성과 추상성에 따라 크게 분류할 수 있다. '내리다'의 각 단의 주체 자리에 ⓐ번 '눈이나 비', ⓑ번 '어둠이나 안개', ⓒ번 '사람', ⓓ번 '비행기 따위', ⓕ번 '음식물', ⓖ번 '막이나 커튼', ⓙ번 '살이나 부은 것', ⓚ번 '뿌리'가 구체성을 가지고 있지만 ⓔ번 '값이나 온도, 성적 따위', ⓗ번 '상이나 벌, 명령이나 지시 따위', ⓘ번 '신기'는 추상성을 가진다. 또한 구체 영역 가운데 주체가 형체가 있는지 없는지에 따라 '유형물'과 '무형물'로 나눈다. '내리다01'의 ⓐⓒⓓⓕⓖⓙⓚ번 단의에 해당되는 주체가 '유형물'이고 ⓑ번 단의는 '무형물'이다. 또한 ⓔⓗⓘ번 단의 가운데 주체에 해당되는 어휘가 인간과 관련이 있는지에 따라 '인간 유관' 영역과 '인간 무관' 영역으로 나눌 수 있다. 따라서 ⓗⓘ번의 주체는 '인간 유관' 영역에 속하고 ⓔ번 단의의 주체는 '인간 무관' 영역으로 속한다.

위 내용을 표로 정리하면 다음과 같다.

[표 56] 한국어 '내리다01'의 단의 분류

구체	주체(A)	부사어(C)	구문 정보	단의 후보 번호
	사람	물체	A가 C에서/를 내리다	ⓒ
	살			ⓚ
	비행기			ⓓ
	막, 커튼			ⓖ
	뿌리			ⓗ
	비, 서리		A가 내리다	ⓐ
	음식물	-		ⓕ
	어둠, 안개			ⓑ
	상, 벌			ⓘ
↓	값, 온도			ⓔ
추상	신기			ⓙ

'내리다01'의 단의 실현 환경을 보면 '내리다01'의 단의가 구체 및 추상 영역에서 모두 확장이 일어난 것을 확인할 수 있다. 의미가 구체적인 것에서 추상적인 것으로 확장하는 일반적인 원리에 따라 ⓔⓘⓙ번 단의는 ⓐ ⓑⓒⓓⓕⓖⓗⓚ번에서 파생된다고 볼 수 있을 것이다. 또한 구체 영역 안에서 유형물과 관련된 단의가 무형물보다 더 구체적이라고 볼 수 있다. 한편 유형물 안에서 주체가 인간 영역과 기타 영역으로 나누면 ⓒⓚ는 의미 확장에서 먼저 나올 수 있다. ⓐⓓⓖⓗ번 단의는 주체의 하강 이동을 뜻하는 데 비해 ⓕ는 '먹은 음식이 소화되다.'의 의미를 표현하고 있어 고유적인 의미에서 파생된 것으로 보인다. 한편 ⓐⓓⓖⓗ 가운데 이동 의미의 구체성 정도에 따라 순서를 다시 배열하면 ⓓⓖⓗⓐ가 되겠다. ⓔⓘ ⓙ 가운데 인간과의 관련 정도에 따라 다시 배열하면 ⓙⓔⓘ가 된다. 위 내용에 따라 '내리다'의 단의를 다시 배열하면 아래와 같다.

(132) '내리다01'의 단의

  ① [(명)이 (명)에/(명)에서/(명)를](사람이) 타고 있던 물체에서 밖이
    나 바닥으로 나오다. ← ⓒ
  ② [(명)이](살이나 부은 것이) 줄어들거나 빠져 여위다. ← ⓚ
  ③ [(명)이](비행기 따위가) 지상에 도달하여 멈추다. ← ⓓ
  ④ [(명)이](막이나 커튼 따위가) 위에서 아래로 옮겨가다. ← ⓖ
  ⑤ [(명)이](뿌리가) 나서 땅속으로 뻗다. ← ⓗ
  ⑥ [(명)이](눈이나 비, 이슬 따위가) 하늘에서 떨어지다. ← ⓐ
  ⑦ [(명)이](먹은 음식물 따위가) 삭아 아래로 움직이다. ← ⓕ
  ⑧ [(명)이](명)에](어둠이나 안개 따위가) 어떤 곳에 짙어지다. ←
    ⓑ
  ⑨ [(명)이](상, 벌, 명령, 지시 따위가) 윗사람으로부터 아랫사람에
    게 주체지다. ← ⓘ
  ⑩ [(명)이](값, 온도, 성적 따위 숫자로 표시된 것이) 이전보다 낮
    아지거나 떨어지다. ← ⓔ
  ⑪ [(명)이](신기(神氣)와 같은 것이) 사람 몸에 들다. ← ⓙ

이를 토대로 한국어 '내리다'의 단의 분포 양상을 다음과 같이 그릴 수
있다.

[그림 32] 한국어 '내리다01'의 단의 분포 양상

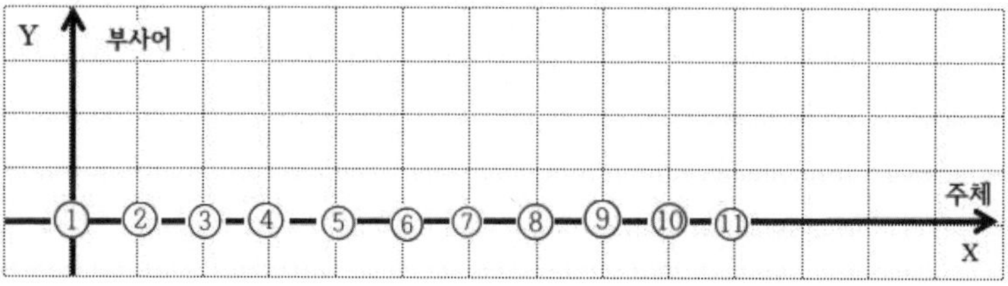

위에서 정리된 '내리다01'의 다의 분포 양상을 보면 한국어 '내리다01'
는 11개의 단의를 가지고 있고 이 단의들은 모두 주체의 달라짐에 따라

의미 변화가 일어난다.

'내리다'의 각 단의 중 '사람이 타고 있던 물체에서 밖이나 바닥으로 나오다'는 첫 번째 의미는 출현 제약이나 의미적 환경의 영형을 가장 적게 받는 구체적 환경에서 실현된다. 따라서 ①번 의미는 '내리다'의 각 단의를 대표할 수 있는 원형의미라 할 수 있다. 그리고 여기에서 구체물의 하강 이동하는 단의 ③번과 ⑥번이 파생된다. 그리고 ②번 의미는 '살이나 부은 것이 줄어들거나 빠져 여위다'는 의미에서 주체 살은 사람의 부분이 되어 사람과 밀접한 관계가 있다. 따라서 ②번도 원형의미에서 파생된다. ③번은 비행기와 같은 구체물의 공간 이동을 표현함으로써 원형의미에서 파생된다고 본다. ⑤번은 구체적인 유형물 '뿌리가 땅속으로 뻗다'는 의미를 가지고 있어 뿌리가 땅속에서 확산되는 양상을 보인다. 이것도 구체물의 물리적 이동을 뜻하므로 ①번에서 확장된다. ④번 '막이나 커튼 따위가 위에서 아래로 옮겨가다'는 의미로 ③번의 이동 상태와 유사해 보인다. 두 단의는 모두 구체물의 상하 이동을 뜻한다. ④번은 ③번에서 확장된다고 볼 수 있다. ⑦번은 음식의 이동을 의미하므로 ④번의 이동과 비슷해 보여 ④번에서 파생되는 것은 더 자연스럽다. ⑨번과 ⑩번의 주체는 추상적인 것이다. 구체물에서 추상적인 것으로 확장되는 것이 가장 자연스럽다. 먼저 실체가 없는 '상, 벌, 명령 따위가 윗사람으로부터 아랫사람에게 주어지다' 추상물의 하강 이동이다. 이어서 '값, 온도, 성적 따위 숫자로 표시된 것이 이전보다 낮아지거나 떨어지다'는 의미가 파생된다. 위 내용을 정리하면 아래와 같다. ⑧번 단의는 추상적인 어둠이 이동하는 것을 뜻하므로 원형의미에서 파생되는 것이 가장 자연스럽다. ⑪번은 더 추상적인 이동을 표현하는 것이어서 ⑧번에서 확장된다.

이상 내용을 표로 정리하면 다음과 같다.

[표 57] 한국어 '내리다'의 의미 확장 양상

	단의
⑩ ↑ ⑨ ↑ ⑦ ↑ ④ ↑ ③ ↑ ②←①→⑥ ↙ ↘ ⑤ ⑧ ↓ ⑪	① [(명)이 (명)에/(명)에서/(명)를](사람이) 타고 있던 물체에서 밖이나 바닥으로 나오다. ② [(명)이](살이나 부은 것이) 줄어들거나 빠져 여위다. ③ [(명)이](비행기 따위가) 지상에 도달하여 멈추다. ④ [(명)이](막이나 커튼 따위가) 위에서 아래로 옮겨가다. ⑤ [(명)이](뿌리가) 나서 땅속으로 뻗다. ⑥ [(명)이](눈이나 비, 이슬 따위가) 하늘에서 떨어지다. ⑦ [(명)이](먹은 음식물 따위가) 삭아 아래로 움직이다. ⑧ [(명)이](명)에](어둠이나 안개 따위가) 어떤 곳에 짙어지다. ⑨ [(명)이](상, 벌, 명령, 지시 따위가) 윗사람으로부터 아랫사람에게 주체지다. ⑩ [(명)이](값, 온도, 성적 따위 숫자로 표시된 것이) 이전보다 낮아지거나 떨어지다. ⑪ [(명)이](신기(神氣)와 같은 것이) 사람 몸에 들다.

3.2.2.1.2. 下

중국어 '下'은 한국어 '내리다01'와 같이 본질적 하강 이동 동사에 속한다. 이에 대하여 「現代」에서는 6개, 「新華」에서도 6개의 단의를 정리하고 있다. 내용은 다음과 같다.

(133) '下'의 단의 후보(1)

    (가) 「現代」「1」 由高處到低處. (사람이 위쪽에서 아래로 움직이다.)
        ¶ 下山(산에서 내리다)/下樓(계단을 내리다)
        「新華」「1」 由高處到低處. (사람이 위쪽에서 아래로 움직이다.)
        ¶ 下山(산에서 내리다)/下樓(계단을 내리다)

    (나) 「現代」「2」 雨雪等降落. (눈이나, 비, 이슬 따위가 하늘에서 떨어지다). ¶ 下雨(비가 내리다), 下雪(눈이 내리다)/下露水(이슬이 내리다)
        「新華」「4」 降落(눈이나, 비, 이슬 따위가 하늘에서 떨어지다)

¶ 下雨(비가 내리다), 下雪(눈이 내리다)

(다) 「現代」「3」去; 到(處所)(사람이 어떤 장소로 가다) ¶ 下鄕(농촌
으로 가다)/下車間(공장으로 가다)/下館子(식당으로 가다)

「新華」「3」往; 去 (사람이 어떤 장소로 가다) ¶ 鄕(농촌으로
가다)/下江南(강남으로 가다)

(라) 「現代」「4」退場(운동선수나 배우가 경기장이나 무대에서 내
려오다) ¶ 八一隊的五號下, 三號上(八一팀 五번 내려오가 三번
이 올라가라.)/這一場戲你應該從右邊的旁門下(당신이 이번 연극
에서 오른쪽 옆문으로 내려가야 돼.)

(마) 「現代」「5」到規定的時間結束日常的工作或學習等(정해진 시간
에 사람이 일상의 일이나 공부를 마치다.) ¶ 下班(퇴근하다)/下
課(수업 끝나다)/夜深了, 交警仍未下崗(밤이 깊어가 교통경찰들
이 아직도 자리에서 떠나지 않았다.)

「新華」「2」離開 (떠나다) ¶ 下班(퇴근하다)/下課(수업 끝나다)

(바) 「現代」「6」低於; 少於 (어떤 기준 수량에 모자라거나 부족하
다) ¶ 參加大會的人不下三千人(이번 대회에 참석한 사람의 수
량이 삼천 명을 넘었다.)

「新華」「6」少於(某數) (어떤 수량에 모자라거나 부족하다) ¶
不下三百人(삼백명에 적지 않다.)

(133)에 정리한 단의들은 2개의 사전에 실린 것을 종합한 것이다. 중국
어 '下'의 사전적 의미 가운데 (라)는 '사람이 경기장이나 무대에서 내려가
다'의 의미이다. 그러나 사람들이 '노래, 춤, 연극 따위를 하기 위하여 객
석 정면에 만들어 놓는 무대'를 인식할 때 관객들보다 위에 있는 것이다.
즉, 무대는 위쪽에 있고 배우들이 무대에서 내려다는 행동은 '사람이 위쪽
에서 아래로 움직이다'로 해석할 수 있어 (가)의 의미와 비슷하다. 또한
'경기장'은 '경기를 할 수 있는 설비와 관람석 따위를 갖춘 곳'으로 위쪽에
있을 수도 있고, 관중들과 같은 수평선에 있을 수도 있으나, 이들보다 아
래에 있을 수도 있다. '경기장'의 이러한 위치 특성을 고려해 보면 '운동선

수가 경기장에서 나가다'를 운동선수들이 경기장이라는 공간에서 벗어나 경기장 이외의 공간으로 이동하다의 의미로 해석하는 것이 더 자연스럽다. (마)는 '정해진 시간에 사람이 일상의 일이나 공부를 마치다'의 의미로 이것도 사람의 공간적인 이동으로 간주할 수 있다. 즉, '下課(수업이 끝나다)'는 학생들이 교실에 있는 공간에서 벗어나 교실 이외의 공간으로 이동하다는 의미이다.

또한 사전에서 제시되지는 않았는데 실제적으로 사람들이 광범위하게 사용하는 용법이 있다. '下'는 '곡식물, 과일, 채소 따위가 익거나 수확할 시기가 되다'는 의미와 '사람이 어떤 교통수단에서 내리다'의 의미를 가지고 있다.

그러면 위에서 정리된 내용에 따라 '下'의 사전적 의미를 다음과 같이 정리할 수 있다.

(134) '下'의 단의 후보(2)
ⓐ [(명)이 명(에서/를)]人由高處到低處(사람이 위쪽에서 아래로 움직이다.) ← (가) (다)
ⓑ [(명)이]雨雪等從空中降落(눈이나, 비, 이슬 따위가 하늘에서 떨어지다). ← (나)
ⓒ [(명)이]霧在空中的擴散(안개가 어떤 곳에 깃들이거나 짙어지다.) ← (나)
ⓓ [(명)이 (명)에서]人完成學習或者工作向另外一個空間移動(사람이 일이나 학업이 끝나 그 외부 공간으로 나가다.) ← (마)
ⓔ [(명)이]數量低於或者少於某個標準 (수량이 어떤 기준 수량에 모자라거나 부족하다) ← (바)
ⓕ [(명)이]指穀物, 水果, 蔬菜等成熟或收穫(곡식물, 과일, 채소 따위가 익거나 수확할 시기가 되다.)

위와 같이 중국어 '下'의 사전적 의미를 여섯 가지로 정리될 수 있다.

이 여섯 가지 의미들은 'A+下'와 'A+下+C' 두 가지 격틀 정보를 가지고 있다.

> (135) 가. 雪下了,我們快點回家吧. (눈이 내렸으니까 빨리 집에 가자.)
>
> 　　나. 再有半個月桃子就下了(반달이 지나면 복숭아가 익겠다.)

위의 (가)와 (나) 예문에서 주체 자리 'A'에 '눈이나 복숭아'가 해당되고 그 주체가 자연의 힘으로 '위에 있는 곳에서 아래로 떨어지다'의 의미를 가지고 있어 'A+下'의 논항 구조에 해당한다.

> (136) 가. 奶奶挖完草藥下山了. (할머니께서 약초를 캔 후 산에서 내려왔
> 　　　　다.)
>
> 　　나. 那個男人下鄕已經十年了. (그 남자가 농촌으로 내려간 지 10년
> 　　　　이 되었다.)

위에서의 (가)를 보면 주체 자리 'A'에 '할머니'가 쓰였고, '할머니'가 땅을 기준으로 위에 위치한 '산꼭대기나 산에 있던 곳에서 산 밑으로 이동하다'의 의미로 'A+下+C'의 격틀 정보를 가지고 있다. (나)도 주체인 '그 남자'가 '비교적 발달된 지역에서 덜 발달된 지역으로 내려가는' 의미를 표현하여 역시 'A+下+C'의 격틀 정보를 가진다.

'下'의 주체 자리에 오는 요소는 ⓐ는 '사람', ⓑ는 '비나 서리', ⓒ는 '안개', ⓓ는 '사람' ⓔ는 '수량', ⓕ는 '과일' 따위이다. ⓐⓑⓒⓓⓕ의 주체는 구체성을 가지고 있는 반면 ⓔ의 주체는 추상성을 가지고 있다. 또한 구체 영역 안에서 ⓐⓑⓓⓕ는 형체를 확인할 수 있는 유형물인 반면 ⓒ는 형체를 확인할 수 없는 무형물이다. 위 내용을 표로 정리하면 아래와 같다.

[표 58] 중국어 '下의' 단의 분류

구체	주체(A)	부사어치(C)	구문 구조	단의 후보 번호
↓ 추상	사람	물체	A+下+C	ⓐ
		수업, 직장		ⓓ
	과일		A+下	ⓕ
	눈비	-		ⓑ
	안개			ⓒ
	수치			ⓔ

위에서 정리된 '내리다'의 단의 실현 환경을 보면 '내리다'의 단의가 구체 및 추상 영역에서 모두 일어난 것을 알 수 있다. 의미가 구체적인 것에서 추상적인 것으로 확장하는 일반적인 원리에 따라ⓔ는 ⓐⓑⓒⓓⓕ에서 확장된다고 볼 수 있을 것이다. 또한 구체 영역의 유형물 관련 의미에서 무형물 관련 의미로 확장하는 것에 따라 ⓒ는 ⓐⓑⓓⓕ에서 파생된다고 볼 수 있다. 한편 ⓐⓑⓓⓕ 가운데 인간과 관련된 정도 및 의미의 구체성 정도에 따라 그들의 순서가 ⓐⓓⓕⓑ가 되겠다. 이 내용에 따라 한국어 '내리다'의 단의를 다음과 같이 재정리할 수 있다.

(137) '下'의 단의
① [(명)이 명(에서/를)]人由高處到低處(사람이 위쪽에서 아래로 움직이다.) ← ⓐ
② [(명)이 (명)에서]人完成學習或者工作向另外一個空間移動(사람이 일이나 학업이 끝나 그 외부 공간으로 나가다.) ← ⓓ
③ [(명)이]指穀物, 水果, 蔬菜等成熟或收穫(곡식물, 과일, 채소 따위가 익거나 수확할 시기가 되다.) ← ⓕ
④ [(명)이]雨雪等從空中降落(눈이나, 비, 이슬 따위가 하늘에서 떨어지다). ← ⓑ
⑤ [(명)이]霧在空中的擴散(안개가 어떤 곳에 깃들이거나 짙어지다.) ← ⓒ

⑥ [(명)이]數量低於或者少於某個標準 (수량이 어떤 기준 수량에 모
자라거나 부족하다) ← ⓔ

이를 토대로 중국어 '下'의 단의 분포 양상을 다음과 같이 정리할 수
있다.

[그림 33] 중국어 '下'의 단의 분류

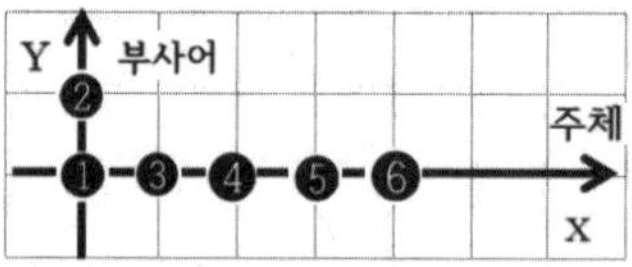

중국어 '下'의 단의 분포 양상을 보면 '下'이 여섯 개의 단의를 가지고
있고 그 가운데 ❷번 단의만 의미 변화에 주체 및 부사어의 영향을 모두
받고 나머지 단의들은 주체의 형향만 받는다. 즉 ❶❸❹❺❻번 단의는 주
체가 추상화됨으로서 의미가 달라진다.

중국어 '下'의 각 단의 가운데 대표가 되는 원형의미는 출현 제약이나
의미적 환경의 영향을 되도록 적게 받는 구체적 환경에서 실현되는 것으
로 결정된다. 그러므로 위에서 제시된 단의 가운데에서 가장 기본적인 것
은 ❶번에서 찾을 수 있다. 따라서 '下'의 ❶번 의미는 다른 단의를 대표
될 수 있는 원형의미로 간주된다. ❷번 단의는 사람이 '직장으로 구성된
공간 내에서 밖으로 이동하다'는 의미로 공간적인 이동을 뜻한다. 공간성
을 고려한 결과로는 ❷번이 ❶번의 양상과 더 비슷하다. 따라서 ❷번은
❶번의 은유적인 확장이다. ❸번은 '과일이 성숙하여 떨어지다'는 의미로
구체물의 하강 이동을 의미할 수 있어 ❶번 의미와 유사하다. ❹번은 '눈
이나 비, 이슬 따위가 하늘에서 떨이지다'는 의미로 역시 구체물의 하강
이동을 뜻함으로 원형의미와 더 비슷하다. ❹번은 ❶번에서의 은유적인

확장으로 볼 수 있을 것이다. ❺번의 주체는 '어둠이나 안개'라 ❹번의 주체 '눈이나 비'가 같이 자연 현상에 속해 유사성이 있어 보여 ❹번에서의 은유적인 확장이라고 할 수 있겠다. ❻번 '수량' 따위가 어떤 기준점보다 모자라거나 떨어지다는 의미로 주체가 좋은 영역에서 덜 좋거나 안 좋은 영역으로 변화가다고 해석할 수 있다. ❻번은 추상적인 수량 따위의 이동을 의미한다. 이것은 원형의미에서 확장해온다고 볼 수 있다. 위 내용을 표로 정리하면 다음과 같다.

[표 59] 중국어 '下'의 의미 확장 양상

	단의
❺ ↑ ❹ ↑ ❸◀─❶─▶❷ ↓ ❻	① [(명)이 명(에서/를)]人由高處到低處(사람이 위쪽에서 아래로 움직이다.) ② [(명)이 (명)에서]人完成學習或者工作向另外一個空間移動(사람이 일이나 학업이 끝나 그 외부 공간으로 나가다.) ③ [(명)이]指穀物, 水果, 蔬菜等成熟或收穫(곡식물, 과일, 채소 따위가 익거나 수확할 시기가 되다.) ④ [(명)이]雨雪等從空中降落(눈이나, 비, 이슬 따위가 하늘에서 떨어지다). ⑤ [(명)이]霧在空中的擴散(안개가 어떤 곳에 깃들이거나 짙어지다.) ⑥ [(명)이]數量低於或者少於某個標準 (수량이 어떤 기준 수량에 모자라거나 부족하다)

3.2.2.1.3. '내리다01'과 '下'의 대조

한국어 '내리다'와 중국어 '下'의 의미를 살펴보면 두 어휘가 모두 구체 영역에서 추상 영역으로 확장된다.

앞 절에서 정리된 내용을 토대로 '내리다'는 열한 개의 단의, '下'는 여섯 개 단의를 정리한 바 있다. '내리다'와 '下'의 단의들 가운데 세 가지 의미에서 대응관계가 이루어진다고 확인된다. 구체적인 대조 내용은 다음과 같다.

(138) 가. 눈이 내렸다.
　　　가'. 雪下了。
　　　나. 안개가 내렸다.
　　　나'. 霧下了。
　　　다. 철수가 비행기에서 내렸다.
　　　다'. 哲淑下飛機了。

'내리다01'와 '下'는 주체가 자연 현상인 '눈이나 비, 안개가 하늘에서 아래로 떨어지다'의 의미와, 주체인 '사람이 교통수단의 내부에서 외부로 나오다'의 의미가 공통적이다.

한편, 차이점은 다음과 같다. 첫째, '비행기가 지상에 도달하여 멈추다'의 의미를 표현할 때 '내리다'를 사용할 수 있다. 반면, 중국어 '下'는 이와 비슷한 의미가 없다.

(139) 가. 비행기가 내렸다.
　　　가'. *飛機下了。
　　　가''. 飛機降落了。
　　　가'''. 飛機著陸了。

위와 같은 예문을 통해 확인할 수 있듯이 비행기의 착륙을 의미할 때 한국어에서 '내리다'를 사용할 수 있는 반면 중국어는 이와 같은 의미를 표현하는 '降落'이나 '著陸'을 사용한다.

둘째, '내리다' 구체 영역의 확장에서 '막이나 커튼 따위가 아래로 옮겨가다'의 의미를 표현할 수 있는데 중국어 '下'는 이와 대응되는 의미가 없다.

(140) 가. 내가 찾아갔을 때는 이미 커튼이 내렸다.
　　　가'. *等我來到的時候, 窗簾已經下了.

가‴. 等我來到的時候, 窗簾已經下來了.

나. 막이 내렸다.

나′. *下幕了.

나″. 落幕了.

위 예문 (가-가‴), (나-나″)를 통해 확인할 수 있듯이 주체가 '커튼이나 막'으로 확장되는 상황에서 중국어는 '下'를 사용하지 않고 상황에 따라 '下來/落幕'을 선택한다.

셋째, '내리다'의 주체가 '음식물' 영역으로 확장하여 그 '음식물들이 소화되다'는 의미를 표현할 수 있는 반면 중국어 '下'는 이와 대응관계를 이룰 수 있는 단의가 없다.

(141) 가. 약을 먹었더니 얹힌 것이 좀 내렸다.

　　　 가′. *吃了藥, 堵住的食物下了.

　　　 가″. 吃了藥, 堵住的食物消化了.

위와 같은 상황에서 음식물의 위치 변화, 즉 음식물들이 몸의 '위(胃)'에서 아래에 있는 '장(腸)'으로의 이동을 '내리다'를 통해 표현할 수 있다. 그러나 중국어에서는 이 음식물들이 내리한다.

넷째, 중국어 '下'의 단의 가운데 '곡식물이나, 채소, 과일 따위가 익다'의 의미를 표현할 수 있는데 한국어에서는 이와 대응되는 의미를 찾을 수 없다.

(142) 가. 再有半個月桃子就下了.

　　　 가′. *보름이 지나면 복숭아가 내리겠다.

　　　 가″. 보름이 지나면 복숭아가 익겠다.

위의 예문 (마)는 '보름이 지나면 복숭아가 익을 것이다'의 의미를 표현하고 있다. 이때 '복숭아가 성숙하면 지구의 인력 때문에 나무에서 떨어지다'의 이동을 중국어에서 '下'로 사용하여 그 움직임을 의미한다. 하지만 한국어에서는 복숭아가 떨어지는 원인을 더 중요하게 생각하여 '익다'를 선택한다.

다섯째, '내리다'의 주체는 구체적인 '살이나 부기' 따위가 '줄어들거나 빠져 여위다'는 의미를 표현할 수 있지만 중국어 '下'는 이와 대응관계를 이룰 수 있는 단의가 없다.

> (143) 가. 그녀는 얼굴의 부기가 내리지 않아 외출을 하지 않기로 했다.
> 가'. *那個女孩的臉腫還沒有下所以決定不外出.
> 가". 那個女孩的連沒有消腫所以決定不外出.
> 나. 그녀의 살이 내렸다.
> 나'. *那個女孩的肉下了.
> 나". 那個女孩瘦了.

위 예문 (가~나")를 통해 알 수 있듯이 '내리다'가 '살이나 부기' 따위가 없어지는 의미를 표현할 수 있는 반면 중국어에서는 상황에 따라 '살이 내리다'일 경우 '마르다'의 의미와 같은 '瘦'자를 선택하고, '부기가 내리다'일 경우 '부기가 없어지다'의 의미와 같은 '消腫'을 사용한다.

여섯째, '내리다'의 단의 가운데 '뿌리가' 자라서 땅속으로 뻗어가는 의미를 가지는 반면 중국어 '下'는 이러한 단의가 없다.

> (144) 가. 옮겨 심은 지 얼마 안 되었는데 벌써 화분에 뿌리가 내렸다.
> 가'. *移植還沒有多久, 花盆里根已經下了.
> 가". 移植還沒有多久, 花盆里已經生根了.

위 예문을 통해 알 수 있듯이 식물들이 뿌리가 생겨 땅속으로 뻗어가는 이동을 '내리다'를 사용하여 표현할 수 있는데 중국어에서는 뿌리가 생기는 것을 의미하는 '生根'을 선택한다.

일곱째, 중국어 '下'의 단의 가운데 '지식이 있는 젊은 사람들이 단련(鍛鍊)을 받으러 도시에서 농촌으로 내려가다.'의 의미를 가지고 있는데 '내리다'의 단의 중에는 이와 대응하는 의미가 없다.

> (145) 가. 他下鄉有十年了.
> 　　　가'. *그는 시골에 내린 지 10년이 되었다.
> 　　　가". 그는 시골에 내려간 지 10년이 되었다.

위 예문을 통해 알 수 있듯이 '下'는 지식인들이 단련을 받으러 발전된 지역인 도시에서 덜 발전된 지역인 농촌으로 가다의 의미를 표현할 수 있는데 한국어에서 단일어 '내리다'를 대신 복합어 '내려가다'를 사용한다.

여덟째, 중국어 '下'의 의미 가운데 '일상적인 업무나 학업을 끝나다'의 의미가 있다. 한국어 '내리다'에는 이러한 의미가 없다.

> (146) 가. 他大概十點鐘下班.
> 　　　가'. *그는 열시쯤에 직장에서 내릴 것 같다.
> 　　　가". 그는 열시쯤에 퇴근할 것 같다.
> 　　　나. 小學生第一節課8點四十五分下課.
> 　　　나'. * 초등학생의 첫 수업이 8시 45분에 내린다.
> 　　　나". 초등학생의 첫 수업이 8시 45분에 끝난다.

중국어 '下'는 '사람이 일상적인 업무나 학업을 끝날 때' 한국어는 '내리다'를 사용하지 않고 상황에 따라 '下班(퇴근하다)', '下課(수업이 끝나다)'를 선택적으로 사용한다.

아홉째, '내리다'의 추상 영역 확장 가운데 '상, 벌, 지시' 따위가 전달할 때 사용할 수 있는데 중국어 '下'는 이와 대응관계를 이룰 수 있는 단의가 없다.

(147) 가. 지시를 내렸다.

　　가´. *指示下.

　　가´´. 指示下來了.

‘내리다’가 추상 영역의 확장에서 ‘상, 벌, 지시’ 따위가 ‘윗사람으로부터 아랫사람에게 주어지다’의 의미를 표현할 수 있는데 중국어에는 ‘下’를 사용하지 않고 그 이동의 결과를 나타나는 ‘下來’를 사용한다.

열째, ‘내리다’의 주체가 추상적인 ‘신령’ 영역으로 확장할 수 있는데 ‘下’는 이러한 영역으로의 확장이 이루어지지 않는다.

(148) 가. 하룻밤 사이에 성령이 내린 것 같다.

　　가´. * 一夜之間, 聖靈好像下了.

　　가´´. 一夜之間, 聖靈好像降臨了.

예문 (가-가´´)에서 추상적인 성령이 하늘에서 내려오는 의미를 표현할 때 한국어에서 ‘내리다’를 사용하는데 중국어에서는 ‘신이 하늘에서 속세(俗世)로 내려옴’을 표현하는 ‘降臨’을 선택한다.

열한째, 한국어의 ‘내리다’는 수치의 낮아짐을 의미할 수 있는데 중국어의 ‘下’는 이러한 의미가 없고 상황에 따라 다른 어휘를 선택한다.

(149) 가. 열이 내렸다.

　　가´. *熱下了.

　　가´´. 熱退了.

　　나. 온도가 내렸다.

　　나´. *溫度下了.

　　나´´. 溫度降低了.

위의 예문 (가-나´´)에서 한국어에서 ‘열, 온도 따위 숫자로 표시된 것이 이전보다 낮아지거나 떨어짐'을 의미할 때 '내리다01'을 사용하는 반면 중국어에서 상황에 따라 '退'나 '降低'를 사용한다.

열두째, 중국어 '下'는 '수량이 어떤 기준 수량에 모자라거나 부족하다'의 의미를 가지고 있는데 '내리다'는 이와 대응할 수 있는 의미가 없다.

(150) 가. 參加會議的人數不下三百人.
　　　가'. *회의에 참석한 인원이 삼백 명에 내리지 않다.
　　　가". 회의에 참석한 인원이 삼백 명보다 적지 않다.

위 예문을 통해 '수량이 모자라거나 부족하다'는 뜻을 나타낼 때 중국어에서 '下'를 사용하는데 한국어에서 '적지 않다'와 같은 표현을 사용한다.

다음으로 '내리다'와 '下'의 확장 양상을 대조해 보겠다. 첫째, 구체 영역에서 추상 영역으로의 의미 확장 순서가 일치한다. 둘째, 구체 영역 내부에 '유형물에서 무형물까지'의 확장 순서도 같다. 차이점으로는 '내리다'가 구체 영역과 추상 영역 내부에서 확장이 모두 활발하게 이루어지는 데 비해 중국어 '下'는 거의 구체 영역에서만 확장이 일어나고 추상 영역에서의 확장은 하나뿐이다. 그 결과를 표로 제시하면 다음과 같다.

[표 60] 한국어 '내리다'와 중국어 '下'의 단의 대응 관계 대조

단의	내리다	下
(사람이) 타고 있던 물체에서 밖이나 바닥으로 나오다.	①	❶
(사람이) 일이나 학업이 끝나 그 외부 공간으로 나가다.	X	❷
(살이나 부은 것이) 줄어들거나 빠져 여위다.	②	X
(곡식물, 과일, 채소 따위가) 익거나 수확할 시기가 되다.	X	❸
(비행기 따위가) 지상에 도달하여 멈추다	③	X
(막이나 커튼 따위가) 위에서 아래로 옮겨가다.	④	X
(뿌리가) 나서 땅속으로 뻗다.	⑤	X
(눈이나 비, 이슬 따위가) 하늘에서 떨어지다	⑥	❹

단의	내리다	下
(먹은 음식물 따위가) 소화되어 아래로 가다.	⑦	X
(어둠이나 안개 따위가) 어떤 곳에 깃들이거나 짙어지다.	⑧	❺
(상, 벌, 명령, 지시 따위가) 윗사람으로부터 아랫사람에게 주체지다.	⑨	X
(수량이) 어떤 기준 수량에 모자라거나 부족하다	X	❻
(값, 온도, 성적 따위 숫자로 표시된 것이) 이전보다 낮아지거나 떨어지다.	⑩	X
(신기(神氣)와 같은 것이) 사람 몸에 들다.	⑪	X

이상 내용에 따라 한국어 '내리다'와 중국어 '下'의 단의 분포 양상을 대조한 그림을 아래와 같이 제시할 수 있다.

[그림 34] 한국어 '내리다'와 중국어 '下'의 단의 분포 양상 대조

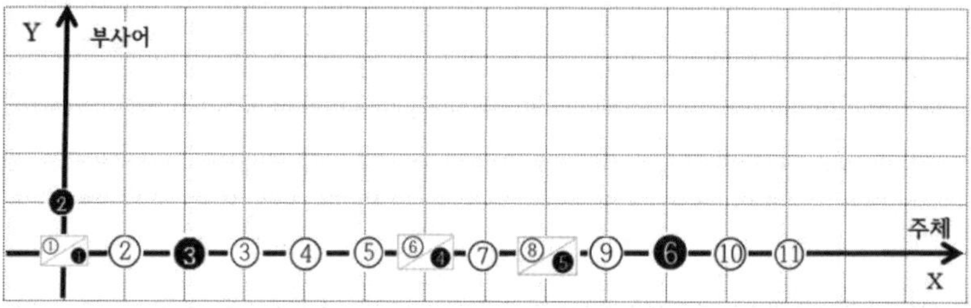

위에 정리된 한국어 '내리다'와 중국어 '下'의 단의 분포 양상을 보면 두 어휘가 의미 변화에 주로 주체의 영향만 받는 것을 확인할 수 있다. 그리고 한국어의 '내리다'는 '비행기가 내리다, 막이 내리다, 뿌리가 내리다, 음식이 내리다, 상이나 벌이 내리다, 값이나 온도가 내리다' 등 많은 의미를 표현할 수 있는데 중국어의 '上'는 혼자서 이러한 의미를 표현할 수 없다. 중국어에서 각각 '飛機著陸, 落幕, 生根, 食物消化, 得獎, 降價, 降溫'로 나타난다. 또한 중국어의 '上'의 주체는 '곡식물, 수량' 따위가 될 수 있는데 한국어의 '내리다'는 이러한 영역에서 주체 확장이 나타나지 않았다.

3.2.2.2. 떨어지다/掉

3.2.2.2.1. 떨어지다

'떨어지다'는 하강 이동 동사로서 「표준」에서는 27개 「고려」에서는 20개 단의를 제시하고 있다.

(151) '떨어지다'의 단의 후보(1)

> (가) 「표준」 「1」위에서 아래로 내려지다. ¶ 굵은 빗방울이 머리에 한두 방울씩 떨어지기 시작했다. ‖ 그는 발을 헛디뎌서 구덩이로 떨어졌다.
> 「고려」 「2」[(명)이 (명)에/(명)으로] (무엇이 어디에) 높은 데에서 아래로 내려오게 되다. ¶ 고장이 난 비행기가 지상으로 떨어지고 있었다./냉장고 위에 있던 유리컵 하나가 바닥에 떨어져 깨졌다./수많은 군인들이 포탄이 떨어지는 전장에서 용감하게 싸웠다./번지 점프를 하던 주연이는 떨어지면서 어머니를 소리 높여 불렀다.
> (나) 「표준」 「2」어떤 상태나 처지에 빠지다. ¶ 깊은 잠에 떨어지다 ‖ 타락의 길로 떨어지다.
> (다) 「표준」 「3」진지나 성 따위가 적에게 넘어가게 되다. ¶ 그 성이 적의 손에 떨어졌다는 전갈이 왔다. ‖ 만일 그 지역이 적의 수중으로 떨어진다면 전세는 급격하게 불리해질 것이다.
> 「고려」 「20」[(명)이 (명)에/(명)에게] (성이나 진지 따위가 적에게) 함락되어 넘어가다. ¶ 난공불락의 요새가 적에게 떨어지다.
> (라) 「표준」 「4」정이 없어지거나 멀어지다. ¶ 이미 그 일에 정이 떨어진 지 꽤 되었다./사람에게 한번 정이 떨어지면 다시 친해지기 어렵다.
> 「고려」 「8-1」[(명)이] (감각이나 감정 따위가) 줄거나 없어지게 되다. ¶ 감기로 입맛이 떨어지다/이번 일로 그 사람이라면 정이 뚝 떨어졌어.
> (마) 「표준」 「5」급한 일이나 임무가 맡겨지다. ¶ 곧 너에게 중요한 임무가 떨어질 것이다./우리 부서에 떨어진 과제는 너무 무리라는 생각이 든다.

「고려」「17」[(명)이 (명)에/(명)에게] (일이나 책임 따위가 누구에게) 맡겨지거나 닥치다. ¶ 중대한 임무가 박 과장에게 떨어졌다./어려운 일이 나에게 떨어졌다.

(바) 「표준」「6」명령이나 허락 따위가 내려지다. ¶ 드디어 우리에게도 출동 명령이 떨어졌다./너희 학급에 귀가하라는 허락이 떨어지면 바로 집에 가도록 해라.

「고려」「5」[(명)이] (명령이나 구령, 지시 따위가) 내려지거나 전해지다. ¶ 호령이 떨어지다/출발 지시가 드디어 떨어졌다./나는 출발 신호를 안타깝게 기다리고 있었지만 막상 신호가 떨어졌을 때는 전혀 그곳을 벗어날 자신이 없었다.

(사) 「표준」「7」【…보다】(('…보다' 대신에 '…에 비하여'가 쓰이기도 한다))다른 것보다 수준이 처지거나 못하다. ¶ 그는 인물이 비교적 남에게 떨어진다./품질에서 다른 회사에 떨어지면 경쟁에서 진다. ‖ 그의 실력은 평균보다 떨어지는 편이다./이웃은 다른 것에 비해 품질이 떨어지는 것 같다.

「고려」「14」[(명)이] (무엇이) 다른 것과 비교하여 덜하거나 못하게 되다. ¶ 우리나라 반도체 산업은 세계 어느 나라와 비교해도 떨어지지 않는다./그녀는 인물이 떨어지는 편이 아닌데도 외모에 대한 열등감을 가지고 있다.

(아) 「표준」「8」시험, 선거, 선발 따위에 응하여 뽑히지 못하다. ¶ 아들이 입학시험에 떨어졌다. ‖ 만일 이번 월요일에 있는 면접시험에서 떨어지지만 않는다면 더 바랄 것이 없겠다.

「고려」「9」[(명)이 (명)에/(명)에서] (사람이 시험이나 선거 따위에서) 뽑히거나 합격하지 못하다. ¶ 입학시험에 떨어지다/그는 지난 국회의원 선거에서 떨어지고 말았다./선희는 이번 입시에서 음대를 지원했다가 떨어졌다.

(자) 「표준」「9」함께 하거나 따르지 않고 뒤에 처지다. ¶ 여행 갔다 오는 길에 나 혼자만 대열에서 떨어져 삼촌 댁에 갔다./아이는 잠시도 엄마에게서 떨어지지 않으려고 한다.

「고려」「4-1」[(명)이 (명)과/(명)에게서] (어떤 사람이 다른 사람과) 함께 하지 못하고 따로 뒤에 처지거나 남게 되다. ¶ 나는 일행과 떨어져 혼자 산행을 계속했다./김 병장은 행군 도중

다리를 삔 박 이병을 부축하느라고 부대원들과 떨어지고 말았
다./우리들은 멀찌감치 떨어져서 먼저 내려가고 있는 일행들의
뒷모습을 지켜보고 있었다.

「고려」「19」[(명)이 (명)에서] (어떤 대상이 다른 대상에서) 한
편으로 따로 분리되다. ¶ 여당에서 떨어져 나온 비주류 측 의
원들은 새 정당을 만들 예정입니다./예술이 종교에서 떨어지면
서 미도 선으로부터 분리되었다.

(차)「표준」「10」달렸거나 붙었던 것이 갈라지거나 떼어지다. ¶ 소
매에서 단추가 떨어졌다./사과나무에서 사과가 떨어지는 것을
보고 뉴턴은 만유인력의 법칙을 발견하였다.

「고려」「1」[(명)이 (명)에서] (물체가 붙어 있던 곳에서) 따로
떼어지게 되다. ¶ 바람에 벽보가 게시판에서 떨어졌다./옷에서
떨어진 단추를 찾아보았지만 헛수고였다./책의 표지가 떨어져
서 임시방편으로 테이프를 이용하여 붙여 놓았다./마지막으로
남아 있던 잎마저 나무에서 떨어지고 나니 서글픈 마음이 든
다./사과가 나무에서 떨어지는 것을 보고 뉴턴은 만유인력을
발견하였다고 한다.

(카)「표준」「11」지녔던 것이 흘러서 빠지다. ¶ 주머니에서 동전이
떨어졌다./이 지갑은 아무래도 저 앞에 가는 사람에게서 떨어
진 지갑인 듯하다.

(타)「표준」「12」관계가 끊어지거나 헤어지다. ¶ 아이가 부모와 떨
어져 지내는 것은 힘든 일이다. ‖ 어떤 일이 있어도 우리 둘은
떨어져서 살 수 없습니다.

「고려」「3-2」[(명)이 (명)과][(명)이] (어떤 대상이 다른 대상과,
또는 둘 이상의 대상이) 공간적으로 일정한 거리를 두게 되다.
¶ 나는 정태와 1미터 정도 떨어져서 걷곤 하였다./떨어져 지내
게 되면 사람들이 서로 소원해지기 쉽다./두 마을이 아마도 족
히 30리는 떨어져 있을 텐데 걸어가기는 힘들 걸요.

「고려」「4-2」[(명)이 (명)과][(명)이] (어떤 사람이 다른 사람과,
또는 둘 이상의 사람이) 서로 헤어지게 되다. ¶ 그는 전쟁 때
문에 가족들과 떨어져 살게 되었다./우리는 잠시라도 떨어지지
말자고 굳게 맹세했다./저는 중학교 다닐 적부터 가족들과 떨

어져 살았습니다.

(파) 「표준」「13」일정한 거리를 두고 있다. ¶ 식당은 본관과 조금 떨어져 있는 별관에 있다. ‖ 두 건물은 약 200미터쯤 떨어져 있다. ‖ 지하철역은 우리 집에서 300미터쯤 떨어져 있다.

「고려」「3-1」[(명)이 (명)에서] (어떤 대상이 다른 대상에서) 멀어져 공간적으로 일정한 거리를 두게 되다. ¶ 우리집은 학교에서 멀리 떨어져 있다./그곳은 시내에서 멀리 떨어진 교외에 위치해 있다./집에서 이렇게 멀리 떨어져 있는 곳까지 나와 본 것이 처음이라 좀 떨리네요

(하) 「표준」「14」값, 기온, 수준, 형세 따위가 낮아지거나 내려가다. ¶ 갈수록 성적이 떨어져서 큰일이다./그 마라톤 선수는 지쳐서인지 달리는 속도가 시간이 지날수록 떨어졌다./연일 주가가 떨어지고 있다.

「고려」「13」[(명)이] (값이나 수준, 정도 따위가) 이전보다 낮아지거나 일정한 기준보다 낮아지게 되다. ¶ 쌀값이 예년에 비해 10프로 정도가 떨어졌다고 합니다./그 드라마의 시청률이 자꾸 떨어져서 방송사는 조기 종영을 검토하고 있다./이번에 새로 출시된 우리 회사의 제품이 비슷한 시기에 출시된 타사의 제품보다 성능이 떨어진다고 한다.

(거) 「표준」「15」병이나 습관 따위가 없어지다. ¶ 감기가 떨어지지 않아 큰 고생을 하였다.

「고려」「8-2」[(명)이] (병이나 습관 따위가) 없어지게 되다. ¶ 감기가 떨어지다/눈을 흘기던 버릇이 나이가 들면서 떨어졌다.

(너) 「표준」「16」해, 달이 서쪽으로 지다. ¶ 해가 떨어지기 전에 이 일을 마치도록 하여라.

(더) 「표준」「17」이익이 남다. ¶ 과자 한 봉지를 팔면 10원이 떨어진다.

「고려」「6」[(명)이 (명)에게] (돈의 이익이 어떤 사람에게) 남거나 생기다. ¶ 많은 유산이 고아에게 떨어졌다./비용을 다 제하면 나에게는 3만 원이 떨어진다./이번 사업이 성공하기만 한다면 당신에게도 이익이 얼마쯤 떨어질 겁니다.

(러) 「표준」「18」뒤를 대지 못하여 남아 있는 것이 없게 되다. ¶ 쌀

이 떨어져 두 끼를 라면으로 때웠다.

「고려」「7」[(명)이] (쓰던 돈이나 물건 따위가) 뒤가 달리어 남아 있는 것이 없게 되다. ¶ 용돈이 다 떨어졌어./식량이 다 떨어져서 내일부터는 어떻게 살아야 할지 걱정입니다./경기가 불황이라 일감도 다 떨어지고 이젠 뭘 해야 할지 모르겠다.

(머) 「표준」「19」입맛이 없어지다. ¶ 피곤해서 그런지 입맛이 떨어졌다.

(버) 「표준」「20」일이 끝나다. ¶ 그 일이 언제 다 떨어질지 모르겠다.

(서) 「표준」「21」옷이나 신발 따위가 해어져서 못 쓰게 되다. ¶ 신발이 떨어지다/아이가 기어 다니기만 해서 바지의 무릎이 금방 떨어졌다.

「고려」「10」[(명)이] (옷이나 구두 따위가) 낡아서 해어지다. ¶ 떨어진 옷은 기워 입어야 한다./그는 다 떨어진 구두를 신고 다녔다./나는 떨어진 옷을 입었음 입었지 먹다 남은 음식은 못 먹어.

(어) 「표준」「22」숨이 끊어지다. ¶ 숨이 막 떨어졌다.

「고려」「15」[(명)이] (숨이) 끊어져 죽다. ¶ 환자가 숨이 떨어지기 전까지는 의사로서 최선을 다해 봅시다./그녀는 이미 숨이 떨어진 동생의 주검을 붙들고 목놓아 울고 있었다.

(저) 「표준」「23」밴 아이가 유산이 되다. ¶ 임신 초기엔 아이가 떨어질 위험이 있으니 조심하시오.

「고려」「16」[(명)이] (태 중의 아기가) 달이 차기 전에 죽어서 나오다. ¶ 그 일로 애가 떨어진 뒤 형수님은 식음을 전폐하였다./그녀는 첫 임신이라 설레었지만 만의 하나라도 애가 떨어질까 봐 매사에 조심하였다.

(처) 「표준」「24」나눗셈에서 나머지가 없이 나뉘다. ¶ 1과 자기 자신 외의 어떤 수로 나누어도 떨어지지 않는 수를 소수라 한다.

「고려」「12」[(명)이] (셈이나 수가) 나머지 없이 나누어지다. ¶ 잔돈 없이 셈이 딱 맞게 떨어졌다./계산이 떨어지지 않아서 다시 합산을 하고 있습니다.

(커) 「표준」「25」셈에서 다 치르지 못하고 얼마가 남게 되다. ¶ 지난번 물건을 사고 돈이 부족해서 떨어진 천 원을 아직도 갚지

못하였다.

「고려」「18」[(명)이] (얼마의 숫자가) 셈에서 남게 되다. ¶ 지난번에 떨어진 오천 원을 오늘 마저 갚았다./그는 예순에서 한두 살이 떨어지는 나이이다.

(터)「표준」「26」말이 입 밖으로 나오다. ¶ 선생님의 호령이 떨어지다/배가 고프다는 말이 떨어지기가 무섭게 밥상이 나왔다.

(퍼)「표준」「27」지정된 신호 따위가 나타나다. ¶ 파란불 신호가 떨어지자 사람들이 건널목을 건너기 시작했다.

(허)「고려」「11」[(명)이 (명)에] (사람이 목적지에) 도착하게 되다. ¶ 그래도 제시간에 부산에 떨어져 다행이야./기차를 탄 그녀는 새벽 네 시에 목포에 떨어졌다./어머니, 아마 새벽 두 시쯤 광주에 떨어질 거야.

(151)에 정리한 단의들은 2개의 사전에 실린 것을 종합한 것이다. 위 내용을 보면 '떨어지다'에 대하여 「표준」에서 27개 단의로 「고려」에서 20개 단의로 수량적으로 많이 차이가 있는 것을 확인할 수 있다. 이러한 차이가 나는 이유는 「고려」에서 묶어서 기술하는 단의를 「표준」에서 쪼개어 설명하고 있기 때문이다. 예를 들어 (라)의 '정이 없어지다'와 (거)의 '습관이나 병이 없어지다'라는 의미에 대하여 「표준」에서 두 개의 단의로 기술하고 있는데 「고려」에서는 묶어서 설명하고 있다. (너)「표준」「16」번 '해나 달이 서쪽으로 넘어지다.'라는 단의가 「고려」에서 따로 보지 않고 (가)의 단의에 포함되었다. '해나 달'도 물체 영역에 포함될 수 있기 때문에 따로 설명할 필요가 없다. (카)「표준」「11」은 '물체가 흘려서 빠지다.'는 의미이다. 여기서 물체가 높은 데에서 낮은 곳으로 움직이는 양상이 (가)와 비슷하다. 따라서 (카)는 (가)와 별개의 단의 보지 않고 묶어서 설명하는 것이 더 적절하다. 「머」「표준」에서 '입맛이 없어지다'라는 단의를 따로 설명하고 있는데 「고려」에서 「8」번 단의와 같이 제시하고 있다. '입맛'도 '정, 습관'과 같이 추상물 영역에 속하고 그것들이 없어지는 것이어서 「머」가

(라)(거)는 별개의 단의로 보지 않고 하나의 단의로 봐야 한다.

(터) 「표준」 「26」 '말이 나오다', (퍼) 「표준」 「27」은 '신호가 나오다'의 의미를 가지고 있다. '말이나 신호'는 모두 추상 영역에 속하고 그것들이 나오는 의미를 뜻하고 있으므로 두 단의를 별개의 단의로 보지 않고 하나의 단의로 볼 수 있다. 즉 '말이나 신호가 나오다.'로 제시할 수 있다. 이외에 「고려」에서만 제시한 단의도 있다. (허) 「고려」 「11」은 '사람이 목적지에 도착하다'는 의미를 제시하고 있는데 「표준」에서는 이와 비슷한 의미를 찾을 수 없다.

또한 「표준」과 「고려」에서 모두 실렸고 뜻풀이가 비슷한 단의는 (가)(다)(라)(마)(바)(사)(자)(차)(하)(거)(더)(러)(서)(어)(처)(커)이다. 본고에서는 「고려」의 뜻풀이를 택하기로 한다. 위 내용을 토대로 '떨어지다'의 사전적 의미를 다음과 같이 재정리할 수 있다.

(152) '떨어지다'의 단의 후보(2)

ⓐ [(명)이 (명)에/(명)으로] (무엇이 어디에) 높은 데에서 아래로 내려오게 되다. ← (가) (카) (너) (차)

ⓑ [(명)이 (명)에]사람이 어떤 상태나 처지에 빠지다. ← (나)

ⓒ [(명)이 (명)에/(명)에게] (성이나 진지 따위가 적에게) 함락되어 넘어가다. ← (다)

ⓓ [(명)이] (감각이나 감정, 질병 따위가) 줄거나 없어지게 되다. ← (라) (거) (머)

ⓔ [(명)이] (일이나 책임, 명령이나 지시 따위가 누구에게) 맡겨지거나 닥치다. ← (마) (바)

ⓕ [(명)이 (명)과] (인물, 사업, 물질 따위가) 다른 것과 비교하여 덜하거나 못하게 되다 ← (사)

ⓖ [(명)이 (명)에/(명)에서] (사람이 시험이나 선거 따위에서) 뽑히거나 합격하지 못하다. ← (아)

ⓗ [(명)이 (명)과/(명)에게서] (어떤 사람이 다른 사람과) 함께 하지 못하고 따로 뒤에 처지거나 남게 되다. ← (자) (타)

   ⓘ [(명)이] (값이나 수준, 정도 따위가) 이전보다 낮아지거나 일정
     한 기준보다 낮아지게 되다. ← (하)

   ⓙ [(명)이] (돈의 이익이 어떤 사람에게) 남거나 생기다. ← (더)

   ⓚ [(명)이] (쓰던 돈이나 물건 따위가) 뒤가 달리어 남아 있는 것
     이 없게 되다. ← (러)

   ⓛ [(명)이]일이 끝나다. ← (버)

   ⓜ [(명)이] (옷이나 구두 따위가) 낡아서 해어지다. ← (서)

   ⓝ [(명)이] (숨이) 끊어져 죽다. ← (어)

   ⓞ [(명)이] (태 중의 아기가) 달이 차기 전에 죽어서 나오다. ← (저)

   ⓟ [(명)이] (셈이나 수가) 나머지 없이 나누어지다. ← 처

   ⓠ [(명)이 (명)에서] (얼마의 숫자가) 셈에서 남게 되다. ← 커

   ⓡ [(명)이] 말이나 신호 따위가 나오다. ← (터) (퍼)

   ⓢ [(명)이 (명)에] (사람이 목적지에) 도착하게 되다. ← (허)

위와 같이 '떨어지다'의 의미를 19개로 정리하였다. 이 단의들은 그 의미를 실현하는 데 '주체'만 요구하는 경우도 있고, '주체와 부사어'를 모두 요구하는 경우도 있다.

   (153) 가. 쌀값이 예년에 비해 10프로 정도가 떨어졌다고 합니다.
       나. 그는 지난 국회의원 선거에서 떨어지고 말았다.
       다. 그는 전쟁 때문에 가족들과 떨어져 살게 되었다.

위 예문을 보면 (가)에서 '떨어지다'는 '값'이 낮아지는 의미를 표현할 때 주체만 요구한다. (나)에서는 주체와 '-에서' 자리에 해당되는 부사어를 동시에 요구하고 있고, (다)에서는 주체와 '-과'에 해당되는 부사어를 요구한다. 그러므로 '떨어지다'는 'A가 떨어지다', 'A가 C에서 떨어지다', 'A가 C와/과 떨어지다'의 격틀 정보를 가진다고 말할 수 있다.

'떨어지다'의 19개단의 가운데 주체 자리에 ⓑⓖⓗⓞⓢ는 '사람', ⓐ는 '물체', ⓒ는 '성, 전지', ⓜ는 '옷이나 구두'이다. 또한 ⓝ는 '숨', ⓓ는 '감

정', ⓔ는 '책임', ⓡ는 '말'이 나오고, ⓕ는 '사업', ⓘ는 '값', ⓙ는 '이익',
ⓚ는 '돈', ⓛ는 '일', ⓟⓠ는 '셈이나 숫자'이다. 위 주체 자리에 해당되는
어휘의 특성을 고려하면 ⓐⓑⓒⓖⓗⓜⓞⓢ는 구체성을 가지고 있지만
ⓓⓔⓕⓘⓙⓚⓛⓝⓟⓠⓡ의 주체는 추상성을 가진다. 또한 추상 영역 가
운데 ⓝⓓⓔⓡ의 주체가 인간과 긴밀한 관계가 보이는데 ⓕⓘⓙⓚⓛⓟ
ⓠ의 주체는 인간과 그다지 긴밀한 관계를 가지지 않는다. 그리고 각 영역
의 내부에서 의미의 구체성 정도를 고려하여 '떨어지다'의 단의 실현 환경
을 제시하면 다음과 같다.

[표 61] 한국어 '떨어지다'의 단의 분류

구체 ⟶ 추상	주체(A)	부사어(C)	구문 구조	단의 후보 번호
	사람	처지	A가 C에/에서 떨어지다	ⓑ
		목적지		ⓢ
		대열		ⓗ
		시험, 선거		ⓖ
		–	A가 떨어지다	ⓞ
	물체	장소	A가 C에/에서 떨어지다	ⓐ
	성, 전지	적군		ⓒ
	옷, 구두		A가 떨어지다	ⓜ
	숨			ⓝ
	감정			ⓓ
	책임	–	A가 C에/에서 떨어지다	ⓔ
	말		A가 떨어지다	ⓡ
	이익			ⓚ
	돈		A가 C에/에서 떨어지다	ⓙ
	품질	품질	A가 C와/과 떨어지다	ⓕ
	일		A가 떨어지다	ⓛ
	값	–		ⓘ
	셈수			ⓟ
	숫자	셈수	A가 C에/에서 떨어지다	ⓠ

[표 43]에서 제시한 '떨어지다'의 단의 실현 환경을 살펴보면 크게 주체가 구체적인가 추상적인가에 따라 양분할 수 있다. 또한 구체 영역 안에서 인간 영역과 사물 영역으로 나눌 수 있다. 의미는 인간 영역에서 타 영역으로 확장이 일어나는 것이 일반적인 원리이기 때문에 ⓑⓖⓗⓞⓢ번 단의에서 ⓐⓒⓜ로 파생된다고 볼 수 있을 것이다. 또한 추상 영역 가운데 인간 유관과 인간 무관 영역을 나눠서 인간 영역에 속한 단의들에서 인간 무관 영역에 있는 단의로 의미 파생이 일어날 것이다. 또한 각 영역 내부에서의 확장은 고유적인 특성과 의미의 구체성 정도에 따라 다시 배열한다. 위 내용을 토대로 '떨어지다'의 단의를 다시 정리할 수 있다.

(154) '떨어지다'의 단의

① [(명)이 (명)에]사람이 어떤 상태나 처지에 빠지다. ← ⓑ
② [(명)이 (명)에] (사람이 목적지에) 도착하게 되다. ← ⓢ
③ [(명)이 (명)과/(명)에게서] (어떤 사람이 다른 사람과) 함께 하지 못하고 따로 뒤에 처지거나 남게 되다. ← ⓗ
④ [(명)이 (명)에/(명)에서] (사람이 시험이나 선거 따위에서) 뽑히거나 합격하지 못하다. ← (ⓖ
⑤ [(명)이] (태중의 아기가) 달이 차기 전에 죽어서 나오다. ← ⓞ
⑥ [(명)이 (명)에/(명)으로] (무엇이 어디에) 높은 데에서 아래로 내려오게 되다. ← ⓐ
⑦ [(명)이 (명)에/(명)에게] (성이나 진지 따위가 적에게) 함락되어 넘어가다. ← ⓒ
⑧ [(명)이] (옷이나 구두 따위가) 낡아서 해어지다. ← ⓜ
⑨ [(명)이] (숨이) 끊어져 죽다. ← ⓝ
⑩ [(명)이] (감각이나 감정, 질병 따위가) 줄거나 없어지게 되다. ← ⓓ
⑪ [(명)이] 말이나 신호 따위가 나오다. ← ⓡ
⑫ [(명)이] (일이나 책임, 명령이나 지시 따위가 누구에게) 맡겨지거나 닥치다. ← ⓔ

⑬ [(명)이] (쓰던 돈이나 물건 따위가) 뒤가 달리어 남아 있는 것이 없게 되다. ← ⓚ

⑭ [(명)이] (돈의 이익이 어떤 사람에게) 남거나 생기다. ← ⓘ

⑮ [(명)이 (명)과] (인물, 사업, 물질 따위가) 다른 것과 비교하여 덜하거나 못하게 되다 ← ⓕ

⑯ [(명)이]일이 끝나다. ← ⓛ

⑰ [(명)이] (값이나 수준, 정도 따위가) 이전보다 낮아지거나 일정한 기준보다 낮아지게 되다. ← ⓙ

⑱ [(명)이] (셈이나 수가) 나머지 없이 나누어지다. ← ⓟ

⑲ [(명)이 (명)에서] (얼마의 숫자가) 셈에서 남게 되다. ← ⓠ

이를 토대로 '떨어지다'의 단의 분포 양상을 정리하면 아래와 같다.

[그림 35] 한국어 '떨어지다'의 단의 분포 양상

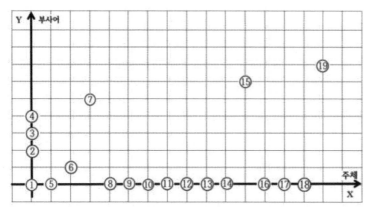

위에서 제시된 '떨어지다'의 단의 분포 양상을 보면 '떨어지다'의 의미 변화에 있어서 ①⑤⑧⑨⑩⑫⑬⑭⑯⑰⑱번은 주체의 영향만 받고 주체가 달라지기 때문에 의미 변화가 일어난다. 이에 비하여 ②③④번은 주체가 같고 부사어의 달라짐에 따라 의미 변화가 일어난다. ⑥⑦⑮⑲번 단의는 의미 변화에 주체 및 부사어의 영향을 모두 받는다.

  '떨어지다'의 각 단의 가운데 가장 중심적이고 기본적이라고 판단되는 단의를 중심으로 각각의 단의가 파생되었다고 볼 수 있을 것이다. 그리고 각 단의를 대표할 수 있는 원형의미는 출현 제약이나 의미적 환경의 영향을 되도록 적게 받는 구체적 환경에서 실현되는 것으로 결정된다. ①번 '사람이 어떤 상태나 처지에 빠지다'는 다른 의미를 대표할 수 있는 원형의미로 간주할 수 있다. ②번 단의는 '사람이 목적지에 도착하게 되다'는 ①번의 사람의 이동과 비슷해 보여 ①번에서의 은유적인 확장으로 볼 수 있겠다. ③번 '어떤 사람이 다른 사람과 함께 하지 못하고 따로 뒤에 처지거나 남게 되다'는 의미는 역시 인간과 밀접한 관련이 보여 ②번에서의 은유적인 확장이다. ④번 '사람이 시험이나 선거 따위에서 뽑히거나 합격하지 못하다'는 사람이 추상적인 위치의 높은 데에 도달하지 못해 내려가는 현상을 뜻함으로 ③번에서의 은유적인 확장으로 볼 수 있다. ⑤번은 '태중의 아기가 달이 차기 전에 죽어서 나오다'는 ④번과 관련이 밀접하게 보여 ④번에서 확장해온다고 볼 수 있다. ⑨번 '숨이 끊어져 죽다'는 ⑤번의 상태와 비슷하다. 그래서 ⑨번은 ⑤번에서 확장해온다고 볼 수 있다. ⑩번은 '감각이나 감정, 질병 따위가 줄거나 없어지게 되다'의 주체는 추상적인 인간과 관련된 것들이고 그것들이 없어지는 현상을 뜻한다. 이것은 ⑨번의 의미와 비슷해 보여 ⑨번에서의 은유적인 확장이다. ⑥번 '무엇이 어디에 높은 데에서 아래로 내려오게 되다'는 원형의미에서 확장해온다. ⑦번 '성이나 진지 따위가 적에게 함락되어 넘어가다'는 성이나 진지와 같은 구체물이 주인이 변한 의미를 뜻한다. 이것은 원형의미에서 확장해온다고 볼 수 있다. ⑧번은 '옷이나 구두 따위가 낡아서 해어지다'는 원래 붙어 있는 두 사물이 어떤 원인으로 헤어지게 되는 의미를 뜻한다. ⑦번은 성이나 진지가 원래 있던 주인과 헤어지는 의미를 표현할 수 있어 ⑧번 단의와 비슷해 보인다. 따라서 ⑧번은 ⑦번에서 확장해온다고 볼 수 있다. ⑬번은 '쓰던 돈이나 물건 따위가 뒤가 달리어 남아 있는 것이 없게 되다'는 ⑧번 단의와 비슷하게 보여 ⑧번에서 확장해온다고 볼 수 있다. ⑮번 단의는 '인물, 사업, 물질 따위가 다른 것과 비교하여 덜하거나 못하게 되다'는 어떤 것이 부족하거나 모자라는 의미를 뜻함으로 ⑬번 단의에서 확장해온다. ⑰번 '값이나 수준 정도 따위가 이전보다 낮아지거나 일정한 기준보다 낮아지게 되다'는 추상적인 주체인 값이나 수준 정도가 모자라는 현상을 의미하기 때문에 ⑮번에서의 은유적인 확장이다. ⑪번 '말이나 신호 따위가 나오다'는 어디에서 새로운 것이 생기는 의미를 뜻하므로 원형의미에서 확장해온다고 볼 수 있다. ⑫번 '일이나 책임, 명령이나 지시 따위가 누구에게 맡겨지거나 닥치다'는 일이나 책임 같은 것이 생기는 것이라 ⑪번 단의와 비슷하다. 따라서 ⑫번은 ⑪번에서 확장해온다고 말할 수 있다. ⑭번도 무엇이 생기는 의미를 표현함으로 ⑫번에서 확장해온다. ⑯번 '일이 끝나다'는 원형의미에서 확장해온다. ⑱번 '셈이나 수가 나머지 없이 나누어지다'는 ⑯번에서 확장해온다. ⑲번은 ⑱번에서의 확장의미이다.

　이상 내용을 표로 정리하면 다음과 같다.

[표 62] 한국어 '떨어지다'의 의미 확장 양상

	단의
⑩ ↑ ⑨ ↑ ⑤ ↑ ④ ↑ ③ ↑ ② ↑ ⑥←①→⑪→⑫→⑭ ↓↘ ⑦ ⑯ ↓ ↓ ⑧ ⑱ ↓ ↓ ⑬ ⑲ ↓ ⑮ ↓ ⑰	① [(명)이 (명)에]사람이 어떤 상태나 처지에 빠지다. ② [(명)이 (명)에] (사람이 목적지에) 도착하게 되다. ③ [(명)이 (명)과/(명)에게서] (어떤 사람이 다른 사람과) 함께 하지 못하고 따로 뒤에 처지거나 남게 되다. ④ [(명)이 (명)에/(명)에서] (사람이 시험이나 선거 따위에서) 뽑히거나 합격하지 못하다. ⑤ [(명)이] (태중의 아기가) 달이 차기 전에 죽어서 나오다. ⑥ [(명)이 (명)에/(명)으로] (무엇이 어디에) 높은 데에서 아래로 내려오게 되다. ⑦ [(명)이 (명)에/(명)에게] (성이나 진지 따위가 적에게) 함락되어 넘어가다. ⑧ [(명)이] (옷이나 구두 따위가) 낡아서 해어지다. ⑨ [(명)이] (숨이) 끊어져 죽다. ⑩ [(명)이] (감각이나 감정, 질병 따위가) 줄거나 없어지게 되다. ⑪ [(명)이] 말이나 신호 따위가 나오다. ⑫ [(명)이] (일이나 책임, 명령이나 지시 따위가 누구에게) 맡겨지거나 닥치다. ⑬ [(명)이] (쓰던 돈이나 물건 따위가) 뒤가 달리어 남아 있는 것이 없게 되다. ⑭ [(명)이] (돈의 이익이 어떤 사람에게) 남거나 생기다. ⑮ [(명)이 (명)과] (인물, 사업, 물질 따위가) 다른 것과 비교하여 덜하거나 못하게 되다 ⑯ [(명)이]일이 끝나다. ⑰ [(명)이] (값이나 수준, 정도 따위가) 이전보다 낮아지거나 일정한 기준보다 낮아지게 되다. ⑱ [(명)이] (셈이나 수가) 나머지 없이 나누어지다. ⑲ [(명)이 (명)에서] (얼마의 숫자가) 셈에서 남게 되다.

3.2.2.2.1. 掉

중국어 '掉'에 대하여 「現代」에서는 5개 「新華」에서는 3개의 단의를 제시하고 있다.

(155) '掉'의 단의 후보(1)

　　(가) 「現代」「1」落. ¶ 掉眼淚.(눈물이 떨어지다.)

　　　　 「新華」「1」落. ¶ 掉眼淚.(눈물이 떨어지다.)

　　(나) 「現代」「2」減少, 降低價錢(값이 내리다) ¶ 掉價(값이 떨어지다)

　　　　 「新華」「2」減少, 降低價錢(값이 내리다) ¶ 掉價(값이 떨어지다)

　　(다) 「現代」「3」沒能跟上隊伍, 跟隊伍分離(대열과 함께 가지 못해
　　　　 혼자 빠졌다.) ¶ 掉隊(대열에서 떨어지다)

　　　　 「新華」「3」落在後面(뒤로 처지다) ¶ 掉隊(대열에서 떨어지다)

　　(라) 「現代」「4」孩子沒有出聲之前死在母親腹中(아이가 태어나기 전
　　　　 에 엄마 뱃속에 죽다) ¶ 孩子掉了(아이가 떨어지다)

　　(마) 「現代」「5」人陷入某種環境中(사람이 어떤 환경에 처하게 되다)
　　　　 ¶ 他掉入了陷阱.(그는 함정에 떨어졌다.)

(155)에 정리된 단의는 2개의 사전에 실린 것을 그대로 종합한 것이다.
위 내용을 보면 「現代」는 「新華」보다 의미가 2개 더 많은 것을 확인할 수
있다. 위 사전적 의미를 다시 정리하면 아래와 같다.

(156) '掉'의 단의 후보(2)

　　ⓐ [(명)이 (명)에/(명)으로]物體等從高處落下.(물체 따위가 위에서 아
　　　 래로 떨어지다.) ← (가)

　　ⓑ [(명)이]價值, 溫度等降低.(값이나 온도 따위가 떨어지다.) ← (나)

　　ⓒ [(명)이 (명)에서]從隊伍中分離.(사람이 대열에서 떨어지다.) ←
　　　 (다)

　　ⓓ [(명)이]孩子出聲之前死在母親腹中.(아이가 태어나기 전에 엄마의
　　　 뱃속에서 죽다.) ← (라)

　　ⓔ [(명)이 (명)에]人陷入某種環境之中.(사람이 어떤 환경에 처하게
　　　 되다.) ← (마)

(156)에 정리한 단의를 보면 '掉'의 의미를 실현하는 데 주체만 요구하
는 경우도 있고 주체 및 부사어를 모두 요구하는 경우도 있다. 즉 '掉'는

'A+掉'와 'A+掉+C'의 격틀 정보를 가진다.

(157) 가. 掉價了.(가격이 떨어졌다.)
       나. 他掉入陷阱了.(그는 함정에 떨어졌다.)

위의 예문에서 (가)는 '가격, 온도, 값' 따위가 높은 수준에서 낮은 수준
으로 내려가는 의미를 실현할 때 주체만 요구하고, (나)는 '사람이' 어떠한
환경에 놓이게 되는 의미로 주체 및 장소에 해당되는 부사어를 모두 요구
한다.

'掉'의 단의 가운데 주체 자리에 ⓐ는 '물체', ⓑ는 '값', ⓒ는 '사람', ⓓ
는 '아이', ⓔ는 '사람'이다. ⓐⓒⓓⓔ의 주체는 구체성을 가지고 있지만
ⓑ는 추상성을 가진다. 또한 ⓐⓒⓓⓔ 가운데 ⓒⓓⓔ의 주체는 모두 사
람이고 ⓐ의 주체는 물체이다. 내용을 표로 정리하면 다음과 같다.

[표 63] 중국어 '掉'의 단의 분류

구체	주체(A)	부사어(C)	구문 구조	단의 후보 번호
↓ 추상	사람	처지	A+掉+C	ⓔ
		대열		ⓒ
		-	A+掉	ⓓ
	물체	장소	A+掉+C	ⓐ
	발전 변화	-	A+掉	ⓑ

위에서 정리된 '掉'의 단의 중에서 먼저 주체가 구체적이면서 인간과
가장 가까운 단의가 기본 의미이다. 이 단의에서 구체 영역의 비인간적
의미와 추상 영역에 속한 의미로 확장이 일어난다. 따라서 '掉'의 단의 가
운데 구체성 및 인간과의 관련 정도를 고려하여 위 단의들을 다시 배열할
수 있다.

(158) '掉'의 단의

❶ [(명)이 (명)에]人陷入某種環境之中.(사람이 어떤 환경에 처하게 되다.) ← ⓔ

❷ [(명)이 (명)에서]從隊伍中分離.(사람이 대열에서 떨어지다.) ← ⓒ

❸ [(명)이]孩子出聲之前死在母親腹中.(아이가 태어나기 전에 엄마의 뱃속에서 죽다.) ← ⓓ

❹ [(명)이 (명)에/(명)으로]物體等從高處落下.(물체 따위가 위에서 아래로 떨어지다.) ← ⓐ

❺ [(명)이]價値, 溫度等降低.(값이나 온도 따위가 떨어지다.) ← ⓑ

'掉'의 단의를 구체성 및 인간과의 관련 정도에 따라 앞서 내용과 같이 정리할 수 있다. 이 내용을 토대로 '掉'의 단의 분포 양상을 그리면 아래와 같다.

[그림 36] 중국어 '掉'의 단의 분포 양상

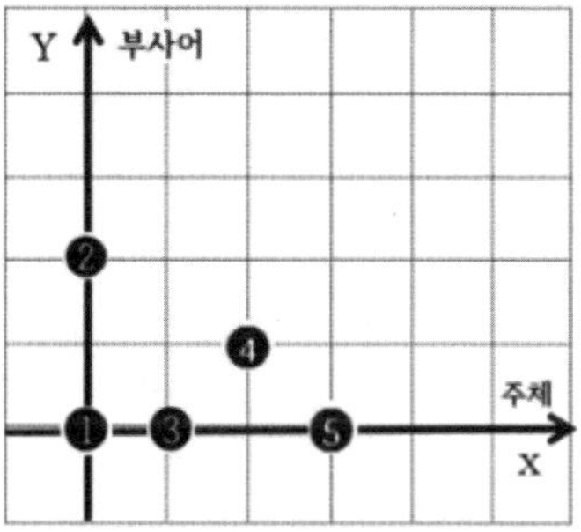

앞서 단의 분포 양상을 보면 '掉'는 5개 단의를 가지고 있고 이들 가운데 의미 변화하는 데 있어서 주체의 영향만 받는 것은 ❸❺번이고, 주체 및 부사어의 영향을 모두 받은 것은 ❷❹번이다.

'掉'의 각 단의 가운데 가장 중심적이고 기본적이라고 판단되는 단의를

중심으로 각각의 단의가 파생되었다고 볼 수 있을 것이다. 그리고 각 단의
를 대표할 수 있는 원형의미는 출현 제약이나 의미적 환경의 영향을 되도
록 적게 받는 구체적 환경에서 실현되는 것으로 결정된다. ❶번 '사람이
어떤 환경에 처하게 되다'는 인간과 가장 밀접한 관련을 보이기 때문에 다
른 의미를 대표할 수 있는 원형의미로 간주할 수 있다. ❷번 단의 '사람이
대열에서 떨어지다'는 사람이 어떤 대체에서 빠져 나오는 의미로 원형의
미에서 확장해온다고 볼 수 있다. ❸번은 아이가 태어나기 전에 엄마의 뱃
속에서 죽는 의미로 사람이 어떤 단체와의 헤어짐을 의미함으로써 ❷번과
비슷하다. 따라서 ❸번은 ❷번에서 확장해온다. ❹번 의미는 '물체 따위가
위에서 아래로 떨어지다'는 물체의 이동을 의미한다. 이것은 원형의미에
서 확장해온다. ❺번 단의 '값이나 온도 따위가 떨어지다'는 추상적인 값
이 같은 것들이 위에서 아래로 이동하는 의미를 표현하기 때문에 ❹번과
유사하다. 따라서 ❺번은 ❹번에서의 은유적인 확장으로 볼 수 있다.

이상 내용을 표로 정리하면 다음과 같다.

[표 64] '掉'의 의미 확장 양상

	단의
❸ ↑ ❷ ↑ ❺←❹←❶	❶ [(명)이 (명)에]人陷入某種環境之中.(사람이 어떤 환경에 처하게 되다.) ❷ [(명)이 (명)에서]從隊伍中分離.(사람이 대열에서 떨어지다.) ❸ [(명)이]孩子出聲之前死在母親腹中.(아이가 태어나기 전에 엄마의 뱃속에서 죽다.) ❹ [(명)이 (명)에/(명)으로]物體等從高處落下.(물체 따위가 위에서 아래로 떨어지다.) ❺ [(명)이]價值, 溫度等降低.(값이나 온도 따위가 떨어지다.)

3.2.2.2.1. '떨어지다'와 '掉'의 대조

여기서는 한국어 '떨어지다'와 중국어 '掉'의 공통점과 차이점을 검토하
고자 한다. 단의 대응 관계에 대한 대조와 단의 분포 양상에 대한 대조 두

측면에서 논의를 전개할 것이다. 앞서 정리된 내용을 보면 '掉'의 단의들은 '떨어지다'의 단의에서 모두 찾을 수 있다. 즉 '떨어지다'와 '掉'의 단의 가운데 5개가 같다고 말할 수 있다.

(159) 가. 他掉入陷阱了.
　　　가'. 그는 함정에 떨어졌다.
　　　나. 他掉隊了.
　　　나'. 그는 대열에서 떨어졌다.
　　　다. 孩子掉了.
　　　다'. 아이가 떨어졌다.
　　　라. 物體從高處掉下來了
　　　라'. 물체가 높은 데에서 떨어졌다.
　　　마. 掉價了
　　　마'. 가격이 떨어졌다.

위 내용은 '掉'의 단의이면서 '떨어지다'와 '掉'의 공통점이 되겠다.

차이점으로 첫째, 한국어 '떨어지다'는 어떤 목적지에 도착하는 의미를 표현할 수 있는데 중국어의 '掉'는 이러한 의미를 표현할 수 없다.

(160) 가. 그래도 제시간에 부산에 떨어져서 다행이야.
　　　가'. *還好萬幸能夠按時掉在釜山.
　　　가''. 還好萬幸能夠按時到達釜山.

위 예문을 보면 한국어 '떨어지다'는 '도착하다'는 의미를 가지고 있는데 중국어 '掉'의 단의 가운데 이와 비슷한 의미가 없다. 대신 중국어에서 '도착하다'라는 의미를 표현하려면 '到達'을 사용한다.

둘째, 한국어 '떨어지다'는 사람이 어떤 시험에 합격하지 못하거나 선거에서 뽑히지 않은 의미를 가지는데 중국어의 '掉'의 단의 가운데 이와 비슷한 의미를 찾을 수 없다.

(161) 가. 아들이 입학시험에 떨어졌다.
가'. 孩子入學考試掉了.
가". 孩子入學考試沒合格.

위 예문을 보면 한국어 '떨어지다'는 '합격하지 못하다' 아니면 '뽑히지
못하다'로 해석할 수 있는데 중국어의 '掉'는 그렇지 못한다. '掉'은 상황
에 따라 '不合格'이나 '沒選上'으로 해석한다.

셋째, 한국어 '떨어지다'는 '성'과 같은 지역이 적군의 손에 넘어가는 의
미를 표현할 수 있는데 중국어의 '掉'는 그러한 의미를 표현할 수 없다.

(162) 가. 그 성이 적의 손에 떨어졌다는 전갈이 왔다.
가'. *前方傳來了那座城調到敵人手裡的情報.
가". 前方傳來了那座城落入敵人手裡的情報.

위 예문을 보면 '떨어지다'는 지역이 다른 사람에게 넘어가는 의미를 표
시할 수 있는데 중국어의 '掉'은 그렇지 못하다.

넷째, 한국어 '떨어지다'는 '옷이나 신발이' 낡아 더 이상 신을 수 없는
의미를 가지는데 중국어 '掉'의 단의 가운데 이와 비슷한 의미를 찾을 수
없다.

(163) 가. 옷이 다 떨어졌다.
가'. *衣服都掉了.
가". 衣服都舊了.

위 예문을 통해 중국어에서 '물건 따위가 오래되어 헐고 너절하게 되
다.'라는 의미를 표현할 때 '舊'를 사용한다.

다섯째, 한국어 '떨어지다'는 죽는 의미로 해석할 수 있는데 중국어의 '掉'는 그렇지 못한다.

  (164) 가. 숨이 떨어졌다.
      가'. *掉氣了
      가". 斷氣了

위 예문을 통해 한국어 '떨어지다'는 숨이 끊어져 죽는 의미로 해석할 수 있는데 중국어의 '掉'는 이와 비슷한 의미를 표현할 수 없다. 대신 중국어에서 이러한 의미를 표현할 때 '斷'을 사용한다.

  여섯째, 한국어 '떨어지다'의 주체가 추상적인 '감정' 따위로 확장할 수 있는데 중국어 '掉'는 이러한 영역까지 의미 확장이 일어나지 않는다.

  (165) 가. 정이 떨어졌다.
      가'. 掉了感情了.
      가". 沒有感情了

위 예문을 통해 한국어 '떨어지다'는 감정 따위가 없어지는 의미를 표현할 수 있는데 중국어에서는 이러한 의미를 표현할 때 '掉'를 사용하지 않고 '沒有'를 사용한다.

  일곱째, 한국어 '떨어지다'는 '말' 따위와 결합하여 '나오다'로 해석할 수 있는데 중국어 '掉'는 이러한 의미를 표현할 수 없다.

  (166) 가. 말이 떨어졌다.
      가'. *掉出話了.
      가". 說出話了.

위 예문을 통해 한국어 '떨어지다'는 '말' 따위와 공기할 때 말이 입에서 나오는 의미를 표현하는데 중국어의 '掉는 이러한 의미를 지니지 않는다.

여덟 째, 한국어 '떨어지다'의 주체가 추상적인 '지시' 따위로 확장이 될 수 있는데 중국어의 '掉'는 그렇지 못하다.

> (167) 가. 지시가 떨어졌다.
> 　　가'. *指示掉了.
> 　　가". 指示下來了.

위 예문을 보면 한국어 '떨어지다'는 '지시' 따위와 같이 결합할 때 '내리다'로 해석할 수 있는데 중국어의 '掉'는 그렇지 못하다.

아홉째, 한국어의 '떨어지다'는 '용돈 따위를 다 썼다.'라고 풀이할 수 있는데 중국어의 '掉'의 단의 가운데 이와 비슷한 의미를 찾을 수 없다.

> (168) 가. 용돈이 다 떨어졌다.
> 　　가'. *零花錢都掉了.
> 　　가". 零花錢都用完了.

한국어 '떨어지다'는 용돈 따위를 다 써버린다는 의미를 표현할 수 있는데 중국어의 '掉'는 그렇지 못하다. 중국어에서 이런 의미를 표현할 때 '用完'을 사용한다.

열째, 한국어 '떨어지다'는 '이익, 돈' 따위와 결합할 때 '생기다'로 해석할 수 있는데 중국어 '掉'는 이와 비슷한 의미를 가지지 않는다.

> (169) 가. 과자 한 봉지를 팔면 10원이 떨어진다.
> 　　가'. *賣一包點心可以掉十韓元.
> 　　가". 賣一包点心可以賺十韓元.

위 예문을 보면 한국어 '떨어지다'는 돈이나 이익과 결합할 때 '이익이 생기다'로 해서할 수 있는데 중국어의 '掉'는 그렇지 못한다.

열한째, 한국어 '떨어지다'의 주체가 '품질, 인물' 따위로 확장되어 그것들이 다른 것과 비교할 때 모자라는 의미를 표현한다. 중국어의 '掉'는 이러한 의미를 지니지 않는다.

(170) 가. 품질에서 다른 회사에 떨어지면 경쟁에서 진다.
　　　가'. *如果質量上掉其他公司在競爭中就會輸掉.
　　　가". 如果質量上不如其他公司在競爭中就會輸掉.

위 예문을 통해 한국어 '떨어지다'는 '품질이나 인물' 따위가 다른 제품이나 다른 사람의 인물과 비교할 때 모자라는 의미를 표현한다. 중국어에서 이러한 경우에 '掉'를 대신하여 '不如'를 사용한다.

열두째, 한국어 '떨어지다'는 '일이 끝나다'는 의미를 가지는데 중국어의 '掉'는 이와 비슷한 의미를 지니지 않는다.

(171) 가. 그 일이 언제 다 떨어질지 모르겠다.
　　　가'. *不知道那件事什麼時候才會掉.
　　　가". 不知道那件事什么時候才會完成.

열셋째, 한국어 '떨어지다'는 숫자와 결합하여 '정제하다'의 의미를 표현할 수 있는데 중국어에서 이러한 경우 '掉'를 사용할 수 없다.

(172) 가. 1과 자기 자신 외의 어떤 수로 나누어도 떨어지지 않는 수를 소수라 한다.
　　　가'. *除了1和本身以外, 不能被其它任何數掉的數叫做素數(質數).
　　　가". 除了1和本身以外, 不能被其它任何數整除的數叫做素數(質數).

위 예문을 보면 한국어 '떨어지다'의 주체가 숫자 영역까지 확장되어 '정제하다'는 의미를 표현할 수 있는데 중국어에서 이러한 경우 '整除'라는 고정 어휘를 사용한다.

열넷째, 한국어 '떨어지다'는 '갚지 못하다'로 해석할 수도 있는데 중국어의 '掉'는 이와 비슷한 의미를 가지지 않는다.

(173) 가. 지난번 물건을 사고 돈이 부족해서 떨어진 천 원을 아직도 갚지 못하였다.

가'. *上次買東西錢不够掉的一千韓元還沒有還.

가''. 上次買東西錢不够欠下的一千韓元還沒有還.

위 예문을 보면 한국어 '떨어지다'는 돈 따위를 갚지 못한 의미를 표현할 수 있는데 중국어의 '掉'는 이러한 의미를 지니지 않고 '欠'을 사용한다.

이상과 같이 '掉'의 모든 의미는 '떨어지다'에 대응되는 것을 확인할 수 있다. '떨어지다'는 주체가 '인간 영역'에서 '사물 영역', 추상적인 '인간 유관' 영역, '인간 무관' 영역 등 많은 영역으로 확장되는 데 비해 중국어의 '掉'는 5개의 단의만 가지고 있어 분포 양상이 '떨어지다'보다 빈약한 편이다. '떨어지다'와 '掉'의 단의 대응 관계를 정리하면 다음과 같다.

[표 65] 한국어 '떨어지다'와 중국어 '掉'의 단의 대응 관계 대조

단의	떨어지다	掉
(사람이) 어떤 상태나 처지에 빠지다.	①	❶
(사람이 목적지에) 도착하게 되다.	②	X
(어떤 사람이 다른 사람과) 함께 하지 못하고 따로 뒤에 처지거나 남게 되다.	③	❷
(사람이 시험이나 선거 따위에서) 뽑히거나 합격하지 못하다.	④	X
(태중의 아기가) 달이 차기 전에 죽어서 나오다.	⑤	❸
(무엇이 어디에) 높은 데에서 아래로 내려오게 되다.	⑥	❹

단의	떨어지다	掉
(성이나 진지 따위가 적에게) 함락되어 넘어가다.	⑦	X
(옷이나 구두 따위가) 낡아서 해어지다.	⑧	X
(숨이) 끊어져 죽다.	⑨	X
(감각이나 감정, 질병 따위가) 줄거나 없어지게 되다.	⑩	X
(말이나 신호 따위가) 나오다.	⑪	X
(일이나 책임, 명령이나 지시 따위가 누구에게) 맡겨지거나 닥치다.	⑫	X
(쓰던 돈이나 물건 따위가) 뒤가 달리어 남아 있는 것이 없게 되다.	⑬	X
(돈의 이익이 어떤 사람에게) 남거나 생기다.	⑭	X
(인물, 사업, 물질 따위가) 다른 것과 비교하여 덜하거나 못하게 되다.	⑮	X
(일이) 끝나다.	⑯	X
(값이나 수준, 정도 따위가) 이전보다 낮아지거나 일정한 기준보다 낮아지게 되다.	⑰	❺
(셈이나 수가) 나머지 없이 나누어지다.	⑱	X
(얼마의 숫자가) 셈에서 남게 되다.	⑲	X

한국어 '떨어지다'와 중국어 '掉'의 단의 분포 양상에 대한 대조를 다음과 같이 정리할 수 있다.

[그림 37] 한국어 '떨어지다'와 중국어 '掉'의 단의 분포 양상 대조

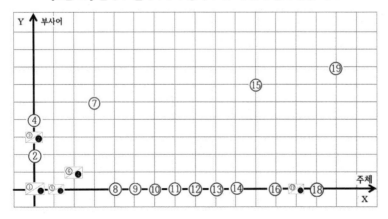

한국어 '떨어지다'가 중국어 '掉' 단의 분포보다 더 다양한 것을 알 수 있다. 한국어 '떨어지다'는 사람이 주체로 될 경우 '사람이 목적지에 달다, 사람이 시험이나 선거에서 뽑히다'는 의미를 표현할 수 있는데 중국어 '掉'는 이러한 의미를 가지지 않는다. 그리고 '떨어지다'는 성이 적에게 함락되어 넘어가거나 옷이나 구두 따위가 낡아지는 의미를 표현할 수 있는데 중국어 '掉'는 이러한 의미를 가지지 않는다. 또한 추상 영역 가운데 '떨어지다'의 주체가 '숨, 감각, 말이나 신호, 돈, 이익, 인물, 셈' 따위까지 의미 확장이 일어날 수 있는데 중국어 '掉'는 추상 영역에서의 확장이 그렇게 활발하지 않다.

3.2.2.3. 지다02/落

3.2.2.3.1. 지다02

한국어 '지다02'는 본질적 주체 하강 이동 동사로서 일상생활에서 자주 쓰인다. 「표준」과 「고려」에서 모두 7개로 정리되었다.

> (174) '지다02'의 단의 후보(1)
>
> > (가) 「표준」 「1」해나 달이 서쪽으로 넘어가다. ¶ 해가 지다/이미 달은 서산에 졌는데 동녘 하늘에서 해가 솟지 않는다.≪장용학, 요한 시집≫
> > 「고려」 「1」[(명)이] (해나 달, 별 따위가) 서쪽 지평선 너머로 넘어가거나 날이 새면서 빛이 희미하게 되다. ¶ 순라군인 남편은 달이 져서야 돌아왔다./책 한 권 제대로 읽지 못했는데 벌써 해가 졌다./그는 배 위에서 지고 있는 붉은 해를 바라보았다.
> > (나) 「표준」 「2」꽃이나 잎 따위가 시들어 떨어지다. ¶ 꽃이 지다/낙엽이 지다/이윽고 낙오된 새는 지쳐 더 날 힘을 잃고 꽃잎 지듯 바다로 향해 떨어졌다.≪김원일, 도요새에 관한 명상≫

「고려」「2」[(명)이] (꽃이나 잎이) 시들거나 말라 떨어지다. ¶ 가을이 되면서 낙엽이 모두 졌다./꽃봉오리들이 피지도 못한 채 지고 말았다./살구꽃이 진 다음, 자두 꽃이 피기 시작했다.

(다) 「표준」「3」묻었거나 붙어 있던 것이 닦이거나 씻겨 없어지다. ¶ 때가 지다/옷에 묻은 얼룩이 잘 안 진다.

「고려」「3」[(명)이] (묻어 있거나 배어 있던 것이) 닦이거나 씻겨 없어지다. ¶ 카펫에 생긴 얼룩이 안 져 속이 상했다./이 세제를 넣어 빨면 묵은 때도 잘 진다./저 책상은 칠이 져서 그런지 무척 오래 돼 보인다.

(라) 「표준」「4」태아가 배 속에서 죽다. ¶ 아이가 지다.

「고려」「4」[(명)이] (태아가) 어미의 뱃속에서 죽다. ¶ 그 여자는 아이가 생기다가는 지곤 하였다.

(마) 「표준」「5」불이 타 버려 사위어 없어지거나 빛이 희미하여지다. ¶ 모닥불이 지면서 조금씩 한기를 느끼기 시작했다./별빛이 지고 곧 해가 뜰 것이다.

「고려」「7」[(명)이] (불이) 사위어 없어지다.

(바) 「표준」「6」목숨이 끊어지다. ¶ 구급차가 달려왔지만 환자는 이미 숨이 져 있었다.

「고려」「5」[(명)이] (목숨이) 이어지지 않고 끊어지다. ¶ 김 군은 실종 삼 일 만에 숨이 진 채로 발견되었다.

(사) 「표준」「7」이슬 따위가 사라져 없어지다. ¶ 아침 이슬이 지기 전에 밖으로 나갔다.

「고려」「6」[(명)이] (이슬이) 스러져 없어지다. ¶ 해가 뜨자 아침 이슬이 금세 졌다.

위에 제시한 '지다'의 뜻풀이를 살펴보면, 「표준」과 「고려」에서는 모두 일곱 가지의 의미로 정리되었다는 것을 확인할 수 있다. (다)는 '묻었거나 붙어 있던 것이 없어지다', (마)는 '불이 없어지다', (사)는 '이슬이 없어지다'의 의미를 가지고 있어 모두 '물체의 없어짐'을 뜻한다. 그래서 세 의미들은 주체 자리에 나타나는 어휘가 '때'인가 '불이나 이슬'인가만 다를 뿐이고 실제로 표현하는 주체의 변화 상태가 일치하다. 그러므로 (다)(마)(사)는 별개의 의미로 간주하지 않고 하나의 의미로 묶어야 한다. (라)번 '태아가 어미의 뱃속에서 죽다'는 단의는 (바)의 '목숨이 끊어지다'의 의미로 해석할 수 있다. '죽다'는 것인 '목숨이 없어지다'는 것을 의미하기 때문이다. 그러므로 (라)와 (바)도 별개의 단의로 처리하지 않고 하나의 단의로 볼 수 있을 것이다.

> (175) '지다02'의 단의 후보(2)
>   ⓐ [(명)이] (해나 달, 별 따위가) 서쪽으로 넘어가다. ← (가)
>   ⓑ [(명)이] (꽃이나 잎이) 시들거나 말라 떨어지다. ← (나)
>   ⓒ [(명)이] (불이나 이슬) 따위가 없어지다. ← (라) (마) (사)
>   ⓓ [(명)이] (목숨이) 이어지지 않고 끊어지다. ← (바)

'지다02'의 사전적 의미는 네 가지로 정리될 수 있다. 이 네 가지 의미는 모두 'A가 지다'의 격틀 정보를 가지고 있다.

> (176) 가. 이미 달은 서산에 졌는데 동녘 하늘에서 해가 솟지 않는다.
>   나. 가을이 되면서 낙엽이 모두 졌다.

예문 (가)는 두 문장으로 구성된다. 앞 문장은 '이미 달은 서산에 지다'이고 뒤 문장은 '동녘 하늘에서 해가 솟지 않다'는 것이다. '지다'가 출현된 첫째 문장에서 '이미'는 부사어로 종결 의미를 표현하고 '-에' 자리에 해당하는 '서산'은 지는 장소를 나타낸다. 가령 (가)에서의 '이미'와 '서산에'를 삭제하면 문장이 '달은 지다'로 나타나 원래 표현하고자 하는 의미와 일치한다. 따라서 '이미'와 '서산'은 문장에서 필수 성분이 아닌 수의 성분이다. 결국 (가)는 'A가 지다'의 격틀을 가지고 있는 것을 알 수 있다. (나)도 마찬가지로 '가을이 되면서'와 '모두'를 삭제해도 문장 '낙엽이 지다.'는 의미가 변하지 않으므로 두 성분은 필수 성분이 아닌 수의 성분인 것을 확인할 수 있다.

위에 정리된 네 단의 후보 가운데 '지다'의 단의 실현 환경은 주체로 이루어지고 각 단의 주체 자리에 ⓐ번 '해나 달', ⓑ번 '낙엽', ⓒ번 이슬'은 구체성을 가지고 있는 반면 ⓓ번 '목숨'은 추상성을 가진다. 위 내용을 표로 정리하면 다음과 같다.

[표 66] 한국어 '지다02'의 단의 분류

구체	주체(A)	구문 구조	단의 후보 번호
↓	낙엽	A가 지다	ⓑ
	해, 달		ⓐ
	불, 이슬		ⓒ
추상	목숨		ⓓ

'지다02'의 단의 실현 환경을 보면 ⓐⓑⓒ는 구체적인 의미를 표현하는 데 비해 ⓓ는 추상적인 의미를 표현한다. 또한 ⓐⓑⓒ 가운데 해당 단의의 구체성 정도에 따라 ⓑ번 '낙엽이 지다'가 먼저 나온다고 할 수 있다. 이어서 ⓐⓒ가 나올 것이다. 위에 따라 '지다02'의 단의를 다시 정리하면 다음과 같다.

(177) '지다02'의 단의
① [(명)이] (꽃이나 잎이) 시들거나 말라 떨어지다. ← ⓑ
② [(명)이] (해나 달, 별 따위가) 서쪽으로 넘어가다. ← ⓐ
③ [(명)이] (불이나 이슬) 따위가 없어지다. ← ⓒ
④ [(명)이] (목숨이) 이어지지 않고 끊어지다. ← ⓓ

이를 토대로 '지다02'의 단의 분포 양상을 다음과 같이 그릴 수 있다.

[그림 38] 한국어 '지다02'의 단의 분포 양상

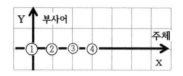

한국어 '지다02'는 의미 변화에 영향을 끼치는 요소가 주체뿐이다. 오른쪽으로 갈수록 구체성 정도가 떨어진다.

'지다'의 각 단의 가운데 가장 중심적이고 기본적이라고 판단되는 단의를 중심으로 각각의 단의가 파생되었다고 볼 수 있을 것이다. 그리고 각 단의를 대표할 수 있는 원형의미는 출현 제약이나 의미적 환경의 영향을 되도록 적게 받는 구체적 환경에서 실현되는 것으로 결정된다. ①번 단의 꽃이나 잎이 시들거나 말라 떨어지는 의미는 되도록 다른 단의를 대표할 수 있는 원형의미이다. ②번 '해나 달, 별 따위가 서쪽으로 넘어가다'는 자연계의 이동을 뜻함으로 원형의미에서 확장해온다고 볼 수 있다. ③번 단의 '불이나 이슬 따위가 없어지다'에서 표현하는 의미는 ②번과 비슷하다. 따라서 ③번은 ②번에서 확장해온다. ④번은 추상적인 목숨이 없어지는 현상을 뜻하므로 ①번에서 확장해온다.

이상 내용을 표로 정리하면 다음과 같다.

[표 67] 한국어 '지다02'의 의미 확장 양상

	단의
③ ↑ ② ↑ ①→④	①[(명)이] (꽃이나 잎이) 시들거나 말라 떨어지다. ②[(명)이] (해나 달, 별 따위가) 서쪽으로 넘어가다. ③[(명)이] (불이나 이슬) 따위가 없어지다. ④[(명)이] (목숨이) 이어지지 않고 끊어지다.

3.2.2.3.2. 落

중국어 '落'에 대하여 「現代」과 「新華」에서는 모두 2개의 의미를 제시하고 있다.

(178) '落'의 단의 후보(1)

 (가) 「現代」「1」物體因爲失去支持而下來.(물체가 지지를 잃어버려 위에서 아래로 떨어지다.) ¶ 落淚(눈물이 떨어지다)/花瓣落了 (꽃잎이 지다.)

 (나) 「現代」「2」下降(하강하다) ¶ 落潮.(조수가 내리다)/太陽落了.(해가 지다.)
  「新華」「1」掉下來, 往下降(떨어지다, 하강하다) ¶ 落淚.(눈물이 떨어지다)/太陽落山了.(해가 지다)

 (다) 「新華」「2」對某個領域研究熱度下降(어떤 영역에 대한 연구 열정이 떨어지다) ¶ 新聞學研究時起時落.(신문학에 대한 연구 열정이 올라오다가 내려간다.)

중국어 사전의 '落'에 대한 기술은 너무 모호하다. (가)에서는 「現代」「1」은 '물체가 지지를 잃고 위에서 아래로 떨어지다'로만 뜻풀이를 하고 있어 어떤 물체가 어떻게 내려가는지를 제시하지 않았다. 사전의 역할을 제대로 발휘하지 못한다고 볼 수 있다. 예를 들어 '太陽落了(해가 지다.)'와 '花瓣落了(꽃잎이 지다.)'는 물체가 위에서 떨어지는 의미가 동일하지만 '太陽落了(해가 지다)'는 물체의 전부가 이동하는 것이고, '花瓣落了(꽃잎이 지다.)'는 물체의 일부가 이동하는 것이기 때문에 별개의 의미로 파악해야 한다. 그리고 사전에서 제시되지는 않았지만 실제적으로 사람들이 두루 쓰이는 의미들이 있다. '話音剛落(목소리가 금방 그쳤다.)', '價格有漲有落(가격이 오를 때도 있고 내릴 때도 있다.)'가 바로 그 예이다. 따라서 '落'의 의미를 다음과 같이 재정리할 수 있다.

(179) '落'의 단의 후보(2)

　ⓐ [(명)이] 太陽, 月亮等從西邊下來.(해나 달, 별 따위가 서쪽으로 넘어가다.) ← (나)

　ⓑ [(명)이] 花或者樹葉凋謝或者枯萎與母體分離.(꽃이나 잎이) 시들거나 말라 떨어지다.) ← (가)

　ⓒ [(명)이] 眼淚從身體里流出來.(눈물 따위가 몸체 안에서 밖으로 나와 떨어지다.) ← (가)

　ⓓ [(명)이] 聲音的消失.(소리 따위가 그쳐 없어지다.)

　ⓔ [(명)이] 物價貨幣等數値從一個標準或者範圍下降到另一個標準或者範圍.(물가, 화폐 등 수치가 한 수준이나 범위에서 다른 수준이나 범위로 하강하다.)

　ⓕ [(명)이] 對某個領域研究熱度下降.(어떤 영역에 대한 연구 열정이 떨어지다.) ← (다)

'落'의 의미는 여섯 가지로 정리될 수 있다. 여섯 가지 의미 모두 'A+落'의 격틀을 가지고 있다.

(180) 가. 火紅的太陽從西邊落了. (붉은 해가 서쪽으로 졌다.)
　　　나. 人們對科學領域的研究熱情時起時落. (사람들이 과학에 대한 연구 열정이 올라가다가 떨어졌다.)

예문 (가)에서 '的' 앞에 나타난 '火紅'은 주체인 해를 수식하는 성분이고 '從西邊'는 해가 이동하는 방향을 나타내는 부사어 역할을 한다. 수식어와 부사어는 문장 구성에서 필수 성분이 아닌 수의 성분이기 때문에 두 성분을 삭제해도 문장은 성립한다. 따라서 (가)에서의 '落'은 주체만 요구한다. (나)도 마찬가지로 '的(적)' 앞에 나타나는 '人們對科學領域(사람들이 과학 영역에 대하여)'는 수식어로서 문장에서 수의적으로 나타난다.

위에서 정리된 '落'의 주체 자리에 오는 요소는 ⓐ는 '해나 달', ⓑ는 '낙엽', ⓒ는 '눈물', ⓓ는 '목소리', ⓔ는 '물가', ⓕ는 '열정' 따위이다. ⓐ

ⓑⓒⓓ는 구체성을 가지는 데 비해 ⓔⓕ는 추상성을 가진다. 또한 ⓐⓑ
ⓒⓓ 가운데 ⓐⓑⓒ는 형체를 확인할 수 있으므로 유형물 영역에 속하지
만 ⓓ의 형체를 확인할 수 없으므로 무형물 영역에 속한다.

[표 68] 중국어 '落'의 단의 분류

구체	주체(A)	구문 구조	단의 후보 번호
	낙엽		ⓑ
	눈물		ⓒ
	해, 달	A+落	ⓐ
	목소리		ⓓ
↓	열정		ⓕ
추상	물가		ⓔ

위에 정리된 '落'의 여섯 가지 단의 후보 가운데 '落'의 단의 실현 환경
은 주체뿐이다. ⓐⓑⓒⓓ는 구체성을 가지는 데 비해 ⓔⓕ는 추상성을
가진다. 또한 ⓐⓑⓒⓓ 가운데 ⓐⓑⓒ는 형체를 확인할 수 유형물 영역
에 속하지만 ⓓ의 형체를 확인할 수 없어 무형물 영역에 속한다. 그러므로
ⓐⓑⓒ번 의미가 ⓓ보다 더 구체적이라고 말할 수 있을 것이다. ⓔⓕ 가
운데 '열정'은 인간 유관 영역에 속하지만 '물가'는 인간 무관 영역에 속한
다. 그러므로 '落'의 단의를 구체성 및 인간과의 정도에 따라 다음과 같이
재배열할 수 있다.

(181) '落'의 단의
❶ [(명)이] 花或者樹葉凋謝或者枯萎與母體分離.(꽃이나 잎이) 시들
거나 말라 떨어지다.) ← ⓑ
❷ [(명)이] 眼淚從身體里流出來.(눈물 따위가 몸체 안에서 밖으로
나와 떨어지다.) ← ⓒ
❸ [(명)이] 太陽, 月亮等從西邊下來.(해나 달, 별 따위가 서쪽으로

넘어가다.) ← ⓐ

❹ [(명)이] 聲音的消失.(소리 따위가 그쳐 없어지다.) ← ⓓ

❺ [(명)이] 對某個領域研究熱度下降.(어떤 영역에 대한 연구 열정이 떨어지다.) ← ⓕ

❻ [(명)이] 物價貨幣等數值從一個標準或者範圍下降到另一個標準或者 範圍.(물가, 화폐 등 수치가 한 수준이나 범위에서 다른 수준이 나 범위로 하강하다.) ← ⓔ

이를 토대로 '落'의 단의 분포 양상을 다음과 같이 정리할 수 있다.

[그림 39] 중국어 '落'의 단의 분포 양상

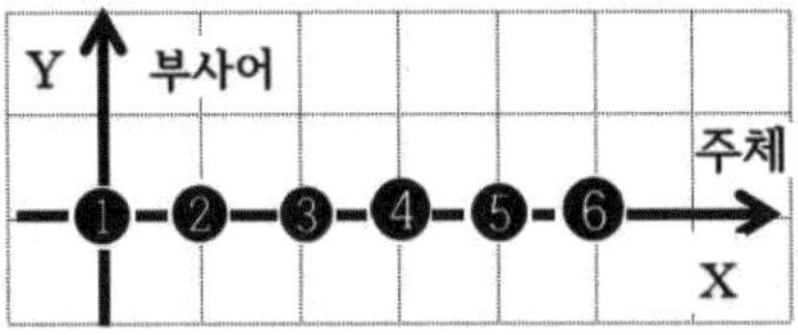

위에서 제시된 단의 분포 양상을 보면 중국어 '落'은 여섯 개 단의를 가지고 있고 이것들의 의미 변화를 야기하는 요소가 주체만 있는 것을 확인할 수 있다.

'落'의 각 단의 가운데 가장 중심적이고 기본적이라고 판단되는 단의를 중심으로 각각의 단의가 파생되었다고 볼 수 있을 것이다. 그리고 각 단의를 대표할 수 있는 원형의미는 출현 제약이나 의미적 환경의 영향을 되도록 적게 받는 구체적 환경에서 실현되는 것으로 결정된다. ❶번 단의 '꽃이나 잎이 시들거나 말라 떨어지다'는 되도록 다른 의미를 대표할 수 있는 원형의미이다. ❷번 단의는 '눈물 따위가 몸체 안에서 밖으로 나와 떨어지다'는 잎이 위에서 아래로 떨어지는 현상과 비슷하다. 따라서 ❷번은 ❶번에서 확장해온다고 볼 수 있다. ❸번은 '해나 달, 별 따위가 서쪽으로 넘어가다'는 해 따위가 위에서 아래로 이동하는 현상을 뜻하므로 ❶번에서 확장해온다. ❹번 '목소리가 따위가 그쳐 없어지다'는 눈물과 같이 인간과 밀접한 관련이 있어 보여 ❷번에서의 의미 확장이다. ❺번과 ❻번은 추상적인 열정이나 값이 따위가 위에서 아래로 이동하는 의미를 표현한다. 추상적인 정도에 따라 ❻번은 ❺번에서 확장해온다고 볼 수 있다. 위 내용을 정리하면 아래와 같다.

[표 69] 중국어 '落'의 의미 확장 양상

단의
❶ [(명)이] 花或者樹葉凋謝或者枯萎與母體分離.(꽃이나 잎이) 시들거나 말라 떨어지다.)
❷ [(명)이] 眼淚從身體里流出來.(눈물 따위가 몸체 안에서 밖으로 나와 떨어지다.)
❸ [(명)이] 太陽, 月亮等從西邊下來(해나 달, 별 따위가 서쪽으로 넘어가다.)
❹ [(명)이] 聲音的消失.(소리 따위가 그쳐 없어지다.)
❺ [(명)이] 對某個領域研究熱度下降(어떤 영역에 대한 연구 열정이 떨어지다.)
❻ [(명)이] 物價貨幣等數值從一個標準或者範圍下降到另一個標準或者範圍.(물가, 화폐 등 수치가 한 수준이나 범위에서 다른 수준이나 범위로 하강하다.)

(표 왼쪽 의미 확장 도식)

❹
↑
❷
↑
❻-❺-❶-❸

3.2.2.3.3. '지다02'와 '落'의 대조

'지다'와 '落'의 공통점과 차이점을 검토하고자 한다. 구체적으로 대응 관계에 대한 대조와 다의 분포 양상에 대한 대조 두 가지 측면에서 논의를 전개하고자 한다.

위에서 제시된 내용에 따라 '지다02'는 네 개 단의, '落'은 여섯 개 단의로 정리되었다. 전체적으로 볼 때 두 어휘가 모두 구체 영역과 추상 영역에서 의미 확장이 일어난다는 사실을 확인할 수 있다. 그러나 이 단의들 가운데 두 개의 단의만 같고 나머지 단의들은 다르다.

우선, 한국어 '지다02'와 중국어 '落'의 공통점부터 살펴보도록 하겠다.

> (182) 가. 해가 서쪽으로 지다.
>   가'. 太陽從西邊落了.
>   나. 이미 달은 서산에 졌는데 동녘 하늘에서 해가 솟지 않는다
>   나'. 月亮已經從西邊落了, 可是東方天空中的太陽還沒有升起.
>   다. 가을이 되면서 낙엽이 모두 졌다.
>   다'. 伴隨著秋天的到來, 樹葉都落了.

위 예문을 통해 한국어 '지다02'와 중국어 '落'은 주체가 '해나 달, 낙엽이나 꽃'이 될 때 표현하는 의미가 통일하다. 즉 구체물이 높은 데에서 낮은 데로 이동하는 것이다.

한편, 차이점은 다음과 같다. 첫째, 한국어 '지다02'는 '태아'와 같이 결합할 때 '일정한 공간 안에 생명이 없어지고 죽다'는 단의를 갖고 있다. 이에 비해 중국어 '落'의 단의 가운데 이러한 의미가 없다.

> (183) 가. 아이가 지다.
>   가'. *孩子落了.
>   가''. 孩子死了.

위와 같은 상황에서 '落'을 사용할 수 없고, '지다02'와 대응하지 못한다고 할 수 있다. 주체가 생명을 잃고 목숨이 끊어지는 의미를 표현할 때 중국어에서 '死'를 사용한다.

둘째, '지다02'의 주체가 옷이나 몸 따위에 묻은 더러운 먼지 따위로 확장될 수 있는데 중국어 '落'은 이러한 영역까지 확장이 일어나지 않는다.

> (184) 가. 찬물에서는 때가 잘 안 진다.
>   가'. *冷水中汚漬不容易落.

　　가″. 冷水中汚漬不容易掉.

　위와 같은 상황에서 주체 '때' 따위가 묻어 있는 물건과 분리하여 떨어지는 의미를 표현할 때 한국어에서 '지다02'를 사용하는 데 비해 중국어에서는 '없애 버리다'의 의미를 표현하는 '掉'를 사용한다.

　셋째, '지다02'가 '불' 따위와 결합할 때 '불이 사위어 없어지다'는 의미를 가지는데, 중국어 '落'은 이와 비슷한 의미가 없다.

　　(185) 가. 모닥불이 지면서 조금씩 한기를 느끼기 시작했다.
　　　　　가′. *隨著篝火的落, 我們感到了絲絲的涼意.
　　　　　가″. 隨著篝火的熄滅, 我們感到了絲絲的涼意.

　위 예문 (가-가″)를 통해 한국어 '지다02'는 '불'의 소멸을 의미할 수 있다. 그러나 중국어 '落'은 '불' 따위와 결합할 수 없고 '불'의 소멸을 표현할 때 '熄滅'을 사용한다.

　넷째, '지다02'의 주체가 '숨' 영역으로 확장되어 '목숨이 없어지고 죽다'는 의미를 표현할 수 있다. 이와 비교하면 중국어 '落'은 이러한 의미를 표현할 수 없다.

　　(186) 가. 구급차가 달려왔지만 환자는 이미 숨이 져 있었다.
　　　　　가′. *救護車雖然到了, 但是患者已經落氣了.
　　　　　가″. 救護車雖然到了, 但是患者已經斷氣了.
　　　　　가‴. 救護車雖然到了, 但是患者已經死了.
　　　　　가⁗. 救護車雖然到了, 但是患者已經去世了.

　위 예문 (가-가⁗)를 통해 '지다02'는 '목숨이 없어지고 사람이 죽다'라는 의미를 갖고 있는데 비해 중국어 '落'의 단의 가운데 이와 비슷한 의미를 찾을 수 없다. 중국어에서 이와 같은 의미를 표현할 때 현상을 중시할 경우 '斷氣'를 사용하고, 결과를 중시할 경우 상황에 따라, 즉 일반 사람에게 '死'를 사용하며 존경의 의미를 더불어 표현해야 할 경우 '去世'를 선택한다.

다섯째, 중국어 '落'은 소리 영역으로 확장되어 '소리가 그치고 들리지 않다'는 의미를 가지고 있는데 비해 한국어 '지다02'는 이와 대응관계를 이룰 수 있는 의미가 존재하지 않는다.

> (187) 가. 話音落了.
> 　　　가'. *목소리가 졌다.
> 　　　가". 목소리기 그쳤다.
> 　　　나. 電話聲音落了.
> 　　　나'. 전화소리가 졌다.
> 　　　나". 전화소리가 끊어졌다.

위 예문 (가~나")를 통해 '落'은 목소리가 멈추거나 없어지는 의미를 가지는데 한국어에서 이와 비슷한 의미를 표현할 때 '그치다'나 '끊어지다'를 사용한다.

여섯째, 중국어 '落'은 눈물이 떨어지다는 의미를 표현할 수 있는데 한국어 '지다02'는 이와 대응할 수 있는 의미가 없다.

> (188) 가. 眼淚落了.
> 　　　가'. *눈물이 졌다.
> 　　　가". 눈물이 떨어졌다.

주체가 '눈물'일 경우 '落'은 눈물이 눈에서 나와 높은 데에서 아래로 떨어지는 의미를 표현할 수 있다. 한국어에서는 '떨어지다'를 사용하는 것이 더 정확하다.

일곱째, 중국어 '落'은 '열정' 따위로 확장될 수 있는데 한국어 '지다02'

는 이러한 영역에서 확장이 일어나지 않는다.

(189) 가. 人們對科學領域的研究熱情時起時落.
　　　가'. *사람들이 과학에 대한 연구 열정이 올라가다가 졌다.
　　　가". 사람들이 과학에 대한 연구 열정이 올라가다가 떨어졌다.

위 예문 (가-가")를 통해 '落'은 어떤 일에 열중하는 마음을 가져 열정이
일어날 때 사용할 수 있는데 한국어에서는 이와 의미 대응이 이루어질 수
있는 '위에서 아래로 내려지다'는 의미를 뜻하는 '떨어지다'를 사용한다.
아홉째, 중국어 '落'은 추상적인 '물가' 영역으로 확장이 일어나는 데 비
해 한국어 '지다02'는 이러한 영역에서 의미 확장이 일어나지 않는다.

(190) 가. 物價落了
　　　가'. *물가가 졌다.
　　　가". 물가가 떨어졌다.

위와 같은 경우 '물가가 위에서 아래로 내리다'는 의미를 표현할 때 중
국어에서 '落'을 사용하는 데 비해 한국어에서는 '위에서 아래로 내려지
다'는 의미를 뜻하는 '떨어지다'를 사용한다.
다음으로 '지다02'와 '落'의 단의 분포 양상을 대조해 보겠다. 한국어
'지다02'와 중국어 '落'의 주체가 모두 구체 및 추상 영역을 모두 차지하고
있는 것이 공통적이다. 차이점으로는 '지다02'는 구체 영역 내부에서 유형
물까지만 확장이 일어나는 반면 '落'은 무형물과 유형물 두 영역에서 확장
이 일어난다. 그리고 추상 영역의 확장에서 '지다02'는 인간 유관 영역에
서만 일어나는데 '落'은 인간 유관 및 인간 무관 두 영역에서 확장이 일어
난다.
이상 내용을 표로 정리하면 다음과 같다.

[표 70] 한국어 '지다02'와 중국어 '落'의 단의 대응 관계 대조

단의	지다02	落
(꽃이나 잎이) 시들거나 말라 떨어지다.	①	❶
(눈물 따위가) 몸체 안에서 밖으로 나와 떨어지다.	X	❷
(해나 달, 별 따위가) 서쪽으로 넘어가다.	②	❸
(소리 따위가) 없어지다.	X	❹
(불이나 이슬) 따위가 없어지다.	③	X
(목숨이) 이어지지 않고 끊어지다.	④	X
(어떤 영역에 대한 연구 열정)이 떨어지다.	X	❺
(물가, 화폐 등 수치가) 한 수준이나 범위에서 다른 수준이나 범위로 하강하다.	X	❻

이를 토대로 한국어 '지다02'와 중국어 '落'의 단의 분포 양상을 대조해 보겠다. 정리하면 다음과 같다.

[그림 40] 한국어 '지다02'와 중국어 '落'의 단의 분포 양상 대조

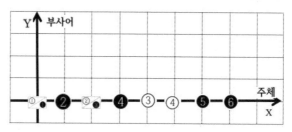

위에서 제시된 한국어 '지다02'와 중국어 '落'의 단의 분포 양상을 보면 두 어휘가 두 개의 단의가 대응될 수 있고 나머지 단의는 서로 대응 관계를 이루지 못하는 것을 확인할 수 있다. 또한 '지다02'와 '落'은 의미 변화를 하는 데 있어서 주체의 영향만 받는 사실도 확인할 수 있다.

3.2.2.4. 흐르다01/流

3.2.2.4.1. 흐르다01

한국어 '흐르다01'은 본질적 하강 이동 동사로서 「표준」에서는 12개 「고려」에서는 13개의 단의를 제시하고 있다.

(191) '흐르다01'의 단의 후보(1)

(가) 「표준」 「1」시간이나 세월이 지나가다. ¶ 오랜 시간이 흐르다./ 달님이 그 여자에 대하여 질시를 하고 있었다는 것을 알아차린 것은 그로부터 한 십 년쯤이 더 흐른 뒤였다.≪한승원, 해일≫

「고려」 「4」[(명)이](시간이나 세월이) 과거가 되도록 지나다.¶ 세월이 흐르고 사람이 변해도 산천은 의구하다./인간은 예로부터 시간이 흐르더라도 변하지 않는 것을 숭상해 왔다./30년이 흘렀어도 그녀의 기억 속의 옛사랑은 언제나 스무 살 청년이었다.

(나) 「표준」 「2」걸치거나 두른 것이 미끄러지거나 처지다. ¶ 달리기를 하는데 고무줄이 끊어져서 체육복 바지가 흘러 버렸다.

「고려」 「13」[(명)이 (명)을] (무엇이 어떤 곳을) 미끄러져 내려가다. ¶ 시커먼 하수가 도랑을 흘렀다./냇물 위를 흐르는 나뭇잎에 내 마음을 띄워 보낸다./그녀의 뺨을 흐르는 눈물이 그의 마음을 움직였다.

(다) 「표준」 「3」액체 따위가 낮은 곳으로 내려가거나 넘쳐서 떨어지다. ¶ 물은 높은 데서 낮은 데로 흐른다./우리 동네를 지나가는 시냇물은 바로 강 하류로 흐르고 있다.

「고려」 「1」[(명)이] (액체가) 높은 곳에서 낮은 곳으로 움직이거나 넘쳐서 떨어지다. ¶ 냇물이 졸졸졸 흐른다./그녀의 죽음을 뒤로 한 채로 임진강은 말없이 흐르고 있었다./축사에서 나온 가축 배설물은 공장 바로 옆을 따라 흐르는 개울로 섞여들어 인접한 취수원을 오염시키고 있다.

(라) 「표준」 「4」어떤 한 방향으로 치우쳐 쏠리다. ¶ 외곬으로만 흐

르는 성격/이야기가 엉뚱한 방향으로 흐르고 있다.

「고려」「3」[(명)이 (명)으로] (생각이나 이야기가 어떤 방향으로) 치우치거나 쏠리다. ¶ 너는 나이가 들면서 자꾸 생각이 부정적으로 흐르는구나./이야기가 엉뚱한 쪽으로 흐르고 있다./방송이 지나치게 오락 일변도로 흐르고 있어 질적 변화가 시급하다는 여론이 높다.

(마) 「표준」「5」공중이나 물 위에 떠서 미끄러지듯이 움직이다. ¶ 하늘에 흐르는 구름/방 안에는 무거운 공기가 흐르고 있었다./풀밭에 바람이 흐르고 있다.

「고려」「2」[(명)에 (명)이] (바다나 하늘 따위의 공간에 구름이나 배 따위가) 미끄러지듯이 움직이다. ¶ 저 구름은 흘러서 어디로 갈까?/푸른 하늘에는 실구름이 흐르고 있었다./하늘에는 겨울의 구름장들이 남으로 흐르고 있었다./강물 위에 배 한 척이 바람 따라 한가로이 흐르고 있다.

(바) 「표준」「6」기운이나 상태 따위가 겉으로 드러나다. ¶ 옷차림에 촌티가 흐르다/두 눈에 색기가 흐르다/꽃이 만발한 화원에는 봄기운이 완연히 흐르고 있었다./얼굴에 미소가 가득 흘렀다.

「고려」「7」[(명)에 (명)이] (얼굴이나 태도에 어떤 기운이나 상태가) 겉으로 드러나다. ¶ 우리 조카의 웃음에는 매력이 줄줄 흘렀다./그 아이는 얼굴에 내숭이 좔좔 흐르게 생겼다./그는 촌에서 올라온 지 얼마 안 되어 촌티가 흘렀다.

(사) 「표준」「7」윤기, 광택 따위가 번지르르하게 나다. ¶ 잎사귀에 윤기가 흐르다/얼굴에 기름기가 흐른다.

「고려」「10」[(명)에 (명)이](어떤 곳에 윤기나 광택 따위가) 매끄럽게 나다. ¶ 그녀의 머리에는 윤기가 흐르고 있었다./좋은 쌀을 써 밥을 했더니 밥에 기름기가 흐른다.

(아) 「표준」「8」빛, 소리, 향기 따위가 부드럽게 퍼지다. ¶ 밤하늘에 흐르는 달빛/카페에는 조용한 음악이 흘렀다./거실에는 따뜻한 조명이 흐르고 있다.

「고려」「9」[(명)이] (빛, 소리, 향기 따위가) 부드럽게 퍼지다. ¶ 뜰에는 한참 가을 향기가 흐르고 있다./라디오에서는 사랑의 세레나데가 흘렀다./거리에는 크리스마스 캐럴이 흐르고 있었다./언덕 위에는 파릇파릇 봄빛이 흐르고 있었다.

(자) 「표준」 「9」【…에서】 피, 땀, 눈물 따위가 몸 밖으로 넘쳐서 떨어지다. ¶ 온몸에 땀이 흐르다/그의 두 손에는 붉은 피가 흐르고 있었다. ‖ 눈에서 피눈물이 흐르다/상처에서 피가 흐르다. 「고려」 「5」[(명)에서 (명)이] (몸이나 눈에서 피나 땀, 눈물이) 밖으로 넘쳐서 떨어지다. ¶ 그의 이마에서는 땀이 줄줄이 흐른다./심하게 다쳤는지 신철이의 손끝에서는 피가 줄줄 흐른다.

(차) 「표준」 「10」전기나 가스 따위가 선이나 관을 통하여 지나가다. ¶ 이 전신주에는 고압 전류가 흘러 매우 위험하다./지하에 매설된 관에는 도시가스가 흐르고 있어서 바닥 공사를 할 때는 조심해야 한다.
「고려」 「6」[(명)에 (명)이] (선이나 관 따위에 전기나 전류가) 통하여 다른 곳으로 옮겨가다. ¶ 이 물속에는 전기가 흐르니 조심해야 한다./저 줄은 고압 전류가 흐르고 있으니 닿지 않도록 주의해야 한다.

(카) 「표준」 「11」새어서 빠지거나 떨어지다. ¶ 장독에서 간장이 흐르다/종이봉투에서 밀가루가 흐르다/자루가 새서 쌀이 다 흘러 버렸다.
「고려」 「11」[(명)에서 (명)이] (무엇에서 액체나 가루 따위가) 밖으로 미끄러져 빠지거나 새어 나오다. ¶ 항아리의 깨진 틈으로 물이 흐른다./가마니에서 쌀이 줄줄 흐르고 있었다.
「고려」 「12」[(명)이] ((주로 '흘러'의 꼴로 '나가다'와 함께 쓰여)) (비밀 따위가 밖으로) 새어 나가다. ¶ 회사의 사운이 걸린 비밀이 다른 데로 흘렀다.

(타) 「표준」 「12」물줄기, 피 따위와 같은 액체 성분이 어떤 장소를 통과하여 지나가다. ¶ 이 평야에 흐르는 강물은 이 지역 주민들의 어머니와 같은 존재이다./이 계곡에 흐르는 물은 너무 깨끗해서 그대로 마셔도 좋다. ‖ 서울 한가운데를 흐르는 한강은 독일의 라인강과 같은 상징성을 갖고 있다./이 지역을 흐르는 물이 거의 다 오염되어서 대책 마련이 시급하다. 【흐르다<석

상>/흐르다<두시-초>】

(하) 「고려」「8」[(명)이] (분위기나 생각이) 계속 이어지다. ¶ 주위
가 어두워지면서 정적이 흐르고 있다./우리 둘 사이에는 잠시
어색한 침묵이 흘렀다./가슴속에 흐르는 그녀에 대한 기억은
아직까지도 생생하다./그가 평생 동안 쓴 수필에는 한국인의
아름다운 심성이 흐르고 있다.

(191)에 정리된 내용은 2개의 사전에 실린 것을 종합한 것이다. 그런데
'흐르다'의 사전적 의미를 살펴보면 같은 의미에 대한 기술이 약간의 차이
가 있다. '흐르다'의 단의 가운데 두 사전에서 비슷하게 기술된 의미는
(다)(마)(바)(사)(아)(자)이다. 「표준」의 의미를 택한 것은 (나)이고, 「고려」의
의미를 택한 것은 (가)(라)(차)(카)이다. 그중에서 「고려」를 택한 이유는 「고
려」에서 의미를 실현하는 데 주체, 부사어 정보를 더 상세하게 표시해 주
기 때문이다.

또한 「표준」에만 있는 단의는 (타)이고, 「고려」에만 있는 단의는 (하)이
다. 그러나 「표준」의 (다)(타)는 모두 액체 따위가 높은 데에서 낮은 곳으
로 움직이는 의미를 가리키고 있어 단지 (다)의 높이가 (타)보다 높았을 뿐
이다. 그러므로 「표준」 (다)와 (타)번 의미는 별개의 단의로 볼 수 없고 하
나의 단의로 통합해야 한다.

'흐르다01'의 (바)는 추상적인 '기운이나 생태'가 겉으로 드러나는 의미
를 표시하고 있고, (사)는 '윤기나 상태' 따위가 속에서 겉으로 들어나는
의미를 가리킨다. '기운이나 생태', '윤기나 광택'은 모두 추상성을 가지면
서 속에서 겉으로 들어나는 움직임을 표현하는 데 있어서 의미가 동일하
다. 그러므로 (바)와 (사)를 별개의 단의로 보지 않고 하나의 단의로 묶어야
한다.

(카) 「표준」「11」번 의미에 대하여 「표준」에서는 구체적인 주체 '가루'
따위와 추상적인 주체 '비밀' 따위의 움직임을 같이 다루고 있는데 「고려」

에서는 이것을 나눠서 제시하였다. 여기서 구체성 주체와 추상성 주체를 같이 다루는 것이 적절하지 않다고 보므로 「고려」를 택하고자 한다. 그러나 「고려」의 풀이에서도 문제는 있다. (카) 「표준」, 「11」번 의미와 대응되는 단의는 「고려」, 「11」번과 「고려」, 「12」번이다. 「고려」, 「11」번은 구체물인 '액체나 가루'가 밖으로 미끄러져 빠지거나 새어 나오는 의미이고, 「고려」, 「12」번은 '비밀' 따위가 밖으로 새어 나가는 의미이다. '비밀' 따위도 추상성을 가지고 있으므로 단의 (바)와 같이 볼 수 있다.

위 내용을 토대로 '흐르다'의 의미를 다음과 같이 재정리할 수 있다.

(192) '흐르다01'의 단의 후보(1)

ⓐ [(명)이] (시간이나 세월이) 과거가 되도록 지나다. ← (가)

ⓑ [(명)이] (체육복) 따위가 미끄러지거나 처지다. ← (나)

ⓒ [(명)이] (액체가) 높은 곳에서 낮은 곳으로 움직이거나 넘쳐서 떨어지다. ← (다) (자) (타)

ⓓ [(명)이 (명)으로] (생각이나 이야기가 어떤 방향으로) 치우치거나 쏠리다. ← (라) (하)

ⓔ [(명)에 (명)이] (바다나 하늘 따위의 공간에 구름이나 배 따위가) 미끄러지듯이 움직이다. ← (마)

ⓕ [(명)에 (명)이] (어떤 곳에 태도나 기운, 윤기나 광택, 비밀) 따위가 겉으로 드러나다. ← (바) (사) (카)

ⓖ [(명)이] (빛, 소리, 향기 따위가) 부드럽게 퍼지다. ← (아)

ⓗ [(명)에 (명)이] (선이나 관 따위에 전기나 전류가) 통하여 다른 곳으로 옮겨가다. ← (차)

위에 정리된 '흐르다'의 단의를 살펴보면 의미 변화가 야기하는 요소가 하나인 것도 있고 두 개인 것도 존재한다. '흐르다'의 구체적인 격틀 정보를 보면 다음과 같다.

(193) 가. 냇물이 졸졸졸 흐른다.

　　　나. 그녀의 머리에는 윤기가 흐르고 있었다.

　　　다. 너는 나이가 들면서 자꾸 생각이 부정적으로 흐르는구나.

(193) 의 예문을 보면 (가)는 'A가 흐르다', (나)는 'C에 A가 흐르다', (다)는 'A가 C으로 흐르다'의 격틀 정보를 가지고 있는 것을 확인할 수 있다.

앞서 '흐르다01'의 단의를 여덟 가지로 정리한 바 있다. 이 여덟 가지 단의 가운데 주체 자리에 ⓑ는 '체육복', ⓒ는 '액체', ⓔ는 '구름이나 배', ⓖ는 '빛이나 소리', ⓗ는 '전기' 따위가 구체성을 가지고 있지만 ⓐ는 '시간', ⓓ는 '생각이나 이야기', ⓕ는 '태도나 광택' 따위는 추상성을 가진다. 또한 구체 영역 안에 '체육복, 액체, 구름이나 배'는 형체를 확인할 수 있어서 유형물 영역에 속하지만 '빛이나 소리, 전기'에 대하여 형체를 확인할 수 없으므로 무형물 영역에서 다루어야 한다. 위 내용을 토대로 '흐르다'의 단의 분류를 다음과 같이 제시할 수 있다.

[표 71] 한국어 '흐르다01'의 단의 분류

구체 ↓ 추상	주체(A)	부사어(C)	구문 구조	단의 후보 번호
	액체	-	A가 흐르다	ⓒ
	체육복			ⓑ
	구름, 배	물, 하늘 공간	C에 A가 흐르다	ⓔ
	빛, 소리	-	A가 흐르다	ⓖ
	전기	선, 관	C에 A가 흐르다	ⓗ
	시간	-	A가 흐르다	ⓐ
	태도, 기운	속	C에 A가 흐르다	ⓕ
	생각, 이야기	방향	A가 C으로 흐르다	ⓓ

[표 49]에 정리된 '흐르다01'의 단의를 살펴보면 ⓒⓑⓔ번은 구체성을 가진 유형물의 이동이고, ⓖⓗ번은 구체성을 가진 무형물의 이동이다. 유

형물은 무형물보다 형체를 확인할 수 있기 때문에 더 구체적이라고 말할 수 있다. 유형물 영역 안에 액체의 이동이 '흐르다01' 구체물의 하강 이동을 뜻하므로 다른 단의를 대표할 수 있는 원형의미로 간주할 수 있다. ⓑ ⓒ번 단의를 생각해 볼 때 ⓑ의 주체가 ⓒ번보다 인간과의 관계가 더 가깝다. 또한 무형물 영역 가운데 '빛이나 소리'는 사람과 직접적인 관련을 생각해 볼 수 있지만 '전기'는 그렇지 않다. 추상 영역 가운데 '태도나 기운'은 사람의 외재적인 무엇인가를 통해 확인할 수 있는데 '생각과 이야기'는 사람의 내재적인 심리 활동을 뜻하므로 확인하기 어렵다. 결국 '흐르다01'의 단의를 다시 정리하면 아래와 같다.

(194) '흐르다01'의 단의
① [(명)이] (액체가) 높은 곳에서 낮은 곳으로 움직이거나 넘쳐서 떨어지다. ← ⓒ
② [(명)이] (체육복) 따위가 미끄러지거나 처지다. ← ⓑ
③ [(명)에 (명)이] (바다나 하늘 따위의 공간에 구름이나 배 따위가) 미끄러지듯이 움직이다. ← ⓒ
④ [(명)이] (빛, 소리, 향기 따위가) 부드럽게 퍼지다. ← ⓖ
⑤ [(명)에 (명)이] (선이나 관 따위에 전기나 전류가) 통하여 다른 곳으로 옮겨가다. ← ⓗ
⑥ [(명)이] (시간이나 세월이) 과거가 되도록 지나다. ← ⓐ
⑦ [(명)에 (명)이] (어떤 곳에 태도나 기운, 윤기나 광택, 비밀) 따위가 겉으로 드러나다. ← ⓕ
⑧ [(명)이 (명)으로] (생각이나 이야기가 어떤 방향으로) 치우치거나 쏠리다. ← ⓓ

이를 토대로 '흐르다01'의 단의 분포 양상을 아래와 같이 제시할 수 있다.

[그림 41] 한국어 '흐르다01'의 단의 분포 양상

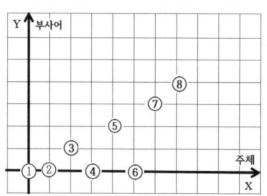

위 그림을 통해 알 수 있듯이 '흐르다01' 각 단의의 주체가 서로 다르게 분포되어 있다. 그리고 ①②④⑥번의 의미는 주체의 달라짐에 따라 의미 변화가 일어나고, ③⑤⑦⑧의 의미는 주체 및 부사어의 달라짐에 의미 변화가 일어난다.

'흐르다'의 각 단의 가운데 가장 중심적이고 기본적이라고 판단되는 단의를 중심으로 각각의 단의가 파생되었다고 볼 수 있을 것이다. 그리고 각 단의를 대표할 수 있는 원형의미는 출현 제약이나 의미적 환경의 영향을 되도록 적게 받는 구체적 환경에서 실현되는 것으로 결정된다. ①번 '액체가 높은 곳에서 낮은 곳으로 움직이거나 넘쳐서 떨어지다'는 구체물이 위에서 아래로 이동하는 의미를 뜻함으로 다른 단의를 대표할 수 있는 원형의미로 간주할 수 있다. ②번 '체육복 따위가 미끄러지거나 처지다'도 체육복이 위에서 아래로 이동하는 운동을 의미한다. 따라서 ②번은 원형의미에서 확장해온다고 말할 수 있다. ③번 '바다나 하늘 따위의 공간에 구름이나 배 따위가 미끄러지듯이 움직이다'는 수하 이동을 뜻하는 것이 아니라 수평 이동을 의미함으로 원형의미에서 확장해온다. ④번 '빛, 소리, 향기 따위가 부드럽게 퍼지다'는 무형물이 일정한 공간에서 다른 공간으로 퍼지는 현상을 의미한다. 이것은 ④번의 이동 경로와 비슷하다. 따라서 ④번은 ③번에서의 의미 확장으로 간주할 수 있다. ⑤번 '선이나 관 따위에 전기나 전류가 통하여 다른 곳으로 옮겨가다'는 무형물 인 전기와 같은 주체의 이동을 의미한다. 전기는 향기보다 덜 구체적이기 때문에 ⑤번은 ④번에서 확장해온 것으로 봐야 한다. ⑥번은 시간적인 이동을 의미한다. 이것은 원형의미에서 확장해온다. ⑦번과 ⑧번은 각각 인간과 밀접한 관련을 가진 태도나 생각이 주체로 해당된다. 그러나 태도는 사람의 얼굴 표정을 통해 확인할 수 있는 반면 생각이나 이야기는 겉으로 판단하기 어렵다. 그래서 겉에서 밑으로 이동하는 경로에 따라 ⑧번은 ⑦번에서 확장해온다.

이상 내용을 표로 정리하면 다음과 같다.

[표 72] 한국어 '흐르다01'의 의미 확장 양상

	단의
⑤ ↑ ④ ↑ ③ ↑ ⑥←①→⑦→⑧ ↓ ②	① [(명)이] (액체가) 높은 곳에서 낮은 곳으로 움직이거나 넘쳐서 떨어지다. ② [(명)이] (체육복) 따위가 미끄러지거나 처지다. ③ [(명)에 (명)이] (바다나 하늘 따위의 공간에 구름이나 배 따위가) 미끄러지듯이 움직이다. ④ [(명)이] (빛, 소리, 향기 따위가) 부드럽게 퍼지다. ⑤ [(명)에 (명)이] (선이나 관 따위에 전기나 전류가) 통하여 다른 곳으로 옮겨가다. ⑥ [(명)이] (시간이나 세월이) 과거가 되도록 지나다. ⑦ [(명)에 (명)이] (어떤 곳에 태도나 기운, 윤기나 광택, 비밀) 따위가 겉으로 드러나다. ⑧ [(명)이 (명)으로] (생각이나 이야기가 어떤 방향으로) 치우치거나 쏠리다.

3.2.2.4.2 流

중국어 '流'는 주로 액체 따위가 높은 데에서 낮은 곳으로 움직이는 것을 의미한다. 이에 대하여 「現代」과 「新華」에서는 모두 1개 단의를 기술하고 있다.

(195) '流'의 단의 후보(1)

(가) 「現代」 「1」 1液體移動(액체의 움직임) ¶ 流汗(땀이 흐르다)/流血(피가 흐르다)/流鼻涕(콧물이 흐르다)/水往低處流(물이 낮은 곳으로 흐르다)

「新華」 「1」 液體的移動(액체의 움직임) ¶ 水網低處流(물이 낮은 곳으로 흐르다)

(195)에 정리한 단의들은 2개의 사전에 실린 것을 종합한 것이다. 위 내용을 통해 두 사전에서 '流'에 대한 기술이 일치하는 것을 확인할 수 있다.

(196) '流'의 단의 후보 (2)

ⓐ [(명)이]水, 眼淚等液體從高處到低處移動(물이나 눈물 따위가 높은 데에서 낮은 곳으로 움직이다) ← (가)

'流'는 액체 따위가 높은 데에서 낮은 곳으로 움직이는 의미로서 주체만 요구한다.

(197) 가. 流水(물이 흘렀다).

나. 流眼淚(눈물이 흘렀다).

(197)의 예문을 통해 '流'는 액체의 움직임을 표현할 때 주체만 있으면 된다. 주체에 해당되는 물이나 눈물 따위가 구체성을 가지면서 형체를 확인할 수 있는 유형물이다. 따라서 '流'의 단의 분류는 아래와 같다.

[표 73] 중국어 '流'의 단의 분류

구체 ↓ 추상	주체(A)	구문 구조	단의 후보 번호
	물, 눈물	A가 흐르다	ⓐ

'流'는 단의가 하나만 있다. 이에 해당되는 주체는 물이나, 눈물 같은 액체 따위이다. '流'의 단의가 위에서 제시된 단의 후보와 같다.

(198) '流'의 단의
    ❶ [(명)이]水, 眼淚等液體從高處到低處移動(물이나 눈물 따위가 높은 데에서 낮은 곳으로 움직이다) ← ⓐ

'流'의 단의가 하나만 있고 이것은 단의 분포 양상에 바로 원점에 있다.

[그림 42] 중국어 '流'의 단의 분포 양상

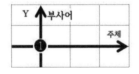

위에서 제시된 '流'의 단의 분포 양상을 보면 '流'의 단의가 하나만 있고 이것의 의미 변화에 야기하는 요소는 주체밖에 없는 것을 확인할 수 있다.
'流'의 각 단의 가운데 가장 중심적이고 기본적이라고 판단되는 단의를 중심으로 각각의 단의가 파생되었다고 볼 수 있을 것이다. 그리고 각 단의를 대표할 수 있는 원형의미는 출현 제약이나 의미적 환경의 영향을 되도록 적게 받는 구체적 환경에서 실현되는 것으로 결정된다. '流'는 하나의 단의만 있기 때문에 의미 확장 양상이 아래와 같이 제시할 수 있다.

[표 74] 중국어 '流'의 의미 확장 양상

단의	
❶	❶ [(명)이]水, 眼淚等液體從高處到低處移動(물이나 눈물 따위가 높은 데에서 낮은 곳으로 움직이다)

3.2.2.4.3 '흐르다01'와 '流'의 대조

이 절에서는 한국어 '흐르다01'과 중국어 '流'의 공통점과 차이점을 검토하고자 한다. 구체적으로 대응 관계에 대한 대조와 의미 확장 양상에 대한 대조 두 측면에서 논의를 전개할 것이다.

앞서 제시된 내용에 따라 '흐르다01'은 열다섯 가지 단의, '流'는 하나의 단의가 있는 것을 확인할 수 있다. 전체적으로 볼 때 '흐르다'는 구체 및 추상 영역에서 의미 확장이 모두 일어나는 데 비해 '流'는 주체 영역에서의 의미만 있다. '흐르다'와 '流'는 하나의 단의만 같고 다른 의미는 모두 다르다.

(199) 가. 물이 높은 데에서 낮은 곳으로 흐르다.
　　　가'. 水從高處流向低處.

위 예문을 보면 한국어 '흐르다'와 중국어 '流'는 액체 따위가 높은 데에서 낮은 곳으로 떨어지는 의미를 표현하는 것이 동일하다.

차이점으로 첫째, 한국어 '흐르다'는 걸치거나 두른 것이 미끄러지거나 처지는 의미를 표현할 수 있는데 중국어 '流'는 이와 비슷한 의미가 없다.

(200) 가. 달리기를 하는데 고무줄이 끊어져서 체육복 바지가 흘러 버렸다.
　　　가'. *跑步的時候橡皮筋斷了褲子就流下來了.
　　　가". 跑步的時候橡皮筋斷了褲子就掉下來了.

(200)의 예문을 보면 한국어 '흐르다'는 체육복 같은 몸에 걸치는 것이 떨어지는 의미를 표현할 수 있는데 중국어 '流'는 이와 비슷한 의미가 없다. 대신 이러한 의미를 표현할 때 떨어지는 의미를 뜻하는 '掉'자를 사용한다.

둘째, 한국어의 '흐르다'는 구름이나 배 따위가 바다나 하늘에서 움직이는 의미를 표현할 수 있는데 중국어 '流'는 이와 비슷한 의미를 표현할 수 없다.

> (201) 가. 하늘에 흐르는 구름.
> 가′. *流在空中的白雲.
> 가″. 飄浮在空中的白雲.
> 나. 배가 물 위에 흐르다.
> 나′. *船流在水中.
> 나″. 船漂浮在水中.

(201)의 예문을 통해 볼 수 있듯이 한국어 '흐르다'는 구름이나 배 따위가 물 위나 공중에서 미끄러지듯이 움직이는 의미를 표현할 수 있는데 중국어의 '流'에는 이러한 의미가 없다. 대신 주체가 공중에서 움직일 경우 '飄'를 사용하고 물 위에서 움직일 경우 '漂'를 사용한다.

셋째, '흐르다'의 주체가 '빛, 소리, 향기' 등 무형물까지 확장될 수 있는데 비해 중국어의 '流'는 액체만 해당된다.

> (202) 가. 카페에는 조용한 음악이 흘렀다.
> 가′. *咖啡店流著音樂.
> 가″. 咖啡店播放著音樂.
> 나. 밤하늘에 흐르는 달빛.
> 나′. *深夜裡流的月光.
> 나″. 深夜裡流淌的月光.

(202)의 예문에서 '흐르다'일 경우 '달빛, 음악 소리' 등과 결합할 수 있는데 중국어의 '流'는 이러한 의미를 표현할 수 없다. 대신 '소리'와 결합할 '播放'를 사용하고, '달빛'과 공기할 때 '流淌'를 선택한다.

넷째, '흐르다'는 주체는 무형물인 '전기나 전류'도 해당될 수 있는데 중국어의 '流'는 이와 비슷한 의미가 없다.

(203) 가. 이 전신주에는 고압 전류가 흘러 매우 위험하다.
　　　가'. *這個電線桿裡面流著高壓電流非常危險.
　　　가''. 這個電線桿裡面有高壓電流非常危險.

(203)의 예문을 통해 한국어 '흐르다'는 '전기나 전류' 따위와 결합하여 그들이 움직이는 것을 의미할 수 있는데 중국어 '流'의 단의 가운데 이러한 의미를 찾을 수 없다. 대신 '존재함'을 뜻하는 '有'를 사용한다.

다섯째, 한국어 '흐르다'는 시간이나 세월이 과거가 되도록 지나는 의미를 표현할 수 있는데 중국어의 '流'는 시간 주체와 결합할 수 없다.

(204) 가. 오랜 시간이 흐르다.
　　　가'. 時間流.
　　　가''. 時光流逝.

(204)의 예문을 통해 한국어 '흐르다'는 시간 영역으로 의미 확장이 일어날 수 있는데 비해 중국어 '流'는 단독으로 시간이 지나는 의미를 표현할 수 없고 복합어 '流逝'를 사용한다.

여섯째, 한국어 '흐르다'는 추상적인 태도나 기운 따위가 속에서 겉으로 드러나는 의미를 표현할 수 있는데, 중국어의 '流'는 이와 비슷한 의미가 없다.

(205) 가. 꽃이 만발한 화원에는 봄기운이 완연히 흐르고 있었다.
　　　가′. *開滿了鮮花的花園裡流著春天的氣息.
　　　가″. 開滿了鮮花的花園裡散發著春天的氣息.

위 예문처럼 한국어에서는 기운이 속에서 겉으로 들어나는 의미를 표현할 때 '흐르다'를 사용할 수 있는데 중국어에서 '流'를 사용할 수 없고 대신 '散發'을 사용한다.

일곱째, '흐르다'는 '생각이나 이야기 따위가 어떠한 방향으로 쏠리다'라는 의미를 표현할 수 있는데 중국어의 '流'는 이와 비슷한 의미가 없다.

(206) 가. 생각이 엉뚱한 방향으로 흐르고 있다.
　　　가′. *想法流向了不合常理的方向.
　　　가″. 想法傾向了不合常理的方向.

위 내용을 통해 '흐르다'는 '생각이나 이야기' 따위와 같이 결합해서 그것들이 어떤 방향으로 쏠리는 의미를 표현할 수 있는데 중국어 '流'의 단의 가운데 이와 비슷한 의미를 찾을 수 없다. 대신 이러한 의미를 표현할 때 '傾向'을 사용한다. '傾向'은 주로 마음이나 형세(形勢)가 어느 한쪽으로 향(向)하여 기울어지는 것을 뜻한다.

'흐르다'와 '流'는 액체 따위가 높은 데에서 낮은 곳으로 움직여 떨어지는 의미를 표현할 때 일치하지만 이외에도 '흐르다'는 '流'보다 더 많은 의미를 가지고 있다. 이들의 대응 관계를 정리하면 다음과 같다.

[표 75] 한국어 '흐르다01'와 중국어 '流'의 단의 대응 관계 대조

단의	흐르다	流
(액체가) 높은 곳에서 낮은 곳으로 움직이거나 넘쳐서 떨어지다.	①	❶
(체육복) 따위가 미끄러지거나 처지다.	②	X
(바다나 하늘 따위의 공간에 구름이나 배 따위가) 미끄러지듯이 움직이다.	③	X
(빛, 소리, 향기 따위가) 부드럽게 퍼지다.	④	X
(선이나 관 따위에 전기나 전류가) 통하여 다른 곳으로 옮겨가다.	⑤	X
(시간이나 세월이) 과거가 되도록 지나다.	⑥	X
(어떤 곳에 태도나 기운, 윤기나 광택, 비밀) 따위가 겉으로 드러나다.	⑦	X
(생각이나 이야기가 어떤 방향으로) 치우치거나 쏠리다.	⑧	X

위에서 제시된 내용을 토대로 '흐르다'와 '流'의 단의 분포 양상을 제시
하면 다음과 같다.

[그림 43] 한국어 '흐르다01'와 중국어 '流'의 단의 분포 양상 대조

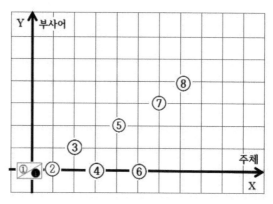

위 그림을 통해 한국어 '흐르다01'은 중국어 '流'보다 단의 분포 양상이
더 다양한 것을 확인할 수 있다. '흐르다01'은 '체육복이 흐르다, 구름이
흐르다, 빛이 흐르다, 전기가 흐르다, 시간이 흐르다, 윤기가 흐르다, 생각

이 흐르다' 등 다양한 주체와 결합할 수 있지만 중국어의 '流'는 그렇지 못하고 액체 따위의 이동만 의미한다. 한국어에서 '전기가 흐르다, 윤기가 흐르다' 등 경우에 '흐르다'는 '생기다'로 해석하고 있어 주체의 나타남을 뜻한다. 이러한 경우 중국어에서 '생기다'로 대응될 수 있는 '産生'이나 '有' 같은 표현을 사용한다. '시간이 흐르다'와 같은 경우 중국어에서 '流' 혼자를 사용할 수 없고 '流逝'를 선택해야 한다.

4. 한중 부차적 주체 이동 동사의 의미 대조

　‘부차적 주체 이동 동사’는 어휘 자체의 의미가 이동을 의미하는 것이 아니라 원 의미를 표현하기 위해 이동이 수반되는 동사이다. 이때 이동의 의미가 동사에게 부차적 존재이라고 할 수 있다. ‘부차적 주체 이동 동사’ 가운데 이동 주체의 이동 방향에 따라 크게 ‘수평 이동’과 ‘수직 이동’으로 나눌 수 있다. 그리고 ‘수평 이동’은 이동의 양상을 이동체를 중심으로 하여 ‘왕래에 따른 이동’, ‘출발 도착에 따른 이동’, ‘영역 안팎에 따른 이동’, ‘기점 이탈에 따른 이동’으로 하위분류를 할 수 있고, ‘수직 이동 동사’는 ‘상승에 따른 이동’과 ‘하강에 따른 이동’으로 분류할 수 있다.

　이 영역에 속한 연구 대상은 한국어 수평 이동일 경우 ‘걷다02, 구르다, 기다01, 나다01, 날다01, 내뿜다, 다다르다, 이르다, 들다, 떠나다, 뜨다03, 뛰다02, 비키다, 빠지다01, 외다01, 피하다’가 있고, 중국어에서 ‘走, 滾, 爬, 出, 飛, 到, 進, 離, 冒, 跑, 躲, 閃, 避’가 있다. 수직 이동을 경우 한국어에서 ‘돋다01, 떨어지다, 뜨다01, 솟다, 솝뜨다, 튀다, 빠지다02’가 있고, 중국어 일 경우 ‘升, 涌, 彈, 陷, 滴’이 있다. 위 내용을 표로 정리하면 다음과 같다.

[표 76] 한중 '부차적 주체 이동 동사'의 유형별 대응관계

유형			한국어	중국어
부차적 주체 이동 동사	수평 이동	왕래(往來) 동사	걷다02	走
			구르다01	滚
			기다01	爬
			날다01	飛
		발차(發着) 동사	떠나다	离
			뜨다03	
			다다르다	到
			이르다	
		출입(出入) 동사	들다	進
			나다	出
		이탈(離脫) 동사	비키다 외다01	躲 閃 避
			빠지다01	脫
	수직 이동	상승(上昇) 동사	돋다01	升
			뜨다01	
			솟다	涌
			솝뜨다	
			튀다	彈
		하강(下降) 동사	빠지다02	陷
			(떨어지다)	掉

4.1. 수평(水平) 이동 동사

4.1.1. 왕래(往來) 동사

'왕래 이동'은 어떤 사람이 말하는 사람 혹은 기준이 되는 사람이 있는 쪽으로 움직이거나 한 곳에서 다른 곳으로 장소를 이동하는 의미를 뜻한

다. 부차적 주체 이동 동사에는 한국어 '걷다02, 구르다01, 기다01, 날다
01', 중국어 '走, 滚, 爬, 飞'가 있다.

4.1.1.1. '걷다02'와 '走'

4.1.1.1.1. 걷다02

한국어에서 '사람이 다리를 움직여 바닥에서 발을 번갈아 떼어 옮기다'
라는 의미를 표현할 때 '걷다'를 사용한다. 이에 대하여 「표준」에 4개, 「고
려」에 4개 의미를 각각 제시하고 있다.

(207) '걷다02'의 단의 후보(1)
  (가) 「표준」 「1」다리를 움직여 바닥에서 발을 번갈아 떼어 옮기다.
    ¶ 허둥지둥 걷다/술에 취해 비틀거리며 걷다/비를 맞으며 절벽
    절벽 걷다/종종걸음으로 걷다/거드름을 피우며 느릿느릿 걷다/
    어린 녀석이 걷는 모습이 의젓하구나./소가 느릿느릿 걷는다./
    젊은이들은 짐을 지고도 성큼성큼 걸었다./아기가 아장아장 걷
    는 모습은 귀엽기 그지없다.
    「고려」 「1」[(명)이] (사람이나 동물이) 양쪽 다리를 번갈아 떼
    어 내딛으며 몸을 옮겨 나아가다. ¶ 오리가 뒤뚱뒤뚱 걸으며
    나를 뒤쫓아왔다./아기가 걸을 수 있게 되면 예쁜 신발을 사
    줘야지.
  (나) 「표준」 「2」어떤 곳을 다리를 번갈아 움직여 위치를 옮기다. ¶
    그는 종로 거리를 걷고 또 걸었다./괴나리봇짐도 없이 여삼은
    연방 이마의 땀을 소맷자락으로 쓸면서 황톳길을 걷는다.≪유
    현종, 들불≫
    「고려」 「2」 [(명)이 (명)을] (사람이나 동물이 어디를) 양쪽 다
    리를 번갈아 떼어 내딛으며 몸을 옮겨 나아가다. ¶ 준서가 길
    을 걷다 문득 나를 바라보았다./우리 둘이서 석양이 지는 바닷
    가를 나란히 걸었다.
  (다) 「표준」 「3」어떠한 방향으로 나아가다. ¶ 파멸의 길을 걷다/외

국 노동자들의 숫자가 증가 일로를 걷고 있다./대폿집은 요즘
에는 어쩌다 눈에 띨 뿐 사양화의 길을 걷고 있다.
「고려」「3」[(명)이 (명)을] {비유적으로} (무엇이 과정이나 방
면을) 진행하거나 통과하여 나아가다. ¶ 국민 경제가 악화일로
를 걷고 있다./회사가 몰락의 길을 걷고 있어도 누구 하나 나
서서 문제 제기를 하지 않았다.
  (나) 「표준」「4」전문직에 종사하다. ¶ 의사의 길을 걷다/그는 평생
교사의 길만을 걸었다.
「고려」「4」[(명)이 (명)을] ((주로 '~의 길'과 함께 쓰여)) {비
유적으로} (사람이 길을) 마음을 다하여 일하다. ¶ 김 씨는 평
생 교사의 길만을 걸었다./아무리 재주가 많은 사람이라도 연
예계의 길을 걷는 것은 쉽지 않다.

  (207)에 정리한 단의들은 사전에 실린 것을 종합한 것이다. 위 내용을
살펴보면 두 사전의 내용이 같은 것을 확인할 수 있다. 그러나 (가)와 (다)
는 주체가 같고 주체가 발생하는 움직임도 같기 때문에 별개의 단의로 볼
수 없고 하나의 단의로 봐야 한다. (다)의 단의에 대하여 「고려」의 해석이
더 정확하고 상세하기 때문에 여기서 「고려」의 풀이를 채택한다. (마)의
단의에 대하여 1차적으로 「고려」의 풀이를 선택하는데 약간 수정하여, '사
람이 무슨 직업을 종사하여 마음을 다하여 일하다.'로 평정한다. '걷다02'
의 단의를 다음과 같이 재정리할 수 있다.

  (208) '걷다02'의 단의 부호(2)
    ⓐ [(명)이 ((명)을) (사람이나 동물이) 양쪽 다리를 번갈아 떼어 내
      딛으며 몸을 옮겨 나아가다. ← (가) (나)
    ⓑ [(명)이 (명)을](무엇이 과정이나 방면을) 진행하거나 통과하여
      나아가다. ← (다)
    ⓒ [(명)이 (명)을](사람이 무슨 직업을 종사하여) 마음을 다하여 일
      하다. ← (라)

위에서 정리된 '걷다02'의 단의를 보면 서술어의 의미를 실현하는데 'A 가 걷다'와 'A가 C를 걷다'의 격틀 정보가 있는 것을 확인할 수 있다.

(209) 가. 아버지가 술에 취해 비틀거리며 걷는다.
　　　나. 김 씨는 평생 교사의 길만을 걸었다.

위 예문을 보면 서술어 '걷다02'가 의미를 실현하는 데 경우에 따라 부사어가 나타날 수도 있도 안 나타날 수도 있다.

'걷다02'의 단의 가운데 주체 자리에 ⓐ는 '사람이나 동물', ⓑ는 '경제, 숫자' 따위, ⓒ는 '사람'이다. ⓐⓒ의 주체는 구체성을 가지는 유형물인 반면 ⓑ의 주체는 추상성을 가지며 인간 무관 영역에 속한다. 위 내용을 표로 정리하면 다음과 같다.

[표 77] 한국어 '걷다02'의 단의 분류

구체 ↓ 추상	주체(A)	부사어C)	구문 구조	단의 후보 번호
	사람, 동물	장소	A가 C를 걷다	ⓐ
		-	A가 걷다	
	사람	직업	A가 C를 걷다	ⓒ
	경제, 숫자	방향		ⓑ

[표 53]에 정리된 '걷다02'의 단의 실현 환경을 보면 ⓐ는 사람이나 동물이 구체적인 장소 이동을 의미하고, ⓑ는 주체가 사람이지만 추상적인 직업을 종사하여 그 길에서 살아가는 의미를 표현한다. ⓒ는 주체도 추상적인 '경제나 숫자'가 해당되고 부사어 위치에도 추상성을 가진 '방향'이 나타난다. 따라서 '걷다02'의 단의를 구체성 및 인간 관련 정도에 따라 재배열하면 다음과 같다.

(210) '걷다02'의 단의

① [(명)이 ((명)을)](사람이나 동물이) 양쪽 다리를 번갈아 떼어 내딛으며 몸을 옮겨 나아가다. ← ⓐ

② (명)이 (명)을](사람이 무슨 직업을 종사하여) 마음을 다하여 일하다. ← ⓒ

③ [(명)이 (명)을](무엇이 과정이나 방면을) 진행하거나 통과하여 나아가다. ← ⓑ

'걷다02'의 단의 가운데 ①번은 사람이나 동물 따위의 물리적인 이동을 뜻하고 있어 가장 원형적인 의미로 간주할 수 있다. 따라서 ①번에서 사람의 추상적인 이동을 뜻하는 ②번, 추상물의 이동을 뜻하는 ③번 의미가 파생된다. 이상 내용을 그래프에서 표시하면 다음과 같다.

[그림 44] 한국어 '걷다02'의 단의 분포 양상

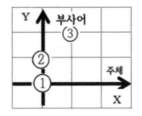

위에 제시된 '걷다02'의 단의 분포 양상을 통해 '걷다02'가 3개의 단의를 가지고 있고 ①②번 단의의 주체가 같은 것을 확인할 수 있다. 그리고 ③번의 주체는 ①②번 보다 조금 추상화된 것을 알 수 있다.

한국어 '걷다02'의 각 단의 가운데 가장 중심적이고 기본적이라고 판단되는 단의를 중심으로 각각의 단의가 파생되었다고 볼 수 있을 것이다. 그리고 각 단의를 대표할 수 있는 원형의미는 출현 제약이나 의미적 환경의 영향을 되도록 적게 받는 구체적 환경에서 실현되는 것으로 결정된다. ①

번 '사람이나 동물이 양쪽 다리를 번갈이 떼어 내딛으며 몸을 옮겨 나아가
다'는 사람의 구체 이동을 뜻하므로 다른 단의를 대표할 수 있는 의미이다.
②번 '사람이 무슨 직업을 종사하여 마음을 다하여 일하다'는 사람이 추상
적인 직업 단위에 가입하는 의미로 원형의미에서 확장해온다고 볼 수 있
을 것이다. ③번 '무엇이 과정이나 방면을 진행하거나 통과하여 나아가다'
는 주체가 사람이 아니고 사물이기 때문에 ①번에서의 확장의미이다. 위
내용을 정리하면 아래와 같다.

[표 78] 한국어 '걷다02'의 의미 확장 양상

	단의
③←①→②	① [(명)이 ((명)을](사람이나 동물이) 양쪽 다리를 번갈아 떼어 내딛으며 몸을 옮겨 나아가다.
	② (명)이 (명)을(사람이 무슨 직업을 종사하여) 마음을 다하여 일하다.
	③ [(명)이 (명)을(무엇이 과정이나 방면을) 진행하거나 통과하여 나아가다.

4.1.1.1.2. 走

중국어 '走'에 대하여 「現代」에서는 7개, 「新華」에서는 5개의 단의를 정
리하였다.

(211) '走'의 단의 후보(1)
　　(가) 「現代」「1」人或鳥獸的脚交互向前移動行走(사람이나 짐승이 발
　　　　을 번갈아 하면서 위치를 옮기다) ¶ 走路(길을 걷다)/孩子會走
　　　　了.(아이가 걸을 줄 알았다.)/罵不走了.(말이 걷지 않는다.)
　　　　「新華」「1」走路, 步行(걷는다) ¶ 走得快(빨리 걷는다)/小孩子會
　　　　走路了.(아이가 걸을 줄 알았다.)
　　(나) 「現代」「2」車, 船等運行, 移動, 挪動(자동차, 배 등 움직이다) ¶
　　　　鐘不走了(시계가 가지 않는다)/這條船一個鐘頭能走三十里(이 배
　　　　가 한 시간에 30키로 갈 수 있다.)/你這步棋走壞了.(너는 이번
　　　　장기를 잘 못 두었다.)

(다) 「現代」「3」離開, 去(떠나다) ¶ 車剛走.(차가 방금 떠났다.)/我明
天要走了.(나는 내일 떠날 거야.)

「新華」「3」離去(떠나다) ¶ 他剛走.(그는 방금 전에 떠났다.)/我
明天要走了.(나는 내일 떠날 거야.)

(라) 「現代」「4」婉辭, 指人死了(사람의 죽음을 완곡하게 표현하는
말이다.) ¶ 她還這麼年輕就走了.(그 여자가 이런 젊은 나이게
세상을 떠났다.)

(마) 「現代」「5」親友之間來往(친척 사이에 오가다.) ¶ 走娘家(친정에
가다)/走親戚(친척 집에 가다)

「新華」「2」往來(왕래하다) ¶ 走親戚(친척 사이에 오가다)/挪動
(옮기다)/鐘不走了(시계가 가지 않다)

(바) 「現代」「6」通過(통과하다) ¶ 咱們走這個們出去吧.(우리가 이 문
을 이용해서 나갑시다.)

「新華」「4」通過(통과하다) ¶ 咱們走這個門出去吧.(우리가 이 문
을 이용해서 나갑시다.)

(사) 「現代」「7」改變或者失去原樣(변하거나 원래의 모양을 잃다) ¶
走樣(모양이 변하다)/走味(냄새가 변하다)

「新華」「5」失去原樣(원래의 모양을 잃다) ¶ 服裝走樣了.(옷의
모양이 변했다.)/茶葉走味了.(차의 냄새가 변했다.)

(211)은 2개의 사전에 실린 것을 종합한 것이다. 위 내용을 보면 두 사전
에서 비슷하게 기술한 부분도 있고 서로 다르게 기술한 부분도 있다. (나)
의 '자동차, 배 등이 움직이다'라는 의미와 (라)의 '사람의 죽음을 완곡하게
표현한다.'는 의미를 「現代」에서만 찾을 수 있고 「新華」에서는 찾을 수 없
다. (다)의 '떠나다'와 (바)의 '통과하다'는 의미를 두 사건에서 완전히 일치
하게 제시하고 있다. 또한 (가)(마)(사) 단의에 대하여 「現代」에서는 「新華」
보다 주체를 더 상세하게 나와 주고 있어 여기서 「現代」의 뜻풀이를 택하
기로 한다. 그리고 (다)와 (마)는 주체인 사람이 원래 있던 위치를 벗어나
움직이는 의미를 표현하는 데 있어서 (가)와 차이가 없는 것으로 보인다.

그러므로 (다)(마)는 (가)와 하나의 단으로 '사람이나 동물이 양쪽 다리를 번갈아 떼어 내딛으며 몸을 옮겨 나아가다.'로 평정한다. 위 내용에 따라 '走'의 의미를 다음과 같이 재정리할 수 있다.

(212) '走'의 단의 후보(2)

ⓐ [(명)이]人或鳥獸的脚交互向前移動行走.(사람이나 동물이 양쪽 다리를 번갈아 떼어 내딛으며 몸을 옮겨 나아가다.) ← (가) (다) (마)

ⓑ [(명)이]車, 船等向前運行, 移動.(자동차, 배 등 앞으로 움직이다.) ← (나)

ⓒ [(명)이]婉辭, 指人死了.(사람의 죽음을 완곡하게 표현하는 말이다.) ← (라)

ⓓ [(명)이 (명)을]人通過某個具體的事物.(사람이 문 같은 공간을 통과하다.) ← (바)

ⓔ [(명)이]服裝等模樣或者食物味道發生變化.(복장들의 모양이나 음식의 남새가 변하다.) ← (사)

위에 정리된 '走'의 단의를 보면 서술어의 의미 변화에 영향을 끼치는 요소가 주체만 있는 경우도 있고 주체와 부사어를 모두 요구하는 경우도 있다. 즉 '走'의 의미를 표현하는 데 'A 走'와 'A 走 C'라는 격틀 정보를 가진다.

'走'의 단의 사이에 주체 자리에 ⓐ는 '사람이나 동물', ⓑ는 '자동차, 배 등 교통수단, 시계 따위', ⓒⓓ는 '사람', ⓔ는 '모양이나 남새'이다. ⓐⓑⓒⓓ의 주체는 구체성을 가지면서 형체를 확인할 수 유형물이다. ⓔ의 '모양이나 남새'는 추상성을 가지면서 인간과 밀접한 관련이 있지 않은 인간 무관 영역에 속한다. 위 내용에 따라 '走'의 단의 실현 환경을 정리하면 다음과 같다.

[표 79] 중국어 '走'의 단의 분류

구체	주체(A)	부사어(C)	구문 구조	단의 후보 번호
↓ 추상	사람, 동물	-	A+走	ⓐ
	사람	문	A+走+C	ⓓ
				ⓒ
	자동차, 배	-	A+走	ⓑ
	모양, 냄새			ⓔ

'走'의 단의 가운데 ⓐⓑⓒ번 의미는 인간과 관련된 움직임을 뜻하고, ⓓ는 구체적인 사물의 이동을 의미한다. 또한 ⓔ는 추상적인 '모양이나 냄새' 따위가 변하는 의미를 표현하고 있다. 따라서 구체성과 인간과의 관련 정도를 고려한 결과를 토대로 '走'의 단의를 다시 배열할 수 있다.

(213) '走'의 단의

❶ [(명)이]人或鳥獸的脚交互向前移動行走.(사람이나 동물이 양쪽 다리를 번갈아 떼어 내딛으며 몸을 옮겨 나아가다.) ← ⓐ

❷ [(명)이 (명)을]人通過某個具體的事物.(사람이 문 같은 공간을 통과하다.) ← ⓓ

❸ [(명)이]婉辭, 指人死了(사람의 죽음을 완곡하게 표현하는 말이다.) ← ⓒ

❹ [(명)이]車, 船等向前運行, 移動(자동차, 배 등 앞으로 움직이다.) ← ⓑ

❺ [(명)이]服裝模樣或者食物味道發生變化.(복장들의 모양이나 음식의 냄새가 변하다.) ← ⓔ

'走'의 단의 가운데 ❶❷❸번은 사람의 이동을 뜻하는 데 비슷하지만 ❶번은 ❷❸번보다 더 전형적인 이동 의미를 표현하고 있어 원형 의미로 볼 수 있겠다. 여기서 ❷번 사람이 사물을 통과하는 것, ❸번 사람이 죽는 것으로 의미 파생이 일어난다. 또한 사람 영역에서 사물 영역까지 의미 파생이 일어나서 ❹번 의미가 파생된다. 이어서 추상적인 의미를 표현하는 ❺번 단의가 생긴다. 위 내용을 그래프로 표시하면 다음과 같다.

[그림 45] 중국어 '走'의 단의 분포 양상

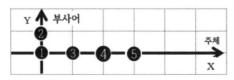

'走'의 단의 분포 양상을 보면 '走'의 의미 변화를 영향을 끼치는 요소가 주로 주체인 것을 확인할 수 있다. '走'의 ❷번 의미만 주체 및 부사어의 영향을 모두 받는다. 또한 ❸❹❺번의 의미가 ❶번보다 더 추상적인 것도 알 수 있다.

'走'의 각 단의 가운데 가장 중심적이고 기본적이라고 판단되는 단의를 중심으로 각각의 단의가 파생되었다고 볼 수 있을 것이다. 그리고 각 단의를 대표할 수 있는 원형의미는 출현 제약이나 의미적 환경의 영향을 되도록 적게 받는 구체적 환경에서 실현되는 것으로 결정된다. ①번 '사람이나 동물이 양쪽 다리를 번갈아 떼어 내딛으며 몸을 옮겨 나아가다'는 사람이 구체적인 이동을 표현한다. 이것은 다른 단의를 대표할 수 있는 원형의미로 간주할 수 있다. ②번 '사람이 문 같은 공간을 통과하다'는 ①번과 통과하는 공간이 다를 뿐 사람이 이동하는 방식이 비슷하다. 따라서 ②번은 ①번에서 확장해온다고 볼 수 있다. ③번 '사람의 죽음을 완곡하게 표현하는 말이다'는 사람이 일정한 구체적인 공간에서 추상적인 공간으로 이동하는 것이기 때문에 ③번은 ②번에서 확장해온다. ④번과 ⑤번은 각각 자동차, 배의 이동, 복장의 모양이나 음식의 냄새 변함을 표현한다. 이것들은 다른 단의와 관련성이 강하지 않아 모두 원형의미에서 확장해온 것으로 봐야 한다.

이상 내용을 표로 정리하면 다음과 같다.

[표 80] 중국어 '走'의 의미 확장 양상

	단의
	❶ [(명)이]人或鳥獸的脚交互向前移動行走.(사람이나 동물이 양쪽 다리를 번갈아 떼어 내딛으며 몸을 옮겨 나아가다.)
❸ ↑ ❷ ↑ ❺-❶→❹	❷ [(명)이 (명)을]人通過某個具體的事物.(사람이 문 같은 공간을 통과하다.)
	❸ [(명)이]婉辭, 指人死了(사람의 죽음을 완곡하게 표현하는 말이다.)
	❹ [(명)이]車, 船等向前運行, 移動(자동차, 배 등 앞으로 움직이다.)
	❺ [(명)이]服裝模樣或者食物味道發生變化.(복장들의 모양이나 음식의 남새가 변하다.)

4.1.1.1.3. '걷다02'와 '走'의 대조

이 부분에서 한국어 '걷다02'와 중국어 '走'의 단의 사이에 존재하는 공통점과 차이점을 찾을 것이다. 단의 대응 관계에 대한 대조와 단의 분포 양상에 대한 대조 두 측면에서 논의를 전개하고자 한다.

공통점으로 한국어 '걷다02'와 중국어 '走'는 사람이나 동물이 발을 번갈아 떼어 움직이는 의미를 표현하는 점이 동일하다.

(214) 가. 젊은이들은 짐을 지고도 성큼성큼 걸었다.

　　　가′. 年輕人背著行李也能大步流星走的很快.

위 예문을 통해 볼 수 있듯이 한국어 '걷다02'와 중국어 '走'는 사람이 발로 움직이는 의미를 표현할 때 일치한다.

차이점으로 첫째, 한국어 '걷다02'는 '사람이 무슨 직업에 종사하다'라는 의미를 표현할 수 있는데 중국어의 '走'는 이러한 의미를 표현할 수 없다.

(215) 가. 김 씨는 평생 교사의 길만을 걸었다.
　　　가′. *金先生一生都走教師行業.
　　　가″. 金先生一生都從事教師行業.

위 예문을 통해 한국어의 '걷다02'는 사람이 어떤 직업에 종사하여 마음을 다하는 의미를 가질 수 있는데 중국어 '走'의 단의 가운데 이와 비슷한 의미를 찾을 수 없다. 대신 '직업'과 결합할 때 '從事'를 사용한다.

둘째, 한국어 '걷다02'의 주체는 '경제나 숫자' 따위가 어떠한 추상적인 길로 나아가는 의미를 표현할 수 있는데 중국어의 '走'는 이와 비슷한 의미가 없다.

(216) 가. 외국 노동자들의 숫자가 증가 일로를 걷고 있다.
　　　가′. 外國勞動者的數量走增加的勢頭.
　　　가″. 外國勞動者的數量呈現增加的勢頭.

위 예문을 통해 한국어 '걷다02'의 주체가 추상 영역에 있는 '경제'나 '숫자'까지 확장이 일어나는데 중국어의 '走'의 주체가 이러한 영역으로 의미 확장이 일어나지 않는다. 대신 비슷한 의미를 표현할 때 '呈現'을 사용한다.

셋째, 중국어 '走'는 사람이 '문'과 같은 지나갈 수 있는 공간을 통과하는 의미를 표현할 수 있는데 한국어의 '걷다02'는 이러한 의미를 표현할 수 없다.

(217) 가. 我們走這個門去學校吧.
　　　가′. *우리가 이 문이 걷고 학교에 갑시다.
　　　가″. 우리가 이 문이 통하여 학교에 갑시다.

위 예문을 통해 알 수 있듯이 중국어의 '走'는 문을 통과하는 의미를 표현할 수 있는데 한국어 '걷다02'는 이와 비슷한 의미가 없고 대신 '통하다',

‘이동하다’와 같은 단어를 선택한다.

넷째, 중국어의 ‘走’는 사람의 죽음을 완곡하게 표현하는 용법이 있는데 한국어의 ‘걷다02’는 이러한 의미를 지니지 않는다.

> (218) 가. 這個女的這麼年輕就走了.
> 가'. *그 여자기 이런 젊은 나이에 걸었다.
> 가''. 그 여자가 이런 젊은 나이에 갔다.
> 가'''. 그 여자가 이런 젊은 나이에 죽었다.

위 예문을 통해 중국어의 ‘走’는 ‘사람이 죽다’라는 의미를 완곡하게 표현할 수 있는데 한국어 ‘걷다02’는 이러한 의미를 표현할 수 없다. 대신 ‘죽다’라는 의미를 나타낼 수 있는 ‘가다’나 ‘죽다’를 사용한다.

다섯째, 중국어 ‘走’의 주체는 ‘자동차, 배, 기계’ 등 사물 영역까지 의미 확장이 일어나는 데 비해 한국어의 ‘걷다02’는 이러한 영역까지 의미 확장이 일어나지 않는다.

> (219) 가. 船剛走.
> 가'. 배가 금방 갔다.
> 가''. 배가 금방 걸었다.

위 예문을 통해 중국어의 ‘走’는 구체물의 이동을 표현할 때 무정물에도 사용할 수 있지만 한국어의 ‘걷다02’는 구체적인 이동을 표현할 때 주체가 유정물이어야 한다. 만약에 사물 같은 것의 움직임을 표현하려면 ‘가다’를 사용한다.

여섯째, 중국어의 ‘走’는 ‘모양이나 냄새’ 따위가 변하는 의미를 표현할 수 있는데 한국어 ‘걷다02’의 단의 가운데 이와 비슷한 의미가 없다.

(220) 가. 姐姐的衣服走樣了.

　　가'. *언니 옷의 모양이 걸었다.

　　가". 언니 옷의 모양이 변했다.

　위 예문을 통해 중국어 '走'는 어떤 물체의 모양 변화와 음식물의 냄새 변화를 표현할 수 있는데 한국어의 '걷다02'는 이러한 의미를 표현할 수 없고 대신 달라짐을 뜻하는 '변하다'를 사용한다.

　단의 분포 양상에 대한 대조로는 한국어 '걷다02'는 구체물의 움직임을 표현할 때 주체가 유정물로 한정하는데 비해 중국어 '走'는 유정물 및 무정물 영역에서 모두 의미 파생이 일어난다.

　위에서 정리된 내용에 따라 한국어 '걷다02'와 중국어 '走'의 단의 대응 관계를 다음과 같이 정리할 수 있다.

[표 81] 한국어 '걷다02'와 중국어 '走'의 단의 대응 관계 대조

단의	걷다02	走
(사람이나 동물이) 양쪽 다리를 번갈아 떼어 내딛으며 몸을 옮겨 나아가다.	①	❶
(사람이) 문 같은 공간을 통과하다.	X	❷
(사람의 죽음을) 완곡하게 표현하는 말이다.	X	❸
(사람이 무슨 직업을 종사하여) 마음을 다하여 일하다.	②	X
(자동차, 배) 따위가 앞으로 움직이다.	X	❹
(복장들의 모양이나 음식의 냄새가) 변하다.	X	❺
(무엇이 과정이나 방면을) 진행하거나 통과하여 나아가다.	③	X

　위에 제시된 한국어 '걷다02'와 중국어 '走'의 대응 관계를 보면 두 어휘 사이에 같은 의미가 한 개만 있고 나머지 의미가 모두 일치하지 않는 것을 확인할 수 있다. 위 내용을 그래프로 제시하면 아래와 같다.

[그림 46] 한국어 '걷다02'와 중국어 '走'의 단의 분포 양상 대조

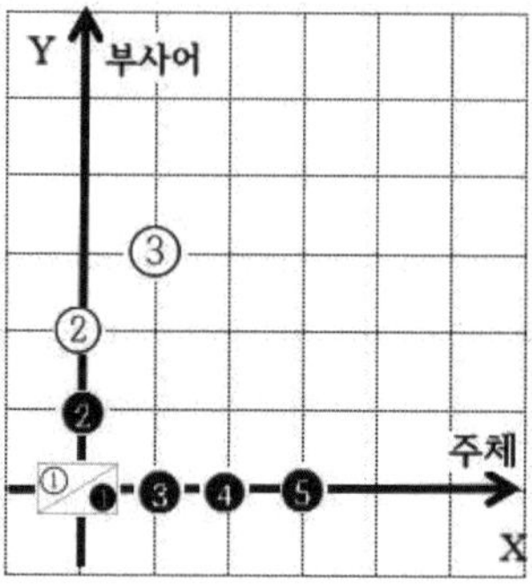

위에 제시된 그래프를 보면 중국어 '走'는 한국어 '걷다02'보다 단의 분포 양상이 더 다양한 것을 알 수 있다. 한국어 '걷다02'는 '사람이 어떤 직업에 종사하거나 경제나 숫자 정도 어떠한 방향으로 기울어지다'라는 의미를 표현할 수 있는데 중국어 '走'는 이러한 의미를 표현할 수 없다. 또한 중국어 '走'는 '사람의 죽음, 무슨 공간을 통과하기, 모양새가 변화하기' 등 의미를 표현할 수 있는데 한국어 '걷다02'는 이러한 의미를 가지지 않는다.

4.1.1.2. '구르다01'과 '滚'

4.1.1.2.1. 구르다01

한국어에서 '바퀴처럼 돌면서 옮겨 가다'라는 의미를 표현할 때 일반적으로 사용하는 어휘는 '구르다01'이다. '구르다01'에 대하여 「표준」에서는 5개, 고려에서는 3개의 단의를 제시하고 있다.

(221) '구르다01'의 단의 후보(1)

　　(가) 「표준」「1」바퀴처럼 돌면서 옮겨 가다. ¶ 바위가 언덕 아래로 구르다/공이 골문 안으로 굴러 들어갔다./동전이 떨어져 하수구로 굴러 버렸다.

「고려」「1」[(명)이] (둥근 물체가) 돌면서 움직이다. ¶ 공이 빠르게 굴렀다./아이의 뺨 위로 또르르 눈물 한 방울이 굴렀다.

(나) 「표준」「2」마소나 수레 따위가 걷거나 달리거나 할 때에 출썩거리다.

(다) 「표준」「3」포나 총 따위를 쏠 때, 반동으로 그 자체가 뒤로 되튀다. ¶ 아, 귀에선 앵 소리가 났는데 총이 구르지도 않고 연기도 안 나가고….≪이태준, 사냥≫

「고려」「2」[(명)이] (총이나 대포가) 쏠 때 그 반동으로 뒤로 도로 튀다.

(라) 「표준」「4」어떤 대상이 하찮게 내버려지거나 널려 있다. ¶ 길가에 구르는 쓰레기들 ‖ 내 마음은 아무도 없는 무대 위를 구르는 버려진 소품같이 처량했다.

(마) 「표준」「5」어떤 장소에서 누워서 뒹굴다. ¶ 비탈길에서 구르다 ‖ 우리는 훈련 중에 진흙탕을 몇 번씩이나 굴렀다.

「고려」「3」[(명)이 (명)을] (사람이나 사물이 어디를) 돌면서 움직이다. ¶ 준서가 누가 밀기라도 한 듯 발을 헛디뎌 계단을 굴렀다.

(221)에 정리한 내용은 두 사전에 실린 것을 그대로 종합한 것이다. 의미를 보면 「표준」이 더 상세하게 기술하고 있는 것을 알 수 있다. 그러나 (나) 「표준」「2」에서 다루고 있는 내용을 나눠서 '마소'와 관련된 의미를 (마)에 놓고 '수레' 등 사물과 관련된 의미를 (가)에서 다루면 된다. 즉 (가)(나)(마)의 단의를 다시 정리하면 '첫째, 사람이 돌면서 움직이거나 동물이 걷다. 둘째, 둥근 물체가 바퀴처럼 옮겨 가거나 수레 따위가 달리다.'이다. (다)번 의미는 두 사전에서 비슷하게 기술하고 있다. (라)번 의미는 표준에서만 찾을 수 있다. 위 내용에 따라 '구르다01'의 의미를 다시 정리하면 다음과 같다.

(222) '구르다01'의 단의 후보(2)

ⓐ [(명)이]사람이 돌면서 움직이거나 동물이 걷다. ← (마) (나)

ⓑ [(명)이]둥근 물체가 바퀴처럼 옮겨 가거나 수레 따위가 달리다. ← (가) (나)

ⓒ [(명)이](총이나 대포가) 쏠 때 그 반동으로 뒤로 도로 튀다. ← (다)

ⓓ [(명)이]어떤 대상이 하찮게 내버려지거나 널려 있다. ← (라)

위에서 정리된 내용에 따라 '구르다01'는 단의를 실현하는 데 주체만 있으면 된다. 즉 'A가 구르다'라는 격틀 정보를 가진다.

(223) 가. 바퀴가 구른다.

　　　나. 사람이 굴면서 옮겨간다.

위의 예문을 보면 '구르다01'의 의미 변화에 영향을 끼치는 요소가 주체만 있는 것을 확인할 수 있다.

'구르다01'의 단의 가운데 주체 자리에 ⓐ는 '사람이나 동물', ⓑ는 '물체', ⓒ는 '총이나 대포', ⓓ는 '쓰레기'따위이다. 이 주체들은 모두 구체성을 가진 유형물 영역에 속한다. 따라서 '구르다01'의 단의 실현 환경을 다음과 같이 제시할 수 있다.

[표 82] 한국어 '구르다01'의 단의 분류

구체 ↓ 추상	주체(A)	구문 구조	단의 후보 번호
	사람, 동물		ⓐ
	물체	A가 구르다	ⓑ
	총, 대포		ⓒ
	쓰레기		ⓓ

'구르다01'의 단의 가운데 ⓐ는 사람이나 동물 등 생명체를 가지는 유정
물의 이동을 의미하고 ⓑⓒⓓ번 단의는 모두 무정물의 움직임을 표현한
다. ⓑⓒ 단의 가운데 ⓒ번의 주체가 '총이나 대포' 등 무기로 한정되고
있어 ⓑ의 의미 영역이 좁다고 볼 수 있을 것 같다. 또한 ⓓ의 주체 '쓰레
기' 따위가 구체물이지만 ⓑⓒ와 비교할 때 구체성의 정도가 조금 떨어진
것 같다. 그러므로 구체성 정도와 인간의 관련 정도에 따라 '구르다01'의
단의를 다음과 같이 재정리할 수 있다.

(224) '구르다01'의 단의
　　① [(명)이]사람이 돌면서 움직이거나 동물이 걷다. ← ⓐ
　　② [(명)이]둥근 물체가 바퀴처럼 옮겨 가거나 수레 따위가 달리다.
　　　← ⓑ
　　③ [(명)이](총이나 대포가) 쏠 때 그 반동으로 뒤로 도로 튀다. ←
　　　ⓒ
　　④ [(명)이]어떤 대상이 하찮게 내버려지거나 널려 있다. ← ⓓ

(224)에 정리한 '구르다01'의 단의를 보면 ①번은 사람의 이동에 해당되
고, ②③번은 사물의 이동에 해당되며, ④번은 어떠한 상태를 표현하고
있다. 그러므로 인간 관련 의미에서 기타 영역으로 의미 파생이 일어나는
원리에 따라 '구르다01'의 단의 분포 양상을 다음과 같이 그릴 수 있다.

[그림 47] 한국어 '구르다01'의 단의 분포 양상

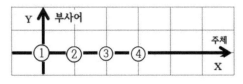

위에 제시된 '구르다01'의 단의 분포 양상을 살펴보면 '구르다01'의 의미

변화를 야기하는 요소는 주체만 있는 것을 확인할 수 있고 주체의 추상화에 따라 의미가 추상화해진다.

'구르다01'의 각 단의 가운데 가장 중심적이고 기본적이라고 판단되는 단의를 중심으로 각각의 단의가 파생되었다고 볼 수 있을 것이다. 그리고 각 단의를 대표할 수 있는 원형의미는 출현 제약이나 의미적 환경의 영향을 되도록 적게 받는 구체적 환경에서 실현되는 것으로 결정된다. ①번 '사람이 돌면서 움직이거나 동물이 걷다'는 인간 이동을 표현함으로 다른 단의를 대표할 수 있는 원형의미로 간주할 수 있다. ②번 '둥근 물체가 바퀴처럼 옮겨 가거나 수레 따위가 달리다'는 구체물의 이동을 표현한다. 따라서 ②번은 원형의미에서 확장해온다고 말할 수 있다. ③번 '총이나 대포가 쏘는 운동은 사물 안에 있는 알의 이동을 뜻한다. 이것은 사물 전체의 운동을 표현하는 것이 아니라 일부의 운동을 표현하기 때문에 ②번에서 확장해온다고 ④번은 대상 이동을 표현하는 데에 원형의미와 비슷하다. 따라서 ④번은 원형의미에서 확장해온다고 볼 수 있다.

이상 내용을 표로 정리하면 다음과 같다.

[표 83] 한국어 '구르다01'의 의미 확장 양상

	단의
④ ↑ ①→②→③	① [(명)이]사람이 돌면서 움직이거나 동물이 걷다. ② [(명)이]둥근 물체가 바퀴처럼 옮겨 가거나 수레 따위가 달리다. ③ [(명)이](총이나 대포가) 쏠 때 그 반동으로 뒤로 도로 튀다. ④ [(명)이]어떤 대상이 하찮게 내버려지거나 널려 있다.

4.1.1.2.2. 滾

'滾'에 대하여 「現代」에서는 2개 「新華」에서 1개의 단의로 정리되어 있다.

(225) '滾'의 단의 후보(1)

　(가)「現代」「1」旋轉著移動(굴면서 옮겨가다.) ¶ 小球滾來滾去(작은
　　　콩이 여기로 굴러 거기로 굴렀다.)/打滾(구르다, 뒹굴다)
　　　「新華」「1」旋轉著移動(굴면서 옮겨가다.) ¶ 球滾來滾去(콩이 이
　　　리로 굴러 저리로 굴렀다.)/

　(나)「現代」「2」翻騰, 特指受熱沸騰.(비등하다, 액체 따위가 열을 받
　　　아 비등하게 됐다.) ¶ 鍋裡的水滾了.(냄비 안에 있는 물이 비등
　　　했다.)

(226)에 정리한 단의는 2개의 사전에 실린 것을 종합한 것이다. '滾'의 사
전적 의미를 보면「現代」는「新華」보다 '액체가 비등하다'라는 의미가 더
있다. (가)번 의미에 대하여 사전에서 사람의 이동과 사물의 이동을 같이
다루고 있는데 실질적으로 나눠서 다루는 것이 더 적절하다. 그러므로 '滾'
의 의미를 정리하면 다음과 같다.

(226) '滾'의 단의 후보(2)

　ⓐ [(명)이]人旋轉著前進或動物行走(사람이 돌면서 움직이거나 동물
　　이 걷다. ← (가)
　ⓑ [(명)이]圓形狀的物體像車輪一樣滾動(동근 물체가 바퀴처럼 옮겨
　　가다.) ← (가)
　ⓒ [(명)이]水沸騰(물이 비등하다) ← (나)

위에서 정리된 '滾'의 사전적 의미를 보면 '滾'의 의미를 실현하는 데 주
체만 있으면 된다. 즉 'A 滾'의 격틀 정보를 가진다.

'滾'의 단의 가운데 주체 자리에 ⓐ는 '사람이나 동물', ⓑ는 '물체', ⓒ는
'액체'가 해당된다. 그래서 '滾'의 단의 실현 환경을 다음과 같이 제시할 수
있다.

[표 84] 중국어 '滾'의 단의 분류

구체	주체(A)	구문 구조	단의 후보 번호
↓	사람, 동물		ⓐ
	물체	A+滾	ⓑ
추상	액체		ⓒ

위에서 제시한 '滾'의 단의 실현 환경을 살펴보면 '滾'의 주체 자리에 모두 구체성을 가진 것이 나와야 하고 의미 변화에 부사어의 영향을 받지 않는다. 그리고 ⓐⓑⓒ 가운데 ⓐ번 의미가 구체적이면서 인간과 가장 밀접한 관련을 가진다. ⓑⓒ도 구체적인 의미를 표현하고 있는데 인간과 그다지 밀접한 관련을 갖고 있지 않다. 그러므로 '滾'의 단의를 구체성 및 인간과의 긴밀성(緊密性) 정도에 따라 다음과 같이 재정리할 수 있다.

  (227) '滾'의 단의
    ❶ [(명)이]人旋轉著前進或動物行走(사람이 돌면서 움직이거나 동물이 걷다. ← ⓐ
    ❷ [(명)이]圓形狀的物體像車輪一樣滾動(동근 물체가 바퀴처럼 옮겨가다.) ← ⓑ
    ❸ [(명)이]水沸騰(물이 비등하다) ← ⓒ

'滾'의 단의를 보면 ❶번은 인간의 구체적 이동을 의미하므로 가장 원형적인 의미로 간주할 수 있겠다. 따라서 ❷번 물체의 이동, ❸번 액체의 이동으로 의미가 파생된다. 그러므로 '滾'의 단의 분포 양상을 그림으로 제시하면 다음과 같다.

[그림 48] 중국어 '滾'의 단의 분포 양상

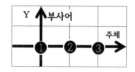

앞서 '滾'의 단의 분포 양상을 보면 의미 변화가 일어나는 요소가 주체만 있는 것을 확인할 수 있다.

'滾'의 각 단의 가운데 가장 중심적이고 기본적이라고 판단되는 단의를 중심으로 각각의 단의가 파생되었다고 볼 수 있을 것이다. 그리고 각 단의를 대표할 수 있는 원형의미는 출현 제약이나 의미적 환경의 영향을 되도록 적게 받는 구체적 환경에서 실현되는 것으로 결정된다. ❶번 '사람이 돌면서 움직이거나 동물이 걷다'는 인간 이동을 뜻한다. 이것은 다른 단의를 대표할 수 있는 원형의미로 간주할 수 있다. ❷번 '둥근 물체가 바퀴처럼 옮겨 가다'는 사물의 이동을 표현한다. ❸번은 '물이 비등하다'는 물이 액체 상태에서 기체 상태로 변한 현상을 의미한다. 상태 변화를 의미하는 데에 ❶번 단의와 비슷하다.

이상 내용을 표로 정리하면 다음과 같다.

[표 85] 중국어 '滾'의 의미 확장 양상

단의	
❸←❶→❷	❶ [(명)이]人旋轉著前進或動物行走(사람이 돌면서 움직이거나 동물이 걷다.)
	❷ [(명)이]圓形狀的物體像車輪一樣滾動(둥근 물체가 바퀴처럼 옮겨 가다.)
	❸ [(명)이]水沸騰(물이 비등하다)

4.1.1.2.3. '구르다01'와 '滾'의 대조

이 절에서는 한국어 '구르다01'와 중국어 '滾' 단의들의 공통점과 차이점을 알아보도록 하겠다. 단의의 대응 관계에 대한 대조와 단의 분포 양상에

대한 대조 두 측면에서 논의를 전개하고자 한다. 공통점으로는 '구르다01'
과 '滾'은 '사람이 돌면서 움직이거나 동물이 걷다'라는 의미를 표현할 때
일치한다.

> (228) 가. 우리는 훈련 중에 진흙탕을 몇 번씩이나 굴렀다.
> 가'. 我們訓練的時候在泥坑中滾了好幾圈.
> 나. 돌이 높은 데에서 굴면서 떨어졌다.
> 나'. 石頭從高處滾下來了.

위 예문을 보면 '구르다01'와 '滾'은 주체 사람일 경우 사람이나 사물이
어디에서 돌면서 움직이는 의미를 표현할 때 일치한다.

차이점은 첫째, 한국어 '구르다'는 주체가 '총이나 대포' 등 무기 따위로
확장되어 그것들이 발사(發射) 방식을 표현할 수 있는데 중국어 '滾'의 단의
중에는 이와 비슷한 의미를 찾을 수 없다.

> (229) 가. 아, 귀에선 앵 소리가 났는데 총이 구르지도 않고 연기도 안 나
> 가고
> 가'. *只聽到'砰'的聲響, 也沒看見大炮滾.
> 가''. 只聽到'砰'的聲響, 也沒看見大炮發射.

위 예문을 통해 한국어 '구르다01'은 무기와 공기할 때 그것들이 발사
방식을 나타낼 수 있는데 중국어에서 이러한 경우에 '發射'를 사용한다.

둘째, 한국어 '구르다01'은 하찮게 내버려지는 대상의 상태를 표현할 수
있는데 중국어 '滾'의 단의 가운데 이와 비슷한 의미를 찾을 수 없다.

> (230) 가. 길가에 구르는 쓰레기들.
> 가'. *滾在街道的垃圾.
> 가''. 散落在街道的垃圾.

위 예문을 통해 한국어 '구르다01' 흩어져 있는 물건들의 상태를 표현할 수 있는데 중국어의 '滾'은 이와 비슷한 의미가 없다. 대신 이러한 상태를 표현할 때 '散落'을 사용한다.

셋째, 중국어 '滾'의 주체가 액체까지 확장되어 액체들이 열을 받아 고온 상태로 되어 비등하는 의미를 표현할 수 있는데 한국어 '구르다01'은 이러한 의미를 표현할 수 없다.

(231) 가. 鍋裡的水滾了.
　　　가'. *냄비 안에 있는 물이 굴렀다.
　　　가". 냄비 안에 있는 물이 끓어올랐다.

위 예문을 통해 중국어의 '滾'은 주체가 액체일 경우 액체의 비등한 상태를 표현할 수 있는데 한국어의 '구르다01'은 이러한 의미를 표현할 수 없고 어휘 '끓어오르다' 자체를 선택한다.

단의 분포 양상에 대한 대조를 보면 두 어휘는 의미 변화에 모두 주체의 영향만 받고 부사어의 영향을 받지 않는다. '구르다01'와 '滾'의 대응 관계를 정리하면 다음과 같다.

[표 86] 한국어 '구르다01'과 중국어 '滾'의 단의 대응 관계 대조

단의	구르다01	滾
(사람이) 돌면서 움직이거나 동물이 걷다.	①	❶
(둥근 물체가) 바퀴처럼 옮겨 가거나 수레 따위가 달리다.	②	❷
(총이나 대포가) 쏠 때 그 반동으로 뒤로 도로 튀다.	③	X
(어떤 대상이) 하찮게 내버려지거나 널려 있다.	④	X
(물이) 비등하다.	X	❸

위에 제시된 한국어 '구르다01'과 중국어 '滾'의 대응 관계를 보면 두 어

휘가 사람이나 물체의 이동을 표현하는 점은 동일하다. 그러나 한국어 '구르다01'의 주체는 '총이나 대포, 쓰레기' 등 영역으로 확장되는데 중국어의 '滾'의 액체 영역으로 의미 확장이 일어난다. 이것을 따라 한국어 '구르다01'과 중국어 '滾'의 단의 분포 양상에 대한 대조 그림을 아래와 같이 그릴 수 있다.

[그림 49] 한국어 '구르다01'과 중국어 '滾'의 단의 분포 양상 대조

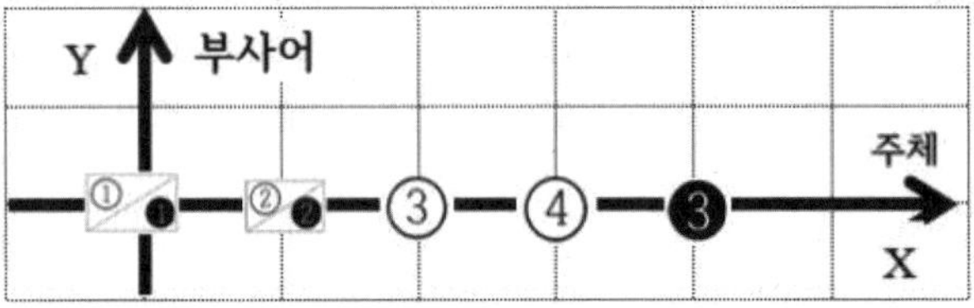

4.1.1.3. '기다01'과 '爬'

4.1.1.3.1. 기다01

한국어에서 가슴과 배를 바닥으로 향해 움직이는 모양을 '기다01'로 표현하고 있다. 이에 대하여 「표준」에서는 4개 「고려」에서는 7개 의미를 제시하고 있다.

(232) '기다01'의 단의 후보(1)

　　(가) 「표준」「1」가슴과 배를 바닥으로 향하고 손이나 팔다리 따위를 놀려 앞으로 나아가다. ¶ 아이가 방 안에서 엉금엉금 기어 다닌다. ‖ 그는 낮은 포복으로 땅을 기었다./아기가 방바닥을 기어 다니니 바닥 청소는 깨끗이 해야 한다.
　　「고려」「1」[(명)이] (사람이) 몸을 구부려 배를 바닥으로 향하고 팔다리로 짚어 움직여 나아가다. ¶ 태어난 지 1년이 안 된 조카는 아직은 걷지 못하고 기어서 다녔다.

「고려」「5」[(명)이 (명)을] (사람이 평평한 곳을) 몸을 구부려 배를 바닥으로 향하고 팔다리로 짚어 움직여 나아가다. ¶ 동굴이 매우 낮아서 우리는 바닥을 기어서 들어갔다./영수가 복통이 심해서 배를 움켜쥔 채 방바닥을 기었다.

(나) 「표준」「2」게나 가재, 벌레, 뱀 따위가 발을 놀리거나 배로 움직여 나아가다. ¶ 그 여자는 뱀이 숲에서 기어 나오는 바람에 기겁을 하였다.

「고려」「2」[(명)이] (벌레나 작은 짐승이) 발을 놀리어 움직여 나아가다. ¶ 거북이가 엉금엉금 기어서 바위를 올라갔다.

「고려」「3」[(명)이] (뱀이) 배를 바닥에 붙이고 몸을 움직여 나아가다. ¶ 구렁이가 기어서 담벼락을 타고 넘었다.

「고려」「6」[(명)이 (명)을] (벌레나 작은 짐승이 어디를) 발을 놀리어 움직여 나아가다. ¶ 지네가 무수히 많은 발로 땅을 기어서 다닌다.

「고려」「7」[(명)이 (명)을] (뱀이 어디를) 배를 바닥에 붙이고 몸을 움직여 나아가다. ¶ 뱀은 비록 다리는 없지만 몸을 꿈틀거리며 빠른 속도로 땅을 길 수 있다.

(다) 「표준」「3」몹시 느리게 가거나 행동하다. ¶ 야, 기지 말고 제발 좀 걸어라./그렇게 기다가는 오늘 내로 도착할지 모르겠다.

「고려」「4」[(명)이] (사람이나 자동차가) 몹시 느리게 가다. ¶ 빙판길에서 차들이 길 수밖에 없어 정체가 심했다.

(라) 「표준」「4」안개나 땅거미 따위가 바닥을 훑어 나가듯이 퍼져 나가다. ¶ 땅거미가 기는 저녁.

(232)에 정리한 의미들은 두 사전에 실린 것을 종합한 것이다. (나) 「표준」「2」에서 '게나 가재, 벌레, 뱀 따위가 발을 놀리거나 배로 움직여 나아가다.'라고 설명하고 있는데 「고려」에서는 '게나 가재, 벌레'를 '작은 짐승'으로 보고 '뱀'을 따로 분류하였다. 그러나 '뱀'도 큰 짐승이 아닌 작은 짐승의 부류에 포함될 수 있으므로 (나)에 대하여 「표준」의 풀이가 더 적절하다고 본다. 또한 「고려」「6」과 「고려」「2」, 「고려」「7」과 「고려」「3」도

같이 묶어야 한다. (다)는 두 사전에서 비슷하게 뜻풀이를 하고 있다. (라)번 '안개나 땅거미'의 움직임을 표현하는 단의가 「표준」에서만 있고 「고려」에서 이와 비슷한 의미를 찾을 수 없다. 따라서 '기다01'의 단의를 다음과 같이 재정리할 수 있다.

> (233) '기다01'의 단의 후보(2)
> ⓐ [(명)이] (사람이나 작은 짐승이) 몸을 구부려 배를 바닥으로 향하고 팔다리로 짚어 움직여 나아가다. ← (가) (나)
> ⓑ [(명)이] (자동차가) 몹시 느리게 이동하다. ← (다)
> ⓒ [(명)이] 안개나 땅거미 따위가 바닥을 훑어 나가듯이 퍼져 나가다. ← (라)

위에 정리된 '기다01'의 단의를 보면 서술어의 의미를 실현하는 데 주체만 필요하다. 즉 '기다01'이 'A가 기다'의 격틀 정보를 가진다.

> (234) 가. 아이가 방 안에서 엉금엉금 기어 다닌다.
> 나. 개미가 방 안 여기저기서 기어 다니고 있다.

'기다01'의 단의 가운데 주체 자리에 ⓐ는 '사람이나 작은 짐승', ⓑ는 '자동차', ⓒ는 '안개나 땅거미'가 된다. ⓐⓑ의 주체는 구체성을 가지면서 형체를 확인할 수 있는 유형물이지만 ⓒ의 주체는 구체성을 가지는데 형체를 확인할 수 없는 무형물이다. 위 내용을 표로 정리하면 다음과 같다.

[표 87] 한국어 '기다01'의 단의 분류

구체 ↓ 추상	주체(A)	구문 구조	단의 후보 번호
	사람		ⓐ
	자동차	A가 기다	ⓑ
	안개, 땅거미		ⓒ

위에 정리된 '기다01'의 단의 실현 환경을 보면 ⓐⓑ의 의미가 더 구체적이다. 또한 ⓐⓑ가운데 ⓐ번 의미가 인간과 더 밀접한 관련이 있어 보인다. 따라서 '기다01'의 단의를 구체성 및 인간과의 거리를 고려하여 다시 배열할 수 있다.

(235) '기다01'의 단의
① [(명)이] (사람이나 작은 짐승이) 몸을 구부려 배를 바닥으로 향하고 팔다리로 짚어 움직여 나아가다. ← ⓐ
② [(명)이](자동차가) 몹시 느리게 이동하다. ← ⓑ
③ [(명)이]안개나 땅거미 따위가 바닥을 훑어 나가듯이 퍼져 나가다. ← ⓒ

(235)에 제시된 '기다01'의 ①번 의미는 사람과 짐승 등 생명체가 있는 유정물의 움직임을 표현하고 있으므로 가장 원형적인 의미로 간주할 수 있을 것이다. 유정물의 이동에서 무정물의 이동을 표현하는 ②번 단의가 파생되고 마지막으로 무형물 영역으로 의미 파생이 일어난다. 위 내용을 그림으로 표시하면 아래와 같다.

[그림 50] 한국어 '기다01'의 단의 분포 양상

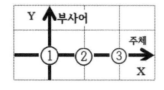

위 그림을 보면 '기다01'의 의미 변화를 야기하는 요소가 주체만 있는 것을 확인할 수 있다. ①②③번 가운데 ①번의 구체성이 가장 강하고 ②③번이 ①번 보다 덜 구체적인 것도 확인할 수 있다.

한국어 '기다01'의 각 단의 가운데 가장 중심적이고 기본적이라고 판단되는 단의를 중심으로 각각의 단의가 파생되었다고 볼 수 있을 것이다. 그리고 각 단의를 대표할 수 있는 원형의미는 출현 제약이나 의미적 환경의 영향을 되도록 적게 받는 구체적 환경에서 실현되는 것으로 결정된다. ① 번 '사람이나 작은 짐승이 몸을 구부려 배를 바닥으로 향하고 팔다리로 짚어 움직여 나아가다'는 인간이 구체적인 공간에서 이동하는 것을 의미한다. 따라서 ①번은 다른 의미를 대표할 수 있는 원형의미로 간주할 수 있다. ②번 '자동차가 몹시 느리게 이동하다'는 자동차와 같은 구체물의 이동을 의미하기 때문에 원형의미에서 확장해온 것이 가장 자연스럽다. ③ 번 '안개가 땅거미 따위가 바닥을 훑어 나가듯이 퍼져 나가다'는 자연물의 확산 의미를 의미한다. 이것도 원형의미에서 확장해온 것이 가장 자연스럽다.

이상 내용을 표로 정리하면 다음과 같다.

[표 88] 한국어 '기다01'의 의미 확장 양상

	단의
③←①→②	① [(명)이] (사람이나 작은 짐승이) 몸을 구부려 배를 바닥으로 향하고 팔다리로 짚어 움직여 나아가다. ② [(명)이] (자동차가) 몹시 느리게 이동하다. ③ [(명)이] 안개나 땅거미 따위가 바닥을 훑어 나가듯이 퍼져 나가다.

4.1.1.3.2. 爬

중국어 '爬'는 일반적으로 사람이나 동물이 발과 손을 이용하여 바닥을 향한 채로 움직이는 것을 말한다. 이에 대하여 「現代」 및 「新華」에서 모두 하나의 의미를 제시하고 있다.

(236) '爬'의 단의 후보(1)

    (가) 「現代」 「1」昆蟲爬行動物等行動或人用手和脚一起著地向前移動

        (사람이나 짐승 따위가 가슴과 배를 바닥으로 향하고 손이나

팔다리 따위를 놀려 앞으로 나아가다.) ¶ 蝎子爬進了墙縫.(전
갈이 벽 사이에 기어들었다.)/這孩子會爬了.(이 아이가 길 줄
알았다.)
「新華」「1」手和脚一起著地前行, 蟲類向前移動, 爬行 ¶ 小孩子
會爬了.(어린 아이가 길 줄 알았다.)

(236)에 정리한 단의는 두 사전에 실린 것을 종합한 것이다. '爬'의 의미
에 대하여 모두 동일하게 기술하고 있는 것을 알 수 있다. 그러나 '爬'는
이 외에도 자동차가 느리게 가는 것을 표현할 수 있다. 따라서 '爬'의 사전
적 의미를 다음과 같이 정리할 수 있다.

(237) '爬'의 단의 후보(2)
　　ⓐ [(명)이]昆蟲爬行動物等行動或人用手和脚一起著地向前移動(사람
　　　이나 짐승 따위가 가슴과 배를 바닥으로 향하고 손이나 팔다리
　　　따위를 놀려 앞으로 나아가다.) ← (가)
　　ⓑ [(명)이]汽車等緩慢的前進.(자동차 따위가 느리게 나아가다.) ¶ 路
　　　太滑汽車只能爬行前進(길이 너무 미끄러워 자동차가 길 수 밖에
　　　없다.)

'爬'는 주체 이동 동사로서 서술어의 의미를 실현하는 데 주체만 필요하
고 즉, 'A+爬'의 격틀 정보를 가진다.

(238) 가. 這孩子會爬了.(이 아이가 길 줄 알았다.)

위 예문을 통해 '爬'는 주체의 변화에 따라 의미 변화가 일어나는 것을
알 수 있고 주체는 '사람이나 작은 짐승' 따위가 해당된다. '爬'의 단의 실
현 환경을 다음과 같이 정리할 수 있다.

[표 89] 중국어 '爬'의 단의 분류

구체 ↓ 추상	주체(A)	구문 구조	단의 후보 번호
	사람, 짐승	A+爬	ⓐ
	자동차		ⓑ

'爬'는 단의 단의를 구체성과 인간과의 관련 정도를 따라 다음과 같이
재정리할 수 있다.

(239) '爬'의 단의
❶ [(명)이]昆蟲爬行動物等行動或人用手和脚一起著地向前移動(사람이
  나 짐승 따위가 가슴과 배를 바닥으로 향하고 손이나 팔다리
  따위를 놀려 앞으로 나아가다.) ← ⓐ
❷ [(명)이]汽車等緩慢的前進.(자동차 따위가 느리게 나아가다.) ←
  ⓑ

'爬'의 단의 가운데 ❶번 의미는 가장 구체적이고 인간과 긴밀한 관련이
있기 때문에 가장 원형적인 의미로 볼 수 있을 것이다. 이어서 ❷번의 '자
동차' 등 사물의 이동으로 의미가 파생된다. '爬'의 단의 분포 양상을 정리
하면 다음과 같다.

[그림 51] 중국어 '爬'의 단의 분포 양상

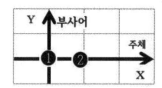

'爬'의 단의 분포 양상을 보면 ❶번 의미가 ❷번 의미보다 더 구체적인
것을 확인할 수 있다. '爬'의 의미 변화에 영향을 끼치는 요소가 주체만 있

는 것도 알 수 있다.

'爬'의 각 단의 가운데 가장 중심적이고 기본적이라고 판단되는 단의를 중심으로 각각의 단의가 파생되었다고 볼 수 있을 것이다. 그리고 각 단의를 대표할 수 있는 원형의미는 출현 제약이나 의미적 환경의 영향을 되도록 적게 받는 구체적 환경에서 실현되는 것으로 결정된다. 중국어 '爬'는 두 개의 단의를 가지고 있기 때문에 ❷번은 ❶번에서 확장해온다고 말할 수 있다.

[표 90] 중국어 '爬'의 의미 확장 양상

단의	
❶→❷	❶ [(명)이]昆蟲爬行動物等行動或人用手和脚一起著地向前移動(사람이나 짐승 따위가 가슴과 배를 바닥으로 향하고 손이나 팔다리 따위를 놀려 앞으로 나아가다.)
	❷ [(명)이]汽車等緩慢的前進.(자동차 따위가 느리게 나아가다.)

4.1.1.3.3. '기다01'과 '爬'의 대조

이 부분에서 한국어 '기다01'과 중국어 '爬'의 단의를 바탕으로 그것들의 공통점과 차이점을 찾고자 한다. 단의의 대응 관계에 대한 대조와 단의 분포 양상에 대조 두 측면에서 논의를 전개하고자 한다.

공통점으로 한국어 '기다01'과 중국어 '爬'는 사람이나 짐승 따위가 손과 발을 이용하여 바닥을 향한 채로 움직이는 의미와 자동차 따위가 느리게 이동하는 의미를 표현하는 점이 동일하다.

(240) 가. 이 아이가 길 줄 알았다.
　　　가'. 這孩子會爬了.
　　　나. 전갈이 벽 사이에 기어들었다.
　　　나'. 蝎子爬進了墻縫.
　　　다. 빙판길에서 차들이 길 수밖에 없어 정체가 심했다.

　　다'. 冰雪路上汽車只能爬行前進

　차이점은 첫째, 한국어 '기다01'의 주체가 '안개나 땅거미'로 확장될 수 있는데 중국어의 '爬'는 이러한 영역으로 의미 확장이 일어나지 않는다.

　(241) 가. 안개가 기는 아침.
　　　가'. *霧氣爬行的早晨
　　　가''. 霧氣瀰漫的早晨

　위 예문을 통해 한국어 '기다01'는 안개 따위가 널리 퍼지는 의미를 표현할 있는데 중국어 '爬'는 이와 비슷한 의미를 표현할 수 없다. 중국어에서 안개 따위가 퍼지는 상태를 표현할 때 '瀰漫'을 사용한다.

　단의 분포 양상을 대조해 보면, 한국어 '기다01'의 주체는 유형물 및 무형물 영역에서 의미 확장이 모두 일어나는 데 비배 중국어 '爬'는 유형물 영역에서만 의미 확장이 일어난다. 따라서 한국어 '기다01'과 중국어 '爬'의 단의 대응 관계를 정리하면 다음과 같다.

[표 91] 한국어 '기다01'과 중국어 '爬'의 단의 대응 관계 대조

단의	기다01	爬
(사람이나 짐승 따위가) 가슴과 배를 바닥으로 향하고 손이나 팔다리 따위를 놀려 앞으로 나아가다.	①	❶
(자동차 따위가) 느리게 나아가다.	②	❷
(안개나 땅거미 따위가) 바닥을 훑어 나가듯이 퍼져 나가다.	③	X

　위 표를 보면 한국어 '기다01'과 중국어 '爬'의 단의 가운데 2개의 단의가 같고 나머지 단의가 다른 것을 확인할 수 있다. 두 어휘의 단의 분포 양상을 대조하면 아래와 같다.

[그림 52] 한국어 '기다01'과 중국어 '爬'의 단의 분포 양상 대조

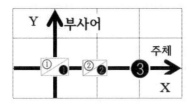

4.1.1.4. '날다01'과 '飛'

4.1.1.4.1. 날다01

'날다01'에 대하여 「표준」에서는 2개 「고려」에서는 5개를 제시하고 있다. 내용을 정리하면 다음과 같다.

(242) '날다01'의 단의 후보(2)

    (가) 「표준」 「1」 【…에】 【…으로】 【…을】 공중에 떠서 어떤 위치에서 다른 위치로 움직이다. ¶ 하늘에 기러기가 무리를 지어 난다./거리에 흙먼지가 나니 눈을 뜰 수가 없다./사람들은 빌딩 오른쪽에 이상한 물체가 나는 것을 보고 그 정체를 궁금해 했다. ∥ 폭탄이 터지자 폭음이 울리고 파편이 사방으로 날았다.

    「고려」 「1」[(명)이] (날짐승이나 물체 따위가 공중에) 떠서 위치를 옮겨가다. ¶ 먼지가 날다./ 비행기가 날다/기러기들이 무리를 지어 하늘을 나는 모습은 정말 장관이야.

    「고려」 「4」[(명)이 (명)을] (사람이나 날짐승, 물체 따위가 공중을) 떠서 위치를 옮겨가다. ¶ 잠자리가 가을 하늘을 날다./우리 비행기가 현재 인천 상공을 날고 있다.

    「고려」 「5」[(명)이 (명)으로 (명)을] (사람이 비행기 따위로 공중을) 떠서 위치를 옮겨가다. ¶ 작년 이맘때에 우리가 경비행기로 저 푸른 바다 위를 날았다.

    (나) 「표준」 「2」어떤 물체가 매우 빨리 움직이다. ¶ 도둑은 휙 날

아서 담장을 넘었다./총알택시를 타고 날면 30분도 안 걸린다./ 몽둥이와 쇠 파이프가 날고, 자전거의 체인과 굵은 쇠사슬이 비정한 소리를 내며 공기를 갈랐다.≪이문열, 영웅시대≫

「고려」「2-1」[(명)이] (사람이나 사물이) 공중을 통하여 매우 빨리 움직이다. ¶ 서로 간에 주먹이 날더니 급기야 돌팔매가 시작되었다.

「고려」「2-2」[(명)이] (사람이나 사물이) 매우 빨리 움직이다. ¶ 이건 달리는 게 아니라 숫제 나는구나, 날아.

「고려」「3」[(명)이 (명)으로][(명)이 (명)에서] (사람이 어디로, 또는 사람이 어디에서) 빨리 내달아 도망치다. ¶ 녀석이 쫓아 오기 전에 저쪽으로 빨리 날자./경찰이 덮쳤지만 도둑들이 이 미 그곳에서 난 지는 오래였다.

(242)에 정리한 의미들은 2개 사전의 의미를 종합한 것이다. 위 내용을 보면 「고려」에서 '날다01'의 의미를 더 세분화시켜 기술하고 있는 것을 알 수 있다. 그러나 「고려」의 「1」「4」「5」번 의미의 주체를 보면 「1」번은 '날 짐승이나 물체', 「4」번은 '사람이나 날짐승, 물체', 「5」번 '사람이나 비행기 따위'가 해당되고 주체의 실현 양상이 매우 혼란스럽다. 의미는 인간 관련 된 구체 영역에서 사물 영역, 그 다음에 추상 영역으로 확장하는 것이 일 반적이다. 그러므로 여기서 '사람과 날짐승'과 관련된 단의와 '물체'와 관련 된 단의를 별개의 단의로 본다. 따라서 '날다01'의 의미를 다시 정리하면 아래와 같다.

(243) '날다01'의 단의 후보(2)
ⓐ [(명)이]사람이나 날 수 있는 짐승 따위가 공중에 떠서 어떤 위 치에서 다른 위치로 움직이다. ← (가)
ⓑ [(명)이]사물이) 공중을 통하여 매우 빨리 움직이다. ← (나)

위에 정리된 '날다01'의 단의들은 서술어의 의미를 실현하는 데 주체만 요구한다. 즉 'A가 날다'라는 격틀 정보를 가진다.

(244) 가. 참새가 날았다.
　　　 나. 도둑이 날았다.

위 내용을 보면 '날다01'의 의미를 표현하는 데 주체의 영향만 받는다. '날다01'의 주체 자리에 ⓐ는 '사람이나 날 수 있는 짐승', ⓑ는 '물체' 따위가 해당된다. 따라서 '날다01'의 단의 실현 환경을 정리하면 다음과 같다.

[표 92] 한국어 '날다01'의 단의 분류

구체 ↓ 추상	주체(A)	구문 구조	단의 후보 번호
	사람, 날짐승	A가 날다	ⓐ
	물체		ⓑ

'날다01'의 ⓐ는 사람이나 날 수 있는 짐승 등 생명체를 가진 유정물의 움직임에 해당되고, ⓑ는 무생물인 사물의 움직임을 뜻한다. 그러므로 단의의 구체성 및 인간관 관련된 정도에 따라 다시 배열하면 아래와 같다.

(245) '날다01'의 단의
　　① [(명)이]사람이나 날 수 있는 짐승 따위가 공중에 떠서 어떤 위치에서 다른 위치로 움직이다. ← ⓐ
　　② [(명)이](사물이) 공중을 통하여 매우 빨리 움직이다. ← ⓑ

위에 정리된 '날다01'의 단의를 보면 ①번은 유정물의 이동에 해당되고 ②는 무정물의 이동에 해당된다. 의미가 인간 영역에서 다른 영역으로 파생되는 것이 일반적이다. 따라서 '날다01'의 단의 분포 양상을 다음과 같이 제시할 수 있다.

[그림 53] 한국어 '날다01'의 단의 분포 양상

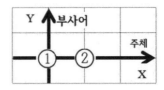

위에서 제시된 '날다01'의 단의 분포 양상을 통해 '날다01'은 의미 변화에 주체의 영향만 받는 것을 알 수 있다.

'날다01'의 각 단의 가운데 가장 중심적이고 기본적이라고 판단되는 단의를 중심으로 각각의 단의가 파생되었다고 볼 수 있을 것이다. 그리고 각 단의를 대표할 수 있는 원형의미는 출현 제약이나 의미적 환경의 영향을 되도록 적게 받는 구체적 환경에서 실현되는 것으로 결정된다. '날다01'은 두 개의 단의만 가지고 있다. ①번 '사람이나 날 수 있는 짐승 따위가 공중에 떠서 어떤 위치에서 다른 위치로 움직이다'는 인간과 관련이 더 가깝다. ②번의 주체는 사물이고 인간과의 관련 정도가 덜하다. 따라서 ②번은 ①번에서 확장해온 것이 가장 자연스럽다.

이상 내용을 표로 정리하면 다음과 같다.

[표 93] 한국어 '날다01'의 의미 확장 양상

	단의
①→②	① [(명)이]사람이나 날 수 있는 짐승 따위가 공중에 떠서 어떤 위치에서 다른 위치로 움직이다. ② [(명)이](사물이) 공중을 통하여 매우 빨리 움직이다.

4.1.1.4.2. 飛

'飛'에 대하여 「現代」에서는 2개 「新華」에서는 1개를 제시하고 있다. 내용은 아래와 같다.

(246) '飛'의 단의 푸보(1)

(가) 「現代」「1」鳥蟲等鼓動翅膀在空中活動.(새나 벌레들이 날개를 이용하여 공중에서 움직이다.) ¶ 鳥飛了.(새가 날았다.)

「新華」「1」鳥蟲等鼓動翅膀在空中活動.(새나 벌레들이 날개를 이용하여 공중에서 움직이다.) ¶ 鳥飛了.(새가 날았다.)

(나) 「現代」「2」揮發 ¶ 蓋上瓶蓋吧, 免得香味飛了.(뚜껑을 좀 닫아, 아니면 향기가 다 날아버릴 거야.)

(246)에 정리한 단의들은 2개의 사전에 실린 것을 종합한 것이다. 위 단의를 보면 「現代」는 「新華」보다 단의 하나를 더 추가하여 향기 같은 무형물의 움직임도 나타냈다. 그리고 사전에서 따로 제시하지 않았지만 실제로 광범위하게 사용되는 '飛'의 단의도 있다. 즉 물체의 움직임을 표현할 때도 '飛'를 사용할 수 있다. 따라서 '飛'의 의미를 다시 정리하면 다음과 같다.

(247) '飛'의 단의 후보(2)

ⓐ [(명)이]人或者可以飛行的動物在空中活動.(사람이나 날 수 있는 짐승 따위가 공중에 떠서 어떤 위치에서 다른 위치로 움직이다.) ← (가)

ⓑ [(명)이]氣味等無形物的揮發.(냄새 따위가 휘발하다.) ← (나)

위에 정리된 '飛'의 단의를 보면 서술어의 의미 변화에 영향을 끼치는 요소가 주체만 있다. 즉 '飛'는 'A+飛'의 격틀 정보를 가진다.

'飛'의 단의 가운데 주체 자리에 ⓐ는 '사람이나 날짐승', ⓑ는 냄새'이다. '사람이나 날짐승'은 구체성을 가지면서 형체를 확인할 수 있지만 '냄새'는 구체물이지만 형체를 확인할 수 없는 무형물 영역에 속한다. 따라서 '飛'의 단의 실현 환경을 정리하면 다음과 같다.

[표 94] 중국어 '飛'의 단의 분류

구체	주체(A)	구문 구조	단의 후보 번호
↓ 추상	사람, 날 짐승	A+飛	ⓐ
	냄새		ⓑ

'飛'의 단의 실현 환경을 보면 ⓐ는 유형물의 움직임을 뜻하고 ⓑ는 무형물의 움직임을 뜻하기 때문에 ⓐ의 의미는 ⓑ보다 더 구체적이라고 말할 수 있다. 따라서 '飛'의 단의는 아래와 같이 정리할 수 있다.

(248) '飛'의 단의
　❶ [(명)이]人或者可以飛行的動物在空中活動.(사람이나 날 수 있는 짐승 따위가 공중에 떠서 어떤 위치에서 다른 위치로 움직이다.) ← ⓐ
　❷ [(명)이]氣味等無形物的揮發.(냄새 따위가 휘발하다.) ← ⓑ

이를 토대로 중국어 '飛'의 단의 분포 양상을 아래와 같이 정리할 수 있다.

[그림 54] 중국어 '飛'의 단의 분포 양상

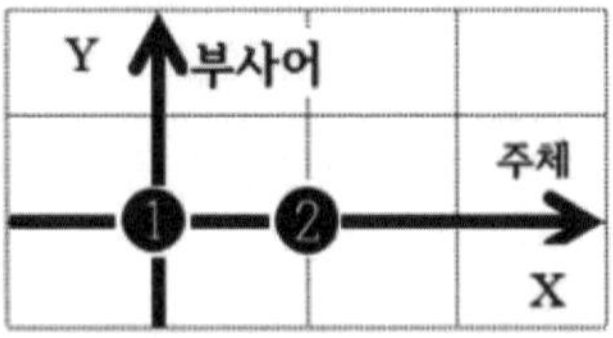

위에 제시된 '飛'의 단의 분포 양상을 보면 '飛'는 3개의 단의를 가지고 있고 이 단의들의 의미 변화에 주체의 영향만 받는 것을 알 수 있다. 그리고 단의들의 구체성 정도에 따라 배열하면 ❶❷순서로 되겠다.

'飛'의 각 단의 가운데 가장 중심적이고 기본적이라고 판단되는 단의를 중심으로 각각의 단의가 파생되었다고 볼 수 있을 것이다. 그리고 각 단의를 대표할 수 있는 원형의미는 출현 제약이나 의미적 환경의 영향을 되도록 적게 받는 구체적 환경에서 실현되는 것으로 결정된다. '飛'의 단의 가운데 두 개 의미만 있다. ❶번은 '사람이나 날 수 있는 짐승 따위가 공중에 떠서 어떤 위치에서 다른 위치로 움직이다'는 ❷번 의미보다 더 구체적인 의미를 표현한다. 따라서 ❷번은 ❶번에서 확장해온 것이 가장 자연스럽다. 위 내용을 정리하면 아래와 같다.

[표 95] 중국어 '飛'의 의미 확장 양상

	단의
❶→❷	❶ [(명)이]人或者可以飛行的動物在空中活動.(사람이나 날 수 있는 짐승 따위가 공중에 떠서 어떤 위치에서 다른 위치로 움직이다.) ❷ [(명)이]氣味等無形物的揮發.(냄새 따위가 휘발하다.)

4.1.1.4.3. '날다01'과 '飛'의 대조

이 부분에서 한국어 '날다01'와 중국어 '飛'의 단의를 바탕으로 공통점과 차이점을 살펴본다. '날다01'과 '飛'에 대하여 단의 대응 관계에 대한 대조와 다의 분포 양상에 대한 대조 두 측면에서 논의를 전개하고자 한다. 우선 단의들의 대응 관계를 살펴보겠다.

'나다01'과 '飛'는 '사람이나 날 수 있는 짐승', '물체의 움직임'을 표현하는 점이 동일하다.

(249) 가. 새가 날았다.
　　　가'. 鳥飛了.
　　　나. 먼지가 날았다.
　　　나'. 灰塵飛了.

차이점은 중국어 '飛'의 주체는 무형물인 '냄새' 따위로 확장할 수 있는데 한국어의 '날다01'는 이러한 영역으로 의미 확장이 일어나지 않는다.

(250) 가. 蓋上瓶蓋吧, 免得香味飛了.
　　　가'. *뚜껑을 좀 닫아, 아니면 향기가 다 날 거야.
　　　가". 뚜껑을 좀 닫아, 아니면 향기가 다 날아갈 거야.

위 예문을 통해 중국어 '飛'는 냄새 따위가 휘발하는 의미를 표현할 수 있는데 한국어 '날다01'은 혼자서 이러한 의미를 표현할 수 없고 합성어 '날아가다'를 선택한다.

위 내용을 따라 '날다01'과 '飛'의 단의 대응 관계를 아래와 같이 정리할 수 있다.

[표 96] 한국어 '날다01'과 중국어 '飛'의 단의 대응 관계

단의	날다01	飛
(사람이나 날 수 있는 짐승 따위가) 공중에 떠서 어떤 위치에서 다른 위치로 움직이다.	①	❶
(냄새 따위가) 휘발하다	②	❷

[표 96]에서 정리한 '날다01'과 '飛'의 단의를 보면 두 어휘의 단의들 가운데 2개의 단의 모두가 같은 것을 확인할 수 있다. 이 단의들의 분포 양상을 정리하면 다음과 같다.

[그림 55] 한국어 '날다01'과 중국어 '飛'의 단의 분포 양상 대조

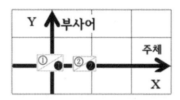

위에 제시된 '날다01'과 '飛'의 단의 분포 양상을 보면 중국어와 한국어는 완전 동일한 것을 확인하였다.

4.1.1.5. '뛰다02'와 '跑'

4.1.1.5.1. 뛰다02

한국어에서 사람이 '빨리 나아가다'는 의미를 표현할 때 '뛰다02'를 많이 사용한다. '뛰다02'에 대하여 「표준」에서는 5개 「고려」에서는 7개를 정리하였다.

(251) '뛰다02'의 단의 후보(1)

    (가) 「표준」 「1」발을 몹시 재게 움직여 빨리 나아가다. ¶ 그는 차에서 내리자마자 집으로 마구 뛰었다./불이 나자 사람들이 비상구 쪽으로 뛰었다.

    「고려」 「1」[(명)이] (사람이나 짐승이) 발을 몹시 재게 움직여서 빠른 속도로 다른 장소로 나아가다. ¶ 아이들이 운동장에서 뛰고 있다./너희들 중에서 가장 빨리 뛸 수 있는 사람은 누구지?

    「고려」 「5」[(명)이 (명)을] (사람이 어떤 장소를) 달리는 곳으로 삼거나 그곳에서 달리다. ¶ 운동장을 몇 바퀴 뛰고 나니 하늘이 노랗다.

    (나) 「표준」 「2」어떤 자격으로 일하다. ¶ 그는 프로 야구 선수로

띈 첫 해에 유명해졌다./앞으로 십 년 동안은 현역으로 뛰려고
합니다.

「고려」「4」[(명)이 (명)으로] (사람이 어떤 자격으로) 일정한
성과를 거두기 위해 어떤 일을 활발히 하다./그는 메이저 리그
에서 투수로 뛰고 있다.

(다) 「표준」「3」적극적으로 활동하다. ¶ 나는 현장에서 발로 뛰는
외근 기자가 되고 싶다./밝은 미래를 위해 열심히 뛰자./내가
너를 위해 얼마나 열심히 뛰었는데 그런 섭섭한 말을 하니?

「고려」「2」[(명)이] (사람이) 열심히 일하다. ¶ 수습기자들이
사건 현장에서 뛰고 있다./한 삼 년만 지금처럼 뛰면 목표를
달성할 수 있을 것이다.

(라) 「표준」「4」어떤 공간을 달려 지나가다. ¶ 100미터를 12초에
뛰었다./나는 너무 무서워서 골목길을 마구 뛰었다.

「고려」「3」[(명)이] (어떤 일의 등급이나 순서가) 정해진 차례
를 거르거나 넘기다. ¶ 바느질 땀이 뛰다./번호가 갑자기 30번
에서 40번으로 뛰었다.

「고려」「7」[(명)이 (명)을] (사람이 어떤 일의 등급이나 순서를)
정해진 차례를 거르고 넘어가다. ¶ 그는 순서를 뛰어서 갑자
기 내게 질문을 했다.

(마) 「표준」「5」일터를 바쁘게 돌아다니며 일하다. ¶ 그 가수는 하
루에 밤무대를 네 군데를 뛴다./그는 학비를 벌기 위해 막노동
을 뛰었다.

(바) 「고려」「6」[(명)이 (명)을] (차 따위가 일정한 거리를) 길에서
달리다. ¶ 내 차는 만 킬로밖에 뛰지 않은 새 차입니다.

(251)에 정리한 단의들은 두 사전에 실린 것을 종합한 것이다. 사전에
실린 '뛰다02'의 의미가 일치하지 않는 것을 발견할 수 있다. (가)(나)(다)
(라)번 의미는 두 사전에 모두 실려 있고, (마)는 「표준」에만 (바)는 「고려」
에만 실려 있다. (가)(나)(라)의 단의에 대하여 「고려」의 풀이에 주체가 나
타나고 대상 어휘의 의미를 더 상세하게 기술하고 있기 때문에 여기서

「고려」의 해석을 택하겠다. 또한 (나)는 '사람이 어떤 자격으로 활동하다'라는 것이고, (다)는 '사람이 무슨 직업으로 일하다'는 것으로 동일하기 때문에 별개의 단의를 보지 않는다. '뛰다02'의 의미를 다시 정리하면 아래와 같다.

(252) '뛰다02'의 단의 후보(2)
ⓐ [(명)이] (사람이나 짐승이) 발을 몹시 재게 움직여서 빠른 속도로 다른 장소로 나아가다. ← (가)
ⓑ [(명)이 (명)으로] (사람이 어떤 자격으로) 일정한 성과를 거두기 위해 어떤 일을 활발히 하다. ← (나) (다)
ⓒ [(명)이 (명)을] (사람이) 어떤 일의 등급이나 순서가) 정해진 차례를 거르거나 넘기다. ← (라)
ⓓ [(명)이 (명)을](사람이) 일터를 바쁘게 돌아다니며 일하다. ← (마)
ⓔ [(명)이 (명)을] (차 따위가 일정한 거리를) 길에서 달리다. ← (바)

위에 정리된 '뛰다02'의 단의를 보면 서술어의 의미를 실현하는 데 주체만 요구하는 경우도 있고, 주체와 부사어를 같이 요구하는 경우도 발견할 수 있다. '뛰다02'의 격틀 정보는 'A가 뛰다, A가 C로 뛰다, A가 C를 뛰다'이다.

(253) 가. 아이들이 운동장에서 뛰고 있다.
나. 그는 프로 야구 선수로 뛴 첫 해에 유명해졌다.
다. 그 가수는 하루에 밤무대를 네 군데를 뛴다.

(253)의 예문을 보면 (가)에서 아이들이 운동장에서 운동하는 의미를 표현할 때 주체만 있으면 되고, (나)에서 사람이 무슨 자격으로 일하는 의미로 '-로'에 해당되는 부사어도 필요하다. 또한 (다)에서 뛰는 장소로 나타

나는 '네 군데'도 필요하다.

'뛰다02'의 단의 가운데 주체 자리에 ⓐ는 '사람이나 짐승', ⓑⓒⓓ는 '사람', ⓔ는 '자동차' 따위가 해당된다. 부사어로 ⓑ는 '자격', ⓒ는 '등급, 간격', ⓓ는 '일터', ⓔ는 '거리'로 나타난다. '뛰다02'의 단의 실현 환경을 정리하면 다음과 같다.

[표 97] 한국어 '뛰다02'의 단의 분류

구체	주체(A)	부사어(C)	구문 구조	단의 후보 번호
	사람, 동물	–	A가 뛰다	ⓐ
	사람	직업	A가 C으로 뛰다	ⓑ
		일터	A가 C를 뛰다	ⓓ
		등급		ⓒ
추상	자동차	거리		ⓔ

'뛰다02'의 단의 실현 환경을 살펴보면 ⓐⓑⓒⓓ의 주체 자리에 모두 '사람'이 나타나고, ⓔ의 주체 자리에 '자동차' 따위가 나타난다. 의미가 인간 영역에서 타 영역으로 확장이 일어나는 일반적인 원리에 따라 ⓔ는 ⓐⓑⓒⓓ에 의해 파생된다고 볼 수 있을 것이다. ⓑⓒⓓ의 주체는 모두 '사람'이지만 부사어 자리에 해당되는 어휘들이 달라지기 때문에 그 의미들도 달라진다. ⓑⓒⓓ 단의에 출현하는 부사어의 구체성 정도를 생각하면 그 순서가 ⓑⓓⓒ가 되겠다. 따라서 '뛰다02'의 단의를 구체성과 인간과의 관련 정도에 따라 다음과 같이 재정리할 수 있다.

(254) '뛰다02'의 단의
　　① [(명)이] (사람이나 짐승이) 발을 몹시 재게 움직여서 빠른 속도로 다른 장소로 나아가다. ← ⓐ
　　② [(명)이 (명)으로] (사람이 어떤 자격으로) 일정한 성과를 거두기 위해 어떤 일을 활발히 하다. ← ⓑ

③ [(명)이 (명)을](사람이) 일터를 바쁘게 돌아다니며 일하다. ← ⓓ

④ [(명)이 (명)을] (사람이) 어떤 일의 등급이나 순서가) 정해진 차례를 거르거나 넘기다. ← ⓒ

⑤ [(명)이 (명)을] (차 따위가 일정한 거리를) 길에서 달리다. ← ⓒ

위에 제시된 단의를 토대로 '뛰다02'의 단의 분포 양상을 다음과 같이 그릴 수 있다.

[그림 56] 한국어 '뛰다02' 단의 분포 양상

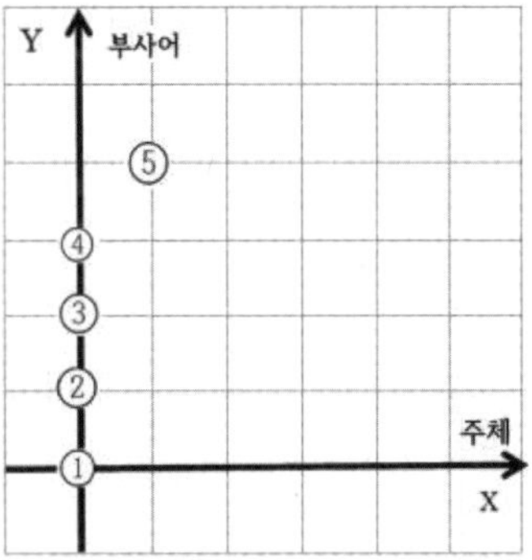

위에 제시된 단의 분포 양상을 보면 '뛰다02'의 의미 변화에 있어서 ⑤번은 주체 및 부사어의 영향을 받고, ②③④번은 부사어의 영향만을 받는다.

'뛰다02'의 각 단의 가운데 가장 중심적이고 기본적이라고 판단되는 단의를 중심으로 각각의 단의가 파생되었다고 볼 수 있을 것이다. 그리고 각 단의를 대표할 수 있는 원형의미는 출현 제약이나 의미적 환경의 영향을 되도록 적게 받는 구체적 환경에서 실현되는 것으로 결정된다. ①번 '사람이나 짐승이 발을 몹시 재게 움직여서 빠른 속도로 다른 장소로 나아가다'

는 되도록 제약을 가장 적게 받고 다른 단의를 대표할 수 있는 원형의미이
다. ②번 '사람이 어떤 자격으로 일정한 성과를 거두기 위해 어떤 일을 활
발히 하다'는 사람이 어떠한 추상적인 공간에 들어가 그 안에서 무슨 역할
을 하는 의미를 뜻한다. 이것은 원형의미에서 확장해온 것이 가장 자연스
럽다. ③번 '사람이 일터를 바쁘게 돌아다니며 일하다'는 사람이 어떤 조
직에 들어가 역할을 하는 의미를 뜻한다. ③번은 ②번에서 확장해온다. ④
번 '사람이 어떤 일의 등급이나 순서가 정해진 차례를 거르거나 넘기다'는
원형의미에서 확장해온다. ⑤번 '차 따위가 일정한 거리를 길에서 달리다'
도 원형의미에서 확장해온 것이 가장 자연스럽다.

이상 내용을 표로 정리하면 다음과 같다.

[표 98] 한국어 '뛰다02'의 의미 확장 양상

단의	
⑤←①→④ ↓ ② ↓ ③	① [(명)이] (사람이나 짐승이) 발을 몹시 재게 움직여서 빠른 속도로 다른 장소로 나아가다.
	② [(명)이 (명)으로] (사람이 어떤 자격으로) 일정한 성과를 거두기 위해 어떤 일을 활발히 하다.
	③ [(명)이 (명)을] (사람이) 일터를 바쁘게 돌아다니며 일하다.
	④ [(명)이 (명)을] (사람이) 어떤 일의 등급이나 순서가) 정해진 차례를 거르거나 넘기다.
	⑤ [(명)이 (명)을] (차 따위가 일정한 거리를) 길에서 달리다.

4.1.1.5.2. 跑

중국어 주체 이동 동사 '跑'에 대하여 「現代」 및 「新華」에서는 모두 2개
의 단의를 제시하고 있다.

(255) '跑'의 단의 후보(1)

    (가) 「現代」 「1」兩隻脚或四條腿交互向前躍進(양발로 아니면 네 다리
        로 몹시 재게 움직여 빨리 나아가다.) ¶ 賽跑(빨리 뛰다)/跑步

(뛰다)

「新華」「1」兩隻脚或四條腿迅速前進.(양발로 아니면 네 다리로 몹시 재게 움직여 빨리 나아가다.) ¶ 跑動(뛰다)/跑了一大圈.(한 바퀴를 뛰었다.)

(나) 「現代」「2」爲了某事而奔走(무슨 일을 하기 위해 돌아다니다.) ¶ 跑外的(외부 사무를 맡다)/跑買賣(사업을 위해 돌아다니다)

「新華」「2」爲了某事而奔走(무슨 일을 하기 위해 돌아다니다.) ¶ 跑外的(외부 사무를 맡다)/跑買賣(사업을 위해 돌아다니다)/跑碼頭(마두 일을 맡다)

(255)에 정리한 단의들은 두 사전에 실린 것을 종합한 것이다. 위 내용을 보면 사전에서 '跑'의 의미를 동일하게 기술하고 있다. (가)에서 '양발로 아니면 네 다리로 몹시 재게 움직여 빨리 나아가다.'로 기술되어 있고 문장에서 동물이라는 어휘는 나타나지 않았는데 실제로 네 다리를 가질 수 있는 생명체는 동물밖에 없기 때문에 여기서 '네 다리'는 동물을 가리키는 것으로 해석할 수 있다.

(256) '跑'의 단의 후보(2)

ⓐ [(명)이]人用兩條腿或者動物用四隻脚向前躍進(사람이 양발로 아니면 동물이 네 다리로 몹시 재게 움직여 빨리 나아가다.) ← (가)

ⓑ [(명)이 (명)을]人爲了某事而奔波(사람이 무슨 일을 하기 위해서 돌아다니다.) ← (나)

ⓒ [(명)이 (명)을]車行駛多少公里(차 따위가 일정한 거리를) 길에서 달리다.

위에서 정리된 '跑'의 단의를 보면 서술어의 의미를 실현하는데 ⓐ는 주체만, ⓑ는 주체와 부사어를 모두 요구하는 것을 알 수 있다. 즉 '跑'는 'A+跑' 아니면 'A+跑+C'의 격틀 정보를 가진다. '跑'의 단의 실현 환경을 정리하면 아래와 같다.

'跑'의 단의들 가운데 주체 자리에 ⓐ는 '사람이나 동물', ⓑ는 '사람', ⓒ 는 '자동차'이다. 또한 부사어 자리에 ⓑ는 추상적인 '일' 따위가 필요하고, ⓒ는 '거리' 따위가 필요하다. 위 내용을 표로 정리하면 다음과 같다.

[표 99] 중국어 '跑'의 단의 분류

구체 ↓ 추상	주체(A)	부사어(C)	구문 구조	단의 후보 번호
	사람, 동물	-	A+跑	ⓐ
	사람	일	A+跑+C	ⓑ
	자동차	거리		ⓒ

'跑'의 단의 실현 환경을 살펴보면 ⓐ는 사람이 구체적인 장소에서 움직이는 것으로 가장 구체적인 의미로 간주할 수 있다. ⓑ는 사람이 무슨 일을 하기 위해 돌아다니는 의미로 이동을 실행하는 데 한계를 받는다. 그러므로 ⓐ는 ⓑ보다 더 구체적인 의미로 봐야 한다. ⓒ는 사물의 이동을 뜻하고 있어 ⓐⓑ에서 파생된다고 볼 수 있을 것이다.

(257) '跑'의 단의

❶ [(명)이]人用兩條腿或者動物用四隻脚向前躍進(사람이 양발로 아니면 동물이 네 다리로 몹시 재게 움직여 빨리 나아가다.) ← ⓐ

❷ [(명)이 (명)을]人爲了某事而奔波(사람이 무슨 일을 위해서 돌아다니다.) ← ⓑ

❸ [(명)이 (명)을]車行駛多少公里(차 따위가 일정한 거리를) 길에서 달리다.) ← ⓒ

위 내용을 토대로 '跑'의 단의 분포 양상을 다음과 같이 그릴 수 있다.

[그림 57] 중국어 '跑'의 단의 분포 양상

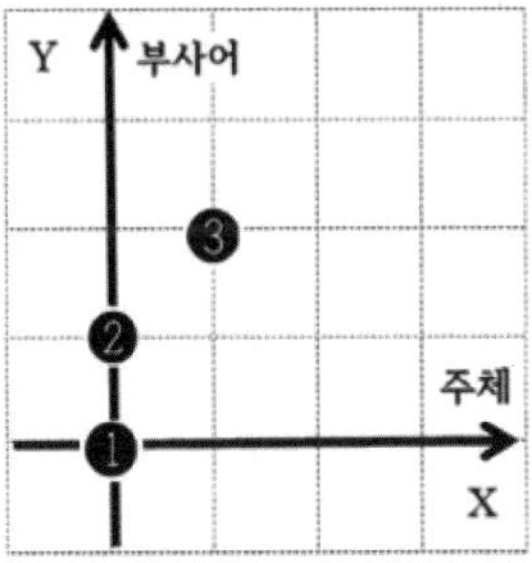

위에서 제시된 '跑'의 단의 분포 양상을 보면 '跑'의 ❶번 및 ❷번 의미의 주체가 같고 부사어의 정도에 차이가 있는 것으로 확인된다. ❸번 의미는 ❶❷번보다 주체 및 부사어가 모두 추상화된 것으로 파악된다.

'跑'의 각 단의 가운데 가장 중심적이고 기본적이라고 판단되는 단의를 중심으로 각각의 단의가 파생되었다고 볼 수 있을 것이다. 그리고 각 단의를 대표할 수 있는 원형의미는 출현 제약이나 의미적 환경의 영향을 되도록 적게 받는 구체적 환경에서 실현되는 것으로 결정된다. ❶번 '사람이 양발로 아니면 동물이 네 다리로 몹시 재게 움직여 빨리 나아가다'는 사람이 구체적인 이동을 의미한다. 이것은 다른 의미를 대표할 수 있는 원형의미로 간주할 수 있다. ❷번과 ❸번은 모두 구체적인 이동을 뜻한다. 인간과의 관련 정도에 따라 ❸번은 ❷번에서 확장해온 것이 가장 자연스럽다.

이상 내용을 표로 정리하면 다음과 같다.

[표 100] 중국어 '跑'의 의미 확장 양상

단의	
❸─❶─❷	❶ [(명)이]人用兩條腿或者動物用四隻脚向前躍進(사람이 양발로 아니면 동물이 네 다리로 몹시 재게 움직여 빨리 나아가다.) ❷ [(명)이 (명)을]人爲了某事而奔波(사람이 무슨 일을 위해서 돌아다니다.) ❸ [(명)이 (명)을]車行駛多少公里(차 따위가 일정한 거리를) 길에서 달리다.)

4.1.1.5.3. '뛰다02'과 '跑'의 대조

이 부분에서 한국어 '뛰다02'와 중국어 '跑'의 공통점과 차이점을 검토하고자 한다. 단의 대응 관계에 대한 대조와 단의 분포 양상에 대한 대조 두 측면에서 논의를 전개할 것이다.

공통점으로 한국어 '뛰다02'와 중국어 '跑'는 주체 이동 동사로서 주체인 사람이 발로, 동물들이 다리를 이용하여 빨리 나아가는 의미를 표현하는 데와 자동차 따위가 움직이는 의미를 표현할 때 일치한다.

> (258) 가. 불이 나자 사람들이 비상구 쪽으로 뛰었다.
> 　　　가'. 著火了, 人們都向著安全出口跑去.
> 　　　나. 내 차는 만 킬로밖에 뛰지 않은 새 차입니다.
> 　　　나'. 我的車是才跑了一萬公里的新車.

위 예문을 보면 한국어 '뛰다02'와 중국어 '跑'는 사람이 어디를 향해 빨리 움직이는 의미를 표현하는 점이 공통적이다.

차이점은 첫째, 한국어 '뛰다02'는 '사람이 어떤 자격으로 어떤 일을 하다.'라는 의미를 표현할 수 있는데 중국어 '跑'는 이와 비슷한 의미가 없다.

> (259) 가. 그는 프로 야구 선수로 뛴 첫 해에 유명해졌다
> 　　　가'. *他跑棒球選手的第一年就出名了.
> 　　　가''. 他作爲棒球選手的第一年就出名了.

위 예문을 보면 한국어 '뛰다02'는 무슨 자격으로 일정한 일을 하는 의미를 표현할 수 있는데 중국어의 '跑'는 이와 비슷한 의미를 가지지 않는다. 대신 '…로'의 표현과 비슷한 '作爲'를 사용한다.

둘째, 한국어 '뛰다02'는 사람이 일터를 바쁘게 돌아다니는 의미를 표현할 수 있는데 중국어 '跑'의 단의 가운데 이와 비슷한 의미가 없다.

(260) 가. 그는 학비를 벌기 위해 막노동을 뛰었다.

가'. *他爲了挣學費到處跑活.

가''. 他爲了挣學費到處幹活.

위 예문을 통해 한국어 '뛰다02'는 '일을 하다'라는 의미를 가지는데 중국어에서 이러한 경우 '跑'를 사용하지 않고 '幹活'을 사용한다.

셋째, 한국어 '뛰다02'는 '사람이 어떤 등급이나 순서를 거르다'라는 의미를 가지고 있는데 중국어의 '跑'는 이와 비슷한 의미가 없다.

(261) 가. 석재는 성적이 우수하여 한 학년을 뛰어 월반을 하였다.

가'. *石材成績優秀跑了一級

가''. 石材成績優秀跳了一級.

위 예문을 보면 한국어 '뛰다02'는 무슨 간격을 초월하다는 의미를 가지고 있는데 중국어 '跑'는 이러한 의미가 없고 대신 상황에 따라 '跳'를 사용한다.

한국어 '뛰다02'와 중국어 '跑'의 단의 분포 양상에 대한 대조를 보면 '跑'의 단의를 '뛰다02'에서 모두 찾을 수 있다. 즉 '뛰다02'가 더 많은 파생 의미를 가진다. 따라서 한국어 '뛰다02'와 중국어 '跑'의 대응 관계를 제시하면 아래와 같다.

[표 101] 한국어 '뛰다02'와 중국어 '跑'의 단의 대응 관계 대조

단의	뛰다02	跑
(사람이나 짐승이) 발을 몹시 재게 움직여서 빠른 속도로 다른 장소로 나아가다.	①	❶
(사람이 어떤 자격으로) 일정한 성과를 거두기 위해 어떤 일을 활발히 하다.	②	❷
(사람이) 일터를 바쁘게 돌아다니며 일하다.	③	X
(사람이) 어떤 일의 등급이나 순서가 정해진 차례를 거르거나 넘기다.	④	X
(차 따위가 일정한 거리를) 길에서 달리다.	⑤	❸

위 내용을 토대로 한국어 '뛰다02'와 중국어 '跑'의 단의 분포 양상을
다음과 같이 그릴 수 있다.

[그림 58] 한국어 '뛰다02'와 중국어 '跑'의 단의 분포 양상 대조

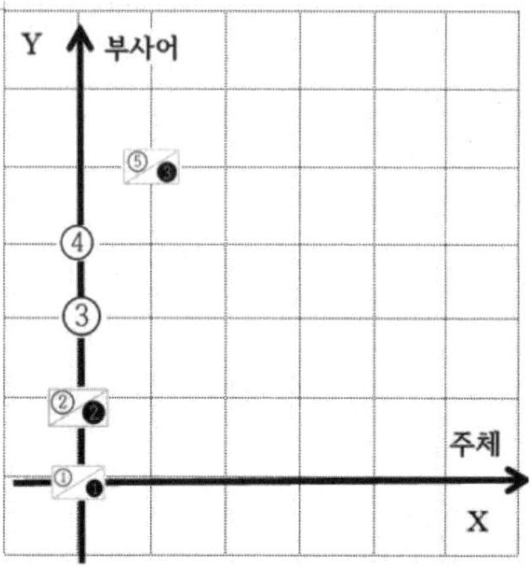

위 그림을 보면 한국어 '뛰다02'의 5개 단의 가운데 중국어 '跑'의 단의를
포함한 것을 알 수 있다. 한국어 '뛰다02'의 단의가 중국어 '跑'보다 두 개
더 많고, 이 단의들의 의미 변화에 주체와 부사어가 모두 영향을 미친다.

4.1.2. 발착(發着) 동사

'출발에 따른 이동'은 주체가 있던 장소로부터 멀리 떨어져 나가는 이동
을 뜻하며, '도착에 따른 이동'은 주체가 어떤 목적지에 이르는 의미를 뜻
한다. 이동체는 사람을 위시하여 다른 고등동물과 각종 운송수단 및 사물
이며, 이동의 공간도 땅 위, 물 위, 공중으로 되어 있다. 그 대표적인 동사
로는 한국어에서 '다다르다, 이르다, 떠나다, 뜨다'이고, 중국어에서는 '离,
到'가 있다.

4.1.2.1. 떠나다/离

4.1.2.1.1. 떠나다

한국어에서 '사람이 있던 곳에서 다른 곳으로 옮기다'인 의미를 가지는 '떠나다'와 '뜨다'는 사람들이 일상생활에서 빈번하게 사용되는 어휘 중의 하나이다. '떠나다'에 대하여 「표준」에서는 5개, 「고려」에서는 9개 의미를 제시하고 있다. 내용은 다음과 같다.

(262) '떠나다'의 단의 후보(1)

    (가) 「표준」 「1」있던 곳에서 다른 곳으로 옮기다. ¶ 먼 곳으로 떠나고 싶다/그는 유럽으로 떠났다.

        「고려」 「7」[(명)이 (명)으로] (사람이 어떤 곳으로) 움직여 가다. ¶ 복순이는 고향으로 떠났다./아이들이 할머니 댁으로 떠나니 집안이 텅 빈 것만 같다.

        「고려」 「8」[(명)이 (명)에서/(명)에게서](사람이 어떤 곳에서) 다른 곳으로 옮기다. ¶ 그는 그 마을에서 떠나기로 결심했다./나는 이 자리에서 절대로 떠나지 않겠다.

    (나) 「표준」 「2」다른 곳이나 사람에게 옮겨 가려고 있던 곳이나 사람들한테서 벗어나다. ¶ 고향에서 떠나다/서울에서 떠나다/우리는 유흥가가 밀집해 있는 이 동네에서 떠나기로 하고 집을 구하러 다녔다. ‖ 그는 직장을 구하기 위해 고향을 떠났다.

        「고려」 「1」[(명)이 (명)을](사람이나 배, 자동차 따위가 어떤 장소를) 벗어나서 더 이상 그곳에 있지 않게 되다. ¶ 김 씨는 10년 전에 고향을 떠났다./형은 일찌감치 고향을 떠나 서울에서 살고 있다./우리가 공항에 도착했을 때는 이미 비행기가 떠난 후였다./그녀는 어린 시절에 부모 곁을 떠나서 지금까지 안 해 본 고생이 없다.

    (다) 「표준」 「3」 어떤 일이나 사람들과 관계를 끊거나 관련이 없는 상태가 되다. ¶ 직장에서 떠나다/이미 그 일에서 마음이 떠난 지 오래다./나는 그녀가 내게서 떠날 수 있으리라고는 생각하지도 못했다. ‖ 공직 생활을 떠나다/그가 나를 떠난 지도 오래

되었다./물고기는 물을 떠나서는 살 수 없다./이것은 이해관계
를 떠나서 다루어야 한다.

「고려」「2」[(명)이 (명)을](사람이 몸담고 있던 일이나 환경을)
벗어나 관계를 끊다. ¶ 그녀는 결혼 후 방송계를 떠났다./그는
사업을 위해 미련 없이 회사를 떠났다.

「고려」「5」[(명)이 (명)을](사람이 제한적인 처지나 관계를) 벗
어나 상관하지 않다. ¶ 그녀는 언제나 현실을 떠나고 싶어했
다./우리 서로 이해관계를 떠나서 이야기합시다.

「고려」「6」[(명)이 (명)을](어떤 사람이 다른 사람을) 멀리하여
이별하다. ¶ 난 당신을 떠나서는 살 수 없어요

(라) 「표준」「4」어떤 일을 하러 나서다. ¶ 여행을 떠나다/고기잡이
를 떠나다./남편은 출장을 떠나면서 집단속을 잘하라고 부탁
했다.

「고려」「3」[(명)이 (명)을](사람이 어떤 곳으로 무슨 일을) 하려
고 나서다. ¶민수는 낚시를 떠났다./그녀는 모나코로 유학을
떠났다.

(마) 「표준」「5」길을 나서다. ¶ 길을 떠나다/아들은 돈을 벌러 먼
길을 떠나면서 어머니의 손을 꼭 잡고 눈물을 흘렸다.

「고려」「4」[(명)이 (명)을] (사람이 길을) 나서 가다. ¶ 진수는
작별을 고하고 길을 떠났다./민국이는 돈을 벌기 위해 먼 길을
떠났다.

(바) 「고려」「9」[(명)이](사람의 생각이나 감정이) 사라지거나 없어
지다. ¶ 우리집은 일 년 내내 걱정이 떠날 날이 없다./그의 이
야기를 듣고 나니 불길한 생각이 떠나지 않는다./그 추억은 쉽
게 떠나지 않을 것이다.

(262)에 정리한 단의들은 사전에 실린 것을 종합한 것이다. 「고려」「7」
번은 '사람이 어떤 곳에서 다른 곳으로 옮기다'의 의미로 사람이 가려고
했던 곳을 강조하여 '-으로 떠나다'의 형태를 취하고 있다. 「8」번은 주체
인 사람이 '어떤 곳에서 다른 곳으로 옮기다'의 의미를 갖고 있어 지금 있

던 장소를 강조하여 '-에서 떠나다'의 구조를 취하고 있다. 두 경우는 강조하는 부분만 달리 표현하고 있을 뿐, 실제 주체가 하는 행동이 '어떤 곳에서 어떤 곳으로 향하여 가다'라는 동작이 같다. 따라서 「고려」 「7」번과 「8」번은 별개의 단의로 볼 수 없고 하나의 단의로 합쳐야 한다. 또한 고려 「2」 「5」 「6」은 '사람이 있던 환경이나 처지를 벗어나 관계를 끊다.'라는 의미를 가지고 있어 별개의 단의로 보지 않고 하나의 단의로 봐야 한다.

(나) 의미 가운데 모두 '사람이나 배, 자동차 따위가 어떤 장소를 벗어나서 더 이상 그곳에 있지 않게 되다'의 의미를 갖고 있다. 여기서 (가)와 주체 자리에 있는 A는 사람인가 사물인가의 차이가 있지만 그것들이 움직이는 것에서는 별 차이가 없어 보인다. 따라서 (나)와 (가)는 하나의 단의로 간주하여 '사람이나 사물이 어떤 장소를 벗어나서 더 이상 그곳에 있지 않게 되다'로 해석할 수 있다.

(마)에서 '사람이 길을 나서다'라는 것은 '사람이 무슨 일을 하러 나서다'의 의미로 해석할 수 있다. 이럴 경우 (라)의 의미와 같으므로 별개의 단의로 볼 수 없고 같이 다루어야 한다.

이상 내용을 토대로 '떠나다'의 의미를 다음과 같이 정리할 수 있다.

(263) '떠나다'의 단의 후보(2)
ⓐ [(명)이 (명)에서/(명)에게서/(명)을](사람이나 사물이) 있던 곳에서 벗어나 다른 곳으로 옮기다. ← (가) (나)
ⓑ [(명)이 (명)에서/을](사람이) 어떤 일이나 환경에서 벗어서 관계를 끊다. ← (다)
ⓒ [(명)이 (명)을](사람이) 어떤 곳으로 향해 무슨 일을 하려고 나서다. ← (라) (마)
ⓓ [(명)이](생각이나 감정이) 사라지거나 없어지다. ← (바)

위에 정리된 의미를 보면 '떠나다'는 크게 'A가 C으로 떠나다', 'A가 C에서 떠나다'의 격틀을 가지고 있는 것을 아래 예문을 통해 확인할 수 있다.

(264) 가. 그는 유럽으로 떠났다.
　　　나. 김선생이 10년 전에 고향을 떠났다.
　　　다. 그는 그 마을에서 떠나기로 결심했다.

(가)는 '으로'와 같이 도달점에 해당하는 '유럽으로'를 삭제하면 전달하고
자 하는 의미가 불명확해진다. (나)와 (다)도 (가)와 마찬가지로 출발점에
해당하는 부분을 삭제하면 문장이 비문은 아니지만 의미 전달이 명확하지
않게 된다. 따라서 '으로/에서'에 해당되는 성분은 문장 구성에서 필수적으
로 나와야 한다고 본다.

(265) 가. 언니가 여행을 떠났다.
　　　나. 아버지는 낚시를 떠났다.

(가)를 통해 확인할 수 있듯이, 주체인 '언니'가 유람을 목적으로 다른
곳으로 가다의 의미이다. (나)는 주체인 '아버지'가 물고기를 잡으러 어디
강변이나 바닷가에 가다의 의미이다. 만약에 '-을/를'에 해당하는 '여행'
과 '낚시'를 삭제하면 (가)는 '언니가 떠났다.'가 되고 (나)는 '아버지가 떠
났다.'가 된다. '언니가 떠났다.'는 단순히 '언니가' 어디에서 출발하여 다
른 곳으로 간다는 의미를 표시하고 '무슨 일을 하러 나가다'의 의미를 표
시하지는 않는다. (나)인 경우도 마찬가지로 떠나는 목적에 해당하는
'-를' 부분을 삭제하면 문장이 '아버지가 지금 있던 곳에서 벗어나 다른
곳으로 옮기다.'의 의미를 표시하고 '무슨 일을 하러 나가는 의미'를 표시
하지는 않는다. 그렇기 때문에 '-을/를'에 해당하는 부분은 문장 구성에
서 필수적이다.

'떠나다'의 단의 가운데 주체 자리에 ⓐⓑⓒ는 '사람'이고, ⓓ는 '생각이

나 감정' 따위이다. '사람'을 구체성을 가지고 있지만 '생각이나 감정'은 추상성을 가진다. 위 내용에 따라 '떠나다'의 단의 실현 환경을 다음과 같이 정리할 수 있다.

[표 102] 한국어 '떠나다'의 단의 분류

구체	주체(A)	부사어(C)	구문 구조	단의 후보 번호
↓	사람, 사물	장소	A가 C에/로 떠나다	ⓐ
	사람	여행	A가 C를 떠나다	ⓒ
		처지, 환경	A가 C에서 떠나다	ⓑ
추상	생각, 감정	-	A가 떠나다	ⓓ

위에 정리된 '떠나다'의 단의 실현 환경을 보면 ⓐⓑⓒ의 주체는 '사람이나 사물' 등으로 구체성을 가지는데 ⓓ의 주체는 '생각이나 감정' 따위로 추상성을 가진다. 의미가 구체적인 것에서 추상적인 것으로 파생되는 일반적인 원리에 따라 ⓓ는 ⓐⓑⓒ에서 파생된 것으로 본다. 또한 ⓐⓑⓒ 가운데 주체는 모두 구체성을 가지는 데 의미적으로 ⓐ번 의미는 사람이 구체적인 장소 이동을 의미하고 있으므로 더 구체적인 것으로 판단된다. 따라서 '떠나다'는 의미의 구체성 정도에 따라 다음과 같이 재배열 할 수 있다.

(266) '떠나다'의 단의
① [(명)이 (명)에서/(명)에게서/(명)을](사람이나 사물이) 있던 곳에서 벗어나 다른 곳으로 옮기다. ← ⓐ
② [(명)이 (명)을](사람이) 어떤 곳으로 향해 무슨 일을 하려고 나서다. ← ⓒ
③ [(명)이 (명)에서/을](사람이) 어떤 일이나 환경에서 벗어서 관계를 끊다. ← ⓑ
④ [명이] (생각이나 감정이) 사라지거나 없어지다. ← ⓓ

이를 토대로 '떠나다'의 단의 분포 양상을 다음과 같이 제시할 수 있다.

[그림 59] 한국어 '떠나다'의 단의 분포 양상

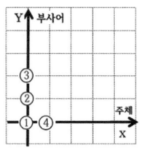

앞서 제시한 '떠나다'의 단의 분포 양상을 보면 '떠나다'의 네 개 단의 가운데 ①②③번은 주체가 같고 부사어 자리에 해당되는 어휘의 특성 때문에 의미가 갈라진 것을 확인할 수 있다. ④번은 부사어가 상정되지 않고 주어의 변화에 따라 의미가 달라진다.

'떠나다'의 각 단의 가운데 가장 중심적이고 기본적이라고 판단되는 단의를 중심으로 각각의 단의가 파생되었다고 볼 수 있을 것이다. 그리고 각 단의를 대표할 수 있는 원형의미는 출현 제약이나 의미적 환경의 영향을 되도록 적게 받는 구체적 환경에서 실현되는 것으로 결정된다. ①번 '사람이나 사물이 있던 곳에서 벗어나 다른 곳으로 옮기다'는 되도록 다른 단의를 대표할 수 있는 원형의미이다. ②번 '사람이 어떤 곳으로 향해 무슨 일을 하려고 나서다'는 사람이 구체적인 이동을 뜻함으로 원형의미에서 확장해온 것이 가장 자연스럽다. ③번 '사람이 어떤 일이나 환경에서 벗어서 관계를 끊다'는 주체인 사람이 추상적인 환경에서 빠져 나온 의미로 ②번 단의의 확장 의미이다. ④번은 추상적인 생각이나 감정 따위가 사라지거나 없어지는 의미를 뜻하므로 역시 원형의미에서 확장된다.

이상 내용을 표로 정리하면 다음과 같다.

[표 103] 한국어 '떠나다'의 의미 확장 양상

	단의
③	① [(명)이 (명)에서/(명)에게서/(명)을](사람이나 사물이) 있던 곳에서 벗어나
↑	다른 곳으로 옮기다.
②	② [(명)이 (명)을](사람이) 어떤 곳으로 향해 무슨 일을 하려고 나서다.
↑	③ [(명)이 (명)에서/을](사람이) 어떤 일이나 환경에서 벗어서 관계를 끊다.
①→④	④ [명이] (생각이나 감정이) 사라지거나 없어지다.

4.1.2.1.2. '離'

중국어에서 '어디를 떠나다'는 의미를 표현하는 대표 단일어는 '離'이다. 이에 대하여 「現代」과 「新華」에서는 모두 2개 의미를 제시하고 있다.

(267) '離'의 단의 후보(1)

(가) 「現代」「1」分離, 離開(분리하다, 떠나다) ¶ 他離家已經兩年了. (그는 집에서 떠난 지 2년이 되었다.)/他離崗了.(그는 직장을 떠났다.)

「新華」「2」離開,分別.(떠나다, 헤어지다) ¶ 離家.(집에서 떠나다)

(나) 「現代」「2」缺少.(없다) ¶ 發展工業離不了鋼鐵.(공업을 발전하려면 철강업이 없으면 안 된다.)

「新華」「2」缺少(없다). ¶ 發展工業離不了鋼鐵.(공업을 발전하려면 철강업이 없으면 안 된다.)

(가)에서는 離'의 의미를 모호하게 기술하고 있다. (가)에서 제시된 예문 '他離家已經兩年了.(그 사람이 집을 떠난 지 2년이 되었다.)'는 '사람이 있던 곳에서 벗어나 다른 곳으로 옮다.'의 의미이고, '他離崗了.(그는 이 자리를 떠났다.)'는 '사람이 어떤 환경을 벗어나 다른 환경에 들어가 그 환경에 처하다.'의 의미이다. 전자는 주체인 사람이 구체적인 장소에서 이동하는 것이고, 후자는 사람이 추상적인 환경에서 이동하는 것이기 때문에 두 의미가 나눠서 다루어야 한다. 즉 (가)의 의미를 '1) 사람이 있던 곳에서 벗어나 다른

곳으로 옮기다. 2) 사람이 어떤 일이나 환경에서 벗어나서 관계를 끊다.'로
재분석할 수 있다.

(268) '離'의 단의 후보(2)

　　ⓐ [(명)이 (명)에서(人)離開現在所在地方到另外一個地方. (사람이) 있
　　　던 곳에서 벗어나 다른 곳으로 옮기다.) ← (가)

　　ⓑ [(명)이 (명)에서](人)離開某個環境或者和某人斷絶關係. (사람이)
　　　어떤 일이나 환경에서 벗어나서 관계를 끊다.) ← (가)

　　ⓒ [(명)에 (명)이](産業或者經濟發展)離開某種手段或工業. (산업이나
　　　경제 발전에) 어떤 수단이나 공업을 제외한다.) ← (나)

위의 세 가지 단의를 보면 '離'는 모두 'A+離+C'의 격틀 정보를 가지고
있는 사실을 확인할 수 있다.

(269) 가. 姐姐離家已經五年了. (언니가 집을 떠난 지 5년이 되었다.)

　　　나. 他離崗已經三年了. (그는 이 자리를 떠난 지 3년이 되었다.)

(가)의 예문에서 주체 'A'가 '姐姐'이고, 문장의 서술어에 해당하는 어휘
는 '離'이며 출발점에 해당하는 어휘는 '家'이다. 즉 (가)는 'A+離+家'의 구
조를 갖게 된다. (나)도 마찬가지로 'A+離+崗'의 구조를 갖게 된다.

'離'의 세 가지 단의 가운데, 주체 자리에 나타나는 어휘로는, ⓐⓑ는
'사람', ⓒ는 '산업이나 경제'이다. '사람'은 구체적인 존재인 반면, '산업이
나 경제'는 구체적으로 존재하는 것이 아니라 사람들이 추상적으로 인식
하는 것이기 때문에 추상 영역에 속한다고 말할 수 있다.

이상 내용을 표로 정리하면 다음과 같다.

[표 104] 중국어 '離'의 단의 분류

구체	주체(A)	부사어(C)	구문 구조	단의 후보 번호
↓	사람	장소	A+離+C	ⓐ
		처지, 환경		ⓑ
추상	경제 발전	수단, 방법		ⓒ

'離'의 사전적 의미를 보면 ⓐⓑⓒ 가운데 ⓐⓑ의 주체는 인간과 관련된 의미로서 ⓒ의 의미보다 구체적이라고 판단할 수 있다. 또한 ⓐⓑ 가운데 단의의 의미적 구체성 정도에 따라 순서는 ⓐⓑ가 되겠다. 따라서 중국어 '離'의 단의를 다음과 같이 정리할 수 있다.

(270) '離'의 단의
❶ [(명)이 (명)에서](人)離開現在所在地方到另外一個地方. (사람이 있던 곳에서 벗어나 다른 곳으로 옮기다.) ← ⓐ
❷ [(명)이 (명)에서](人)離開某個環境或者和某人斷絶關係. (사람이 어떤 일이나 환경에서 벗어서 관계를 끊다.) ← ⓑ
❸ [(명)에 (명)이](産業或者經濟發展)離開某種手段或工業. (산업이나 경제 발전에서 어떤 수단이나 공업을 제외한다.) ← ⓒ

이를 토대로 '離'의 단의 분포 양상을 다음과 같이 그릴 수 있다.

[그림 60] 중국어 '離'의 단의 분포 양상

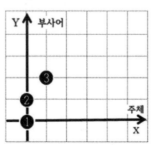

'離'의 단의 분포 양상을 보면 ❶❷번은 주체가 같고 부사어의 영향을
받아 의미가 달라지는 것이고, ❸번 의미에 대하여 의미 변화에 주체 및
부사어의 영향을 모두 받았다고 말할 수 있다.

'離'의 각 단의 가운데 가장 중심적이고 기본적이라고 판단되는 단의를
중심으로 각각의 단의가 파생되었다고 볼 수 있을 것이다. 그리고 각 단의
를 대표할 수 있는 원형의미는 출현 제약이나 의미적 환경의 영향을 되도
록 적게 받는 구체적 환경에서 실현되는 것으로 결정된다. ❶번 '사람이
있던 곳에서 벗어나 다른 곳으로 옮기다'는 사람이 구체적인 공간 이동을
뜻한다. 이것은 되도록 제한을 적게 받고 다른 단의를 대표할 수 있는 원
형의미이다. ❷번 '사람이 어떤 일이나 환경에서 벗어서 관계를 끊다'는 사
람이 추상적인 환경에서 빠져 나오는 의미로 ❷번에서 확장해온 것이 가
장 자연스럽다. ❸번은 '산업이나 경제 발전에서 어떤 수단이나 공업을 제
외하다'는 원형의미에서 확장해온 것이 가장 자연스럽다.

이상 내용을 표로 정리하면 다음과 같다.

[표 105] 중국어 '離'의 의미 확장 양상

단의	
❸←❶→❷	❶ [(명)이 (명)에서(人)離開現在所在地方到另外一個地方. (사람이 있던 곳에서 벗어나 다른 곳으로 옮기다.)
	❷ [(명)이 (명)에서](人)離開某個環境或者和某人斷絕關係. (사람이 어떤 일이나 환경에서 벗어서 관계를 끊다.)
	❸ [(명)에 (명)이](産業或者經濟發展)離開某種手段或工業. (산업이나 경제 발전에서 어떤 수단이나 공업을 제외한다.)

4.1.2.1.3. '떠나다'과 '離'의 대조

한국어 '떠나다'와 '離'는 의미적으로 공통점도 존재하고 차이점도 보인
다. 이 두 어휘가 '사람이 어떤 구체적인 곳에서 다른 곳으로의 이동', '사
람이 추상적인 어떤 환경에서 벗어나 더 이상 그 환경에 있지 않아 관계를

끊다.'의 의미를 표현할 때 공통적이다.

> (271) 가. 언니가 집에서 떠난 지 2년이 되었다.
>   가'. 언니가 집에서 뜬 지 2년이 되었다.
>   가". 姐姐離家兩年了.
>   나. 언니가 이 자리를 떠난 지 2년이 되었다.
>   나'. 언니가 이 자리를 뜬 지 2년이 되었다.
>   나". 姐姐他離崗兩年了.

위 예문 (가)는 '언니가 원래 있었던 장소 집에서 나와 지금까지 계산하면 이미 2년을 지나다'의 의미를 나타내고 있어 한국어에서 '떠나다'와 '뜨다03'을 선택적으로 사용할 수 있고 중국어에서는 '離'를 사용할 수 있다. (나)는 '사람이 지금 다니고 있는 직장을 그만두고 다른 데로 가다.'의 의미이다. 이때 (가)와 같이 한국어 '떠나다'와 '뜨다03'을 선택적으로 사용하고 중국어에서는 '離'를 사용한다.

'떠나다'와 '離' 사이에 있는 차이점을 살펴보겠다.

첫째, 한국어의 '떠나다'는 사람의 내재적인 생각이나 감정이 없어짐을 표현할 때 사용할 수 있는데 중국어의 '離'는 이러한 의미가 없다.

> (272) 가. 그 추억은 쉽게 떠나지 않을 것이다.
>   가'. *那段回憶不會輕易的離.
>   가". 那段回憶不會輕易的被抹去.
>   나. 우리집은 일 년 내내 걱정이 떠날 날이 없다.
>   나'. *我們家一年四季沒有離的日子
>   나". 我們家一年四季沒有不愁的日子.

위 예문을 통해 확인할 수 있듯이, 한국어에서 추억이 사람 머리에서 사라지거나 없어질 때 '떠나다'를 사용할 수 있는 반면 중국어에서 '離'를 사용할 수 없고 대신 '기록이나 사실, 감정 따위를 지워 없애거나 뭉개 버리다.'의 의미를 표현하는 '抹去'를 사용한다. (나)를 통해 한국어에서 '걱정이 떠나다'를 사용하는 반면 중국어에서는 '離'를 사용하지 않고 '무엇을 가지고 있지 않다'를 의미하는 '沒有'를 사용한다.

둘째, '떠나다'의 단의 가운데 '사람이 어떤 곳으로 향해 무슨 일을 하려고 나서다.'의 의미가 있는데 중국어의 '離'는 이와 대응되는 의미가 없다.

(273) 가. 그는 오늘 아침에 부산으로 출장을 떠났다.
　　　가'. *他今天早晨出發離釜山出差了.
　　　가''. 他今天早晨出發去釜山出差了.
　　　나. 동생은 미국으로 유학을 떠났다.
　　　나'. *妹妹離美國留學了.
　　　나''. 妹妹去美國留學了.

위의 예문을 통해 한국어에서 '사람이 무슨 일을 하러 나가다'의 의미를 표현하고 있을 때 '떠나다'를 사용한다. 이때의 '떠나다'는 동작성 명사와 함께 결합하여 '사람이 그 동작을 하러 나간다.'를 의미한다. 즉, (마)에서 '그는 출장하기 위해 한 곳에서 다른 곳으로, (바)에서 '동생은 유학하기 위해 한 곳에서 다른 곳으로' 이동하다의 의미이다. 이러한 경우에는 중국어에서 '離'를 사용할 수 없고 대신 '去'를 사용한다.

셋째, 중국어에서 '國家'이나 '城市'같은 단체명사가 주체 자리에 와서 어떤 산업이나 경제를 발전시킬 때 중국어에서 '離'를 사용할 수 있는데 한국어에서 '떠나다'나 '뜨다03'을 사용할 수 없다.

(274) 가. 國家想要發展工業離不了鋼鐵,
　　　가'. *국가에서 공업을 발전하려면 철강업이 떠나서는 안 된다.
　　　가''. *국가에서 공업을 발전하려면 철강업이 떠서는 안 된다.
　　　가'''. 국가에서 공업을 발전하려면 철강업이 없어서는 안 된다.

나. 國家想要發展經濟离不了科技.

나'. *국가에서 경제를 발전하려면 과학기술이 떠나서는 안 된다.

나". 국가에서 경제를 발전하려면 과학기술이 없어서는 안 된다.

위 예문을 통해 볼 수 있듯이 단체명사가 주체가 되어 그와 관련된 어떤 추상 영역을 발전시킬 때 중국어에서 '離'를 사용할 수 있는 반면 한국어에서 '떠나다'와 '뜨다03'을 사용할 수 없다. 대신 사물의 존재 상태 여부를 나타나는 '없다'를 사용한다.

단의 분포 양상에 대한 대조로는 한국어 '떠나다'와 중국어 '離'는 모두 구체 및 추상 영역에서 의미 확장이 일어난다. 이상 내용에 따라 한국어 '떠나다'의 중국어 '離'의 단의 대응 관계를 다음과 같이 정리할 수 있다.

[표 106] 한국어 '떠나다'와 중국어 '離'의 단의 대응 관계 대조

단의	떠나다	離
(사람이나 사물이) 있던 곳에서 벗어나 다른 곳으로 옮기다.	①	❶
(사람이) 어떤 곳으로 향해 무슨 일을 하려고 나서다.	②	×
(사람이) 어떤 일이나 환경에서 벗어서 관계를 끊다.	③	❷
(생각이나 감정이) 사라지거나 없어지다.	④	×
산업이나 경제 발전에 어떤 수단이나 방법을 제외한다.	×	❸

이를 토대로 한국어 '떠나다'와 중국어 '離'의 단의 분포 양상을 다음과 같이 정리할 수 있다.

[그림 61] 한국어 '떠나다'와 중국어 '離'의 단의 분포 양상 대조

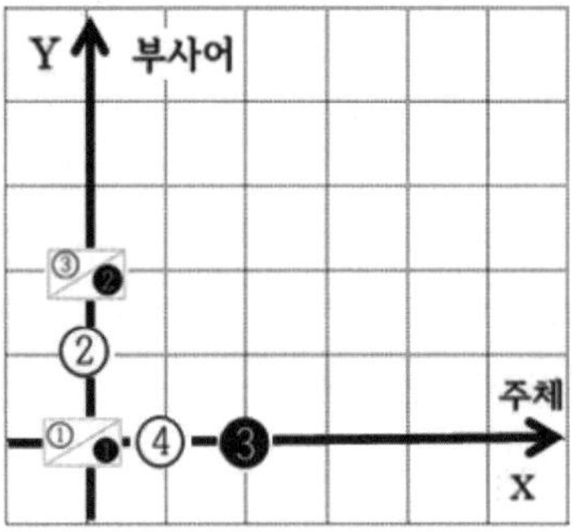

위에서 제시한 한국어 '떠나다'와 중국어 '離'는 단의 분포 양상이 비슷한 것을 확인할 수 있다. 단지 한국어 '떠나다'는 같은 주체로의 의미 확장이 더 많은 것으로 확인된다.

4.1.2.2. 다다르다/到

4.1.2.2.1. 다다르다

한국어에서 장소 도착 의미를 표현할 수 있는 단일어는 '다다르다'와 '이르다'로 들 수 있다. '이르다'의 의미를 '다다르다'의 단의에서 모두 찾을 수 있어서 여기서 '다다르다'의 의미를 살펴보기로 한다. 「표준」과 「고려」에서는 모두 2개 의미를 제시하고 있다.

(275) '다다르다'의 단의 후보(1)

(가) 「표준」 「1」목적한 곳에 이르다. 늑득도하다01. ¶ 학교에 다다르다./기나긴 항해 끝에 우리는 드디어 보물섬에 다다랐다./소리를 좇아 운암댁이 현장에 다다랐을 때는 다행인지 불행인지 이미 싸움은 끝나 있었다.≪윤흥길, 완장≫/주옥이 드디어 초가집에 다다라 판자로 만든 찌그러진 대문을 요란스레 흔들어

댄다.≪홍성원, 흔들리는 땅≫

「고려」「1」(사람이 목적한 곳에) 이르러 닿다. ¶ 말을 주고받다 보니 우리는 어느새 집에 다다랐다./창경궁 앞에 다다라서야 영수는 한숨을 돌리고 걸음도 늦추었다. 영구차가 정자나무 아래에 다다르자 마을 사람들이 몰려와서 통곡을 하며 그의 죽음을 애도하였다.

(나) 「표준」「2」어떤 수준이나 한계에 미치다. ¶ 절정에 다다르다/8월도 중순에 다다랐다./선수들의 체력이 한계에 다다랐다./그동안 고민한 결과 우리는 한 가지 결론에 다다랐다.≪이광수, 흙≫

「고려」「2」(무엇이 일정한 수준이나 한계에) 이르러 미치다. ¶ 그의 노래 실력은 이미 절정에 다다랐다./불우이웃을 돕기 위한 모금액이 목표량에 다다른 후에도 기부금이 계속 들어왔다./미국과 소련 간의 무력 대결에 의한 패권주의는 한계점에 다다랐다./목표 점수에 다다르기 위해서는 지금보다 훨씬 더 열심히 공부해야 한다.

(275)에 정리한 것은 두 사전의 단의를 종합한 것이다. 위에 정리된 '다다르다'의 사전적 의미를 단의 판정 기준에 따라 다시 분석할 것이다. (가)는 주체인 사람의 '어떤 곳에서 벗어나 목적한 곳에 이르러 닿다'라는 의미를 가지고 있는 반면 (나)는 추상적인 '무엇이 일정한 수준이나 한계에 이르러 미치다'의 의미이다. (가)는 구체적인 사람의 이동이고 (나)는 추상적인 개념을 가지는 주체의 이동을 의미하므로 별개의 단의로 처리해야한다. 그리고 사전에 나타나지 않았는데 말뭉치를 통해 발췌한 예문에서 '시간'이 어떤 '시점'에 가는 의미를 나타낼 때도 '다다르다'를 사용할 수 있다. 결국 '다다르다'의 의미를 정리하면 다음과 같다.

(276) '다다르다'의 단의 후보(2)

ⓐ [(명)이 (명)에] (사람이) 목적한 곳에 이르러 닿다 ← (가)

ⓑ [(명)이 (명)에] (수치나 실력 따위가) 일정한 수준이나 한계에

이르러 미치다. ← (나)

ⓒ [(명)이 (명)에] (시간이 어떤 시점(時點)에) 도달하여 미치다.

위와 같은 절차를 걸쳐 '다다르다'의 의미를 3가지로 정리할 수 있다. 이 세 가지 의미 모두 'A가 C에 다다르다'의 격틀 정보를 가지고 있는 사실을 아래 예문을 통해 확인할 수 있다.

(277) 가. 기나긴 항해 끝에 우리는 드디어 보물섬에 다다랐다

　　　 나. 그의 노래 실력은 이미 절정에 다다랐다.

　　　 다. 시간이 목표 시간에 다다르다.

위의 (가)예문에서 주체 A가 도달점에 해당하는 C인 '보물섬'에 이르러 닿는다는 의미이다. (나)와 (다)도 마찬가지로 주체인 '실력', '시간'이 어떤 목표점에 해당하는 '절정'이나 '시점'에 이르러 닿는 의미이다.

'다다르다'의 ⓐ번 주체 자리에 '사람'이고, ⓑ번 주체 자리에 추상적인 '실력, 권리, 점수'따위, ⓒ번은 '시간'이 해당된다. 그리고 '방편이나 위치' 자리에 해당하는 어휘로 ⓐ번은 구체적인 '공간'인 반면 ⓑ번과 ⓒ번은 각각 추상적인 '기준이나 한계', '시점'이다. 내용을 정리하면 다음과 같다.

[표 107] 한국어 '다다르다'의 단의 분류

구체 ↓ 추상	주체(A)	부사어(C)	논항 특성	단의 후보 번호
	사람, 교통수단	장소		ⓐ
	시간	시점(時點)	A가 C에 다다르다	ⓒ
	수치	정도나 범위		ⓑ

'다다르다'의 의미를 보면 ⓐ는 사람이나 교통수단 따위의 구체적인 장소 이동을 뜻하고, ⓑ는 시간적 이동을 의미하며, ⓒ는 추상물인 수치 따

위가 어느 정도나 범위에 이르는 의미를 지니고 있다. 결국 단의들의 구체성 정도에 따라 '다다르다'의 단의를 다음과 같이 재정리할 수 있다.

(278) '다다르다'의 단의
   ① [(명)이 (명)에] (사람이) 목적한 곳에 이르러 닿다 ← ⓐ
   ② [(명)이 (명)에] (시간이 어떤 시점(時點)에) 도달하여 미치다. ← ⓒ
   ③ [(명)이 (명)에] (수치나 실력 따위가) 일정한 수준이나 한계에 이르러 미치다. ← ⓑ

이를 토대로 '다다르다'의 단의 분포 양상을 다음과 같이 그릴 수 있다.

[그림 62] 한국어 '다다르다'의 단의 분포 양상

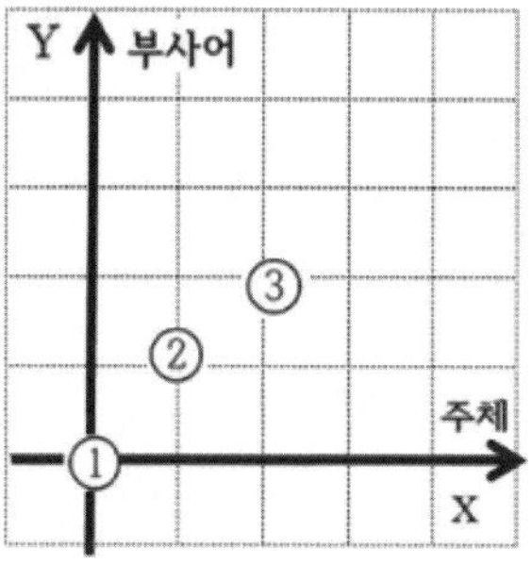

위의 '다다르다'의 단의 분포 양상을 보면 ①②③번 단의들이 주체도 다르고 부사어 자리에 해당되는 어휘도 다른 것을 알 수 있다. 그리고 의미적으로 ②번은 ①번보다 더 추상적이고, ③번은 ②번보다 더 추상적인 것도 위 그림을 통해 알 수 있다.

'다다르다'의 각 단의 가운데 가장 중심적이고 기본적이라고 판단되는 단의를 중심으로 각각의 단의가 파생되었다고 볼 수 있을 것이다. 그리고 각 단의를 대표할 수 있는 원형의미는 출현 제약이나 의미적 환경의 영향을 되도록 적게 받는 구체적 환경에서 실현되는 것으로 결정된다. ①번 '사람이 목적한 곳에 이르러 닿다'는 사람이 구체적인 공간 이동을 의미한다. 이것은 되도록 제한을 적게 받고 다른 단의를 대표할 수 있는 원형의 미이다. ②번 '시간이 어떤 시점에 도달하여 미치다'는 시간적인 이동을 뜻함으로 원형의미에서 확장해온 것이 가장 자연스럽다. ③번 단의는 수치나 실력 따위의 추상적인 이동을 의미한다. 주체의 구체 정도에 따라 ③번은 ②번에서 확장해온다.

이상 내용을 표로 정리하면 다음과 같다.

[표 108] 한국어 '다다르다'의 의미 확장 양상

단의	
①→②→③	① [(명)이 (명)에] (사람이) 목적한 곳에 이르러 닿다.
	② [(명)이 (명)에] (시간이 어떤 시점(時點)에) 도달하여 미치다.
	③ [(명)이 (명)에] (수치나 실력 따위가) 일정한 수준이나 한계에 이르러 미치다.

4.1.2.2.2. 到

중국어에서 '到'는 도착 의미를 표현하는 단일어 동사로서 사람들이 일상생활에서 빈번히 쓰고 있고 여러 합성어의 형성에도 이용된다. 이에 대하여 「現代」와 「新華」에서 모두 1개 의미를 제시하고 있다.

(279) '到'의 단의 후보(1)

(가) 「現代」 「1」到達某一點; 到達; 達到(어떤 위치에 이르러 닿다) ¶ 到期(시기에 이르다)/火車到(기차가 오다)/從星期三到星期五(수요일부터 금요일까지에 이르다)

「新華」 「1」達到(이르다) ¶ 到達(어디에 이르다)/到北京(베이징에 이르다)/到十二點(열두시에 이르다)/到兩萬人(이만명에 이르다)

(가)에서의 의미 기술할 때 단지 '어떤 위치에 이르러 닿다'라는 뜻을 모호하게 표현하고 있는데 주체 자리에 있는 어휘의 의미 특성이 무엇인지, 또한 '-에'자리에 해당하는 어휘의 특성이 무엇인지에 대한 언급이 없었다. 실제 주체의 배타적 분포 양상을 고려해 보면 주체 자리에 '사람, 기차, 시간, 숫자' 등 어휘가 나타날 때 '到'의 의미가 차이가 있어 보인다. 결국 (가)에서 제시된 의미는 주체의 분포 양상에 따라 몇 개의 단의로 나눌 수 있다.

(280) '到'의 단의 후보(2)

ⓐ [(명)이 (명)에]人或者交通工具到達某一地點.(사람이나 교통수단이 어떤 위치에 움직여 가 닿다.) ← (가)

ⓑ [(명)이 (명)에]數值等到達某個程度或者範圍.(수치 따위가 어떤 정도나 범위에 미치거나 걸치다.) ← (가)

ⓒ [(명)이 (명)에]時間到達某個時間點(시간이 어떤 시점(時點)에 도달하여 미치다.)

위에 정리된 '到'의 세 가지 의미 가운데 공통적으로 주체 'A'와 'C' 자리에 해당하는 '위치'를 요구한다. 즉 'A+到+C'의 격틀 정보를 가진다.

(281) 가. 他到學校了. (그는 학교에 이르렀다.)

나. 到了下午六點, 船到了陸地. (오후 6시가 되자 배가 육지에 이르렀다.)

(가)에서의 '到'는 주체 'A' 자리에 '사람'을 요구하고 (나)에서는 '교통수단'을 나타내는 명사를 요구한다. 그리고 (가)와 (나)는 공통적으로 목표 공간의 의미를 나타나는 '장소'를 필요로 한다. '到'의 의미는 '주체가 어떤 장소에 이르다.'로서 '장소'는 '위치'에 해당되므로 '到'의 의미를 결정하는 필수 성분으로 간주된다.

위에 정리된 '到'의 세 가지 의미를 살펴보면 주체 자리에 있는 어휘는
ⓐ번 '사람이나 교통수단', ⓑ번은 '수치' 따위, ⓒ번은 '시간'이 나타난다.
그리고 이동의 목표점에 해당하는 자리에 ⓐ번은 구체적인 '장소'이고, ⓑ
번은 추상적인 '정도나 범위', ⓒ번은 '시점'이 나타난다. 위 내용을 표로
정리하면 다음과 같다.

[표 109] 중국어 '到'의 단의 분류

구체 ↓ 추상	주체(A)	방편/위치(C)	구문 구조	단의 후보 번호
	사람이나 교통수단	장소		ⓐ
	시간	시점	A+到+C	ⓒ
	수치	정도나 범위		ⓑ

'到' 사전적 의미를 배열하면 우선 주체 자리에 해당하는 어휘의 의미
특성을 살펴봐야 한다. ⓐ번의 주체 자리에 의지를 가지는 '사람'으로 구
체성을 가지는 반면, ⓑ번과 ⓒ번은 각각 추상성을 가진 '수치, 시간'이 주
체 자리에 나타난다. 그래서 구체적인 의미에서 시간적인 의미 및 추상적
인 의미로 파생되는 일반적인 원리에 따라 중국어 '到'의 단의 순서는 다음
과 같이 배열할 수 있다.

(282) '到'의 단의
　❶ [(명)이 (명)에]人或者交通工具到達某一地點.(사람이나 교통수단
　　　이 어떤 위치에 움직여 가 닿다.) ← ⓐ
　❷ [(명)이 (명)에]時間到達某個時間點(시간이 어떤 시점(時點)에 도
　　　달하여 미치다.) ← ⓒ
　❸ [(명)이 (명)에]數值等到達某個程度或者範圍.(수치 따위가 어떤 정
　　　도나 범위에 미치거나 걸치다.) ← ⓑ

이를 토대로 중국어 '到'의 단의 분포 양상을 다음과 같이 정리할 수 있다.

[그림 63] 중국어 '到'의 단의 분포 양상

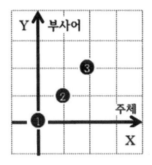

위 그림을 보면 중국어 '到'는 3개의 단의를 가지고 있고 그들이 서로 주체도 다르고 부사어 자리에 해당되는 어휘도 다르다는 것을 알 수 있다.

'到'의 각 단의 가운데 가장 중심적이고 기본적이라고 판단되는 단의를 중심으로 각각의 단의가 파생되었다고 볼 수 있을 것이다. 그리고 각 단의를 대표할 수 있는 원형의미는 출현 제약이나 의미적 환경의 영향을 되도록 적게 받는 구체적 환경에서 실현되는 것으로 결정된다. ❶번 단의는 되도록 제한을 적게 받고 다른 의미를 대표할 수 있는 원형의미이다. ❷번과 ❸번의 주체는 각각 시간과 수치이다. 사물이 구체에서 추상으로 발전하는 경로에 따라 ❸번은 ❷번에서 확장해온 것이 가장 자연스럽다.

이상 내용을 표로 정리하면 다음과 같다.

[표 110] 중국어 '到'의 의미 확장 양상

단의	
❶→❷→❸	❶ [(명)이 (명)에]人或者交通工具到達某一地點.(사람이나 교통수단이 어떤 위치에 움직여 가 닿다.) ❷ [(명)이 (명)에]時間到達某個時間點(시간이 어떤 시점(時點)에 도달하여 미치다.) ❸ [(명)이 (명)에]數值等到達某個程度或者範圍.(수치 따위가 어떤 정도나 범위에 미치거나 걸치다.)

4.1.2.2.3. '다다르다'와 '到'의 대조

이 절에서는 한국어 '다다르다'와 중국어 '到'의 단의를 바탕으로 공통점과 차이점을 찾고자 한다. 단의 대응 관계에 대한 대조와 단의 분포 양상에 대한 대조 두 측면에서 논의를 전개하고자 한다.

앞에서 '다다르다', '이르다'와 중국어의 '到'에 대해 모두 세 개의 단의를 정리한 바 있다. 그리고 이 의미들은 각각 대응된다.

> (283) 가. 그는 학교에 다다랐다.
> 　　가'. 他到學校了.
> 　　나. 시간이 벌써 7시에 다다랐다.
> 　　가'. 時間已經到了七点了.
> 　　다. 수준이 절정에 다다랐다.
> 　　가'. 水准已經到了頂峰.

위 예문을 보면 한국어 '다다르다'와 중국어 '到'는 사람의 장소 이동, 시간의 이동 및 추상적인 수준이나 가치 등의 이동을 표현하는 데 일치하다.

위 내용에 따라 한국어 '다다르다'와 중국어 '到'의 단의 대응 관계를 다음과 같이 정리할 수 있다.

[표 111] 한국어 '다다르다'와 중국어 '到'의 단의 대응 관계

단의	다다르다	到
(사람이나 교통수단이) 어떤 위치에 움직여 가 닿다.	①	❶
(시간이) 어떤 시점에 도달하여 미치다.	②	❷
(수치 따위가) 어떤 정도나 범위에 미치거나 걸치다.	③	❸

이를 토대로 한국어 '다다르다'와 중국어 '到'의 단의 분포 양상을 다음과 같이 그릴 수 있다.

[그림 64] 한국어 '다다르다'와 중국어 '到'의 단의 분포 양상 대조

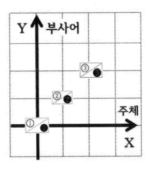

4.1.3. 출입(出入) 동사

'영역 안팎에 따른 이동'은 이동체가 일정한 밖에서 어떤 영역 안으로 들어가거나 밖으로 나가는 것을 뜻한다. 이동체는 주로 사람이고, 그밖에 고등동물과 액체류와 기체류 및 물품 등이다. 이동의 공간은 주로 땅 위이며, 선박의 이동인 물 위가 약간 있으며 추상적인 공간도 포함되어 있다.

4.1.3.1. '나다01'와 '出'

4.1.3.1.1. 나다01

'나다01'에 대하여 「표준」에서는 28개, 「고려」에서는 27개를 제시하고 있다. 내용을 정리하면 아래와 같다.

(284) '나다01'의 단의 후보(1)

　　(가) 「표준」「1」신체 표면이나 땅 위에 솟아나다. ¶ 여드름이 나다/ 엉덩이에 종기가 나다/사춘기가 된 아들의 턱에 수염이 나기 시작했다./개나리 가지에 새싹이 났다./담장 밑에 난 잡초들을 뽑아야 하는데 요즘은 시간이 없다.

　　「고려」「1」[(명)이][(명)에 (명)이] (어디에 안쪽의 것이) 표면

위로 나오다. ¶ 긴 털이 난 그의 다리 사이로는 벌레들이 기어
갈 것만 같았다./씨를 뿌리고 얼마 기다리지 않아 싹이 나기
시작했다./문에 부딪힌 자리에 조그만 혹이 났다./운동장을 몇
바퀴 돌았더니 땀이 나고 숨이 가빴다./병철이 코에서 코피가
나자 선생님께선 고개를 뒤로 젖히게 하고 찬 수건을 이마에
얹어 주셨다.

(나) 「표준」「2」길, 통로, 창문 따위가 생기다. ¶ 우리 마을에 길이
났다. ‖ 언덕 쪽으로 신작로가 나서 읍내로 가는 시간이 전보
다 적게 든다.
「고려」「21」[(명)으로/(명)에 (명)이] (어디에 길이나 문이) 새로
만들어지거나 왕래할 수 있도록 트이다. ¶ 철수네 집 앞에 새
길이 났다./우리집은 부엌으로 문이 나 있어 드나들기 편하다.

(다) 「표준」「3」어떤 사물에 구멍, 자국 따위의 형체 변화가 생기
거나 작용에 이상이 일어나다. ¶ 양말에 구멍이 나다/유리컵이
깨져서 조각이 났다./얼굴에 상처가 났다./눈이 내린 마당에는
강아지 발자국이 나 있다./내 일기장에는 누군가 훔쳐본 흔적
이 나 있었다./집이 너무 더러워서 아무리 치워도 청소한 티가
나지 않았다.
「고려」「4」[(명)에 (명)이] (어디에 흔적이나 흠이) 생겨 나타나
다. ¶ 어제 산 바지에 구멍이 나다/무릎에 상처가 났다./눈 위
에 범인의 발자국이 나 있다.

(라) 「표준」「4」신문, 잡지 따위에 어떤 내용이 실리다. ¶ 기사가
신문에 나다/그 일의 전말은 잡지에 났다.
「고려」「10」[(명)에 (명)이] (신문이나 잡지에 어떤 사실이나
기사가) 인쇄되어 나타나다. ¶ 여성 잡지에 우리 오빠 얼굴이
났다./시사 주간지에 쓰레기 매립장 건설을 둘러싼 지역 이기
주의에 대한 기사가 크게 났다./법관 출신의 그 정치가는 신문
에 자신에 대한 기사가 나쁘게 나면, 그 신문을 멀리 던져 놓
는다고 한다.

(마) 「표준」「5」홍수, 장마 따위의 자연재해가 일어나다. ¶ 남부 지
방에 홍수가 나서 많은 수재민이 생겼다.

(바) 「표준」「6」농산물이나 광물 따위가 산출되다. ¶ 이 지역에는

금이 난다. ‖ 개성에서는 인삼이 많이 난다.

「고려」「16」[(명)에서 (명)이] (어디에서 농산물이나 광물이)
재배되거나 만들어지다. ¶ 콜롬비아에서는 커피가 많이 난다./
우리 고향에서는 질 좋은 고추가 나기로 유명하다./개성은 예
로부터 인삼이 많이 나는 곳이다.

「고려」「19」(명)이][(명)에 (명)이] (시장에 물품이) 판매를 목적
으로 나오다. ¶ 추석 때쯤이면 햅쌀이 난다./벌써 딸기가 시장
에 나다니 요즘은 계절이 따로 없다.

(사) 「표준」「7」어떤 현상이나 사건이 일어나다. ¶ 축대가 무너져
온 동네에 난리가 났다./창고에 화재가 나서 물건이 다 탔다./
아버지가 승진하셔서 우리 집에는 경사가 났다. ‖ 중동 지역에
서 전쟁이 났다./학교에서 폭력 사건이 난다는 것은 매우 유감
스러운 일이다.

「고려」「2」[(명)이] (일이나 현상이) 터지거나 발생하다. ¶ 내
가 다니던 초등학교에 불이 나서 건물이 모두 타 버렸다./전쟁
이 나면 젊은 남자들은 모두 전쟁터에 가야 한다./남부 지방에
홍수가 나서 많은 수재민이 생겼다.

(아) 「표준」「8」인물이 배출되다. ¶ 어머니는 우리 집에 천재가 났
다면서 좋아하셨다. ‖ 우리 고장에서는 예로부터 큰 선비가 많
이 났다.

「고려」「17」[(명)에서 (명)이] (어디에서 뛰어난 인물이) 세상에
배출되다. ¶ 이 지방은 미인이 많이 나는 곳으로 유명하다./이
마을은 애국자가 많이 난 고장이다./우리 모교는 과학도들이
많이 나 전국적으로 유명해졌다.

(자) 「표준」「9」이름이나 소문 따위가 알려지다. ¶ 신문에 합격자
발표가 나다/그는 학계에 이름이 나 있다./숨겼던 성적이 결국
은 어머니에게 들통이 나서 야단을 맞았다.

「고려」「9」[(명)에 (명)이] (어디에 어떤 사실이나 소문이) 알려
지거나 드러나다. ¶ 며칠 전부터 이 대리와 김 양이 몰래 데이
트를 하고 있다는 소문이 났다./김 부장은 노래 잘하기로 우리
회사에서 이름이 나 있다.

(차) 「표준」「10」문제 따위가 출제되다. ¶ 시험에 무슨 문제가 날

지 모르겠다./기말고사에 난 문제는 어려웠다.

「고려」「23」[(명)이][(명)에 (명)이] (시험에 문제가) 평가를 위해 내놓아지다. ¶ 시험에 무슨 문제가 날지 모르겠다./기말고사에 난 문제는 어려웠다.

(카) 「표준」「11」흥미, 짜증, 용기 따위의 감정이 일어나다. ¶ 겁이 나다/화가 나다/오기가 나다/일에 짜증이 나다/요새는 매사에 신경질이 난다./언니의 예쁜 얼굴에 샘이 나는 것은 사실이다./그 일에 용기가 나기 시작했다./원영이는 웃으며, 호기심과 흥미가 부쩍 나서 마주 웃고 앉아 있는 채련이의 얼굴을 쳐다보았다.

「고려」「5」[(명)이] (느낌이나 감정이) 생겨 일다. ¶ 집에 혼자 있게 되자, 겁이 났던 것도 화가 났던 것도 사실입니다./지금 생각해 보면 어디서 그런 용기가 나서 강도를 잡으려고 뛰어갔는지 모르겠다.

(타) 「표준」「12」구하던 대상이 나타나다. ¶ 중소기업에 취직자리가 나서 연락을 해 보았다./빨리 형에게 혼처가 나야 할 텐데.

「고려」「27」[(명)이] (구하던 대상이) 생기거나 나타나다. ¶ 너희 회사에 새로운 일자리가 나면 나한테 빨리 알려 주라./새로운 혼처가 났으니 네 딸더러 선을 보라고 해라.

(파) 「표준」「13」돈, 물건 따위가 생기다. ¶ 이 돈 어디에서 났니?/이 물건이 누구에게서 났는지는 묻지 마라.

「고려」「20」[(명)이 (명)에서/(명)에게서] (물건이 어디에서) 새롭게 생기다. ¶ 이 만년필 어디서 났니?/영미는 중고차가 어디서 났는지 요즘 몰고 다닌다고 하더라.

(하) 「표준」「14」생명체가 태어나다. ¶ 나는 부산에서 나서 서울에서 자랐다.

「고려」「15」(명)에서 (명)이] (어디에서 생명체가) 형태를 갖추어 세상에 나오다. ¶ 그녀는 시골에서 났지만 도시 냄새가 풍긴다./난 지 한 달도 채 안 된 아기가 공원에서 버려진 채 발견되었다./우리집 멍멍이는 진돗개 순종에게서 난 영리한 개다.

(거) 「표준」「15」소리, 냄새 따위가 밖으로 드러나다. ¶ 청국장에서는 구수한 냄새가 난다./그 꽃은 좋은 향기가 날 뿐만 아니라

예쁘기도 했다./방에서 이상한 소리가 났다./설렁탕에서 김이
모락모락 난다./공장 굴뚝에서 시커먼 연기가 났다.

「고려」「7」[(명)에서 (명)이] (어디에서 소리나 냄새가) 들리거
나 풍기다. ¶ 뒤에서 인기척이 났단 말이야./이 방 천장에서 저
녁마다 이상한 소리가 난단 말이야.

(너)「표준」「16」신체에서 땀, 피, 눈물 따위의 액체 성분이 흐르
다. ¶ 손에서 피가 나다/어머니의 눈에서 피눈물이 나지 않도
록 해라./땀이 많이 나서 옷이 젖었다.

(더)「표준」「17」(('…이' 성분은 조사가 붙지 않은 단독형으로 쓰인
다))어떤 나이에 이르다. ¶ 두 살 난 아기/우리 큰애는 이제 겨
우 세 살 났어요.

「고려」「18」((주로 '난'의 꼴로 쓰여)) 사람이나 짐승이 성년에
이르지 않은 어떤 나이에 이르다. ¶ 오빠에게는 두 살 난 사내
아이와 막 백일을 넘긴 딸이 있다.

(러)「표준」「18」병 따위가 발생하다. ¶ 탈이 나다/몸살이 나다/현
기증이 나다/구토가 나다/아내는 임신 초기에 입덧이 나서 아
무것도 먹을 수 없었다.

(머)「표준」「19」생각, 기억 따위가 일다. ¶ 그는 그제야 멋진 생각
이 났는지 무릎을 쳤다./기억이 잘 나지 않을 때는 억지로 기
억해 내려고 할 필요가 없다./함께 일할 마음이 나면 언제라도
연락하게.

「고려」「22」[(명)이] (생각이나 기억이) 떠오르거나 되살아나
다. ¶ 어렴풋이 그때 일이 생각이 난다./그 일로 영숙이와 심하
게 싸웠던 기억이 난다.

(버)「표준」「20」시간적 여유가 생기다. ¶ 나는 내일이면 시간이
난다./아저씨는 짬만 나면 놀러 오셨다.

「고려」「13」(명)이] (시간이나 공간이) 틈이나 여유가 생기다.
¶ 그는 지하철에서 자리가 나면 물불을 가리지 않고 뛰어든
다./얼마 전에 언니한테서 시간이 나면 한번 다녀가라는 편지
가 왔다.

(서)「표준」「21」기풍, 멋 따위가 더 나아지다. ¶ 그는 스카프를 매
고 나서 한결 멋이 났다./단장을 새로 하고 보니 사람이 훨씬

기풍이 나 보인다.

「고려」「14」[(명)이] (맵시나 모양새가) 다른 것보다 두드러지게 드러나거나 좋아 보이다. ¶ 이 원피스는 네가 입으니까 맵시가 제대로 나는 것 같다.

(어) 「표준」「22」어떤 작용에 따른 효과, 결과 따위의 현상이 이루어져 나타나다. ¶ 결론이 나다/이제야 광고 효과가 나기 시작했다.

「고려」「8」[(명)이] (일의 상태나 결과가) 실제로 드러나거나 발생하다. ¶ 그녀는 다른 사람을 먼저 배려한다는 점에서 나와 차이가 났다.

「고려」「11」[(명)이] (결정이나 발표가) 정해져 생기거나 알려지다. ¶ 신입 사원들의 근무지 발령이 오늘 오후에 날 예정이다./합격자 발표가 나자마자 합격 여부를 묻는 전화가 계속 걸려 왔다.

(저) 「표준」「23」속도, 열, 빛 따위의 속성이 드러나다. ¶ 그의 그림은 볼수록 더욱 빛이 났다.

「고려」「6」[(명)이] (신체적 반응이) 실제로 드러나다. ¶ 막내가 계속해서 신열이 난다./그녀는 밤에 자다가 갈증이 나서 보리차를 마셨다.

「고려」「27」[(명)이] (힘이나 속도가) 일정한 기준이나 정도보다 더하다. ¶ 네 말을 들으니 힘이 나./이 이상 속도가 나면 위험해.

(처) 「표준」「24」맛이 생기다. ¶ 조미료를 잘 써야 음식이 더욱 맛이 난다./설렁탕은 끓일수록 진한 맛이 나는 법이다.

「고려」「26」[(명)이] (맛이) 좋게 느껴지다. ¶ 참기름을 치니까 훨씬 맛이 난다.

(커) 「표준」「25」햇빛 따위가 나타나다. ¶ 햇빛이 나면 경기를 계속 진행할 것이다./해가 나서 빨래를 널었다.

「고려」「3」[(명)이] (빛이나 윤기가) 환하게 드러나다. ¶ 얼마나 열심히 유리창을 닦았는지 반짝반짝 윤이 난다./그의 신발은 반들반들 광이 났다.

「고려」「25」[(명)이] (햇빛이) 드러나거나 나타나다. ¶ 먹구름

사이로 별이 났다.
(터) 「표준」「26」사람 됨됨이나 생김새가 뛰어나다. ¶ 모든 면에서
볼 때 그는 틀림없이 난 인물이다./이런 시골에 저런 난 인물
이 있을 줄이야.
「고려」「12」(명)이 (명)이] (무엇이 발각이나 탄로가) 되어 본
모습이 드러나거나 알려지다. ¶ 그의 거짓말은 들통이 났다./
그는 자신의 비리가 탄로가 나자 자살을 꾀했다.
(퍼) 「표준」「27」밖으로 나오거나 나가다. ¶ 든 자리는 몰라도 난
자리는 표가 난다.
(허) 「표준」「28」철이나 기간을 보내다. ¶ 겨울을 나다/그는 전쟁
기간 동안 시골에서 3년을 나고 다시 서울로 올라왔다.
(갸) 「고려」「24」[(명)이 (명)이] (사물이 조각이나 동강이) 되어 둘
이상으로 분리되다. ¶ 머리맡에 놓아둔 안경이 산산조각이 났
다./그의 연필은 두 동강이 났다.

(284)에 정리한 단의들은 두 사전에 실린 것을 종합한 것이다. 위 내용
을 살펴보면 현재 사전에서 제시한 단의들은 중복된 것이 많이 있다. (가)
는 '신체 표면이나 땅 위에 솟아나다.'는 의미와 (너)의 '신체 안에서 땀, 피,
눈물 따위의 액체 성분이 흐르다.'는 의미는 신체에서 무엇이 나오는 것을
표현하는 점이 비슷하다. 따라서 두 의미를 별개의 단의로 보지 않고 하나
의 단의로 보되 <신체나 어디 안쪽의 것이 표면 위로 나오다.>로 다시 정
리할 수 있다.

(러)는 '속도, 열, 빛 따위의 속성이 드러나다.'이고, (저)는 '병 따위가 발
생하다.'는 의미이다. 그러나 '열이 나다'는 것도 병이 발생하는 영역에 속
하기 때문에 두 단의를 별개의 단의로 볼 수 없고 <신체적 반응이나 사물
의 속성이 드러나다.>로 다시 정리할 수 있다.

(카)는 '흥미, 짜증, 용기 따위의 감정이 일어나다.'는 의미이고, (머)는
'생각, 기억 따위가 일다.'는 의미로 감정이나 생각, 기억이 모두 사람의 내

재적인 속성을 가리키고 있으므로 두 의미를 묶어서 다루어야 한다. 즉 <흥미, 짜증, 용기 따위의 감정이나 생각 기억 따위가 일어나다.>로 재정리할 수 있다.

(아)는 '인물이 배출되다.'는 의미이고, (터)는 '사람 됨됨이나 생김새가 뛰어나다.'는 의미이다. 실제로 「표준」에서 '모든 면에서 볼 때 그는 틀림없이 난 인물이다.'는 예문을 들고 있어 두 단의를 같이 보고 있다. 그러므로 (아)와 (터)도 별개의 단의로 보지 않고 하나의 단의로 본다. (하)는 사람이 세상에서 태어나는 의미를 가지고 있어 즉 사람이 배출되는 단의 안에 포함시킬 수 있다. (아)(하)(터)는 <사람이 태어나거나 됨됨이 뛰어나 인물로 배출되다.>라고 정리할 수 있다.

(버)와 (허)는 시간적 의미를 표현하는 점이 비슷한데 시간이 나는지 보내는지에 대하여 차이가 있다. 그러므로 두 단의를 같이 보되 <시간이 나거나 보내게 되다.>로 다시 정리할 수 있다.

(거)는 '소리나 냄새 따위가 밖으로 드러나다.'의 의미이고, (처)는 '맛이 생기다.'의 의미이다. '소리'는 사람의 청감, '냄새'는 사람의 후감, '맛'은 사람의 미감 영역에 속한다. 이것들은 모두 사람의 오감 안에 포함되어 있기 때문에 이 단의들을 별개의 단의로 보지 않고 하나의 단의로 보는 것이 더 경제적이다. 즉 <소리나 냄새 따위가 밖으로 드러나거나 맛이 생기다.>로 재정리할 수 있다.

(라)는 '신문, 잡지 따위에 어떤 내용이 실리다.'의 의미이고, (자)는 '이름이나 소문 따위가 알려지다.'의 의미이다. 여기서 주체로 해당되는 '내용이나 이름, 소문'은 모두 정보 따위에 속한다. 즉 (라)와 (자)는 별개의 단의로 보지 않고 하나의 단의로 보되 <내용이 신문이나 잡지에 실리게 되거나 소문 따위가 알려지다.> 재정리할 수 있다. (차)의 주체는 '문제'가 해당되므로 '문제'도 정보를 전달하는 수단으로 판단되므로 (라), (자)와 별개의 단의로 보지 않기로 한다.

(마)는 홍수 같은 자연 현상이 일어나는 의미를 표현하고 있고, (사)는 '어떤 현상이나 사건이 일어나다.'의 의미이다. 홍수와 같은 자연 현상도 (사)에서 말하는 현상의 한 가지에 해당되므로 (마)와 (사)는 별개의 단의로 보지 않고 하나의 단의로 본다. 또한 (어)는 '일의 상태나 결과가 실제로 드러나거나 발생하다.'의 의미를 가지고 있어, 상태나 현상은 같은 차원에서 다루는 것이기 때문에 여기서 (어)도 (마)(사)와 같은 단의에서 다루기로 한다.

이러한 절차를 걸쳐 '나다01'의 단의를 다음과 같이 재정리할 수 있다.

(285) '나다01'의 단의 후보(2)

   ⓐ [(명)에 (명)이] (신체나 어디 안쪽의 것이) 표면 위로 나오다. ← (가) (너)

   ⓑ [(명)으로/(명)에 (명)이] (어디에 길이나 문 따위가) 생기다. ← (나)

   ⓒ [(명)에 (명)이] (어디에 흔적이나 흠이) 생겨 나타나다. ← (다)

   ⓓ [(명)에 (명)이] (내용이 신문이나 잡지에 실리게 되거나 소문 따위가) 알려지다. ← (라) (자)

   ⓔ [(명)이] (어떤 현상이나 사건이) 일어나다. ← (마) (사) (어)

   ⓕ [(명)에 (명)이] 어느 지역에 농산물이나 광물이 산출되다. ← (바)

   ⓖ [(명)이] (일자리나 취직자리 따위가) 생기거나 나타나다. ← (타) (퍼)

   ⓗ [(명)이 (명)에서] (물건 따위가) 새롭게 생기다. ← (파)

   ⓘ [(명)에서 (명)이] (사람이 태어나거나 됨됨이) 뛰어나 인물로 배출되다. ← (하) (아) (터)

   ⓙ [(명)이] (소리나 냄새 따위가) 밖으로 드러나거나 맛이 생기다. ← (거) (처)

   ⓚ [(명)이] (나이가) 어떤 숫자에 이르다. ← (더)

   ⓛ [(명)에 (명)이] 신체적 방응이나 사물의 속성이 드러나다. ← (러) (저)

   ⓜ [(명)이] (흥미, 짜증, 용기 따위의 감정이나 생각 기억 따위가)

일어나다. ← (카) (머)

ⓜ [(명)이] 시간이 나거나 보내게 되다. ← (버) (허)

ⓞ [(명)이] (맵시나 모양새가) 다른 것보다 두드러지게 드러나거나 좋아 보이다. ← (서)

ⓟ [(명)이] (햇빛이) 드러나거나 나타나다. ← (커)

ⓠ [(명)이 (명)이] (사물이 조각이나 동강이) 되어 둘 이상으로 분리되다. ← (갸)

한국어 '나다01'의 단의를 실현하는 데 'A가 나다', 'A가 C에 나다' 'A가 C에서 나다', 'A가 C이 나다'의 격틀 정보를 가지고 있는 것을 아래 예문을 통해 확인할 수 있다.

(286) 가. 햇빛이 나면 경기를 계속 진행할 것이다.
　　　나. 우리 마을에 길이 났다.
　　　다. 나는 부산에서 나서 서울에서 자랐다.
　　　라. 머리맡에 놓아둔 안경이 산산조각이 났다.

위 예문을 보면 (가)는 주체만 있으면 되고, (나)는 주체 '길'과 길이 나오는 장소인 '마을'을 모두 요구한다. 또한 (다)는 사람이 태어난 장소 '부산'을 요구하고, (라)는 부사어 자이에 해당되는 '산산조각'이 필요하다.

위에 정리된 '나다01'의 단의를 보면 주체 자리에 ⓐ는 '땀이나 피', ⓑ는 '길이나 문', ⓒ는 '흔적이나 홈', ⓓ는 '정보', ⓔ는 '현상이나 사건', ⓕ는 '농산물', ⓖ는 '일자리', ⓗ는 '물건', ⓘ는 '사람', ⓙ는 '소리나 냄새', ⓚ는 '나이', ⓛ는 '열이', ⓜ는 '흥미', ⓝ는 '시간', ⓞ는 '모양', ⓟ는 '햇빛', ⓠ는 '사물'이 해당된다. ⓐⓑⓕⓗⓘⓟⓠ의 주체가 구체성을 가지지만, ⓒⓓⓔⓖⓚⓛⓜⓝⓞ의 주체가 추상성을 가진다. 또한 구체 영역 안에 ⓐⓑⓕⓗⓘⓠ의 주체는 형체를 확인할 수 있는 유형물 영역에 속한 반면 ⓘⓟ의 주체는 일정한 형체를 가지지 않아 무형물 영역에 속한다.

한편 추상 영역 가운데 ⓝ는 시간적 의미를 표현하고 있어 이 영역의 가장 앞을 차지한다. ⓒⓓⓔⓖⓚⓛⓜⓝⓞ 가운데 ⓚⓛⓜⓞ의 주체는 인간과 긴밀한 관계가 보이는 반면 ⓖⓒⓓⓔ의 주체는 인간과 그다지 긴밀한 관계를 갖고 있지 않다. 위 내용을 표로 정리하면 아래와 같다.

[표 112] 한국어 '나다'01의 단의 분류

구체 ↓ 추상	주체(A)	부사어(C)	구문 구조	단의 후보 번호
	사람	장소	A가 C에서 나다	ⓘ
	땀, 피	몸	A가 C에 나다	ⓐ
	농산물	장소		ⓕ
	사물		A가 C에서 나다	ⓗ
		조각	A가 C으로 나다	ⓠ
	길, 문	장소	A가 C에 나다	ⓑ
	소리, 냄새			ⓙ
	햇빛			ⓟ
	시간			ⓝ
	모양	–	A가 나다	ⓞ
	나이			ⓚ
	열			ⓜ
	흥미			ⓛ
	흔적	사물	A가 C에 나다	ⓒ
	일자리	–	A가 나다	ⓖ
	정보	신문, 잡지	A가 C에 나다	ⓓ
	현상, 상태	–	A가 나다	ⓔ

위에 정리된 내용에 따라 '나다01'의 의미 확장이 구체 및 추상 영역에서 모두 일어난 것을 확인할 수 있다. 의미가 구체적인 것에서 추상적인 것으로 파생되는 일반적인 원리에 따라 ⓒⓓⓔⓖⓚⓛⓜⓝⓞ는 ⓐⓑⓕ

ⓗⓘⓙⓟⓠ에서 파생된다고 볼 수 있을 것이다. 또한 구체 영역 가운데 유형물은 인간이 눈으로 확인할 수 있는 구체적인 존재인 반면, 무형물은 인간이 그 형체를 파악하기 어렵다. 그러므로 ⓐⓑⓕⓗⓘⓠ는 ⓙⓟ보다 더 구체적이라고 말할 수 있다. 또한 유형물 영역 안에 인간과의 거리를 고려한 결과로 ⓐⓘ는 ⓑⓕⓗⓠ보다 더 구체적이다. ⓐⓑⓕⓗⓘⓠ에에 대하여 구체성 및 인간과 관련된 정도를 생각하면 그 순서는 ⓘⓐⓕⓗⓠ가 되겠다. ⓙⓟ에 대하여 ⓙ의 주체의 '맛이나 소리'는 인간의 오감에 속하지만 ⓟ의 주체 '햇빛'은 자연 현상의 한 종류로 인식된다.

한편 추상 영역에 속한 ⓝ번 단의는 시간의 이동을 의미하므로 다른 것보다 덜 추상화된 것으로 여긴다. ⓒⓓⓔⓖⓚⓛⓜⓞ 가운데 ⓚⓛⓜⓞ번 단의는 인간과의 거리가 더 가깝다. 그리고 각 영역에 속한 단의들의 추상화 정도에 따라 ⓚⓛⓜⓞ는 ⓞⓚⓛⓜ가 되겠고, ⓖⓒⓓⓔ는 ⓒⓖ ⓓⓔ가 되겠다. 위 내용에 따라 '나다01'의 단의를 다시 정리하면 아래와 같다.

(287) '나다01'의 단의
① [(명)에서 (명)이](사람이 태어나거나 됨됨이) 뛰어나 인물로 배출되다. ← ⓘ
② [(명)에 (명)이] (신체나 어디 안쪽의 것이) 표면 위로 나오다. ← ⓐ
③ [(명)에 (명)이] 어느 지역에 농산물이나 광물이 산출되다. ← ⓕ
④ [(명)이 (명)에서] (물건 따위가) 새롭게 생기다. ← ⓗ
⑤ [(명)이 (명)이] (사물이 조각이나 동강이) 되어 둘 이상으로 분리되다. ← ⓖ
⑥ [(명)으로/(명)에 (명)이] (어디에 길이나 문 따위가) 생기다. ← ⓑ
⑦ [(명)이] (소리나 냄새 따위가) 밖으로 드러나거나 맛이 생기다. ← ⓙ
⑧ [(명)이] (햇빛이) 드러나거나 나타나다. ← ⓟ

⑨ [(명)이] 시간이 나거나 보내게 되다. ← ⓝ
⑩ [(명)이] (맵시나 모양새가) 다른 것보다 두드러지게 드러나거나 좋아 보이다. ← ⓞ
⑪ [(명)이] (나이가) 어떤 숫자에 이르다. ← ⓚ
⑫ [(명)이] (흥미, 짜증, 용기 따위의 감정이나 생각 기억 따위가) 일어나다. ← ⓜ
⑬ [(명)에 (명)이] 신체적 방응이나 사물의 속성이 드러나다. ← ⓙ
⑭ [(명)에 (명)이] (어디에 흔적이나 홈이) 생겨 나타나다. ← ⓒ
⑮ [(명)이] (일자리나 취직자리 따위가) 생기거나 나타나다. ← ⓖ
⑯ [(명)에 (명)이] (내용이 신문이나 잡지에 실리게 되거나 소문 따위가) 알려지다. ← ⓓ
⑰ [(명)이] (어떤 현상이나 사건이) 일어나다. ← ⓔ

이를 토대로 한국어 '나다01'의 단의 분포 양상이 다음과 같다.

[그림 65] 한국어 '나다01'의 단의 분포 양상

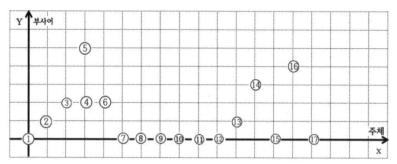

위에 정리된 한국어 '나다01'의 단의 분포 양상을 보면 '나다01'은 17개의 단의를 가지고 있고 그 단의들의 주체 분포가 아주 다양한 것을 알 수 있다. ⑦⑧⑨⑩⑪⑫⑮⑰번 단의는 부사어가 상정되지 않고 주체가 추상화됨으로서 의미가 달라진다. 그리고 이 단의들은 X축에서 오른쪽으로 갈수록 의미가 추상된다. ②③④⑤⑥⑬⑭⑯번 단의는 의미 변화에 있어서 주체 및 부사어의 영향을 모두 받아 X축 및 Y축의 교차 영역에서 이동한다. 주체 및 부사어의 추상화 정도에 따라 의미가 달라진다.

'나다01'의 각 단의 가운데 가장 중심적이고 기본적이라고 판단되는 단의를 중심으로 각각의 단의가 파생되었다고 볼 수 있을 것이다. 그리고 각 단의를 대표할 수 있는 원형의미는 출현 제약이나 의미적 환경의 영향을 되도록 적게 받는 구체적 환경에서 실현되는 것으로 결정된다. '나다01'의 ①번 의미는 주체 사람이 태어나거나 됨됨이 뛰어나 인물로 배출되는 의미를 표현하므로 인간과 가장 밀접한 관련을 가지고 있어 다른 의미를 대표할 수 있는 원형의미로 간주할 수 있다. ②번 '신체나 어디 안쪽의 것이 표면 위로 나오다'는 주체인 신체의 일부가 이동하는 의미를 나타내기 때문에 원형의미에서 확장해온 것이 가장 자연스럽다. ③번 '어디 지역에 농산물이나 광물이 산출되다'는 구체물인 농산물이나 광물이 없는 상태에서 있는 상태로 나타나는 의미로 역시 원형의미에서 확장된다. ④번 '물건 따위가 새롭게 생기다'는 농산물과 광물을 대신하여 물건이 생기는 의미를 나타낸다. 이것은 ③번 단의와 비슷해 보여 ③번에서의 의미 확장이다. ⑥번 '어디에 길이나 문 따위가 생기다'와 ⑭번 '어디에 흔적이나 흠이 생겨 나타나다'는 ④번의 사물 이동과 비슷하다. 따라서 ⑥번과 ⑭번은 ④번에서 확장해온 것이 가장 자연스럽다. ⑦번 '소리나 냄새 따위가 밖으로 드러나거나 맛이 생기다'는 무형물인 소리와 냄새 따위가 드러나는 현상을 표현한다. 따라서 ⑦번은 ⑥번에서의 확장이다. ⑤번 '사물이 조각이나 동강이 되어 둘 이상으로 분리되다'는 부분 이동을 생각할 때 ②번과 비슷해 보여 ⑤번은 ②번에서의 의미 확장이다. ⑫번과 ⑬번의 주체는 각각 감정이나 생각, 신체적 반응이나 사물의 속성이다. 인간과의 관련성과 부분, 전체의 관계를 생각할 때 ⑫번과 ⑬번은 ②번에서 확장해온 것이 가장 자연스럽다. ⑨번 '시간이 나거나 보내게 되다'는 시간적 이동을 의미하므로 원형의미에서 확장된다. ⑮번 '일자리나 취직자리 따위가 생기거나 나타나다'도 원형의미에서 확장해온 것이 가장 자연스럽다. ⑪번 '나이가 어떤 숫자에 이르다'는 시간과 관련성이 많이 ⑨번에서 확장해온다. ⑯번 '내용이 신문이나 잡지에 실리게 되거나 소문 따위가 알려지다'는 ⑮번에서의 의미 확장이다. ⑧번 '햇빛이 드러나거나 나타나다'는 자연계에서 발생하는 자연 현상이다. 이것은 원형의미에서 확장해온다. ⑩번과 ⑰번은 은유적인 비유 현상을 생각할 때 ⑧번에서 확장해온 것이 가장 자연스럽다. 위 내용을 정리하면 아래와 같다.

[표 113] 한국어 '나다01'의 의미 확장 양상

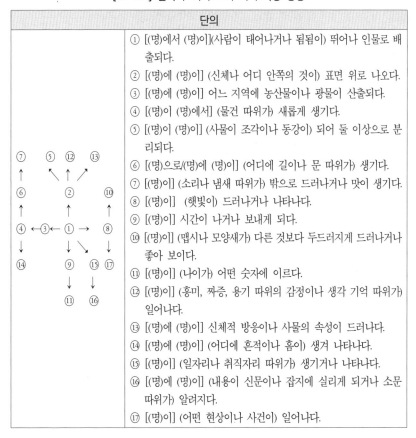

단의
① [(명)에서 (명)이](사람이 태어나거나 됨됨이) 뛰어나 인물로 배출되다.
② [(명)에 (명)이] (신체나 어디 안쪽의 것이) 표면 위로 나오다.
③ [(명)에 (명)이] 어느 지역에 농산물이나 광물이 산출되다.
④ [(명)이 (명)에서] (물건 따위가) 새롭게 생기다.
⑤ [(명)이 (명)이] (사물이 조각이나 동강이) 되어 둘 이상으로 분리되다.
⑥ [(명)으로/(명)에 (명)이] (어디에 길이나 문 따위가) 생기다.
⑦ [(명)이] (소리나 냄새 따위가) 밖으로 드러나거나 맛이 생기다.
⑧ [(명)이] (햇빛이) 드러나거나 나타나다.
⑨ [(명)이] 시간이 나거나 보내게 되다.
⑩ [(명)이] (맵시나 모양새가) 다른 것보다 두드러지게 드러나거나 좋아 보이다.
⑪ [(명)이] (나이가) 어떤 숫자에 이르다.
⑫ [(명)이] (흥미, 짜증, 용기 따위의 감정이나 생각 기억 따위가) 일어나다.
⑬ [(명)에 (명)이] 신체적 방응이나 사물의 속성이 드러나다.
⑭ [(명)에 (명)이] (어디에 흔적이나 홈이) 생겨 나타나다.
⑮ [(명)이] (일자리나 취직자리 따위가) 생기거나 나타나다.
⑯ [(명)에 (명)이] (내용이 신문이나 잡지에 실리게 되거나 소문 따위가) 알려지다.
⑰ [(명)이] (어떤 현상이나 사건이) 일어나다.

4.1.3.1.2. 出

'출입 동사' 가운데 중국어 '出'이 있다. 이에 대하여 「現代」 및 「新華」
에서는 모두 4개를 제시하고 있다.

> (288) '出'의 단의 부호(1)
>> (가) 「現代」「1」 從里面到外面(안에서 밖으로 나가다.) ¶ 出來(나오
>> 다)/出去(나가다)/出門(밖에 나가다)
>> 「新華」「1」 從里面到外面(안에서 밖으로 나가다.) ¶ 出來(나오
>> 다)/出去(나가다)/出門(밖에 나가다)
>> (나) 「現代」「2」 發生(생기다) ¶ 出問題(문제가 생기다) ¶ 這事出在
>> 1962年.(이 일은 1962년에 발생했다.)
>> 「新華」「2」 發生(발생하다, 생기다) ¶ 出事(사고가 나다)/出問題
>> 了(문제가 생기다)
>> (다) 「現代」「3」 發出(나다) ¶ 出芽(새싹이 나다)/出汗(땀이 나다)/出
>> 天花(천연두에 걸리다)
>> 「新華」「3」 産, 生長(나오다, 생기다) ¶ 這裡出米.(이 지역에서
>> 쌀이 난다.)
>> (라) 「現代」「4」 人才等的顯露出來(인물 따위가 배출되다.) ¶ 出名
>> (이름이 나다)/出面(얼굴을 내밀다)/出頭(얼굴을 내밀다)/出洋相
>> (추태를 부리다)
>> 「新華」「4」 顯露(얼굴을 내밀다) ¶ 出名(이름이 나다)/出頭(얼
>> 굴을 내밀다)

(288)에 정리한 단의들은 두 사전에 실린 것을 종합한 것이다. 그러나
사전에서 제시되지 않았지만 사람들이 두루 쓰이는 의미가 있다. 즉 '出'
은 '소리나 냄새, 햇빛' 따위가 생기는 의미를 표현할 때도 '出'을 사용할
수 있다. 그러므로 '出'의 의미를 아래와 같이 정리할 수 있다.

> (289) '出'의 단의 후보(2)
>> ⓐ [(명)이 (명)에서] 某个地方盛産農産品.(어디 지역에 농산물이 나

다.) ← (다)

ⓑ [(명)이] 气味冒出來或者發出聲音.(소리나 냄새 따위가) 밖으로
　　드러나다.)

ⓒ [(명)에서 (명)이]] 身体或者內部的眼淚, 血液等流出來. ← (가) (다)

ⓓ [(명)이]] 發生某个事故或者出現某种現象(어떤 현상이나 사건이)
　　일어나다. ← (나)

ⓔ [(명)이] 出太陽光了.(햇빛이 나다)

ⓕ (명)에서[(명)이] 人才等的顯露出來(인물 따위가 배출되다.) ←
　　(라)

위 의미를 보면 '出'은 의미를 실현하기 위해 'A+出', 'A+出+C'의 격
틀 정보를 가진다.

(290) 가. 這個地方出大米. (이 지역에서 쌀이 많이 나온다.)
　　　나. 出太陽光了. (햇빛이 났다.)

위 예문 (가)를 보면 '出'의 의미를 실현하기 위해 주체 '쌀'과 부사어
'지역'을 모두 요구한다. 이에 비하여 (나)에서는 주체 '햇빛'만 요구한다.
'出'의 단의 가운데 주체 자리에 ⓐ는 '농산물', ⓑ는 '소리나 냄새', ⓒ
는 '땀이나 피', ⓓ는 '현상이나 상태', ⓔ는 '햇빛', ⓕ는 '사람'이다. ⓐⓑ
ⓒⓔⓕ의 주체는 구체성을 가지고 있지만 ⓓ의 주체는 추상성을 가진다.
또한 구체 영역 가운데 ⓐⓒⓕ의 주체는 형체를 확인할 수 유형물이지만
ⓔⓑ의 주체는 형체를 확인할 수 없는 무형물이다. 위 내용을 표로 정리
하면 아래와 같다.

[표 114] 중국어 '出'의 단의 분류

구체	주체(A)	부사어(C)	구문 구조	단의 후보 번호
	사람	장소	C+出+A	ⓕ
	땀, 피	몸	C+出+A	ⓒ
	농산물	장소		ⓐ
	소리, 냄새		A+出	ⓑ
▼	햇빛	-		ⓔ
추상	현상, 상태		A+出	ⓓ

위 내용을 보면 중국어 '出'은 구체 및 추상 영역에서 모두 의미 확장이
일어나고, 구체물 영역 안에 유형물 및 무형물 분야를 나눠서 단의를 제시
하고 있다. 유형물은 인간이 눈으로 그 형체를 쉽게 확인할 수 있지만 무
형물은 그렇지 못한다. 그러므로 유형물은 무형물보다 더 구체적인 존재
로 볼 수 있다. 또한 유형물 및 무형물 영역에 속한 단의들에 대하여 구체
성 및 인간과 관련된 정도를 생각하면 ⓐⓑⓒⓔⓕ의 순서가 ⓕⓒⓐⓑⓔ
가 되겠다.

(291) '出'의 단의
 ❶ (명)에서[(명)이] 人才等的顯露出來(인물 따위가 배출되다.) ← ⓕ
 ❷ [(명)에서 (명)이] 身體或者內部的眼淚, 血液等流出來.(신체 안에
   있는 눈물이나 혈액이 배출된다.) ← ⓒ
 ❸ [(명)이 (명)에서] 某个地方盛産農産品.(어디 지역에 농산물이 나
   다.) ← ⓐ
 ❹ [(명)이] 气味冒出來或者發出聲音.(소리나 냄새 따위가) 밖으로
   드러나다.) ← ⓑ
 ❺ [(명)이] 出太陽光了.(햇빛이 나다) ← ⓔ
 ❻ [(명)이] 發生某个事故或者出現某种現象(어떤 현상이나 사건이)
   일어나다. ← ⓓ

이를 토대로 중국어 '出'의 단의 분포 양상은 다음과 같이 제시할 수 있다.

[그림 66] 중국어 '出'의 단의 분포 양상

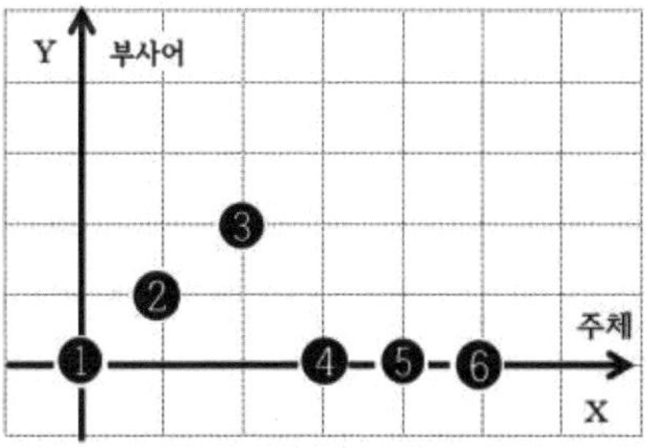

위 그림을 보면 중국어 '出'은 여섯 개 단의를 가지고 있는 것을 알 수 있다. 이 단의들 가운데 ❹❺❻번은 X축에서만 이동하기 때문에 부사어가 상정되지 않는 경우이다. 그들은 주체의 추상화 정도에 따라 단의가 달라진다. ❷❸번 단의는 주체 및 부사어의 영향을 모두 받아 X축과 Y축의 교차 영역에서 움직인다.

'出'의 각 단의 가운데 가장 중심적이고 기본적이라고 판단되는 단의를 중심으로 각각의 단의가 파생되었다고 볼 수 있을 것이다. 그리고 각 단의를 대표할 수 있는 원형의미는 출현 제약이나 의미적 환경의 영향을 되도록 적게 받는 구체적 환경에서 실현되는 것으로 결정된다. ❶번 '인물 따위가 배출되다'는 인간과 가장 밀접한 관련을 보여 되도록 제학을 적게 받고 다른 단의를 대표할 수 있는 원형의미이다. ❷번 '신체 안에 있는 눈물이나 혈액이 배출되다'는 액체와 같은 구체물의 이동을 뜻하므로 원형의미에서 확장해온 것이 가장 자연스럽다. ❸번 단의는 농산품이 나타나는 의미를 표현하기에 역시 원형의미에서 확장해온 것이 가장 자연스럽다. ❹번의 주체는 소리나 냄새 등 인간과 관련된 것들이 해당된다. 인간과의 관련정도를 생각할 때 ❹번도 원형의미에서의 확장의미로 간주할 수 있다. ❺번 '햇빛이 나다'는 자연계의 현상을 표현한다. ❻번 '어떤 현상이나 사건이 일어나다'는 추상적인 상태 변화를 의미하기에 ❹번에서 확장해온 것이 가장 자연스럽다. 위 내용을 표로 정리하면 아래와 같다.

[표 115] 중국어 '出'의 의미 확장 양상

단의	
❷ ↑ ❸←❶→❹→❻ ↓ ❺	❶ (명)에서[(명)이] 人才等的顯露出來(인물 따위가 배출되다.)
	❷ [(명)에서 (명)이] 身体或者內部的眼淚, 血液等流出來(신체 안에 있는 눈물이나 혈액이 배출된다.)
	❸ [(명)이 (명)에서] 某个地方盛産農産品.(어디 지역에 농산물이 나다.)
	❹ [(명)이] 气味冒出來或者發出聲音.(소리나 냄새 따위가) 밖으로 드러나다.)
	❺ [(명)이] 出太陽光了.(햇빛이 나다)
	❻ [(명)이] 發生某个事故或者出現某种現象(어떤 현상이나 사건이) 일어나다.

4.1.3.1.3. '나다01'과 '出'의 대조

이 절에서는 한국어 '나다01'과 중국어 '出'의 공통점과 차이점을 찾아보겠다. 단의 대응 관계에 대한 대조와 단의 분포 양상에 대조 두 측면에서 논의를 전개하고자 한다. 위에 정리된 단의를 보면 한국어 '나다01'는 17개의 단의, 중국어 '出'은 6개 단의가 있는 것을 확인할 수 있다. 중국어 '出'의 단의는 한국어 '나다01'에서 모두 찾을 수 있다. 한국어 '나다01'과 중국어 '出'의 공통점을 제시하면 다음과 같다.

(292) 가. 이마에 여드름이 나다.
　　　가'. 額頭上長了粉刺.
　　　나. 몸에서 피가 났다.
　　　나'. 身上出血了
　　　다. 이 지역에는 금이 난다.
　　　다'. 這一帶出黃金。
　　　라. 소리가 났다.

라. 出聲音了.

마. 햇빛이 났다.

마'. 出陽光了.

차이점은, 첫째, 한국어 '나다01'은 물건 따위가 어디에서 생기는 의미를 표현할 수 있는데 중국어 '出'은 이와 비슷한 의미를 표현할 수 없다.

(293) 가. 이 만년필이 어디에서 났어?

　　　가'. *這支鋼筆出哪裡出的.

　　　가''. 這支鋼筆從哪裡出來的.

위 예문을 보면 한국어 '나다01'은 물건 따위와 결합해서 그것들이 어디에 생기는 의미를 나타낼 수 있는데 중국어 '出'의 단의 가운데 이와 비슷한 단의가 없다. 대신 이러한 의미를 표현할 때 '出現'을 사용한다.

둘째, 한국어 '나다01'은 '길이나 통로' 같은 어휘와 결합하여 그것들이 나타나는 의미를 표현할 수 있는데 중국어의 '出'은 이와 비슷한 의미를 표현할 수 없고 '修'를 사용한다.

(294) 가. 학교 정문 앞에 길이 나다.

　　　가'. 學校正門前出了條路.

　　　가''. 學校正門前修了條路.

이 예문을 통해 한국어 '나다01'은 '길을 개척하다'는 의미를 가지는데 비해 중국어의 '出'은 이와 비슷한 의미를 가지지 않고, 상황에 따라 '만들다'의 의미를 나타낼 수 있는 '修'를 사용한다.

셋째, '나다01'은 시간 영역으로 의미 확장이 일어나 '시간이 있다'는 의미를 표현할 수 있는데 중국어 '出'은 이와 비슷한 의미를 가지지 않는다.

(295) 가. 시간이 조금 나다.
　　　가'. *稍微出點時間.
　　　가". 稍微有点時間.

위 예문을 통해 한국어 '나다01'은 시간 따위 결합하여 '시간이 나거나 생기다.'라는 의미를 가지는데 중국어의 '出'은 이와 비슷한 의미를 가지지 않는다. 대신 '있다'는 의미를 가진 '有'를 사용한다.

넷째, 한국어 '나다01'은 모양이 다른 것보다 두드러지게 드러나거나 좋아 보이는 의미를 가지는데 중국어 '出'은 이와 비슷한 의미를 가지지 않는다.

(296) 가. 그는 스카프를 매고 나서 한결 멋이 났다.
　　　가'. 她帶上絲巾以後看起來更出魅力了.
　　　가". 她帶上絲巾以後看起來更有魅力了.

위 예문을 보면 한국어 '나다01'은 '맵시나 모양'이 다른 것보다 좋아 보이는 의미를 가지는데 중국어의 '出'의 단의 가운데 이와 비슷한 의미를 찾을 수 없다. 대신 '매력이 있다'는 표현과 대응하는 '有魅力'을 사용한다.

다섯째, 한국어 '나다01'은 단의는 '감정이나, 생각, 기억' 따위로 확장이 되는데 비해 중국어의 '出'은 이러한 영역에서 의미 확장이 일어나지 않는다.

(297) 가. 어려운 일이지만 용기가 나다.
　　　가'. *雖然這件事很難, 但出勇气去完成。
　　　가". 雖然這件事很難, 但有勇气去完成。

위 예문을 통해 한국어 '나다01'은 '짜증이나 용기' 따위가 생기는 의미를 표현할 수 있는데 중국어의 '出'은 이와 비슷한 의미를 가지지 않는다.

대신 '용기가 있다'라는 표현과 대응되는 중국어 '有勇气'를 사용한다.

여섯째, 한국어의 '나다01'은 신체의 반응이나 사물의 속성을 드러내는 의미를 표현할 수 있는데 중국어 '出'의 단의 가운데 이와 비슷한 의미가 없다.

(298) 가. 머리에 열이 나다.
　　　가′. *頭出熱.
　　　가″. 頭發燒.

위 예문을 통해 '나다01'은 신체의 증상 변화에 관련된 의미를 표현할 수 있는데 중국어의 '出'은 이러한 의미를 가지지 않는다. 상황에 따라 '열이 나다'일 경우 관용어 '發燒'를 사용하고, '배탈이 나다'일 경우에는 '拉肚子'를 사용한다.

일곱째, 한국어 '나다01'은 '어디에 흔적이나 흠이 생겨 나타나다'는 의미를 표현할 수 있는데 중국어 '出'은 이와 비슷한 의미가 없다.

(299) 가. 무릎에 상처가 났다.
　　　가′. *膝蓋上出了傷口
　　　가″. 膝蓋上出現了傷口

위 예문을 통해 한국어 '나다01'은 흔적이나 흠이 생기는 의미를 나탈 수 있는데 중국어에서 이러한 경우 '出'을 대신 '出現'이라는 복합어를 사용한다.

여덟째, '나다01'의 주체는 추상성을 가진 '자리'까지 확장할 수 있는데 중국어의 '出'은 이러한 영역까지 의미 확장이 일어나지 않는다.

(300) 가. 가고 싶었던 회사에 자리가 나다.
　　　가′. 想去的公司出了位置.

가‴. 想去的公司有了位置.

위 예문을 보면 한국어 '나다01'은 '자리'와 결합하여 그것이 생기는 의미를 나타낼 수 있는데 중국어에서 이러한 경우 역시 '있다'라는 의미를 지닌 '有'를 사용한다.

아홉째, '나다01'은 추상적인 '기사' 따위와 결합하여 그것이 등재되는 의미를 표현할 수 있는데 중국어 '出'의 단의 중에는 이와 비슷한 의미를 찾을 수 없다.

(301) 가. 기사가 잡지에 나다.
　　　　가′. *報道刊出在雜志上.
　　　　가″. 報道刊登在雜志上.

위 예문을 통해 '나다01'의 주체는 '기사' 따위가 나타날 수 있는데 중국어 '出'은 그렇지 못하다. 중국어에서 '나다01'의 이번 의미를 표현할 때 '등재하다'의 의미를 지닌 '登載'를 사용한다.

열째, '나다01'의 주체는 나이 영역으로 확장할 수 있는데 중국어의 '出'은 그렇지 못하다.

(302) 가. 우리 큰애는 이제 겨우 세 살 났어요.
　　　　가′. *我家大女兒才出三歲.
　　　　가″. 我家大女兒才滿三歲.

위 예문을 보면 한국어의 '나다01'은 나이가 이르는 의미를 가지는데 중국어 '出'은 이와 비슷한 의미를 표현할 때 '出'을 대신하여 '滿'을 사용한다.

한국어 '나다01'와 중국어 '出'은 모두 구체 및 추상 영역에서 의미 확장이 일어나는 것은 동일하다. 그러나 '나다01'은 추상 영역에서도 의미 확장이 활발하게 일어나는 데 비해 중국어 '出'은 그렇지 못한다. 위 내용을 표로 정리하면 아래와 같다.

[표 116] 한국어 '나다01'과 중국어 '出'의 단의 대응 관계 대조

단의	나다01	出
(사람이 태어나거나 됨됨이) 뛰어나 인물로 배출되다.	①	❶
(신체나 어디 안쪽의 것이) 표면 위로 나오다.	②	❷
(어느 지역에 농산물이나) 광물이 산출되다.	③	❸
(물건 따위가) 새롭게 생기다.	④	X
(사물이 조각이나 동강이) 되어 둘 이상으로 분리되다.	⑤	X
(어디에 길이나 문 따위가) 생기다.	⑥	X
(소리나 냄새 따위가) 밖으로 드러나거나 맛이 생기다.	⑦	❹
(햇빛이) 드러나거나 나타나다.	⑧	❺
(시간이) 나거나 보내게 되다.	⑨	X
(맵시나 모양새가) 다른 것보다 두드러지게 드러나거나 좋아 보이다.	⑩	X
(나이가) 어떤 숫자에 이르다.	⑪	X
(흥미, 짜증, 용기 따위의 감정이나 생각 기억 따위가) 일어나다.	⑫	X
(신체적 방응이나 사물의 속성이) 드러나다.	⑬	X
(어디에 흔적이나 흠이) 생겨 나타나다.	⑭	X
(일자리나 취직자리 따위가) 생기거나 나타나다.	⑮	X
(내용이 신문이나 잡지에 실리게 되거나 소문 따위가) 알려지다.	⑯	X
(어떤 현상이나 사건이) 일어나다.	⑰	❻

이를 토대로 한국어 '나다01'과 중국어 '出'의 단의 분포 양상을 대조하면 아래와 같다.

[그림 67] 한국어 '나다01'과 중국어 '出'의 단의 분포 양상 대조

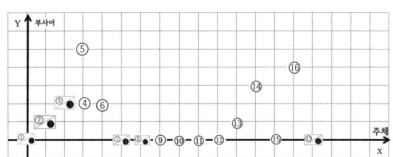

위 그림을 통해 한국어 '나다01'과 중국어 '出'의 단의 분포 양상이 차
이가 많은 것으로 확인된다. 한국어 '나다01'은 구체 영역에서 사물이 주
체로 될 때 '사물이 생기다'와 '사물이 조각으로 되어 둘 이상으로 분리되
다'는 의미를 표현할 수 있는데 중국어 '出'은 이러한 의미가 없다. 또한
'나다01'은 '길이나 문' 따위가 생기는 의미를 가지는데 중국어 '出'은 역
시 이와 대응되는 의미가 없다. 그리고 추상 영역 가운데 '나다01'은 시간,
모양새, 나이, 흥미, 신체 반응, 흔적, 일자리, 내용' 등 주체로 나타날 수
있는데 중국어 '出'은 추상 영역에서 의미 확장이 일어나지 않는다.

4.1.3.2. '들다'와 '進'

4.1.3.2.1. 들다

사람이 '밖에서 속이나 안으로 향해 가거나 오는 이동'을 표현할 때 한
국어에서 '들다'가 있다. '들다'에 대하여 「표준」에서는 24개, 「고려」에서
는 28개 의미를 제시하고 있다.

> (303) '들다'의 단의 후보(1)
>   (가) 「표준」 「1」밖에서 속이나 안으로 향해 가거나 오거나 하다. ¶

사랑에 들다/숲속에 드니 공기가 훨씬 맑았다./서희는 도솔암
에 오면 이곳에서 목욕재계하고 법당에 드는 것이 순서였다.
「고려」「4」[(명)이 (명)에/(명)으로](사람이 어떤 곳의 안으로)
움직여 들어서다. ¶ 할아버지께서는 큰방에 드셨다./산길에 드
니 벌써 공기가 다르다/밖에 서 계시지 말고 안으로 드십시오./
그녀는 안방에 들지도 않고 곧바로 부엌으로 향했다.

(나) 「표준」「2」빛, 볕 따위가 안으로 들어오다. ¶ 이 방에는 볕이
잘 든다./꽃은 해가 잘 드는 데 심어야 한다. ‖ 오후가 되면 햇
빛이 안방으로 든다.

　「고려」「8」[(명)이] (햇빛이나 햇볕, 비 따위가) 일정한 범위까
지 비추거나 미치다. ¶ 식물은 볕이 잘 드는 곳에서 잘 자란
다./햇볕이 잘 드는 방에 사는 사람이 건강하다./김 씨는 비가
들지 않도록 가마니에 비닐을 씌웠다.

(다) 「표준」「3」방이나 집 따위에 있거나 거처를 정해 머무르게 되
다. ¶ 어제 호텔에 든 손님/새집에 들다/하숙집에 든 지도 벌써
삼 년이 지났다. ‖ 어제 우리는 작은 방으로 들기로 집주인과 계
약했다./길을 가다가 밤이 너무 깊어서 근처 여관으로 들었다.

(라) 「표준」「4」길을 택하여 가거나 오다. ¶ 컴컴한 골목길에 들고
부터는 그녀의 발걸음이 빨라졌다. ‖ 이리로 쭉 가시다가 오른
쪽 길로 드시면 그 건물이 바로 보입니다.

　「고려」「24-4」[(명)이 (명)을](사람이 길을) 택하여 들어서다. ¶
길을 잘못 들어 한참을 헤맸다.

(마) 「표준」「5」수면을 취하기 위한 장소에 가거나 오다. ¶ 이불
속에 들다/그는 자리에 들어서도 책을 보았다. ‖ 자꾸 졸음이
몰려와서 잠자리로 들고 싶었지만 잘 곳이 마땅치 않았다.

(바) 「표준」「6」어떤 일에 돈, 시간, 노력, 물자 따위가 쓰이다. ¶
잔치 음식에는 품이 많이 든다./언 고기가 익는 데에는 시간이
좀 드는 법이다./개인 사업에는 돈이 많이 든다./그 일은 공이
많이 든다.

　「고려」「2」[(명)에 (명)이](어떤 일에 돈이나 시간, 노력 따위
가) 필요하게 되거나 쓰이게 되다. ¶ 그를 설득시키는 데 무척
힘이 들었다/가을걷이에 드는 일손은 최소한 열 명이다./그 일

에 비용이 좀 들더라도 그냥 진행시키세요.

(사) 「표준」「7」물감, 색깔, 물기, 소금기가 스미거나 배다. ¶ 설악
산에 단풍이 들다/음식에 간이 제대로 들다/속옷에 파란 물이
들었다.

「고려」「10」[(명)에 (명)이](물건이나 음식에 빛깔이나 맛이) 배
거나 스미다. ¶ 감을 먹다가 옷에 물이 들면 지워지지 않는다.

(아) 「표준」「8」어떤 범위나 기준, 또는 일정한 기간 안에 속하거
나 포함되다. ¶ 반에서 5등 안에 들다/예선에도 못 들다/노래
를 잘하는 축에 들다/한국어는 교착어에 든다./올해에는 윤달
이 들어 있다./다음 달에 시부모 제삿날이 들어 있다.

「고려」「5」[(명)이 (명)에](무엇이 어떤 수준이나 범위 안에) 함
께 들게 되거나 함께 넣어지다. ¶ 그녀는 공부를 잘하는 축에
든다./얼마나 득표해야 당선권에 듭니까?/그 정도 물건이면 골
동품 범주에 들 수 있다.

(자) 「표준」「9」안에 담기거나 그 일부를 이루다. ¶ 빵 속에 든 단
팥/그 글에는 이런 내용이 들어 있다./노란 봉지에 어머니의
약이 들었다./그 보고서에는 엄청난 비밀이 들어 있다.

「고려」「3」[(명)에 (명)이](어떤 곳의 안에 무엇이) 내용물이나
성분 또는 일부로서 담기거나 포함되다. ¶ 속담에는 진리가 들
어 있다./비서가 돈이 든 가방을 택시에 실수로 놓고 내렸다/
합격자 명단 속에 네 이름도 들어 있다/우리는 전통 속에 들어
있는 기본 사상들을 공부했다/엄마젖에 들어 있는 단백질은
아기의 성장과 발육에 더없이 좋다.

(차) 「표준」「10」어떤 처지에 놓이다. ¶ 학문의 경지에 든 대학자/
함정에 들다/고생길에 들었구나.

「고려」「5」[(명)이 (명)에](사람이 어떤 입장이나 처지에) 처하
게 되다. ¶ 너도 이제 고생길에 들었구나./진수는 함정에 들었
는지도 모른다.

(카) 「표준」「11」어떤 일이나 기상 현상이 일어나다. ¶ 남부 지방
에 가뭄이 들다./풍년이 들다/기상청은 올해에는 우리나라에
매서운 한파가 들 것이라고 예보했다.

「고려」「17」[(명)이](자연 현상이) 나타나거나 발생하다. ¶ 삼

남에 풍년이 들었다./장마가 들기 전에 집안 구석구석을 점검
합시다./겨울 가뭄이 들어 식수 공급에 심한 차질을 빚고 있다.

(타) 「표준」「12」((주로 '…(에) 들어, 들자' 꼴로 쓰여)) 어떠한 시
기가 되다. ¶ 4월에 들어서만 이익금이 두 배로 늘었다./올해
들어 해외여행자 수가 부쩍 늘었다.

(파) 「표준」「13」어떤 조직체에 가입하여 구성원이 되다. ¶ 노조에
들다/그는 알찬 대학 생활을 위해 사진 동호회에 들기로 했다. ‖
합창 동아리를 들다/많은 학생들이 문예반을 들기를 희망했다.
「고려」「11-1」[(명)이 (명)에](사람이 모임이나 조직에) 구성원
으로 가입하다. ¶ 준호는 대학에 들어와서 태권도부에 들었다/
나는 친구의 권유로 계모임에 들었다.

(하) 「표준」「14」적금이나 보험 따위의 거래를 시작하다. ¶ 보험에
들다/집을 장만하기 위해 주택 적금에 들었다. ‖ 자동차 보험을
들다.
「고려」「11-2」[(명)이 (명)에](사람이 적금이나 보험에) 일정한
목적을 위하여 가입하다. ¶ 보험에 들어 놓으면 마음이 놓인다
/호동이는 집을 마련하기 위해 적금에 들었다.
「고려」「24-1」[(명)이 (명)을](사람이 보험이나 적금을) 신청하
여 가입하다. ¶ 아내는 만일의 사고에 대비해 보험을 들었다/
그녀는 결혼 자금을 마련하기 위해 적금을 들었다.

(거) 「표준」「15」어떤 때, 철이 되거나 돌아오다. ¶ 밤이 들자 기온이
떨어졌다./가을이 들면서 각종 문화 행사가 많이 열리고 있다.
「고려」「21」((주로 '들어', '들자'의 꼴로 쓰여)) (어떤 시기나 철
이) 그 즈음에 이르다. ¶ 후반기 들어 그의 약진이 두드러진다.

(너) 「표준」「16」잠이 생기어 몸과 의식에 작용하다. ¶ 나는 기차
에서 잠깐 풋잠이 들었다./그는 선잠이 들었다가 이상한 소리
에 잠이 깼다./아이는 울다 지쳐 잠이 들었나 보다.
「고려」「18」[(명)이 (명)이](사람이 잠이) 이루어진 상태가 되
다. ¶ 나는 마루에서 얼핏 선잠이 들었다/만수는 새벽 3시가
되어서야 잠이 들었다.

(더) 「표준」「17」나이가 많아지다. ¶ 아이는 나이가 들수록 병치레
가 잦아졌다./그는 요즘 부쩍 나이가 많이 들어 보인다.

「고려」「16」[(명)이 (명)이](사람이 나이가) 꽤 많은 상태로 되
다. ¶ 그는 나이가 좀 들었다/나이가 들수록 병치레가 많아진
다./나이만 들었다 뿐이지 난 아직 아무것도 몰라요/그 아이는
다른 아이들보다 훨씬 나이가 들어 보였다.

(러) 「표준」「18」과일, 음식의 맛 따위가 익어서 알맞게 되다. ¶ 김
치가 맛이 들다/여름이 되자 복숭아가 맛이 알맞게 들었다.
「고려」「19」[(명)이 (명)이](음식이나 과실이 맛이) 먹기에 알맞
은 상태로 되다. ¶ 그 술은 아직 맛이 안 들었다/여름 햇살에
포도가 제법 맛이 들었다.

(머) 「표준」「19」몸에 병이나 증상이 생기다. ¶ 가축이 병이 들어
걱정이 크다./아이가 감기가 들어 요즘 병원에 다닌다.
「고려」「13」[(명)이 (명)이](사람이 병이나 증세가) 생기거나
나타나다. ¶동호는 병이 들었다/아이는 황달이 들어 얼굴이 노
랬다.

(버) 「표준」「20」의식이 회복되거나 어떤 생각이나 느낌이 일다. ¶
그는 자꾸 잡념이 들어서 괴롭다고 한다./그는 그녀가 괜한 고
집을 부리고 있다는 생각이 들었다./나는 그 사람에게 친근감
이 든다.
「고려」「1」[(명)이 (명)이](사람이 어떤 생각이나 느낌이) 생겨
나서 의식 속에 자리 잡다. ¶ 오늘 연습은 아주 잘될 것 같은
예감이 들었다/그의 이번 작품은 이전 것보다 훨씬 세련된 느
낌이 든다./낮에는 견딜 만했는데, 밤이 되니까 허기가 들어
견딜 수가 없었다.
「고려」「15」[(명)에/(명)에게 (명)이] (장소나 사람에게 정이) 생
기게 되다. ¶ 난 이 고장에 정이 들었다./그동안 준호에게 미운
정까지 들었다.
「고려」「20-1」[(명)이 (명)이] (사람이 지각이나 의식이) 생겨
나 자리 잡다. ¶ 아이가 철이 들었다./아직 뭘 몰라서 그렇지,
나이 먹고 지각이 들면 제 앞가림 정도는 할 거예요/둘째 아이
는 고등학교에 들어가서야 정신이 좀 드는지 책상 앞에 앉기
시작했다.
「고려」「20-2」[(명)이 (명)이] (사람이 정신이) 제대로 돌아오

다. ¶ 그녀는 고함소리에 퍼뜩 정신이 들었다./그는 아직도 정
신이 들지 않았는지 계속 횡설수설하고 있다.

(서) 「표준」 「21」버릇이나 습관이 몸에 배다. ¶ 그 아이는 거짓말
을 하는 나쁜 버릇이 들었다./좋은 생활 습관이 들면 자기 발
전에 도움이 된다.

　　「고려」 「14」[(명)이 (명)이](사람이 버릇이나 습관이) 몸에 배
다. ¶ 일단 습관이 들면 고치기 어렵다/철수는 입술을 깨무는
나쁜 버릇이 들었다.

(어) 「표준」 「22」아이나 새끼를 가지다. ¶ 며느리가 아이가 들어서
거동이 불편하다.

　　「고려」 「12」[(명)이 (명)이](짐승이 새끼나 알이) 뱃속에 생겨나
다. ¶ 이 지역에서는 겨울에 알이 든 명태가 많이 잡힌다.

(저) 「표준」 「23」식물의 뿌리나 열매가 속이 단단한 상태가 되다.
¶ 무가 속이 들다./벼의 알이 알차게 들었다.

　　「고려」 「23」[(명)이 (명)이](식물이 뿌리나 열매가) 살이 올라
굵어지고 속이 단단해지다. ¶ 이 무는 속이 들었다./감자가 알
이 들면 여름이 다 간다./지금쯤 고구마가 뿌리가 들었겠다.

(처) 「표준」 「24」남을 위하여 어떤 일을 하다. ¶ 아버님의 시중을
들다./아무래도 나는 어머니 편을 들 수밖에 없었다./사과 궤짝
에 엉덩이를 붙이고 앉으며 막걸리 반 되부터 청했다. 늙은 영
감이 그 심부름을 들고 있었다.

　　「고려」 「24-2」[(명)이 (명)을] (사람이 장가를) 가게 되다. ¶ 그
는 마흔 넘어 늦장가를 들었다/철수는 장가를 들더니 사람이
달라졌다.

　　「고려」 「24-3」[(명)이 (명)을] (사람이 중매를) 맡아서 하다. ¶
김 씨가 중간에 중매를 들어 혼사가 이루어졌다.

(커) 「고려」 「7」[(명)에 (명)이] (어디에 도둑이나 강도가) 침범하여
들어가다. ¶ 여의도 지점에 강도가 들었다./어젯밤에 명자네
집에 도둑이 들었다.

(터) 「고려」 「9」[(명)이 (명)에] (물건이나 사람이 마음이나 눈에) 맞
거나 차다. ¶ 백화점에 그녀의 눈에 드는 옷이 걸려 있었다.

(퍼) 「고려」 「22」[(명)이] (귀신이) 어떤 사람한테 씌다. ¶ 그는 귀

신 든 사람처럼 들판을 헤맸다.

(303)에 정리한 단의들은 두 사전에 실린 것을 종합한 것이다. 그러나 한 단의에 대하여 중복으로 기술한 경우도 있고 단어 자체의 의미를 넘어 그 설명 영역을 넘는 경우도 발견할 수 있다. 우선 종합해야 할 단의들을 살펴보겠다. '들다'의 (가)(다)(라)(마)(커)는 주체가 모두 사람이고, 부사어 위치에 나타나는 어휘의 특성을 보면 모두 어떠한 공간을 가리킨다. 그러므로 이 단의들을 별개의 단의로 보지 않고 하나의 단의로 취해야 한다. 사람이 구체적인 공간 내부로 움직이는 의미를 표현하는 데 「표준」에서는 '밖에서 속이나 안으로 향해 가거나 오거나 하다.'로 되어 있다. 「표준」의 뜻풀이를 보면 '밖'을 '속이나 안'과 같이 대응시키고 있다. 그러나 '밖에서 안', '겉에서 속'이 되어야 대응 관계를 이룰 수 있는데 표준의 뜻풀이는 문제가 있어 보인다. 또한 '들다'는 부차적 이동 동사로서 본질적 이동 동사 '가다, 오다'를 가지고 '들다'를 설명하는 것이 정확하지 않다. 사람이 구체적인 공간에 진입하는 의미에 대하여 「고려」의 뜻풀이를 보면 '사람이 어떤 곳의 안으로 움직여 들어서다.'로 되어 있다. '들다' 자체를 가지고 대상 어휘 '들다'를 성명하는 것은 정확하지 않다. 그러므로 '들다'의 이번 단의를 <사람이 밖에서 안, 겉에서 속으로 향해 움직이다>로 해석할 수 있다.

(차)는 '사람이 어떤 처지에 놓이다.'는 의미이고, (너)는 '사람이 잠이 이루어진 상태가 되다.'는 의미로 사람이 어떤 상태에 놓이게 되는 것으로도 해석이 가능하다. 따라서 (차)와 (너)는 <사람이 어떤 처지나 상태에 놓이게 되다>로 재정리할 수 있다. 또한 (처)의 단의도 누구의 편에 서 있는 의미로 사람이 그 '편'으로 구성된 추상적인 공간에 들어가는 것으로 (차)(너)와 같이 볼 수 있다.

(파)는 '사람이 어떤 조직체에 가입하여 구성원이 되다.'는 의미이고,

(하)는 '사람이 적금이나 보험에 일정한 목적을 위하여 가입하다.'는 의미
로 사람이 보험에 가입하면 그 보험회사의 구성원이 되기 때문에 (파)와
별개의 단의로 보지 않고 하나의 단의로 볼 수 있다.

(타)는 '어떠한 시기가 되다.'는 의미이고, (거)는 '어떤 때, 철이 되거나
돌아오다.'는 의미로 둘 모두 시간적인 의미를 표현하고 있이 별개의 단의
로 보지 않고 묶어서 다뤄야 한다.

(머)(버)(서)에서 (머)는 '병이나 증상이 생기다', (버)는 '생각이나 느낌이
생기다', (서)는 '버릇이나 습관이 생기다'는 의미로 주로 추상적인 '병이
나 증상, 느낌, 습관' 따위가 생기는 것으로 해석할 수 있다.

위 절차를 통해 평정한 '들다'의 의미를 아래와 같이 재정리할 수 있다.

(304) '들다'의 단의 후보(2)
  ⓐ [(명)이 (명)에] (사람이) 밖이나 안, 겉이나 속을 향해 움직이다.
    ← (가) (다) (라) (마) (커)
  ⓑ [(명)이] (빛, 볕 따위가) 일정한 범위 안으로 미치다. ← (나)
  ⓒ [(명)에 (명)이] (어떤 일에 돈이나, 노력 따위가) 쓰이다. ← (바)
  ⓓ [(명)에 (영)이] (물건이나 음식에 맛이) 배거나 알맞음 상태가
    되다. ← (사) (러)
  ⓔ [(명)이] 어떠한 시기에 이르다. ← (타) (거)
  ⓕ [(명)이 (명)에] (사람이) 어떤 처지나 생태에 놓이게 되다. ←
    (차) (너)
  ⓖ [(명)이 (명)에] (사람이) 어떤 조직체에 가입하거나 적금이나 보
    험에 일정한 목적을 위해 가입하다. ← (파) (하)
  ⓗ [(명)이 (명)에] (실력 따위가) 어떤 범위나 기준, 또는 일정한 기
    간 안에 속하거나 포함되다. ← (아)
  ⓘ [(명)에 (명)이] (어떤 곳의 안에 내용물이나 성분 또는 일부로
    서) 담기거나 포함된다. ← (자)
  ⓙ [(명)이] (자연 현상이) 나타나거나 발생하다. ← (카)
  ⓚ [(명)이 (명)이] (사람이) 나이가 많아지다. ← (더)

ⓛ [(명)이] (증상, 습관, 생각 따위가) 생기다. ← (머) (버) (서)

ⓜ [(명)이 (명)이] (사람이나 짐승이) 아이나 새끼를 가지다. ← (어)

ⓝ [(명)이 (명)이] (식물의 뿌리나 열매가) 속이 단단한 상태가 되다. ← (저)

ⓞ [(명)이 (명)에] (물건이나 사람의 특징이) 마음이나 눈에 맞거나 차다. ← (터)

ⓟ [(명)이] (귀신이) 어떤 사람한테 씌다. ← (퍼)

위에 정리한 '들다'의 16개단의 가운데 서술어의 의미를 실현하는 데 'A가 들다', 'A가 C에 들다', 'A가 C이 들다' 등 격틀 정보를 가지고 있는 것을 아래 예문을 통해 알 수 있다.

(305) 가. 남부 지방에 가뭄이 들다.
나. 할아버지께서 큰 방에 드셨다.
다. 옷에 물이 들었다.

위 예문을 통해 (가)는 '들다'가 어떤 자연 현상이 일어나는 의미를 표현할 때 주체만 있으면 되고, (나)일 경우는 사람이 어떤 공간 안으로 향해 움직이는 의미를 표현할 때 주체 및 부사어를 모두 요구한다. (다)는 옷 따위에 색깔이 배는 의미로 주체 및 색깔이 드는 장소 정보를 요구한다.

위에 정리된 '들다'의 16개단의 가운데 주체 자리에 ⓐ는 '사람', ⓑ는 '빛이나 볕', ⓒ는 '노력', ⓓ는 '맛', ⓔ는 '시간', ⓕ는 '사람', ⓖ는 '사람', ⓗ는 '실력', ⓘ는 '물건', ⓙ는 '자연 현상', ⓚ는 '사람', ⓛ는 '증상, 습관, 철', ⓜ는 '사람이나 동물', ⓝ는 '뿌리나 열매', ⓞ는 '특징', ⓟ는 '귀신'이 해당된다. ⓐⓑⓓⓕⓖⓘⓚⓜⓝ의 주체가 구체성을 가지지만, ⓒⓔⓗⓘⓛⓞⓟ의 주체가 추상성을 가진다. 또한 구체 영역 가운데 ⓐ ⓕⓖⓘⓚⓜ의 주체는 형체를 확인할 수 있는 유형물이지만 ⓑⓓ의 주체는 형체를 확인할 수 없는 무형물이다.

한편 추상 영역 가운데 ⓒⓒⓗⓛ의 주체는 인간과 긴밀한 관련을 갖고 있어 인간 유관 영역에 속하지만 ⓞⓘⓟ의 주체는 인간과 밀접한 관련이 있지 않아 추상 영역에 속한다. 위 내용을 표로 정리하면 아래와 같다.

[표 117] 한국어 '들다'의 단의 분류

구체 ↓ 추상	주체(A)	부사어(C)	구문 구조	단의 후보 번호
	사람	장소	A가 C에 들다	ⓐ
		조직, 기관		ⓖ
		처지		ⓕ
		나이	A가 C이 들다	ⓚ
	아이, 새끼	–	A가 들다	ⓜ
	뿌리	속	A가 C이 들다	ⓝ
	팥			ⓘ
	맛	음식	A가 C에 들다	ⓓ
	빛, 볕	장소		ⓑ
	시간	–	A가 들다	ⓔ
	노력	일	A가 C에 들다	ⓒ
	증상, 습관	–	A가 들다	ⓛ
	실력	범위, 기준	A가 C에 들다	ⓗ
	특징	마음, 눈		ⓞ
	자연 현상	–	A가 들다	ⓙ
	귀신			ⓟ

위에 정리된 '들다'의 단의 실현 환경을 보면 '들다'가 의미 실현이 구체 및 추상 영역에서 모두 일어난 것을 확인할 수 있다. 의미는 구체적인 것에서 일반적인 것으로 확장하는 일반적인 원리에 따라 ⓒⓔⓗⓘⓛⓞ ⓟ는 ⓐⓑⓓⓕⓖⓘⓚⓜⓝ에서 파생된 것으로 볼 수 있다. 또한 구체물의 확장에서 유형물 및 무형물 주체를 나눠 각각에 대한 의미 확장이 일어

난다. 유형물은 인간이 눈을 통해 그 형체를 확인할 수 있는 데 비해 무형 물은 형체를 확인할 수 없기 때문에 유형물 보다 더 추상적인 존재로 인식 한다. 즉 ⓑⓓ는 ⓐⓕⓖⓘⓜⓝ에서 확장된 의미로 간주할 수 있다. 유 형물 영역 안에 인간과 관련된 의미가 비인간적 의미보다 더 구체적인 의 미를 보아 ⓝⓘ는 ⓐⓕⓖⓚⓜ에서 파생된다. ⓐⓕⓖⓚⓜ에 대하여 주 체가 모두 '사람'이 나타나므로 그것들의 의미를 판별하는 데 부사어의 도 움이 필요하다. ⓐⓕⓖⓚⓜ 사이에 ⓐ번 단의는 주체 및 부사어 자리에 모두 구체성을 가진 어휘가 나타나 '구체물의 물리적 이동'으로 판단되므 로 다른 단의들보다 더 구체적인 의미를 표현한다. 한편 ⓕⓖⓚⓜ가 표현 하는 의미의 구체성 정도에 따라 다시 배열하면 ⓖⓕⓚⓜ이 되겠다. 무형 물 영역 가운데 ⓓ의 주체 '맛'이고, ⓑ의 주체는 '빛이나 볕' 따위이다. '맛'은 인간과 더 긴밀한 관련이 있으므로 ⓓ에서 ⓑ가 파생된다고 볼 수 있다.

　이어서 추상 영역에 속한 단의들의 추상화 정도를 살펴보겠다. 이 영역 에 속한 단의는 ⓒⓔⓗⓘⓛⓞⓟ이 있다. ⓔ는 시간적인 의미를 표현하 기 때문에 다른 단의보다 먼저 파생된다고 말할 수 있다. ⓒⓗⓛ의 주체 는 각각 '노력, 실력, 증상이나 습관' 따위가 모두 인간과 긴밀한 관련이 있지만, ⓞⓘⓟ의 주체 '특징, 자연 현상, 귀신'이 그다지 인간과 밀접한 관련이 보이지 않는다. 결국 인간적인 것에서 비인간적인 것으로 의미 확 장이 일어나는 일반적인 원리에 따라 ⓞⓘⓟ번 단의는 ⓒⓗⓛ에서 파생 된다고 볼 수 있다. ⓒⓗⓛ 사이에 '증상이나 습관'은 사람의 외재적인 무 엇을 통해 쉽게 확인할 수 있는데 '노력'이나 '실력' 따위를 눈으로 확인하 기 어렵다. 그러므로 '노력'과 '실력'은 '증상' 따위 보다 더 추상적이다. 또한 '노력' 및 '실력'은 실력을 어떤 기준으로 평가할 수 있지만 '노력'을 평가하기 어렵다. 그러므로 본고에서 '노력'은 '실력'보다 더 추상적인 의 미로 본다. 마지막으로 ⓘⓞⓟ 가운데 주체의 추상화 정도에 따라 순서가

ⓞⓘⓟ가 되겠다.

위와 같은 절차를 걸쳐 '들다'의 단의를 다음과 같이 재정리할 수 있다.

(306) '들다'의 단의

① [(명)이 (명)에] (사람이) 밖이나 안, 겉이나 속을 향해 움직이다.
   ← ⓐ

② [(명)이 (명)에] (사람이) 어떤 조직체에 가입하거나 적금이나 보
   험에 일정한 목적을 위해 가입하다. ← ⓖ

③ [(명)이 (명)에] (사람이) 어떤 처지나 생태에 놓이게 되다. ← ⓕ

④ [(명)이 (명)이] (사람이) 나이가 많아지다. ← ⓚ

⑤ [(명)이 (명)이] (사람이나 짐승이) 아이나 새끼를 가지다. ← ⓜ

⑥ [(명)이 (명)이] (식물의 뿌리나 열매가) 속이 단단한 상태가 되
   다. ← ⓝ

⑦ [(명)에 (명)이] (어떤 곳의 안에 내용물이나 성분 또는 일부로
   서) 담기거나 포함된다. ← ⓘ

⑧ [(명)에 (영)이] (물건이나 음식에 맛이) 배거나 알맞음 상태가
   되다. ← ⓓ

⑨ [(명)이] (빛, 별 따위가) 일정한 범위 안으로 미치다. ← ⓑ

⑩ [(명)이] 어떠한 시기에 이르다. ← ⓔ

⑪ [(명)이] (증상, 습관, 생각 따위가) 생기다. ← ⓛ

⑫ [(명)에 (명)이] (어떤 일에 돈이나, 노력 따위가) 쓰이다. ← ⓒ

⑬ [(명)이 (명)에] (실력 따위가) 어떤 범위나 기준, 또는 일정한 기
   간 안에 속하거나 포함되다. ← ⓗ

⑭ [(명)이 (명)에] (물건이나 사람의 특징이) 마음이나 눈에 맞거나
   차다. ← ⓞ

⑮ [(명)이] (자연 현상이) 나타나거나 발생하다. ← ⓙ

⑯ [(명)이] (귀신이) 어떤 사람한테 씌다. ← ⓟ

이를 토대로 한국어 '들다'의 단의 분포 양상을 다음과 같이 그릴 수
있다.

[그림 68] 한국어 '들다'의 단의 분포 양상

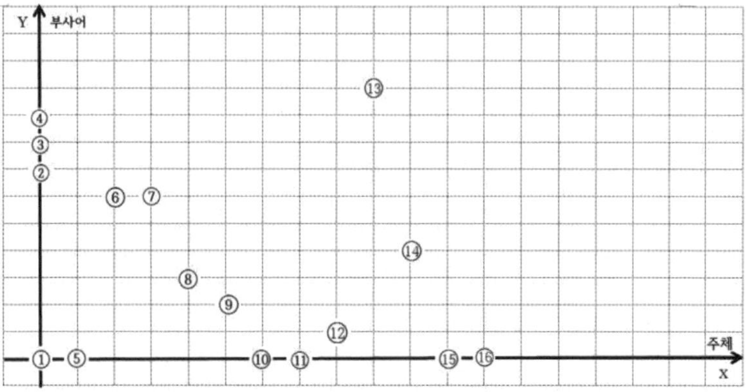

위에 제시한 한국어 '들다'의 단의 분포 양상을 보면 '들다'에 가진 16
개 단의 가운데 의미 변화에 있어서 주체의 영향만 받는 경우도 있고, 주
체 및 부사어의 영향을 모두 받는 경우도 있는 것을 확인할 수 있다. 즉,
②③④번 단의는 Y축에서만 이동하기 때문에 주체가 같은 경우를 의미하
며 부사어가 추상화됨으로서 의미가 달라진다. ⑤⑩⑪⑮⑯번 단의는 X
축에서만 이동하기 때문에 부사어가 상정되지 않는 경우를 뜻하며 주체의
구체성 및 추상성 정도에 따라 의미가 달라진다. 또한 ⑥⑦⑧⑨⑫⑬⑭번
단의는 X축과 Y축으로 형성된 영역 안에서 이동하기 때문에 의미 변화에
있어서 주체 및 부사어의 영향을 모두 받아 그것들의 구체성 및 추상성 정
도에 따라 의미가 달라진다.

'들다'의 각 단의 가운데 가장 중심적이고 기본적이라고 판단되는 단의
를 중심으로 각각의 단의가 파생되었다고 볼 수 있을 것이다. 그리고 각
단의를 대표할 수 있는 원형의미는 출현 제약이나 의미적 환경의 영향을
되도록 적게 받는 구체적 환경에서 실현되는 것으로 결정된다. ①번 '사람
이 밖이나 안, 겉이나 속을 향해 움직이다'는 다른 의미를 대표할 수 있는
원형의미이다. ②번 '사람이 어떤 조직체에 가입하거나 적금이나 보험에

일정한 목적을 위해 가입하다'는 사람이 추상적인 공간에 가입에 그것의 일원이 되는 것을 의미한다. 이것은 ①번에서의 은유적인 확장이다. ③번 '사람이 어떤 처지나 생태에 놓이게 되다'는 주체 사람이 추상적인 환경에 놓이게 되는 것으로 ②번 단의와 비슷하다. ④번 나이가 많아지는 것은 시간적인 개념과 관련이 많이 원형의미에서 확장해온 것이 가장 자연스럽 다. ⑩번 '어떠한 시기에 이르다'도 시간적인 의미를 표현하고 있어 ④번 에서 확장해온 것으로 간주할 수 있다. ⑤번과 ⑥번은 각각 아이나 새끼 가 생기는 의미와 식물의 뿌리나 열매가 단단한 상태가 되는 의미를 표현 하므로 다른 단의와 관련이 긴밀하지 않아 원형의미에서 확장해온 것이 가장 자연스럽다. ⑨번 '빛, 볕 따위가 일정한 범위 안으로 미치다'는 자연 현상을 의미하므로 원형의미에서 확장된다. ⑮번 '자연 현상이 나타나거 나 발생하다'도 자연 현상의 변화 상태를 나타내 ⑨번과 비슷하다. ⑬번 '실력 따위가 어떤 범위나 기준, 또는 일정한 기간 안에 속하거나 포함되 다'는 추상적인 실력 따위가 어떠한 추상적인 공간에 포함되는 의미로 ② 번과 비슷하다. 따라서 ⑬번은 ②번에서 확장해온 것이 가장 자연스럽다. ⑦번도 포함되는 의미를 표현하고 있어 ②번에서의 확장의미이다. ⑧번 '물건이나 음식에 맛이 배거나 알맞음 상태가 되다'는 맛이 생기는 의미를 표현하므로 ⑤번에서 확장해온 것으로 본다. ⑪번 '증상, 습관, 생각 따위 가 생기다', ⑫번 '어떤 일에 돈이나, 노력 따위가 쓰이다', ⑭번 '물건이나 사람의 특징이 마음이나 눈에 맞거나 차다'는 각각 증상이나 습관이 생김, 노력을 통한 무슨 성공적인 개념이 생김, 마음이 든 감정이 생기는 의미를 표현한다. 무엇이 생기는 개념을 생각할 때 이것들은 모두 ⑪번에서 확장 해온 것이 가장 자연스럽다. 주체의 추상 정도를 고려할 때 이것들의 확장 순서는 ⑪번에서 ⑫번, ⑭번으로 확장된다. ⑯번 '귀신이 어떤 사람한테 씌다'는 ⑭번에서 확장된 것으로 본다.

　이상 내용을 표로 정리하면 아래와 같다.

[표 118] 한국어 '들다'의 의미 확장 양상

	단의
⑩ ↑ ④　⑦ ↑　↑ ⑥←①→②→③ ↙↓　↓ ⑨　⑤　⑬ ↓　↓ ⑮　⑧ ↓ ⑪ ↓ ⑫ ↓ ⑭ ↓ ⑯	① [(명)이 (명)에] (사람이) 밖이나 안, 겉이나 속을 향해 움직이다. ② [(명)이 (명)에] (사람이) 어떤 조직체에 가입하거나 적금이나 보험에 일정한 목적을 위해 가입하다. ③ [(명)이 (명)에] (사람이) 어떤 처지나 생태에 놓이게 되다. ④ [(명)이 (명)이] (사람이) 나이가 많아지다. ⑤ [(명)이 (명)이] (사람이나 짐승이) 아이나 새끼를 가지다. ⑥ [(명)이 (명)이] (식물의 뿌리나 열매가) 속이 단단한 상태가 되다. ⑦ [(명)에 (명)이] (어떤 곳의 안에 내용물이나 성분 또는 일부로서) 담기거나 포함된다. ⑧ [(명)에 (영)이] (물건이나 음식에 맛이) 배거나 알맞음 상태가 되다. ⑨ [(명)이] (빛, 볕 따위가) 일정한 범위 안으로 미치다. ⑩ [(명)이] 어떠한 시기에 이르다. ⑪ [(명)이] (증상, 습관, 생각 따위가) 생기다. ⑫ [(명)에 (명)이] (어떤 일에 돈이나, 노력 따위가) 쓰이다. ⑬ [(명)이 (명)에] (실력 따위가) 어떤 범위나 기준, 또는 일정한 기간 안에 속하거나 포함되다. ⑭ [(명)이 (명)에] (물건이나 사람의 특징이) 마음이나 눈에 맞거나 차다. ⑮ [(명)이] (자연 현상이) 나타나거나 발생하다. ⑯ [(명)이] (귀신이) 어떤 사람한테 씌다.

4.1.3.2.2. 進

중국어 '進'은 안팎에 따른 부차적 주체 이동 동사로서 '사람이 밖에 있는 공간에서 안으로 이동하다'는 의미를 가지고 있다. 이에 대하여 「現代」에서는 단지 2개, 「新華」에서는 5개를 제시하고 있다.

(307) '進'의 단의 후보(1)

　　(가) 「現代」「1」從外面的到裡面(밖에서 안으로 이동) ¶ 進入(들어가다)/進屋(방에 들다)/進敎室(교실에 들다)/進工廠當學徒(제자로 공장에 들다)

　　　　「新華」「1」向前向上移動, 跟'退'相對(앞으로나 위로 이동, '퇴'

와 대립함) ¶ 前進(전진)/進軍(진군하다)/進一步提高産品質量(제
품 품질을 향상시키다)

「新華」「2」人往裡面去(사람이 안으로 들다) ¶ 進工廠(공장에
들다)/進學校(학교에 들다)

(나) 「現代」「2」陽光等射入某個空間.(빛, 별 따위가 일정한 공간 안
으로 들어오다.) ¶ 到了下午, 陽光就會進入房間裡.(오후가 되면
햇빛이 안방으로 든다.)

(다) 「新華」「3」人出入睡眠的場所(사람이 수면을 취한 장소에 가거
나 오다.) ¶ 夜深了,姐姐進被窩了.(밤이 깊어져 언니가 이불 속
에 들었다.)

(라) 「新華」「4」人達到某個程度或者進入某個範圍.(사람이 어떤 정
도나 수준에 달다) ¶ 他進班級前五名了.(그는 반에서 5등에
들었다.)

(마) 「新華」「5」某處發生或者出現某種自然現象.(자연 현상이 어떤
곳에 나타나거나 발생하다.) ¶ 進梅雨季節之前, 要仔細檢查房
屋.(장마가 들기 전에 집안 구석구석을 점검합시다.)

(307)에 정리한 단의들은 두 사전에 실린 것을 종합한 것이다. 위에 정
리된 의미를 보면 「現代」에서는 '주체가 어떤 목적을 위해 구체적인 장소
에 들어가다'의 의미만 기술하고 있는데 비해 「新華」에서는 '進'의 의미를
더 상세하게 제시하고 있다. 그리고 두 사전에서 기술된 의미 외에도 실제
적으로 사람들이 두루 쓰이는 의미들도 있다. 예를 들어 '사람이 어떠한
처지에 처하게 되다'의 의미도 '進'의 단의에 포함되어야 한다. 이상의 내
용을 정리하면 '進'의 의미를 다음과 같이 정리할 수 있다.

(308) '進'의 단의 후보(2)

ⓐ [(명)이 (명)에]人從外面的空間向裡面移動((사람이) 밖이나 안, 겉
이나 속을 향해 움직이다.)

ⓑ [(명)이 (명)에]人處於某種境地(사람이 어떤 처지나 생태에 높이
게 되다.)

ⓒ [(명)이 (명)에]人加入某個組織成爲其會員(사람이 모임이나 조직
에 구성원으로 가입하다.)

ⓓ [(명)이 (명)에]陽光等射入某個空間.(빛, 별 따위가) 일정한 범위
안으로 미치다.)

ⓔ [(명)이 (명)에]人的實力達到某個程度或者進入某個範圍.(실력 따
위가) 어떤 범위나 기준, 또는 일정한 기간 안에 속하거나 포함
되다.)

ⓕ [(명)이]自然現象發生或者出現在某處.(자연 현상이 어떤 곳에 나
타나거나 발생하다.)

ⓖ [(명)이]時間進入某個時期.(어떠한 시기에 이르다.)

'進'의 의미는 일곱 가지로 정리되었다. 이 의미들 가운데 'A+進'과 'A+
進+C'의 격틀 정보를 가지고 있는 것을 아래 예문을 통해 확인할 수 있다.

(309) 가. 爺爺進了大房間.(할아버지께서는 큰방에 드셨다.)
나. 許多學生希望進文學藝術班.(많은 학생들이 문예반을 들기를 희
망했다.)
다. 進五月了.(5월에 들었다.)

위 예문 (가)에서 '進'은 '들어가다'의 의미를 표시하여 이동하는 주체와
이동이 향하는 장소가 모두 필요하다. 가령 장소에 해당하는 '大房間(큰
방)'을 삭제시키면 문장이 '*爺爺進'이 비문이 된다. (나)도 마찬가지로 '進'
은 '가입하다'의 의미를 표시할 때 주체와 가입하는 조직이 모두 필요하
다. (다)는 서술의 의미를 표현하는 데 주체만 있으면 된다.

'進'의 의미 사이에 주체 자리에 ⓐ는 '사람', ⓑ는 '사람', ⓒ는 '사람',
ⓓ는 '빛이나 별', ⓔ는 '실력', ⓕ는 '자연 현상', ⓖ는 '시간'이다. ⓐⓑ
ⓒⓓ번의 주체는 구체성을 가지고 있지만, ⓔⓕⓖ번의 주체는 추상성을
가지고 있다. 또한 구체 영역 안에 ⓐⓑⓒ의 주체는 모두 '사람'이고 그

형체를 확인할 수 있는 데 비해 ⓓ의 주체 '빛이나 볕'은 형체를 확인할 수 없기 때문에 무형물 영역에 속한다.

한편 추상 영역의 의미 확장에서 시간 영역에 속한 단의들이 먼저 나오고, 그 다음에 인간 유관 영역, 마지막으로 인간 무관 영역에 속한 단의들이 나온다.

위에 정리된 내용에 따라 중국어 '進'의 단의 실현 환경을 다음과 같이 정리할 수 있다.

[표 119] 중국어 '進'의 단의 분류

구체	주체(A)	부사어(C)	구문 구조	단의 후보 번호
	사람	장소	A+進+C	ⓐ
		조직, 기관		ⓑ
		처지		ⓒ
	빛, 볕	장소		ⓓ
	시간	-	A+進	ⓖ
	실력	범위, 기준	A+進+C	ⓔ
추상	자연 현상	-	A+進	ⓕ

위에 정리된 '進'의 단의 실현 환경을 보면 '進'이 구체 및 추상 영역에서 모두 의미 확장이 일어나는 것을 확인할 수 있다. 의미는 구체적인 것에서 일반적인 것으로 확장하는 일반적인 원리에 따라 ⓐⓑⓒⓓ에서 ⓔⓕⓖ 번 단의가 파생된다고 볼 수 있을 것이다. 또한 구체물의 확장에서 유형물 및 무형물 주체를 나눠 각각에 대한 의미 확장이 일어난다. 유형물은 인간이 눈을 통해 그 형체를 확인할 수 있는 데 비해 무형물은 형체를 확인할 수 없기 때문에 유형물보다 더 추상적인 존재로 인식한다. 즉 ⓓ는 ⓐⓑ ⓒ에서 확장된 의미로 간주할 수 있다. 유형물 영역 안에 인간과 관련된 의미가 비인간적 의미보다 더 구체적인 의미를 보아 ⓔ에서 ⓕ가 파생된

다. 위 내용에 따라 중국어 '進'의 단의를 아래와 같이 재정리할 수 있다.

(310) 중국어 '進'의 단의

❶ [(명)이 (명)에]人從外面的空間向裡面移動((사람이) 밖이나 안, 겉이나 속을 향해 움직이다. ← ⓐ

❷ [(명)이 (명)에]人處於某種境地.(사람이 어떤 처지나 생태에 높이게 되다.) ← ⓑ

❸ [(명)이 (명)에]人加入某個組織成爲其會員.(사람이 모임이나 조직에 구성원으로 가입하다.) ← ⓒ

❹ [(명)이 (명)에]陽光等射入某個空間.(빛, 볕 따위가) 일정한 범위 안으로 미치다.) ← ⓓ

❺ [(명)이時間進入某個時期.(어떠한 시기에 이르다.) ← ⓖ

❻ [(명)이 (명)에]人的實力達到某個程度或者進入某個範圍.(실력 따위가) 어떤 범위나 기준, 또는 일정한 기간 안에 속하거나 포함되다.) ← ⓔ

❼ [(명)이]自然現象發生或者出現在某處.(자연 현상이 어떤 곳에 나타나거나 발생하다.) ← ⓕ

이를 토대로 중국어 '進'의 단의 분포 양상을 다음과 같이 그릴 수 있다.

[그림 69] 중국어 '進의 단의 분포 양상

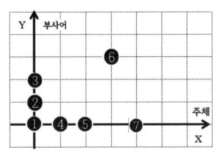

위에 정리된 '進'의 단의 분포 양상을 보면 '進'이 가진 일곱 개 단의 가

운데 의미 변화에 있어서 영향을 끼치는 요소가 주체 및 부사어가 있는 것을 확인할 수 있다. 즉 ❷❸번은 Y축에서만 이동하기 때문에 주체가 같은 경우이며 부사어의 추상화됨으로서 의미가 달라진다. ❹❺❼번 단의는 X축에서만 이동하고 부사어가 상정되지 않을 경우이고 주체의 추상화 정도에 따라 의미가 달라진다. 또한 ❻번 단의는 주체 및 부사어의 영향을 모두 받아 그것들의 구체성 및 추상성 정도에 따라 의미가 달라진다.

중국어 '進'의 단의 가운데 가장 중심적이고 기본적이라고 판단되는 단의를 중심으로 각각의 단의가 파생되었다고 볼 수 있을 것이다. '進'의 단의 가운데 대표가 되는 원형의미는 출현 제약이나 의미적 환경의 영향을 되도록 적게 받는 구체적 환경에서 실현되는 것으로 결정된다. 그러므로 위에서 제시된 단의 가운데에서 가장 기본적인 것은 ❶번에서 찾을 수 있다. 따라서 '進'의 ❶번 의미는 다른 단의를 대표될 수 있는 원형의미로 간주된다. 구체적인 물리적 이동에서 구체물의 추상적인 이동으로 의미 확장이 일어나 ❷번이 ❶번에서 확장되고, ❸번이 ❷번에서 확장된다. ❻번은 시력이 어떠한 범위 안에 놓이게 되는 것은 ❸번 단의와 비슷하다. ❹번 '빛, 볕'과 같은 자연 현상이 하늘로 구성된 공간에 진입하는 의미를 표현한다. 이것은 원형 의미에서 도출된 구체물이 일정한 공간에 진입하는 의미에서 파생된다고 볼 수 있다. ❼번 '자연 현상이 어떤 곳에 나타나거나 발생하다'는 자연 현상이 어떠한 구체적인 공간에 진입하는 것이 자연 현상을 표현하는 데 ❹번과 유사하다. 따라서 ❼번은 ❹번에서 확장해온 것이 가장 자연스럽다. 의미가 공간적인 의미에서 시간적인 의미, 시간적인 의미에서 추상적인 의미로 확장되는 것을 고려할 때 ❺번은 원형의미와 비슷해 원형의미에서의 은유적인 확장이다. 위 내용을 표로 정리하면 아래와 같다.

이상 내용을 표로 정리하면 아래와 같다.

[표 120] 중국어 '進'의 의미 확장 양상

단의
❶ [(명)이 (명)에]人從外面的空間向裡面移動(사람이) 밖이나 안, 겉이나 속을 향해 움직이다.
❷ [(명)이 (명)에]人處於某種境地(사람이 어떤 처지나 생태에 높이게 되다.)
❸ [(명)이 (명)에]人加入某個組織成爲其會員(사람이 모임이나 조직에 구성원으로 가입하다.)
❹ [(명)이 (명)에]陽光等射入某個空間.(빛, 볕 따위가) 일정한 범위 안으로 미치다.)
❺ [(명)이]時間進入某個時期.(어떠한 시기에 이르다.)
❻ [(명)이 (명)에]人的實力達到某個程度或者進入某個範圍.(실력 따위가) 어떤 범위나 기준, 또는 일정한 기간 안에 속하거나 포함되다.)
❼ [(명)이]自然現象發生或者出現在某處.(자연 현상이 어떤 곳에 나타나거나 발생하다.)

여기서 왼쪽 그림:
❻
↑
❸
↑
❷
↑
❶→❹→❼
↓
❺

4.1.3.2.3. '들다'와 '進'의 대조

이 부분에서는 안팎 주체 이동 동사 '들다'와 '進'의 공통점과 차이점을 검토한다. 단의 대응 관계에 대한 대조와 단의 분포 양상에 대한 대조 등 두 가지 측면에서 논의를 전개하고자 한다.

위에서 제시된 '들다'와 '進'을 살펴보면 '進'에 나타난 단의는 '들다'의 단의에서 모두 찾을 수 있다. 즉, '들다'와 '進'은 일곱 개의 단의가 대응관계를 이루고 나머지 단의들이 대응되지 않는다고 할 수 있다. 대조 결과를 아래 예문을 통해 확인하고자 한다.

한국어 '들다'와 중국어 '進아'은 '사람의 공간 진입, 사람의 처지나 상황에 처함, 햇빛의 공간 진입' 등 의미를 표현하는 데 일치한다.

다음으로 '들다'와 '進'의 차이점을 살펴보겠다. 첫째, 주체가 사람일 경우, '사람이 길을 택하여 가거나 오다'의 의미를 표현하는데 한국어에서 '들다'를 사용할 수 있는데 중국어에서 '進'을 사용할 수 없다.

(311) 가. 이 길로 들면 조금 빨리 갈 수 있을 거야.

　　가´. *進這條路的話, 我們會走的快一點.

　　가″. 選擇這條路的話, 我們會走的快一點 .

　　나. 이리로 쭉 가시다가 오른쪽 길로 드시면 그 건물이 바로 보입니다.

　　나´. *順著這條路走一段距離然後進右側道路的話馬上就能看到那座建築了.

　　나″. 順著這條路走一段距離然後進入右側道路的話馬上就能看到那座建築了.

위와 같은 경우 '進'을 사용할 수 없고, '들다'와 대응하지 못한다고 할 수 있다. 주체가 어떤 길을 선택하다는 의미를 나타낼 때 중국어에서 상황에 따라 '選擇'과 '進入'이 선택적으로 나타난다.

둘째, 주체가 적금이나 보험에 가입하다는 의미를 표현할 때 한국어에서 '들다'를 사용할 수 있는데 중국어에서는 '進'을 사용할 수 없다.

(312) 가. 우리 부부는 노후 생활을 준비하기 위해 적금을 들기로 했다.

　　가´. *我們夫婦爲了老年生活安逸決定開始進錢了.

　　가″. 我們夫婦爲了老年生活安逸決定開始存錢了.

　　나. 아버지가 자동차 보험을 들었다.

　　나´. *爸爸給汽車進了保險.

　　나″. 爸爸給汽車加了保險.

예문 (가-나″)를 통해 한국어 '들다'는 '저금하다'와 '보험에 가입하다'의 의미로 쓸 수 있는데, 중국어 '進'은 이러한 영역으로 의미 확장이 일어나지 않는다. 대신 '저금하다'는 의미를 표현할 때 '存錢'를 선택하고, '보험에 가입하다'는 의미를 표현할 때 '進'이 아닌 '加나 加入'만 사용할 수 있다.

셋째, 한국어 '들다'는 '남을 위해 무슨 일을 하다'는 의미를 가지는데 중국어 '進'은 이와 대응하는 의미가 없다.

> (313) 가. 아무래도 나는 어머니 편을 들 수밖에 없었다.
> 　　가'. *無論如何, 我不得不進在媽媽這邊.
> 　　가". 無論如何, 我不得不站在媽媽這邊.
> 　　나. 아저씨가 제 자식 중매 좀 드세요.
> 　　나'. *叔叔給我的孩子進對象吧.
> 　　나". 叔叔給我的孩子介紹對象吧.

예문 (가)는 주체가 어머님의 입장을 지지하다는 의미로, 즉 어머니를 위해 그의 편을 들어주는 것이고, (나)는 주체 아저씨가 아이를 위해 그들에게 남자나 여자를 소개해 주는 의미이다. 그러나 중국어 '進'은 이러한 의미를 가지지 않고 대신 상황에 따라 (가) 예문일 경우 '站'를 선택하고 (나) 예문일 경우 '介紹'를 사용한다.

넷째, '들다'가 '아이나 새끼'와 결합할 때 '아이나 새끼가 생기다'는 의미를 가지는데 '進'의 단의들 가운데 이와 비슷한 의미가 없다.

> (314) 가. 며느리가 아이가 들어서 거동이 불편하다.
> 　　가'. *媳婦進了孩子, 走路不方便.
> 　　가". 媳婦懷孕了, 走路不方便.
> 　　나. 새끼가 든 소
> 　　나'. *進了小牛的母牛.
> 　　나". 懷了小牛的母牛.

위 예문을 통해 '들다'가 임신하다는 의미를 표현할 수 있는데 비해 '進'은 이와 비슷한 의미가 없다. 대신 중국어에서는 '임신하다'와 대응할 수 있는 '懷孕(임신)'을 사용한다.

다섯째, '들다'가 뿌리나 열매 따위가 성숙하지 않은 상태에서 성숙한

상태로 변한다는 의미를 가지는데 '進'의 단의들 중에는 이와 비슷한 의미
가 없다.

    (315) 가. 배추가 속이 덜 들었다.

        가'. *白菜的裡面還沒有進.

        가''. 白菜的裡面還沒有成熟.

        나. 여름이 되자 복숭아가 맛이 알맞게 들었다.

        나'. *到了夏天桃子進的恰到好處.

        나''. 到了夏天桃子熟的恰到好處.

위와 같은 상황에서 '들다'는 '생물의 발육이 완전히 이루어지다'는 의
미를 나타낼 수 있는데 '進'은 이러한 영역으로 의미 확장이 일어나지 않
고 대신 '성숙하다'는 의미를 표현할 때 한국어와 비슷한 '成熟'을 선택하
였다.

여섯째, 한국어 '들다'는 '물감, 색깔, 물기 따위가 스미거나 배다'는 의
미를 가지는데 '進'은 이와 비슷한 의미가 없다.

    (316) 가. 딸기를 먹다가 옷에 물이 들면 지워지지 않는다.

        가'. *吃草莓如果草莓汁進在衣服上的話是洗不掉的.

        가''. 吃草莓如果草莓汁染在衣服上的話是洗不掉的.

        나. 속옷에 파란 물이 들었다.

        나'. *內衣進上了藍色.

        나''. 內衣染上了藍色.

위 예문을 통해 '들다'가 '스며들거나 스며 나오다'는 이동을 표현할 수
있다. 그러나 '進'은 무엇인가 확산된다는 의미를 가지지 않아 대신 이러
한 의미를 표시하려면 '물들이나 염색하다'는 의미를 가진 '染'을 사용해
야 한다.

일곱째, 한국어 '들다'가 사물의 상태 변화를 완전하게 변화시키는 결과를 표현할 수 있는데 중국어 '進'의 단의 중에는 이러한 의미가 없다.

> (317) 가. 김치가 맛이 들었다.
> 　　가'. *泡菜進味了.
> 　　가". 泡菜入味了.
> 　　나. 국에 간이 잘 들었다.
> 　　나'. *湯的味道進了.
> 　　나". 湯的味道恰到好處.

위와 같은 상황에서 '들다'는 '음식의 맛 따위가 익어서 알맞게 되다'의 뜻으로 해석된다. 중국어에서는 이러한 의미를 표현할 때 상황에 따라 '入味'와 맛의 알맞은 상태를 의미하는 관용어 '恰到好處'를 선택한다.

여덟째, '들다'는 '안에 담기거나 그 일부를 이루다'는 의미를 표현할 수 있는데 '進'은 이와 대응관계를 이룰 수 있는 단의가 없다.

> (318) 가. 빵 속에 든 단팥.
> 　　가'. *饅頭里面進着甛豆.
> 　　가". 饅頭里面包着甛豆.
> 　　나. 이 글에는 이런 내용이 들어 있다.
> 　　나'. *這篇文章中進這些內容.
> 　　나". 這篇文章中包含這些內容.

위 예문을 통해 '들다'는 어떤 물건은 어떤 물체 안에 담기거나 그 일부를 이룬다는 의미를 나타낸다. 그러나 중국어 '進'은 담기거나 포함하는 의미를 지니지 않고 대신 중국어에서 이러한 의미를 표현할 때 담기거나 포함하는 뜻을 가진 '包含'을 선택한다.

아홉째, 한국어 '들다'는 '병이나 의식' 따위가 몸에 작용해서 나타나는 의미를 표현할 수 있다. 그러나 '進'의 단의 가운데 이와 비슷한 의미가 없다.

(319) 가. 가축이 병이 들어 걱정이 크다.
　　　가'. *家畜進了疾病, 很是讓人擔心.
　　　가". 家畜染上了疾病, 很是讓人擔心.
　　　가‴. 家畜得了疾病, 很是讓人擔心.
　　　나. 이 일을 시작했을 때 우리는 불길한 예감이 들었다.
　　　나'. *從這件事情一開始我們就進一種不祥的語感
　　　나". 從這件事情一開始我們就有一種不祥的語感

　예문 (가-나")는 '유정물이 병이 걸려 몸에서 아픈 증상이 일어나다'는 의미를 표현할 때 한국어에서 '들다'를 사용하는데 중국어에서는 '進' 대신 질병이 전염되는 의미를 가지는 '染'이나 사람이 질병을 획득하는 의미를 가지는 '得'을 선택적으로 사용한다.

　열한째, 한국어 '들다'는 '나이'와 결합하여 '노화'라는 의미를 가지고 있는데 중국어 '進'은 이와 비슷한 의미가 없다.

(320) 가. 그는 요즘 부쩍 나이가 많이 들어 보인다.
　　　가'. *他最近看起來很進.
　　　가". 他最近看起來很老.
　　　나. 할머니께서는 연세가 많이 드셔서 그런지 자주 허리가 아프시
　　　　　다고 한다.
　　　나'. *可能是奶奶進了年紀經常說腰疼.
　　　나". 可能是奶奶上了年紀經常說腰疼.

　예문 (가-나")를 통해 한국어 '들다'의 단의에서 '나이가 많아지다'라고 해석할 수 있는 의미가 있다. 이때 사람이 몸의 노화에 초점을 둔 것이고 노화의 생성과 증가를 보여준다. 그러나 중국어 '進'은 이러한 영역에서

의미 확장이 일어나지 않는다. 대신 '나이가 많아지다'라는 의미를 표현할 때 나이가 든 결과를 중시하여 '老(늙다)'를 사용하거나 '上'을 선택한다.

열두째, '들다'의 주체가 '시간이나, 돈, 노력' 따위로 확장되어 그것들을 소모하다는 의미를 가지는데 '進'은 이러한 의미가 없다.

(321) 가. 언 고기가 익는 데에는 시간이 좀 드는 법이다.
　　　가'. *做凍肉進很多時間
　　　가''. 做凍肉需要很多時間
　　　나. 집을 수리하는 데에 비용이 많이 들 것 같다.
　　　나'. *修理房屋進花很多錢
　　　나''. 修理房屋需要花很多錢

위 예문 (가-나')에서 '어떤 일에 돈, 시간, 노력 따위가 쓰이다'는 뜻으로 해석되어 문맥상으로 '소모'의 뜻을 나타낸다. 그러나 중국어에서는 이러한 의미를 표현할 때 '進'을 사용할 수 없고 대신 '반드시 요구되는 의미'를 가진 '需要'를 선택한다.

열셋째, '들다'와 '귀신'과 같이 결합하여 그것이 사람 몸에 붙어 있다는 의미를 표현할 수 있는데 '進'의 단의들 중에는 이와 비슷한 의미가 없다.

(322) 가. 그는 귀신 든 사람처럼 들판을 헤맸다.
　　　가'. *他像鬼神進身一樣在田間徘徊
　　　가''. 他像鬼神附身一樣在田間徘徊

예문 (가-나')를 통해 알 수 있듯이, '들다'는 '몸에 붙어 다니거나 맞닿아 떨어지지 않다'는 의미를 표현할 수 있다. 그러나 중국어에서는 이러한 의미를 표현할 때 '附'를 사용한다.

다음으로 '들다'와 '進'의 단의 분포 양상을 대조해 보겠다. 한국어 '들다'와 중국어 '進'은 구체 영역에서 추상 영역까지 의미 확장이 일어나는

점이 공통적이다. 구체 영역에서 유형물에서 무형물까지 확장이 일어나는
데도 일치하다. 차이점으로는 한국어 '들다'는 구체 및 추상 영역에서 의
미 확장이 모두 활발하게 일어나는 데 비해 중국어 '進'은 단의가 빈곤한
편이다. 따라서 '들다'의 '進'의 단의 대응 관계를 절이하면 다음과 같다.

[표 121] 한국어 '들다'와 중국어 '進'의 단의 대응 관계 대조

단의	들다	進
(사람이) 밖이나 안, 겉이나 속을 향해 움직이다.	①	❶
(사람이) 어떤 조직체에 가입하거나 적금이나 보험에 일정한 목적을 위해 가입하다.	②	❷
(사람이) 어떤 처지나 생태에 놓이게 되다.	③	❸
(사람이) 나이가 많아지다.	④	X
(사람이나 짐승이) 아이나 새끼를 가지다.	⑤	X
(식물의 뿌리나 열매가) 속이 단단한 상태가 되다.	⑥	X
(어떤 곳의 안에 내용물이나 성분 또는 일부로서) 담기거나 포함된다.	⑦	X
(물건이나 음식에 빛깔이나 맛이) 배거나 알맞음 상태가 되다.	⑧	X
(빛, 볕 따위가) 일정한 범위 안으로 미치다.	⑨	❹
어떠한 시기에 이르다.	⑩	❺
(몸에 증상, 습관, 생각 따위가) 생기다.	⑪	X
(어떤 일에 돈이나, 노력 따위가) 쓰이다.	⑫	X
(실력 따위가) 어떤 범위나 기준, 또는 일정한 기간 안에 속하거나 포함되다.	⑬	❻
(물건이나 사람의 특징이) 마음이나 눈에 맞거나 차다.	⑭	X
(자연 현상이) 나타나거나 발생하다.	⑮	X
(귀신이) 어떤 사람한테 쐬다.	⑯	X

이를 토대로 한국어 '들다'와 중국어 '進'의 단의 분포 양상을 다음과
같이 정리할 수 있다.

[그림 70] 한국어 '들다'와 중국어 '進'의 단의 분포 양상 대조

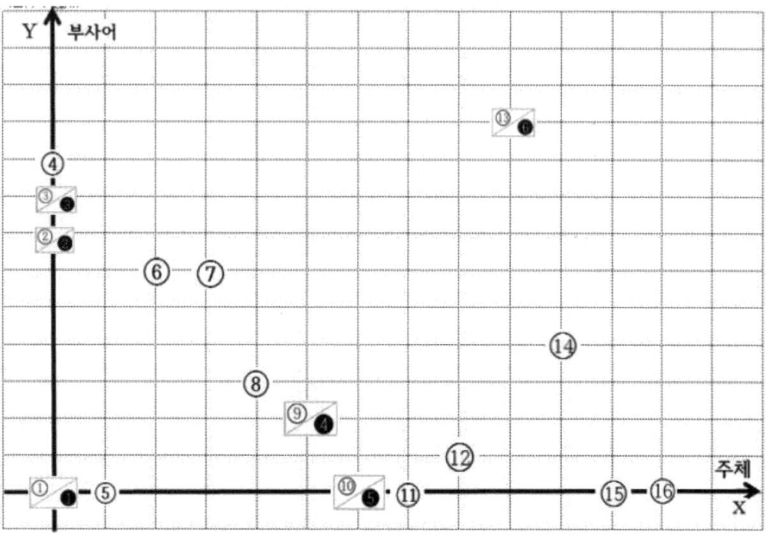

위에서 정리된 한국어 '들다'는 중국어 '進'의 단의보다 더 다양한 것으로 확인된다. '들다'와 '進'은 Y축에서의 분포 양상이 비슷하고 X축과 교차 영역에서의 단의 분포에 차이가 많은 것을 확인할 수 있다. 한국어 '들다'의 주체는 사람이 주체로 될 경우 '사람이 나이가 많아지다, 아이가 생기다'와 같은 의미를 표현할 수 있는데 중국어 '進'은 이와 비슷한 의미가 없다. 또한 '들다'는 '식물의 뿌리나 열매, 물건이나 음식'의 상태 변화를 표현할 수 있는데 '進'은 이와 대응될 수 있는 의미가 없다. 그리고 추상 영역 가운데 '들다'의 주체는 '증상, 습관, 노력, 실력, 특징, 현상, 귀신' 같은 어휘로 나타날 수 있는데 '進'의 주체는 추상 영역에서 '실력'만 나타날 수 있다.

4.1.4. 이탈(離脫) 동사

'기점 이탈에 따른 이동'은 어떠한 점을 출발점으로 간주하여 그 자리에서 빠져 나오는 것을 뜻한다. 이동체는 주로 사물이며 사람과 '이익, 내용, 돈' 등 추상적 대상도 포함한다. 이동하는 공간은 주로 땅 위이며 추상적인 공간에서의 이동 현상도 발견할 수 있다. 이 부분에 대표적인 이동 동사로 한국어에서 '빠지다01, 비키다', 중국어에서는 '脫, 躱, 閃'이 있다.

4.1.4.1. 빠지다01/脫

4.1.4.1.1. 빠지다01

한국어 '빠지다'는 동음이의어로 첫 번째 의미는 '박힌 물건이 제자리에서 나오다'는 의미이다. 이때 이동체가 고정된 어떤 자리가 '출발점'이 되고 나오는 길은 이동의 경로가 된다. '빠지다01'에 대하여 「표준」에서는 13개, 「고려」에서는 14개로 정리되어 있다.

(323) '빠지다01'의 단의 후보(1)

　　(가) 「표준」「1」박힌 물건이 제자리에서 나오다. ¶ 책상 다리에서 못이 빠지다./목구멍에서 가시가 빠지다./앞니가 빠진 아이의 모습이 귀여워 보였다./뒷머리에서 머리카락이 한 움큼이나 빠졌다. 「고려」「1」[(명)이 (명)에서] (속에 들어 있거나 박혀 있던 것이 제자리에서) 밖으로 나오거나 나가다. ¶ 나무의자에서 못이 빠져 버렸다./오늘 만난 조카는 앞니가 두 개나 빠져 있었다./나사가 하나 빠졌는데 어디에 있는지 모르겠다./나무를 만지다가 박힌 가시가 잘 빠지지 않았다./머리카락이 하나둘 빠지는 걸 보니 나도 이제 다 늙었나 보다.

　　(나) 「표준」「2」어느 정도 이익이 남다. ¶ 이번 장사에서는 이자돈 정도는 빠질 것 같다./아무래도 이렇게 장사가 되지 않으면 본전도 빠지지 않겠다./말린 전복, 미역 꾸러미를 화륜선에 실

고 가 팔면 그럭저럭 두 달쯤 서울에 머물 만한 비용이 빠졌
는데, 내려올 적에는 금계랍, 회충약, 안경 같은 것을 팔면 한
밑천이 되던 것이다.≪현기영, 변방에 우짖는 새≫

「고려」 「14」[(명)이] (어떤 비용이) 장사에서 어느 정도 이익으
로 남다. ¶이렇게 매출이 좋으면 조만간 본전이 빠지겠구나./
이 수준으로는 인건비나 빠질 수 있을까?

(다) 「표준」 「3」원래 있어야 할 것에서 모자라다. ¶ 구백 원만 있
다면 천 원에서 백 원이 빠지는 셈이구나./분명히 나는 건드리
지도 않았는데 이상하게도 어제 은행에서 찾은 돈에서 조금
빠지는 것 같다.

「고려」 「13」[(명)이 (명)에서] (돈의 액수가 원래 있어야 할 것
에서) 모자라거나 없는 상태가 되다. ¶ 총액이 백만 원에서 오
만 원이 빠진다./아무리 계산해도 십만 원이 빠지니 어찌된 영
문인지 모르겠다.

「고려」 「12」[(명)이 (명)에서] (돈이 계좌나 시장 따위에서) 인
출되어 나가다. ¶ 일주일 사이에 통장에서 천만 원 가량이 빠
지니까 돈이 얼마 남아 있지 않았다./외국인 투자가들의 돈이
급속히 빠져 외환 위기가 초래될지도 모른다는 우려의 소리가
높다.

(라) 「표준」 「4」속에 있는 액체나 기체 또는 냄새 따위가 밖으로 새
어 나가거나 흘러 나가다. ¶ 방에 냄새가 빠지다/공에 바람이
빠지면 찰 수가 없다. ‖ 맥주에서 김이 빠지다/논에서 물이 빠
지지 않도록 논둑을 잘 정비하였다./이 공은 바람이 다 빠졌다.

「고려」 「2」[(명)이 (명)에/(명)에서] (속에 있던 액체나 기체, 냄
새 따위가 어떤 사물에서) 밖으로 새거나 흘러 나가다. ¶타이
어에 바람이 빠졌다./맥주에 김이 빠져 맛이 없다./수챗구멍에
물이 잘 안 빠진다.

(마) 「표준」 「5」때, 빛깔 따위가 씻기거나 없어지다. ¶옷에 때가 쑥
빠지다/과일 물은 잘 빠지지 않는다. ‖ 이 옷깃에서 때가 잘 빠
져서 좋다./청바지가 허옇게 물이 빠졌다.

「고려」 「3」[(명)이 (명)에/(명)에서] (때나 물든 것 따위가 천 따
위에서) 씻기어 없어지다. ¶청바지를 잘못 빨았더니 바지에서

하얗게 물이 빠지더라./셔츠에 묻은 얼룩들이 잘 빠지지 않는
다./그녀는 손에 묻은 때가 빠질 때까지 비누칠을 거듭했다.
(바) 「표준」 「6」차례를 거르거나 일정하게 들어 있어야 할 곳에 들
어 있지 아니하다. ¶이 책에는 중요한 내용이 빠져 있다./여행
가방에 빠진 물건이 있는지 다시 한번 살펴보게. ∥ 내 이름이
명단에서 빠졌구나.
「고려」 「6」[(명)이 (명)에/(명)에서] (무엇이 서류나 목록 따위
에) 들어 있지 않다. ¶중요한 안건이 보고서에서 빠졌다./뭐가
잘못됐는지 합격자 명단에 너의 이름이 빠져 있더구나./떠나기
전 준비물에 빠진 물건이 없는지 한 번만 더 살펴보아라.
(사) 「표준」 「7」정신이나 기운이 줄거나 없어지다. ¶그 말을 들으
니 다리에 기운이 빠져서 서 있을 수가 없었다./그는 넋이 빠
진 채 멍하니 앉아 있었다. ∥ 그 소리를 듣는 순간 온몸에서
힘이 쑥 빠졌다./그러면서 반쯤은 얼이 빠져 있는 명훈을 구석
방으로 끌고 갔다.≪이문열, 변경≫
「고려」 「7」[(명)에 (명)이] (몸에 힘이나 기운, 정신 따위가) 줄
거나 없어지다. ¶다리에 기운이 빠진 나는 땅바닥에 풀썩 주
저앉고 말았다.
(아) 「표준」 「8」어떤 일이나 모임에 참여하지 아니하다. ¶동창회에
빠지다./그 친구는 이번 행사에 또 빠졌다.
「고려」 「4」[(명)이 (명)에] (사람이 모임에) 나가지 않다. ¶그는
동창회 같은 모임에 빠지지 않고 참석하는 편이다./행사에 빠
질 수밖에 없는 이유가 있었습니까?
「고려」 「15」[(명)이 (명)을] (사람이 나가야 할 모임 따위를) 나
가지 않다. ¶철수는 수업을 빠지고 오락실에 갔다가 들켜서 혼
이 났다./이번 회식을 빠진 사람들은 부장님께 점수를 잃었다.
(자) 「표준」 「9」그릇이나 신발 따위의 밑바닥이 떨어져 나가다. ¶
구두가 밑창이 빠지다/이 솥은 절대로 밑이 빠지지 않으니 안
심하고 사 가세요
「고려」 「11」[(명)이] (사물의 이나 밑 따위가) 떨어져 나가다.
¶어른들은 이가 빠진 그릇을 못 쓰게 한다./그 일은 밑이 빠진
그릇에 물을 붓는 격이다.

(차) 「표준」 「10」 살이 여위다. ¶며칠 밤을 새웠더니 눈이 쏙 들어
가고 얼굴의 살이 쪽 빠졌다./여동생은 요즘 얼굴이며 몸이 너
무 빠져 보여서 걱정이다.
「고려」 「8」[(명)이] (몸이나 얼굴의 살이) 줄어들어 여위다. ¶
너 요즘 살이 쏙 빠진 것 같은데 무슨 고민이 있어?

(카) 「표준」 「11」 일정한 곳에서 다른 데로 벗어나다. ¶샛길로 빠지
다./그놈은 쥐도 새도 모르게 뒷길로 빠져 달아났다./그녀는 청
운동 너머 세검정으로 빠지는 산비탈의 판자촌 동네에 살고
있었다.≪박태순, 어느 사학도의 젊은 시절≫/어째 얘기가 그
리로 빠지나 응? 그리고 나 들으라고 하는 얘기야?≪박경리,
토지≫
「고려」 「5」[(명)이 (명)으로] (사람이 다른 길로) 일정한 곳에서
벗어나다. ¶말썽꾼 석이는 쥐도 새도 모르게 딴 길로 빠져 달
아났다

(하) 「표준」 「12」 생김새가 미끈하게 균형이 잡히다. ¶다리가 미끈하
게 빠지다./너는 옷을 쏙 빠지게 차려입고 누구를 만나러 가니?
「고려」 「9」[(명)이] (사람의 몸매나 사물의 몸체가) 균형이 잡
히다. ¶우리 막내는 다리가 미끈하게 빠졌다./이번에 선보인
신차는 날렵하게 빠진 차체 덕분에 모터쇼에서 인기가 아주
높았다.

(거) 「표준」 「13」 남이나 다른 것에 비해 뒤떨어지거나 모자라다. ¶
그의 실력은 절대로 다른 경쟁자들에게 빠지지 않는다./이 회사
제품의 품질은 다른 회사의 것에 빠지지 않는 우수한 것이다.
「고려」 「10」[(명)이 (명)에/(명)에게] (어떤 사물이 다른 사람이
나 사물에) 비하여 모자라거나 뒤떨어지다. ¶수희는 연주에게
인물은 좀 빠지지만 성격은 더 낫다./그만한 실력이면 회사 안
에서 누구에게도 빠지지 않는다.

(가)번은 '속에 들어 있거나 박혀 있던 것이 밖으로 나가다'의 의미이고,
(라)번은 '속에 있던 액체나 기체 따위가 밖으로 새거나 나가다'라는 의미
이다. (가)와 (라)의 주체는 모두 구체물인데 그 구체물이 속에 들어 있거나

박혀 있던 상태에서 벗어나 밖으로 이동하다'로 해석할 수 있다. 따라서 (가)와 (라)는 별개의 의미로 볼 수 없고 하나의 의미로 봐야 한다. 「고려」 「4」번과 「15」번은 모두 '사람이 모임에 나가지 않다'의 의미인데, 다만 「4」 번에 '장소'에 선택하는 조사는 '-에', 「15」번에 '-를'을 선택하는 것에서 차이가 있다. 그러나 「15」번에서 나타나는 '-를' 자리에 해당하는 명사는 '빠지다'의 객체가 되는 것이 아니라 '-에'의 변형으로 볼 수 있을 것이다. 결국 「고려」 「4」번과 「15」번은 하나의 단의로 처리할 수 있다. 「고려」 「12」 과 「고려」 「13」번은 공통적으로 주체인 '돈'이 어디에서 나가다'의 의미 이다. 「12」번과 「13」번은 단지 '-에서' 자리에 해당하는 성분만 다르고 주 체와 주체가 수행하는 행동이 같기 때문에 별개의 단의로 볼 수 없고 하나 의 단의로 처리해야 한다.

따라서 '빠지다01'의 의미를 다음과 같이 정리할 수 있다.

> (324) '빠지다01'의 단의 후보(2)
>> ⓐ [(명)이](속에 들어 있거나 박혀 있던 것이 제자리에서) 밖으로 이동하다. ← (가) (라)
>> ⓑ [(명)이](어떤 비용이) 장사에서 어느 정도 이익으로 남다. ← (나)
>> ⓒ [(명)이 (명)에서] (돈이 어떤 기준, 계좌나 시장에서) 나가다. ← (다)
>> ⓓ [(명)이 (명)에/(명)에서] (때나 물든 것 따위가 천 따위에서) 씻 기어 없어지다. ← (마)
>> ⓔ [(명)이 (명)에/(명)에서](내용 따위가 서류나 목록에) 들어 있지 아니하다. ← (바)
>> ⓕ [(명)이](힘이나 기운, 정신 따위가) 줄거나 없어지다. ← (사)
>> ⓖ [(명)이 (명)에](사람이 일이나 모임에) 참여하지 아니하다. ← (아)
>> ⓗ [(명)이] 사물의 밑바닥이 떨어져 나가다. ← (자)
>> ⓘ [(명)이](몸이나 얼굴의 살이) 줄어들어 여위다. ← (차)

ⓙ [(명)이 (명)으로](사람이 다른 길로) 일정한 곳에서 벗어나다.
← (카)
ⓚ [(명)이](생김새) 균형이 잡히다. ← (하)
ⓛ [(명)이 (명)에/(명)에게](인물, 성능, 실력 따위가) 다른 것에 비하여 모자라거나 뒤떨어지다. ← (거)

위에 정리된 '빠지다01'의 의미 가운데 격틀 정보가 'A가 빠지다'와 'A가 C에/에서/으로 빠지다'로 정리될 수 있다.

(325) 가. 돈이 빠진다.
　　　나. 돈이 통장에서 빠진다.

위 예문을 보면 (가)번 '빠지다01'의 의미는 주체 '돈'만 요구하고, (나)번 '빠지다01'의 의미는 주체 '돈'과 위치 '통장'이 모두 필요하다. 만약에 (나)번의 '-에서'에 해당하는 '통장'을 삭제하면 문장은 성립하지만 의미가 변하기 때문에 '통장'은 삭제 불가능한 필수성분인 것을 확인할 수 있다.
'빠지다01'의 의미를 분석하려면 주체 자리에 해당하는 어휘의 의미적 특성을 먼저 고려하는 것이 중요하다. 위에 정리된 '빠지다01'의 의미 가운데 주체 자리에, ⓐ번 '머리카락이나 나사', ⓑ번 '이익', ⓒ번 '돈', ⓓ번 '때나 얼룩', ⓔ번 '내용이나 문자', ⓕ번 '힘이나 기운', ⓖ번 '사람', ⓗ번 '사물의 밑바닥', ⓘ번 '살', ⓙ번 '사람', ⓚ번 '몸매나 몸체', ⓛ번 '인물이나 성능'이다. 또한 '빠지다01'의 논항 정보를 살펴보면 'A가 C에/에서 빠지다'의 구조를 가지고 있다. 이 구조에서 위치 자리에 ⓒ번 '계좌나 시장', ⓓ번은 '천', ⓔ번 '문장이나 책', ⓕ번 '몸', ⓖ번 '모임', ⓙ번 '길', ⓛ번 '성능' 따위가 해당된다. 위 내용을 정리하면 다음과 같다.

[표 122] 한국어 '빠지다01'의 단의 분류

구체 / 추상	주체(A)	부사어(C)	구문 구조	단의 후보 번호
구체	사람	길	A가 C로 빠지다	ⓙ
		모임	A가 C에서 빠지다	⑧
	살	-	A가 빠지다	ⓘ
	머리카락, 나사	장소	A가 C에서 빠지다	ⓐ
	그릇, 밑바닥	-	A가 빠지다	ⓗ
	때, 얼룩	옷	A가 C에 빠지다	ⓓ
	생김새	-	A가 빠지다	ⓚ
	힘, 기운			ⓕ
	돈	계좌, 시장	A가 C에서 빠지다	ⓒ
	이익	-	A가 빠지다	ⓑ
	내용	책	A가 C에서 빠지다	ⓔ
추상	성능	성능	A가 C에 빠지다	ⓛ

'빠지다01'의 단의 실현 환경을 위와 같이 정리할 수 있다. 위 내용을 보면 ⓙⓖ의 주체가 '사람'이고 사람이 어떤 동작을 실현하는 의미를 지니고 있다. 그러므로 이 많은 단의 가운데 인간과 관련된 의미로서 가장 구체적인 의미로 볼 수 있을 것이다. 또한 ⓘ의 주체 '살'이 인체의 구성 성분으로 구체 영역에 속한 다른 단의 보다 구체성의 정도가 높다고 판단할 수 있을 것 같다. 또한 추상 영역 안에 ⓚⓕ는 인간과 관련된 단의로서 ⓑⓒⓔⓛ번의 단의 보다 추상화 정도가 낮다고 판단되어 ⓑⓒⓔⓛ번은 ⓚⓕ에서 파생된 것으로 본다. ⓑⓒⓔⓛ번은 주체 및 부사어의 추상화 정도에 따라 ⓒⓑⓔⓛ이 된다. 위 내용에 따라 '빠지다01'의 단의를 다음과 같이 재정리할 수 있다.

(326) '빠지다01'의 단의
　　① [(명)이 (명)으로](사람이 다른 길로) 일정한 곳에서 벗어나다. ← ⓙ
　　② [(명)이 (명)에](사람이 일이나 모임에) 참여하지 아니하다. ← ⓖ

③ [(명)이](몸이나 얼굴의 살이) 줄어들어 여위다. ← ⓘ

④ [(명)이](속에 들어 있거나 박혀 있던 것이 제자리에서) 밖으로 이동하다. ← ⓐ

⑤ [(명)이] 사물의 밑바닥이 떨어져 나가다. ← ⓗ

⑥ [(명)이 (명)에/(명)에서] (때나 물든 것 따위가 천 따위에서) 씻기어 없어지다. ← ⓓ

⑦ [(명)이](생김새) 균형이 잡히다. ← ⓚ

⑧ [(명)이](힘이나 기운, 정신 따위가) 줄거나 없어지다. ← ⓕ

⑨ [(명)이 (명)에서] (돈이 어떤 기준, 계좌나 시장에서) 나가다. ← (ⓒ)

⑩ [(명)이](어떤 비용이) 장사에서 어느 정도 이익으로 남다. ← ⓑ

⑪ [(명)이 (명)에/(명)에서](내용 따위가 서류나 목록에) 들어 있지 아니하다. ← ⓔ

⑫ [(명)이 (명)에/(명)에게](인물, 성능, 실력 따위가) 다른 것에 비하여 모자라거나 뒤떨어지다. ← ⓙ

이를 토대로 '빠지다01'의 단의 분포 양상을 다음과 같이 그릴 수 있다.

[그림 71] 한국어 '빠지다01'의 단의 분포 양상

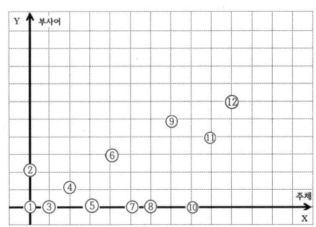

위에 정리한 '빠지다01'의 단의 분포 양상을 보면 ③⑤⑦⑧⑩번 단의
는 의미 변화에 주체의 영향만 받고 주체의 추상화 정도에 따라 의미 변화
가 일어난다. 이에 비하여 ①②번은 주체가 같고 부사어 자리에 해당되는
어휘의 특성 때문에 의미 변화가 일어난다. 또한 ④⑥⑨⑪⑫번 단의는
의미 변화에 주체 및 부사어의 영향을 모두 받고 원형 의미보다 주체와 부
사어가 추상화된 것이다.

'빠지다01'의 단의 가운데 가장 중심적이고 기본적이라고 판단되는 단
의를 중심으로 각각의 단의가 파생되었다고 볼 수 있을 것이다. 이 중심적
이고 기본적인 의미는 되도록 출현 제약이나 의미적 환경의 영향을 되도
록 적게 받는 구체적 환경에서 실현되는 것으로 결정된다. 그러므로 위에
제시된 단의 가운데 가장 기본적이고 인간과 밀접한 관련을 갖고 있는 단
의는 ①번이고, 이것은 원형의미로 간주할 수 있다. 기본의미에서 인간과
관련된 의미로 의미 확장이 먼저 일어난다. 따라서 ①번 의미에서 ②③④
번 의미가 확장된다. ③번 '살이 빠지다'는 주체 '살'이 원래의 몸에서 나
가 즉 살이 없어지는 것으로 해석할 수 있다. ⑤번의 '그릇'은 있는 상태
에서 없는 상태로 변화하는 것은 ③번과 유사하다. 따라서 ⑤번은 ③번에
서의 은유적인 확장으로 볼 수 있을 것이다. 또한 ⑤번에서 '때' 따위가
없어지는 것으로 확장이 일어난다. ⑦번도 사람에 대한 설명을 하고 있어
③번에서 확장이 일어나는 것이 더 자연스럽다. ⑧번 '힘이나 기운' 따위
가 없어지는 양상이 ③번, ⑥번과 유사하고, 인간과 밀접한 관련이 있는
측면을 생각해 보면 ⑧번은 ③번에서의 환유적인 확장으로 볼 수 있을 것
이다. ⑫번은 비교적인 의미를 표현하고 있어 ①번에서 확장된다고 볼 수
있다. ⑨번은 '돈'이 추상적인 장소인 '계좌나 시장'에서 나가는 양상이
④번과 유사하다. ⑩번은 이익도 돈과 관련되어 ⑨번에서 확장되는 것이
자연스럽다. 마지막으로 ⑪번은 추상적인 내용 따위가 문장이나 책에서
나가는 것은 같은 추상적인 돈의 이동과 유사하다. 따라서 ⑪번은 ⑨번에

서의 확장으로 볼 수 있을 것이다. 위 내용을 표로 정리하면 아래와 같다.

[표 123] 한국어 '빠지다01'의 의미 확장 양상

	단의
⑩ ⑪ ↖ ↗ ⑨ ↑ ⑦ ④ ↑ ↑ ⑥←⑤←③←①→② ↓ ↓ ⑧ ⑫	① [(명)이 (명)으로](사람이 다른 길로) 일정한 곳에서 벗어나다. ② [(명)이 (명)에](사람이 일이나 모임에) 참여하지 아니하다. ③ [(명)이] (몸이나 얼굴의 살이) 줄어들어 여위다. ④ [(명)이] (속에 들어 있거나 박혀 있던 것이 제자리에서) 밖으로 이동하다. ⑤ [(명)이] 사물의 밑바닥이 떨어져 나가다. ⑥ [(명)이 (명)에/(명)에서] (때나 물든 것 따위가 천 따위에서) 씻기어 없어지다. ⑦ [(명)이] (생김새) 균형이 잡히다. ⑧ [(명)이] (힘이나 기운, 정신 따위가) 줄거나 없어지다. ⑨ [(명)이 (명)에서] (돈이 어떤 기준, 계좌나 시장에서) 나가다. ⑩ [(명)이] (어떤 비용이) 장사에서 어느 정도 이익으로 남다. ⑪ [(명)이 (명)에/(명)에서] (내용 따위가 서류나 목록에) 들어 있지 아니하다. ⑫ [(명)이 (명)에/(명)에게] (인물, 성능, 실력 따위가) 다른 것에 비하여 모자라거나 뒤떨어지다.

4.1.4.1.2. 脫

중국어 '脫'은 '부차적 주체 이동 동사'로서 사람들이 두루 쓰이고 있는 어휘이다. 이에 대하여 「現代」에서는 2개, 「新華」에서는 5개 단의를 제시하고 있다.

(327) '脫'의 단의 부호(1)

    (가) 「現代」「1」藤條,皮膚,毛髮等的脫落.(목질 덩굴 식물의 줄기, 머리카락 따위가 빠져 나오다) ¶ 脫皮(껍질이 빠지다)/脫髮(머리카락이 빠지다)/爺爺的頭髮都脫光了(할아버지께서의 머리카락이 거의 다 빠졌다.)

    「新華」「1」離開(떠나다), 落掉(빠지다) ¶ 脫節(빠져 나오다)/脫逃

(빠져 나와 도망가다)/脫皮(껍질이 빠지다)

「新華」「4」碗或者鞋底掉了(그릇이나 구두의 밑바닥이 떨어지다) ¶ 鞋底脫了(구두의 밑바닥이 떨어지다)

(나) 「現代」「2」脫離(벗어나다) ¶ 逃脫(벗어나고 도망가다)/擺脫(빠져 나오다)/脫險(위험한 환경에서 빠져 나오다)/脫韁之馬(말이 고삐의 구속에서 빠져 나오다)

「新華」「2」葉子從植物上落下來(잎에 식물의 몸에서 떨어지다) ¶ 許多樹木的葉子脫了.(많은 나무의 잎이 이미 빠졌다.)

(다) 「新華」「3」還沒有脫離小孩子的感覺(성인의 표정이 아직도 어린 아이와 비슷해 보인다) ¶ 稚氣未脫(애티가 빠지지 않다)

'脫'의 의미를 보면 「現代」에서는 비교적 간단하게 기술하고 있는 데 비해 「新華」에서는 상세하게 제시하고 있다. 또한 두 사전에서 제시하지 않았는데 '사람이 살이 빠져 여위다'는 의미도 있다. 그러므로 '脫'의 의미를 다음과 같이 정리할 수 있다.

(328) '脫'의 단의 후보(2)

ⓐ [(명)이 (명)에서]藤條,皮膚,毛髮等的脫落.(목질 덩굴 식물의 줄기, 머리카락 따위가 빠져 나오다) ← (가)

ⓑ [(명)이 (명)에서]人脫離某個地方.(사람이 일정한 곳에서 벗어나다) ← (나)

ⓒ [(명)이]人消瘦, 失去了原來的模樣.(몸이나 얼굴의 살이 줄어들어 여위다.)

ⓓ [(명)이]碗或者鞋底掉了.(그릇이나 구두의 밑바닥이 떨어지다) ← (가)

ⓔ [(명)이]稚氣從成人身上脫離.(애티가 성인 몸에서 빠지다) ← (다)

'脫'의 사전적 의미를 위와 같이 다섯 가지로 정리할 수 있다. 이 다섯 가지 의미 가운데 'A+脫'와 'A+脫+C'의 격틀 정보를 가지고 있는 것을 아래 예문을 통해 확인할 수 있다.

(329) 가. 爺爺的頭髮都脱光了. (할아버지께서의 머리카락이 거의 다 빠졌다.)
　　　나. 他脱險了. (그는 위험한 곳에서 빠지다.)

위 예문 (가)에서 주체가 '머리카락'이고, 서술어는 '脱'이다. 문장에 나타나는 다른 성분 '爺爺的'은 부사어로 '머리카락'을 수식하는 것이고, '都'와 '光'은 부사어로 정도를 의미하는 것이다. 수식어와 부사어는 문장의 필수 성분이 아닌 수의 성분이기 때문에 삭제하여도 의미 전달이 가능하다. 그러나 (나)는 이와 다른 경우에 속한다. 가령 (나)에서의 '중국어쓰기'를 삭제하면 문장이 '*他脱了'이 되어 비문이다.

'脱'의 의미 가운데 주체 자리에 나타나는 어휘 ⓐ번 '머리카락, 나사', ⓑ번 '사람', ⓒ번 '살', ⓓ번 '사물 밑바닥', ⓔ번 '내용', ⓔ번 '힘이나 기운' 따위이다. ⓐⓑⓒⓓ번은 구체성을 가진 유형물이고, ⓔ번은 추상성을 가진다. 위 내용을 표로 정리하면 다음과 같다.

[표 124] 중국어 '脱'의 단의 분류

구체 → 추상	주체(A)	부사어(C)	구문 구조	단의 후보 번호
	사람	환경	A+脱+C	ⓑ
	살			ⓒ
	머리카락, 나사	-	A+脱	ⓐ
	사물 밑바닥			ⓓ
	힘, 기운			ⓔ

중국어 '脱'의 단의 실현 환경을 위와 같이 정리하였다. 위 표를 보면 중국어 '脱'는 구체 및 추상 영역에서 의미 확장이 모두 일어난 것을 확인할 수 있다. ⓐⓑⓒⓓ번 단의는 구체적인 의미를 표현하는 데 비해 ⓔ번 단의는 추상적인 의미를 표현한다. 의미가 구체적인 것에서 추상적인 것으로 확장하는 일반적인 원리에 따라 ⓔ번은 ⓐⓑⓒⓓ에서 파생된다고 볼

수 있을 것이다. 또한 ⓐⓑⓒⓓ 가운데 인간과 관련된 단의 ⓑⓒ는 ⓐⓓ 보다 더 구체적인 것으로 판단된다. 그러므로 구체성 및 인간과 관련된 정도에 따라 '脫'의 단의를 다음과 같이 정리할 수 있다.

    (330) '脫'의 단의

      ❶ [(명)이 (명)에서]人脫離某個地方.(사람이 일정한 곳에서 벗어나다) ← ⓑ

      ❷ [(명)이]人消瘦, 失去了原來的模樣.(몸이나 얼굴의 살이 줄어들어 여위다.) ← ⓒ

      ❸ [(명)이 (명)에서]藤條,皮膚,毛髮等的脫落.(목질 덩굴 식물의 줄기, 머리카락 따위가 빠져 나오다) ← ⓐ

      ❹ [(명)이]碗或者鞋底掉了.(그릇이나 구두의 밑바닥이 떨어지다) ← ⓓ

      ❺ [(명)이]稚氣從成人身上脫離.(애티가 성인 몸에서 빠지다) ← ⓔ

이를 토대로 중국어 '脫'의 단의 분포 양상을 다음과 같이 정리할 수 있다.

[그림 72] 중국어 '脫'의 단의 분포 양상

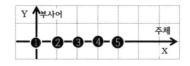

'脫'의 단의 분포 양상을 보면 각 단의들은 X축에서만 이동하고 의미 변화에 주체의 영향만 받는 것을 확인할 수 있다.

'脫'의 단의 가운데 가장 중심적이고 기본적이라고 판단되는 단의를 중심으로 각각의 단의가 파생되었다고 볼 수 있을 것이다. 이 중심적이고 기본적인 의미는 되도록 출현 제약이나 의미적 환경의 영향을 되도록 적게 받는 구체적 환경에서 실현되는 것으로 결정된다. ❶번 의미는 '脫'의 원형

의미로 간주된다. ❷번 '살이 줄어들어 여위다'는 원래 '몸에 붙어 있는 살
이 몸 밖으로 이동하다'는 의미로 해석할 수 있어 원형의미에서 확장해온
것이 가장 자연스럽다. ❸번 '속에 들어 있거나 박혀 있는 것이 제자리에
서 밖으로 나오다'도 원형의미의 확장의미이다. ❹번은 원래 '본체와 붙어
있는 바닥이 어떤 원인으로 본체와 분리하여 밖으로 이동하다'로 해석할
수 있다. 이것은 ❶번과 유사해 보여 ❶번에서의 은유적인 확장이다. ❷번
의 '살'은 신체의 외재적인 존재물에 비해 ❺번의 '힘이나 정신'은 사람의
내재적인 능력을 뜻한다. 그러므로 ❺번은 ❷번과 인접성이 있어 그것에
서의 환유적인 확장으로 볼 수 있겠다. 위 내용은 표로 정리하면 아래와
같다.

[표 125] 중국어 '離'의 의미 확장 양상

단의
❺ ↑ ❷ ↑ ❹ ← ❶ → ❸	❶ [(명)이 (명)에서]人脫離某個地方.(사람이 일정한 곳에서 벗어나다) ❷ [(명)이]人消瘦, 失去了原來的模樣(몸이나 얼굴의 살이 줄어들어 여위다.) ❸ [(명)이 (명)에서]藤條,皮膚,毛髮等的脫落.(목질 덩굴 식물의 줄기, 머리카락 따위가 빠져 나오다)\ ❹ [(명)이]碗或者鞋底掉了.(그릇이나 구두의 밑바닥이 떨어지다) ❺ [(명)이]稚氣從成人身上脫離.(애티가 성인 몸에서 빠지다)

4.1.4.1.3. '빠지다01'와 '脫'의 대조

이 부분에서는 기점 이탈 주체 이동 동사 '빠지다'와 '脫'의 공통점과 차
이점을 검토하고자 한다. 단의 대응 관계에 대한 대조와 의미 확장 양상에
대한 대조 두 측면에서 논의를 진행하고자 한다.

위에서 제시된 내용에 따라 '빠지다01'는 열두 가지, '脫'은 다섯 가지 단
의로 정리되었다. 전체적으로 볼 때 '脫'의 다섯 개 단의는 '빠지다01'의 단
의와 동일하다. 그리고 두 어휘의 의미 확장은 모두 구체 영역에서 추상
영역으로, 구체 영역 안에서 유형물에서 무형물, 추상 영역 안에서 인간

유관된 것에서 인간 무관된 것으로 확장이 일어난다. 우선 두 어휘의 공통점을 살펴보도록 하겠다.

(331) 가. 할아버지께서의 머리카락이 거의 다 빠졌다.

가′. 爺爺的頭髮幾乎都脫光了.

나. 그는 살이 너무 많이 빠져서 딴 사람과 같다.

나′. 他都瘦脫相了.

다. 밥그릇의 밑바닥이 빠졌다.

다′. 飯碗的底脫了.

라. 군인들이 드디어 위험에서 빠져 나왔다.

라′. 戰士們終於脫險了

마. 애티가 빠지지 않다.

마′. 稚氣未脫.

위와 같이 공통적으로 (가-다)는 어떤 구체물이 원래 붙어 있거나 박혀 있는 곳에서 밖으로 나와 이동하여 분리된 부분이 따로 존재하거나 없어지는 의미를 가지고 있다. (라-라′)는 사람이 어떤 추상적인 공간에서 밖으로 이동하는 데도 의미가 동일하다. 그리고 '힘이나 정신', '내용' 영역까지의 확장에도 두 어휘는 공통적인 의미를 표현할 수 있다.

차이점은 첫째, 한국어 '빠지다01'는 '참여하지 않다'라는 의미를 표현할 수 있는데 비해 중국어 '脫'의 단의 가운데 이와 비슷한 의미가 없다.

(332) 가. 그는 아이가 아파서 모임에 빠졌다.

가′. *他因爲孩子生病了沒能脫聚會.

가″. 他因爲孩子生病了沒能參加聚會.

나. 그는 축제 기간이라고 할지라도 수업을 빠지는 일은 절대 없었다.

나′. *卽使是慶典時期, 脫課這種事情也不會發生在他的身上

나″. 卽使是慶典時期, 逃課這種事情也不會發生在他的身上

위의 예문과 같이 '빠지다01'는 '어떤 일이나 모임에 참여하지 않다'라는 의미를 가지고 있다. 그러나 '脫'은 이와 비슷한 의미를 표현할 때 상황에 따라 '沒能參加(참여하지 못하다)'이나 '逃課(수업을 빠지다)' 등을 선택적으로 사용한다.

둘째, '빠지다01'는 때와 같은 것이 붙어 있는 곳에서 떨어지는 의미를 표현할 수 있는데 '脫'은 이와 비슷한 의미가 없다.

> (333) 가. 이 옷깃에서 때가 잘 빠져서 좋다.
> 　　가'. 這件襯衫領口部分的汚垢容易脫掉眞好.
> 　　가''. *這件襯衫領口部分的汚垢容易洗掉眞好.
> 　　나. 이 불라우스가 커피 묻은 데가 잘 빠지지 않는다.
> 　　나'. *這件女士襯衫染上咖啡汚漬的地方不容易脫.
> 　　나''. 這件女士襯衫染上咖啡汚漬的地方不容易淸洗.

위와 같은 상황에서 중국어 '脫'을 사용할 수가 없고 대신 '몰로 없애다'는 의미를 표현하는 '洗'를 사용한다.

셋째, '빠지다01'은 단의 가운데 '사람이 날씬하거나 신체 비율이 좋다'는 의미를 표시할 수 있는데 비해 '脫'은 이러한 의미를 표시할 수 없다.

> (334) 가. 그 여자는 다리가 쭉 빠져 자동차 모델로 딱 맞다.
> 　　가'. *那個女孩腿部脫是車模的最佳人選.
> 　　가''. 那個女孩腿部修長是車模的最佳人選.
> 　　나. 너는 옷을 쏙 빠지게 차려입고 누구를 만나러 가니?
> 　　나'. *你穿的這麽脫, 是要去見誰呢?
> 　　나''. 你穿的這麽整齊, 是要去見誰呢?

위 예문을 보면 '빠지다01'은 사람이 몸매가 좋다는 의미를 표현할 수 있는데 중국어에서는 상황에 따라 '다리'와 결합할 때 '修長'을 사용하고,

'옷차림'과 결합할 때는 '整齊'를 선택한다.

넷째, 한국어 '빠지다01'는 '인물, 성능, 능력' 영역으로 확장이 일어나는데 중국어 '脫'은 그렇지 못한다.

> (335) 가. 그는 형제 가운데 인물이 좀 빠지는 편이다.
>
> 　　가'. *几个兄弟中他的長相稍脫一些.
>
> 　　가". 几个兄弟中他的長相稍遜色一些.
>
> 　　나. 그의 실력은 어떤 경쟁자에게도 빠지지 않는다.
>
> 　　나'. *他的實力絶不脫于任何競爭對手
>
> 　　나". 他的實力絶不亞于任何競爭對手.

위 예문에서 '빠지다01'는 주체가 다른 주체보다 모자라거나 따라가지 못한다는 의미를 표시하고 있다. 그런데 주체가 '인물'일 때는 중국어로 대응되는 어휘가 '뒤떨어지다'는 의미를 표현하는 '遜色'이고 '실력' 따위와 결합할 때는 '…에 비해 못하다'는 의미를 뜻하는 '亞于'를 사용한다.

다섯째, '빠지다01'는 돈과 관련된 영역까지 의미 확장이 일어나 이익이 생기다는 의미를 표시할 수 있는데 비해 중국어 '脫'은 이와 비슷한 의미가 없다.

> (336) 가. 이번 장사에서는 이자 돈 정도는 빠질 것 같다.
>
> 　　가'. *這次交易應該能脫出利息的錢.
>
> 　　가". 這次交易應該能掙出利息的錢.
>
> 　　나. 아무래도 이렇게 장사가 되지 않으면 본전도 빠지지 않겠다.
>
> 　　나'. *無論如何如果像這樣生意不好的話連本錢的脫不回.
>
> 　　나". 無論如何如果像這樣生意不好的話連本錢的收不回.

위와 같이 이익이 생기다는 의미가 '빠지다01'의 단의 가운데 찾을 수 있다. 중국어에서 이와 비슷한 의미를 표현하려면 '脫'을 사용할 수가 없고 상황에 따라 '挣'이나 '收'를 사용한다.

여섯째, 한국어 '빠지다01'는 '돈' 따위가 원래 있어야 할 곳에서 모자라거나 없는 상태가 되는 의미를 가지고 있다. 그러나 '脫'의 단의 가운데 이러한 의미를 찾을 수 없다.

> (337) 가. 외국인 투자가들의 돈이 급속히 빠져 외환 위기가 초래될지도 모른다는 우려의 목소리가 높다.
> 가'. *外國人投資者的資金被迅速脫, 可能會引起外匯危機, 大家對此憂心忡忡
> 가". 外國人投資者的資金被迅速抽出, 可能會引起外匯危機, 大家對此憂心忡忡.
> 나. 일주일 사이에 통장에서 천만 원 가량이 빠지니까 돈이 얼마 남아 있지 않았다.
> 나'. *一周的時間存著中的錢被脫出了一千萬現在沒剩下多少了。
> 나". 一周的時間存著中的錢被取出了一千萬現在沒剩下多少了.

위 예문을 통해 '빠지다01'는 주체 '돈' 따위가 어떤 기준 통장이나 시장에서 나가다는 의미를 표현할 수 있는데 '脫'은 이와 비슷한 의미를 표시할 수 없고 대신 위치 자리에 '시장'이 나오면 '抽出'을 선택하고, '통장'이 나오면 '取出'을 사용한다.

다음으로 '빠지다01'와 '脫'의 의미 확장 양상을 대조해 보겠다. 첫째, 주체가 구체 영역에서 추상 영역으로 확장이 일어나는 것이 동일하다.

차이점으로 '빠지다01'는 구체 및 추상 영역에서 의미 확장이 모두 활발하게 일어나는 데 비해 '脫'은 구체 영역에 포함된 의미가 대다수이다.

이상 내용은 한국어 '빠지다01'와 중국어 '脫'에 대한 대조 부분이다. 표로 정리하면 다음과 같다.

[표 126] 한국어 '빠지다01'와 중국어 '脫'의 단의 대응 관계 대조

단의	빠지다	脫
(사람이 다른 길로) 일정한 곳에서 벗어나다.	①	❶
(사람이 일이나 모임에) 참여하지 아니하다.	②	❷
(몸이나 얼굴의 살이) 줄어들어 여위다.	③	❸
(속에 들어 있거나 박혀 있던 것이 제자리에서) 밖으로 이동하다.	④	❹
(사물의 밑바닥이) 떨어져 나가다.	⑤	×
(때나 물든 것 따위가 천 따위에서) 씻기어 없어지다.	⑥	×
(생김새) 균형이 잡히다.	⑦	×
(몸에 힘이나 기운, 정신 따위가) 줄거나 없어지다.	⑧	❺
(돈이 어떤 기준, 계좌나 시장에서) 나가다.	⑨	×
(어떤 비용이) 장사에서 어느 정도 이익으로 남다.	⑩	×
(내용 따위가 서류나 목록에) 들어 있지 아니하다.	⑪	×
(인물, 성능, 실력 따위가) 다른 것에 비하여 모자라거나 뒤떨어지다.	⑫	×

이 표를 토대로 한국어 '빠지다01'과 중국어 '脫'의 단의 분포 양상을 다음과 같이 정리할 수 있다.

[그림 73] 한국어 '빠지다01'과 중국어 '脫'의 단의 분포 양상 대조

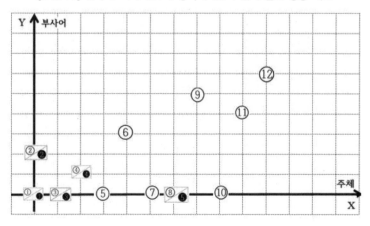

위에 정리한 단의 분포 양상을 통해 한국어 '빠지다01'은 중국어 '脫'보다 그 양상이 더 복잡한 것을 확인할 수 있다. 한국어 '빠지다01'은 구체 및 추상 영역에서 균형 있게 의미 확장이 일어나는 데 비해 중국어 '脫'은 구체 영역에서만 의미 확장이 일어나고 추상 영역에서 '힘이나 기운'만 주체로 나타날 수 있다.

4.1.4.2. 비키다/躱, 閃

4.1.4.2.1. 비키다

한국어 '비키다'는 '부차적 주체 이동 동사'로서 '사람이 무엇을 피하여 있던 자리를 벗어나 한쪽으로 옮기다'는 의미를 가지고 있다. 이에 대하여 「표준」 및 「고려」에서 모두 한 개의 의미를 제시하고 있다.

> (338) '비키다'의 단의 후보(1)
>> (가) 「표준」 「1」무엇을 피하여 있던 곳에서 한쪽으로 자리를 조금 옮기다. ¶ 길에서 놀던 아이가 자동차 소리에 깜짝 놀라 옆으로 비켰다.
>> 「고려」 [(명)이 (명)으로](사람이 어디로) 무엇을 피하여 자리를 약간 옮기거나 방향을 좀 바꾸다. ¶ 나는 앞에서 오는 차를 피하려고 길옆으로 약간 비켜서 걸었다./내가 지나가려고 하자 준호가 뒤쪽으로 약간 비켰다.

(338)에 정리한 단의들은 두 사전의 의미를 그대로 종합한 것이다.

> (339) '비키다'의 단의 후보(2)
>> ⓐ [(명)이 (명)으로] (사람이) 무엇을 피하여 자리를 어떤 방향 조금 옮기다. ← (가)

앞에 정리된 단의를 보면 '비키다'는 A가 C으로 비키다'의 격틀 정보를 가지고 있는 것을 확인할 수 있다.

(340) 가. 골목에서 놀던 아이가 자동차 소리에 깜작 놀라 옆으로 비켰다.

(가)에서 '골목에서 놀던'은 주체 '아이'가 수식하는 '수식어'이고, '자동차 소리에 깜작 놀라'는 부사어로 문장에서 존재하고 있다. 이 둘은 문장 구성에 있어서 필수 성분이 아닌 수의 성분이기 때문에 삭제하여도 주체인 '아이가 옆으로 비키다'라는 의미가 유지된다.

'비키다'는 하나의 의미만 가지고 있고 주체 자리에 '사람'이 나타난다. 표로 정리하면 다음과 같다.

[표 127] 한국어 '비키다'의 단의 분류

구체	주체(A)	부사어(C)	구문 구조	단의 후보 번호
↓ 추상	사람	방향	A가 C로 비키다	ⓐ

'비키다'는 단지 하나의 의미, 즉 '사람이 무엇을 피하여 자리를 어떤 방향으로 조금 옮기다'이어서 순서를 배열할 필요가 없다. '비키다'의 단의를 정리하면 다음과 같다.

(341) '비키다'의 단의
    ① [(명)이 (명)으로] (사람이) 무엇을 피하여 자리를 어떤 방향으로 조금 옮기다. ← ⓐ

'비키다'가 하나의 의미만 가지고 있어 이 의미가 원형의미로 해당된다. 그리고 유일한 단의를 갖는 '비키다'는 구체적인 뜻을 갖고 있고 확장 양상은 확인되지 않는다.

[그림 74] 한국어 '비키다'의 단의 분포 양상

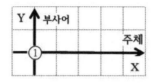

'비키다'의 각 단의 가운데 가장 중심적이고 기본적이라고 판단되는 단의를 중심으로 각각의 단의가 파생되었다고 볼 수 있을 것이다. 그리고 각 단의를 대표할 수 있는 원형의미는 출현 제약이나 의미적 환경의 영향을 되도록 적게 받는 구체적 환경에서 실현되는 것으로 결정된다. 한국어 '비키다'는 하나의 의미만 가지고 있어 이것은 바로 원형의미로 해당된다.

이상 내용을 표로 정리하면 아래와 같다.

[표 128] 한국어 '비키다'의 의미 확장 양상

단의	
①	①[(명)이 (명)으로] (사람이) 무엇을 피하여 자리를 어떤 방향으로 조금 옮기다.

4.1.3.2.2. 躲

한국어 동사 '비키다'와 대응되는 중국어 단어는 '躲, 閃, 避' 3개이다. 그러나 실제로 '閃, 避'의 단의는 '躲'에서 모두 찾을 수 있으므로 '躲'만 살펴보기로 한다. '躲'에 대하여 「現代」과 「新華」에서 모두 한 개의 단의를 가지고 있다.

(342) '躲'의 단의 후보(1)

　　(가) 「現代」 躲避; 躲藏(비키다, 숨기다) ¶ 他躲旁邊去了.(그는 옆으

로 비켰다.)

「新華」隱藏, 避開(비키다, 숨기다) ¶ 他躲在哪裡？(그는 어디
로 비켰어?)

중국어 '躲'는 이동 동사로 사용하는 의미가 하나뿐이고, 즉 '사람이 무
엇을 피하여 옆으로 옮기다'는 의미이다. '躲'의 의미를 다음과 같이 정리
할 수 있다.

(343) '躲'의 단의 후보(2)

ⓐ [(명)이 (명)]人爲了躲避某種事物而使位置向某個方向發生變化.(사람
이 무엇을 피하여 자리를 어떤 방향으로 조금 옮기다.) ← (가)

위에서 정리된 '躲'의 의미는 하나뿐이고 'A+躲+C'의 격틀 정보를 가지
고 있다.

(344) 가. 他躲旁邊去了.(그는 옆으로 비켰다.)

(가)를 보면 주체 자리에 사람을 나타나는 대명사 '그'를 요구하고, 사람
이 이동하는 방향을 나타나는 '옆'이 나타나야 한다. 이 두 가지 정보가 '躲'
의 의미를 표현하는 데 필수로 나타나야 한다.

'躲'는 주체로 의지적으로 움직이는 동작을 수행할 수 있는 '사람'을 요
구하고 위치 지리에는 방향성을 나타날 수 있는 '옆, 앞, 뒤' 따위와 같은
어휘를 요구한다. 이 내용을 표로 정리하면 다음과 같다.

[표 129] 중국어 '躲'의 단의 분류

구체 ↓ 추상	주체(A)	부사어(C)	구문 구조	단의 후보 번호
	사람	방향	A+躲+C	ⓐ

'躲'의 의미는 '사람이 무엇을 피하여 자리를 어떤 방향으로 조금 옮기다'이다. '躲'의 단의를 정리하면 다음과 같다.

(345) '躲'의 단의
    ❶ [(명)이 (명)으로]人爲了躲避某種事物而使位置向某個方向發生變化.(사람이 무엇을 피하여 자리를 어떤 방향으로 조금 옮기다.)
      ← ⓐ

'躲'는 하나의 의미만 가지고 있으므로 이 의미가 원형의미이다. 그리고 이것은 구체적인 뜻이고 확장 양상은 확인되지 않는다.

[그림 75] 중국어 '躲'의 단의 분포 양상

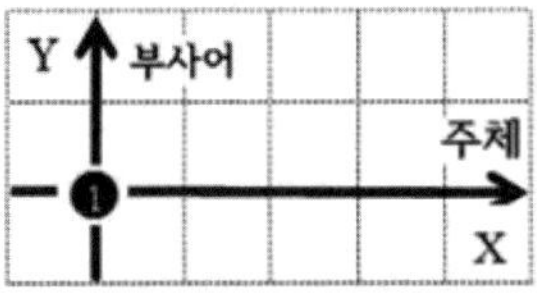

'躲'의 각 단의 가운데 가장 중심적이고 기본적이라고 판단되는 단의를 중심으로 각각의 단의가 파생되었다고 볼 수 있을 것이다. 그리고 각 단의를 대표할 수 있는 원형의미는 출현 제약이나 의미적 환경의 영향을 되도록 적게 받는 구체적 환경에서 실현되는 것으로 결정된다.
이상 내용을 표로 정리하면 아래와 같다.

[표 130] 중국어 '躲'의 의미 확장 양상

단의	
❶	❶ [(명)이(명)으로]人爲了躲避某種事物而使位置向某個方向發生變化.(사람이 무엇을 피하여 자리를 어떤 방향으로 조금 옮기다.)

4.1.4.2.3. '비키다'와 '躲'의 대조

한국어의 '비키다'와 중국어의 '躲'는 이동 동사로 사용되는 의미가 단지 하나뿐이다. 그리고 이 단의는 구체적인 것으로서 공통적으로 '사람이 무엇을 피하여 자리를 어떤 방향으로 조금 옮기다'이다.

(346) 가. 언니가 뒤로 비켰다.
　　　가'. 姐姐躲到後面了.
　　　가''. 姐姐閃到後面了.

(가-가'')를 통해 알 수 있듯이 '사람이 지금 있던 자리에서 벗어나 어디로 옮기다'의 의미를 표현할 때 한국어에서 '비키다'를 사용하는데 중국어에서는 '躲'와 '閃'는 자유롭게 나타난다. 이 대조 결과를 표로 정리하면 다음과 같다.

[표 131] 한국어 '비키다'와 중국어 '躲'의 단의 대응 관계 대조

단의	비키다	躲
(사람이) 무엇을 피하여 자리를 어떤 방향으로 조금 옮기다.	①	❶

이를 토대로 한국어 '비키다'와 중국어 '躲'의 단의 분포 양상을 대조하면 다음과 같다.

[그림 76] 한국어 '비키다'와 중국어 '躲'의 단의 분포 양상 대조

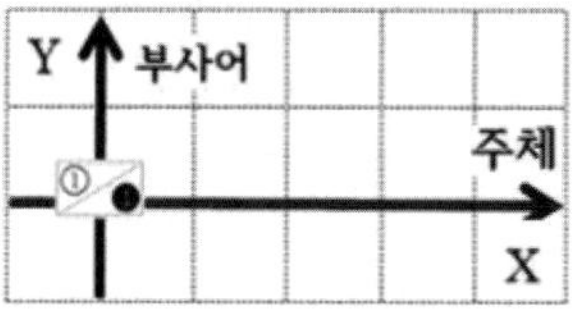

4.2. 수직(垂直) 이동 동사

4.2.1. 상승(上昇) 동사

'부차적 상승 이동'은 '낮은 데에서 위로 올라가 자리를 옮기다'는 점이 '본질적 상승 이동'과 비슷하나 동작을 수행하기 위해 이동이 수반되는 것이라는 점에서 차이가 있다. '부차적 상승 이동'의 이동체는 주로 사물이고 추상 영역에서의 의미 확장도 일어난다. 또한 이동하는 공간은 주로 땅 위이며 공중, 물 위에서의 이동 양상도 발견할 수 있다. 이 부분의 대표적인 어휘로 한국어에서는 '돋다01, 뜨다01, 솟다, 솝뜨다'이고, 중국어에서는 '升, 涌'이 있다. '솝뜨다'의 단의는 '솟다'에서 모두 찾을 수 있으므로 논의는 한국어 '솟다'와 중국어 '涌'을 대응시켜 전개하고자 한다.

4.2.1.1. 돋다01, 뜨다01/升

4.2.1.1.1. 돋다01, 뜨다01

한국어에서 '해나 달이 서쪽에서 떠오르다'는 의미를 표현할 수 있는 대표 어휘가 '돋다'와 '뜨다'이다. '돋다'는 「표준」과 「고려」에서 모두 5개 의미로 정리되어 있다.

> (347) '돋다01'의 단의 후보(1)
>> (가) 「표준」 「1」해나 달 따위가 하늘에 솟아오르다. ¶ 해가 돋다/어느새 달도 지고 별이 돋는 새벽녘이 되었다.
>> 「고려」 「1」[(명)이] (해나 달이) 지평선이나 수평선 위로 처음 솟아오르다. ¶ 바다 한가운데서 해가 돋는다./해가 돋는 순간은 정말 아름답구나!/오늘따라 둥근 달이 밝게 돋아서 밤길이 환해 보인다.
>> (나) 「표준」 「2」입맛이 당기다. ¶ 밥맛이 돋아 밥을 두 그릇이나 먹었다./운동을 하고 난 뒤라 그런지 입맛이 돋는다.

「고려」「4」[(명)이] (입맛이) 음식을 먹고 싶은 마음이 생기다. ¶ 병이 회복되자 점차 입맛이 돋기 시작한다.

(다) 「표준」「3」속에 생긴 것이 겉으로 나오거나 나타나다. ¶ 나뭇가지에 싹이 돋다/이마에 땀이 돋다/한겨울인데도 마당가에 파릇파릇 돋아 있는 풀포기가 신기했다.

「고려」「2」[(명)이 (명)에/(명)에서] (무엇이 사물에) 겉으로 자라 나오거나 나타나다. ¶ 벽지에 거뭇거뭇한 곰팡이가 돋았다./광연이는 젊은 나이에 벌써 흰 머리카락이 돋기 시작했다./풀이며 나무에 새싹들이 돋는 소리가 들려오는 듯하다.

(라) 「표준」「4」살갗에 어떤 것이 우툴두툴하게 내밀다. ¶ 얼굴에 여드름이 돋다/온몸에 소름이 돋다/상한 음식을 먹고 두드러기가 돋았다.

「고려」「3」[(명)이 (명)에] (여드름이나 두드러기가 피부에) 우툴두툴하게 붉어지다. ¶ 얼굴에 여드름이 잔뜩 돋았다./온몸에 두드러기가 돋아서 근질근질하다.

(마) 「표준」「5」감정이나 기색 따위가 생겨나다. ¶얼굴에 생기가 돋는다./화가 머리끝까지 돋았다./겨울밤에 그 찬 것을 마시면 흐리멍덩했던 정신이 단박 맑아지고 생기와 의욕이 돋는 것 같다.

「고려」「5」[(명)이 (명)에] (기운이 마음이나 외양에) 나타나게 되다. ¶합격했다는 소식을 듣더니 네 얼굴에 생기가 돋는구나.

'돋다01'의 의미를 살펴보면 「표준」과 「고려」는 의미를 나열하는 순서만 다르고 모두 동일한 것을 확인할 수 있다. 따라서 '돋다01'의 의미를 다음과 같이 정리할 수 있다.

(348) '돋다01'의 단의 후보(2)

ⓐ [(명)이] (해나 달이) 지평선이나 수평선 위로 솟아오르다. ← (가)

ⓑ [(명)이] (입맛이) 음식을 먹고 싶은 마음이 생기다. ← (나)

ⓒ [(명)이 (명)에/(명)에서] (무엇이 사물에) 속에 생긴 것이 겉으로 나오거나 나타나다. ← (다)

ⓓ [(명)이 (명)에] (여드름이나 두드러기가 피부에) 우툴두툴하게
붙거지다. ← (라)

ⓔ [(명)이 (명)에] (감정이나 기색 따위가) 외양에 생겨나다. ←
(마)

'돋다01'의 의미를 총 다섯 가지로 정리하였다. 이 다섯 가지 의미들은
'A가 돋다'와 'A가 C에/에서 돋다'의 두 가지 격틀 정보를 가지고 있다.

(349) 가. 해가 돋다.
나. 여드름이 얼굴에 돋다.

예문 (가)에서는 '돋다'가 주체 '해'만 요구하고, (나)에서는 주체가 '여
드름이' 출현하는 장소인 얼굴도 같이 요구한다.

'돋다01'의 의미 가운데 주체 자리에 나타나는 어휘를 살펴보면 ⓐ번
'해나 달', ⓑ번 '입맛', ⓒ번 '사물', ⓓ번 '여드름이나 두드러기', ⓔ번 '감
정이나 기색' 따위이다. 이 어휘들의 의미적 특성을 살펴보면 ⓐⓑⓒⓓ번
은 구체성을 가지고 있는 반면 ⓔ번은 추상성을 가지고 있다. 또한 ⓐⓑ
ⓒⓓ번 가운데 ⓐⓒⓓ번은 '형체가 있는 물체로' 유형물에 속하는 반면
②번은 '형체' 확인할 수가 없어 '무형물'에 속한다. 이상 내용을 표로 정리
하면 다음과 같다.

[표 132] 한국어 '돋다01'의 단의 분류

구체	주체(A)	부사어(C)	구문 구조	단의 후보 번호
	해나 달	–	A가 돋다	ⓐ
	여드름	피부	A가 C에/에서 돋다	ⓓ
	싹	나뭇가지		ⓒ
	입맛	–	A가 돋다	ⓑ
추상	감정이나 생기			ⓔ

위에 정리된 '돋다01'의 단의 실현 환경을 보면 ⓐⓒⓓ번은 유형물의 움직임을 표현하는 데 비해 ⓑ는 무형물의 상태 변화를 의미한다. 그러므로 구체성의 정도에 따라 ⓑ는 ⓐⓒⓓ에서 파생된다고 볼 수 있다. 또한 ⓐⓒⓓ 가운데 의미의 구체성 정도에 따라 그들의 순서는 ⓐⓓⓒ가 되겠다. 앞서 내용에 따라 '돋다01'의 단의를 다음과 같이 재정리할 수 있다.

(350) '돋다01'의 단의
　① [(명)이] (해나 달이) 지평선이나 수평선 위로 솟아오르다. ← ⓐ
　② [(명)이 (명)에] (여드름이나 두드러기가 피부에) 우툴두툴하게
　　 불거지다. ← ⓓ
　③ [(명)이 (명)에/(명)에서] (무엇이 사물에) 속에 생긴 것이 겉으로
　　 나오거나 나타나다. ← ⓒ
　④ [(명)이] (입맛이) 음식을 먹고 싶은 마음이 생기다. ← ⓑ
　⑤ [(명)이 (명)에] (감정이나 기색 따위가) 외양에 생겨나다. ← ⓔ

이를 토대로 '돋다01'의 단의 분포 양상은 다음과 같이 제시할 수 있다.

[그림 77] 한국어 '돋다01'의 단의 분포 양상

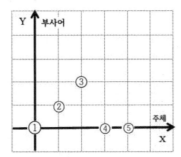

위에 제시된 '돋다01'의 단의 분포 양상을 보면 ②③번 단의는 의미 변화에 있어서 주체 및 부사어의 영향을 모두 받는데 비해 ④⑤번은 주체의

영향만 받는다.

'돋다01'의 각 단의 가운데 가장 중심적이고 기본적이라고 판단되는 단의를 중심으로 각각의 단의가 파생되었다고 볼 수 있을 것이다. 그리고 각 단의를 대표할 수 있는 원형의미는 출현 제약이나 의미적 환경의 영향을 되도록 적게 받는 구체적 환경에서 실현되는 것으로 결정된다. ①번 '해나 달이 지평선이나 수평선 위로 솟아오르다'는 구체물이 아래에서 위로 이동하는 것을 의미한다. 해나 달이 이동하는 것은 되도록 제한을 적게 받고 다른 단의를 대표할 수 있는 원형의미로 간주할 수 있다. ②번 '여드름이나 두드러기가 피부에 우툴두툴하게 불거지다'는 인간의 부분인 여드름이 드러나는 것을 의미하기 때문에 원형의미에서 확장해온 것이 가장 자연스럽다. ③번 '무엇이 사물에 속에 생긴 것이 겉으로 나오거나 나타나다'는 단의는 역시 무엇이 안에서 겉으로 나타나는 의미를 표현하기에 ②번과 비슷하다. 따라서 ②번은 ③번 단의의 은유적인 확장이다. ④번 '음식을 먹고 싶은 마음이 생기다'는 원형의미에서 확장해온 것이 가장 자연스럽다. ⑤번의 주체 감정이나 기색은 마음보다 사람과 덜 밀접한 관련을 갖고 있어 ⑤번은 ④번에서 확장해온다.

이상 내용을 표로 정리하면 아래와 같다.

[표 133] 한국어 '돋다01'의 의미 확장 양상

	단의
④←⑤←①→②→③	① [(명)이] (해나 달이) 지평선이나 수평선 위로 솟아오르다.
	② [(명)이 (명)에] (여드름이나 두드러기가 피부에) 우툴두툴하게 불거지다.
	③ [(명)이 (명)에/(명)에서] (무엇이 사물에) 속에 생긴 것이 겉으로 나오거나 나타나다.
	④ [(명)이] (입맛이) 음식을 먹고 싶은 마음이 생기다.
	⑤ [(명)이 (명)에] (감정이나 기색 따위가) 외양에 생겨나다.

이어서 '뜨다01'의 의미를 살펴보겠다.

(351) '뜨다01'의 단의 후보(1)
   (가) 「표준」 「1」물속이나 지면 따위에서 가라앉거나 내려앉지 않고
      물 위나 공중에 있거나 위쪽으로 솟아오르다. ¶ 종이배가 물에
      뜨다/소금쟁이는 물 위에 떠 다닌다./아이들은 하늘에 떠 있는
      비행기를 바라보며 환호성을 질렀다./이미 해가 중천에 떠 있
      는데도 사람들은 아직 자리에서 일어나지 않았다./몸이 공중에
      붕 떠 있는 것 같은 느낌이었다.
      「고려」 「1」[(명)이 (명)에/(명)으로] (사물이 물위에) 솟아오르거
      나 머물러 있는 상태가 되다. ¶ 종이배가 물위에 뜨다/국물에
      기름이 너무 많이 떠서 좀 건져내야겠다./나무는 물에 잘 뜨는
      성질을 가지고 있다.
      「고려」 「2」[(명)이 (명)에/(명)으로] (물건이 공중에) 땅 위에서
      솟아오르거나 머무르다. ¶ 풍선이 공중으로 뜨다/하늘에 구름
      이 두둥실 떠 있다./공항에서 매 시간 뉴욕행 비행기가 뜬다./
      자기 부상 열차는 초전도 자석을 이용해 공중에 떠서 달리는
      기차이다.
      「고려」 「3」[(명)이] (해나 달, 별 따위가) 위로 돋아 오르다. ¶
      아침해가 뜨다/멀리서 반짝이는 등댓불이 마치 하늘에 떠 있
      는 별처럼 보였다./소나기가 오고 난 뒤 뒷동산에 쌍무지개가
      떴다.
   (나) 「표준」 「2」착 달라붙지 않아 틈이 생기다. ¶풀칠이 잘못되어
      도배지가 떴다./방바닥에 습기가 차서 장판이 떴다./당장 광의
      구조를 고쳐 바닥과 가마 사이가 뜨도록 통나무를 밑에 질러
      두어 뼘 정도의 공간을 만들고….≪윤흥길, 장마≫
      「고려」 「4」[(명)이] (종이나 나무가) 붙어 있던 데에서 떨어져
      틈이 생기다. ¶ 장판이 뜨다/습기가 차서 도배지가 뜬다.
   (다) 「표준」 「3」차분하지 못하고 어수선하게 들떠 가라앉지 않게
      되다. ¶ 교실 분위기가 다소 붕 떠 있는 것처럼 보였다./소풍
      생각에 마음이 떠 있어 공부가 되지 않는다.

(라) 「표준」 「4」연줄이 끊어져 연이 제멋대로 날아가다.

「고려」 「8」[(명)이] (연이) 줄이 끊어져 제멋대로 날아가다. ¶
연이 떠 버리자 아이는 발을 동동 구르며 어쩔 줄을 몰라 했다.

(마) 「표준」 「5」빌려준 것을 돌려받지 못하다. ¶ 그 돈 이미 뜬 거
야. 받을 생각 하지 마.

「고려」 「7」[(명)이] (빌려준 돈이나 물건이) 받지 못하고 떼이
게 되다. ¶ 나는 만 원이 떠 버리자 속이 상했다.

(바) 「표준」 「6」두려운 인물이 어떤 장소에 모습을 나타내다. ¶ 경
찰이 떴다. 도망가자./교장 선생님이 떴다는 소리가 들리자 아
이들은 일제히 교실을 향해 뛰어 들어갔다.

「고려」 「5」[(명)이](두려운 사람이) 어떤 장소에 모습을 나타내
다. ¶ 체육 선생님이 떴다./경찰이 뜨기 전에 어서 도망가자.

(사) 「표준」 「6」인기를 얻게 되고 유명해지다. ¶ 그 가수의 앨범이
뒤늦게 뜨기 시작했다.

「고려」 「6」[(명)이](사람이나 물건이) 인기를 얻어 갑자기 유명
해지다. ¶ 무명 배우였던 그녀는 이번 영화를 계기로 완전히
떴다.

(아) 「고려」 「9」[(명)이 (명)에] (사실이나 기사가 인터넷상에) 게시
되어 나타나다. ¶ 공지가 홈페이지에 뜨다/어제 게시판에 시험
날짜 뜬 거 봤어?/유명 여배우가 영화감독과 열애 중이라는 기
사가 떴다.

「고려」 「1」번은 '배나 나무 따위가 물에 솟아오르거나 머무르다'의 의미
이고, 「2」번은 '비행기 따위가 공중에 솟아오르거나 머무르다'의 의미이다.
「고려」 「1」번과 「2」번의 주체가 모두 '인간이 만든 사물'에 해당하고, 이
사물들이 '물 위나 공중에 솟아오르거나 머무르다'의 동작을 수행하는 것
이 공통적이다. 따라서 두 의미는 별개의 단의로 처리할 수 없고 하나의
단의로 봐야 한다. (다)번 '차분하지 못하고 어수선하게 들떠 가라앉지 않
게 되다'의 의미로 '분위기 따위가' 위로 '솟아올라 머무르다'의 의미로 「표
준」에서만 찾을 수 있다. 「고려」에서는 이와 같은 의미를 확인할 수 없다.

(아)번 '사실이나 기사가 인터넷상에 게시되어 나타나다' 의미는 「고려」에서만 확인되고 「표준」에서 확인되지 않는다. 이에 따라 '뜨다01'의 의미를 다음과 같이 정리할 수 있다.

(352) '뜨다01'의 단의 후보(2)
ⓐ [(명)이] (해나 달, 별 따위가) 위로 돌아 오르다. ← (가)
ⓑ [(명)이 (명)에/(명)으로] (사물이 물위나 공중으로) 솟아오르거나 머물러 있는 상태가 되다. ← (가)
ⓒ [(명)이] (종이나 나무가) 붙어 있던 데에서 착 달라붙지 않아 틈이 생기다. ← (나)
ⓓ [(명)에 (명)이] 마음이 차분하지 못해 어수선하게 들떠 가라앉지 않게 되다. ← (다)
ⓔ [(명)이] (연이) 줄이 끊어져 제멋대로 날아가다. ← (라)
ⓕ [(명)이] (빌려준 돈이나 물건이) 받지 못하고 떼이게 되다. ← (마)
ⓖ [(명)이] (두려운 사람이) 어떤 장소에 모습을 나타내다. ← (바)
ⓗ [(명)이] (사람이나 물건이) 인기를 얻어 갑자기 유명해지다 ← (사)
ⓘ [(명)이 (명)에] (사실이나 기사가 인터넷상에) 게시되어 나타나다. ← (아)

위에 정리된 의미를 보면 '뜨다01'은 'A가 뜨다'와 'A가 C에/으로 뜨다'의 격틀 정보를 가지고 있다.

(353) 가. 해가 뜨다.
나. 종이배가 물위에 뜨다.

예문 (가)를 살펴보면 '뜨다'의 의미를 표현하는 데 주체 '해'만 요구하고 이때 '해가 지평선 위로 돌아 오르다'의 의미를 가져 'A가 뜨다'의 격틀 정보를 가진다. 예문 (나)는 '종이배'가 '물위에 솟아오르다'의 의미를 표현하려면 주체 '종이배'뿐만 아니라 위치에 해당하는 '물 위'도 요구한다.

'뜨다01'의 의미 가운데 주체 자리에 나타나는 어휘 ⓐ는 '해나 달', ⓑ는 '사물', ⓒ는 '틈', ⓓ는 '마음', ⓔ는 '연', ⓕ는 '돈', ⓖ는 '사람', ⓗ는 '인기', ⓘ는 '정보' 따위가 해당된다. ⓐⓑⓕⓖ는 구체성을 가지고 있지만 ⓒⓓⓔⓗⓘ는 추상성을 가지고 있다. ⓒⓓⓔⓗⓘ 가운데 ⓓⓔⓗ의 주체는 각각 '마음, 연, 인기'로서 인간과 긴밀한 관련이 있어 보이는데 ⓒⓘ의 주체는 인간과 그다지 밀접한 관련이 있지 않다. 위 내용을 정리하면 다음과 같다.

[표 134] 한국어 '뜨다01'의 단의 분류

구체 ↓ 추상	주체(A)	부사어(C)	구문 구조	단의 후보 번호
	해, 달	-	A가 뜨다	ⓐ
	사람	장소	A가 C에 뜨다	ⓖ
	사물			ⓑ
	돈	-	A가 뜨다	ⓕ
	마음	소풍	C에 A가 뜨다	ⓓ
	인기			ⓗ
	연	-	A가 뜨다	ⓔ
	틈			ⓒ
	정보			ⓘ

위에 정리된 '뜨다01'의 단의 실현 환경을 보면 '뜨다01'의 단의들이 구체 및 추상 영역에 두루 확인되는 것을 확인할 수 있다. 구체 영역 안에서 구체성과 고유적인 의미를 고려한 결과로는 ⓐ가 이 영역에서 먼저 나온다고 판단된다. 또한 나머지 단의들은 인간과의 관련 정도 및 구체성 정도에 따라 순서를 정하면 ⓖⓑⓕ가 되겠다. 한편 추상 영역 안에서 ⓓⓗⓔ의 주체는 각자 '마음, 인기'이기 때문에 인간과 긴밀한 관련이 있어 보인

다. ⓒⓘ의 주체는 각자 '틈이나 정보'가 해당되어 인간과 긴밀한 관련이 보이지 않는다. 그러므로 인간 영역에서 비인간 영역으로 의미 확장이 일어나는 일반적인 원리에 따라 ⓒⓘ는 ⓓⓗⓔ에서 파생된다고 볼 수 있을 것이다. 그리고 ⓒⓘ 및 ⓓⓗⓔ 부류에 있는 단의들의 추상화 정도에 따라 다시 순서를 매기면 ⓓⓗⓔⓒⓘ이 되겠다. 이 내용에 따라 '뜨다01'의 단의를 다음과 같이 재배열할 수 있다.

(354) '뜨다01'의 단의[17]

　① [(명)이] (해나 달, 별 따위가) 위로 돌아 오르다. ← ⓐ

　② [(명)이] (두려운 사람이) 어떤 장소에 모습을 나타내다. ← ⓖ

　③ [(명)이 (명)에/(명)으로] (사물이 물위나 공중으로) 솟아오르거나 머물러 있는 상태가 되다. ← ⓑ

　④ [(명)이] (빌려준 돈이나 물건이) 받지 못하고 떼이게 되다. ← ⓕ

　⑤ [(명)에 (명)이] 마음이 차분하지 못해 어수선하게 들떠 가라앉지 않게 되다. ← ⓓ

　⑥ [(명)이] (사람이나 물건이) 인기를 얻어 갑자기 유명해지다 ← ⓗ

　⑦ [(명)이] (연이) 줄이 끊어져 제멋대로 날아가다. ← ⓔ

　⑧ [(명)이] (종이나 나무가) 붙어 있던 데에서 착 달라붙지 않아 틈이 생기다. ← ⓒ

　⑨ [(명)이 (명)에] (사실이나 기사가 인터넷상에) 게시되어 나타나다. ← ⓘ

이 내용을 토대로 한국어 '뜨다01'의 단의 분포 양상을 다음과 같이 그

---

17) 한국어에서 부차적 상승 이동을 뜻하는 단일어가 '돋다01'과 '뜨다01'이 있다. '돋다01'과 '뜨다01'은 서로 포함되는 관계가 아니기 때문에 한국어와 대조할 때 두 어휘를 모두 다루어야 한다. 그래서 '돋다01'과 구별하기 위해 '뜨다01'의 단의를 표시할 때 부호 네모상자 '①②③…'을 사용하기로 한다.

려볼 수 있다.

[그림 78] 한국어 '뜨다01'의 단의 분포 양상

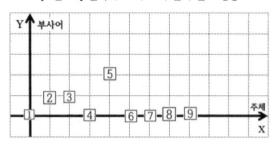

위에 정리한 단의 분포 양상을 보면 '뜨다01'은 9개의 단의를 가지고 있다. 이 단의들 가운데 ④⑥⑦⑧⑨번은 의미를 실현하는데 부사어가 상정되지 않고 주체의 특성에 따라 의미가 달라진다. 이에 비하여 ②③⑤번은 의미 변화에 있어서 주체 및 부사어의 영향을 모두 받는다.

'뜨다01'의 각 단의 가운데 가장 중심적이고 기본적이라고 판단되는 단의를 중심으로 각각의 단의가 파생되었다고 볼 수 있을 것이다. 그리고 각 단의를 대표할 수 있는 원형의미는 출현 제약이나 의미적 환경의 영향을 되도록 적게 받는 구체적 환경에서 실현되는 것으로 결정된다. ①번 '해나 달, 별 따위가 위로 돋아 오르다'는 자연물의 이동을 뜻하므로 되도록 제한을 적게 받는 의미로 간주할 수 있고 다른 단의를 대표할 수 있는 원형의미이다. ②번 '두려운 사람이 어떤 장소에 모습을 나타내다'는 역시 구체물이 이동을 의미한다. 따라서 이것은 원형의미에서의 의미 확장이다. ⑥번 '사람이나 물건이 인기를 얻어 갑자기 유명해지다'는 사람이 가진 인기와 같은 것이 생기거나 나타나는 의미를 표현하기 때문에 ②번에서 확장해온 것이 가장 자연스럽다. ⑧번 '종이나 나무가 붙어 있던 데에서 착달라붙지 않아 틈이 생기다'와 ⑨번 '사실이나 기사가 인터넷상에 게시되어 나타나다'는 모두 무엇이 생기거나 나타나는 의미를 표현한다. ⑧번과 ⑨번 주체의 구체성 정도에 따라 ⑨번이 ⑧번에서 확장해온 것이 가장 자연스럽다. ③번 '사물이 물위나 공중으로 솟아오르거나 머물러 있는 상태가 되다'는 사물이 아래에서 위로 이동하는 것이 원형의미와 비슷하다. 따라서 이것은 원형의미에서 확장해온 것으로 간주한다. ⑤번 '마음이 차분하지 못해 어수선하게 들떠 가라앉지 않게 되다'는 마음에 가진 감정이 아래로 가지 못한 상태를 뜻함으로 ③번과 비슷하다. ④번 '빌려준 돈이나 물건이 받지 못하고 떼이게 되다'는 다른 단의와의 관련성이 강하지 않아 원형의미에서 확장해온다. ⑦번 '연이 줄이 끊어져 제멋대로 날아가다'는 역시 연이 돈처럼 다시 돌아오지 않은 상태를 표현한다. 따라서 ⑦번은 ④번에서 확장해온다. 위 내용을 표로 정리하면 아래와 같다.

[표 135] 한국어 '뜨다01'의 의미 확장 양상

단의
⑨ ↑ ⑧ ↑ ⑥ ↑ ② ↑ ⑦ ←④←①→③→⑤

단의
① [(명)이] (해나 달, 별 따위가) 위로 돌아 오르다.
② [(명)이] (두려운 사람이) 어떤 장소에 모습을 나타내다.
③ [(명)이 (명)에/(명)으로] (사물이 물위나 공중으로) 솟아오르거나 머물러 있는 상태가 되다.
④ [(명)이] (빌려준 돈이나 물건이) 받지 못하고 떼이게 되다.
⑤ [(명)에 (명)이] 마음이 차분하지 못해 어수선하게 들떠 가라앉지 않게 되다.
⑥ [(명)이] (사람이나 물건이) 인기를 얻어 갑자기 유명해지다
⑦ [(명)이] (연이) 줄이 끊어져 제멋대로 날아가다.
⑧ [(명)이] (종이나 나무가) 붙어 있던 데에서 착 달라붙지 않고 틈이 생기다.
⑨ [(명)이 (명)에] (사실이나 기사가 인터넷상에) 게시되어 나타나다.

4.2.1.1.2. 升

중국어 '升'에 대하여 「現代」과 「新華」에서는 모두 2개 의미를 제시하고 있다. 내용은 다음과 같다.

> (355) '升'의 단의 후보(1)
>> (가) 「現代」「1」由抵往高移動(아래에서 위로 솟아오르다) ¶ 旭日東
>> 升(해가 동쪽에서 뜨다)/月亮升(달이 뜨다.)
>> 「新華」「1」向上, 高起(위로 솟아오르다) ¶ 東方紅, 太陽升(동쪽
>> 이 빨간색으로 변하여 해가 뜨다)
>> (나) 「現代」「2」等級提高(급이 높아지다) ¶ 級別升了(급이 높아졌다.)
>> 「新華」「2」提高(향상시키다) ¶ 級別升了(급이 높아졌다.)

중국어 '升'의 의미를 살펴보면 「現代」와 「新華」는 두 개의 의미가 모두
동일하다. 그런데 사전에 제시되지 않았지만 실제적으로 사람들이 광범위
하게 사용하는 예들이 있다.

첫째, '電梯(엘리베이터)', '天花板(천장판)' 따위가 아래에서 위로 움직일 때
'升'을 사용할 수 있다.

> (356) 가. 電梯升了約莫一百多米, 自動停下來了.(엘리베이터가 백 미터정도
> 올라가다가 자동으로 멈추었다.
> 나. 天花板可升可降.(천장판이 오를 수도 있고 내릴 수도 있다.)

둘째, '工資(월급)', '溫度(온도)', '成績(성적) 등 수치로 표시될 수 있는 따
위들의 높아지는 것을 표현할 수 있다.

> (357) 가. 弟弟的成績又升了, 我們應該給一點獎勵.(동생의 성적이 또 높아
> 졌으니까 우리가 장려를 좀 줘야겠다.
> 나. 水的溫度升得越高, 需要吸收的熱量越多.(물의 온도가 높아질수록
> 더 많은 열량이 필요하다.)

셋째, '音調(음조)'와 같은 '소리의 가락'의 표현하는 어휘들이 '升'과 결합해서 그 '음조'의 높아진 것을 의미한다.

(358) 가. 如果第一個音升半個音, 這個問題就能夠解決. (제 7번째 음조가 반 음조를 더 높아지면 이 문제를 해결할 수 있을 것이다.)
　　　나. 如果調再調高八度的話, 這首歌會是一手好歌. (이 음조가 팔도까지 높아지면 좋은 노래가 될 수 있다.)

이상 내용을 살펴보면 세 번째의 '음조'도 수치로 표시하는 것이라 두 번째와 같이 하나의 단의로 묶을 수 있다. 즉, 위에 따라 '升'의 의미를 다음과 같이 정리할 수 있다.

(359) '升'의 단의 후보(2)
　　　ⓐ [(명)이]太陽或月亮等地平線升起(해나 달이 지평선 위로 솟아오르거나 머무르다) ← (가)
　　　ⓑ [(명)이]等級從一個級別上升到另一個高的級別(급별이 지금 있는 데에서 더 높은 데로 올라가다.) ← (나)
　　　ⓒ [(명)이]電梯,天花板等物體的向上移動(엘리베이터, 천장판 따위가 아래에서 위로 올라가다.)
　　　ⓓ [(명)이]工資,溫度,成績等數值的升高(월급, 온도, 성적 따위가 높아지다.)

위에 제시한 사전적 의미를 보면 '升'의 의미 변화를 야기하는 요소는 주체 하나뿐이다. 따라서 '升'은 'A+升'의 격틀 정보를 가진다.

(360) 가. 月亮升.(달이 떴다.)
　　　나. 級別升了.(급이 높아졌다.)

(가)번에서 '升'은 구체적인 물체의 수직 이동을 의미하는 데 주체 '月亮' 만 요구하고, (나)번에서 '升'은 추상적인 수직 이동을 표현하는 데도 주체 '級別'만 요구한다. 따라서 '升'은 'A+升'의 격틀 정보를 가진다고 말할 수 있다.

'升'의 의미 가운데 주체 자리에 ⓐ번은 '해나 달'와 같은 구체성을 가진 물체가 나타나고, ⓑ번에서 주체 자리에 '높고 낮음이나 좋고 나쁨 따위의 차이를 여러 층으로 구분한 단계'를 의하는 추상적인 '級別'을 요구한다. ⓒ번은 '엘리베이터나 청장판', ⓓ번 '월급, 온도, 성적' 따위가 나타난다. ⓐⓒ번은 구체성을 가지고 있는 반면, ⓑⓓ번은 추상성을 가지고 있다. 위 내용을 표로 정리하면 다음과 같다.

[표 136] 중국어 '升'의 단의 분류

구체	주체(A)	구문 구조	단의 후보 번호
↓ 추상	해나 달	A+升	ⓐ
	엘리베이터		ⓒ
	월급, 성적		ⓓ
	등급		ⓑ

위에 정리된 중국어 '升'의 단의 실현 환경을 보면 '升'은 구체 및 추상 영역에서 의미 확장이 모두 일어난 것을 확인할 수 있다. 즉 ⓐⓒ는 구체 적인 이동을 표현하는 데 비해 ⓑⓓ는 추상적인 이동을 표현한다. 그리고 각 영역 안에 속한 의미들을 다시 구체성 및 추상성의 정도를 고려하여 '升'의 단의를 다음과 같이 재정리할 수 있다.

(361) '升'의 단의
❶ [(명)이]太陽或月亮等地平線升起(해나 달이 지평선 위로 솟아오 르거나 머무르다) ← ⓐ

❷ [(명)이]電梯,天花板等物體的向上移動(엘리베이터, 천장판 따위가 아래에서 위로 올라가다.) ← ⓒ

❸ [(명)이]工資,溫度,成績等數值的升高(월급, 온도, 성적 따위가 높 아지다.) ← ⓓ

❹ [(명)이]等級從一個級別上升到另一個高的級別(급별이 지금 있는 데에서 더 높은 데로 올라가다) ← ⓑ

이를 토대로 중국어 '升'의 단의 분포 양상을 다음과 같이 정리할 수 있다.

[그림 79] 중국어 '升'의 단의 분포 양상

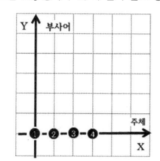

위에 정리된 단의 분포 양상을 보면 중국어 '升'은 4개의 단의를 가지고 있고 이 단의들의 의미 변화에 주체의 영향만 받는 것을 확인할 수 있다. 즉 구체성의 정도에 따라 ❶❷❸❹의 순서로 의미 확장이 일어난다.

'升'의 각 단의 가운데 가장 중심적이고 기본적이라고 판단되는 단의를 중심으로 각각의 단의가 파생되었다고 볼 수 있을 것이다. 그리고 각 단의 를 대표할 수 있는 원형의미는 출현 제약이나 의미적 환경의 영향을 되도 록 적게 받는 구체적 환경에서 실현되는 것으로 결정된다. ❶번 '해나 달 이 지평선 위로 솟아오르거나 머무르다'는 자연계의 현상을 뜻하므로 되 도록 다른 단의보다 제한을 적게 받고 다른 단의를 대표할 수 있는 원형의 미이다. ❷번 '엘리베이터, 천장판 따위가 아래에서 위로 올라가다'는 역시 구체물의 이동을 표현함으로 원형의미에서 확장해온 것이 가장 자연스럽다. ❸번 '월급, 온도, 성적 따위가 높아지다'와 ❹번 '급별이 지금 있는 데에서 더 높은 데로 올라가다'는 각각 월급, 온도, 성적, 급별 같은 추상물이 이동을 뜻한다. 월급과 온도, 성적이 사람과 밀접한 관련성을 보인 반면 급별이 이것들보다 사람과의 관련이 덜 가깝다. 따라서 ❹번은 ❸번에서 확장해온 것이 가장 자연스럽다. 위 내용을 표로 정리하면 아래와 같다.

[표 137] 중국어 '升'의 의미 확장 양상

	단의
❹ ↑ ❸ ↑ ❷ ↑ ❶	❶ [(명)이]太陽或月亮等地平線升起(해나 달이 지평선 위로 솟아오르거나 머무르다) ❷ [(명)이]電梯,天花板等物體的向上移動(엘리베이터, 천장판 따위가 아래에서 위로 올라가다.) ❸ [(명)이]工資,溫度,成績等數值的升高(월급, 온도, 성적 따위가 높아지다.) ❹ [(명)이]等級從一個級別上升到另一個高的級別(급별이 지금 있는 데에서 더 높은 데로 올라가다)

4.2.1.1.3. '돋다01, 뜨다01'과 '升'의 대조

한국어의 '돋다01'이 다섯 가지 단의로 정리되고, '뜨다01'가 아홉 가지 단의로 정리되었다. 그러나 중국어의 '升'은 한국어에 비해 단의가 적어 네 가지 단의로 정리되었다. 이 세 어휘는 원형의미에 해당하는 자연물인 '해나 달이 솟아오르거나 머무르다'의 의미를 표현하는 점에서 대응된다.

(362) 가. 해가 돋다.
　　　가'. 해가 뜨다.
　　　가". 太陽升.

(가-가")의 예문을 통해 확인할 수 있듯이 자연물인 '해'가 지평선 위로 솟아오르는 의미를 표현할 때 한국어에서 '돋다'와 '뜨다'를 자유롭게 쓸

수 있고 중국어에서는 수직 이동을 의미하는 '升'을 사용한다.

차이점은 첫째, 한국어에서 '식욕을 돋우다'의 의미를 표현할 때 '돋다'를 사용할 수 있는 반면 중국어에서는 '升'을 사용하지 않는다.

(363) 가. 입맛이 돋다.

　　가'. *升胃.

　　가". 開胃.

예문 (가-가")를 통해 알 수 있듯이 한국어에서 사람이 자기 입맛에 맞는 음식을 만날 때 먹고 싶은 마음이 생긴다는 의미로 '돋다'를 사용할 수 있는 반면 중국어에서는 '위가 열리다'와 같은 비유적인 표현을 사용하여 '開胃'로 표시한다.

둘째, 중국어 '升'의 단의 가운데 '엘리베이터나 천장판' 등 수직 이동을 할 수 있는 사물이 아래에서 위로 움직이는 의미가 있는데 한국어의 '돋다01'와 '뜨다01'은 이와 대응할 수 있는 의미가 없다.

(364) 가. 電梯升了約莫一百多米, 自動停下來了.

　　가'. *엘리베이터가 백 미터정도 돋다가 자동으로 멈추었다.

　　가". *엘리베이터가 백 미터정도 뜨다가 자동으로 멈추었다.

　　가"'. 엘리베이터가 백 미터정도 올라가다가 자동으로 멈추었다.

　　나. 天花板可升可降.

　　나'. *천장판이 돋을/뜰 수도 있고 내릴 수도 있다.

　　나". *천장판이 뜰 수도 있고 내릴 수도 있다.

　　나"'. 천장판이 오를 수도 있고 내릴 수도 있다.

위 예문을 통해 확인할 수 있듯이 중국어에서 '엘리베이터'와 같은 사물들의 상하 이동을 표현할 때 '升'을 사용할 수 있는데, 한국어에서는 주체와 결합하는 어휘의 성질에 의하여 상황에 따라 '오르다'와 '올라가다'를 선택한다.

셋째, 한국어 '돋다01'의 단의 가운데 '여드름이나 두드러기'와 같은 얼굴에 도톨도톨하게 나는 검붉고 작은 종기가 나는 의미를 표현할 수 있는데 중국어 '升'은 이와 대응관계를 이룰 수 있는 단의가 없다.

(365) 가. 여드름이 돋았다.
　　　가'. *升痘了.
　　　가". 長痘了.
　　　나. 두드러기 돋았다.
　　　나'. *升蕁麻疹了.
　　　나". 出蕁麻疹了.
　　　나'''. 起蕁麻疹了.

예문 (가-가")에서 '여드름'이 얼굴에 나는 의미를 표현할 때 한국어에서 '돋다01'를 사용하는 데 비하여 중국어에서는 '升'을 사용하지 않고 '자라거나 나다'를 표현하는 '長'을 사용한다. 또한 (나-나''')의 예문에서 '두드러기'와 같은 피부에 '콩이나 팥알만 한 것이' 나다는 의미를 '돋다01'로 표현하고 있는데 중국어 이러한 경우에서는 '出/起'를 자유롭게 선택한다.

넷째, 한국어 '돋다01'의 단의 가운데 '씨, 줄기, 뿌리 따위에서 처음 돋아나는 어린잎이나 줄기'를 의미하는 '싹'이 나온다는 의미를 '싹이 돋다'와 같은 구조로 표현하고 있는데 중국어에서는 '升'을 사용하지 않는다.

(366) 가. 싹이 돋았다.
　　　가'. *升芽了.
　　　가". 發芽了.

예문 (가)에서 '싹이 돋다'라는 의미를 '싹이 나다'나 '싹이 트다'로도 표현할 수 있다. 그 차이점으로는 '싹이 돋다'는 싹의 이동을 더 강조하는 의미로 '돋다'를 선택하는 데 비해, '싹이 나다'와 '싹이 트다'는 싹의 생리적인 기능을 더 중요시하게 생각하여 '나다, 트다'를 사용한다. 중국어에서는 이 의미를 표현하는 데 이동 의미보다는 생리적인 기능에 초점을 두어 '*升芽'가 아닌 '發芽'를 사용한다.

다섯째, 한국어 '돋다01'의 추상적인 의미 가운데 '감정이나 기색 따위가 외양에 생겨나다'는 의미를 가지고 있다. 그러나 중국어 '升'은 이와 대응될 수 있는 단의가 없다.

(367) 가. 얼굴에 생기가 돋는다.
　　　가'. *臉上升光彩.
　　　가". 臉上顯現光彩.

위 예문에서 '얼굴에 생기가 나다'는 의미를 표현할 때 한국어에서 '돋다01'을 사용하는데 비해 중국어에서는 '升'을 시용하지 못하고 '나타나다'나 '드러나다'의 의미를 가진 '顯現'을 사용한다.

여섯째, 한국어 '뜨다01'의 의미 가운데 '사람이 인기를 얻어서 유명해지다'라는 의미를 표현할 수 있는 데 비해 중국어에서는 '升'을 사용하지 않고 '出名'을 사용한다.

(368) 가. 철수가 정말로 떴다.
　　　가'. *哲淑眞的升了.
　　　가". 哲淑眞的出名了.

위 예문에서 주체 '철수가 인기를 얻게 되고 유명해지다'는 의미이다. 이때 한국어에서 그 인기가 밑에서부터 위로 솟아오르는 이동함을 표현하여 수직 이동 동사 '뜨다01'을 선택한다. 그러나 중국어에서는 이동보다는 인기가 위로 솟아오르는 결과를 더 중요시하게 여겨 '이름이 나다'를 사용한다.

일곱째, 한국어 '뜨다01'는 특정한 사람이 어디에 나타난 의미를 표현할
수 있는데 중국어 '升'은 이와 비슷한 의미를 가지지 않는다.

(369) 가. 경찰이 떴다.
　　가'. *警察升了.
　　가''. 警察出現了.

위 예문에서 경찰은 일반 사람들에게 '두려운 사람'으로 인식할 수 있다.
즉 '뜨다01'는 두려운 사람이 나타나는 것을 의미한다. 중국어 '升'은 '사람
이 나타나는 의미'를 가지지 않고 대신 '出現'을 사용한다.

여덟째, 한국어 '뜨다01'의 단의 가운데 '빌려준 돈이나 물건 같은 것
은 되돌려주지 못하다'는 의미가 있는데 중국어 '升'은 이와 비슷한 의미
가 없다.

(370) 가. 돈이 떴다.
　　가'. *錢升了.
　　가''. 錢沒了.
　　가'''. 錢花了.

위 예문 (가-가''')를 통해 알 수 있듯이 '빌려준 돈을 써 버리다'는 의
미를 표현하는 데 '뜨다01'을 사용할 수 있다. 그러나 이와 대응되는 중
국어 '升'은 '돈'과 결합하지 못하고 수직 이동을 의미하는 어휘와만 결
합할 수 있다. 이런 경우에는 '錢沒(돈이 없어지다)'나 '錢花(돈을 써 버리다)'
를 사용한다.

아홉째, 한국어 '뜨다01'은 '비행기가 공중에 솟아오르다'를 할 때 '뜨다
01'을 취할 수 있다. 그러나 중국어에서는 이럴 경우 '升' 대신 '起飛'를 사
용한다.

(371) 가. 비행기가 공중에 떴다.

　　가'. *飛機升空中了.

　　가". 飛機起飛了.

　　나. 배가 물 위에 떴다.

　　나'. *船升在水面上.

　　나". 船浮在水面上.

위 예문 (가)에서 '뜨다01'는 주체 '비행기'와 결합하여 '비행기가 지상부터 공중에 솟아오르다'는 이동을 표현한다. 이때 '뜨다01'은 '해가 뜨다'와 비슷한 이동을 의미한다. 그러나 중국어에서는 '비행기'가 '새'처럼 '날아가다'와 비슷하게 보아 '起飛(날기 시작하다)'를 사용한다. 예문 (나-나")에서 주체인 '배가 물 위에 솟아오르다'는 의미로 중국어에서는 '船'의 의미적 특성을 고려한 결과로 '升'대신 '浮'를 사용한다.

열째, 한국어 '뜨다01'은 추상 영역에서 '사람과 사람들 사이에 맺어지는 관계'에 확장이 이루어지는데 중국어 '升'은 이러한 의미가 없다.

(372) 가. 연이 떠 버렸다.

　　가'. *緣分升了.

　　가". 緣分斷了.

위 예문에서 '인연'이 사람과 떨어져 멀어지는 의미를 표현할 때 한국어에서 '뜨다01'을 사용할 수 있는데 중국어의 '升'은 이러한 의미가 없고 대신 '사람과 사람들 사이의 관계를 끊어지는 의미를 표현하는 '斷'을 사용한다.

열한째, 한국어 '뜨다01'의 단의 가운데 추상적인 '공지나 정보 따위가 인터넷이나 신문매체에 싣다'의 의미를 표현할 수 있는데 중국어 '升'은 이와 대응될 수 있는 의미가 없다.

(373) 가. 공지가 인터넷에 떴다.

　　　가'. *公告在網上升了.

　　　가''. 公告在網上發佈了.

위 예문에서 '공지나 정보 따위'와 같은 추상적인 것들이 인터넷이나 신문에 신는다는 의미를 표현할 때 한국어에서 '뜨다01'을 사용할 수 있는데 중국어에서 '升'을 대신 '發佈'를 선택한다.

열두째, 중국어의 '升'은 '온도, 성적, 월급' 따위의 높아지는 현상을 표현할 수 있는데 한국어 '돋다01'와 '뜨다01'는 이러한 의미가 없다.

(374) 가. 弟弟的成績又升了, 我們應該給一點獎勵.

　　　가'. *동생의 성적이 또 돋았으니까 우리가 장려를 좀 줘야겠다.

　　　가''. *동생의 성적이 또 떴으니까 우리가 장려를 좀 줘야겠다.

　　　가'''. 동생의 성적이 또 높아졌으니까 우리가 장려를 좀 줘야겠다.

　　　나. 水的溫度升得越高, 需要吸收的熱量越多.

　　　나'. *물의 온도가 돋을수록 더 많은 열량이 필요하다.

　　　나''. *물의 온도가 뜰수록 더 많은 열량이 필요하다.

　　　나'''. 물의 온도가 높아질수록 더 많은 열량이 필요하다.

위의 (가-가'''), (나-나''')의 통해 알 수 있듯이 '온도, 월급, 성적' 따위 수치의 높아짐을 의미하는 데 중국어에서 '升'을 사용하는데 비해 한국어에서 높게 된다는 의미를 지닌 '높아지다'를 사용한다.

열세째, 중국어 '升'의 다의 가운데 '급별이 높아지다'의 의미를 표현할수 있는데 한국어 '돋다01'과 '뜨다01'은 이와 비슷한 의미가 없다.

(375) 가. 級別升了.

　　　가'. *급별이 돋다.

　　　가''. *급별이 뜨다.

　　　가'''. 급별이 높아지다.

위 예문을 통해 확인할 수 있듯이 중국어 수직 이동 동사 '升'은 추상 영역에서 사람의 급별이 높아지는 의미를 표시할 수 있다. 그러나 한국어에서는 '높아지다'를 사용한다.

이어서 한국어 '돋다01', '뜨다01'와 중국어 '升'의 의미 확장 양상을 대조해 보겠다. '돋다01', '뜨다01'과 '升'의 주체가 구체 영역에서 추상 영역으로 확장이 되는 사실을 위 내용을 통해 확인할 수 있다. 이상 내용을 표로 정리하면 다음과 같다.

[표 138] 한국어 '돋다01', '뜨다01'와 중국어 '升'의 단의 대응 관계 대조

단의	돋다01	뜨다01	升
(해나 달이) 지평선이나 수평선 위로 솟아오르다.	①	①	❶
(두려운 사람이) 어떤 장소에 모습을 나타내다.	X	②	X
(여드름이나 두드러기가 피부에) 우툴두툴하게 붉거지다.	②	X	X
(사물이 물위나 공중으로) 솟아오르거나 머물러 있는 상태가 되다.	X	③	X
(엘리베이터, 천장판 따위가) 아래에서 위로 올라가다.	X	X	❷
(무엇이 사물에) 속에 생긴 것이 겉으로 나오거나 나타나다.	③	X	X
(빌려준 돈이나 물건이) 받지 못하고 떼이게 되다.	X	④	X
(입맛이) 음식을 먹고 싶은 마음이 생기다.	④	X	X
(감정이나 기색 따위가) 외양에 생겨나다.	⑤	X	X
차분하지 못하고 어수선하게 들떠 가라앉지 않게 되다.	X	⑤	X
(사람이나 물건이) 인기를 얻어 갑자기 유명해지다.	X	⑥	X
(연이) 줄이 끊어져 제멋대로 날아가다.	X	⑦	X
(종이나 나무가) 붙어 있던 데에서 착 달라붙지 않아 틈이 생기다.	X	⑧	X
(사실이나 기사가 인터넷상에) 게시되어 나타나다.	X	⑨	X
(월급, 온도, 성적 따위가) 높아지다.	X	X	❸
(급별이) 지금 있는 데에서 더 높은 데로 올라가다.	X	X	❹

이를 토대로 한국어 '돋다01', '뜨다01'과 중국어 '升'의 단의 분포 양상을 다음과 같이 정리할 수 있다.

[그림 80] 한국어 '돋다01', '뜨다01'과 중국어 '昇'의 단의 분포 양상 대조

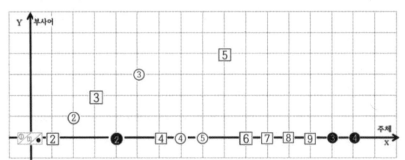

위에 제시된 그래프를 보면 한국어 '돋다01', '뜨다01'과 중국어 '昇'을 포함한 세 단어가 서로 다른 분포 양상을 가지고 있는 것을 확인할 수 있다. 한국어 '돋다01'은 다섯 가지 단의를 가지면서 구체 영역에서의 단의는 4개가 있고, 추상 영역에 속한 단의가 하나뿐이다. '뜨다01'은 아홉 개의 단의를 가지는데 구체 영역에서의 단의는 4개가 있고 추상 영역에서의 단의가 5개가 있다. '뜨다01'은 추상 영역에서의 주체가 '인기, 연줄, 종이나 나무, 사실이나 기사' 등이 다 사용될 수 있는데 '돋다01'과 중국어 '昇'의 주체는 이러한 영역까지 확장되지 않았다.

4.2.1.2. 솟다/涌

4.2.1.2.1. 솟다

한국어 '솟다'는 '연기와 물질' 따위의 자리 옮김을 뜻한다. 이에 대하여 「표준」에서 7개, 「고려」에서 9개로 기술하고 있다.

(376) '솟다'의 단의 후보(1)
　　(가) 「표준」「1」연기와 같은 물질이나 비행기와 같은 물체가 아래에서 위로, 또는 속에서 겉으로 세차게 움직이다. ¶ 김이 모락모락

솟고 있는 주전자/불길이 하늘 높이 솟는다./비행기가 굉음과 함께 공중으로 솟는다./타자가 친 공이 공중으로 높이 솟았다.

「고려」「3」[(명)에서/(명)으로 (명)이] (어떤 물체에서 연기나 비행기 따위가) 아래에서 위로 곧바로 오르다. ¶ 굴뚝에서 연기가 솟는다./병태는 김이 솟기 시작하는 냄비 뚜껑을 열어젖혔다./비행기가 활주로 위를 시원스럽게 달리다가 사뿐히 공중으로 솟았다.

(나) 「표준」「2」물가, 성적 따위의 수치화할 수 있는 지표가 이전보다 갑자기 올라가다. ¶ 기름값이 갑자기 솟았다./물가가 하늘 높은 줄 모르고 솟는다.

「고려」「8」[(명)이] (물가, 성적 따위가) 이전보다 갑자기 올라가다. ¶ 장마가 계속되자 과일 값이 솟았다.

(다) 「표준」「3」해나 달이 땅위에서 모습을 드러내 하늘의 한가운데로 올라가다. ¶ 해가 벌써 중천에 솟았는지 방 안이 환했다./뒷산 위에 달이 솟았다.

「고려」「4」[(명)이 (명)에/(명)으로] (해나 달이 하늘에) 땅 위에서 모습을 드러내 올라가다. ¶ 해가 중천에 솟았는데 아직도 자고 있느냐?/절 뒤의 가파른 매봉 위로 달이 막 솟고 있다.

(라) 「표준」「4」건물과 같은 구조물이나 산과 같은 지형물이 바닥에서 위로 나온 상태가 되다. ¶ 우뚝 솟은 철탑/도시 한복판에 솟은 빌딩/서울에는 남산이 우뚝 솟아 있다.

「고려」「1」[(명)에 (명)이] (어디에 산과 같은 지형물이나 건물과 같은 구조물이) 바닥에서 위로 나온 상태가 되다. ¶ 분황사의 석탑이 우뚝 솟아 있다./지각 변동으로 평지였던 곳에 산이 솟았다./월미도 저편에 컴컴하게 솟은 섬에는 등대가 허옇게 바라보인다./황무지였던 이곳에 길이 닦이고 건물이 솟더니 어느새 사람들이 모여들었다./얼마 전까지만 해도 뼈대를 세우는 듯하더니 어느새 큰 건물이 솟았다.

「고려」「7」[[(명)이 (명)에서] (물체가 땅에서) 뚫고 나오다. ¶ 땅에서 솟은 것도 아니고, 하늘에서 떨어진 것도 아닌데 도대체 이것이 어디에서 난 것일까?

(마) 「표준」「5」땀이나 눈물 따위가 몸 밖으로 다소 많이 나오다. ¶ 이마에 구슬땀이 솟았다./가만 있어도 땀이 송송 솟을 만큼 무

덥다. ‖ 갑자기 눈에서 눈물이 솟아 앞을 볼 수가 없었다.

(바) 「표준」 「7」샘물이나 온천이 땅 위로 퐁퐁 올라오다. ¶ 이 지역에 온천이 솟는다. ‖ 바위틈에서 샘물이 솟는다.

「고려」 「5」[(명)에서/(명)에 (명)이] (속에서 물이나 눈물, 땀 따위가) 밖으로 다소 많이 나오다. ¶ 바위틈에서 샘물이 솟는다./ 신음을 억지로 참으려니 온몸에 진땀이 솟는다./나는 눈물이 솟는 것을 옷소매로 꾹꾹 눌러 닦았다.

(사) 「표준」 「6」식물의 싹이나 새순이 돋다. ¶ 나뭇가지에 새순이 솟는다. ‖ 몇 년 만에 고목에서 싹이 솟았다.

「고려」 「9」[(명)에서/(명)에 (명)이] (식물에서 싹이나 새순이) 자라 나오다. ¶ 목련 나무에서 하얀 꽃봉오리가 솟았다.

(아) 「표준」 「8」사람의 몸이나 마음속에 힘이나 의욕 따위가 생겨나다. ¶ 용기가 솟다/기운이 솟다/이 음악을 들으면 저절로 흥이 솟는다.

「고려」 「2」[(명)이] (기운이나 힘, 어떤 느낌 따위가) 강하게 생기다. ¶ 온몸에 힘이 불끈불끈 솟는다./나는 그 음악만 들으면 흥이 솟는다./여러분의 응원을 들으니 기운이 절로 솟습니다./ 그녀는 마음속에 질투가 솟는 것을 어쩔 수가 없었다.

「고려」 「6」[(명)이 (명)에/(명)으로] (몸의 한 부분이 신체의 일부에) 두드러져 나오다. ¶ 불끈불끈 힘줄이 솟은 팔뚝이 무척 단단해 보인다./속이 상한 그녀는 오늘따라 광대뼈가 솟은 얼굴을 잔뜩 찌푸리고 다녔다.

(376)에 정리한 단의들은 두 사전에 실린 것을 종합한 것이다. 위 내용을 살펴보면 한 사전에서 하나의 단의로 기술하고 있는데 다른 사전에서는 두 개의 단의로 나눠서 기술하는 경우도 있다. 예를 들어, 「표준」 「5」는 '땀이나 눈물 따위가 나오다.'는 의미이고, 「표준」 「7」은 '샘물이나 온천이 땅 위로 올라오다.'는 의미이다. 그러나 「고려」에서는 '속에서 물이나 눈물, 땀 따위가 밖으로 다소 많이 나오다.'로 기술되어 있어 「표준」 「5」와 「표준」 「7」번 의미를 한 단의에서 다루고 있다. '땀이나 눈물, 샘물'은 같

은 액체 물질로서, 또한 안에서 밖으로 움직이는 것이 비슷하나 본고에서
는 「표준」의 해석을 택한다. 또한 「고려」 「2」는 '기운이나 힘, 어떤 느낌
따위가 강하게 생기다.'의 의미이고, 「고려」 「6」은 '몸의 한 부분이 신체의
일부에 두드러져 나오다.'의 의미로 모두 신체 내부의 어떤 추상적인 느낌
이나 기운, 의욕 따위가 나오는 것이므로 「고려」 「2」와 「고려」 「6」은 별
개의 단의로 보지 않고 하나의 단의로 묶어야 한다. 위 내용에 따라 '솟다'
의 단의를 다음과 같이 정리할 수 있다.

> (377) '솟다'의 단의 후보(2)
> ⓐ [(명)에서 (명)이] 연기와 같은 물질이나 비행기와 같은 물체가
> 아래에서 위로 곧바로 오르다. ← (가)
> ⓑ [(명)이] 물가, 성적 따위의 수치화할 수 있는 지표가 이전보다
> 갑자기 올라가다. ← (나)
> ⓒ [(명)에 (명)이] 해나 달, 산 등 자연물이 땅 위에서 모습을 드러
> 내 올라가다. ← (다)
> ⓓ [(명)에 (명)이] 건물과 같은 구조물이나 산과 같은 지형물이 바
> 닥에서 위로 나온 상태가 되다. ← (라)
> ⓔ [(명)에서 (명)이] 온천이나 샘물, 땀이나 눈물 따위가 아래에서
> 위로 또는 안에서 밖으로 다소 많이 나오다. ← (마)
> ⓕ [(명)에서 (명)이] 식물의 싹이나 새순이 돋다. ← (바)
> ⓖ [(명)이]사람의 몸이나 마음속에 힘이나 의욕 따위가 생겨나다.
> ← (사)

'솟다'의 의미를 일곱 가지로 정리할 수 있다. 이 일곱 가지 단의가 'A가
솟다', 'C에서 A가 솟다', 'A가 C에 솟다' 등 격틀 정보를 가진다.

> (378) 가. 이 지역에 온천이 솟는다.
> 나. 분황사의 석탑이 우뚝 솟아 있다.
> 다. 지각 변동으로 평지였던 곳에 산이 솟았다.

'솟다'는 주체 자리에 ⓐ번 '김이나 비행기', ⓒ번 '해나 달', ⓓ번 '건물이나 구조물', ⓔ번 '땀, 논물이나 온천', ⓕ번 '새싹'과 같은 구체물을 요구하기도 하고 ⓖ번 '힘이나 의욕', ⓗ번 '물가나 성적'과 같은 추상물을 요구하기도 한다. 또한 '힘이나 의욕'은 사람의 내재적인 능력을 의미하므로 인간과 밀접한 관련이 있는 반면 '물가나 성적'은 다른 사물의 가치를 표현하므로 인간과 무관하다. 위 내용을 표로 정리하면 다음과 같다.

[표 139] 한국어 '솟다'의 단의 분류

구체	주체(A)	부사어(C)	구문 구조	단의 후보 번호
↓ 추상	땀, 눈물	몸	A가 C에서 솟다	ⓔ
	김, 비행기	장소		ⓐ
	건물, 구조물		C에 A가 솟다	ⓓ
	해나 달	지평선		ⓒ
	새싹	나무	A가 C에서 솟다	ⓕ
	힘, 의욕	-	A가 솟다	ⓖ
	물가, 성적			ⓗ

위에 제시한 '솟다'의 단의 분류를 보면 구체 영역에서 다섯 개의 단의를 가지고 있고 추상 영역에서 두 개의 단의가 있는 것을 확인할 수 있다. 구체 영역 내에서 ⓔ는 인간과 관련되면서 구체적인 의미를 표현하기 때문에 가장 원형적인 의미로 볼 수 있을 것이다. 또한 ⓐⓒⓓⓕ의 주체가 모두 구체물이지만 ⓕ의 이동 양상이 수직 이동이 아니라 안팎 이동을 표현하기 때문에 ⓕ는 ⓐⓒⓓ에서 파생된 의미로 판단할 수 있다. ⓐⓒⓓ 번 단의는 의미의 구체성 정도에 따라 순서를 ⓐⓓⓒ로 다시 정할 수 있다. 추상 영역에서는 인간 유관 의미에서 인간 무관 의미로 확장되는 원리에 따라 ⓗ는 ⓖ에서 파생된다. 위 내용에 따라 '솟다'의 단의를 다음과 같이 재배열할 수 있다.

(379) '솟다'의 단의

① [(명)에서 (명)이] 온천이나 샘물, 땀이나 눈물 따위가 아래에서 위로 또는 안에서 밖으로 다소 많이 나오다. ← ⓔ

② [(명)에서 (명)이] 연기와 같은 물질이나 비행기와 같은 물체가 아래에서 위로 곧바로 오르다. ← ⓐ

③ [(명)에 (명)이] 건물과 같은 구조물이나 산과 같은 지형물이 바닥에서 위로 나온 상태가 되다. ← ⓓ

④ [(명)에 (명)이] 해나 달, 산 등 자연물이 땅 위에서 모습을 드러내 올라가다. ← ⓒ

⑤ [(명)에서 (명)이] 식물의 싹이나 새순이 돋다. ← ⓕ

⑥ [(명)이]사람의 몸이나 마음속에 힘이나 의욕 따위가 생겨나다. ← ⓖ

⑦ [(명)이] 물가, 성적 따위의 수치화할 수 있는 지표가 이전보다 갑자기 올라가다. ← ⓑ

이를 토대로 '솟다'의 단의 분포 양상을 다음과 같이 제시할 수 있다.

[그림 81] 한국어 '솟다'의 단의 분포 양상

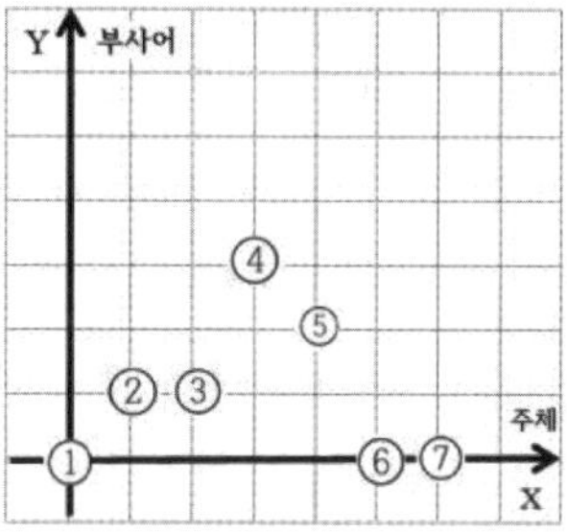

위에 정리된 '솟다'의 단의 분포 양상을 보면 '솟다'의 단의 가운데 의미 변화에 있어서 주체의 영향만 받는 단의는 ⑥⑦번이 있고 주체 및 부사어의 영향을 모두 받는 것은 ②③④⑤번이다. 한편 ②③④⑤번이 그래프

에 차지하는 위치를 통해 ②③번의 의미는 ④⑤번 보다 더 구체적인 것도 확인할 수 있다.

'솟다'의 단어 가운데 가장 중심적이고 기본적이라고 판단되는 단의를 중심으로 각각의 단의가 파생되었다고 볼 수 있을 것이다. 이 중심적이고 기본적으로 해당되는 단의는 출현제약이나 의미적 환경의 영향을 되도록 적게 받는 구체적 환경에서 실현되는 것으로 결정된다. '솟다'의 ①번 의미는 '온천이 솟다'는 '온천이 땅 위에서 위로 올라가다'의 의미로 주체의 1차원적인 이동을 의미하고, '땀이 솟다'는 '땀이 몸 안에서 밖으로 나와 떨어지다'는 의모로 주체의 3차원적인 이동을 뜻한다. 따라서 ①번 의미는 1차원 및 3차원 의미를 모두 포괄하고 있어 '솟다'의 원형 의미로 간주할 수 있다. ②번의 '연기나 비행기가 아래에서 위로 곧바로 오르다'는 주체인 구체물의 상승 이동을 의미하므로 ①번 의미와 유사해 보여 ①번에서 확장이 나온다고 볼 수 있다. ③번도 '해나 달'인 구체물의 상승 이동을 뜻하므로 ①번에서 확장된다. 건물과 같은 구조물과 비행기는 모두 인간이 제조물이다. 따라서 ④번 건물이 아래에서 위로 솟아오르는 양상은 ③번보다 ②번의 거리가 더 가깝다. ⑦번은 추상적인 '물가나 성적 따위의 수치화 지표가 이전보다 갑자기 올라가다'는 '수치'의 상승 이동을 뜻하는데 ④번의 구체물의 상승 이동을 유사하다. 따라서 ⑦번은 ④번의 은유적인 확장이다. ⑤번은 '새싹이 돋다'는 주체의 상승 이동을 뜻하는 것이 아니라 '내외 이동'을 의미한다. 이 점은 ①번의 3차원적인 이동 양상과 유사해 보여 ①번에서 확장된다고 볼 수 있을 것이다. ⑥번은 '사람 몸에 가진 힘이나 의욕 따위가 생겨나다'는 추상물의 내외 이동을 뜻하므로 ①번 주체가 해당하는 논물의 이동과 유사하다. 따라서 ⑥번은 ①번으로 확장한다고 볼 수 있을 것이다. 위 내용을 표로 정리하면 다음과 같다.

[표 140] 한국어 '솟다'의 의미 확장 양상

단의

① [(명)에서 (명)이] 온천이나 샘물, 땀이나 눈물 따위가 아래에서 위로 또는 안에서 밖으로 다소 많이 나오다.
② [(명)에서 (명)이] 연기와 같은 물질이나 비행기와 같은 물체가 아래에서 위로 곧바로 오르다.
③ [(명)에 (명)이] 건물과 같은 구조물이나 산과 같은 지형물이 바닥에서 위로 나온 상태가 되다.
④ [(명)에 (명)이] 해나 달, 산 등 자연물이 땅 위에서 모습을 드러내 올라가다.
⑤ [(명)에서 (명)이] 식물의 싹이나 새순이 돋다.
⑥ [(명)이] 사람의 몸이나 마음속에 힘이나 의욕 따위가 생겨나다.
⑦ [(명)이] 물가, 성적 따위의 수치화할 수 있는 지표가 이전보다 갑자기 올라가다.

4.2.1.2.1. 涌

중국어 '涌'은 '액체나 기체 따위가 위로 이동하다'는 의미로 「現代」과 「新華」에서는 모두 2개를 제시하고 있다.

(380) '涌'의 단의 후보(1)

(가) 「現代」「1」水或者雲氣冒出(물이나 연기가 솟다) ¶淚 如泉涌(눈물은 샘물이 솟는 것처럼 흘려 나오다)/風起雲涌(바람이 불고 연기가 솟다)

「新華」「1」水或者雲氣冒出(물이나 연기가 솟다) ¶ 淚如泉涌(눈물은 샘물이 솟는 것처럼 흘려 나오다)/風起雲涌(바람이 불고 구름이 솟다)

(나) 「現代」「2」從水或雲氣中冒出(어떤 사물이 물이나 안개 가운데 솟다) ¶ 雨過天晴,海面上涌出一輪明月.(비가 내리고 나서 하늘이 맑아져 바다 위에 달이 솟기 시작했다.)/笑容涌在臉上.(얼굴에 웃음이 솟다.)

「新華」「2」像水涌般的出現(물이 솟는 것처럼 나타난다) ¶ 許多人從裡面涌出來(많은 사람들이 물이 솟는 것처럼 안에서 나온다.)/往事湧心頭(옛날 일들이 생각난다.)

(380)에 정리한 단의들은 두 사전에 실린 것을 종합한 것이다. '湧'에 대하여 「現代」와 「新華」에서 모두 동일하게 기술하고 있다. 그러나 구체물과 추상물의 이동에 차이가 있을 수도 있고 구체물이나 추상물 안에서도 이동의 양상이 다를 수도 있다. 그렇기 때문에 현재 사전에서 기록되는 의미에 대하여 다시 정리할 필요가 있다고 본다. (나)번의 「現代」에서는 구체물인 '해나 달'이 위로 올라가는 이동과 추상물인 '웃음'이 얼굴에 나타나는 이동이 차이가 있을 뿐만 아니라 주체의 특성도 다르기 때문에 두 의미를 하나의 단의로 간주할 수가 없고 별개의 단의로 취해야 한다. 위 내용을 토대로 '湧'의 사전적 의미를 다음과 같이 정리할 수 있다.

(381) '湧'의 다의 후보(2)
　　ⓐ [(명)에서 (명)이]泉水或者眼淚等從下到上或者從裡到外流出來.(샘물이나 눈물 따위가 아래에서 위로 또는 안에서 밖으로 다소 많이 나오다.) ← (가)
　　ⓑ [(명)이 (명)에]太陽或者月亮等從低處向天空升起.(해나 달 따위가 땅 위에서 모습을 드러내 올라가다.) ← (나)
　　ⓒ [(명)이]力量, 慾望, 等從心理産生.(사람의 몸이나 마음속에 힘이나 의욕 따위가 생겨나다.)
　　ⓓ [(명)이 (명)에]過去的某件事情被人想起.(옛날 일들이 가슴에 떠오르다.) ← (나)

'湧'의 의미를 네 가지로 정리할 수 있다. 이 네 가지 단의 가운데 모두 'A+C+湧'인 격틀 정보를 가지고 있다.

(382) 가. 泉水從地面湧出.(샘물이 땅속에서 솟았다.)
　　　나. 力量從心頭湧出.(힘이 몸에서 솟았다.)

위 예문을 통해 (가)는 의미를 표현하는 데 있어서 주체 '샘물'과 그것이 나오는 장소인 '땅 속'을 모두 요구한다. (나)도 마찬가지로 의미를 실현하는 데 주체 '힘'과 그것이 나오는 장소 '몸'을 모두 요구하고 있다.

'涌'은 주체 자리에 ⓐ번 '샘물이나 눈물', ⓑ번 '해나 달', ⓒ번 '힘이나 의욕', ⓓ번 '일' 따위가 놓인다. ⓐⓑ번의 주체는 구체성을 가지는 반면 ⓒⓓ번의 주체는 추상성을 가진다. 구체 영역 안에 '샘물이나 눈물', '해나 달'이 모두 눈으로 확인할 수 있는 유형물에 속한다. 위 내용을 표로 정리하면 다음과 같다.

[표 141] 중국어 '涌'의 단의 분류

구체	주체(A)	부사어(C)	구문 구조	단의 후보 번호
↓ 추상	샘물, 눈물	장소	A+C+涌	ⓐ
	해나 달	지평선		ⓑ
	힘, 의욕			ⓒ
	일	가슴		ⓓ

'涌'의 단의 실현 환경을 보면 구체 영역에서 주체 '샘물이나 눈물, 해나 달'이 나타나고, 추상 영역에서 '힘이나 의욕, 일' 따위가 나타난다. 의미는 구체적인 것에서 추상적인 것으로 확장하는 일반적인 원리에 따라 ⓒⓓ는 ⓐⓑ에서 파생된다고 볼 수 있을 것이다. 또한 ⓐⓑ 가운데 구체성의 정도에 따라 '샘물이나 눈물'과 관련된 ⓐ가 먼저 나오고 그 다음에 ⓑ가 나온다. ⓒⓓ 가운데 인간과의 관련 정도에 따라 순서는 ⓒⓓ가 되겠다. 위 내용에 따라 중국어 '涌'의 단의를 다음과 같이 재정리할 수 있다.

(383) '涌'의 단의
❶ [(명)에서 (명)이]泉水或者眼淚等從下到上或者從裡到外流出來.(샘물이나 눈물 따위가 아래에서 위로 또는 안에서 밖으로 다소

많이 나오다.) ← ⓐ

❷ [(명)이 (명)에]太陽或者月亮等從低處向天空升起.(해나 달 따위가 땅 위에서 모습을 드러내 올라가다.) ← ⓑ

❸ [(명)이]力量, 慾望, 等從心理産生.(사람의 몸이나 마음속에 힘이 나 의욕 따위가 생겨나다.) ← ⓒ

❹ [(명)이 (명)에]過去的某件事情被人想起.(옛날 일들이 가슴에 떠오르다.) ← ⓓ

이를 토대로 중국어 '涌'의 단의 분포 양상을 다음과 같이 그릴 수 있다.

[그림 82] 중국어 '涌'의 단의 분포 양상

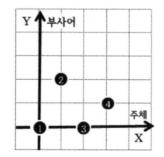

위에 정리된 '涌'의 단의 분포 양상을 보면 '涌'의 단의 가운데 의미 변화에 있어서 ❷❹번은 주체 및 부사어의 영향을 모두 받는 반면 ❸번은 주체의 영향만 받는 것을 알 수 있다.

'涌'의 단의 가운데 가장 중심적이고 기본적이라고 판단되는 단의를 중심으로 각각의 단의가 파생되었다고 볼 수 있을 것이다. 이 중심적이고 기본적으로 해당되는 단의는 출현제약이나 의미적 환경의 영향을 되도록 적게 받는 구체적 환경에서 실현되는 것으로 결정된다. '涌'의 ❶번 의미는 주체의 1차원 및 3차원 이동을 모두 표현할 수 있어 다른 단의를 대표할 수 있는 원형의미로 볼 수 있다. ❷번 '해나 달'이 아래에서 위로 올라가는 것은 역시 주체의 1차원적인 이동으로 볼 수 있어 ❶번과 유사성이 있어 ❶번에서의 은유적인 확장이다. ❸번 '힘이나 의욕'이 사람 몸체 안에서 밖으로 나온 것은 주체의 3차원적인 이동이어서 ❶번 주체 '김'의 이동과 유사성이 있어 역시 ❶번에서의 은유적인 확장이라고 할 수 있다. ❸번의 '힘이나 의욕'은 원래 사람 몸체 안에 존재하고 있었는데 외계의 어떤 자극을 받아서 몸 밖으로 나올 수 있는 성질을 가지고 있다. ❹번의 '일'도 원래 사람 머릿속에 존재하고 있었는데 사람이 외계의 자극을 받아서 그 일을 다시 떠오르게 된다는 데 ❸번과 같이 몸이라는 공동체에서 일어나는 이동이기 때문에 인접성이 있어 보여 ❸번에서의 환유적인 확장이라고 할 수 있을 것이다. 따라서 '涌'의 의미 확장 양상이 다음과 같이 정리할 수 있다.

[표 142] 중국어 '涌'의 의미 확장 양상

단의	
❶→❸→❹ ↓ ❷	❶ 泉水或者眼淚等從下到上或者從裡到外流出來(샘물이나 눈물 따위가 아래에서 위로 또는 안에서 밖으로 다소 많이 나오다.) ❷ 太陽或者月亮等從低處向天空升起(해나 달 따위가 땅 위에서 모습을 드러내 올라가다.) ❸ 力量, 慾望, 等從心理産生.(사람의 몸이나 마음속에 힘이나 의욕 따위가 생겨나다.) ❹ 過去的某件事情被人想起(옛날 일들이 솟구치다)

4.2.1.2.1. '솟다'와 '涌'의 대조

한국어 '솟다'는 일곱 가지 단의, 중국어 '涌'은 네 가지 단의가 있는 것으로 정리되었다. 이 단의들 가운데 세 가지 단의에서 대응관계가 확인된다. 대조 내용은 다음과 같다.

(384) 가. 샘물이 솟다.

　　가. 泉涌
　　나. 눈물이 솟다.
　　나'. 淚涌
　　다. 해가 솟다.
　　다'. 日涌
　　라. 서글픈 생각이 가슴에 솟다.
　　라'. 悲凉的感覺涌上心頭.

　'솟다'와 '涌'의 공통점은 다음과 같다. (267)의 (가-나')에서처럼 주체가 액체일 때 그 사물이 바닥에서 위로, 아니면 안에서 밖으로 나오는 의미를 가진다. 둘째, (다-다')에서처럼 주체가 해나 달이 해당될 때 그 사물이 아래에서 위로 올라가는 의미를 가진다. 셋째, (라-라')에서처럼 주체가 '힘이나 의욕' 따위일 때 그러한 정신적인 생각이나 느낌이 일어나거나 생겨나는 의미를 표현한다.

　한편 차이점은 다음과 같다. 첫째, 한국어 '솟다'는 '연기나 비행기'와 같은 물체가 아래에서 위로 곧바로 오르는 의미를 표현할 수 있다. 반면 중국어 '涌'의 단의 중 이와 비슷한 의미가 없다.

　(385) 가. 연기가 솟다.
　　　가'. *煙涌.
　　　가". 冒煙.
　　　나. 비행기가 솟다.
　　　나'. *飛機涌.
　　　나". 飛機起飛.

　위와 같은 상황에서 '涌'을 사용할 수 없고 경우에 따라 각각 '冒'와 '起飛'를 선택한다.
　둘째, 한국어 '솟다'는 건물과 같은 구조물이나 산과 같은 지형물이 바닥

에서 위로 나온 상태가 되는 의미를 표현할 수 있는데 비해 중국어 '涌'은
이와 대응할 수 있는 의미가 없다.

> (386) 가. 높은 건물이 솟다.
> 　　가'. *高樓涌.
> 　　가''. 高樓矗立.
> 　　나. 높은 산이 솟다.
> 　　나'. 高山涌.
> 　　나''. 高山聳立.

　위에서 (가-가''), (나-나'') 예문을 통해 주체가 '건물이나 구조물, 산'일
경우 그 사물이 바닥에서 위로 나오는 의미를 표현할 때 한국어에서 '솟
다'를 사용한다. 그러나 중국어에서는 '솟다'와 대응되는 '涌'자를 사용하
지 않고 상황에 따라 '矗立'와 '聳立'을 선택적으로 사용한다.
　셋째, 한국어의 '솟다'는 추상 영역의 확장에서 '물가나 성적' 따위의 수
치화할 수 있는 지표가 이전보다 갑자기 올라가는 의미를 표현할 수 있는
데 중국어 '涌'은 이러한 추상 영역까지 의미 확장이 일어나지 않는다.

> (387) 가. 물가가 솟다.
> 　　가'. *物价涌.
> 　　가''. 物价上漲.
> 　　나. 몸의 열이 40도까지 솟다.
> 　　나'. *体溫涌到40(攝氏)度.
> 　　나''. 体溫升到40(攝氏)度.

　예문 (가-가'')와 (나-나'')에서 '물가나 열'과 같은 수치화될 수 있는 지
표의 상승을 표현할 때 한국어에서 '솟다'를 사용한다. 그러나 중국어 '涌'
은 이와 비슷한 의미가 없고 대신 물가와 결합할 때는 '上漲'을 선택하고

'體溫'과 결합할 때는 '升'을 사용한다.

넷째, 중국어 '涌'은 추상 영역에서 '일' 따위가 머릿속에 떠오르는 의미를 표현할 수 있는데 한국어 '솟다'는 이와 대응할 수 있는 의미가 없다.

(388) 가. 往事涌心頭.
　　　가'. *옛날 일들이 가슴에 솟다.
　　　가''. 옛날 일들이 가슴에 떠오르다.

예문 (가-가'')에서 주체는 '일' 따위의 주체가 사람 머릿속에 떠오르는 의미를 표현할 때 중국어에서 '涌'을 사용한다. 그러나 한국어에서 '솟다'를 사용하지 않고 대신 '기억이 되살아나거나 잘 구상되지 않던 생각이 나다'는 의미를 가진 '떠오르다'를 사용한다.

이상 제시된 한국어 '솟다'와 중국어 '涌'의 대조 내용을 표로 정리하면 다음과 같다.

[표 143] 한국어 '솟다'와 중국어 '涌'의 단의 대응 관계 대조

단의	솟다	涌
(온천이나 샘물, 땀이나 눈물 따위가) 아래에서 위로 또는 안에서 밖으로 다소 많이 나오다.	①	❶
(연기와 같은 물질이나 비행기와 같은 물체가) 아래에서 위로 곧바로 오르다.	②	X
(건물과 같은 구조물이나 산과 같은 지형물이) 바닥에서 위로 나온 상태가 되다.	③	X
(해나 달이) 땅 위에서 모습을 드러내 올라가다.	④	❷
(식물의 싹이나 새순이) 돋다.	⑤	X
(사람의 몸이나 마음속에 힘이나 의욕 따위가) 생겨나다.	⑥	❸
(옛날 일들이) 가슴에 솟구치다	X	❹
(물가, 성적 따위의 수치화할 수 있는 지표가) 이전보다 갑자기 올라가다.	⑦	X

이를 토대로 한국어 '솟다'와 중국어 '涌'의 단의 분포 대조 양상을 다음과 같이 정리할 수 있다.

[그림 83] 한국어 '솟다'와 중국어 '涌'의 단의 분포 양상 대조

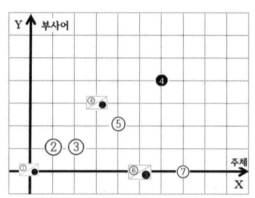

위에 정리된 한국어 '솟다'와 중국어 '涌'의 단의 분포 양상을 보면 한국어 '솟다'는 구체 영역에서 의미 확장이 활발하게 일어나는데 중국어 '涌'은 비교적으로 의미 확장이 덜 일어난 것을 확인할 수 있다.

4.2.1.3. 튀다/彈

4.2.1.3.1. 튀다

'튀다'에 대하여 「표준」에서는 3개 「고려」에서는 4개의 단의를 제시하고 있다. 내용을 정리하면 다음과 같다.

(389) '튀다'의 단의 후보(1)
    (가) 「표준」 「1」 탄력 있는 물체가 솟아오르다. ¶ 공이 골대에 맞고 옆으로 튀다/용수철이 위로 튀어 오르다/바람이 빠져서 공이 잘 튀지 않는다.

「고려」 「2」[(명)이] (공이) 탄력 있게 뛰어오르다. ¶ 이 바닥은 공이 잘 뛴다./탁구공이 통통 튀어 의자 밑으로 들어갔다./봉호는 튀어 오르는 공을 재빠르게 낚아챘다.

(나) 「표준」 「2」어떤 힘을 받아 작은 물체나 액체 방울이 위나 옆으로 세게 흩어지다. ¶ 불똥이 사방으로 튀다/자동차가 지나가면서 흙탕물이 벽으로 튀었다.

「고려」 「1」[(명)이 (명)에/(명)에게/(명)으로] (작은 물체가 어디로) 어떤 힘을 받아 갑자기 세차게 흩어지거나 퉁겨지다. ¶ 그의 침이 내 얼굴에 튀었다./환부를 가르자 의사에게 피가 튀었다./갑자기 폭발음이 들리면서 유리 파편이 여기저기로 튀고 불길이 치솟았다.

(다) 「표준」 「4」어떤 행동이나 말 따위가 다른 사람의 시선을 끌다. ¶ 빨간 색깔의 옷은 너무 튄다./그는 너무 튀는 행동을 해서 사람들 눈 밖에 났다.

「고려」 「3」[(명)이] (사람이나 그 태도, 차림새 따위가) 두드러지게 남과 차이가 나다. ¶ 우리 반 반장은 어딜 가나 튄다./그 남자에게는 톡톡 튀는 재치가 있다./신세대들은 수수한 옷보다는 튀는 옷을 좋아하는 것 같다.

(라) 「고려」 「4」[(명)이] (물체가) 열을 받아 갑자기 세게 갈라지거나 부러지다. ¶ 아궁이에서 장작이 탁탁 튀었다./밤알이 화롯불 속에서 튀기 시작했다.

(389)에 정리한 내용은 두 사전에 실린 단의를 종합한 것이다. (가)와 (나)는 모두 탄력 있는 물체가 낮은 데에서 높은 곳으로 튀어 나는 양상을 표시하고 있어 두 의미를 별개의 단의로 보지 않고 하나의 단의로 봐야 한다. 또한 「고려」 「4」도 물체 따위의 상승 이동을 표현하고 있어 (가)(나)와 같이 다룰 수 있다. (다)의 경우 「표준」에서는 동작의 결과를 설명하고 있으므로 동사 자체의 설명 영역을 넘어가 적절하지 않다고 본다. 이에 비하여 「고려」는 현상을 설명하고 있어 '튀다'를 풀이하는 데 더 적절해 보인다. 따라서 '튀다'의 단의를 다시 정리하면 다음과 같다.

(390) '튀다'의 단의 후보(2)

ⓐ [(명)이 (명)에/(명)에게/(명)으로](탄력 있는 물체 따위가) 위나 옆으로 세게 흩어지다. ← (가)(나)(라)

ⓑ [(명)이] (사람이나 그 태도, 차림새 따위가) 두드러지게 남과 차이가 나다. ← (다)

'튀다'는 의미를 실현하는데 주체만 요구하는 경우도 있고, 주체와 부사어를 모두 요구하는 경우도 있다. 즉 'A가 튀다', 'A가 C에/에게/으로 튀다'의 격틀 정보를 가진다.

'튀다'는 주체 자리에 ⓐ는 '물체', ⓑ는 '차림새' 따위가 온다. ⓐ는 구체성을 가지지만 ⓑ는 추상성을 가진다. 이를 토대로 '튀다'의 단의 실현 환경을 다음과 같이 제시할 수 있다.

[표 144] 한국어 '튀다'의 단의 분류

구체 ↓ 추상	주체(A)	부사어(C)	구문 구조	단의 후보 번호
	물체	장소	A가 C에/에게/으로 튀다	ⓐ
	차림새	-	A가 튀다	ⓑ

'튀다'의 단의 실현 환경을 보면 ⓐ눈 구체물의 물리적 이동을 의미하는데 비해 ⓑ는 추상물의 상태 변화를 뜻한다. 그러므로 의미가 구체적인 영역에서 추상적인 영역으로 확장이 되는 일반적인 원리에 따라 '튀다'의 단의를 다시 배열하면 아래와 같다.

(391) '튀다'의 단의 부호(2)

① [(명)이 (명)에/(명)에게/(명)으로](탄력 있는 물체 따위가) 위나 옆으로 세게 흩어지다. ← ⓐ

② [(명)이] (사람이나 그 태도, 차림새 따위가) 두드러지게 남과 차

이가 나다. ← ⓑ

위 내용을 토대로 '튀다'의 단의 분포 양상을 다음과 같이 그릴 수 있다.

[그림 84] 한국어 '튀다'의 단의 분포 양상

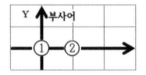

'튀다'의 단의 분포 양상을 보면 ②번 단의는 ①번 단의보다 주체가 더 추상화된 것을 알 수 있다.

'튀다'의 각 단의 가운데 가장 중심적이고 기본적이라고 판단되는 단의를 중심으로 각각의 단의가 파생되었다고 볼 수 있을 것이다. 그리고 각 단의를 대표할 수 있는 원형의미는 출현 제약이나 의미적 환경의 영향을 되도록 적게 받는 구체적 환경에서 실현되는 것으로 결정된다. ①번 '탄력 있는 물체 따위가 위나 옆으로 세게 흩어지다'는 구체적인 물체의 이동을 뜻한다. 이것은 되도록 다른 단의를 대표할 수 있는 원형의미이다. '튀다'는 두 개 단의만 가지고 있고 ②번은 ①번에서 확장해온 것이 가장 자연스럽다.

[표 145] 한국어 '튀다'의 의미 확장 양상

	단의
②←①	① [(명)이 (명)에/(명)에게/(명)으로](탄력 있는 물체 따위가) 위나 옆으로 세게 흩어지다.
	② [(명)이] (사람이나 그 태도, 차림새 따위가) 두드러지게 남과 차이가 나다.

4.2.1.3.1. 彈

중국어 '彈'에 대하여 「現代」에서는 2개 「新華」에서는 1개를 제시하고 있다.

(392) '彈'의 단의 후보(1)

(가) 「現代」「1」由於一物的彈性使另一物射出去.(한 물체의 탄력으로 다른 물체가 위나 옆으로 세게 흩어지다.)

「新華」「1」由於一物的彈性使另一物射出去.(한 물체의 탄력으로 다른 물체가 위나 옆으로 세게 흩어지다.)

(나) 「現代」「2」揮灑淚水(눈물을 뿌리다) ¶ 男兒有淚不輕彈.(남자가 눈물이 있어도 함부로 뿌리지 말아야 한다.)

(392)에 정리한 단의는 두 사전에 실린 것을 종합한 것이다. 그러나 (나)의 '눈물을 뿌리다'도 탄력 있는 물체의 영역에 속하므로 눈물의 이동과 (가)에 있는 물체의 이동과 비슷하다. 따라서 두 의미를 별개의 단의를 보지 않고 하나의 단의를 볼 수 있을 것이다. 위 내용을 따라 '彈'의 단의를 다음과 같이 재정리할 수 있다.

(393) '彈'의 단의 부호(1)

ⓐ 具有彈性的物體向上或者向旁邊移動.(탄력 있는 물체 따위가 위나 옆으로 세게 흩어지다.) ← (가) (나)

'彈'은 'A+C+彈'의 격틀 정보를 가진다.

(394) 가. 球彈到上面去了.(공이 위로 튀었다.)

위 예문을 보면 주체 공이 이동하는 데 주체 및 방향을 표현하는 부사어가 필요하다.

'彈'는 하나의 단의만 있고 그 주체는 탄력 있는 물체 따위가 해당된다. 즉 '彈'의 단의 실현 환경을 정리하면 다음과 같다.

[표 146] 중국어 '彈'의 단의 분류

구체 ↓ 추상	주체(A)	부사어(C)	구문 구조	단의 후보 번호
	물체	방향	A+C+彈	ⓐ

'彈'의 단의는 하나만 있기 때문에 이것은 바로 원형적인 의미로 간주할 수 있다.

(395) '彈'의 단의
❶ 具有彈性的物體向上或者向旁邊移動.(탄력 있는 물체 따위가 위나 옆으로 세게 흩어지다.) ←ⓐ

이어서 '彈'의 단의 분포 양상을 보면 다음과 같다.

[그림 85] 중국어 '彈'의 단의 분포 양상

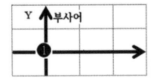

'彈'의 각 단의 가운데 가장 중심적이고 기본적이라고 판단되는 단의를 중심으로 각각의 단의가 파생되었다고 볼 수 있을 것이다. 중국어 '彈'은 하나의 의미만 가지고 있고 이것은 바로 원형의미로 해당된다.

[표 147] 중국어 '彈'의 의미 확장 양상

단의	
❶	**❶** 具有彈性的物體向上或者向旁邊移動.(탄력 있는 물체 따위가 위나 옆으로 세게 흩어지다.)

4.2.1.3.1. '튀다'와 '彈'의 대조

여기서는 한국어 '튀다'와 중국어 '彈'의 공통점과 차이점을 논의한다. 단의 대응 관계에 대한 대조와 의미 확장 양상에 대한 대조 두 측면에서 논의를 전개하고자 한다.

'튀다'와 '彈'은 탄력 있는 물체가 위나 옆으로 흩어져 나가는 의미를 표현할 때 동일하다.

    (396) 가. 공이 위로 튀어났다
        가′. 球彈到上面去了.

차이점은 첫째, 한국어 '튀다'는 사람이나 그 태도, 차림새 따위가 두드러지게 남과 차이가 나는 의미를 표현할 수 있는데 중국어의 '彈'은 이와 비슷한 의미가 없다.

    (397) 가. 빨간 색깔의 옷은 너무 튄다.
        가′. *紅色的衣服太彈了
        가″. 紅色的衣服太耀眼了.

위 예문을 통해 한국어 '튀다'의 주체는 추상적인 태도, 차림새 따위로 확장할 수 있는데 중국어의 '彈'은 그렇지 못하다. 대신 중국어에서 이러한 의미를 표현할 때 '눈부시다'라는 의미를 표현하는 '耀眼'을 사용한다.

단의 분포 양상에 대한 대조에서 한국어 '튀다'의 주체가 추상물로 확장할 수 있어 중국어 '彈'보다 의미가 하나 더 많다. 두 어휘의 단의 분포 양상을 대조하면 아래와 같다.

[표 148] 한국어 '튀다'와 중국어 '彈'의 단의 대응 관계 대조

단의	튀다	彈
탄력 있는 물체 따위가 위나 옆으로 세게 흩어지다.	①	❶
(사람이나 그 태도, 차림새 따위가) 두드러지게 남과 차이가 나다.	②	X

[그림 86] 한국어 '튀다'와 중국어 '彈'의 단의 분포 양상 대조

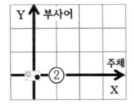

위에 정리된 한국어 '튀다'와 중국어 '彈'의 단의 분포 양상을 보면 두 어휘의 단의 가운데 하나의 단의가 같고 나머지 단의가 다른 것을 확인할 수 있다. 또한 한국어 '튀다'의 ②번 의미는 ①번 의미와가 주체가 다르기 때문에 의미가 달라진 것이다.

4.2.2. 하강(下降) 동사

'부차적 하강 이동'은 '주체가 높은 곳에서 낮은 곳까지 이동하다'는 점이 '본질적 하강 이동'과 일치하되 이동이 동작을 할 때 수반되는 것이라는 점에서 차이가 있다. 이 때 이동체가 주로 물체이고 이동의 공간은 땅 속이나, 물 속, 그리고 추상적인 공간까지도 의미 확장이 일어난다. 이 부분의 대표적인 어휘로 한국어에서 '빠지다02'가 있고, 중국어에서는 '陷'이 있다.

4.2.2.1. 빠지다02/陷

4.2.2.1.1. 빠지다02

한국어 '빠지다02'는 '부차적 하강 이동 양상'을 대표하는 어휘로 '물체가 물이나 구덩이 따위 속으로 떨어져 잠기거나 잠겨 들어가다'는 의미를 가지고 있다. 이에 대하여 「표준」 5개, 「고려」 6개로 제시하고 있다.

(398) '빠지다02'의 단의 후보(1)

(가) 「표준」 「1」물이나 구덩이 따위 속으로 떨어져 잠기거나 잠겨 들어가다. ¶ 개울에 빠지다/수렁에 빠지다/웅덩이에 빠지다/자동차 뒷바퀴가 진구렁에 빠지고 말았다./무릎 위까지 푹푹 빠지는 눈길을 헤쳐 왔다.

「고려」 「4」[(명)이 (명)에/(명)으로] (무엇이 깊은 곳이나 물 따위에) 떨어져 들어가거나 잠기게 되다. ¶ 자동차 바퀴가 흙탕길에 빠져 움직이지 않았다./눈길에 발이 푹푹 빠져서 걸음을 옮기기가 힘들었다./과속으로 달리던 자동차가 강물 속으로 빠지는 사고가 있었다.

(나) 「표준」 「2」곤란한 처지에 놓이다. ¶ 궁지에 빠지다/도탄에 빠지다/위험에 빠지다/혼란에 빠지다/역경에 빠지다/오류에 빠지다.

「고려」 「1」[(명)이 (명)에] (사람이나 일 따위가 어떤 상태나 처지에) 놓이게 되다. ¶ 양국의 평화 회담이 교착 상태에 빠졌다./국가 전체가 위기에 빠졌다는 인식이 팽배하다./위정자들은 도탄에 빠진 백성들의 현실을 알지 못했다./그는 길을 가다가 우연히 곤경에 빠진 여학생을 구해 주었다.

(다) 「표준」 「3」그럴듯한 말이나 꾐에 속아 넘어가다. ¶ 유혹에 빠지다/사기꾼의 꾐에 빠져 재산을 날렸다./삼촌은 사기꾼의 함정에 빠져 재산을 다 날렸다.

「고려」 「5」[(명)이 (명)에] (사람이 남의 계략이나 꾐에) 속아서 넘어가다. ¶ 남자들이 그녀의 유혹에 빠져 헤어나지 못하고 있다./사기꾼들의 속임수에 빠진 그는 큰 손해를 입게 되었다./그

녀는 엉터리 무당의 계략에 빠져 굿을 하느라고 많은 돈을 들
였다.

(라) 「표준」「4」잠이나 혼수상태에 들게 되다. ¶ 나는 너무나 깊
은 잠에 빠져서 일어날 줄을 모른다./그 환자는 혼수상태에
빠졌다.

「고려」「6」[(명)이 (명)에] (사람이 잠이나 혼수상태에) 들게 되
다. ¶ 환자는 혼수상태에 빠졌다./그녀는 깊은 잠에 빠져서 간
밤에 옆집에 불이 났던 것도 몰랐다.

(마) 「표준」「5」무엇에 정신이 아주 쏠리어 헤어나지 못하다. ¶
사랑에 빠지다/공상에 빠지다/주색에 빠지다/그는 슬픔을 이기
지 못하고 긴 겨울을 술에 빠져 있었다.

「고려」「3」[(명)이 (명)에/(명)에게] (어떤 사람이 다른 사람이
나 일에) 마음을 빼앗겨 말려들거나 헤어나기 어려운 처지에
들다. ¶ 나는 그녀와 사랑에 빠지고 말았다./누나는 요새 채팅
하는 재미에 푹 빠졌다./뒷집 최 씨는 노름에 빠져 패가망신
하였다./남편은 요즘 바둑에 빠져서 밥 먹는 것도 잊을 때가
많다.

「고려」「2」[(명)이 (명)에] (사람이 어떤 생각이나 감정에) 깊
이 젖어들다. ¶ 이번 사건으로 국민들은 실의에 빠졌다./그녀
는 앞으로의 진로를 두고 고민에 빠졌다./평론가는 이 곡을 값
싼 감상주의에 빠진 노래라고 혹평했다.

(398) 정리한 단의들은 두 사전의 의미를 종합한 것이다. '빠지다02'의
(가)(나)(다)(라)(마)번 의미에 대하여 두 사전에서 비슷하게 기술하고 있다.
본고에서는 「고려」의 뜻을 택하고 약간의 수정을 할 것이다. 또한 「고려」
「2」번과 「3」번은 주체인 '사람'이 어떤 일에 관심을 가져 생각이나 감정에
깊이 젖어드는 의미가 같으므로 하나의 단의로 간주할 수 있다. (나)는 주
체 '사람이 어떠한 상태나 처지에 놓이게 되다'라는 의미이고, (다)는 '사람
이 남의 계략이나 꾐에 처하게 되다.'라는 의미로 모두 사람이 추상적인
어떤 환경에 들어가게 되는 의미이다. (라)도 사람이 어떠한 상태에 처하

게 되는 의미로 (나), (다)와 같이 다뤄야 한다. 따라서 (나)(다)와 (라)는 별개의 단의로 보지 않고 하나의 단의로 통합해야 한다. 위 내용에 따라 '빠지다02'의 사전적 의미를 다음과 같이 정리할 수 있다.

> (399) '빠지다02'의 단의 후보(2)
> ⓐ [(명)이 (명)에/으로] (사람이나 사물)이 물이나 구덩이 따위 속으로 떨어져 잠기거나 잠겨 들어가다. ← (가)
> ⓑ [(명)이 (명)에] (사람이) 어떤 상태나 처지에 놓이게 되다. ← (나) (다) (라)
> ⓒ [(명)이 (명)에/(명)에게] (어떤 사람이 다른 사람이나 일에) 정신이 아주 쏠리어 헤어나지 못하다. ← (마)

위에서 제시한 '빠지다02'의 의미를 보면 '빠지다02'는 'A가 C에/에게/로 빠지다'의 격틀 정보를 가지고 있는 것을 확인할 수 있다.

> (400) 가. 자동차 뒷바퀴가 진구렁에 빠지고 말았다.
> 나. 나는 그녀와 사랑에 빠졌다.

위의 (가)와 (나) 예문을 보면 '빠지다02'가 의미를 완전하게 표현하기 위해 주체와 위치 성분이 필요한 것을 알 수 있다. 만약에 위치 자리에 해당하는 '진구렁'을 삭제하면 '자동차 뒷바퀴가 빠지고 말았다.'인 문장이 비문이라고 말하기 어렵지만 주체의 이동이 모호하다. 즉 이러한 경우에 나타나는 '빠지다02'는 '무엇이 제 자리에서 떨어져 본체와 분리되다'로 이해할 수도 있다. 그러므로 (가) 예문의 '-에' 자리에 해당하는 성분이 필요하다고 여긴다. (나)도 마찬가지로 '사랑에'를 삭제하면 문장의 의미가 불완전하다.

이어서 '빠지다02'의 세 가지 의미 가운데 주체 자리에 해당하는 어휘의

의미적 특성을 살펴보겠다. '빠지다'의 주체로는 ⓐ번 '사람이나 사물', ⓑ
번 '사람', ⓒ번 '사람'이 나타난다. ⓐⓑⓒ의 주체가 모두 구체성을 가진
다. 또한 부사어 자리에 ⓐ는 어떠한 구체적인 장소, ⓑ추상적인 환경이나
상태, ⓒ는 생각이나 감정 따위가 나타난다. ⓐ의 부사어는 구체성을 가지
는데 비해 ⓑⓒ의 부사어는 추상성을 가진다. 위 내용을 표로 정리하면
다음과 같다.

[표 149] 한국어 '빠지다02'의 단의 분류

구체 ↓ 추상	주체(A)	부사어(C)	구문 구조	단의 후보 번호
	사람	물, 진흙	A가 C에/로 빠지다	ⓐ
		감정, 생각	A가 C에/에게 빠지다	ⓒ
		환경, 처지	A가 C에 빠지다	ⓑ

위에서 정리된 '빠지다02'의 단의 실현 환경을 보면 '빠지다02'가 의미
를 실현하는 데 주체 및 부사어를 모두 요구하는 것을 알 수 있다. 또한
부사어 자리에 해당되는 어휘의 의미적 특성을 보면 '진흙이나 물'은 구
체성을 가지는 데 비해 '환경이나 처지, 감정이나 생각'은 추상성을 가지
는데 '감정이나 생각'은 인간 유관 영역에 속하고, '환경이나 처지'는 인
간 무관 영역에 속한다. 따라서 '빠지다02'의 사전적 의미를 다시 배열하
면 아래와 같다.

(401) '빠지다02'의 단의
　　① [(명)이 (명)에/으로] (사람이나 사물)이 물이나 구덩이 따위 속
　　　　으로 떨어져 잠기거나 잠겨 들어가다. ← ⓐ
　　② [(명)이 (명)에/(명)에게] (어떤 사람이 다른 사람이나 일에) 정신
　　　　이 아주 쏠리어 헤어나지 못하다. ← ⓒ
　　③ [(명)이 (명)에] (사람이) 어떤 상태나 처지에 놓이게 되다. ← ⓑ

이를 토대로 한국어 '빠지다02'의 단의 분포 양상을 다음과 같이 그릴 수 있다.

[그림 87] 한국어 '빠지다02'의 단의 분포 양상

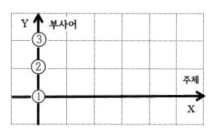

위에서 제시된 단의 분포 양상을 보면 한국어 '빠지다02'는 3개의 단의를 가지고 있고 이 단의들이 의미 변화에 있어서 부사의 영향만 받는 것을 알 수 있다.

'빠지다02'의 단의들 가운데 가장 중심적이고 기본적이라고 판단되는 단의를 중심으로 각각의 단의가 파생되었다고 볼 수 있을 것이다. 이 중심적이고 기본적인 의미가 출현제약이나 의미적 환경의 영향을 되도록 적게 받는 구체적 환경에서 실현되는 것으로 결정된다. 그러므로 위에서 제시된 단의 가운데 ①번의 주체에 출현제약이 가장 적게 받는 구체물의 물리적인 이동에 해당되어 원형의미로 판단된다. ②번은 어떤 사람이 다른 사람이나 일에 관심이 생겨 정신이 아주 쏠리어 헤어나지 못하는 의미로 표현하고 있어, 즉 사람이 추상적인 감정으로 구성된 공간에 들어간다는 것으로 해석할 수 있을 것이다. 그러면 공간성을 고려한 결과로 ②번은 ①번과 유사성이 있으므로 ①번에서의 은유적인 확장이다. ③번은 추상물이 추상적인 어떤 상태나 처지로 구성된 공간에 놓이게 된다는 것으로 역시 ①번과 유사성이 있어 보여 그것에서의 은유적인 확장으로 볼 수 있다.

[표 150] 한국어 '빠지다02'의 의미 확장 양상

단의
③←①→②	① [(명)이 (명)에/으로] (사람이나 사물)이 물이나 구덩이 따위 속으로 떨어져 잠기거나 잠겨 들어가다. ② [(명)이 (명)에/(명)에게] (어떤 사람이 다른 사람이나 일에) 정신이 아주 쏠리어 헤어나지 못하다. ③ [(명)이 (명)에] (사람이) 어떤 상태나 처지에 놓이게 되다.

4.2.2.1.2. 陷

중국어 '陷'은 '부차적 하강 이동 동사'로 주로 '물체가 흙이나 푹신푹신한 물체 속에 떨어져 잠기거나 잠겨 들어가다'는 의미를 가진다. 이에 대하여 「現代」과 「新華」에서 모두 2개를 제시하고 있다.

> (402) '陷'의 단의 후보(1)
> 　　(가) 「現代」「1」掉進(泥土等鬆軟的物體裡)(흙이나 푹신푹신한 물체 속에 떨어져 잠기거나 잠겨 들어가다) ¶ 越陷越深(빠질수록 깊어지다)
> 　　　　 「新華」「1」掉進, 墜入, 沉下(떨어지다, 지다, 잠기다) ¶ 陷到泥里去了(진흙에 빠지다)/地陷下去了(바닥이 속에 빠지다)
> 　　(나) 「現代」「2」凹進(속으로 푹 꺼져 들어가다) ¶ 病了幾天, 眼睛都凹進去了. (며칠 아프더니 눈이 다 속으로 푹 꺼져 들어갔다.)
> 　　　　 「新華」「2」凹進(속으로 푹 꺼져 들어가다) ¶ 兩眼深陷(눈이 속으로 푹 꺼져 들어가다)

(402)에 정리한 단의들은 두 사전에 실린 것을 종합한 것이다. 「現代」와 「新華」에서 '陷'의 의미에 대한 기술이 모호하다. (가)인 경우 '구체적인 사물이 흙이나 물과 같은 구체 공간 속에 빠져 들어가는 의미'와 '사람이 추상적인 모순과 같은 공간에 빠지는 의미'를 동시에 기술하고 있다. 그러나 이 둘은 주체 자리에 요구하는 어휘가 일치하지 않을 뿐만 아니라 뒤따라

나오는 위치 자리에 해당하는 어휘의 의미적 특성도 다르다. 그렇기 때문에 (가)번 의미는 구체와 추상의 경우를 나눠서 기술해야 한다. 위 내용을 토대로 중국어 '陷'의 사전적 의미를 다음과 같이 정리할 수 있다.

(403) '陷'의 단의 후보(2)

    ⓐ [(명)이 (명)에/으로]人或者事物掉進水或者坑裡面(사람이나 사물이 물이나 구덩이 따위 속으로 떨어져 잠기거나 잠겨 들어가다.) ← (가)

    ⓑ [(명)이 (명)에/에게]人陷入了某種環境之中.(사람이 어떠한 환경이나 처지에 놓이게 되다.) ← (가)

    ⓒ [(명)이 (명)에]人對其他人或者事物産生好感, 不能自拔(사람이 다른 사람이나 일에 정신이 아주 쏠리어 헤어나지 못하다.)

    ⓓ [(명)이 (명)에/으로]人身體的某個部位凹進去(사람 신체의 한 부분이 속으로 푹 꺼져 들어가다.) ← (나)

'陷'의 사전적 의미는 네 가지로 정리할 수 있고, 네 가지 의미 모두 'A+陷+C'의 격틀 정보를 가진다.

(404) 가. 汽車陷泥里了.(자동차가 진흙에 빠졌다.)
    나. 他陷在矛盾之中(그는 모순에 빠졌다.)

예문 (가)에서 '陷'의 의미를 완전하게 표현하기 위해 동작의 주체와 주체가 이동하는 장소 두 가지 요소를 요구한다. 만약에 장소 자리에 해당하는 성분을 삭제하면 문장은 '*汽車陷了.'으로 비문이 된다. (나)도 마찬가지로 '사람이 모순에 빠지다'의 의미를 표현하기 위해서는 주체와 위치 논항이 꼭 필요하다.

'陷'의 네 가지 의미 가운데 주체 자리에 ⓐⓑⓒ는 모두 '사람'이 나타나고 ⓓ는 사람의 신체 일부 '눈' 따위가 나타난다. 부사어 자리에 ⓐ는 구체적인 공간을 요구하는데 ⓑⓒⓓ는 각자 추상적인 '감정이나 생각, 환경이나 처지, 안쪽 공간' 따위를 요구한다. 위 내용을 표로 정리하면 다음과 같다.

[표 151] 중국어 '陷'의 단의 분류

구체	주체(A)	부사어(C)	구문 구조	단의 후보 번호
↓	사람	물, 진흙	A+陷+C	ⓐ
		감정, 생각		ⓒ
		환경, 처지		ⓑ
추상	눈	안쪽		ⓓ

위에 정리된 중국어 '陷'의 단의 실현 환경을 보면 '陷'은 의미를 실현하는 데 있어서 주체 자리에 모두 구체성을 가진 어휘를 요구한다. ⓐⓑⓒ의 주체는 사람 전체를 의미하는 데 비해 ⓓ의 주체는 신체의 일부를 가리킨다. 따라서 구체성의 정도를 고려한 결과로는 ⓓ는 ⓐⓑⓒ에서 파생된다고 본다. 또한 ⓐⓑⓒ의 부사어 자리에 ⓐ은 구체성을 가진 물이나 진흙이 나타나는데 ⓑ는 추상적인 '환경이나 처지', ⓒ는 '감정이나 생각'이 나타난다. 부사어 자리에 있는 어휘의 추상성 정도를 고려한 결과로는 ⓑ는 ⓒ에서 파생된다고 본다. 위 내용에 따라 '陷'의 단의를 다음과 같이 재배열할 수 있다.

(405) '陷'의 단의
 ❶ [(명)이 (명)에/으로]人或者事物掉進水或者坑裡面(사람이나 사물이 물이나 구덩이 따위 속으로 떨어져 잠기거나 잠겨 들어가다.) ← ⓐ
 ❷ [(명)이 (명)에]人對其他人或者事物産生好感, 不能自拔(사람이 다른 사람이나 일에 정신이 아주 쏠리어 헤어나지 못하다.) ← ⓒ
 ❸ [(명)이 (명)에/에게]人陷入了某種環境之中.(사람이 어떠한 환경이나 처지에 놓이게 되다.) ← ⓑ

❹ [(명)이 (명)에/으로]人身體的某個部位凹進去(사람 신체의 한 부분
이 속으로 푹 꺼져 들어가다.) ← ⓓ

이를 토대로 '陷'의 단의 분포 양상을 다음과 같이 그릴 수 있다 .

[그림 88] 중국어 '陷'의 단의 분포 양상

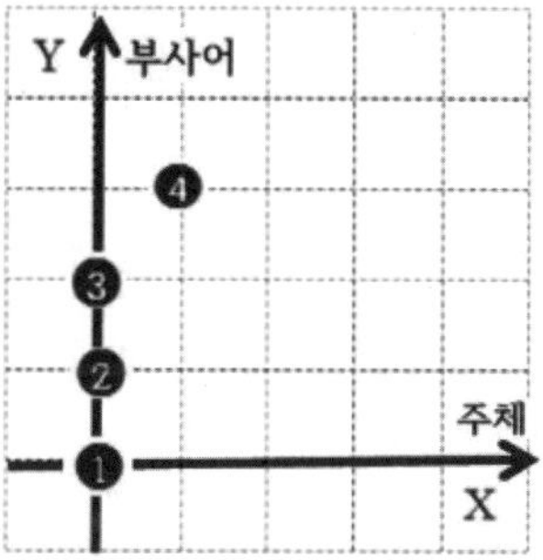

위에 정리된 중국어 '陷'의 단의 분포 양상을 보면 중국어 '陷'은 4개의
단의를 가지고 있고 이들 중에서 ❶❷❸번의 주체가 같고 ❹번의 주체는
이들보다 더 추상적인 것을 확인할 수 있다. 또한 ❶❷❸번은 의미 변화
를 하는 데 부사어의 영향만 받고 ❹번은 주체 및 부사어의 영향을 모두
받는다.

'陷'의 단의들 가운데 가장 중심적이고 기본적이라고 판단되는 단의를
중심으로 각각의 단의가 파생되었다고 볼 수 있을 것이다. 이 중심적이고
기본적으로 해당되는 단의는 출현제약이나 의미적 환경의 영향을 되도록
적게 받는 구체적 환경에서 실현되는 것으로 결정된다. '陷'의 ❶번 의미
는 주체 자리에 해당하는 어휘는 '사람이나 사물'이 모두 가능하기 때문에
제한을 가장 적게 받고 영역이 넓다고 말할 수 있다. 따라서 ❶번 의미는
구체물이 구체적인 공간 이동을 표현하므로 다른 단의를 대표할 수 있는
원형의미로 볼 수 있을 것이다. ❷번은 어떤 사람이 다른 사람이나 일에

관심이 생겨 정신이 아주 쏠리어 헤어나지 못하는 의미로 표현하고 있어, 즉 사람이 추상적인 감정으로 구성된 공간에 들어간다는 것으로 해석할 수 있을 것이다. 그러면 공간성을 고려한 결과로 ❷번은 ❶번과 유사성이 있으므로 ❶번에서의 은유적인 확장이다. ❸번은 '사람 신체의 한 부분이 속으로 푹 꺼져 들어가다'는 의미로 구체물의 공간 이동으로 해석할 수 있다. 따라서 이것도 역시 원형의미와 유사성이 있어 보여 원형의미에서의 은유적인 확장이다. ❹번 의미는 구체물이나 추상물이 추상적인 어떤 상태나 처지로 구성된 공간에 놓이게 된다는 것으로 역시 ❶번과 유사성이 있어 보여 그것에서의 은유적인 확장으로 볼 수 있다. 결국은 '陷'의 의미 확장 양상을 다음과 같이 그릴 수 있다.

[표 152] 중국어 '陷'의 의미 확장 양상

단의	
❷ ↑ ❶→❸ ↓ ❹	❶ [(명)이 (명)에/으로]人或者事物掉進水或者坑裡面(사람이나 사물이 물이나 구덩이 따위 속으로 떨어져 잠기거나 잠겨 들어가다.) ❷ [(명)이 (명)에]人對其他人或者事物産生好感, 不能自拔(사람이 다른 사람이나 일에 정신이 아주 쏠리어 헤어나지 못하다.) ❸ [(명)이 (명)에/에게]人陷入了某種環境之中.(사람이 어떠한 환경이나 처지에 놓이게 되다.) ❹ [(명)이 (명)에/으로]人身體的某個部位凹進去(사람 신체의 한 부분이 속으로 푹 꺼져 들어가다.)

4.2.2.1.3. '빠지다02'와 '陷'의 대조

위에 정리한 내용에 따라 한국어 '빠지다02'와 중국어 '陷'은 공통적으로 '사람이나 사물이 물이나 구덩이 따위 속으로 떨어져 잠기거나 잠겨 들어가다'는 원형의미를 가지고 있는 것으로 확인할 수 있다. 그리고 구체 영역에서 추상 영역으로 의미 확장이 일어나는 점도 비슷하다. 그러나 '빠지다02'는 사람의 내재적인 심리활동 변화에 의미 확장이 일어나는 반면 중국어 '陷'은 외재적인 측면에서만 의미 확장이 일어난다. 두 어휘의 구체적인 대조는 다음과 같다.

앞 절에서 '빠지다02'는 세 개 단의가 있고 '陷'는 네 가지 단의가 있는 것을 확인하였다. '빠지다02'와 '陷'의 단의들 가운데 세 가지 의미에서 대응관계가 이루어지는 것도 확인할 수 있다. 대조 내용은 다음과 같다.

(406) 가. 차가 웅덩이에 빠져서 고생했어요
　　　가'. 車陷進了水坑, 費了很大勁儿.
　　　나. 그 남자가 곤경에 빠졌다.
　　　나'. 他深陷困境.
　　　다. 그 남자가 사랑에 빠졌다.
　　　다'. 他陷在愛情裡了.

(가-가')에서 '자동차가 웅덩이 속으로 떨어져 잠겨 들어가다'는 의미를 표현할 때 한국어에서 '빠지다'를 사용하고 중국어에서는 이와 대응되는 '陷'을 사용한다. (나-다')의 예문을 통해 사람이 추상적인 환경이나 다른 사람의 감정에 놓이게 되는 의미를 표현할 때 한국어에서 '빠지다02'를 선택하고 중국어에서는 '陷'을 선택하여 대응관계가 이루어진다.

차이점은, '陷'은 사람의 신체의 부분이 속으로 들어가는 의미를 표현할 수 있는 데 비해 한국어의 '빠지다02'는 이와 비슷한 의미가 없다.

(407) 가. 病了幾天, 眼睛都凹進去了.
　　　가'. *며칠 아프더니 눈이 다 속으로 푹 빠져 들어갔다.
　　　가''. 며칠 아프더니 눈이 다 속으로 푹 꺼져 들어갔다.

예문 (가-가'')를 통해 확인할 수 있듯이 중국어에서 신체의 한 부분인 '눈자위' 따위가 속으로 들어가는 의미를 표현할 때 '陷'을 사용할 수 있는 반면 한국어에서 '빠지다02'를 사용하지 않고 '꺼지다'를 선택한다.

위 내용을 표로 정리하면 다음과 같다

[표 153] 한국어 '빠지다02'와 중국어 '陷'의 단의 대응 관계 대조

단의	빠지다	陷
(사람이나 사물이) 물이나 구덩이 따위 속으로 떨어져 잠기거나 잠겨 들어가다.	①	❶
(사람이 다른 사람이나 일에) 정신이 아주 쏠리어 헤어나지 못하다.	②	❷
(사람이 어떠한 환경이나 처지에) 놓이게 되다.	③	❸
(사람 신체의 한 부분이) 속으로 푹 꺼져 들어가다.	X	❹

이를 토대로 한국어 '빠지다02'와 중국어 '陷'의 단의 분포 양상에 대한 대조 그림을 아래와 같이 제시할 수 있다.

[그림 89] 한국어 '빠지다02'와 중국어 '陷'의 단의 분포 양상 대조

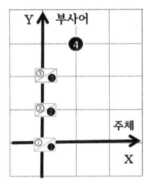

위에 정리된 '빠지다02'와 중국어 '陷'의 단의 분포 양상을 보면 한국어 '빠지다02'의 의미를 중국어 '陷'에서 모두 찾을 수 있고 두 어휘 사이에 3가지 단의가 동일한 것을 확인할 수 있다. 그리고 의미 변화에 있어서 한국어의 경우 부사어의 영향만 받는 데 비해 중국어일 경우 주체 및 부사어의 영향을 모두 받는다.

5. 한중 다의동사 의미 확장의 교학 의미

5.1. 인지원리와 사상정치교육의 관계 및 표현

　어휘는 언어의 기초적인 자료이자 사람들이 언어 표현과 교류하는 데에 가장 기본적인 기구이다. 어휘가 없으면 말로 표현될 수가 없는 것이다. 사회의 발전을 수반하면서 어휘도 큰 변화가 일어나고 있다. 신조어들이 많이 나타나 새로운 사물을 가리킬 수 있을 뿐만 아니라 어휘 내부에 기존 어휘들은 새로운 의미가 생겨 그러한 의미들이 각 발화 상황에서 사용되는 현상을 완성해주고 사람과 사람의 의사소통 및 교류를 편리하게 해주는 것이다.

　이 책은 인지언어학 시각에서 출발하고 한중 양국 다의 동사의 의미 확장 현상 및 확장 경로의 분석을 통해 인지언어학에서 제기된 다양한 원리를 강조하고 밝힌 것이다. 예를 들어 구체와 추상, 간단과 복잡, 주된 것과 부차적인 것, 외재와 내재, 유형물과 무형물 등과 같은 다양한 원리이다. 일상생활에서 자주 보이는 내용으로 여기서 제시된 인지 원리는 우리에게 사물을 인지하는 데에 명확히 파악하게 해주고 게다가 우리에게 '사상인지(思想認知)'를 하는 데에 상당히 중요한 '긍정에너지(正能量)' 역할을 담당하고 있다.

더 깊이 말하면 지금의 대학생은 대학교에서 다니는 동안 전공에 관한 이론 지식을 잘 습득해야 할 뿐더러 가장 중요한 것은 학교에서 사회를 인지하는 즉 '사상인지'를 배워야 한다. 그럼 어떻게 학생을 올바르게 이끌어 사회를 인지하고 어떻게 인생관, 가치관 세계관을 세울 수 있는가? 이러한 문제를 해결하면 우선 본서에서 제시된 인지 이론은 대학생사상정치교육과 결합 및 융합되고 다음에 철학 변증법을 이용하여 학생으로 하여금 전공, 사상정치, 취업 관련 등 과목을 공부할 때 일상생활에서 쓰이는 일반적 인지원리에서부터 시작하여, 무미건조한 사상정치이론을 간단화(簡單化), 구체화(具體化)하게 만들어준다. 최종적으로 사회를 인지하는 '사상인지' 원리를 깊이 이해하고 올바른 '삼관(三觀)' 체계를 세워 사상정치교육의 최종 목적을 완성할 수 있을 것이다. 본서에서 제시된 다양한 인지원리를 바탕으로 각 인지원리가 실제 교학 현장에서 전공과목의 사정교육, 대학생사상정치이론교육 등 과목에 어떠한 의미를 부여해주는지 본장에서는 주로 다음과 같은 세 가지 측면에서 제시하고자 한다.

첫째, '간단 및 복잡'과 관련된 원리이다. '간단 및 복잡'과 관련된 인지원리는 늘 일상생활에서 자주 확인되는 일반적 인지원리이고 우리는 사물을 이해하거나 문제를 해결할 때 중요한 방법이다. 따라서 급히 해결되어야 하는 문제를 앞둘 때 사물의 간단하거나 복잡한 속성을 명확하고 간단한 점에서 복잡한 점으로 문제를 푸는 방법은 효율을 올리거나 문제를 해결하는 과정에 가장 주된 요인이다. 실제 교학 및 학습 과정에서 구체적으로 보면, 한편으로는 <한국어개론>이나 <사상도덕수양 및 법률기초>와 같이 이론개념이 많고 무미건조한 과목을 강의할 때 우선 각 이론 가운데 핵심 사상 내용을 뽑아 귀납해야 한다. 다음으로 학생으로 하여금 주변에서 실제의 사용 현상을 접하게 하고 공감을 자아내서 학습과정에 자연스럽게 들어가기를 인도한다. 마지막으로 간단한 말을 이용하여 이론 지식을 설명하고 학생에게 최대화하게 핵심 지식을 이해하게 해준다. 다시 말해 교사가 전통의 사상정치 교육 이념을 전환해야 하고 복잡한 문제를 간단화하게 설명하며 사상정치 교육의 효율성, 정확성을 올려야 한다. 다른 측면으로는 학생들이 지식을 배울 때 쉬운 내용에서 어려운 내용으로 착실히 공부해야 한다. 예를 들어 새로운 문법을 배울 때 우선 그 문법을 구성하는 핵심 요소가 무엇인지, 각 요소가 갖는 의미가 무엇인지를 알아보아야 한다. 그 다음에 이 문법을 사용하려면 어떠한 환경에서 어떠한 요소의 결합을 통해 실현될 수 있을지 잘 고려해야 한다. 마지막으로 모든 정보를 귀납하고 정리하여 전체적으로 파악해야 한다.

둘째, 주종관계와 관련된 원리. 일상생활에서 주종(主次)관계는 상황에 따라 다양한 이론 사용 현상으로 표현된다. 예를 들어 '주요모순과 부차적 모순', '주체와 객체' 등이다. 어느 것이든 주종관계의 표현은 일상생활에서 선후순서를 구분하거나 상하위 관계를 분명하게 가리는 방법이다. 학교생활에서 주종관계도 학생들이 공부함에 있어서 중요한 영향을 끼친 것이다. 학생을 어떻게 이끌어 주종관계를 구분한다는 것은 학생의 성적을 높이거나 전면적인 발전을 촉진시키는 데에 중요한 점이라고 말할 수 있다. 외국어를 공부할 때 특히 번역학에 관한 과목인 경우, 학생은 항상 어휘를 외우거나 문법 사용을 연습하는 방법으로 언어 구사 능력을 향상시킬 수 있게 되지만 언어 습득 과정에서 가장 중요한 일환이 항상 소홀하게 된다. 이는 바로 모국어의 학습 및 연습이다. 모국어를 잘한다는 고유 생각은 누구든지 당연하게 갖고 있지만 실제 학생들의 번역 실천 내용을 살펴볼 때 자주 생기는 문제는 바로 모국어와 관련된 사용 현상이다. 예를 들어 문장의 앞뒤 내용이 맞지 않거나, 주어가 불일치하는 등과 같은 잘못된 사용이 상당히 많이 나타나는 것이다. 왜 이러한 현상이 일어나는 것인가? 바로 주종관계가 분명하지 않고 핵심문제에서부터 접근하지 않으며, 가장 근본적인 핵심 능력을 올리지 않는다는 까닭이다. 우리는 외국어의 문법을 사용할 때 대부분의 경우는 모국어 사용의 경험을 바탕으로 추측이라 할 수 있다. 다시 말하면 모국어가 대충 이렇게 쓰기 때문에 이와 비슷한 외국어도 그렇게 유사하게 사용할 거라고 생각한다. 그러나 이러한 추측은 전제가 있다. 바로 모국어의 사용은 틀리면 안 되는 것이다. 만약 모국어도 정확하지 않은데 이에 의한 외국어 번역은 올바를 수가 없다. 이 간단한 예를 통해 실제 교학 과정에서 주종의 관계는 반드시 구분되어야 한다는 가장 핵심적인 내용을 표현한 것으로 보인다. 대학생의 사상정치 이론 교육 과정을 예를 들어 분석하면 우선 핵심 이론과 일반 이론을 잘 구분하고 핵심 이론에 중점을 두는 반면 일반적 이론에 대해 추가 내용으로 적당히 알리면 된 것 같다. 한중 문화 비교와 관련된 과목을 분석하면 중국의 우수 전통 문화를 기준으로 한국의 전통적인 현상와 비교하면서 차이점과 형성 원인을 밝힐 수 있다. 본말이 전도되거나 주종이 뒤섞는다는 현상을 피해야 한다.

셋째, 겉으로 보이는 현상을 꿰뚫고 숨겨진 본질을 본다는 원리이다. 이는 간단하게 말하면 표면 현상을 통해 심층 본질을 밝힌다는 원리를 가리킨다. 언어 습득 측면에서 언어사용을 통해 문화 이해를 심화하도록 한다는 것을 말하는 것이다. 이 능력을 형성하기 위해서는 문제가 있을 때마다 사물 내면에 담는 심층적 의미를 깊이 이해해야 한다. 공부하는 과정을 예를 들어 말하면 즉 마음을 집중시켜 매사의 핵심 내용을 잘 파악하고 사물 발전의 '기인, 경과, 결과'에 따라 형성 원인을 밝히고 정리하며 현상의 본질을 제시한다. 우리는 자꾸 어떤 과목이 이해가 안 되거나 파악할 수 없다고 원망하는데 사실 이는 철저하고 세밀하게 연구되지 않아서 그런 것 같다. 예를 들어 사상 정치와 관련된 과목을 공부할 때, 회삽하기 때문에 이해가 안 되는 이론 및 개념에 대해 우리는 항상 두려워하는데 사실은 사상 정치 교육의 표면 현상을 통해 그의 실제 적용과 그가 담는 의미를 파악하면 그 이하의 과정은 상당히 쉬워질 것이다. 사상정치교육은 전부 '정치'와 관련되는 개념을 설명하는 것이 아니라 일상생활에서 쓰이는 생활 지혜가 귀납되는 '생활철리'이다. 이러한 철리는 사회 생활에서 기원되기 때문에 앞으로 사회에 발을 붙이고 사회를 발전하는 데에 큰 의미가 있다. 그러므로 이론 지식을 강의하면서 일상생활에서 표현된 사례를 많이 이용하여 예를 들면 교과서 내용을 그대로 읽는 것보다 학생들이 이해하는 데에 훨씬 더 효율적이고 흥미로워질 것이다. 예를 하나 더 들면 대륙에서 사회주의핵심가치관이라는 개념이 인기가 많은데 만약 이러한 내용을 공부할 때 단순히 12개 어휘만 그대로 외우면 효율적이지 않고 재미가 없는 것이다. 그러나 실생활을 바탕으로 우리나라의 건설목표(부강, 민주, 문명, 화해), 국민이 밝은 사회에 대한 서술(자유, 평등, 공정, 법치), 그리고 공민으로서의 도덕규범(애국, 경업, 성신, 우선) 등 세 가지 측면에서 감안하면 추상적인 개념을 실생활의 구체적 현상과 관련하고 무미건조한 내용은 생동감을 주어 학생이 이해 및 기억 하는 데에 도움이 된다.

5.2. 사상정치교육 배경하의 <기초한국어> 과정사정 교학설계

위 내용에서 우리는 인지원리가 실제 전공, 사상정치교육, 과정사정 등 과목을 습득하는 데에 담는 뚜렷한 의미를 구체적으로 논의하였다. 이 부분에서는 실제 활용하는 시각에서 중국대학교에서 한국어과 <기초한국어> 과목을 대상으로 교학설계를 만들고 교학의 전체적 과정을 설명하고자 한다.

※ 기초한국어 <경어법. 교학설계>

▶ 교학목표(敎學目標)

지식목표 知識目標	한국어 세 가지 경어법(상대, 주체, 객체)의 의미, 사용 환경, 사용 방법 등 내용을 이해 및 파악.
능력목표 能力目標	다원적인 언어 환경에서 화자, 청자, 주어, 목적어 사이의 신분, 지위, 연령 등 차이 를 명확히 파악하고 복잡한 언어 환경에서 세 가지 대표적인 경어법을 상황에 따 라 상호 전환하게 한다.
소질목표 素質目標	1. 한국어 경어법의 사용 양상을 통해 중국어와 한국어 사이의 공통점과 차이점을 밝히며 해당 언어 현상이 일어나는 원인을 검토한다. 2. 학생들이 언어 상용을 통해 문화 이해를 심화하도록 한다(透過現象看本質)는 능 력을 양성한다. 경어법의 사용을 통해 학생으로 하여금 한국인이 일상생활에서 접하게 된 문화 현상을 이해하며 문화적인 본질을 파악한다.이를 통해 중국 전 통적인 문화를 더 깊이 이해할 수 있고 문화자신력(文化自信力)도 올릴 수 있다.

▶ 교학내용(敎學內容)

교학내용 敎學內容	1. 기초한국어 과정 가운데 경어법이라는 주제의 주요 교학 절차. 2. 실생활에서 경어법에 관한 활용 연습.

▶ 교학 분석(敎學分析)

	중점 重點	주체 경어법, 객체 경어법, 상대 경어법 등 세 가지 경어법의 사용 환경, 공 기(共起) 요소, 기본적 문장 구조
교학중점 敎學重點	대책 對策	1. 멀티미디어 코스웨어, 계발식(啓發式) 질문, 과제 및 연습 등을 충분히 이 용하여 학생들의 적극성을 충분히 동원하고 학생들이 주요 내용을 정리 및 분석하는 데에 도움이 된다. 2. 예문을 설명할 때 사진, 그림, 동영상 등 형식을 이용하여 발화 상황을 보여줄 것이다. 학생에게 어떤 발화 상황에서 어떤 언어 형식을 사용하 는지 숙지하게 한다.
교학난점 敎學難點	난점 難點	현대 중국어는 고대 중국어와 달리 발달한 경어법 체계가 없는 것이다. 어떤 상황에서 어떤 경어법 형식을 사용하는지 상황에 따라 잘 구분해야 한다.
	대책 對策	1. 경어법에 관한 기초 개념, 사용 조건, 기본 문장 구조등 내용을 강의할 때 레벨이 명확하고 내용의 절차가 합리적일 뿐만 아니라 '간단한 점에 서 어려운 점으로', '얕은 지식 측면에서 깊은 측면으로' 등 기본 규칙을

		기켜 학생을 경어법 사용 체계를 확립할 수 있도록 올바르게 인도한다.

2. 실제 교학하는 과정에 중국어와 한국어를 비교하면서 강의하는 형식으로 하고자 한다. 학생들이 이미 숙지한 중국어 내용을 바탕으로 한국어와 어떤 차이가 있는지 밝히며 한국어의 언어 사용 환경에서 어떻게 올바르게 사용하는지 파악한다.
3. 문화적인 시각에서 한국어 경어법에서 표현된 이념 및 사상을 고려하여 경어법에 내포된 문화적 현상을 더 깊이 이해할 수 있도록 기초를 닦는 것이다.

▶ 학습 상황 분석(學情 分析)

학습자 분석 學習者 分析	장점 優勢	1. 한국어과 학생들 가운데 평소에 한국 영화, 드라마를 보거나 한국 음악을 듣는 경우가 상당히 많은 편이다. 따라서 본격적으로 수업이 진행되기 전에 한국어 경어법에 대해 어느 정도 알고 있다고 파악된다. 또 학생들이 예습을 통해 이번 수업 내용인 경어법과 관련된 내용을 이미 숙지하고 있다. 2. 이번 수업에서 강의되는 경어법은 일상생활에서 피할 수 없는 내용이다. 실생활에서 나타나는 빈도가 상당히 높은 것이다. 교학 현장에서 그림을 이용하여 관련 발화 환경을 보여주고 다양한 방법으로 그의 용법을 설명한다. 교학 내용이 다양하고 재미있어 학생들이 학습하는 적극성 및 능동성도 높아지게 될 것이다.
	부족 不足	대부분 학생들은 간단한 발화 상황에서 단일한 경어법을 사용하는 것에 익숙하지만 수많은 사람으로 구성된 복잡한 발화 상황에서 세 가지 경어법을 어떻게 선택하는지, 또 상호 간에 어떻게 전환하는지 등 내용에 대해 문제가 되고 경험이 부족한 것이다.

▶ 교학사상(敎學思想)

설계사상1 設計思想一	실제 강의하는 과정에서 교사가 학생들에게 PPT를 보여주면서 내용을 설명하는 형식으로 하고자 한다. 교사와 학생 사이의 수강 및 교실 상호작용 과정은 한국어 형식으로 할 것이고 PPT에서 한중 양국 언어로 내용을 보여줄 것이다. 교학 과정에서 학생들에게 한국어로 교류하는 장을 마련하고 학생들에게 한국어 어감을 향상시킬 수 있도록 힘쓰고 지식이 정확하게 전달되는 데에 중점을 둘 것이다.
설계사상2	중점 및 난점 내용을 설명하는 데에 중심을 두고 강의 속도를 잘 파악하여 계속

設計思想二	되는 교실 상호작용을 통해 학생의 참여도를 주목한다. 다양한 교학 방법을 이용하여(예 : 예문 분석, 계발식 질문, 비교 이해 등) 교사의 강해, 교사와 학생 사이의 교실 상호작용 등을 통해 학생으로 하여금 관련 지식 체계를 형성시키고, 다양한 연습문제를 보면서 배운 지식을 공고히 하여 학생들에게 실천하는 기회를 충분히 만들어줄 것이다.
설계사상3 設計思想三	사진, 그림 혹은 동영상을 이용하여 다차원적으로 발화 상황을 보여준다. 다양하고 체계적인 연습을 통해 강의 참여를 풍부하게 하고 학생들이 적극적으로 사고 및 비교하는 능력을 불러일으킬 수 있을 것이다. 이를 통해 한국어 경어법에 대한 이해 및 파악은 한층더 깊어질 것이다. 마지막 언어 사용을 통해 문화적 본질을 밝히는 작업은 학생들이 한중 사이의 문화적 공통성과 차이성을 더 깊이 이해할 수 있고 다문화적인 비교 능력도 형성시킬 수 있다.
설계사상4 設計思想四	한중 사이에 문화적 공통성과 차이성을 비교하는 과정을 통해 학생으로 하여금 중국관련 전통문화를 더 깊이 이해할 수 있도록 인도하고 사회주의핵심가치관, 과정사정 내용을 이행하는 데에 기초를 닦을 것이다.

▶ 교학 방식 및 수단(教學模式及手段)

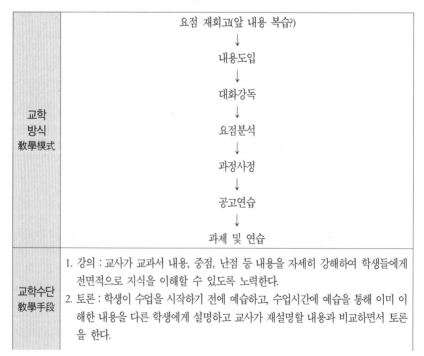

교학 방식 教學模式	요점 재회고(앞 내용 복습?) ↓ 내용도입 ↓ 대화강독 ↓ 요점분석 ↓ 과정사정 ↓ 공고연습 ↓ 과제 및 연습
교학수단 教學手段	1. 강의 : 교사가 교과서 내용, 중점, 난점 등 내용을 자세히 강해하여 학생들에게 전면적으로 지식을 이해할 수 있도록 노력한다. 2. 토론 : 학생이 수업을 시작하기 전에 예습하고, 수업시간에 예습을 통해 이미 이해한 내용을 다른 학생에게 설명하고 교사가 재설명할 내용과 비교하면서 토론을 한다.

3. 사례분석 : 모든 발화 상황에서 쓰일 수 있도록 실생활에서 자주 쓰이는 전형적 문장 구조를 보여주고 학생에게 관련 지식을 더 깊이 이해하게 한다.
4. 팀활동 : 두 명을 한 팀으로 구성하여 내용습득이 빠른 학생이 느린 학생을 이끌어 공부하는 데에 함께 진보하는 동시에 우의를 돈독히 할 수 있다.
5. 멀티미디어 : 동영상,그림 등을 활용하여 강의 내용을 학생에게 직관적으로 보여주는 교학수단이다.

▶ 교학과정설계(敎學過程設計)

교학순서 敎學環節	교학 내용 및 참여 敎學步驟及 師生活動	구체적 내용 敎學內容	설계의도 設計意圖
요점 재회고 上節回顧	복습(複習) : 한국의 인사말	발화 상황을 고려하여 화자와 청자의 사회적 지위에 따라 인사말도 다르게 사용된다.	이번 수업의 중점인 경어법을 공부할 수 있도록 지난 수업 때 배운 관련 요점인 한국어 인사말을 다시 생각하고 기초적 지식을 공고히 한다.
내용도입 課程導入	문제도입 (問題導入) : 한국이라고 말할 때 가장 먼저 떠오르는 것이 무엇일까?	1. 머리말 : 여러분, 한국 드라마를 보거나 음악을 듣는 것을 통해 한국에 대해 아마 잘 알 것 같은데 그럼 만약 '어떤 사람이 한국이라고 말할 때 가장 먼저 떠오르는 것이 무엇일까'라고 질문할 때 우리는 어떻게 답하겠습니까? 2. 한국 기관에서 조사한 결과를 보여주고 '思密達'(습니다)의 사용을 도입시킨다. 그 다음으로 '思密達'(습니다)와 관련된 동영상을 전시하여 '思密達'(습니다)가 한국어 체계에 절대적인 지위를 강조한다. 3. 예를 들어서 한국어 '思密	생활의 실제에 근접시키고 도입시켜 학생의 주의력과 흥미를 크게 향상하여 이번 수업의 교학 내용을 향해 사고를 일으키며 다음 단계인 경어법 내용의 전개를 위하여 기초를 다져 놓을 것이다.

		達'(습니다)의 사용 현상을 설명한다. 이를 통해 학생의 관심을 끌고 교과서의 대화 내용을 불러일으킨다.	
대화강독 對話講讀	두 명이 한 팀으로 입체낭독을 한다.	1. 두 명이 한 팀으로 교과서 대화 내용을 입체낭독을 한다. 2. 낭독을 통해 이번 수업에 공부할 새 어휘 및 문법을 알아본다.	입체낭독의 형식으로 학생으로 하여금 직접적으로 강의 참여 과정에 들어가게 하고 자발적으로 문제점을 발견하며 주의를 기울일 것이다.
요점분석 要點分析	어휘강해 詞彙講解 :	이번 수업에서 강의할 새 어휘인 단위성 의존명사	1. 학생에게 이미 익숙한 사물 명사를 통해 그 명사와 공기할 수 있는 단위성 의존명사가 무엇인지 밝히고 자세하게 설명하라고 한다. 2. 고유 숫자와 단위성 의존명사의 결합방식을 전시하고 1부터 4까지 특수화된 사용 현상을 설명하며 이를 중점을 두고 강조한다. 3. 명사, 수사, 단위성 의존명사 등 세 가지 내용의 결합 현상을 설명하고 한중 양국의 사용현상을 고려해 비교하면서 차이점을 밝힌다.학생에게 익숙한 내용부터 설명하고 계발식 교수법을 사용하여 비교를 통해 문제점이나 차이점을 제기하기를 인도하고 기초적 지식을 단단히 다진다.
	소결(小結) :	한국어에 명사, 수사, 단위성 의존명사의 결합구조한국어에서는 수사와 단위성 의존명사의 결합 형식이 다시 명사와 결합할 때 명사가 맨 앞	한중 양국 언어의 비교를 통해 학생으로 하여금 명사, 수사, 단위성 의존명사 등 세 요소의 결합 구조를 자발적으로 발견하고 이해하게 한다.

	에서 두게 된다.	
연습練習1 : 명사, 수사, 단위성 의존명사의 활용연습	명사, 수사, 단위성 의존명사의 결합 구조를 고려하여 다음 그림으로 구성된 문제를 답하게 한다.	질의응답의 형식으로 관련 결합 구조를 학생에게 재사고하고 관련 지식을 공고히 한다.
문법강해 (語法講解): 오늘 수업 때 관련된 새 문법인 경어법	1. 경어법과 관련된 개념을 보여주고 구체적 내용을 알아본다. 2. 경어법의 분류를 전시하고, 경어법의 사용구조를 알아본다.	개념을 전시하는 형식으로 경어법과 관련된 개념 및 분류를 보여준다.
경어법 강해1 敬語法分類講解1 : 상대경어법	1. 상대경어법과 관련된 개념을 전시하고 '思密達'형식을 보여준다. 2. '思密達'의 개념 및 사용조건을 보여준다. 3. '思密達'일반 사용구조를 보여준다.	상세한 개념 전시를 통해 상대경어법, '思密達'의 의미, 용법 그리고 일반적 사용 구조 등 중요한 내용을 파악한다.
연습2 課堂練習2 : '思密達'의 사용	'思密達'의 사용 조건을 이해한 후 배운 구조를 활용하여 다음과 같은 대화를 완성하십시오	思密達'와 관련된 발화 환경을 마련하여 학생이 참여하는 형식으로 어떤 발화 환경에서 어떤 '思密達'형태가 사용되는지 명확하게 이해하고 지식을 공고히 한다.
경어법강해2 敬語法分類講解2 : 주체경어법	1. 주체경어법과 관련된 개념 및 대표적 어미 '-시-'를 보여준다. 2. '-시-'의 사용 조건을 보여준다. 3. '-시-'의 일반 사용 구조를 보여준다.	상세한 개념 전시를 통해 주체경어법의 의미, 용법 그리고 일반적 사용 구조 등 중요한 내용을 파악한다.
연습練習3 : '-시-'의 사용	'-시-'의 사용 조건을 이해한 후 배운 구조를 활용하여 다음과 같은 대화를 완성하고 같은 발화환경에서 두 문장	'-시-'와 관련된 발화 환경을 마련하여 학생이 참여하는 형식으로 어떤 발화 환경에서 어떤 '-시-'형태가 사용되는지

		의 차이가 무엇인지 비교하게 한다.	명확하게 이해하고 지식을 공고히 한다.
	경어법강해3 敬語法分類講解3: 객체경어법	1. 객체경어법과 관련된 개념을 보여준다. 2. 객체경어법의 사용 조건을 보여준다. 3. 객체경어법의 사용 구조를 보여준다.	상세한 개념 전시를 통해 객체경어법의 의미, 용법 그리고 일반적 사용 구조 등 중요한 내용을 파악한다.
	연습練習4: 객체경어법의 사용	객체경어법의 사용 조건을 이해한 후 배운 구조를 활용하여 다음과 같은 대화를 완성하고 같은 발화환경에서 두 문장의 차이가 무엇인지 비교하게 한다.	객체경어법과 관련된 발화 환경을 마련하여 학생이 참여하는 형식으로 어떤 발화 환경에서 어떤 객체경어법 형태가 사용되는지 명확하게 이해하고 지식을 공고히 한다.
	연습練習5: 세 가지 경어법 종합 연습	상대경어법, 주체경어법, 객체경어법 등 내용을 알아본 후에 배운 지식을 활용하여 다원적인 발화 환경에서 올바른 경어 형식을 선택하여 다름과 같은 대화를 완성하게 한다.	독립적으로 쓰이는 경어법은 하나의 발화 환경에서 도입시켜 어느 문장에서 어떤 경어형식이 사용되는지 학생에게 연습하는 기회를 만들어줄 것이다. 연습을 통해 서로의 관련성을 찾아 경어법에 대한 이해력을 향상화시킬 수 있다.
	내용 복습 本節內容複習 : 오늘 수업 내용의 중점, 난점에 대해 재사고	1. 명사, 수사, 단위성 의존명사의 결합방식 2. 수사와 단위성 의존명사가 결합할 때 '1-4'의 특수 사용. 3. 세 가지 경어법의 개념, 용법, 구조	오늘 수업 시간에 배운 지식의 재사고를 통해 학생들이 중요한 내용을 정리하고 기초를 단단히 다질 수 있다.
과정사정 課程思政	중요지식 강해 重要知識講解 :	한국어 삼대 경어법의 학습을 통해 중국어의 경어체계를 비교하고 전통적인 유가사상을 관련시켜 중국 전통적인 문화를 강조한다.	1. 한국어의 주체경어법, 객체경어법, 상대격어법 등 세 가지 경어법을 중국어 경어체계 가운데 '抬高'(청자 올리기), '壓低'(화자 낮추기)등 두 가지 내용과 관련시켜 내용을 비교하며 차

			이점을 밝힌다. 2. 비교를 통해 학생에게 중국 전통지식을 더 깊이 이해하고 문화자신력을 증진시키는 데에 중심을 둔다. 과정사정은 강의하는 과정에서 가정 중요한 부분중의 하나이다. 한중 양국 관련 문화의 비교를 통해 중국 전통적인 문화를 더 깊이 이해하고 문화자신력을 키우거나 '講好中國故事'(중국의 스토리 텔링)하는 데에 중요한 의미가 있다.
과제 및 연습 課後作業	과제 課後作業:	관련 지식을 활용하여 문장을 만드십시오.	1. 배운 어휘를 활용하고 명사, 수사, 단위성 의존명사의 결합구조를 고려해 세 문장을 만드십시오 2. 발화 상황을 고려하고 삼대 경어법을 활용하여 세 문장을 만드십시오. 과제는 강의 과정 가운데 지식 전달 및 실천의 연장으로 학생이 관련 지식의 이해 정도를 확인할 수 있다. 이는 교사가 문제를 발견하고 맞춤형 문제의 강해에 대해 큰 도움이 된다.

▶ **과후반성 및 총결(課後反思和總結)**

과후반성 및 총결 課後反思和總結	수업 후에 교학 과정을 반성하고 경험을 총결한다.

6. 결론

언어는 인간 의사소통의 도구이자 인간 마음과 생각의 산물(産物)이다. 언어에는 그 언어 사용자들의 사고방식과 인지 체계가 녹아들어 있기 때문에 그 민족의 문화를 비추는 거울이라고 할 수 있다. 여러 언어들이 갖는 공통점과 차이점을 비교해 보면 언어들이 갖는 보편성과 특수성을 더잘 파악할 수 있을 것이다. 이런 측면에서 언어의 대조 연구는 의의를 갖는 작업이라고 할 수 있다. 대조언어학의 성과는 번역의 질을 높이고, 향후 기계 번역에 자료로 활용될 수 있기도 하다.

주체 이동 동사는 우리가 어떤 사람이나 사물의 움직임을 표현하는 데에 꼭 필요한 어휘 부류이다. 본 연구는 한중 주체 이동 동사를 대상으로 하여 단의를 평정하고 그 분포 양상을 확인하였으며 두 언어 사이의 대조를 통해 단의의 대응 관계와 분포 양상을 명시적으로 보이는 데에 주력하였다.

주체 이동 동사는 크게 '본질적 이동 동사'와 '부차적 이동 동사'로 양분할 수 있다. 또한 이동의 방향에 따라 '수평 이동'과 '수직 이동'으로 분류할 수 있다. 이 책에서는 이러한 분류에 입각하여 동사들을 나누고 개별적으로 분석하였다.

　주체 이동 동사에 대한 본격적인 분석은 3장과 4장에서 이루어졌다. 3장은 본질적 주체 이동 동사, 4장은 부차적 주체 이동 동사를 대상으로 하였다.

　'본질적 주체 이동 동사' 중 '수평 동사'에는 왕래 동사, 통과 동사를, '수직 동사'에는 상승 동사와 하강 동사를 더 구분하였다. 한국어는 '가다, 다니다, 물러나다, 오다, 건너다, 지나다, 기어오르다, 오르다, 내리다01, 떨어지다, 지다02, 흐르다01'을 대상으로 분석하였고, 중국어는 '去, 往返, 退, 來, 過經, 過, 攀, 上, 下, 掉, 落, 流'를 대상으로 분석하였다.

　본질적 주체 이동 동사에서 두 언어의 대응 관계를 보면 '가다'와 '去'는 3개의 단의 즉 '사람이나 물체 따위가 한 곳에서 다른 곳으로 자리를 옮겨 움직이다.', '사람이 특정한 조직이나 기관에 들어가 그에 소속되다.', '사람이 생명을 잃고 죽다.'라는 의미를 표현할 때 공통적이다. '다니다'와 '往返'는 2개의 단의 즉 '사람 따위가 어떠한 곳에 움직이다.', '어떤 교통수단이 운행하다.'는 의미를 표현할 때 공통적이다. '물러나다'와 '退'는 '사람이 원래 있던 자리의 뒤쪽으로 위치를 옮기거나 직위에서 하던 일을 내놓고 나오다.'는 의미를 표현할 때 동일하다. '오다'와 '來'는 한 중 대표적인 이동 동사로 상대적으로 많은 단의를 가지고 있다. 두 어휘가 모두 구체 및 추상 영역에서 균형 있게 의미 확장이 일어나는 편이다. '오다'와 '來'는 '사람인 주체 이동', '물체의 이동', '자연물의 이동', '시점' 등 단의가 대응될 수 있고, '동작 실행', '혼사', '물체의 기울어짐' 등의 단의에서 차이가 있는 것으로 확인된다. '건너다'와 '過'은 모두 네 개의 단의가 가진 것을 확인하였다.

　또한 '건너다'와 '過,' '지나다'와 '經過'는 사람이 주체로 해당될 때와 '시간'이 주체가 나타날 때 의미가 같으나 나머지 경우에는 의미가 서로 대응되지 않는다. '기어오르다'와 '攀'는 하나의 의미만 있고 그것이 대응된 것으로 보았다. '오르다'와 '上'에 '사람'일 주체일 경우 '사람이 낮은 곳에서 높은 곳으로 움직이는 것, 길에 다다르거나 접어드는 것, 낮은 지위에서 높은 지위로 이동하는 것'을 표현할 때 공통적이다. '오르다'와 '上'의 추상 영역에서 '사업이 어느 정도에 달한 것, 정보 따위가 문서에 기록으로 적힌 것'을 표현할 때도 비슷하다. '내리다'와 '下'는 각각 주체가 '사람, 눈이나 비, 서리, 어둠이나 안개'일 경우 의미가 대응된다. '떨어지다'와 '掉'은 주체가 '사람'일 경우 대응 관계가 이루어진다. '지다02'와 '落'은 구체 영역에서만 대응 관계가 이루어지고, '흐르다'와 '流'는 액체의 움직임을 표현할 때만 공통적이다. 위 내용을 표로 정리하면 다음과 같다.

[표 154] 한국어와 중국어 본질적 주체 이동 동사의 대응 의미 분포 상황

	대응 단어	대응 의미 개수	구체적 의미 개수	추상적 의미 개수
1	'가다'와 '去'	3	3	0
2	'다니다'와 '往返'	2	2	0
3	'물러나다'와 '退'	2	2	0
4	'오다'와 '來'	10	6	4
5	'건너다'와 '過'	2	1	1
6	'지나다'와 '經過'	2	1	1
7	'기어오르다'와 '攀'	1	1	0
8	'오르다'와 '上'	7	5	2
9	'내리다'와 '下'	3	3	0
10	'떨어지다'와 '掉'	3	3	0
11	'지다02'와 '落'	2	2	0
12	'흐르다'와 '流'	1	1	0
	통계	38	30	8

위에 제시한 표를 보면 한국어와 중국어 본질적 주체 이동 동사 가운데 12개의 대응 쌍이 이루어질 수 있는 것이 확인되었다. 이 12개 대응 어휘 가운데 총 38개의 단의가 대응되고 이 중에 구체적인 의미가 30개, 추상적

인 의미 8개를 차지한다. 이러한 차이가 나는 이유를 생각해 보자면, 한국어에서는 새로운 개념을 표시할 때 단어를 따로 만들기보다 기존에 있는 단어를 활용하여 새로운 사물과의 관련성을 찾아 다의어를 만든다. 이와 반대로 중국어에서는 새로운 개념을 표시할 때 기존의 단어를 사용하기도 하지만 새로운 단어를 만드는 경우가 더 많다.

(409) 가. 연락이 가다. → 發出了聯絡. (가다→發出)
　　　나. 관심이 가다. → 表示關心. (가다→表示)
　　　다. 손해가 가다. → 産生了損失. (가다→産生)
　　　라. 시계가 가다. → 鐘錶運轉. (가다→運轉)

위 예문과 같이, 한국어 '가다'가 '연락, 관심, 손해, 시계'와 결합할 때 대응되는 중국어 표현이 각각 '發出, 表示, 産生, 運轉'이다. 한국어 '가다'는 다의어로 많이 사용되지만 중국어의 '去'는 그렇지 않은 경향이 있다.

부차적 이동 동사는 주체의 움직임을 표현하는 데 본질적 이동 동사와 차이가 있다. 본질적 이동 동사는 동사 자체가 이동의 의미를 지니는 것이고 부차적 이동 동사는 서술어가 의미를 완결하게 전달하기 위해 이동이 결부되는 동사이다. 이에 해당되는 한국어 연구 대상은 '걷다02, 구르다01, 기다01, 날다01, 뛰다02, 떠나다, 다다르다, 나다01, 들다, 빠지다01, 비키다, 돋다01, 뜨다01, 솟다, 튀다, 빠지다02'이고, 중국어 연구 대상은 '走, 滾, 爬, 飛, 跑, 離, 到, 出, 進, 脫, 躱, 涌, 彈, 陷'이다.

다음으로 대응되는 어휘의 의미를 보면 '걷다02'와 '走'는 사람이나 동물들이 양발로 움직이는 의미를 표현하는 점이 공통적이다. '구르다01'와 '滾', '기다01'과 '爬'은 주체가 사람이과 물체일 경우 같은 의미를 '날다01'과 '飛'는 사람이나 짐승들의 움직임을 표현하는 점이 비슷하다. '뛰다02'와 '跑'는 사람이나 동물의 움직이는 것, 사람이 어떤 자격으로 일을 하는 것 및 일터를 돌아다는 것을 표현하는 점이 동일하다. 발착 동사 영역에 속한 '떠나다'와 '離', '다다르다'와 '到'는 '사람이 교통수단을 이용하는 것, 시간이 어느 시점에 이르는 것, 정도 따위가 어떤 범위에 달하는 의미를 표현할 때 동일하다. 또한 출입 동사 영역에 속한 '나다01'과 '出'은 구체 영역에서 '사람이 태어나는 것, 피나 땀이 몸에서 나오는 것, 어떤 지역에서 농산물 따위가 나오는 것, 맛이나 햇빛이 생기는 의미를 표현할 때 공통적이고 추상 영역에서는 어떤 현상이나 사건이 일어나는 의미를 표현할 때 비슷하다. '들다'와 '進'은 구체 영역에서 사람이 밖이나 겉에서 안이나 속으로 향해 움직이는 것, 어떤 조직에 가입하여 그것의 구성원이 되는 것, 어떤 처지에 놓이게 되는 것, 볕이나 빛이 어느 공간 안으로 들어오는 의미를 표현할 때 공통적이다.

또한 추상 영역 가운데 시간의 움직임과 실력 따위의 움직임을 표현할 때 의미가 비슷하다. 이탈 동사에 속한 '빠지다01'과 '脫'은 사람이 주체로 나타날 경우와 추상적인 힘이나 기운 따위가 몸에서 나타나는 의미가 공통적이다. 그리고 '비키다'와 '躲'은 사람이 주체일 경에만 대응 관계가 이루어진다.

수직 이동 가운데 '돋다01, 뜨다01'과 '昇'은 해나 달이 주체로 나타날 경우 의미가 대응된다. '솟다'와 '涌'은 '눈물이나 샘물' 등 액체, '해나 달'이 아래에서 위로 움직이는 의미를 표현할 때와 힘이나 의욕이 몸에서 나오는 의미를 표현할 때 공통적이다. '튀다'와 '彈'은 주체가 탄력이 있는 물체일 경우에만 의미가 대응되고, '빠지다02'와 '陷'은 사람이 주체일 경우에만 의미가 대응된다. 위 결과를 표로 정리하면 다음과 같다.

[표 155] 한국어와 중국어 부차적 주체 이동 동사의 대응 의미 분포 상황

	대응 단어	대응 의미 개수	구체적 의미 개수	추상적 의미 개수
1	'걷다02'와 '走'	1	1	0
2	'구르다01'와 '滾'	2	2	0
3	'기다01'과 '爬'	2	2	0
4	'날다01'과 '飛'	2	2	0
5	'뛰다02'와 '跑'	3	3	0
6	'떠나다'와 '離'	2	2	0
7	'다다르다'와 '到'	3	2	1
8	'나다01'과 '出'	6	5	1
9	'들다'와 '進'	6	5	1
10	'빠지다01'과 '脫'	5	4	1
11	'비키다'와 '躲'	1	1	0
12	'돋다01, 뜨다01'과 '昇'	1	1	0
13	'솟다'와 '涌'	3	2	1
14	'튀다'와 '彈'	1	1	0
15	'빠지다02'와 '陷'	3	3	0
	통계	41	36	5

위 표를 통해 한국어와 중국어 부차적 이동 동사의 대응 단의가 총 41
개이고, 이 가운데 구체적인 의미가 36개, 추상적인 의미가 5개가 있는 것
을 확인하였다. 이 결과는 본질적 이동 동사와 비슷하다. 이러한 결과가
나타나는 이유는 본질적 이동 동사와 같다고 생각된다. 한국어에서 새로
운 개념을 표시할 때 단어를 다시 만드는 것보다 이미 존재하는 단어를 다
의어로 만드는 경우가 많다. 이와 반대로 중국어에서는 기존에 있는 단어
를 활용하여 새로운 어휘를 만드는 경향이 있다.

이상과 같이 중국어와 한국어 주체 이동 동사의 의미 확장 양상에 어떠
한 차이점이 나타나는지를 알아보았다. 중국어에서 인식되는 이동이 주로
구체물의 이동을 의미하고, 한국어에서 인식되는 이동은 구체물 영역 및

추상물 영역에서 모두 활발하게 일어나고 있다.

이 책에서는 한중 본질적 이동 동사와 부차적 이동 동사의 단의에 대한 평정, 분류를 하고, 이를 그들의 단의 분포 양상을 그래프 방식을 통해 제시하였다. 이러한 그래프 형식은 한국어와 중국어 주체 이동 동사의 분포 양상을 보여주는 데 있어서 대조 결과를 시각적으로 더 분명하게 보여줄 수 있는 장점이 있다. 그러나 그들 사이의 관계를 밝히지 못한 것은 미진한 점이라고 할 수 있다. 향후 그들의 관계를 밝히는 연구도 진행하고자 한다.

참고문헌

강기진(1985), "국어 다의어의 의미 구조." 「한국문학연구」 8. 25-41.

고석주(2007), "어휘의미망과 사전의 뜻풀이." 「한국어 의미학」 24. 1-21.

구은희(1996), "필수논항 '명사구-에'에 대하여 : 이동 동사와의 관계를 중심으로." 「국어국문학」 15. 323-334.

길미란(2013), "상승 이동 동사 '오르다'의 의미 분석." 「한국어 단어의 의미구조와 의미 관계 연구」. 435-484.

김미형(1984), "'가다'의 의미 연구." 상명여자대학교 석사학위논문.

김민수 외(1992), 「국어대사전」. 서울 : 금성출판사.

김신희(2009), "동사 '가다'의 통사·의미부 대응에 관한 연구." 「국어학」 54. 251-273.

김영희(2004), "논항의 판별 기준." 「한글」 266. 139-167.

김응모(1989), "상승이동 자동사에 대한 고찰(1) : 지상 , 공중 , 탈것에의 오름의 표현에 대하여." 27, 「어문논집」. 709-732.

김응모(1991), "수직이동 자동사 연구(8)." 「한글」 233. 137-160.

김응모(1993), "국어 이동자동사 낱말밭 (평행이동편)." 서울 : 서광학술자료사.

김응모(1998), "평행이동 자동사 연구(2)." 「우리어문연구」 2. 165-196.

김인균(2002), "국어 명사의 의미 특성과 분류." 「시학과 언어학」 . 268-293.

김일웅(1984), "우리말 대용어 연구." 부산대학교 박사학위논문.

김외연(2016), "현대 중국어 이동 동사와 '처소사' 결합에 관한 연구." 한국외국어대학교 석사학위논문.

김혜진(2012), "학습자를 위한 이동 동사 기본 문형 교육 내용 연구." 서울대학교 석사학위논문.

김혜령(2013), "하강 이동 동사 '내리다'와 '추락하다'의 의미 분석." 「한국어 단어의 의미구조와 의미 관계 연구」. 33-100.

김혜령·정유남·황림화(2011), "평행 이동 동사의 낱말밭." 「한국어 의미학」 35. 99-121.

남경완(2000), "다의 분석을 통한 국어 어휘의 의미관계 연구." 고려대학교 석사학위논문.

남경완(2005), "의미 관계로서의 다의 파생 관계에 관한 시고." 「한국어 의미학」 37.

102-130.

남경완(2008), 「국어 용언의 의미 분석」. 서울 : 태학사.

남승호(2003), "한국어 이동 동사의 의미구조와 논항교체." 「語學硏究」 39. 111-145.

리추월(2013), "이동 동사 '나가다'의 의미 분석." 「한국어 단어의 의미구조와 의미 관계 연구」. 485-537.

문아동(2016), "한중 이동 동사 의미 대조 연구 : '들다'와 '進/入' 및 '나다'와 '出'를 중심으로." 전북대학교 석사학위논문.

박순옥(2000), "이동 동사의 의미에 관한 인지적 제약." 대구가톨릭대학교 석사학위논문.

박철우(2002), "국어의 보충어와 부가어 판별 기준." 「언어학」 34. 75-111.

배도용(2001), "우리말 신체어의 의미 확장 연구." 부산대학교 박사학위논문.

배도용(2002), "사전에서의 다의의 배열순서 연구 : 다의어 손을 중심으로." 「한국어학」 15. 53-76.

송병우(1998), "이동동사 '행'의 하위말의 의미 자질에 따른 변별-삼국사기를 중심으로." 「동양한문학연구」 13. 23-56.

송웨이(2015), "이동 동사의 통사의미적 고찰 : '오르다'와 '내리다'를 중심으로." 전남대학교 석사학위논문.

신현숙(1995), "동사 '없다/서다/눕다'의 쓰임과 의미 확장." 「인문과학연구」 1. 81-97.

신홍명(2003), "가다'의 의미 확장에 대한 연구." 건국대학교 석사학위논문.

심영숙(1997), "원형 의미 확장에 따른 어휘의 다의성 분석 : 한국어 객체 이동 동사를 중심으로." 고려대학교 석사학위논문.

양정석(1997), 「국어동사의 의미분석과 연결이론」. 서울 : 박이정.

염 철(2014), "한국어와 중국어 이동 동사 대조 연구." 경북대학교 박사학위논문.

왕청청(2015), "한중 이동 동사 논항의 대조 연구." 부산대학교 석사학위논문.

우형식(1996), "국어에서의 보충어 범위." 「배달말」 21. 29-74.

유경민(1999), "은유에 의한 의미 확장." 「한국어 의미학」 5. 179-214.

육미란(2008), "이동 동사 '가다'의 의미 연구." 충남대학교 박사학위논문.

유영영(2012), "동사 오르다, 올리다, 내리다의 의미와 용법 연구." 서울대학교 석사학위논문.

이건환(1997), "국어 이동 동사의 의미 분석 : '가다/오다/오가다'와 '오르다/내리다/오르내리다'를 중심으로." 전남대학교 석사학위논문.

이기동(1977), "동사 '오다', '가다'의 의미 분석." 「외국어로서의 한국어교육」 2. 139-152.

이기동(1987), "사전 뜻풀이의 검토." 「인문과학」 57. 89-121.

이기동(1992), "다의 구분과 순서의 문제." 「새국어생활」 2. 55-71.

이민우(2002), "국어 이동 동사의 인지적 의미 연구." 경희대학교 석사학위논문.

이병모(2001), "명사의 하위 분류에 대하여." 「한글」 251. 167-203.

이선웅(2004), "국어 명사의 논항 구조 연구." 서울대학교 박사학위논문.

이운영(2004), "한국어 명사의 다의적 해석 : 생성어휘부 이론에 입각한 연구." 서울대
　　　　학교 박사학위논문.

이익환(1992), "국어 사전 뜻풀이와 용례." 「새국어생활」 2. 30-54.

이정식(2002), "국어 다의 발생의 양상과 원인." 고려대학교 박사학위논문.

이천택(2018), "한중 시각형용사의 의미 확장 양상에 대한 대조 연구." 고려대학교
　　　　박사학위논문.

이화자(2012), "한・중 대상 이동 동사의 낱말밭 대조 연구." 「중국학연구」 59.
　　　　97-124.

임지룡(1984), "공간감각어의 의미 특성." 「배달말」 9. 119-137.

임지룡(1987), "어휘대립의 중화 현상." 「국어교육연구」 19. 83-116.

임지룡(1988), "극성의 의미대립 양상." 「국어교육연구」 20. 79-101.

임지룡(1992), 「국어 의미론」. 서울 : 탑출판사.

임지룡(1996), 「인지의미론」. 서울 : 탑출판사.

임지룡(1997), "다의어의 비대칭 양상 연구." 「언어과학연구」 15. 309-331.

임지룡(1997), "어휘론・의미론・사전 편찬학." 「국어학 연감」 1997. 135-159.

임지룡(1998), "주관적 이동표현의 인지적 의미 특성." 「담화와 인지」 5. 181-205.

임지룡(2009), "다의어의 판정과 의미 확장의 분류 기준." 「한국어의미학」 28.
　　　　193-226.

임지룡・송현주(2012), "감각 동사의 의미 확장 양상 연구." 「담화와 인지」 19-1.
　　　　155-179.

임태성(2017), "신체화에 따른 '솟다'의 의미 확장 연구." 「한국어 의미학」 56. 35-55.

심영숙(1997), "원형 의미 확장에 따른 어휘의 다의성 분석 : 한국어 객체 이동 동사를
　　　　중심으로." 고려대학교 석사학위논문.

장복(2009), "한국어 '오다/가다'와 중국어 '來'/去'의 대조 분석." 연세대학교 석사학위
　　　　논문.

전련려(2013), "하강 이동 동사 '흐르다'의 의미 분석." 「한국어 단어의 의미구조와
　　　　의미 관계 연구」. 397-434.

전수태(1987), 「국어 이동동사 의미 연구」. 서울 : 박이정.

정연주·이영제·이화자(2011), "대상 이동 동사의 낱말밭 연구." 「어문논집」 63. 77-111.

정태구(2001), 「논항구조와 영어통사론」. 서울 : 한국문화사

조남신(1993), "다의어의 어휘의미 계층과 의미배열." 「언어」 18. 67-88.

조은정(2017), "이동 동사의 메타포 양상." 경상대학교 박사학위논문.

주 군(2014), "한국어 '오르다' '내리다'와 중국어 '升' '降'의 의미와 용법 대조 연구." 한성대학교 석사학위논문.

주려빈(2008), "한국어 '가다'와 중국어 '去/走'의 대조 연구." 전주대학교 석사학위논문.

채희락(1999), "이동동사의 정의와 분류." 「현대문법연구」 15. 79-100.

천기석(1984), 「국어의 동작동사와 상태동사의 체계연구」. 서울 : 형설출판사.

최경봉(1996), "명사의 의미 분류에 대하여." 「한국어학」 4. 11-45.

최경봉(1998), 「국어 명사의 의미 연구」. 서울 : 태학사.

최경봉(1999), "단어 의미의 구성과 의미 확장 원리." 「한국어학」 9. 307-331.

최호철 외(2005), 「학위논문의 국어의미 연구 경향」. 서울 : 월인.

최호철 편(2013), 「한국어 단어의 의미구조와 의미관계 연구」. 서울 : 한국문화사.

최호철(1993a), "현대국어 서술어의 의미 연구 : 의소 설정을 중심으로" 고려대학교 박사학위논문.

최호철(1993b), "어휘부의 의미론적 접근". 「어문논집」 32. 185-217.

최호철(1995a), "의미 연구의 전개와 차원 : 언어 단위 및 의미 특성을 바탕으로" 「한남어문학」 20. 287-306.

최호철(1995b), "의소와 이의에 대하여." 「국어학」 25. 77-98.

최호철(1996), "어휘 의미론과 서술소의 의미 분석." 「한국어학」 4. 67-108.

최호철(1999), "현대 국어 '덜다, 떨다, 털다'의 의미 분석." 「외국어로서의 한국어교육」 23. 71-88.

최호철(2002), "현대국어 감탄사의 분절 구조 연구 : 감정 감탄사를 중심으로" 「한국어 내용론」 7. 361-408.

최호철(2005), "국어의 다의 분석과 사전 기술." 「국어 연구와 의미 정보」. 서울 : 월인.

최호철(2015), "문장 발화 '문 닫고 들어와.'의 의미 해석." 「Journal of Korean Culture」 30. 63-90.

한송화(2000), 「현대 국어 자동사 연구」. 서울 : 한신문화사.

홍재성 외(1998-2007), "이동 동사와 기능동사." 「외국어로서의 한국어교육」 22. 121-140.

홍재성(1983), "한국어와 불어의 이동 동사." 「延世論叢」 20. 53-67.

홍재성(1987), "한국어 사전에서의 동사 항목의 기술과 통사 정보." 「인문과학」 57. 19-57.

황국정(2005), "국어 이동 동사의 통시적 연구," 「한국어학」 26. 363-393.

황영순(1999), "이동동사의 어휘화 모형 분석." 「論文集」 12. 241-252.

Heine. et. al(1991), *Grmmaticalization.* The University of Chicago Press.

陳樂平(2005), "位移動詞 '來/去' 語用含義分析." 「韶關學院學報」 11. 84-86.

陳賢(2007), "現代漢語動詞 '來, 去' 的語義研究." 上海夏旦大學 博士學位論文.

韓蓉(2004), "'下來', '下去'語法化過程考察." 北京語言大學 碩士學位論文.

黃月華(2011), "漢語趨向動詞的多義研究." 湖南師範大學 博士學位論文.

金順熙(2004), "上下義動詞, 名詞的認知基礎及其隱喩發展." 華東師范大學 碩士學位論文.

蔣華(2003), "趨向動詞 上'語法化初探." 「東方論壇」 3. 89-101.

姜南秀(2010), "現代漢語趨向驅動'來', '去'的語義分析." 「蘭州教育學院學報」 1. 64-67.

梁銀峰(2007), 「漢語動詞的語法化」, 上海：學林出版社.

劉月華(1998), 「語法研究和探索：趨向補語的語法意義」. 北京：北京大學出版社.

羅 艶(2013), "對外漢語教育夏合趨向補語 '下來, 下去'的偏誤分析.", 西北師范大學 碩士學位論文.

樸賢珠(2006), "漢語和來, 去有關的趨向補語在韓語中的對應形式." 北京語言大學 碩士學位論文.

張寒冰(2012), 移動動詞'來, 去'的語義及功能制約因素研究. 暨南大學 碩士學位論文.

張慧娜(2008), 移動動詞的認知語義學對照研究 廣東外語外貿大學 博士學位論文.

張燕春(1995), "動詞 '上'語法化過程和 'V上'結構的句法語義問題研究." 「對外經貿大學學報」 5. 59-69.

楊月蓉(1992), "趨向問題研究." 「對外漢語研究」 5. 58-69.

[사전류]

국립국어원(1999), 「표준국어대사전」(웹사전).

민족문화연구원(2011), 「고려대한국어대사전」(웹사전).

中國社會科學院(2004), 「新華字典(第十一版)」(웹사전).

中國社會科學院(2012), 「現代漢語詞典第六版」(웹사전).

저자 이천택(李天擇)

　　中國 山東省 鄒城市 출생
　　아주대학교 국어국문학과 졸업
　　고려대학교 국어국문학과 문학석사
　　동 대학원 국어국문학과 문학박사
　　현재 中國 靑島農業大學校 외국어대학 한국어학과 학과장

　주요 논문

　　「한중 친족 지칭어에 대한 대조 연구」(2014)
　　「한중 명암 형용사의 의미 확장 양상에 대한 대조 연구」(2017)
　　「한국어 '굵다'와 중국어 '粗'의 의미 확장 양상에 대한 대조 연구」(2017)
　　「한국어 '가볍다'와 중국어 '輕'의 의미 확장 양상에 대한 대조 연구」(2017)

저자 백방(白芳)

　　中國 遼寧省 遼陽市 출생
　　원광대학교 국어국문학과 문학석사
　　고려대학교 국어국문학과 문학박사
　　현재 中國 靑島農業大學校 예술대학 강사

　주요 논문

　　「한중 심적 고통 형용사의 의미장에 대한 대조 연구」(2016)
　　「한중 번역 인재 양성에 대한 연구」(2018)
　　「한국어 감탄 표기 '글쎄'의 중국어 번역에 대한 연구」(2018)
　　「한중 대조 번역의 현황 및 전망」(2018)

한중 다의 동사의 의미 확장 및 교학 의미

초판 1쇄 인쇄 2021년 3월 25일
초판 1쇄 발행 2021년 4월 12일

저　자 이천택(李天擇) · 백방(白芳)
펴낸이 이대현
책임편집 권분옥 | **편집** 이태곤 문선희 임애정 강윤경
디자인 안혜진 최선주 이경진 | **마케팅** 박태훈 안현진

펴낸곳 도서출판 역락
주　소 서울시 서초구 동광로 46길 6-6 문창빌딩 2층
전　화 02-3409-2058(영업부), 2060(편집부) | 팩시밀리 02-3409-2059
이메일 youkrack@hanmail.net
역락홈페이지 http://www.youkrackbooks.com
등　록 제303-2002-000014호(등록일 1999년 4월 19일)

ISBN 979-11-6244-641-6 93710

字數 460,964字

* 책값은 표지에 있습니다.
* 파본은 구입처에서 교환해 드립니다.